Luftwurzeln

T. Österreich

Tina Österreich

LUFTWURZELN

Ein »Umzug«
von Deutschland nach Deutschland

ANITA TYKVE
VERLAG

CIP-Kurztitelaufnahme der Deutschen Bibliothek

Österreich, Tina:
Luftwurzeln : e. „Umzug“ von Deutschland nach Deutschland / Tina Österreich. – Böblingen : Tykve, 1987.
ISBN 3-925434-09-7

Postfach 1561, D-7030 Böblingen
Gesamtherstellung: Goldener Schnitt, 7573 Sinzheim
Satz und Druck: F. W. Wesel, 7570 Baden-Baden

Inhalt

Vorbemerkung

Es hat Jahre gedauert, bis ich die »Spielregeln« dieses Landes, das wir uns als neue Heimat ausgesucht hatten, einigermaßen begriff.
Nie hätte ich gedacht, daß der Unterschied von einem Deutschland zum anderen derart groß und – im gleichen Atemzuge – manchmal wieder derart klein sein könnte.
Mit Verwunderung registrierte ich vom ersten Tage an das Überangebot an Waren, das überall zu finden war und die vielen Menschen, die trotzdem nicht zufrieden aussahen.
Es gab alles! In sämtlichen Farbnuancen konnte man sich Badezimmer, Küche und sonstige Räume einrichten, passend zur Klosettbrille lag da sogar das Toilettenpapier. Und trotzdem war es manchen Käufern nicht Ton in Ton genug.
Wenn ich im Kaufhaus unter ganzen Wäldern von Blusen für mich eine Bluse heraussuchen sollte, war ich bereits müde, ehe ich alle angesehen hatte.
Ich mußte dauernd vergleichen, an die Umstände denken, aus denen wir gekommen waren.
Uns hatte es schon glücklich gemacht, überhaupt Toilettenpapier kaufen zu können, niemand wäre auf die Idee gekommen, nach einer anderen Farbe zu fragen! Wenn wir auf neue Möbel ein Jahr oder länger warten mußten, so brachte uns das nicht aus der Ruhe. Hier konnten sich die Menschen maßlos erzürnen, wenn eine Lieferung nicht am nächsten Tag erfolgte. Sie begriffen nicht einmal, wie froh sie sein konnten, alles sogleich kaufen zu dürfen.
Ich staunte und besah mir die Menschen mit den überquellenden Einkaufswagen und fragte mich, wann sie das alles verbrauchen wollten.
Trotz dieser Fülle fehlte ihnen dauernd etwas, sie suchten geradezu danach, wie es mir manchmal vorkam.
Bereits die Reklame ermunterte sie dazu.
»Irgend ein Bier? NEIN! Wir trinken nur B. . . Bier!«

Und die Hausfrau holte auch brav dieses Bier, um es den Gästen recht zu tun, ohne Rücksicht auf den Geldbeutel.
Wer eben sein Auto gekauft hatte, war auf der Suche nach den passenden Schonbezügen, wer ein Haus gebaut hatte, suchte nach passenden Sträuchern und Bäumen für den Garten, wer mit Einrichten fertig war, fing wieder neu an.
Wir wären froh gewesen, das alles im Laufe eines Lebens tun zu können. Hier mußte alles schnell sein. Der Fernsehmonteur kam bei einer Störung noch am gleichen Tag, damit man auch nichts Lebenswichtiges verpaßte, Kartoffeln brauchte man nicht einzukellern, weil es immer welche zu kaufen gab.
In den Supermärkten wühlten die Leute in Kerzen, in Pullovern, in Tüchern, in Sonderangeboten – sie kauften ständig so intensiv ein, als rüsteten sie sich für irgendwelche Notzeiten.
Danach klagten sie, wie wenig das Geld doch wert sei und wie schlecht sie verdienten.
Wir mußten uns daran gewöhnen, daß es alle der ausgestellten Güter *immer* gab! Viele unserer ersten Einkäufe, die wir aus reiner Vorsicht tätigten, weil wir glaubten, das betreffende Stück *nie* wieder so günstig zu bekommen, erwiesen sich später als überflüssig. Anfangs reichte unser Geld auch nicht weiter als in der DDR, obwohl wir gut das Doppelte hatten. Wir waren in der Verpflichtung aufgewachsen, zuzugreifen, wenn es etwas gab, was preiswert war und nützlich sein konnte. Das gab es hier täglich.
Die Umstellung dauerte lange und war nicht einfach.
»Nichts ist hier unmöglich«, sagten unsere Freunde, »wenn Du Geld hast, kannst Du den Teufel tanzen lassen!«
Recht hatten sie. Bei Bombenanschlägen, Überfällen und Entführungen durch irgendwelche Terroristen tanzte der Teufel. Das Geld dazu war da. Es kam in Form von öffentlichen Zuwendungen, die ich nicht einmal dem Namen nach kannte, von Unterstützungen, für die Studenten nicht einmal ihre tägliche Anwesenheit nachweisen mußten, von rechtlich festgelegten Besoldungen, für die Beamte ihren Geldgeber beschimpften. Das Wort »Berufsverbote« war in aller Munde.
Das Schlagwort »parteipolitisch gelenkt« war ebenfalls ständig präsent. Nicht, daß jemand einmal auf die Idee gekommen wäre, sich darüber aufzuregen, daß in der DDR alles parteipolitisch

gelenkt sei! Nein, dort war das anscheinend normal und die Zuständigkeit nur einer Partei in einem Land, das sich »demokratisch« nennt, war und ist wohl das Pech der dortigen Bürger. Hier, in aller Vielfalt, wo jeder sich äußern konnte, war alles parteipolitisch gelenkt. Wohltätigkeitsveranstaltungen, Fernsehsendungen, Kindergärten, Jugendzentren, Sonderverkäufe, Unterschriftensammlungen, Bürgerinitiativen, Stellenangebote, Buchrezensionen, Geschäftseröffnungen, Sammlungen zur Blindenhilfe, die Aufnahme von Flüchtlingen, selbst Nächstenliebe – alles parteipolitisch gelenkt.

Ich verstand die Menschen hier nicht und es fällt mir heute noch schwer, alle Zusammenhänge zu überschauen. Bemerkte denn niemand, daß all dies, was bemängelt, eingeengt, abgeschafft wurde, Formen einer Freiheit waren und sind, die sie sich selbst immer mehr beschnitten? Die sie mit ihrem Kastendenken »rechts«, »links«, »Faschist« total einengten, in Frage stellten? Bemerkten sie überhaupt noch, daß sie frei waren, frei sind? Sie fühlen sich ständig gegängelt, unverstanden, unbefragt, isoliert, benachteiligt, unfrei.
Sie haben die Freiheit, sich öffentlich zu beschimpfen und zu beleidigen, wie das vor aller Augen im Bundestag geschieht, sie haben die Freiheit, dagegen etwas zu unternehmen. Sie haben die Freiheit, dagegen zu protestieren, wenn sie bei gewalttätigen Auseinandersetzungen fotografiert werden. Wenn sie aber die Verantwortung für solches Tun tragen sollen, fühlen sie sich unfrei.
Wer soll das alles verstehen.
Überhaupt sind viele dieser Menschen hier recht sonderbar.
Sie haben die Freiheit zu lesen, was sie wollen. Aber sie lesen nicht. Bücher über dreißig Mark sind zu teuer. Dafür gehen sie in das nächste Geschäft und kaufen sich für zweitausend Mark einen Videorecorder.
Sie haben die Freiheit zu veröffentlichen, was sie für richtig halten. Aber sie boykottieren ganze Verlage.
Sie haben die Freiheit zu denken, was sie wollen. Aber sie tun dies selten, sonst würden sie kaum so oft demonstrieren.
Sie haben die Freiheit zu wählen, wen sie wollen. Aber sie wählen nicht – es hat ja doch keinen Sinn.

Sie haben die Freiheit, sich ihre Freunde selbst auszusuchen. Aber sie lassen sie sich auf Partys und durch geschäftliche Verbindungen aufzwingen.
Sie haben die Freiheit zu essen, was sie wollen. Doch sie finden die passende Diät nicht.
Sie haben Die Freiheit, sich ihren Feierabend so zu gestalten, wie sie es wollen. Das empfinden sie als schwierig.
Oft kann man mit ihnen überhaupt nicht reden, weil sie sich die Freiheit nehmen, eine Meinung zu haben. Diese steht fest.
Es gibt einige unter ihnen, die finden das Leben in der DDR bedeutend besser als das hiesige.
Sie hätten die Freiheit, dort zu leben – das wollen sie auch nicht. Statt dessen richten sie dieses Land hier systematisch zugrunde, denn das ist relativ einfach.
Wir jedenfalls hatten die Freiheit, die wir uns in der DDR erträumten. Konnten sie in allen Formen und Auswirkungen kennenlernen.
Manches Mal waren wir ihr recht hilflos ausgesetzt.
Anfangs bei der Suche nach dem Wohnungsamt zum Beispiel, das für den DDR-Bürger zum ständigen Leben gehört und das es hier nicht gibt. Da waren wir schon froh, irgendwo auf einer Liste der zahlreichen Wohnungsbaugesellschaften zu stehen. Auf einer Liste stehen – das war bekannt, das beruhigte.
Doch irgendwann wurde auch uns klar, daß wir uns selbst helfen mußten.
Auch die Suche nach Arbeit war eine der Freiheiten, die wir nun hatten.
»Hier wird aber gearbeitet! Das ist nicht wie in der DDR!«, sagte einer der zahlreichen Personalchefs.
Er hatte noch nie in der DDR gearbeitet.

»Ich staune überhaupt, daß man Dich hier als Lehrer zuläßt«, sagte viel später ein Kollege unter Grinsen zu mir, als ich trotz fehlender Anerkennung eine Arbeitsmöglichkeit erhalten hatte. »Aus der DDR, da kannst Du doch ein Spion sein, so was dürfte eigentlich hier gar nicht in den Schuldienst. Na ja, man hat Dich ja auch nur auf die Ausländer losgelassen, da kannst Du nicht viel verderben!«
Er hatte die Freiheit, mir das zu sagen.

Zum Glück hatten wir die Freiheit, solche Menschen links liegen zu lassen. Leider gab und gibt es auch Situationen, wo das nicht möglich ist. Etwa, wenn Eingaben oder Beschwerden von einer oberen Stelle genau wieder dahin geleitet werden, wo die bemängelten Mißstände ihren Anfang nahmen. Aber diese Kreisläufe ist der geborene DDR-Bürger gewöhnt und findet sich nur eines Tages bei der für ihn doch noch absurd scheinenden Vermutung wieder, diesen oder einen ganz ähnlichen Beamtenstaat schon einmal kennengelernt zu haben...

Alles, was wir so erlebten, war unserer Entwicklung zum »freien Menschen« sehr hilfreich.

Was wir allerdings bis heute nicht begreifen, ist die Schläfrigkeit unserer Mitmenschen, die sich die unmöglichsten Zwänge auferlegen und selbst dem Frieden die Freiheit geben, kommunistisch zu sein, obwohl das der einzige Punkt sein wird, an dem sie ihre Freiheit verlieren.

Wir haben uns an viele dieser Ungereimtheiten gewöhnen müssen. Zum Glück haben wir auch Menschen kennengelernt, die sich der vielen Vorzüge dieses Landes bewußt sind, die sie sogar schätzen und erhalten möchten. Für die nicht nur das Recht auf Konsum, das Recht auf Recht und das Recht auf Forderungen im Mittelpunkt des Lebens stehen.

Sie haben uns das Eingewöhnen erleichtert.

Wiegenlied

Deutschland, auf weichem Pfühle,
Mach Dir den Kopf nicht schwer
Im irdischen Gewühle.
Schlafe, was willst Du mehr?

Laß jede Freiheit Dir rauben,
Setze Dich nicht zur Wehr.
Du behältst ja den christlichen Glauben!
Schlafe, was willst Du mehr?

Und wenn man Dir alles verböte,
ach, gräme Dich nicht zu sehr,
Du hast ja Schiller und Goethe!
Schlafe, was willst Du mehr?

Georg Herwegh

Teil I

Umbruch und Neuanfang: Heimat zwischen Fremden

Warum »Notaufnahmelager« auf allen Papieren stand, die uns so plötzlich umgaben, war mir im Zusammenhang mit unserer Familie zum damaligen Zeitpunkt nicht recht klar.
Mochten es die sich überstürzenden Ereignisse sein, die mein Denkvermögen trübten, die vielen Neuigkeiten, neue Möglichkeiten, Probleme. In Not zu sein, bedeutete für mich bisher etwas anderes, das hier, das war eine vollkommen neue Situation – aber es ging uns doch gut! Hätte man uns nicht so abrupt in die beiden Busse verladen und mit panischer Angst darauf geachtet, keinerlei Kontakt mehr mit dem äußeren Deutschland zu gewähren, so konnten wir beinahe von Wohlbefinden sprechen.
Doch die Illusion eines normalen Wohnungswechsels war uns gründlich genommen worden, es fehlten nicht nur die Möbel, Kleidung, Bücher, finanzielle Mittel, es fehlten sogar die nächsten Familienangehörigen, die Kinder.
Da begann die Not und sie war größer als die, keinen Paß oder kein Geld zu haben.
Herausgerissen aus jeder familiären Bindung, geschult durch ein Jahr sozialistischen Strafvollzug, geschwächt von den Bedingungen desselben, vorbereitet auf nichts – das waren wir.
Alles kam ein bißchen plötzlich, für uns wenigstens.
Wir hätten nun alle Möglichkeiten, sagte man uns in irgendeinem Zimmer, ohne näher zu umreißen, was mit »alle« gemeint war. Gewiß, wir hatten die Möglichkeit, hier ein »neues Leben« aufzubauen, es bestand die Möglichkeit, alle Möglichkeiten zu nutzen, aber wohin diese vielzitierten Möglichkeiten führten, das wußten wir nicht.
Dieter nicht und ich nicht.

Wir hatten keine Ahnung, wie es nun weitergehen sollte. So sagte nach dem eintägigen Befragungsrundlauf im Lager, nach gutem Essen, Bienenhonig und Bananen und gestifteter Kleidung ein netter bundesdeutscher Beamter zu uns:
»Wissen Sie denn schon, was Sie jetzt tun wollen?«
Schweigen.
»Ja, Sie müssen doch wissen, wo Sie Ihren Wohnsitz wählen wollen! Haben Sie keine Verwandten hier?«
Schweigen, ja, nein, nein!
»Ja, was denn, haben Sie Verwandte oder nicht?«
»Schon, entfernte, aber die wissen nichts von unserer Ausreise und wir wollen ihnen nicht zur Last fallen.«
»Ja, haben Sie denn niemanden? Freunde?«
»Doch, Freunde!«
»Können Sie da nicht bleiben? Wissen Sie, wir können Sie ja vorerst in ein Lager einweisen, wenn Sie das wollen . . .«
Wir hörten nur das Wort »Lager« und antworteten ihm, daß wir zu unseren Freunden fahren könnten.
Mit dem ersten Geld riefen wir sie an und sagten: »Wir sind da!«
Das Erstaunen war so groß, daß es vergeblich wäre, die darauffolgende Pause und die Fragen zu beschreiben.
Dann die Frage: »Wißt Ihr schon, wo Ihr hinwollt?«
»Nein.«
»Dann kommt doch zu uns! Wir freuen uns!«

Der Notaufnahmelagerbeamte freute sich mit uns, als er dieses Einverständnis vernahm. Am Abend des ersten Tages in der neugewonnenen Freiheit, mit der wir im Moment absolut nichts anzufangen wußten, bekamen wir dreihundert Mark, auf der Empfangsbestätigung als einmalige Unterstützung der Bundesregierung ausgewiesen, eine Fahrkarte pro Person zu dem angegebenen Reiseziel und neben etlichen anderen Formularen einen lebenswichtigen Zettel.
Er war von der »Außenstelle des Landesarbeitsamtes Hessen im Notaufnahmelager Gießen« zusammengestellt worden und trug die Überschrift: »Wegweiser für die ersten Schritte«.
Dieses Anliegen hatten die Hersteller sehr genau genommen, denn die Wegweisung begann bereits am Lagertor:

»Nach Verlassen des Notaufnahmelagers ist am Einweisungsort folgendes zu unternehmen:

1. Anmeldung am Wohnort

Erwerb eines Vordrucks zur polizeilichen Anmeldung in einem Papierwaren- oder Bürobedarfsgeschäft,
Ausfüllen dieses Vordrucks,
Abgabe beim zuständigen Einwohnermelde- oder Bürgermeisteramt,
Entgegennahme des Abschnittes mit Anmeldebestätigung.

Beim Einwohnermelde- oder Bürgermeisteramt auch Ausstellung eines Personalausweises beantragen. Für diesen Antrag sind 2 Lichtbilder erforderlich, möglichst keine Automatenbilder.

Wir wußten zu diesem Zeitpunkt nicht einmal, was »Automatenbilder« waren. Einwohnermelde- oder Bürgermeisteramt mußte so etwas wie Rat der Stadt oder Rat der Gemeinde sein, je nachdem, wie groß der Ort sein würde, den wir ansteuerten. Daß wir einen Personalausweis benötigten, war uns klar und polizeiliche Anmeldung ist für jeden ehemaligen DDR-Bürger eine Sache, die ihm in Fleisch und Blut übergegangen ist.
Als nächste Schritte empfahl unser »Wegweiser« die Einrichtung eines Gehaltskontos bei fester Wohnsitznahme,
die Vorsprache beim Arbeitsamt mit ausgefülltem Antrag,
einen Antrag auf »Hilfe zum Lebensunterhalt« bei der zuständigen Gemeindeverwaltung (Sozialamt),
eine Beratung in Rentenangelegenheiten bei der Krankenkasse und eine Vorsprache bei der Stadtverwaltung bzw. beim Landratsamt – Flüchtlingsamt – zwecks Antragstellung auf Anerkennung als Vertriebener oder politischer Häftling beim Vorliegen entsprechender Eigenschaft.
Wir arbeiteten uns durch die Anweisungen hindurch und kamen zu der Überzeugung, daß es uns gelingen würde, alle Ämter auseinanderzuhalten und nach Ausfüllung aller notwendigen Formulare sowie Beendigung sämtlicher Vorsprachen wieder in den Status eines unauffälligen, braven, arbeitsamen deutschen Bürgers zurückzukehren.

Lediglich eines stand nicht in sämtlichen Anweisungen und Formblättern: Wie, wann und wo können zwei freigekaufte Deutsche ihre Kinder wiederbekommen, die sich zwar auch in Deutschland befinden, aber im anderen Teil.
Wir verließen das Lager noch am gleichen Abend, in unserer Obhut einen Gleichgesinnten, der sein neues Leben in Hannover beginnen wollte, aber erhebliche Schwierigkeiten bei der Anlaufnahme hatte. Die »einmalige Unterstützung der Bundesregierung« war von ihm zu reichlich in flüssige Wegzehrung umgesetzt worden.
Während der Fahrt, die wir wohlig auf den bequemen Liegesitzen genossen, schlief er entweder oder versuchte des öfteren einen von uns zu umarmen. Mit dem ersten Morgengrauen wurde er munterer, was nicht hieß, daß sein Rausch vorbei war, begann, die mitgegebenen Frühstückspakete zu inspizieren und im gleichen Atemzug das Cottbuslied lautstark zum Besten zu geben. Dann unterrichtete er uns von seinen Plänen: Erst mal ein Mädchen, dann vielleicht noch eins und dann ... schlief er wieder ein.
Hoffentlich fand er auf dem Bahnsteig Hannover einen verständnisvollen Menschen, der ihn nicht wegen Trunkenheit verurteilte, sondern bemerkte, daß dieser Rausch ein Glücksrausch war.
Wir fuhren weiter und kamen im Morgengrauen dort an, wo unsere neue Heimat nun sein sollte, im Norden Deutschlands.
Als wir auf dem Bahnhof eintrafen, konnte ich ein Frösteln nicht mehr unterdrücken. Die Morgenstunden waren kalt, die Landschaft kahl und einsam, alles in allem ein unfreundlicher Empfang, der sich uns da bot.
Vielleicht hätte dies eine Vorahnung von dem sein können, was uns erwartete. Es wurde von uns nicht so gewertet, wir waren keine Menschen, die ein »neues Leben« mit düsteren Prognosen und Vorahnungen beginnen.
Als die Freunde kamen, um uns in Empfang zu nehmen, war dieser so herzlich, daß ich weinte, vor Glück.
Die ersten Wochen hier »im Westen« glichen tatsächlich einem Rausch, alles schien nur so an uns vorbeizufliegen. Da war zuerst einmal der Unterschied zur vorangegangenen Haft, ganz natürlich, daß dieser sehr kraß war. Kein Wecken mehr früh halb vier, kein Druck den ganzen Tag, gutes Essen, Freizeit – wir

wußten es jetzt alles mehr als vorher zu schätzen. Wir bewunderten die Vielfalt der Brotsorten, der Milchprodukte, der Gemüse, konnten kaum fassen, daß es um diese Jahreszeit – fast noch im Winter – Äpfel, Birnen, Pilze, Tomaten – ja praktisch alles gab, worauf man Appetit hatte. Waren wir doch gewohnt, stets nur das vor der Nase zu haben, was die Saison bot, und das war im Winter Kohl, wenn wir Glück hatten auch ein paar eingelagerte Äpfel. Das hier, das war für unsere Begriffe der reinste Luxus, aber ein Luxus, den man sich leisten konnte, wie wir sahen. Später wurde dieses Wunder auch für uns Alltag, wie man sich an alles Gute schnell gewöhnt.
Wir genossen die Kaufhäuser, sahen mit Erstaunen, in welchem Umfange hier Einkäufe getätigt wurden, da gab es Kartons an den Kassen, so einen Karton mit den gekauften Herrlichkeiten zu füllen, war überhaupt kein Problem, und wenn man bei all dem plötzlich hereingebrochenen »Wohlstand« das Rechnen nicht vergaß, konnte man nach solch einem Einkauf trotzdem noch Geld in der Tasche haben.
Riesige Glastüren öffneten sich von selbst, Kinder wippten und schaukelten auf Pferden, in Raketen, in den Kaufhäusern führten Videofilme dem staunenden Käufer die neuesten Errungenschaften vor, an meterlangen Kleiderständern probierten Männlein und Weiblein stundenlang Lederjacken und Pelze und konnten sich letzten Endes winziger Farbnuancen wegen doch nicht entscheiden. Da fanden Frauen unter einem wahren Superangebot von Kaffeemaschinen nicht die passende für ihre Küche und in Spezialgeschäften für Dekorbedarf, wo man buchstäblich von Tüll, Falbeln und Mustern erschlagen wurde, fehlte den suchenden Käufern eben immer noch das »Tüpfelchen auf dem I« für die neue Wohnung. Wir brauchten nicht lange zu beobachten, um mit Erschrecken zu bemerken, daß viele dieser so krampfhaft suchenden Käufer einem fast krankhaften Perfektionismus verfallen waren und darüber das Freuen vergaßen. Daß dieser Wohlstand auch an uns nicht spurlos vorübergehen würde, war uns klar. Aber so oft wir uns darüber unterhielten, immer sagten wir uns, wenn es auch mit uns so weit kommen sollte, daß wir nur noch konsumierten, dann war der Zweck unserer Übersiedlung verfehlt. Für diese Art des Lebens fehlte uns der Sinn.

Wir machten für unsere Familie Pläne voller Hoffnung, wie wir hier würden leben können, leben und arbeiten. Und reisen! Es mußte wunderbar sein, natürlich würden wir es schaffen, uns wieder eine Existenz zu gründen, ein Heim für unsere Familie, eine Burg gegen Widernisse, die kommen würden. In eine neue Welt waren wir da gekommen. Wir wollten sie erobern!
Vorerst hielten uns die Behördengänge in Schach und bestimmten unsere Freizeit. Mit den Formularen, die wir gemeinsam mit unseren Freunden ausfüllten, hätte man getrost einige Aktenordner füllen können. Die Stunden, die wir auf den verschiedensten Ämtern verbrachten und von Zimmer zu Zimmer geschickt wurden, weil man mit »so jungen« DDR-Bürgern ja überhaupt keine Erfahrungen hatte, füllten insgesamt ebenfalls Tage. Die Beamten waren bis auf wenige Ausnahmen alle ausgesprochen nett und entgegenkommend, nur teilweise sehr ahnungslos und hätten manchmal einiger Nachhilfestunden in ihrem Amt bedurft. Auch Schnelligkeit war nicht eben immer ihre Sache, ob dies nun eine spezielle Eigenschaft der Norddeutschen war, konnten wir noch nicht entscheiden. Aber alles ging seinen »sozialistischen Gang«, wie wir es ja gewohnt waren und nach und nach waren wir registriert, numeriert, analysiert, amnestiert, rehabilitiert – kurz, irgendwann waren wir auf dem Papier unserer neuen Personalausweise, die die provisorischen ersetzten, echte Bundesbürger.
So einfach war das alles.
Nur die Sache mit den Kindern war nach wie vor ungeklärt. Würde die DDR ihr Versprechen halten und sie innerhalb der zugesagten 12 Wochen ausreisen lassen? Wann würden wir sie wieder in unsere Arme schließen können?
Am Abend des Ostersonntags, an dem traditionsgemäß die Osterfeuer abgebrannt wurden, konnten wir an der uns umgebenden Hoffnung und Fröhlichkeit nicht teilnehmen. Wir standen am Fenster und starrten in die Dunkelheit, und unsere Gedanken waren bei dem, was wir zurückgelassen hatten, bei den Verwandten, den Freunden, den Kindern. Wir waren hier in der Freiheit, aber es war schwerer als gedacht, das Vergangene abzuschütteln. Alles war ungewiß. Uns ging es gut, wann würden wir unsere Lieben wiedersehen können, sie jemals an unserem Glück auch nur ein wenig teilhaben lassen können?

In den Abendstunden kamen oft Freunde unserer Freunde vorbei, auf einen »Schnack«, wie man hierzulande zu einer Unterhaltung bei Bier und Korn sagt. Wenn sie auch nicht viel erzählten, so hatten sie doch einen reichen Vorrat an Fragen, die sie uns stellten.
Und wenn wir dann erzählten, schüttelten sie ein über das andere Mal die Köpfe und meinten, *so* hätten sie sich das in der DDR ja man nicht vorgestellt. Wir erzählten Abende und Nächte lang. Von den hierzulande vielgelobten »billigen« Wohnungen in der DDR, mit Plumpsklo auf dem Treppenabsatz und Bad in den Träumen. Von den Preisen für die sogenannten Grundnahrungsmittel, die die gleichen waren, wie hier, von den Löhnen, die sie sich überhaupt nicht vorstellen konnten. Wir erzählten von der allgemeinen Wohnungsnot, von den Schwierigkeiten, zwei kleine Zimmer anzubauen, die wir jahrelang am eigenen Leibe erfahren durften, von der verstaatlichten Erziehung der Kleinkinder, weil die Mütter gezwungen sind, mitzuarbeiten, von den begrenzten Urlaubsmöglichkeiten, wenn man überhaupt die Mittel für einen Urlaub aufbringen kann, von der Freude über ein »Westpaket«, von der Wut über herausgenommene Sachen aus den Geschenkpaketen, von den Anstrengungen, die man unternimmt, um dem »Westbesuch« eine heile Welt vorzugaukeln – man möchte ja auch zeigen, daß die eigene Arbeit etwas wert ist – ja, wir erzählten, erzählten, erzählten. Wir erzählten auch von der Bespitzelung durch den Staatssicherheitsdienst auf Schritt und Tritt, von der berühmt-berüchtigten »Kaderakte«, die jeden Bürger der DDR sein Leben lang begleitet und mit ihrem Inhalt über sein Wohl und Wehe bestimmt – bei einem kritischen Satz zum System nur noch über das »Wehe«. Wir schilderten die Schwierigkeiten der Kinder und Jugendlichen, die konfirmiert wurden und nicht die obligatorische sozialistische Jugendweihe empfingen, die in dem absoluten Treuegelöbnis zum Staat gipfelte, von ihrem beschwerlichen Lebensweg, dem von vornherein die »gleichen Bildungschancen für alle« genommen sind. Wir schilderten das von der hiesigen Propaganda so hochgelobte Gesundheitswesen der DDR, in dem die Ärzte schwerkranken Patienten hinter der vorgehaltenen Hand zuflüsterten, ob sie sich nicht die betreffende Medizin aus der BRD besorgen könnten, in dem Säle mit fünfzehn und mehr

schwerkranken Patienten an der Tagesordnung waren und wo von den etwas gesünderen verlangt wurde, sich um die schwerkranken, frischoperierten, mitzukümmern. Wir erzählten von dem Mangel an Medikamenten und Instrumenten auf dem Sektor des staatlichen Gesundheitswesens, der Ärzte in solche Gewissensnöte verstrickte, daß sie den einzigen Ausweg daraus in dem Verlassen dieses Staates sahen, obwohl man über die Richtigkeit solcher Schlußfolgerungen geteilter Ansicht sein konnte.

Wir berichteten von der doch recht profanen Suche nach einem Badeofen, die sich über zwei Jahre hinzog und uns zwang, das Badewasser in der Waschmaschine zuzubereiten, wir berichteten von der stolzen Eroberung eines Pfundes Bananen für sage und schreibe zwei Mark und fünfzig Pfennige, weil wir ja stabile Preise gewöhnt waren. Wir erklärten den staunend zuhörenden Dorfbewohnern den Buschfunk, der so blendend funktionierte, wenn es Obst, Südfrüchte, saure Gurken, Radieschen oder Blumenkohl gab, erzählten von den horrenden Preisen für westdeutsche Erzeugnisse, wenn es wirklich einmal etwas davon gab. So bin ich wohl bestimmt zehn Mal um den Korb mit den Weinbrandkirschen westdeutscher Herkunft herumgelaufen, die unsere Kaufhalle eines Tages wie ein Wunder aus Tausend und einer Nacht dazustehen hatte und habe immer wieder überrechnet, ob wir uns eine Packung zu fünfundzwanzig Mark wohl leisten könnten. Wir konnten nicht.

Und als im Osterpäckchen von der Tante der Schokoladenosterhase nichts mehr von seiner Form vorzuweisen hatte, weil das ganze Päckchen durch und durch verwühlt war, konnte ich vor Wut heulen. Wenn es wirklich einmal Schokoladenosterhasen in unserem Konsum gab, war es erstens Glückssache, den Tag abzupassen, zweitens, für jedes Kind einen zu bekommen, und drittens mußte man noch das Glück haben, in der Schlange nicht zu weit hinten zu sein, weil man sonst nur noch auf die Fondanteier ausweichen konnte. Klar, daß wir auch lebten, klar, daß wir auch nicht schlecht lebten, daß wir aus allem das Beste zu machen versuchten – aber wer kann sich schon das Nervenaufreibende eines solchen DDR-Alltages vorstellen? Unsere Gäste schüttelten ein um das andere Mal die Köpfe und nahmen sich vor, auch wieder mal ein Paket an halbvergessene Bekannte

zu schicken, weil man ja wirklich menschlich denken müsse, wo es einem doch ganz gut gehe.
Auch von der Haftzeit mußten wir berichten, immer und immer wieder. Dieter von seiner Arbeit im Braunkohlentagebau, wo die Männer bei minimalster Verpflegung Schwerstarbeit verrichten mußten, mit normaler Bekleidung bei jedem Wetter teilweise bis zu den Knien im Schlamm stehend. Wo auch geschlagen wurde, wenn einer der Männer vor Entkräftung meinte, nicht mehr weiterzukönnen. Von meiner Zeit in der Schälküche im Leipziger Untersuchungsgefängnis, in der ich Lasten schleppen mußte, die bis an das Äußerste meiner Kraft gingen, wo man von uns Normen verlangte, die unerfüllbar waren und unsere blutenden, geschundenen Hände nicht einmal die Beachtung einer Krankenschwester fanden. Und immer wieder der höhnische Satz der Wärterinnen, »es ist ja Ihre Schuld, daß Sie hier sind!« Nichts empfand ich als Schuld, gar nichts, nur die Frage nach den Grundfesten dieses Systems stellte ich mir damals immer wieder – wie konnte es sich mit all dem himmelschreienden Unrecht in dieser Form so felsenfest halten? Wie brachte man es fertig, all die Helfer und Helfershelfer so abzustumpfen, ja zu entmenschlichen, daß sie dem doch für alle sichtbaren Unrecht ihre Kräfte zur Verfügung stellten? Wo war ihr Gewissen? Wo war es, wenn sie Müttern die Kinder wegnahmen, Ehegatten voneinander trennten und eine Begegnung während der Haftzeit durch alle nur möglichen Schikanen fast unmöglich machten? Wo war ihr Gewissen, wenn sie kranke Häftlinge zur Arbeit zwangen, ihnen selbst beim totalen Zusammenbruch medizinische Hilfe verweigerten, unmenschliche Strafen verhängten, die nicht sein mußten?
Wo war eine menschliche Seite dieses Arbeiter- und Bauern-Staates, die nicht Mittel zum Zweck war? Wo war das menschliche Antlitz des Sozialismus, des Kommunismus, des gepriesenen humanen Gesellschaftssystems?
Alles, was an solchen Abenden, bei solchen Zusammenkünften gesagt wurde, kam zum größeren Teil von unserer Seite, wurde mit Staunen und sogar einem gewissen ». . . das ist doch nicht möglich« aufgenommen. Diese Schilderungen, die Abende überhaupt, brachten mich manches Mal an den Rand der psychischen Erschöpfung. Zu frisch war das alles noch, zu hautnah, aber

doch nicht banal genug, um es zu verdrängen, oder einfach zu sagen: »Schwamm drüber«. Das war mir klar und Dieter auch, ein »Abstreifen« der hinter uns liegenden Jahre würde es nicht geben können, um unserer Verwandten und Freunde Willen nicht, um eines ganzen Volkes Willen nicht. Mit diesem Zwiespalt würden wir leben müssen, dem Zwiespalt des »normal sein wollens« und »doch anders sein«. Und so oft ich mir im Stillen überlegte, ob ich mir dies alles nur »von der Seele reden« müsse, ob es ein zorniges Erzählen sei, eine Abrechnung – so oft mußte ich mir die Antwort geben, daß da in mir gar kein Zorn war.

Was ich fühlte, war eine tiefe Traurigkeit, eine noch tiefere Verachtung für die Regierenden drüben und ihre mehr oder weniger freiwilligen Helfer und so etwas wie eine Verpflichtung, hier im Wohlstand, in der trotz aller Abstriche doch gesicherten Existenz und Freiheit nicht zu vergessen, daß es auch Deutsche gibt, die anders leben, leben müssen.

In einer solchen Abendstunde fiel dann einmal der Satz: »Sie müßten das alles aufschreiben, alles!«

Ich erfuhr mehr und mehr in der darauffolgenden Zeit, daß die Menschen hier so gut wie nichts vom jetzigen Leben der Deutschen in Mitteldeutschland wußten, daß sie besser informiert waren über die Militärdiktatur in Chile und Südafrika, daß sie Afghanistan nach kurzem pflichtgemäßem Moralgeschrei vergaßen und für ihre deutschen Nachbarn kaum noch Interesse aufbrachten.

So entstand aus dem nur hingeworfenen Satz »Sie müßten das alles aufschreiben« eine Verpflichtung.

Ein Jahr später fing ich damit an.

Die schöne, sorgsam behütete Zeit der Eingewöhnung bei unseren Freunden ging zu Ende, wir zogen um, vorerst in eine Übergangswohnung. Freundliche Leute hier im Ort überließen sie uns kostenlos. Die vorherigen Bewohner waren gestorben, nun stand das Haus leer, die obere Etage war bewohnbar und zum Teil möbliert, ein Glück für uns. Wir hatten unter dem Dach zwei Zimmer, die wir renovierten, hatten ein altes Schlafzimmer, das wir benutzen konnten, hatten Küchen- und Wohn-

zimmermöbelfragmente vom Sperrmüll und fanden es recht gemütlich. Der Anfang war gemacht.
Wir bekamen Arbeitslosengeld. Die Briefträgerin brachte es mit der Post und ich war so beglückt über die Höhe desselben, daß ich ihr ein reichliches Trinkgeld in die Hand drückte. Das fand sie unmöglich und machte mir klar, daß dies vom Arbeitslosengeld nicht üblich sei.
Ich verstand sie nicht.
Wir hatten jetzt eigenes Geld und konnten beginnen, zu planen. Hatten wir bisher immer unter der Obhut der Freunde deren Einkäufe beobachtet, selbst nur kleinere getätigt, so mußten wir nun selbständig werden.
Als erstes legten wir uns einen gewaltigen Vorrat an Konserven an, denn erstens fanden wir es wahnsinnig praktisch, nicht jeden Tag nach dem herumlaufen zu müssen, was man kochen wollte und andererseits überwältigte uns die einfache Tatsache, daß alles, aber auch alles, da war. So legten wir immer noch ein paar Konserven in den Wagen dazu und brauchten dann die nächsten Wochen nichts Derartiges mehr einzukaufen. Im Supermarkt vor der Tür stand ein großer Tisch mit Steppdecken, Nylonsteppdecken in den schönsten Farben. Wohl eine halbe Stunde beschauten, befaßten und bestaunten wir sie, bis wir uns Mut faßten und die Verkäuferin fragten, ob sie uns wohl zwei der Decken zurücklegen könnte, wir hätten im Moment nicht genügend Geld dabei. Warum sie uns so merkwürdig anschaute, konnte ich damals nicht begreifen. Aber sie legte uns die Decken zurück, nachdem wir sie angezahlt hatten. Wir holten sie gleich am nächsten Tag ab, weil wir in der Nacht Angst bekamen, daß sie sie doch noch verkaufen würde und wir dann sicher nie wieder so günstig so schöne Decken bekommen würden.
Es gibt die Decken heute noch, nach acht Jahren, im gleichen Warenhaus, zum gleichen Preis.
Am gleichen Tag kauften wir noch alles, was wir in den vergangenen dreißig Jahren in der DDR wohl gern mal als Paket bekommen hätten und schickten es zu unseren Eltern und den Kindern.
So war es in dieser ersten Zeit sehr schwierig für uns, zu begreifen, daß sogenannte Sonderangebote etwas alltägliches waren, also nicht, wie wir es erst verstanden, Einmaliges, Beson-

deres. Oft genug unternahmen wir nach alter Gewohnheit Hamsterkäufe, um ein paar Tage später festzustellen, daß es die gleichen Artikel im anderen Supermarkt noch billiger gab. Oder das Sonderangebot taugte nichts, auch das war uns neu, so hatten wir einmal eine ganze Reihe Bohnen in Dosen erstanden, sagenhaft billig, aber allesamt hart.
Wir erprobten auch, ob im Fernsehen Gesagtes über die Verkaufsmethoden stimmte. So hatten wir beispielsweise noch in der DDR gehört, in den Kaufhäusern würde der Kunde von sanfter oder flotter Musik buchstäblich »eingelullt« und kaufe dadurch mehr. Zumindest bei uns konnten wir keinen Erfolg dieser Methode feststellen. Die Musik fanden wir zwar herrlich, aber zu mehr als längerem Verweilen und Schauen trug sie nicht bei.
Waren wir von der alten Heimat her scharfes Rechnen gewöhnt, so führten wir dies auch hier durch. Anders wären uns zumindest die ersten Monate im »Goldenen Westen« schlecht bekommen. Für uns war er nun einmal golden, damals zumindest noch. Abend für Abend gingen wir in unserem kleinen Dorf spazieren, einmal »um den Pudding« und bestaunten Schaufenster. Ein Elektrogeschäft, zwei Lebensmittelläden, ein Haushaltwarenladen, eine Apotheke. Wir staunten und verglichen immer wieder und waren uns darin einig, daß diese paar Läden mehr zu bieten hatten als die halbe Leipziger Innenstadt.
Eine andere Überraschung erlebten wir beim Tapezieren der Wohnung. Sehr matte Puddingfarben à la rosa und blausa gewöhnt, die Sehnsucht nach satten, dunklen Farben unerfüllt im Herzen, legten wir voll los. Richteten uns nach DDR-Mischungsverhältnissen – und hatten prompt das Ergebnis an den Wänden! Sattbraun, knallgelb, signalrot. Jeder Raum ein Erlebnis. Die so netten Wirtsleute schüttelten, als sie sich unbemerkt glaubten, den Kopf und meinten rücksichtsvoll zu uns, jeder habe eben einen anderen Geschmack.
Ich weiß, daß sie nach uns wieder neu tapezierten, obwohl die Wände tadellos waren. Sehr helle Farben. Hätten wir auch gemacht.
Was wir sehr vermißten, war ein Wohnungsamt. Das war so schön einfach gewesen, man ging hin, erfuhr, ob eine Wohnung frei war oder nicht, meistens war »oder nicht« der Fall, und kam

auf eine Liste. Hier landeten wir beim Bürgermeister, der uns versicherte, die Gemeinde werde uns im alten Gemeindehaus eine Wohnung zur Verfügung stellen, die in Kürze frei würde. Selbstverständlich. Dies sollte auch noch vor Ankunft der Kinder geschehen, die wir ja bald erhofften. So warteten wir geduldig, wie wir es gewöhnt waren, aber die erwähnte Wohnung bekamen wir nie. Dadurch verpaßten wir ein paar andere Gelegenheiten und waren nach einem Vierteljahr immer noch in unserer Behelfswohnung.

Ein unerwartetes Problem war die Kindergeldfrage. Keine Frage, daß die Kinder lebten, aber wer konnte das beweisen? Von hiesiger Seite verlangte man eine in der DDR ausgestellte Lebensbescheinigung. Diese stellten die pflichtbewußten DDR-Behörden aus irgendwelchen prinzipiellen Gründen nicht aus. Dafür schrieben sie uns im Gegenzug, da wir nun in der Bundesrepublik lebten, hätten wir die Verpflichtung, für unsere Kinder zu zahlen und nannten uns eine beträchtliche Summe, die wir nun monatlich in DM West an die DDR-Behörde zu überweisen hätten.

Hier gab ich meine Zurückhaltung auf, und schrieb den lieben ehemaligen »Kolleginnen und Kollegen«, daß meine Kinder erstens nicht freiwillig in der DDR lebten, zweitens hier kein Kindergeld erhielten, weil man mir nicht bestätigte, daß sie in der DDR lebten, ich also drittens für nicht existierende Kinder offiziell nicht zahlen würde. Ich fügte aber noch hinzu, wir würden unsere »inoffiziell« in der DDR lebenden Kinder und die sie erziehenden Großeltern mit uns angemessen scheinenden Sachsendungen unterstützen. Daraufhin – nach etwa acht Wochen – erhielten wir die unterschriebene Lebensbescheinigung zugeschickt.

Nun zahlten uns die zufriedengestellten bundesdeutschen Behörden für die offiziell in der DDR lebenden Kinder hier halbes Kindergeld, da ja hätte sein können, man zahlte den Großeltern »drüben« auch noch Kindergeld. Dieses betrug dort zwanzig Mark pro Kind.

Wir blieben bei unseren Paketsendungen und verweigerten die geforderten Überweisungen.

Inzwischen fragten wir bei jeder passenden und auch unpassenden Gelegenheit nach Möglichkeiten, unsere Kinder baldigst

bekommen zu können. Es gab keine Abmachungen, keine Gesetze, nur inoffizielle Andeutungen. Die Bundestagsabgeordneten beider großen Parteien versprachen uns, sich in der Angelegenheit zu bemühen. Wir hofften und hofften und warteten.
Wie wir hinterher erfuhren, wurden in dieser Zeit unsere Eltern in der DDR befragt, ob sie gewillt wären, die Kinder bei sich zu behalten und zu erziehen. Die Vertreter des Jugendamtes mußten unverrichteter Dinge abziehen, da unsere Eltern unmißverständlich erklärten, die Kinder gehörten zu ihren Eltern.
Wie wir viel später hörten, lief in der DDR das Ganze dann folgendermaßen ab: Man gab unseren Eltern Bescheid, sie hätten die Kinder übermorgen, also in zwei Tagen, zum Grenzkontrollpunkt zu bringen und uns zu übergeben. Bis dahin sollten sie Paßbilder für beide, Zeugnisse, Impfbescheinigungen und alle persönlichen Dinge besorgen. Man muß wissen, daß es in der DDR unmöglich ist, innerhalb von zwei Tagen Paßfotos zu bekommen. Dies ist nicht einmal in zwei Wochen möglich. Auf den Protest hin war man gnädig und verlängerte die Frist um drei Tage. Aber an dem bezeichneten Tag hatten die Kinder bis zu einer genau festgelegten Uhrzeit die DDR zu verlassen.
Unsere Eltern nahmen sich frei und waren im Dauereinsatz. Sie wußten, daß wir hier noch nicht viele Mittel zur Verfügung hatten, also sollten die Kinder so komplett wie möglich hier ankommen. Es war sicher nicht leicht. Ein befreundeter Hobbyfotograf fertigte die Paßfotos für die Kinderausweise zum Grenzübertritt.
Als wir das Telegramm erhielten, in dem uns Uhrzeit und Übergabeort mitgeteilt wurden, hatte ich das Gefühl, mein Herz würde einen Moment aussetzen, um sich dann in total verrücktem Wirbel zu überschlagen. Ich hielt das Telegramm in den Händen, heulte vor Freude und konnte es nicht fassen. Immer und immer wieder lasen wir am Abend dieses Tages: »Ankunft der Kinder 19. 7. ab 12 Uhr, bitten um Übernahme Grenzübergang Horst.« Grenzübergang Horst war in der DDR.
Natürlich gab es sofort Bedenken von allen Seiten, auch wir selbst sahen das Ganze nicht so unkompliziert, wie es sich im Telegramm anhörte. Waren wir doch in der DDR verhaftet und verurteilt worden, weil wir dieses Land verlassen wollten, konnten wir dann durch glückliche Umstände dennoch ausreisen und

hatten beim Überfahren der Grenze aufgeatmet – nun rief man uns zurück. Amtlicherseits sozusagen, denn wenn in diesem Telegramm deutlich geschrieben stand: „Übernahme Grenzübergang Horst“, so war es auch der Wille der DDR-Behörden und nicht weniger.
So verständlich nach allen zurückliegenden Erfahrungen die Angst war, schon wieder »dort hinüber« zu fahren – es ging darum, unsere Kinder zu holen, und das hätten wir wohl auch getan, wenn man uns um die halbe Welt geschickt hätte.
So fuhren wir an jenem Tag nicht ganz ohne Herzklopfen zum angegebenen Ort. Ich hatte vorher für die Kinder alles zusammengepackt, was zu einem zünftigen Picknick nötig war, alles, was uns hier so herrlich schmeckte und was wir bisher immer allein essen mußten. Es sollte ein schönes Wiedersehen werden.
Am Grenzübergang sah sich der diensthabende Beamte unsere nagelneuen Pässe an, sah uns an und sagte dann: »Sie sind doch erst vor einem Vierteljahr herüber gekommen, wollen Sie tatsächlich das Risiko eingehen und schon wieder in die DDR einreisen?« Wir erklärten ihm die Situation, daß dies für uns die einzige Möglichkeit sei, unsere Kinder wiederzubekommen.
Er verstand, aber er sah das Ganze sehr bedenklich. Schließlich ließ er sich von uns jede Menge Angaben machen, schrieb Adressen von Freunden auf, die Anschrift eines Rechtsanwaltes, alles, was er für nötig hielt. Wir machten ihm die Angaben bereitwillig, und bevor wir losfuhren, sagte er: »Ich notiere mir hier die genaue Uhrzeit Ihrer Einreise. Wenn Sie in zwei, na, sagen wir in drei Stunden nicht zurück sind, dann wissen Sie, was ich tue!«
Wir wußten es, waren dankbar für seine Vorsorge. Aber die innere Unruhe, die uns erfaßt hatte, wurde davon nicht kleiner.
Wir fuhren los. Nahmen uns noch vor, auf keinerlei Fragen oder Unterhaltung einzugehen. Wir wollten unsere Kinder, sonst nichts. Passierten die DDR-Grenzsperren mit ihrer verschlungenen Wegführung, sahen die aus dem Beton herausragenden Sperrwände, die hohen Wachttürme, die Soldaten mit ihren Waffen, die unfreundlichen Gesichter der Wachhabenden, Stacheldraht, Beton, Scheinwerfer, Betonhindernisse, Hinweisschilder, Betonbahnen. Wir fuhren in ein Land aus Beton, ich fröstelte, obwohl es sommerlich warm war, schlug die Arme ein und

steckte schließlich die Hände in die Taschen, damit das leichte Zittern nicht bemerkt würde, das ich nicht unterdrücken konnte. Wie damals, schoß es mir durch den Kopf, wie damals, als sie uns verhafteten, genau so.

Wir gaben die Pässe ab, die nagelneuen, und warteten. Es war kein Betrieb an diesem Tage, die Grenzposten hatten nichts zu tun. Gelangweilt schauten sie in die Gegend, kein Blick verirrte sich zu uns. Wir wußten, die Wachtposten hatten uns im Blick, jede Minute. Hier in der DDR ist niemand unbeobachtet.

Wir warteten. Warum dauerte das alles so lange? Alle hier wußten doch längst, daß an diesem Tage zwei Kinder übergeben werden sollten, das geschah so selten, daß man es als Ereignis werten konnte.

Niemand kümmerte sich um uns und wir wagten nicht einmal den Versuch eines Aussteigens. Um uns Wachtposten mit reglosen Gesichtern, teilnahmslosen Augen, sicher hatten sie daheim auch Kinder, hier aber waren sie Roboter, irgendwo an einem Kleiderhaken in den Baracken hatten sie ihre Seele abgehängt, für die Zeit ihres Dienstes hier an dieser mörderischen Grenze. War auch einfacher so, sie hätte sie nur bei der Ausübung ihres Dienstes gehindert, verhindert, daß sie auf Flüchtende schossen und die Sperrhindernisse aus Beton bedienten.

Land aus Beton – wo waren die Menschen? Die Menschen, die wir kannten, liebten? Warum sperrte man sie ein wie Vieh, nahm ihnen das Recht, zu fahren, wohin sie wollten, zu besuchen, wen sie wollten? Warum mauerte man sie ein, warum diese Politik, die doch eine Politik der Schwäche war?

Fragen über Fragen, die hier während der unfreiwilligen Pause in mir hochstiegen, die ich mir schon bis zur Verzweiflung gestellt hatte.

Da, endlich, einer der Wachthabenden, Oberleutnant, kam aus der Baracke heraus, ging an dem leer vor sich hinstarrenden Wachtposten vorbei, auf uns zu. Unsere Pässe in der Hand, beugte er sich nun leicht zu unserem halb geöffneten Autofenster hinunter, musterte uns kurz, fragte dann: »Sie wollen also Ihre Kinder hier übernehmen?«

»Ja«, antworteten wir wohl beide.

»Na, gefällt es Ihnen nun in der kapitalistischen Bundesrepublik besser?« fragte er uns daraufhin mit solch höhnischem Unterton

in Stimme und Blick, daß ich ihm dafür hätte in sein Gesicht schlagen können, obwohl ich solche Anwandlungen von mir nicht kannte. Seine Luchsäuglein schauten uns an und warteten doch tatsächlich auf Antwort.
»Ja«, sagten wir wieder beide, nur dieses eine Wort. Für uns sprach es Bände, aus seinem Gesicht war nur Verständnislosigkeit zu lesen. Sichtlich enttäuscht wartete er auf eine weitere Erklärung, bis er dann wohl doch bemerkte, daß wir kein Wort mehr sagen würden. Hier nicht, denn gebrannte Kinder, die wir waren, scheuten wir das Feuer, die Narben waren noch zu frisch.
»Können wir jetzt unsere Kinder bekommen?«, fragte ich ihn schließlich in dieses peinliche Schweigen hinein.
»Ja«, antwortete er und machte eine Handbewegung, »fahren Sie dort entlang, um diesen Bau herum, links halten Sie!«
Wir fuhren los, fieberhaft spannend auf etwas, das sich uns vielleicht noch hindernd in den Weg stellen konnte. Nichts dergleichen passierte, ein paar Grenzsoldaten mehr kamen wie von Geisterstimme gerufen aus irgendwelchen Türen und starrten uns an, ohne uns zu sehen. Ihre Präsenz war wichtig, nur die.
Wir fuhren den gezeigten Weg, ständig unter Kontrolle, hatten urplötzlich hinter einem der Gebäude freie Sicht in der Richtung, die uns bisher verbaut gewesen war. Wir waren wohl beide ziemlich am Ende unserer Beherrschung, was wir sahen, ließ uns buchstäblich aufatmen. Hinter einem Schlagbaum stand ein Auto, unverkennbar DDR-Marke, himmelblau – das Auto unserer Eltern. Ich riß die Autotür auf, Dieter ebenfalls, vorsichtig, wie von der Haft noch gewöhnt, bleiben wir neben dem Posten, der uns schon wieder hautnah bewachte, stehen und starrten hinüber. In diesem Moment waren wir wohl »drüben« erkannt worden, dort wurden ebenfalls die Autotüren geöffnet, wir sahen unsere Eltern, sahen die Kinder.
Was sind Gesetze, was ist Angst, wenn es nur noch ein Gefühl gibt, das den Menschen beherrscht – Sehnsucht. Wir liefen los, es waren nur wenige Schritte bis zu jenem Schlagbaum, alles lief, und dann hielten wir unsere Tochter in den Armen, dann unsere Eltern, die den Schlagbaum ebenfalls ohne Behinderung passiert hatten, zwischen alledem steckte irgendwo klein und hilfsbedürftig unser Sohn, dem das alles ziemlich beängstigend vorkam, wie wir seiner Miene entnahmen.

»Das ist doch die Mutti!«, sagte meine Mutti, »und der Vati«.
»Ja«, sagte unser Sohn, »und den roten Anorak hat sie auch noch, das ist die Mutti!«
Er hatte uns identifiziert, seine Welt wankte wieder weniger. Die beiden Posten neben uns ermahnten uns gleich darauf, keine langen Gespräche zu führen, wir könnten nun die Kinder übernehmen. So einfach war die Angelegenheit für sie.
Wir durften beide Autos an den nun geöffneten Schlagbaum heranfahren und wurden gefragt, was die Kinder an Gepäck dabei hätten.
»Die persönlichen Sachen der Kinder, nur die persönlichen Sachen«, antworteten unsere Eltern schnell.
»Ist gut«, winkten die beiden Posten ab, und man sah, daß ihnen das ganze lästig war. »Packen Sie die Sachen in Ihren Wagen. Aber keine großen Gespräche!«
Wir packten. Zwei Koffer, einen Schulranzen, zwei Federbetten. Unschlüssig sahen sich beide Posten an.
»Moment bitte«, sagte schließlich einer, »was ist da drin?« Er zeigte auf einen der Koffer.
Wir öffneten ihn und er hob nur flüchtig ein paar der Sachen hoch. »In Ordnung!«, winkte er ab. Nur beim Anblick des Schulranzens stockte er noch einmal. »Und da?«
»Schulsachen natürlich«, antwortete einer von uns, »wollen Sie nachsehen?«
»Ist schon gut«, sagte er nur und wir merkten, die Sache war ihm sichtlich peinlich. Der Schulranzen wanderte in den Gepäckraum. Das war unser Glück, wie wir in diesem Moment nicht wissen konnten. In den Schulranzen hatten unsere Eltern sämtliche Papiere gepackt, die wir in der DDR hatten zurücklassen müssen. Alle wichtigen Unterlagen, Zeugnisse, Versicherungshefte, Befähigungsnachweise. Dinge, von denen wir kurz zuvor noch nicht wußten, wie wir sie wiederbekommen würden. Durch deren Zurückhalten die DDR-Behörden den ihnen untreuen Landeskindern immer wieder ins Gedächtnis riefen, wie abhängig sie doch waren. Auch hier noch, in der Freiheit. Die Sachen hatten wir verstaut, man bedeutete uns, daß wir uns nun zu verabschieden hätten.
Trotz allem Glück auf unserer Seite war es ein furchtbarer Moment. Die Großeltern hatten die Kinder in dieser langen Zeit

gepflegt und behütet, nun sollten sie sie in zehn Minuten hergeben, ohne einen Funken Hoffnung auf ein Wiedersehen.
»Bitte, beeilen Sie sich«, ermahnte uns der Posten.
Wir beeilten uns.
Wie kann Glück doch zwiespältig sein.
Wir sahen dem himmelblauen Auto nach und konnten lange Zeit nicht fröhlich sein.
Der bundesdeutsche Grenzbeamte war sehr erleichtert, als wir seine Kontrollstelle passierten. Jetzt löste sich langsam unsere Beklemmung, wir strahlten ihn an und er wünschte uns alles Gute.
Beim Verlassen der Grenzanlagen fielen »Gebirge« von uns ab.
Ein wenig war es noch still in unserem Wagen, die Kinder waren von alledem verschüchtert, aber langsam kam dann doch die Unbekümmertheit wieder auf, die wir von früheren Zeiten her noch kannten.
Irgendwann picknickten wir und freuten uns an der Freude der Kinder, die die mitgebrachten Sachen heißhungrig verspeisten und die Plastikbecher unbedingt aufheben wollten, weil sie doch so schön bunt waren. Bald schon plapperten sie wie zwei Wasserfälle.
Der Abschiedsschmerz war vorbei, wie schnell sind doch Kinder glücklich zu machen.
Voller Neugier auf ihr neues Zuhause überstanden sie die doch recht lange Rückfahrt. Unseren alten, kleinen VW hielt unser Sohn für ein Rennauto, weil wir für seine Begriffe unheimlich schnell fuhren. Noch größer war seine Verwunderung beim Anblick eines geklinkerten Hauses, die er dann so äußerte: »Nanu, die haben hier wohl die Tapeten außen?«
Sie sollten noch viel zum Staunen finden in diesem Land, das auch ihre Heimat werden sollte. Sicher, es war Deutschland – und doch war es für sie wie für uns, als kämen wir in eine andere Welt.

Hier erst beginnen wir wirklich neu – alles andere war Vorbereitung, Warten, Planen, Hoffen.
Unsere Hoffnung hat sich erfüllt, Dank der Hilfe vieler Menschen liegt die Freiheit vor uns, es ist unsere Sache, etwas daraus zu machen.

Wir bedanken uns bei Bundestagsabgeordneten und beim Bundespräsident für alle Hilfe, denn wenn wir in diesem Moment auch noch ohne jegliche finanzielle oder materielle Grundlage dastehen, ist uns doch eines bewußt: Das Wichtigste ist erst einmal die Freiheit.
Die haben wir nun.

Das Leben geht seinen Gang. In unserer kleinen Behelfswohnung ist es gemütlich, aber kritisch. Die Kinder schlafen im Wohnzimmer und am Fußende unseres Bettes, die Sommerdekken sind hauchdünn, der Winter aber kommt, und mit ihm Familienzuwachs.
Irgend etwas muß sich tun.
Die Große geht zur Schule, sie hat es günstig getroffen, weil sie genau zum Schuljahresanfang in eine neue Klasse kommt. Es ist nicht leicht für sie, sich einzugewöhnen, auch wenn sie nicht das Sächsisch spricht, wie wir, das jeden erst einmal aufhorchen und fragen läßt. Aber sie fällt auf. Wenn sie zusätzlich etwas für den Unterricht gemacht hat, ist sie ein Streber, macht sie nichts, ist sie die Neue, die ja sowieso keine Ahnung hat. Überhaupt, wer kommt denn schon aus der DDR, das hat es ja noch nie gegeben. Ihre Ausdrucksweise ist anders, ihre Wertvorstellungen sind andere, am Anfang steht sie auf, wenn der Lehrer die Klasse betritt, wird ausgelacht, verhöhnt, *die* hat ja keine Ahnung, DDR, wie kann man nur da herkommen. Hier gilt nur, wer immer hier gelebt hat, auch wir bekommen das nach dem anfänglichen Rausch, den unser fast exotisches Auftauchen auslöste, bald zu spüren. Es gibt viele Tränen, wenn sie aus der Schule kommt. Von der antiautoritären Erziehung, die hier den Aufstand probte, bekommt sie auch einiges mit und probiert Wirkung und Durchführbarkeit zu Hause.
Einfach ist es gewiß nicht. Der Junge besucht zweimal wöchentlich einen Spielkreis, freut sich an neuem, nie gesehenen Spielzeug, nimmt begierig alles auf, was sich ihm bietet. Aber er ist still, sehr still, kontaktscheu, in sich zurückgezogen. Die meiste andere Zeit ist er daheim, spielt im Garten, nicht ohne in regelmäßigen Abständen nachzuschauen, ob wir noch da sind. Der Schock, den er bei unserer Festnahme durch die DDR-Behörden erlitten haben muß, ist tiefer, als wir alle annahmen.

Auch liebevolle Behandlung durch die Großeltern hat dies nur überdecken, nicht aber auslöschen können. Zeitweilig ist er nicht einmal bereit, fremden Personen die Hand zu geben. Wir werden viel Geduld mit ihm haben müssen.

Mit unserer Wohnungssache tut sich nichts. Da wir es hier im Ort schön finden und nicht in eine der verkehrsreichen Großstädte ziehen möchten, ist es sehr schwierig. Der Bürgermeister hält sein Versprechen nicht – bei einem meiner regelmäßigen Anrufe im Gemeindeamt, wann denn die Wohnung endlich frei wird, bekomme ich die Auskunft, daß das Haus verkauft wird.

Vom Bürgermeister hören wir nichts mehr, kein entschuldigendes, erklärendes Wort. Aber das sind wir ja von den DDR-Behörden gewöhnt, warum sollte sich eine Behörde von der anderen gleich so kraß unterscheiden, nur Glück kann niemand haben.

Wir wissen wirklich nicht, was wir tun sollen, denn in unserer Bleibe ist es beängstigend eng, die Große erledigt ihre Schulaufgaben auf dem Küchentisch, für Bücher und Spielsachen, die sich doch schon ansammeln, ist kein Platz.

In diese Unsicherheit hinein fällt die Nachricht, daß im Dorf ein Haus freigeworden ist, der Eigentümer ist verstorben und die Erben, ein sehr junger Mann und dessen Eltern, wollen es so, wie es ist, vermieten. Noch am gleichen Tag besichtigen wir das Haus. Es ist nicht eben groß, liegt sehr tief, hat einen schönen Garten hinten dran, was wir für die Kinder sehr günstig finden. Gewiß, verwohnt ist es, wir werden alles renovieren müssen. Aber es ist größer als unsere bisherige Wohnung, das ist momentan die Hauptsache. Also fragen wir nach dem Mietpreis. Er ist für unsere Vorstellungen so hoch, daß wir fast im gleichen Moment »nein« sagen. Das ist für unsere Verhältnisse unmöglich, das können wir nicht. Der Vermieter tuschelt mit seiner Frau, nennt einen neuen Preis, einen Hunderter weniger. Wir überlegen. Gut, dieses Haus ist alt, verwohnt, hat keine Heizung, aber Öfen sind wir ja gewöhnt, es hat keine Doppelfenster und vieles andere nicht, aber es ist groß genug und wir brauchen es. Also stimmen wir dem Preis zu. Die Sonne scheint in die vorderen Räume, wenn wir alles neu tapezieren, wird es sicher sehr schön.

In drei Wochen haben wir das Haus renoviert. Wir erkundigen uns bei allen in Frage kommenden Ämtern, ob für uns als Flüchtlinge die Möglichkeit besteht, einen zinsgünstigen Kredit für die Erstanschaffungen zu bekommen. Uns fehlen Teppiche, Möbel, Betten, Geschirr. Außer den bisher geschenkt bekommenen Kleidungsstücken von unseren Freunden und deren Freunden wieder, außer ein paar Gardinen, die andernorts übrig waren, außer einem Tisch, drei Stühlen und Eckbank, ebenfalls geschenkt, haben wir nichs. Es fehlt an allen Ecken und Enden, da kann man so anspruchslos sein, wie man will.
Niemand weiß etwas, es gibt für uns keine Möglichkeit, einen günstigen Kredit zu bekommen. Wir können uns das nicht vorstellen, aber etwas Anderes wissen wir auch nicht.
Erst vier Jahre später erfahren wir, daß es für Flüchtlinge und Übersiedler wohl derartige Kredite gibt, daß aber die hiesigen Behörden entweder hinter dem Mond leben oder ihre Ämter nicht so verwalten, wie sie es sollten. Nun, irren ist menschlich, wenn auch in diesem Falle teuer.
So sind wir glücklich, daß eine Bank im Ort uns auf Vermittlung und Bürgschaft unseres Freundes einen Kredit gewährt. Es ist zwar jeden Monat ein für uns hoher Abtrag zu zahlen, Dieter hat seine Arbeit eben erst angetreten, aber wir können das Nötigste anschaffen. Der kleine VW kann bezahlt, Federbetten und Winterbekleidung gekauft, billige Auslegware für alle Zimmer angeschafft werden. Letzteres ist unbedingt notwendig, da das Haus zu ebener Erde sehr tief liegt und sich schon jetzt als fußkalt erweist. Wir sind glücklich bei alledem! Es geht ja vorwärts! Die Stube ist mit einer wunderschönen Tapete neu gemacht worden, orange mit Blumen, wir haben das Gefühl, als scheint jeden Tag die Sonne. Die schönen Fußbodenbeläge, obwohl niedrigste Qualität für hiesige Verhältnisse, für uns Luxus, signalisieren uns optische Weite, vermitteln Behaglichkeit. Die Kinder spielen nur auf dem Teppich. In dieser Zeit bekommen wir das Angebot, einen Teil Möbel aus einem alten Bauernhof zu übernehmen, der geräumt und umgebaut werden soll. Erwartungsvoll fahren wir hin – um beim Anblick des Erwarteten zu erstarren. Schön waren die Möbel einmal, gewiß, aber jetzt – wir werden sie total überholen müssen, kein Stück ist so verwendbar.

Schnell haben wir trotzdem unseren Optimismus wieder, bedanken uns bei dem Spender, wenn wir uns auch im Innersten sagen, daß wir diese Möbel wohl nie verschenken würden. Unsere Freunde sagen nichts dazu, es ist schwierig für sie. Sie kennen jeden der Einwohner des Ortes, jeder kennt sie, sie können sich nicht äußern, zur Höhe der uns angegebenen Miete nicht und hierzu nicht. Sie sagen, da kann man wohl etwas draus machen.
Das kann man, außerdem haben wir gar keine andere Wahl. Welch ein Glück, daß Dieter handwerklich so geübt ist, er werkelt nun Abend für Abend, wenn er heimkommt, mit der Spritze injiziert er wohl einige tausend Holzwurmlöcher, wir beizen ab, streichen dutzende Male Holzwurmmittel und sämtliche Teile, hoffen, den unbeliebten Mitbewohner kleinzukriegen. Er ist im Rudel, wir sind zu zweit. Alle Möbel stehen im Garten, denn der Geruch der chemischen Mittel ist penetrant und für die Schleimhäute kaum erträglich.
Irgendwann haben wir es dann geschafft. In den Kommoden ist der Holzwurm vernichtet, die Betten sind repariert, hellblau gestrichen und wunderschön für uns steht das Schlafzimmer zur Ansicht. Wir schämen uns unserer Kleinmütigkeit und sagen uns, in Kriegszeiten wären wir wahrscheinlich gleich heilfroh gewesen, solche Möbel zu bekommen.
Nach vier Wochen finde ich unter den Betten und im Kleiderschrank helle kleine Häufchen, die wie Sägemehl aussehen.
Ich brauche nicht lange zu überlegen, um zu wissen, daß wir den Kampf verloren haben, er hat es überlebt, unser Mitbewohner, und wir werden uns wohl an ihn gewöhnen müssen.
Aus den restlichen Brettern nicht mehr verwendbarer Möbel baut Dieter Regale und ein Hochbett für unseren Jungen – wie aus dem Warenhauskatalog. Darunter hat er seine »Bude« zum Spielen und ist sehr glücklich. Wir auch. Im Wohnzimmer haben wir mit Hilfe eines Leitersystems, das uns bisher unbekannt war, an zwei Wänden Regale befestigt und in diese einen Schreibplatz sowie Fernsehplatte integriert. Polstermöbel haben wir gut und billig zu einem Spottpreis erstanden, nicht eben topmodisch für hiesige Begriffe, wie wir wohl sehen können, aber sehr praktisch und gebrauchsfähig. Über den guten Preis wundern wir uns, bis

wir beim Einräumen am Boden der Möbel einen Zettel der Lieferfirma entdecken: »VEB Möbelkombinat Cottbus«.
Nun wird uns einiges klar. In unserem 30jährigen DDR-Leben haben wir solche Möbel nie zu sehen bekommen, als ich unseren Freunden nach der DDR die Nachricht schicke und ein Bild der Möbel beilege, schreiben sie zurück, daß es diese Möbel öffentlich gar nicht, wohl hier und da einmal »unter der Hand« gebe. Für dreitausend Mark!
Wir haben ein Zehntel dieser Summe bezahlt.
Also nicht nur Verkauf der Landeskinder, von dem wir nun wissen, auch Verkauf der Arbeit der Landeskinder, zu Preisen, die man den hiesigen »Ausbeutern« zudiktiert.
An den schlicht weißen Küchenschränken, die wir kurz danach ebenfalls billig erstehen, und die ständig in den Supermärkten als »Sonderangebote« angepriesen werden, das gleiche Schild. Zorn steigt in uns hoch, wenn wir an den Preis unserer kleinen DDR-Küche denken, die wir drei Jahre lang abzahlten. Zorn über das, was man den Werktätigen im »Arbeiter- und Bauern-Paradies« antut, die ebenso arbeiten wie ihre Kollegen hier im anderen Teil Deutschlands.
Wo sind die Schreier, die behaupten, in jenem »gelobten Land« sei ja alles viel billiger, die Mieten, die Kartoffeln, das Brot! Gelesen haben wir schon davon, in einem Flugblatt, das am Werktor verteilt wurde, als Dieter zur Arbeit ging. Dieter wurde daraufhin so wütend, daß er mit dem Verteiler zu diskutieren versuchte, eben über die Dinge, vor denen die Augen fest verschlossen wurden. Die Arroganz des zettelschwenkenden Menschen brachte ihn dazu, sämtliche Zettel an sich zu reißen und in hohem Bogen wegzuwerfen.
Er erntete verständnislose Blicke von denen, die überhaupt aufschauten, die anderen hasteten weiter, als wäre nichts gewesen. Er wurde nicht festgenommen, nicht angezeigt, überhaupt nichts geschah, er stand in der Freiheit und war machtlos, so machtlos den Blendern gegenüber, daß wir es beide nicht begriffen, als er davon erzählte. Gewiß, hier haben wir alle Möglichkeiten, können unsere Meinung sagen, selbst so unsachlich aus der Verzweiflung heraus, wie hier, in diesem Falle.
Aber die anderen können es ebenso. Daß es nicht wenige »solche anderen« gibt, sollten wir noch erfahren.

Vorerst kommen wir mit dem, was man landläufig Politik nennt, kaum in Berührung. Wir haben auch kein echtes Bedürfnis danach, die langjährige »Zwangsverpolitisierung« des »Arbeiter- und Bauern-Staates« an uns steckt uns noch in den Knochen. Auch wenn wir im Ort gelegentlich eingeladen werden oder einmal Besuch bekommen, stehen Fragen nach dem alltäglichen Leben in der DDR im Vordergrund. Diese beantworten wir recht freimütig, erklären ausführlich, wo wirtschaftliche Engpässe liegen, wie lange man auf sein neues Auto warten muß, wenn man überhaupt in der Lage ist, es zu bezahlen, wie hoch die monatlichen Einkommen sind und vieles andere. Wir wundern uns, daß hierzulande, wo doch alle Informationsmöglichkeiten gegeben und erlaubt sind, so wenig über die DDR bekannt ist. Selten genug steht etwas darüber in den zahlreichen Zeitungen, oft ist es dann noch Schönfärberei. In einer Fernsehsendung werden Familien der DDR interviewt. Es sind alles Familien mit Parteizugehörigkeit, sie leben alle in Neubauwohnungen, sie haben alle überhaupt keine Schwierigkeiten mit ihrem Staat. Daß man die Drehgenehmigung für diese Aufnahmen erst nach langen Gesuchen bekam, erwähnt der Reporter beiläufig, daß er aber die Familien vorgeschrieben bekam, vergaß er zu sagen. So verdienen die Männer Summen, von denen wir nie gehört haben, die Frauen haben überhaupt keine Schwierigkeiten bei der Unterbringung ihrer Kleinkinder, ihnen wird vom Staat großzügig geholfen, wo größere Kinder da sind, besuchen sie natürlich die EOS* und werden Abitur machen.
Der Reporter hätte einmal Bekannte von uns für sein Interview verwenden sollen. Zum Beispiel Martina und Erich. Sie haben mit ihren drei Kindern zwei Zimmer, Erich verdient brav seine sechshundert Mark als Facharbeiter, wenn er Glück hat, Krippenplätze für die beiden Jüngsten sind nicht da, weil die Frauen bevorzugt werden müssen, die allein stehen und dann die, die in der Partei sind, und dann die, die Beziehungen haben. Zu allen Kategorien zählt Martina nicht. Sie läuft dafür Tag für Tag nach einer Schreibmaschine durch alle Geschäfte, um mit Heimarbeit etwas zuzuverdienen, aber Schreibmaschinen gibt es nicht, nur gelegentlich zwei Stück pro Laden und dann im Kniestand,

* Erweiterte Oberschule

das heißt, unter dem Ladentisch. So steht sie jedes Mal, wenn Lieferung angesagt ist, in der langen Schlange vor dem Laden, wartet und bekommt keine. Bis sie eines Tages mit ihren drei Kindern einfach zum Verkaufsstellenleiter vordringt und ihm buchstäblich vorheult, daß sie die Schreibmaschine braucht, um ihre Familie über die Runden zu bringen. Nach der nächsten Lieferung bekommt sie im Hinterzimmer eine der beiden gelieferten Maschinen ausgehändigt. Nun verdient sie im Monat, mit sechs Stunden Schreibarbeit pro Tag, dreihundert Mark hinzu. All das schreibt sie uns, wenn wir es hier erzählen, ernten wir ungläubiges Staunen. Warum sieht man solche Familien im Fernsehen nicht? Wie sollen die Bundesbürger je reelle Informationen bekommen, wenn man sie ihnen vorenthält?
Wenn wir von dem politischen Zwang erzählen, der über all diesem Alltagskram steht, mit dem man sich arrangieren muß, will man nur ein bißchen gut leben, so sind die Zweifel noch deutlicher zu spüren. Wenn wir aber gar die Frage aufwerfen, warum man hierzulande von »Annäherung« so viel spricht, von den guten Beziehungen zur DDR, warum man es zuläßt, daß in unmittelbarer Nachbarschaft Menschen ihrer politischen Einstellung wegen inhaftiert werden, um dann devisenbringend auch noch verkauft zu werden, warum man über all diese unwürdigen Zustände den Mantel des Schweigens wirft und sich wohlwollend auf die Schultern klopft – wenn wir so etwas fragen, dann merken wir, daß wir unbequem werden. Wozu soll man sich über etwas Gedanken machen, was einen gar nicht betrifft. Gewiß, wir sind Betroffene, das versteht man, aber wenn wir erst einmal ein paar Jahre hier sind, dann werden wir das sicher auch ruhiger sehen, sagt man uns. Wir hoffen nur, daß uns diese Gleichgültigkeit eines Tages nicht auch einlullt.

Inzwischen geht es auch wirtschaftlich vorwärts mit uns, denn Dieter verdient recht gut, er hat eine Stelle als Facharbeiter bekommen und der einzige Nachteil dieser Arbeit ist, daß er mit gesundheitsschädlichen Stoffen in Berührung kommt. Aber es war nicht viel Arbeit zum Aussuchen da, das Arbeitsamt konnte gar keine nachweisen, so versuchten wir es selbst, Dieter klapperte sämtliche Großbetriebe der nahegelegenen Stadt ab. Überall erntete er das gleiche ungläubige Staunen, wie schon bei

sämtlichen Ämtern. »Was denn, aus der DDR? So jung, wie kann denn das sein? Gefängnis?« Ungläubige Blicke überall. Nach langen Rückfragen von einem Betrieb Absage aus »Sicherheitsgründen«, ... »Sie müssen verstehen.« Wir verstehen es wirklich. Eben erst hatte man den Ärger mit G., Spion im Kanzleramt, Vorsicht ist besser.
Durch Vermittlung eines Bekannten unserer Freunde bekommt Dieter seine Arbeit. Immer, wenn irgend etwas über DDR-Spione in den Medien zu hören oder zu lesen ist, bekommt er am nächsten Morgen zu hören: »Was, Du läuft noch frei herum?«

Im Ort hat man sich an uns gewöhnt. Die Neugierde hat sich gelegt, man weiß das Wichtigste, wir leben hier. Wir haben nicht das Glück, in diese Gemeinschaft aufgenommen zu sein, oh nein, da muß man lange, lange hier wohnen, oder Korn und Bier trinken, viel und oft. Beides tun wir nicht, es erweist sich für uns immer wieder, daß wir Außenstehende sind, denn bei allem guten Willen können wir uns nicht so anpassen, wie man es vielleicht erwartet, können wir bei Besuchen und Gesprächen unsere Herkunft nie vergessen und uns nicht über Stunden einer harmlosen Thematik widmen. Vielleicht wollen wir es auch nicht.
Wir wohnen hier, wir sind geduldet, man gewährt uns Platz zum Wohnen und zum Arbeiten. Haben wir mehr erwartet? Manchmal stellen wir uns die Frage und kommen zu keinem Ergebnis. Wenn wir in der DDR umgezogen wären, von Leipzig an die Ostsee, wäre es uns viel anders ergangen? Es wäre unfair, diese Schwierigkeiten dem anderen System anzulasten. Es sind die Eigenarten der Menschen, die uns die zwischenmenschlichen Beziehungen erschweren, außerdem ist die Zeit, die wir hier leben, viel zu kurz, um irgendwelche Rückschlüsse daraus zu ziehen. Wollen wir froh sein, hier sein zu dürfen.

Noch immer verbringen wir jede Menge Zeit damit, Ämter aufzusuchen und Fragebogen auszufüllen. Für die Rente, für die Aufhebung des in der DDR gefällten Urteils, für Versicherungen, die in der DDR noch aufgelöst werden müssen, für die Haftentschädigung und was weiß der Mensch alles. Fragebogen, Fragebogen ... wer will das bloß alles aufarbeiten.

Mit der üppigen Haftentschädigung, die in den Gesprächen vieler DDR-Häftlinge immer wieder herumspukte, ist es nichts. Wir bekommen pro Hafttag eine Mark Entschädigung.
Im Betrieb sagt man zu Dieter, als er eine neue Hose anhat: ». . .. na ja, da sieht man's wieder mal, den DDR-Leuten wird's doch hinten und vorn reingesteckt.«
Zu Hause nähe ich unmoderne Hosen zu modernen um, stricke aus alten Pullovern neue für die Kinder, verdiene mit Nachhilfeunterricht im Dorf etwas dazu. Wir kommen vorwärts.
Wir bekommen gelegentlich eine Einladung von Dieters neuen Arbeitskollegen. Jedes Mal freue ich mich, denke, na bitte, was willst du denn, alles braucht seine Zeit, auch wir finden hier noch Freunde. Meistens bleibt es bei ein-, zweimaligen Besuchen, förmlich, nichtsbringend. Verlorene Abende, an denen uns bei viel Alkohol berichtet wird, was das Auto kostete, wie teuer das Leben hierzulande doch ist. In einem Atemzug dazu, was man sich alles schon geleistet hat, Kinder nur Markenschuhe, ist ja klar, der Hund hakelt mit den Krallen im Teppich, daß die Fäden nur so trennen, macht nichts, wird sowieso bald erneuert – auch wieder eine Ausgabe, die nicht sein muß –, na, laß doch den Hund, er ist ja so sensibel, irgendeins der Kinder kommt alle Viertelstunden aus dem Bett, will auf den Platz, wo »die Tante« sitzt, . . . »macht es Ihnen auch nichts aus?«, nein, macht mir nichts aus.
Manchmal findet sich die halbe Verwandtschaft ein, dann sind die Gespräche noch inhaltsreicher:
»Ach, Sie sind das aus der DDR!
»Ja.«
»Ach so! Die Kinder haben das schon erzählt.«
»Aha.«
»War ja wohl auch nicht einfach, herüberzukommen?«
»Nein.«
»Gefällt es Ihnen denn hier besser?«
»Oh, ja!«
»Aber warum denn, wo doch in der DDR die Mieten so billig sind, und hier die vielen Arbeitslosen . . .«
»Ja, wissen Sie, wir finden es immer noch besser, wenn man seine Arbeit selbst suchen kann, als eine zugewiesen zu bekommen und dabei nur das Nötigste zu verdienen . . .«

»Ach . . .«
»Sehen Sie, wir haben ja auch erst suchen müssen, aber nun hat es mit der Arbeit geklappt, der Verdienst ist gut, die Arbeitsbedingungen sind gut, was wollen wir mehr – also schlechter als in der DDR ist es hier ganz bestimmt nicht. Auch geldlich gesehen, was können wir hier mit unserem Geld alles anfangen, nehmen wir nur mal die Konserven, unter was für einer Menge können wir auswählen, was für einen Vorrat haben wir zu Hause, in Leipzig konnten wir jeden Tag suchen, herumrennen, und trotzdem . . .«
»Ach, das ist ja interessant! Mögen Sie noch einen Korn oder lieber Bier? Was, Sie trinken nicht? Da gewöhnen Sie sich aber noch dran, macht doch alles erst gemütlich, nicht? Also, wenn Sie mich fragen, ohne mein Bier und meinen Korn, da ist der Feierabend kein Feierabend!«
Dies kann man schon ein tiefgreifendes Gespräch nennen, es ist zum Verzweifeln, außer dem Bekanntenkreis unserer Freunde, den wir gelegentlich, aber auch immer seltener sehen, finden wir keine passenden Gesprächspartner, keine Bekannten, mit denen wir länger zusammensein möchten.
Einmal glaube ich, eine Bekanntschaft zu machen, die uns mehr liegt. Ich traue meinen Augen kaum, in der Schrankwand, im Bücherfach, sehe ich »Goethe«, eine ganze Reihe! Begeistert will ich eins der Bücher in die Hand nehmen – und habe die ganze Bücherreihe auf einmal in der Hand. Zusammenhängend – als Pappattrappe. Ich habe nicht gewußt, daß es so etwas überhaupt gibt. Unsere Gastgeber lachen: Praktisch, nicht? Haben wir bei der Schrankwand dazubekommen, sieht doch nach was aus!«
Es ist schade, die meisten dieser Leute lesen kaum, mal eine Zeitschrift, aber Bücher – nun ja, ein paar hat man, ist klar, und eins oder zwei hat man sogar ausgelesen.
Leider können wir auf diesem Gebiet von unserem Geld noch nicht viel investieren, wenn wir es auch jetzt schon manchmal über unsere Verhältnisse tun. Zum Glück haben unsere Freunde eine größere Auswahl an interessanten Büchern, so daß wir da erst einmal unseren Nachholbedarf decken können. Was hat man uns in der DDR nicht alles vorenthalten! Wir sehen, daß Bücher teuer sind, wir sehen aber auch, daß man bei öfterem Spähen in den Warenhäusern für wenig Geld eine ganze Menge an Bildung

erstehen kann. Unsere Kinder können einmal informierter aufwachsen als wir, wir hoffen nur, daß sie diesen buchstäblich herumliegenden Schatz an Wissen und Bildung später auch nutzen werden.
Vor uns liegt noch viel, das hoffen wir, welche Zukunftsmöglichkeiten liegen da erst vor unseren Kindern!
Unsere Tochter wird geboren und wir sind mächtig stolz darauf, nun einen »echten Bundesbürger« in der Familie zu haben. Manches Mal wurde ich schon daraufhin angesprochen, daß doch das Gesundheitswesen in der DDR viel besser sei als hierzulande, davon könne man ja gelegentlich hören und lesen.
»Und sehen?«, frage ich dann, »haben Sie's schon gesehen?«
Ich habe meine Erfahrungen, nun bekomme ich hier die Möglichkeit zum Vergleich. Es wirft mich buchstäblich um. Als ich nach der Entbindung das erste Essen bekomme, frage ich vorsichtshalber, ob das seine Richtigkeit hat, ich bin nur in der Krankenkasse, nicht privat versichert!
Ich bin voll darauf gefaßt, daß hier ein Irrtum passiert ist und man mir sogleich mit einer Entschuldigung ein anderes Tablett bringen wird.
Nichts dergleichen geschieht. Das sei schon richtig so, sagt die Schwester und sieht mich nur ein bißchen verwundert an. Ich esse Brötchen mit Honig, Brötchen mit Wurst, dazu ein Ei, dazu Kaffee. »Das schmeckt wie Bohnenkaffee?«, sage ich zu der Schwester, halb fragend, weil ich mir nicht vorstellen kann, hier im Krankenhaus, kassenversichert, Bohnenkaffee zu bekommen.
Jetzt lacht sie. »Natürlich ist das welcher. Vertragen Sie keinen? Dann kann ich Bescheid sagen, daß Sie etwas anderes bekommen!«
Nein, nein, langsam glaub ich ja alles.
Aber komisch ist es schon, hier in der kapitalistischen, menschenfeindlichen Gesellschaft, mittellos und schnöde ortskrankenkassenversichert, besser versorgt zu werden, als im zurückgelassenen Teil der Heimat dies bei einer Privatversicherung je möglich gewesen wäre. Ich werde in ein schönes Zweibettzimmer geschoben, kurz denke ich an die Säle zurück, in denen ich schon lag, bekomme von nun an zu den Stillzeiten meine kleine Tochter hereingereicht, ohne den Zusatz »aber bißchen beeilen«, und wenn wir die Milchversorgung nicht so schnell erledigen

können, wie es sein sollte, kann sie bleiben und gemütlich weiternuckeln, bis sie satt und zufrieden einschläft. Kein Teezufüttern, kein Abstillen aus Zeitmangel, aus Bequemlichkeit, hier sind wir Kind und Mutter im Krankenhaus einer »Ausbeutergesellschaft« und der Vater darf fast zu jeder Tageszeit zu Besuch kommen und wir fühlen uns pudelwohl.
Die uns eingeimpfte Propaganda von der kinderfeindlichen Gesellschaft des Westens wird einmal mehr widerlegt.
Lange vor der Entbindung schon suchte ich den Frauenarzt auf, gleich beim Aufnehmen der Personalien fragte mich seine Sprechstundenhelferin: »Sie sind doch nicht von hier?«
»Nein«, antwortete ich gar nicht überrascht, weil ich das ja schon kannte und nichts als die übliche Neugier erwartete, »ich bin aus der DDR.«
»Ich auch!«, sagte sie, und von da an verstanden wir uns prächtig. Vor jedem Arztbesuch unterhielten wir uns lange über die gemeinsame Heimat. Bei einem dieser Besuche sagte sie zu mir: »Wenn Sie erst so kurz hier sind, dann haben Sie doch sicherlich auch noch nichts für das Baby?«
Ich konnte das nur bestätigen, noch hatte ich nichts, weil es dazu gar nicht reichte.
Sie gab mir einen Zettel in die Hand mit einer Adresse darauf und sagte, sie kenne die Leute, nette und saubere Leute seien das, sie wollten einen Kinderwagen und sämtliche Babysachen preisgünstig abgeben, ich sollte da doch einmal nachfragen.
Welch ein Lichtblick! Gleich danach ging ich hin, fand so nette Leute vor, wie ich kaum in dieser Stadt vermutet hatte, hatte ein wunderbares Gespräch, das einmal über »wann« und »ach so« herausging und bekam sämtliche Babykleidung geschenkt, nur für den Kinderwagen verlangten sie eine Kleinigkeit.
Vorerst würde unser »Bundesbürger« nicht hungern und frieren, soviel stand fest.
Nun sind wir fünf, leben in Freiheit, die wir uns immer gewünscht haben und es fehlt uns, wenn wir keine besonderen Ansprüche herausstellenstellen, an nichts.
Nie hätten wir gedacht, daß es uns nach nur einem Jahr, nach einem Anfang vom Punkte Null an, bereits wieder so gut geht! Wir sind eingerichtet, wir sind angezogen, wir haben ein geregeltes Einkommen. Wenn wir von diesen sichtbaren, zeitlich

raschen Fortschritten unseren Freunden in der DDR berichten, bekommen wir stets ungläubige Antwortbriefe zurück. Sie können es zuerst kaum fassen, daß wir so schnell wieder auf die Beine kommen. Aber sie freuen sich mit uns, das ist aus jedem Brief zu merken, über das alte Auto, über die Stück für Stück wachsende Einrichtung, über jedes Foto, das ich von unseren Fortschritten buchstäblich als »Beweis« hinüberschicke.
Es ist schön, solche Freunde zu haben. Ich muß nur darauf achten, daß ich mich nicht zum Grübeln hinreißen lasse, daß ich nicht allzulange darüber nachdenke, warum es uns jetzt so gut geht, warum wir jetzt so frei und glücklich leben können, warum wir und sie nicht, warum ich sie nicht besuchen kann, warum sie uns nicht besuchen können – ich muß mich zwingen, diese Gedanken nicht aufkommen zu lassen. Sie fehlen mir sehr, die Freunde, und die Briefe sind in dieser Zeit meine sinnvollste Freizeitbeschäftigung.
Sehr oft verschwinden meine Briefe.
Sehr oft bekomme ich offene Briefe, oder Briefe, die auffällig mit Leim zugeklebt wurden.
Sind wir wirklich so frei, wie wir glauben?

Das erste Jahr in der Bundesrepublik Deutschland liegt hinter uns, der erste Winter auch. Überall im Haus zeigen sich feuchte Flecke an den Wänden, die Fotoalben habe ich verschimmelt aus dem Stubenschrank geholt und zum Austrocknen auf dem Fußboden ausgebreitet, im Bad fließt Wasser die Kacheln hinunter, weil der winzige Heizkörper hinten und vorn nicht ausreicht, der Junge hat nach der Lungenentzündung vom Winter nun eine Rippenfellentzündung.
Das Baby hat's am besten, wir können es mit dem Wagen stets dahin schieben, wo es warm ist.
Die Leute im Dorf haben sich an uns gewöhnt, grüßen uns wie die Einheimischen zu jeder Tages- und Nachtzeit mit »Moin«, wenn sie überhaupt grüßen. Manchmal sagt auch jemand »Moin, Moin«, was so viel bedeutet, wie, er mag uns. So ist es uns jedenfalls übersetzt worden, und ich glaube schon, daß bei der Wortkargheit dieser Menschen der doppelte Gruß irgendeine Bedeutung haben muß.

Unsere Große hat ein paar Freundinnen gefunden, die zeitweise mit ihr spielen oder auch lernen, um ihr zu anderen Zeiten wieder zu erklären, daß sie bereits ältere Freundschaften haben und sie nicht brauchen. Dann ist sie ein paar Wochen lang wieder allein. Es sind für sie die reinsten seelischen Wechselbäder, wenn man es nicht negative Erfahrungen nennen will.
Mit dem Frühjahr kommt die Sonne, mit der Sonne kommt die Hoffnung, auch darauf, daß die Wohnung nun bald wieder trokken wird.
Ich meine, und Dieter meint das auch, es ist für mich höchste Zeit, die Fahrerlaubnis zu erwerben, wenn ich nicht ewig von ihm und dem zweimal täglich verkehrenden Bus abhängig sein will. Unser Gespartes müßte dafür gerade reichen, sehr liebe Nachbarn links nebenan haben sich bereit erklärt, unsere Jüngste in meiner Abwesenheit zu betreuen, was steht also dem »Selbständigwerden« noch im Wege! Außerdem gibt es in der Wohnung nichts mehr zu richten, alle Vorhänge sind genäht und die geborgte Maschine zurückgegeben, Wandschmuck benötigen wir auch absolut keinen mehr, so daß ich diese schöne Beschäftigung ebenfalls einstellen muß, das Baby ist brav und schläft lange Zeiten, daraus ergibt sich, wie ich erstaunt bemerke, ein gewisser Spielraum an Freizeit, mit dem ich etwas Sinnvolles anfangen möchte. Es ist nicht meine Art, herumzusitzen und Däumchen zu drehen, ich muß Beschäftigung haben.
So beginne ich mit dem, was in den ersten Tagen unseres Hierseins irgendjemand zu mir sagte und was mir nie wieder aus dem Kopf ging: »Sie müßten das alles einmal aufschreiben!«

Ich will es versuchen. Ich habe nicht die geringste Vorstellung davon, wie man eigentlich ein Buch schreibt, ich setze mir nur einen Maßstab: Wenn du es selbst liest, darfst du dich nicht für eine Minute langweilen! Denn ich sage mir, wenn ich mich schon langweile, wie muß es dann erst Unbeteiligten beim Lesen ergehen.
Unter diesem Aspekt beginne ich, und nachdem ich den Anfang ein paar Mal unmöglich finde und wieder wegwerfe, habe ich plötzlich irgendein unsichtbares Hindernis überwunden, es gelingt mir, so zu schreiben, als würde ich es jemandem erzählen, und ich erzähle.

Manches Mal erschrecke ich vor meinen eigenen Gedanken, wenn ich sie geschrieben vor mir sehe, habe ich sie doch so deutlich noch nie ausgesprochen.
Jeden Tag schreibe ich ein bißchen, manchmal das Baby im Wagen neben mir, manchmal in der Zeit, wo es noch schläft. Es gibt Tage, Wochen, da kann ich überhaupt nicht schreiben, möchte am liebsten aufhören, weil ich meine, ich bekomme es nie fertig, oder, es liest doch keiner. Dann sage ich mir wieder, du schreibst das, und wenn es niemand liest, schreib es für die Kinder auf, sie werden einmal wissen wollen, wie unsere Familie hierher kam und warum ihre Eltern ins Gefängnis mußten. Manche Tage fällt es mir auch unheimlich schwer, zu schreiben, weil ich fast das Gefühl habe, als kehre ich mein Innerstes nach außen, Geschehnisse, Gedanken, die Außenstehende überhaupt nichts angehen. Dann sage ich mir nach langen Kämpfen, du mußt es so schreiben, so ehrlich, wenn jemand beim Lesen auch nur das geringste Gefühl bekommt, hier fehlt etwas, das kann so nicht richtig sein, dann glaubt er dir das ganze Buch nicht mehr, dann kannst du alles gleich in den Papierkorb schmeißen.
Stück für Stück und mit vielen inneren Kämpfen schreibe ich immer wieder weiter.
In der Fahrschule komme ich vorwärts und nehme schon die ersten Fahrstunden. Dem Fahrlehrer fällt sofort meine andere Aussprache auf und so fragt er mich bei einer der Übungsfahrten, woher ich denn komme. Nach meiner Antwort das gleiche ungläubige Staunen, wie immer. »Aus der DDR? Das gibt's doch gar nicht! Sie sind doch nicht Rentner!«
Da in diesem Satz zugleich immer die Frage steckt, wie denn dann, erzähle ich ihm einiges. In jeder Fahrstunde ein bißchen mehr. Die Straßen sind lang und verkehrsarm, wenn wir über Land fahren, so ergibt sich bei jeder Fahrt eine Gelegenheit.
Er fragt, fragt, fragt, ich antworte ihm. Er ist ein ehrlich interessierter Frager, die Gespräche mit ihm geben mir von Mal zu Mal mehr Sicherheit, das, was ich begonnen habe, fortzuführen. Eines Tages sagt auch er: »Das müßten Sie unbedingt mal aufschreiben!« Nach einer langen Pause sage ich ihm, daß ich damit schon begonnen habe, und ein bißchen wundert es mich schon, daß ein Fremder der erste ist, der davon erfährt. Er schaut mich erstaunt an – vielleicht war ja sein Satz derart konkret im Mo-

ment gar nicht gemeint – um dann zu fragen: »Wie weit sind Sie denn schon?«
Ich zögere – »achtunddreißig Seiten«, sage ich dann.
»Aber ich weiß noch nicht, ob ich das je fertig bekomme, überhaupt, ob sich da jemand dafür interessieren wird, es druckt . . .«
Er sagt zu mir, ich müsse das unbedingt weiterschreiben, so etwas müsse doch die Öffentlichkeit hier erfahren, diese Urteile, diese Prozesse, unter Ausschluß der Öffentlichkeit, die Zustände in den Gefängnissen, wo hierzulande die Massen für die Bader-Meinhoff-Häftlinge demonstrierten, denen es doch in der Haft nun wirklich glänzend gehe, all das sei doch so skandalös, so unfaßbar, sagt er zu mir, ich müsse das Buch unbedingt schreiben!
In jeder Fahrstunde fragt er mich nun, wieviel Seiten ich schon weitergeschrieben habe und jedes Mal sind es ein paar Seiten. Wieder und wieder zweifle ich daran, daß dieses begonnene Buch überhaupt jemand lesen wird, bis er mich eines Tages fragt, ob ich ihm nicht ein paar Seiten zu lesen geben würde, er möchte zu gern wissen, wie ich es aufschreibe, er würde mir auch seine ehrliche Meinung dazu sagen.
Ich bringe ihm in der nächsten Fahrstunde alles mit, was ich schon geschrieben habe. Warum ich es diesem Fremden gebe, von dem ich doch eigentlich nichts weiß als seinen derzeitigen Beruf und nichts kenne als seine maßgeschneiderten Hosen und seine modischen Hemden, kann ich mir nicht erklären. Es muß das Interesse sein, welches er für unser Schicksal aufbringt, für unsere Vergangenheit, für alles, was mit uns zusammenhängt. Daß es auch ein Interesse sein könnte, das uns nicht gutgesinnt ist, kommt mir niemals in den Sinn. Viel später macht mich einmal ein Bekannter auf diese Möglichkeit aufmerksam. Ich zögere nicht eine Minute, um zu entgegnen: »Niemals würde ich ihm so etwas zutrauen.«
Woher ich all dieses Vertrauen nehme, nachdem wir doch oft genug enttäuscht wurden, weiß ich nicht.
Jeder Mensch braucht wohl ein Maß an Vertrauen, das er anderen entgegenbringen darf, und stößt er auf Interesselosigkeit, verkümmert die Fähigkeit, solches zu geben, verbittert er. In diesem Zustand befinde ich mich, hier ist ein Mensch, den die Schicksale anderer noch interessieren, vielleicht nur in diesen

Stunden, aber sie interessieren ihn. Er bleibt nicht in Oberflächlichkeiten stecken, er fragt. Er fragt mich. Ich muß ihm antworten.
Kurze Zeit später bringt er mir meine Aufzeichnungen zurück und was er mir dazu sagt, macht mir in meinem zeitweise mutlosen Zustand die Hoffnung, die ich brauche:
»Schreiben Sie das weiter, unbedingt! Meine Frau hat es gelesen, ich habe es gelesen, und, nehmen Sie es mir bitte nicht übel, mein Schwiegervater, Arzt in B., auch. Mein Schwiegervater sagt, er ist der erste Käufer. Schreiben Sie es auf, es ist erschütternd, alles, so etwas müssen die Leute hier unbedingt zu lesen bekommen, davon weiß ja niemand etwas und ich konnte es mir auch nicht vorstellen. Sie müssen weiterschreiben!"
So vergeht dieser Sommer mit Fahrstunden absolvieren, Schreiben, Kinder großziehen. In Urlaub fahren wir nicht, für solche Extras ist nichts übrig, wir vermissen jedoch auch nichts.
Was wir mehr und mehr vermissen, ist lediglich die menschliche Wärme, die wir in der DDR durch unseren großen Freundeskreis hatten, das »für den anderen da-sein«. Es sind jedes Mal glückliche Minuten, wenn wir wieder einen Brief aus der DDR in der Hand halten und wenigstens die Luftbrücke für kurze Zeit wieder geschlagen ist.
Inzwischen kommt bei unseren Eltern in der DDR der verständliche Wunsch auf, ihr neues Enkeltöchterchen wenigstens einmal kennenzulernen, ein Wunsch, der eigentlich für sie, die sie noch nicht Rentner sind, irrational wäre, der aber durch neue Gesetze, die laut offizieller Pressepropaganda das deutsch-deutsche Verhältnis verbessern werden, in den Bereich des Erfüllbaren rückt. Diese neuen Gesetze garantieren jedem DDR-Bürger Reiseerlaubnis in besonderen Familienangelegenheiten, wozu gehören Hochzeiten, Beerdigungen, Konfirmationen, Geburten. So besorgen wir unserer Mutter eine Geburtsbescheinigung über unseren »Bundesbürger« und sie geht damit zum zuständigen Rat des Kreises, um die Reiseerlaubnis zu beantragen. Nur sie, daß es für zwei Personen zusammen keine Erlaubnis gibt, ist jedem einigermaßen vernunftsbegabten DDR-Bürger von vornherein klar, das wird er nie versuchen.
Wir hoffen, daß es klappen wird und freuen uns schon auf den Besuch.

Wie gut die deutsch-deutschen Beziehungen sind, erfahren wir mit dem nächsten Brief. Man hat ihr einfach, vollkommen unlogisch und ohne nähere Erläuterung, dafür mit zynischem Lächeln, gesagt, das müßte sie doch wissen, daß SIE nie eine Erlaubnis bekommen würde, uns zu besuchen.
Wieso denn, hat sie gefragt, wir seien doch legal und mit Erlaubnis der DDR-Behörden ausgereist, auch die Kinder hätten legal nachreisen können, sie hätte weiterhin für ihren Staat gearbeitet, ihr Gatte genauso, wieso man ihr denn dieses Recht verweigere.
Sicher war das schon zuviel gefragt.
So geht sie zusammen mit ihrem Mann noch einmal zum gleichen Amt, noch einmal fragen sie, warum man denn ihnen das Recht verweigere, ihre Enkel zu sehen, wo es doch sogar ein Gesetz darüber gibt. Man sagt unserem Vater nur, daß gerade er das doch am besten wissen müßte.
Die Mühlen des DDR-Staates, deutsch, Staat der Arbeiter und Bauern, Staat des einzig geltenden, uneigennützigen Rechts – vom Staat zum Besten der Bürger bestimmt – mahlen langsam, mitunter sehr langsam, aber sie mahlen. Und irgendwann haben sie zwischen ihren Mahlsteinen das Korn, das sie wollen.
Kurze Zeit darauf wird mein Vater aus seiner Tätigkeit als Direktor eines volkseigenen Gutes entlassen. Ganz einfach so, ohne äußeren Anlaß, die Mahlsteine des Staatssicherheitsdienstes haben ihn erwischt, beginnen ihre Arbeit.
Für uns ist diese Nachricht ein harter Schlag, zumal uns, trotz oder auch wegen der so guten deutsch-deutschen Beziehungen, ja in jeder Hinsicht die Hände gebunden sind. Wir können weder hinfahren, um gemeinsam eine Lösung des Problems zu besprechen, noch können wir sonst etwas für die Eltern tun. Man hat uns bei unserer Einreise in die Bundesrepublik nahegelegt, Besuche in der »DDR« nicht vor Ablauf einer zweijährigen »Wartefrist« zu beantragen. Wir sind erst anderthalb Jahre hier. Nicht, daß wir uns daran unbedingt gebunden fühlten, aber eine Scheu ist schon da, zuwiderzuhandeln, zumal unsere Bewährungsfrist nach DDR-Gesetzen, denen wir ja im Besuchsfalle wieder unterstehen würden, erst nach zwei Jahren endet.
Eine seltsame Zwickmühle ist das, hier das Urteil aufgehoben, verfassungswidrig, dort noch Bewährung, rechtmäßig, wir bun-

desdeutsch, deutsch, ja, gut, nicht im Ausland, und doch nicht in der Lage, unseren Verwandten, auch in Deutschland, zu helfen.

Wem soll man so etwas Widersinniges klarmachen, entweder nimmt man es als Realität und verbietet jeden weiteren Gedanken darüber oder man zergrübelt sich das Hirn, ohne weiterzukommen und geht daran kaputt.

Wir können auch mit niemandem darüber sprechen, weil es jedem hierzulande als völlig problemlos erscheint, erscheinen muß, was ist schon dabei, gekündigt, na ja, nicht schön, aber warum nicht eine neue Arbeit suchen, ist doch keine Schwierigkeit.

Unsere Freunde verstehen das Problem, mit ihnen haben wir lange genug über diese Verhältnisse diskutiert, unsere Nachbarn auch, sie sind Flüchtlinge und haben die Anfänge des totalitären Staates noch kennengelernt, aber sonst kann mit dieser Nachricht hier niemand etwas anfangen. Und man kann es nicht einmal übelnehmen, was ist hier schon darüber bekannt, was in der DDR mit einem Bürger geschieht, dem gekündigt wird, wo doch die Regierung dieses auch deutschen Landes jedem Bürger das Recht auf Arbeit garantiert.

Das Recht auf freie Meinungsäußerung ebenfalls. Hat man unseren Verwandten schon klargemacht, daß diese Meinungsäußerung nur bedingt zu erfolgen hat, staatskonform, so macht man ihnen nun klar, daß das »Recht auf Arbeit« ebenfalls etwas mit dem Willen und Ermessen des Staates zu tun hat. Im Falle unseres Vaters ist er nun so weit, daß er nicht mehr will; um die Einhaltung dieses Willens auch im gesamten Gebiet der DDR zu garantieren, hat man die Kaderakte erfunden. Jene Kaderakte begleitet einen DDR-Menschen von der Zeit seines ersten Broterwerbs bis hin zum Greisenalter, sie kann sein Segen und sein Untergang sein und ist hierzulande nur wenigen bekannt. Die meisten, denen gegenüber ich das Wort »Kaderakte« einmal erwähne, können nichts damit anfangen.

Nun, sie ist ganz einfach eine Akte, die für jeden Menschen geschrieben wird und außer Geburtsdatum und Werdegang jedes Wort, jeden Fehltritt, jeden Seufzer und selbst jeden Furz enthält, den der solchermaßen Veraktete im Laufe seines langen Lebens tut. Es gibt keine Verjährung, keine Löschung, keine Erneuerung.

Datenschutz? Aber bitte, in einem Land mit derartigem Aufwand für Kaderakten und deren bestgeführten Nachfolgern – prall gefüllten KGB-Archiven – wer denkt denn da an Datenschutz!
Alles, was dem Wohle des Volkes dient, ist erlaubt, und es dient nun einmal seinem Wohle, wenn über jeden Bürger alles bekannt ist, alles festgehalten wird, wer weiß, wozu es einmal gut sein wird.
Um auf die Kaderakte unseres Vaters zurückzukommen, deren dauernde Gegenwart ihm nun verstärkt bewußt wurde, – in ihr stand wohl schon seit anderthalb Jahren der Vermerk unseres Verrates, aber man hielt sich in seinem Falle einmal an jenes geflügelte Wort, das man dort nur in den seltensten Fällen einhält: »Wir kennen keine Sippenhaft!« Nun aber hatte er durch seine eigene Willensäußerung jenen Grund geliefert, der einen weiteren Vermerk in der Kaderakte rechtfertigte. Einen Vermerk, der fortan verhinderte, daß irgendein anderer Betrieb ihn einstellte, selbst wenn noch so nötig Arbeitskräfte seiner Ausbildung gebraucht wurden. Zuerst immer freudiges Begrüßen, Bewerbung, Warten, nach Eingang der Kaderakte kein Bedarf mehr.
Nun gibt es in der DDR nicht die segensreiche Einrichtung des Arbeitslosengeldes, man ist auf regelmäßiges Einkommen angewiesen. Gewiß, die Mieten sind billig, das Brot ist billig, stimmt, aber wie lange kann ich mit billigen Mieten und billigem Brot ohne Geld leben? Das ist jedem, der in eine solche Lage kommt, mehr oder weniger selbst überlassen.
Also versucht unsere Mutter ebenfalls, wieder berufstätig zu werden. Man ist stets erfreut, daß sich eine Fachkraft bewirbt, aber auch hier ist jedes Mal nach Eintreffen der Kaderakte urplötzlich die Stelle besetzt.
Ein Zustand, der sich für den Betroffenen selbst kaum ertragen läßt, da er kaum Hoffnung zuläßt, der für uns aus der Ferne genauso unerträglich ist. Wir können Pakete schicken, unseren Verhältnissen angemessen, aber was ist das schon?
Mit jedem Brief hoffen wir auf eine bessere Nachricht. Endlich kommt sie. Bekannte haben durch Verbindungen helfen können, unser Vater hat wieder Arbeit, aber nicht mehr seinem Niveau entsprechend, sondern tief unten. Vielleicht will ihm der Staat

zeigen, daß er keinen seiner Bürger so schnell ganz fallen läßt, aber Strafe muß sein.
Ein wenig atmen wir auf, aber es ist uns klar, daß dies auf die Dauer keine Lösung sein wird. Aber das können wir in den Briefen nicht schreiben, denn wie oft kommen sie gelesen, hüben wie drüben, nicht einmal der Versuch wird unternommen, dies zu verbergen.
Das ist unser zweiter Sommer hier in der Freiheit, deutlich bekommen wir zu spüren, daß wir zwar frei, aber nach einer Seite hin vollkommen machtlos sind.
Andere Verwandte, die wir bei unserer Übersiedelung reichlich hatten, haben die Verbindung von vornherein eingestellt, teils unfreiwillig, weil von irgendeiner Stelle leise, aber deutlich verwarnt, was eine derartige staatsfeindliche Verwandtschaft für den weiteren beruflichen Werdegang für Folgen haben könnte, teils freiwillig, vorbeugend. Ja, Kleider machen Leute, und Staaten machen Bürger.
Zur Beerdigung von Dieters Mutter zwei Jahre später werden wir nicht hinfahren können, weil die Verwandtschaft es für besser hält, auf unsere Anwesenheit zu verzichten und trotz unserer Bitten keine Einreisegenehmigung für uns beantragt, wie sie es in dem Falle könnte. Aber das wissen wir momentan noch nicht, wir bemerken nur, wie sich die Freiheiten für uns mehr als ungleich verlagern und uns in viele seelische Konflikte hineinbringen, von denen wir zuvor nicht das geringste ahnten.
Es ist immer paradoxer für uns, in den Medien vom Fortschritt in der deutsch-deutschen Zusammenarbeit zu lesen und zu hören, von der Verbesserung der Beziehungen und den Erleichterungen für alle Bürger, und in der Praxis das genaue Gegenteil erfahren zu müssen. Versucht man darüber zu sprechen, glaubt es einem niemand, will man darüber gar nicht diskutieren.
Das einzige Medium, das die Wahrheit so bringt, wie sie ist, ist für uns in dieser Zeit eine Sendung des Zweiten Deutschen Fernsehens mit Gerhard Löwenthal. Hier werden regelmäßig Reportagen gebracht über die Verhältnisse in der DDR, zu denen wir sagen können, ja, so ist es, hier zeigt man die Bedrängnisse der Menschen, die mit dem Staat in Konflikt geraten sind, wie unsere Eltern, hier verliest man Briefe und auch Hilferufe. Hilferufe für Fallengelassene, für politisch Inhaftierte. Es ist die

einzige Sendung, die über das informiert, was doch alle Deutschen angehen müßte, so meinen wir.
Weisen wir darauf hin, heben Angesprochene entsetzt die Hände: »Was denn, *das* guckt ihr? Diesen Hetzer?«
Sagen wir ihnen, daß er die Wahrheit sagt, daß alle anderen lügen, beschönigen, aus welchen Gründen auch immer, so schreibt man dies unserem Zustand als DDR-Flüchtlinge zu und rechnet es als Verbitterung.
Selbst Bekannte, zu denen wir einen besseren Kontakt haben, sagen vorsichtig: »Na ja, aber er macht doch Schwarz-Weiß-Malerei!« Nach solchen Unterhaltungen verstehen wir die Welt nicht mehr. »Wer die Wahrheit kennt und nicht versteht, ist ein Dummkopf«, hat Brecht gesagt, »wer die Wahrheit kennt und Lüge nennt, ist ein Verbrecher!«
Die Verantwortlichen in den öffentlichen Medien, die alle Mittel der Information und der Meinungsbildung in der Hand halten, sind intelligent genug, um sich der Wirkung ihrer Handlungsweise bewußt zu sein. Können oder wollen sie nicht weiterdenken, oder tun sie es gar und handeln deshalb so? Wie wollen sie jemals geradestehen für das, was sie wider besseres Wissen anrichten?
Fragen, die mich bewegen, und für die ich keine Erklärung finde. Es bereitet mir körperliche Schmerzen, in dieser Freiheit der Meinungen, dieser offenen Gesellschaft, leben zu dürfen und doch mit der Freiheit, die ich jetzt habe, nur persönlich etwas anfangen zu können. Es schmerzt uns, mitansehen zu müssen, wie die Menschen mit Scheuklappen in ihrem Konsumwohlstand umherwaten und alle Freiheiten zu nichts anderem nutzen als zum Essen, zum Trinken und zum Schlafen.
Da hätten wir eigentlich auch auf die Malediven auswandern können, dort hätte man sich unsere Erfahrungen genauso angehört und höflich genickt und weitergeschlafen.
Unsere Möglichkeiten in Sachen Freiheit wären dort kaum größer oder kleiner gewesen.
Entweder schlafen wir bald mit, oder unser Leben wird ein wenig unbequemer. Darüber werden wir uns klar.

So schreibe ich weiter an meinem Buch, an der Wahrheit, von der ich nicht weiß, ob sie jemand hören will, ob es einen Verlag

geben wird, der den Mut hat, gegen den Strom anzuschwimmen und sie zu veröffentlichen.
Ich merke, daß das nicht leicht sein wird, aber von der Menge der Schwierigkeiten, die damit auf uns zukommen, ahnen wir nichts.
Da es mir doch lieber wäre, mein Buch – wenn es fertig ist – gedruckt statt in der Schublade zu sehen, versuche ich jetzt zaghaft die ersten Schritte, um einen Verlag zu finden. Auch für uns als Familie würde es eine große Hilfe bedeuten, wenn ich dadurch eine Nebeneinnahme hätte. Wir leben zwar gut, aber von der Hand in den Mund, ohne irgendwelche Rücklagen. Unvorhergesehenes darf nicht eintreten, an einen Urlaub ist vorläufig nicht zu denken.
Wenn ich auch nicht gerade angenommen habe, daß man mir das Buch, das noch nicht einmal fertig ist, gleich aus der Hand reißen würde, mit soviel Gleichgültigkeit hatte ich doch nicht gerechnet. Da ist nicht einmal die Bereitschaft zum Ansehen da. Eine große Verlagsgruppe, der ich mein Vorhaben erläutere und das Manuskript anbiete, schreibt mir nach längerer Wartezeit im Januar 1976 folgenden Antwortbrief:

»Sehr geehrte Frau Ö.!

Besten Dank für Ihren freundlichen Brief vom ... Ich freue mich, daß Sie und Ihr Gatte nach den schweren Erlebnissen in der DDR jetzt die Möglichkeit haben, hier ein neues Leben zu beginnen. Dazu wünschen wir Ihnen alles Gute. Was Ihre Frage betrifft: Eine Buchausgabe Ihres Erlebnisberichtes ist bei uns nicht möglich. Wir bringen nur Romane und Sachbücher heraus. Ich glaube, so wie ich die Situation bei den hiesigen Verlagen einschätze, auch nicht, daß Sie anderswo mehr Erfolg haben könnten. Eher wäre es denkbar, daß Sie Ihren Bericht einer Zeitschrift, einer Illustrierten zum Beispiel, anbieten. Wenn Sie meine ganz persönliche Meinung hören wollen: Lassen Sie das Vergangene vergangen sein (zumal Sie mit solchen Berichten Ihren noch in DDR-Gefängnissen befindlichen Leidensgenossen kaum helfen, eher schaden würden) und konzentrieren Sie sich ganz auf die Aufgaben und Schwierigkeiten, die der neue Start in der Bundesrepublik (auch nicht in jeder Beziehung ein Musterländle) mit sich bringen wird.

Mit allen guten Wünschen und freundlichem Gruß
W. L.
Verlag«

Nach diesem Brief bin ich enttäuscht, obwohl ich ja mit Absagen gerechnet hatte. Aber ich bin so tief enttäuscht, weil mir praktisch klar wird, daß man über dieses Thema nicht schreiben *soll*, daß man dazu nichts veröffentlichen *will*. Das kann ich einige Tage nicht fassen. Wieso schade ich den noch in den DDR-Gefängnissen Befindlichen? Dreckiger als es ihnen jetzt schon geht, kann es ihnen doch kaum noch gehen, warum also diese Geheimniskrämerei? Hierzulande weiß ja niemand etwas von den Zuständen in den Gefängnissen drüben, also kann auch gar keiner versuchen, zu helfen, Stillschweigen und Wohlverhalten, ist ihnen denn damit geholfen?
Schade, daß mir der Schreiber des Briefes nicht zu einer Diskussion zur Verfügung steht.
Ich bin nun nur um so fester davon überzeugt, daß Schweigen der falsche Weg ist. Ob eine Veröffentlichung Erfolg haben könnte, in welcher Art überhaupt, ist mir zwar vollkommen unklar, aber ich weiß, daß ich reden muß, ich muß davon berichten, was im anderen Teil Deutschlands, in unserer unmittelbaren Nachbarschaft, vor sich geht, die Leute hierzulande müssen doch zu denken anfangen, aufwachen, wenn sie so etwas lesen, ich kann es mir nicht anders vorstellen.
Ich muß schreiben, ich muß, ich muß!
Ich schreibe weiter, manche Woche ein bißchen, manche Woche viel, manche Woche nichts. Manchmal bin ich kurz vor dem Aufgeben, meine, ob es nicht sinnvoller wäre, in der dafür aufgewendeten Zeit einer Heimarbeit nachzugehen. Das würde uns wenigstens weiterhelfen.

Neben meinem regelmäßig nachfragenden Fahrlehrer ist es nicht zuletzt Dieter, der mich immer wieder zum Weiterschreiben ermuntert. »Und wenn Du's für uns und unsere Kinder tust«, sagt er, »schreib es fertig.«

Der Sommer zeigt sich von seiner guten Seite, wir fahren in unserer Freizeit viel an das so nahe Meer, baden, genießen die Unabhängigkeit. Was mußten wir in Leipzig darum kämpfen, um einmal einen FDGB-Ferienplatz an der Ostsee zu bekommen – privat hinzufahren, war für uns als Familie aus finanziellen Gründen unmöglich. Es waren auch keine Privatunterkünfte zu bekommen, alles in Seenähe hatte der Freie Deutsche Gewerkschaftsbund (FDGB) in fester Hand. Nun wohnen wir da, wo wir immer hinwollten, am Meer. Jedesmal genieße ich den Duft von Meerwasser, Algen, frischem Wind, wir schauen den Krabbenfischern zu, wir probieren unbekannte Köstlichkeiten des Meeres, es ist ein schöner Sommer.
Die Kinder sind wieder gesund, unser Bundesbürger wächst und gedeiht, und es ärgert mich maßlos, daß dieses kleine Ding keine Bananen mag. In Leipzig hätten wir uns die Hacken abgerannt und die Beine in den Bauch gestanden für jede Banane, die auch nur unter dem Ladentisch hervorguckte, einmal waren sie sogar lebenswichtig – und hier, wo ich im Laden nicht einmal zu fragen brauchte »... haben Sie?«, hier weigert sich das Kind, die Köstlichkeit zu essen.
Paradox für uns. Dafür essen die beiden Großen um so mehr davon, auch an Schokolade haben sie sich noch nicht übergessen, trotz der ungeheuren Mengen, die sie zeitweise davon in sich hineinstopfen. Es ist hier so einfach, den Kindern eine Freude zu machen. Einesteils ärgere ich mich, daß ich von den dauernden Vergleichen nicht wegkomme, andererseits sage ich mir, du darfst nie vergessen, wie du einmal gelebt hast und wie unsere Freunde noch leben oder leben müssen. Sie sind satt und sie haben ein Dach über dem Kopf, ja, aber die Spielzeuggeschäfte sind leer und eine Tafel minderwertiger Schokolade kostet fünf Mark. Bei einem Durchschnittseinkommen eines Arbeiters von 650 Mark. Ich weiß nicht mehr, ob wir unseren Kindern einmal oder zweimal im Monat eine Tafel Schokolade kaufen konnten, die sie sich dann teilten. Aber es ist ein unbeschreiblich schönes Gefühl, in diese strahlenden Kinderaugen zu schauen, wenn ihnen gesagt wird, sie müssen die Schokolade nicht teilen.

In diesem Sommer bekommen wir schon zum zweiten Mal Besuch aus der DDR. Bekannte, frisch in die Rente gekommen,

besuchen uns. Sie staunen und staunen und können es einfach nicht begreifen, daß wir in den anderthalb Jahren, die wir nun hier sind, nach dem Anfang mit nichts, praktisch schon wieder komplett eingerichtet sind und uns nicht einmal allzugroße Beschränkungen auferlegen müssen.
Ich gehe mit ihnen in die Warenhäuser bummeln, und sie sind genauso wie ich anfangs erschlagen von all dem Überfluß.

Ich schreibe im Sommer und Herbst noch an verschiedene Zeitschriften, die mir für meine Schreiberei geeignet erscheinen. Jahre später erst begreife ich, daß ich mich an vollkommen falsche Zeitschriften wandte, daß ich von vornherein mit Absagen hätte rechnen können.
Jetzt enttäuschen mich die Absagen nicht mehr derartig, obwohl ich die Hoffnung auf einen Erfolg, also eine Veröffentlichung, nie ganz aufgebe, bin ich doch bedeutend gefaßter, wenn ein derartiger Brief eintrifft.
Mit unseren Freunden und einigen ihrer Freunde haben wir nach wie vor Kontakt und führen angeregte Gespräche. »Laßt nur«, sagen sie an einem solchen Abend, »wir sind sicher, die Beziehungen zur DDR werden sich verbessern, das braucht nur Zeit. Laßt die beiden deutschen Staaten miteinander handeln – die Messe hat es doch wieder gezeigt – handeln ist die beste und unpolitischste Gelegenheit, beide einander näherzubringen!«
Wir meinen ja, im Prinzip schon, wenn nur die Bevölkerung der DDR von diesem Handel etwas hätte. Daß dies nicht der Fall ist, daß die einzigen, die davon profitieren, die Bonzen sind, die sich ohnehin einen luxuriösen Lebensstandard leisten können, sagen wir zwar, aber wir können damit niemanden überzeugen.

Während dieses Sommers habe ich zum wiederholten Male meine Zeugnisse an die verschiedensten Stellen gesandt, um eine Anerkennung als Lehrer zu erreichen. Mein kombiniertes Fernstudium als Lehrer und Erzieher, das ich in der DDR absolvierte, ist hier völlig unüblich, ich habe nur eine Lehrerprüfung, das Staatsexamen, absolviert, hier gehören zwei Prüfungen dazu. Ich erkläre mich bereit, ein Referendarsjahr abzuleisten und die zweite Prüfung nachzuholen, schreibe jedes Mal, man möge mir doch

die Gelegenheit dazu geben und meine Tätigkeit als Lehrer zusammen mit dem Staatsexamen wenigstens als die hiesige erste Lehrerprüfung anrechnen. Ich stelle richtig, ich erkläre, ich schreibe wieder und wieder, ich bitte – ohne Erfolg.
Ich bin kein Lehrer, ich bin ein Nichts.
Ein bißchen verbittert das schon.
Ich muß daran denken, wie ich nach der Geburt unserer Jüngsten zum Arbeitsamt ging und um Weiterzahlung des mir noch zustehenden Arbeitslosengeldes nachsuchte. Die Beamtin musterte mich sehr und fragte dann spitz: »Können Sie denn überhaupt arbeiten, jetzt, mit dem Kind?« Ich sagte ihr, ja, ich könne das sofort, Sie solle mir nur eine Stelle nachweisen, dann würde ich arbeiten.
Ob ich ihr das schriftlich geben könnte, das mit der Arbeitsbereitschaft.
Natürlich könnte ich das, sagte ich, unsere Nachbarin würde die Kleine jeden Tag betreuen. Ich gab ihr Namen und Adresse jener Nachbarin.
Ich bekam keine Stelle nachgewiesen, ich bekam auch kein Arbeitslosengeld weitergezahlt.
Als ich mich nach endlosen Diskussionen bei einem letzten Besuch darüber beschwerte, sagte sie mir, erstens könne ich sowieso nicht arbeiten und zweitens solle ich froh sein, daß ich vor der Entbindung so lange Arbeitslosengeld bekommen habe, gearbeitet hätte ich *hier* ja sowieso nie.
Ich wollte ihr damals noch sagen, daß sie froh sein sollte, in ihrem Leben immer die Möglichkeit bekommen zu haben, hier zu arbeiten, aber mein Respekt, meine Angst vor Dienststellen und allem, was darin herumkreuchte, war damals noch viel zu groß.
Ängstlich, verunsichert und naßgeschwitzt – eine Folge des in der DDR Erlebten, die mir noch lange Jahre anhängen sollte – verließ ich auch damals das Arbeitsamt. Unternahm nichts mehr. Wußte nicht, daß ich etwas unternehmen konnte. Mußte der Dame sogar im stillen Recht geben, *hier* hatte ich nie gearbeitet. Erst hatte ich nicht die Möglichkeit dazu, einer Grenze wegen. Jetzt hatte ich sie. Es gab keine Stelle. Wenig später kommt amtliche Post, ich möge meine Zeugnisse zwecks Begutachtung und Anerkennung einreichen.

Es ist alles ein irrer Kreislauf, in dem ich nicht recht weiß, wie ich mich verhalten soll. Auch Bekannte können hier nicht raten, da es von Bundesland zu Bundesland andere Erfahrungen, andere Beispiele gibt. Alles ist eine Frage der Auslegung, der Ermächtigung. Es gibt keine genauen Richtlinien, es gibt »Kann«-Bestimmungen, und diese stehen im Moment zu meinen Ungunsten.

Eine Anerkennung meines Lehrerstaatsexamens erreiche ich vorläufig nicht.

Von meinem Manuskript habe ich inzwischen runde zweihundert Seiten fertiggestellt, noch ist kein Ende abzusehen und ich kann auch nicht beurteilen, wie umfangreich es noch wird.

Am Abend eines Mittwochs sehen wir im Fernsehen wieder jene Sendung, die Hilferufe von DDR-Häftlingen, deren Angehörigen oder DDR-Bürgern sendet, die ihrer Ausreisewünsche wegen unter unwahrscheinlichen Schikanen zu leiden haben. Jene Sendung, von der so viele sagen, sie sei bloße Hetze und von der wir nur immer wieder verzweifelt in taube Ohren sagen »sie stimmt!«. Jedesmal sind wir nach der Sendung erschüttert und aufgewühlt, sind wir lange Zeit danach mit den Gedanken bei unserer Haftzeit und bei denen, die das gleiche Schicksal noch auf unabsehbare Zeit vor sich haben, die vielleicht nie das Glück haben werden, bei den »Freigekauften« zu sein. Jetzt kommt mir der Gedanke, bei den Redakteuren dieser Sendung nachzufragen, ob sie mir bei der Suche nach einem Verlag nicht einen Tip geben könnten. Sie befassen sich tagtäglich mit dem Thema, das auch mein Thema ist, warum sollten sie also nicht wissen, wo und ob überhaupt Interesse für mein Geschreibe bestehen könnte.

Ich sende ihnen einen ziemlich umfangreichen Brief, schildere mein Vorhaben und die Beweggründe dazu.

Dann mache ich mich wie immer auf eine längere Wartezeit gefaßt.

Daß es für mich bei diesem Thema auch angenehme Überraschungen geben kann, hatte ich fast nicht mehr zu hoffen gewagt. Nach nur vierzehn Tagen halte ich einen Brief mit Absenderdruck des ZDF in den Händen, in den zitternden Händen, denn nun ist es ja die Frage, enthält er Positives, oder ist es wieder eine knappe, mitfühlende Absage. Bei all dem inzwischen

gleichförmig gewordenen Alltagsgeschehen, das Tag für Tag um uns herum abläuft, ist dies eine wirkliche Aufregung. Schon die Tatsache, so schnell Antwort zu bekommen, ich Normalbürgerin T. Ö.
Ich öffne den Brief. Er ist nicht lang, aber der Inhalt des Geschriebenen läßt mich buchstäblich Freudensprünge vollführen.

»Sehr geehrte Frau Ö.,

Ihren Brief vom 14. 10. 76 habe ich mit großem Interesse gelesen und daraufhin mit dem Verleger, Dr. Heinrich Seewald, Stuttgart, telefoniert.
Herr Dr. Seewald würde sich Ihr Manuskript – bzw. das, was davon bisher fertiggestellt ist – gerne einmal ansehen. Bitte, schicken Sie das Manuskript persönlich an ihn und beziehen Sie sich in Ihrem Begleitschreiben auf das Telefongespräch, das ich in dieser Sache mit ihm geführt habe.
Selbstverständlich würden Ihre Erfahrungen auch uns interessieren. Ich wäre Ihnen deshalb dankbar, wenn Sie auch uns einen Durchschlag oder eine Ablichtung des Scripts zusenden könnten.

Mit freundlichen Grüßen
F. Mönckmeier«

Ich bin vor Freude ganz verdreht. Als Dieter von der Arbeit heimkommt und ich ihm sofort berichtet habe, was sich ereignet hat, dämpft er als erstes einmal meinen Optimismus. Es scheint überhaupt seine Hauptaufgabe zu sein, meine hin und wieder auftretenden Gefühlsschwankungen aus dem negativen sowie aus positiven Bereich auf eine Normalebene zurückzuführen. »Das ist ja wirklich ganz schön«, sagt er, »aber freu Dich nicht zu sehr, es ist ja erst einmal nur ein Hoffnungsschimmer, wenn es doch nichts wird, bist du dann wieder maßlos enttäuscht!« Er hat schon recht. Alles ist ungewiß. Vielleicht kommt weitere vierzehn Tage später schon der nächste Brief, daß man alles mit großem Interesse gelesen, aber keine Verwendung dafür habe. Klar hat er recht. Das kann passieren. Aber warum soll es nicht auch einmal klappen?

Ich lese wohl noch ein Dutzend Mal den kurzen Brief, mache mir Hoffnungen, verwerfe sie wieder, freue mich, sage mir, du mußt ganz ruhig bleiben, noch ist ja überhaupt nichts entschieden. Ich kann nichts dagegen tun, allen vernünftigen Überlegungen zum Trotz, die Freude bleibt, ich habe ein Gefühl, daß dieser Herr Mönckmeier, der Schreiber des Briefes, die Sache nicht nur oberflächlich betrachtet hat.
Daß genau jener F. Mönckmeier und seine Ehefrau einmal, viel, viel später, unsere besten Freunde werden sollten, daß ich gerade ihm später sehr viel zu danken haben werde, kann ich zu diesem Zeitpunkt noch nicht einmal ahnen.
Aber mit diesem Brief setzte sich etwas in Bewegung, das ausschlaggebend für die Richtung unseres gesamten späteren Lebens werden würde.

Die Fahrprüfung habe ich bestanden. Ich bin unwahrscheinlich stolz darauf, jetzt selbst mit dem Auto zum Einkaufen fahren zu können. Ab und zu treffe ich meinen ehemaligen Fahrlehrer irgendwo in der Stadt, er erkundigt sich nach den Fortschritten meiner Schreibarbeit. Auch seine Frau lerne ich kennen, als ich den restlichen Fahrschulbetrag bei ihm noch persönlich abrechne. Eine sehr junge Frau, modern, schick, für meine Begriffe ein wenig zu oberflächlich. So beschränkt sich der angebahnte Kontakt zwischen uns auf Kaffeetrinken und Haus bestaunen, worin ich Meister bin. Immer noch kann ich mich an jeder mit Geschmack eingerichteten Wohnung kaum sattsehen, bewundere jede Kleinigkeit, staune immer wieder über die tausend Möglichkeiten, die man hierzulande hat. Obwohl ich inzwischen sehr genau übersehen kann, daß wir diese geldlichen Möglichkeiten wohl nie haben werden, mit denen aber alles verbunden ist, was über ein Normalmaß hinausgeht, kann ich mich doch geradezu kindisch mit anderen über deren Fortschritte freuen.
Irgendwie finde ich es manchmal selbst seltsam, es kommt mir dabei nie in den Kopf, daß ich das alles selbst auch haben, besitzen möchte. Wozu – wir sind glücklich, wir haben uns als Familie, wer weiß, wie es hinter diesen schönen Fassaden aussieht – ich genieße Schönheit, wenn sie mich umgibt und freue mich anschließend daran, daß ich sie genießen durfte.

Unser eigenes Heim ist zwar bescheiden, aber jedes Stück hat auch hier schon wieder seine Geschichte.
Wir freuen uns jeden Tag an allem, was wir schon erreicht haben, freuen uns darüber, daß wir gesund und beisammen sind und möchten mit niemandem tauschen.
Nur das Haus als solches macht uns Schwierigkeiten. Mit dem Herbst kommt auch die Nässe zurück, werden die Kinder wieder krank, können wir kaum noch baden, weil wir das Bad nicht warm bekommen, schimmeln wieder Kleidungsstücke und Bücher im Schrank.
Es wird uns klar, daß wir hier weg müssen. Da uns nichts hält, unsere Freunde werden wir ja nach wie vor besuchen können, sehen wir uns nach einer anderen Wohnung in der nahegelegenen Kleinstadt um. Denn es ist uns langsam klar geworden, daß hier in diesem kleinen Dorf für uns keine Zukunft liegt, für die Kinder nicht und für gar nichts. Der Kontakt zu den Einheimischen ist nach wie vor oberflächlich, an der fast obligatorischen Mitgliedschaft in den verschiedenen Dorfvereinen liegt uns nichts und so ergibt sich kein neuer Berührungspunkt, der bei allen Abwägungen in die Waagschale geworfen werden könnte.
Die Wohnungssuche ist schwieriger, als wir annahmen. Gewiß, es stehen genug Wohnungen zur Vermietung frei, aber entweder verlangen die Vermieter Preise, die wir nicht aufbringen können, oder die Wohnungen sind zu klein, oder ein Vermieter läßt auch einmal durchblicken, daß ihm drei Kinder über seiner Bankfiliale zu viel seien. So kommen wir auf den Gedanken, billig ein älteres Haus zu erwerben und es nach und nach aufzumöbeln, im Handwerkern sind wir ja geübt und trauen uns nahezu alles zu. Es stehen schöne alte Häuser leer, zu erschwinglichen Preisen. Das Schwierige an dem recht guten Gedanken ist nur, daß wir selbst für die erschwinglichen Preise keinen Pfennig übrig haben, also auf Kredit angewiesen sind. Wenn mich auch der Gedanke an einen neuen Kredit – zumal noch in bisher unbekannter Höhe – nahezu krank macht, da wir von der DDR her nur die Kontoführung im Plus kannten und bei einer Mark Überziehung bereits einen Mahnbrief mit angedrohter Kontensperrung erhielten – ich finde unseren Plan trotz aller dieser Bedenken nicht so übel.

So gehen wir eines Tages zu irgendeinem dieser unzähligen Ämter, von dem man uns gesagt hat, es sei dafür zuständig, und fragen, was es für uns als Flüchtlinge in diesem Fall für Möglichkeiten gibt. Es gibt keine. Zum Kauf alter Häuser stehen keine zinsgünstigen Mittel zur Verfügung.

Aber, sagt man uns, und mit diesem ABER beginnt abermals eine große Veränderung, warum wollen Sie nicht bauen? Neu bauen? Sie sind doch kinderreich, Sie haben Flüchtlingsausweise, Sie gehören zu jenem Personenkreis, dem zum Neubau sehr günstige Mittel zur Verfügung gestellt werden können!

Jetzt sind wir fertig mit der Welt. Da sind wir noch keine zwei Jahre hier, haben keine müde Mark auf dem Konto und man sagt uns so ganz einfach: »Warum wollen Sie nicht bauen?«

Nach einiger Zeit – eine Wohnung ist immer noch nicht in Sicht, das Sozialamt hat ganz einfach keine und die Wohnungsbaugesellschaften setzen uns alle hintenan auf eine Liste – gehen wir nochmals zu jenem Amt. Erkundigen uns, wie hoch denn die monatlichen Belastungen würden, *wenn* wir uns entschließen könnten, zu bauen. Wir sagen uns, fragen kann ja nicht schaden, irgendetwas muß passieren, damit wir aus dem nassen Haus herauskommen. Wobei uns allerdings klar ist, daß wir vor dem Winter trotzdem eine Wohnung auftreiben müssen.

Dieses Mal schickt uns die Dame kurzerhand ein paar Straßen weiter, zu einer Wohnungsbaugesellschaft, die, wie sie betont, für den sozialen Wohnungsbau zuständig ist.

Hier empfängt man uns sehr freundlich, sehr entgegenkommend, ist sofort zum Gespräch bereit, breitet zwei Hauszeichnungen vor uns aus und meint, wir sollten uns entscheiden, welches Haus wir bauen möchten. Nun, vorerst möchten wir gar nicht, was wir auch betonen, möchten uns nur erkundigen. Ach so. Nun, die Mittel würden wir bekommen, das sei klar, was das Ganze kosten wird, gut, kann man schnell ausrechnen.

Damit setzt sich jene resolute Dame vor eine kleine Rechenmaschine, sagt in einem Tempo, daß uns Hören und Sehen vergeht, die uns fremdesten Ausdrücke, tippt Zahlen in ihre Maschine, wir begreifen langsam, daß sie uns irgendwelche Finanzierungen vorrechnet, sie tippt, tippt, spricht mit uns chinesisch, tippt wieder, lächelt, tippt, die Maschine surrt, springt schließlich von allein Zeile für Zeile weiter, spuckt zu guter Letzt einen langen Zettel aus und eben diesen hält uns besagte Dame unter die Nase mit dem freundlichen Satz: »Na, hier sehen Sie es schwarz auf weiß, rund sechshundert Mark Abtrag hätten Sie im Monat, für ein neues Haus! Dafür bekommen Sie ja keine Wohnung!«

Wir begreifen überhaupt nichts. Keine der Summen auf dem Zettel, auch die genante Zahl ist uns schleierhaft. Was wissen wir von Zwischenfinanzierungen, von Abschreibungen, von Aufwendungen – eigentlich wollen wir doch nur eine Wohnung!

Wir sehen uns an und Dieter sagt das, was ich im gleichen Moment ebenfalls denke, daß wir erst einmal Zeit brauchen, um darüber nachzudenken.

Bitte sehr, meint die freundliche Dame und nimmt jetzt ihr Hundchen auf den Schoß, das die ganze Zeit artig unter dem Schreibtisch gewartet hat, bitte sehr, aber selbstverständlich, rechnen Sie sich alles durch, Sie können jederzeit wiederkommen!

Vor dem Gebäude in der frischen Luft kommen wir wieder zu uns, Zahlen wirbeln uns im Kopf herum, mit denen wir nichts anzufangen wissen, was sollen wir überlegen, wenn wir doch nichts verstanden haben. Außerdem – umsonst ist hierzulande auch nichts, soweit sehen wir schon klar, auch die freundlichsten Bemühungen will schließlich jeder honoriert haben.

Wir schütteln beide den Kopf und sind uns einig, daß wir die Hände davon lassen sollten.

Vielleicht finden wir ja in Kürze eine Wohnung.

Tagtäglich warte ich auf die Post, ein bißchen gefaßt darauf, mein Manuskript in einem dicken braunen Umschlag wieder im Briefkasten vorzufinden, ein bißchen aber auch in der Hoffnung, nur einen Antwortbrief zu erhalten.

Endlich, im November kommt die ersehnte Nachricht, und sie fällt für meine Begriffe so hoffnungsvoll aus, daß ich es lange Zeit gar nicht fassen kann.

»Sehr geehrte Frau Ö.,« schreibt der Verlagsleiter, »ich danke Ihnen herzlich für Ihren Brief vom ... und für Ihr Manuskript, das mich eine halbe Nacht nicht losgelassen hat. Inzwischen wird es bei mir im Lektorat gelesen und

ich nehme wieder Verbindung mit Ihnen auf, sobald wir unseren Eindruck gewonnen haben.
Ich bitte also noch um etwas Geduld und bin inzwischen mit freundlichen Grüßen
Ihr

Dr. H. Seewald«

Obwohl Dieter wie immer meinen Optimismus etwas dämpft, bemerke ich doch, daß auch er der Sache mehr Bedeutung beimißt als bisher. »Schreib inzwischen weiter«, sagt er, »was du hast, hast du!«
Da hat er recht, und diese kleine Aussicht auf Interesse, auf einen Erfolg, gibt mir auch wieder mehr Tatendrang.

Teil II

Alles hat seinen Preis

Jetzt beginnen sich die Ereignisse dermaßen zu überschlagen, als hätten wir zwei Jahre im tiefsten Dornröschenschlaf gelegen und müßten nun alles auf einmal nachholen.
Als erstes finden wir am Rande der nächstgrößeren Stadt eine Wohnung. Sie entspricht unseren Größenvorstellungen, sie scheint trocken zu sein, und, was das wichtigste ist, die Miete ist ebenfalls zahlbar.
So ziehen wir kurz entschlossen vor Weihnachten um. Das gibt eine mächtige Aufregung, aber wir schaffen es, daß der Tannenbaum zum Fest steht und die Kinder ihre Geschenke vorfinden.
Die neue Wohnung hat einen Nachteil, den wir aber erst empfinden, als wir schon darin wohnen.
Uns war beim Einzug bekannt, daß sich im Obergeschoß des Hauses eine zweite Wohnung befindet. Der Zugang zu dieser zweiten Wohnung geht durch unsere Wohnung hindurch, das heißt, wir haben mit dem Obermieter einen gemeinsamen Hausflur, von dem alle unsere Räume abgehen.
Dies sahen wir anfangs nicht so tragisch, da uns gesagt wurde, in die obere Wohnung würden ebenfalls junge Leute mit einem Kind einziehen. An gute Nachbarschaft aus der DDR gewöhnt, hofften wir auf ein erträgliches, ja vielleicht sogar geselliges Zusammenleben. Daß wir hier einem Trugschluß aufgesessen waren, sollten die folgenden Monate zeigen. Vorerst sind wir in der neuen Wohnung glücklich und zufrieden, die beiden jüngsten Kinder haben ein großes Kinderzimmer gemeinsam, die Große hat eine kleine Kammer für sich, die übrigen Räume sind ausreichend.
Nach dem Weihnachtsfest bekomme ich überraschend ein Schreiben von einer Studiengesellschaft für Zeitprobleme.

Ein Herr schreibt mir, daß er mein Manuskript bei dem Verleger, Herrn Dr. Seewald, gelesen habe, daß er dem Verleger nachdrücklich eine Veröffentlichung empfohlen habe, der Grund seines Schreibens ist aber ein anderer. Er möchte von mir einen Beitrag für einen Sammelband bekommen, der die Situation politischer Häftlinge in der DDR behandeln wird. So schlägt er mir vor, für dieses Projekt ein Kapitel von ca. 30–40 Schreibmaschinenseiten beizusteuern, schreibt auch gleich dazu, daß der Verlag mit dieser Arbeit vollkommen einverstanden sei, und, was für mich ausgesprochen wichtig ist, er bietet mir ein für meine Vorstellungen hervorragendes Honorar an.
Noch nie habe ich mich so schnell hingesetzt und den geforderten Bericht über einen Transport, das heißt, die Schilderung einer Verlegung von der U-Haft in die Strafanstalt, geschrieben. Der Bericht läuft mir so flüssig in die Maschine, daß ich selbst davon überrascht bin. Die Aussicht darauf, hier nicht nur für die Schublade zu schreiben, ist doch ein wesentliches Antriebselement.
So schildere ich sehr genau, wie ein solcher Transport in die Strafanstalt vor sich geht. Wie man uns Frauen in Handschellen gefesselt über den Leipziger Hauptbahnhof führt, hindurch durch die Menge der dort wartenden Urlauber, und wie ich mich dermaßen gedemütigt fühle, daß ich nicht einen Blick nach links oder nach rechts wende, um ja niemand erkennen zu müssen. Ich schildere das lange, unendlich zermürbende Warten in den kleinen Transportzellen der Waggons, die gestrichene Fenster haben, damit niemand hinausschauen kann, und die abgeschlossen sind.
Ich schildere die unheimlich nervliche Belastung, da niemand weiß, wann dieser Transport beendet sein wird. Ich schildere einfach alle Details, die mit so einem Transport zusammenhängen, und die sich hüben wie drüben wohl niemand vorstellen kann, der so etwas nicht selbst erlebt hat.
In sehr kurzer Zeit habe ich den geforderten Bericht fertiggestellt und kann ihn absenden.
Die Antwort kommt in Kürze. Man wird meinen Bericht in der gleichen Form drucken, wie ich ihn niedergeschrieben habe.
Ich schreibe jetzt täglich an dem Manuskript meines Buches weiter und arbeite mich Stück für Stück dem Ende entgegen.

Das für uns größte Ereignis trifft uns buchstäblich wie eine Naturgewalt im Februar des gleichen Jahres.
Der Verleger, mit dem ich schon korrespondierte, schreibt mir, daß er mein Buch noch im Herbst des gleichen Jahres herausbringen möchte und schickt mir mit gleichem Brief einen Optionsvertrag.
Ich weiß zum damaligen Zeitpunkt noch nicht einmal, was ein Optionsvertrag ist, aber ich bin unheimlich glücklich. Mit Hilfe des Lexikons komme ich dann auch hinter den Sinn dieses Vertrages. Er geht in Kürze unterzeichnet zurück. Ich arbeite jetzt wie eine Besessene an meinem Buch, denn nun steht fest, daß ich mir mit der Fertigstellung nicht mehr allzu lange Zeit lassen kann, ja es eilt sogar. Ich werde gefragt, ob ich das Manuskript bis spätestens Ende März abliefern kann, und ich sage zu.
Während der kommenden Wochen ergibt sich ein lebhafter Briefwechsel zwischen mir und meinem zukünftigen Verlag. Es geht einmal um den Titel, der noch nicht feststeht, zum anderen um ein Pseudonym. Ich habe von vornherein klar gemacht, daß ich nur unter Pseudonym schreiben werde, um unsere noch in der DDR lebenden Angehörigen nicht erneut in vermeidbare Schwierigkeiten zu bringen.
Dies Ansinnen ist von mir gut gemeint, aber, wie sich später herausstellen soll, sehr naiv.
Ich erfahre viel später, daß das Börsenblatt des hiesigen Buchhandels bereits vor Erscheinen der Neuauflagen dem Staatssicherheitsdienst der DDR zugänglich ist. Auch ist es für die DDR-Behörden ein leichtes, herauszufinden, wer sich hinter einem Pseudonym verbirgt. Aber über all diese Sachen, die von vornherein eine ziemliche Sinnlosigkeit des Pseudonyms bedeuten, bin ich nicht informiert. So komme ich ohne recht große Überlegungen zu dem Entschluß, unter dem Schriftstellernamen Tina Österreich dieses Buch herauszubringen.
Ich bin zum damaligen Zeitpunkt wirklich der festen Meinung, dadurch vollkommen anonym bleiben zu können. Ich habe keine Ahnung von Werbung, von den Methoden der Illustrierten, von allem, was mit der Verbreitung eines Buches zusammenhängt, und niemand klärt mich darüber auf.
Mein zukünftiger Verleger schreibt mir, daß er das Pseudonym gut findet und daß er einverstanden ist.

Mit dem Titel gibt es einiges Hin und Her, man will vom Verlag das Wort »Verurteilt« nicht gern im Titel haben, da es ein unangenehmes Wort ist. Der von mir vorgeschlagene Untertitel »Der Weg von Deutschland nach Deutschland« gefällt dem Verlag schon besser, ist aber als endgültiger Titel auch noch nicht verwendbar.
Ich schreibe, schreibe und korrespondiere, die Zeit vergeht, und eines Tages ist das Buch fertig. Ich kann es kaum fassen, als ich dieses dicke Bündel Blätter vor mir liegen sehe und mir sage, »das hast du selbst geschrieben, das ist dein Buch, das ist **ein Buch** – ein Buch überhaupt –«! Ich bin von mir selber überrascht, daß ich es geschafft habe!
Was nun folgt, ist für mich alles Neuland, für andere sicherlich Routine.
Das Buch wird von einem Lektor korrigiert, allerdings ändert er am Inhalt so gut wie nichts. Darüber bin ich besonders froh, denn ich kann mir nicht vorstellen, daß ich bereit gewesen wäre, hier Zugeständnisse zu machen beziehungsweise abzuändern. Ich weiß, ich habe es so geschrieben, wie es gewesen ist, und nur so möchte ich es auch gedruckt haben. Nie soll mir jemand nachsagen können, daß hier auch nur das geringste bißchen nicht stimmt.
Es ist ein sehr verständnisvoller Lektor, der mich berät, auch persönlich bekomme ich durch Anrufe und Briefwechsel ein gutes Verhältnis zu ihm.

Vom Zweiten Deutschen Fernsehen erhalte ich von jenem bereits erwähnten F. Mönckmeier einen kurzen Brief, in dem er mir schreibt, wie er sich freut, daß mein Buch noch in diesem Jahr erscheinen wird, und er wünscht, daß es eine möglichst große Verbreitung findet.
Es ist klar, daß ich mich darüber besonders freue.
Während all dieser Vorgänge versuchen wir, uns in der neuen Wohngegend einzugewöhnen. Dies soll für uns viel schwieriger werden, als wir es uns vorgestellt haben. Irgendwie wissen auch hier die Leute im Handumdrehen, daß wir aus der DDR gekommen sind. Ich will nicht sagen, daß sich daraus sofort eine Abneigung gegen uns entwickelt, aber wir merken doch, wie das Verhalten der Leute sich dementsprechend einstellt.

Dazu kommt, daß rechts und links unseres Wohnhauses soziale Problemfälle leben, denen wir so schnell nicht gewachsen sind. Wenn wir uns also darüber beschweren, daß die zahlreichen Nachbarskinder ständig in unserem Garten herumtrampeln und verwüsten, was wir mühsam anlegen, oder mitgehen lassen, was ihnen gefällt, so bekommen wir von den Nachbarn kein Verständnis. Als sie unsere Einstellung bemerken, die von dieser Art des Kollektivismus ein wenig entfernt ist, ändern sie ihr Entgegenkommen. Spreche ich mit einem der Kinder über die Sachen, die ich nicht möchte, so kommt es soweit, daß in der Nachbarschaft erzählt wird, ich würde die Kinder schlagen. Alles ist sehr kleinbürgerlich, gewöhnlich, provinziell, Intrigen werden im Handumdrehen gesponnen. Ein paar Kontakte ergeben sich spontan, aber ich kann nichts dagegen machen, es ist wie ein abgekartetes Spiel, alles bleibt oberflächlich.
Unsere Kinder haben es nicht leicht. Sie suchen den Kontakt, was verständlich ist, aber der Kontakt wird nur angenommen, so lange sie etwas zu geben haben.
Es ist so, daß man von ihnen Anpassung erwartet.
Wo sie diese nicht bringen, werden sie sofort verleumdet, und der Haupthintergrund des Ganzen gipfelt immer in der Aussage: »Ja, die sind ja sowieso aus der DDR, das ist ja kein Wunder, da sieht man mal, wie die sind!«
Gelegentlich setzen wir uns abends mit den Nachbarn im Garten zusammen, aber es ergeben sich nicht viele sinnvolle Gespräche. Ja, der Nachbar läßt durchblicken, daß er überhaupt nicht verstehen kann, warum wir aus der DDR hierher gekommen sind, schließlich habe hier jeder selbst zu kämpfen, und wir schmälern den hiesigen Landsleuten nur das wenige, was sie ohnehin haben. Eine sehr menschenfreundliche Einstellung, wie wir finden. Wir gewöhnen uns daran, nicht allzuviel zu entgegnen, es ist auch gar nicht gewünscht, daß wir Argumente liefern. Man will uns die Meinung sagen, und wir sollen ruhig sein.
Von gegenüber läßt die Nachbarschaft auch stark zu wünschen übrig. Hin und wieder kommt die Dame dieses Hauses zu uns, steht ohne Klingeln im Hausflur, kündigt an, daß sie sich aufhängen will, verlangt nach Bier und heult. Am Anfang sehe ich hier noch echte Probleme und versuche, ihr zu helfen, aber als sie kein Bier bekommt, wird sie ärgerlich und fängt an, uns

öffentlich zu beschimpfen. Es kommt so weit, daß sie eines Abends in angetrunkenem Zustand in der Haustür steht und mir verkündet, in der Straße wolle man uns sowieso nicht haben, wir sollen doch dahin gehen, wo wir hergekommen sind, man werde eine Unterschriftensammlung starten, auf der jeder Anwohner seine Meinung kundtun sollte, ob er uns haben wolle oder nicht. Es ist mir unmöglich, soviel Dummheit zu fassen. Ich kann mir auch nicht vorstellen, daß alle Anwohner unserer kleinen Straße sich daran beteiligen werden.

Ich kann mir überhaupt nicht vorstellen, warum Leute so gehässig sein können.

Als ich unserem Sohn verbiete, für diese »nette« Nachbarin Alkohol zu kaufen, wozu sie ihn des öfteren auffordert, sagt sie ihm, er solle mir ausrichten, ich sei eine ganz blöde Kuh.

So sind die Verhältnisse, mit den anderen Anwohnern verbindet mich so gut wie nichts, ein paar Kontakte ergeben sich immer durch die Kinderfreundschaften, aber es bleibt beim flüchtigen Kennenlernen.

Es ist vor allem immer wieder das Gleiche, wenn unser Sohn einen Spielkameraden gefunden hat und nur das Geringste klappt nicht, so stehen die Eltern bei uns in der Haustür und beschweren sich, und sagen: »Ja, Sie aus der DDR.«

Wir gewöhnen uns daran, mit diesem Makel zu leben, der kein Makel ist, der uns aber anhängt und wohl so schnell nicht weichen wird. Im übrigen sind es Wechselbäder, denn hin und wieder braucht man uns, wenn das Puddingpulver fehlt, oder die Milch, oder wenn der Besen abhanden gekommen ist. Dann kommt man zu uns und leiht sich das Betreffende, ohne es jemals zurückzubringen.

Bis ich auch mit diesen Ausborgungen aufhöre, und ganz einfach vorschiebe, ich habe das Betreffende nicht. Es ist zum verrückt werden, aber es findet sich nichts, was mich mit diesen Leuten verbindet, was unsere ganze Familie heimisch lassen werden könnte.

Auch die Mitbewohner in unserem Haus können dazu nicht beitragen. Sie sind etwas sonderbar, es ist ihr gutes Recht, sonderbar zu sein, aber es trägt nicht gerade zu einem erfreulichen Zusammenleben bei. So ist es ihre Angewohnheit, jeden Tag spät in der Nacht heimzukommen, trotz Kind.

Das wäre ja nun an und für sich kein Unglück, wenn sie sich wenigstens ein bißchen bemühen könnten, leise zu sein. Es schallt auf der Holztreppe fürchterlich. Daß der Hund keine Treppen steigen kann, dafür kann er nichts, aber wenn er dann eine Stufe rauf, drei Stufen runter insgesamt 20 Minuten auf der Treppe rutscht, ohne daß ihn jemand unter den Arm nimmt, sind wir alle hellwach. Der Herr des Oberhauses rennt, ist als erster oben. Es ist jede Nacht ein höllischer Lärm im Haus.
Anschließend ist in der Oberwohnung Ruhe, dafür ist unsere Familie hellwach, die Kleine weint, weil sie nicht einschlafen kann, und am Morgen sind wir alle wie zerschlagen. Dies wiederholt sich Nacht für Nacht. Als Dieter sich ein Herz faßt, und mit unserem Obermieter ein paar Worte wechselt, ob man die nächtlichen Ausflüge nicht leiser beenden könnte, bekommt er gesagt: »Halten Sie doch Ihre Fresse!« Daraufhin halten wir diese.
Da es sich immer wieder als hinderlich erweist, daß wir nicht im Besitz eines Telefonanschlusses sind, beantragen wir diesen nun. Ein paar Mal habe ich von den Nachbarn aus telefonieren können, das heißt, ich habe dort Anrufe entgegengenommen. Sie verbreiteten jedoch gleich, ich hätte von ihnen lange, auswärtige Telefongespräche geführt, und diese nur ganz geringfügig bezahlt. Ich muß mich daran gewöhnen, d. h. wir alle müssen uns daran gewöhnen, hier in einer Umgebung zu wohnen, in der es heißt »mitgegangen–mitgehangen«. Mitgehen wollen wir nicht mit diesen Leuten, also werden wir nach wie vor allein bleiben müssen.
Urplötzlich bekommen wir in diesem Frühjahr inmitten aller Aufregungen den Wunsch, es mit einem Besuch in der DDR zu versuchen. Denn es ist uns klar, wenn mein Buch erst erschienen ist, werden wir dazu keine Gelegenheit mehr haben, es sei denn, wir wollten erneut Erfahrungen mit dem Strafvollzug sammeln, dieses Mal aber wegen »Staatsverleumdung«. Wir sind uns über die Folgen, die diese Veröffentlichung jenseits der Mauer für uns haben wird, im Klaren, so sagen wir uns: Jetzt oder nie!
Damals, bei unserem Grenzübertritt, hatte man so etwas wie eine Zweijahresfrist »empfohlen«, ehe wir einen Besuch abstatten sollten. Zwei Jahre sind wir nun hier, wir wollen es versuchen. Da meine Eltern bereits mit dem Staat im Streite liegen, scheint

es uns von vornherein gescheiter, die Besuchserlaubnis nur für Bekannte einzureichen. Und es klappt – wir bekommen die Einreisegenehmigung.
Die Vorbereitungen sind schon aufregend genug, aber die Reise selbst wird zu einer reinen Nervenprobe. Denn beim Anblick der bekannten Uniformen sind sofort alle Angstgefühle wieder da, die wir glaubten, hinter uns gelassen zu haben, es ist ein ständiges Um-sich-Schauen, Flüstern, Horchen.
Wir besuchen sämtliche Freunde, sämtliche Verwandte, zu denen wir noch Verbindung haben. Es ist ja das erste Wiedersehen seit unserer für alle vollkommen überraschenden Verhaftung und nicht selten fließen bei der Begrüßung Tränen.
Immer wieder merken wir, wenn es auch niemand so direkt ausspricht, wie alle unsere Freunde sich freuen, daß wir es »geschafft« haben. Sie gönnen es uns von Herzen, sie lassen durchblicken, sie würden ja auch gerne, wenn ...
Hinter diesem »wenn« steckt viel. Es klingt in den Gesprächen nur an, überall bemerken wir Angst, selbst in den eigenen vier Wänden wird nur andeutungsweise gesprochen oder, wenn das Gespräch gar auf unsere Verhaftung kommt, geflüstert. Auch wir flüstern. Niemand kann sich vorstellen, wie es in den Haftanstalten zugeht, es ist genauso wie vor zwei Jahren. Wir wußten nichts darüber und unsere Freude wissen heute auch noch nicht mehr. Jetzt, wo wir es selbst erlebt haben, vermögen wir diese Tatsache kaum zu fassen. »Die Entlassenen sprechen ja nicht davon«, sagt uns eine Verwandte, deren Vater Pfarrer ist. »Nicht einmal die Pastoren erfahren etwas darüber!«
Uns ist bekannt, daß alle Strafgefangenen, die in die DDR entlassen werden, unterschreiben müssen, nichts über ihre Verhaftung, die Verhandlung und das Erlebte im Strafvollzug zu erzählen. Wir haben so etwas nicht unterschrieben. Trotzdem sitzt uns die Angst im Nacken, sie ist wieder da, obwohl wir freie Bürger sind. Wenn ich einen Volkspolizisten auch nur in größerer Entfernung sehe, bekomme ich nasse Hände, und wenn da nicht die Begegnungen wären, die Freundschaften, die Verwandten, wenn da nicht das Wissen darum wäre, daß es nach Erscheinen meines Buches wahrscheinlich nie mehr möglich sein wird, hierher zu kommen – wir würden lieber heute als morgen wieder der Grenze zustreben.

Trotz der Konsequenz, die damit auf uns zukommt, entsteht doch immer mehr der feste Vorsatz, über das alles zu berichten. Diese Unfreiheit, diese Ängste, das ständige Beobachtet- und Gegängeltwerden, die Phrasendrescherei an den Hauswänden, die leeren Läden darunter und die Zustände hinter dicken Mauern, von denen man nicht einmal im eigenen Lande weiß – all das ist es uns wert.
Wer soll darüber berichten, wenn nicht wir, die Ausgereisten, die Freigekauften? Nie kann sich hier so etwas ändern, und ich bin mir auch ziemlich klar darüber, daß ich mit meinem einen Buch keine Änderung herbeiführen werde.
Aber ich werde mir nie den Vorwurf machen müssen: »Das alles hast du gewußt, und du hast geschwiegen!«
Irgendwie erscheint es uns fast symbolhaft, daß unsere Jüngste gerade hier das Laufen erlernt. Sie wird einmal von dieser Seite Deutschlands nichts wissen, sie wird hoffenlich ohne all diese Zwänge aufwachsen können.
Als wir nach einer Woche abreisen, wissen wir, daß die nächsten Jahre kein Wiedersehen mehr bringen werden. Auch wenn wir alle im gleichen Land wohnen.
»Laß nur«, sagt meine Freundin mit Galgenhumor und unter Tränen, »in zweiundzwanzig Jahren bin ich Rentner, und das erste, was ich dann mache, ist Euch besuchen!«
Hinter der Grenze fallen Zentnergewichte von uns ab. Niemand kann sagen, warum, wir sind nicht belästigt, nicht aufgehalten worden. Vielleicht ist es die Luft, die wir atmen, sie ist wieder leichter und nicht mehr bleischwer.

Es ist inzwischen Sommer geworden, die ganze Welt sieht schöner aus, unser Sohn kommt zur Schule, und die Korrekturarbeiten an meinem Buch sind beendet. Nun warten wir auf die Veröffentlichung, ich immer noch fest in der Annahme, das Pseudonym werde mich vor jeder Berührung mit der Öffentlichkeit schützen. Vor allem lege ich nicht den geringsten Wert darauf, in dieser Umgebung als Schriftstellerin herausgestellt zu werden. Erstens ist es mein erstes und einziges Buch, das ist mir sehr klar, ich weiß nicht, ob es eine Eintagsfliege sein wird, ich weiß nicht, wie es ankommt, ich weiß überhaupt nicht, wie es weitergeht. Und ich möchte nicht mit diesen Leuten über etwas diskutieren müssen, was sie gar nicht verstehen wollen, vielleicht auch nicht verstehen können. Wir möchten nur für uns bleiben.

In dieser Zeit sucht die Wohnungsbaugesellschaft nochmals Kontakt zu uns. Uns wird gesagt, daß in einer Gemeinde spottbillige Grundstücke angeboten werden, und daß es für uns doch wirklich supergünstig wäre, die Möglichkeit eines Neubaus jetzt wahrzunehmen. Also schauen wir uns die Grundstücke an. Sie sind in unserem ehemaligen Wohnort und gefallen uns recht gut, so entschließen wir uns irgendwann doch dazu, solch ein Grundstück zu erwerben und lassen uns vormerken.

Die Rechnerei bei der Wohnungsbaugesellschaft geht von neuem los. Jetzt kommt die Belastung durch das Grundstück hinzu, die Erschließungskosten werden neu berechnet, weil man konkretere Vorstellungen hat, die Maschine rattert wieder. Sie spuckt weiße Zettel aus und auf den weißen Zetteln stehen für uns annehmbare Ergebnisse.

Also sagen wir uns, – wo wir jetzt wohnen, können wir nicht ewig bleiben, das steht fest –, gut, wir bauen.

Man schüttelt uns die Hände, beglückwünscht uns zu dem Entschluß, findet es großartig, daß wir soviel Mut haben. Unsere Freunde in der DDR können die Nachricht überhaupt nicht fassen, sind skeptisch, fragen, ob wir uns das denn alles genau überlegt hätten, ob wir uns nicht übernehmen würden. Das sind Fragen, die wir uns auch stellen, tagtäglich, und nicht nur tagsüber, auch nachts lassen sie uns nicht los. Werden wir das schaffen, haben wir uns da nicht zu viel vorgenommen? Aber bei allem Überlegen kommt immer wieder eins: Die Tatsache, daß wir kaum eine andere Wahl haben. Wenn wir uns um eine Sozialwohnung bemühen, könnten wir wieder in dem gleichen ungünstigen Milieu landen, das uns jetzt teilweise umgibt. Wenn wir hier wohnen bleiben, wird das für uns auf die Dauer zur Hölle. Also, was bleibt uns weiter übrig – es ist im Moment der einzige Ausweg. So absurd das auch klingt, und so unsinnig wir das auch empfinden, wir unterschreiben den Antrag, daß wir mit dem sozialen Wohnungsbau ein Eigenheim errichten wollen.

Damit bekommt die Wohnungsbaugesellschaft von uns den Auftrag, die entsprechenden Mittel zu beantragen. Das nächste, was wir von jener Gesellschaft hören, ist ein Schreiben, in dem sie uns mitteilt, in welcher Höhe sich die Gebühren für die Betreuung bewegen werden. Wir sind sprachlos. Von Gebühren für Betreuung war bisher nie die Rede. Aber wie konnten wir auch annehmen, daß man etwas umsonst für uns tut. Nur, die hier aufgeführten Gebühren sind so hoch, daß wir uns zutrauen, von dieser Summe das ganze neue Haus mit Möbeln einzurichten.

So sitzen wir ratlos, und wissen nicht, was wir tun sollen. Eins ist klar, wir haben das Geld nicht und wenn wir es hätten, wären wir nie gewillt, es dafür auszugeben.

Wirklich rein zufällig kommt einige Tage später irgendein Versicherungsvertreter zu uns. Wir haben schon genug Versicherungsvertreter im Hause gehabt, und wir sind wahnsinnig vorsichtig geworden inzwischen, aber irgendwie kommt das Gespräch auf den beabsichtigten Neubau und auf die geforderten Betreuungsgebühren. Jener Versicherungsvertreter ist es, der uns rät, von der Sache die Hände zu lassen. Wir wissen nicht, ob wir das noch können, und er klärt uns über unsere Rechte auf.

So schreiben wir gleich am nächsten Tag der Firma klipp und klar, daß nie von Betreuungskosten die Rede war, und daß wir nicht gewillt sind, die Kosten in der verlangten Höhe zu bezahlen. Wir treten vom Vertrag zurück. Ein paar Tage später kommt ein Antwortschreiben der Wohnungsbaugesellschaft. Wenn wir vom Vertrag zurücktreten, dann müßten wir einige hundert Mark für die bereits erfolgte Betreuung bezahlen. Jetzt sind wir mehr als ärgerlich. Erst hat man uns dieses Bauvorhaben buchstäblich aufgedrängt, hat immer wieder betont, alles sei unverbindlich, hat gerechnet und gerechnet, um uns die Sache schmackhaft zu machen. Von dem Tag an, wo wir alles unterschrieben bis zum heutigen Tage sind höchstens ein paar Schreiben verschickt worden und man verlangt von uns einen knappen Tausendmarkschein.

Nun reißt uns das erste Mal beim Umgang mit bundesdeutschen Institutionen buchstäblich die Geduld. Ich schreibe einen sehr energischen Brief an die Wohnungsbaugesellschaft, daß wir nicht zahlen wollen, daß wir gar nicht zahlen können, und daß wir die Forderung ganz einfach unverschämt finden.

Wir rechnen mit dem Schlimmsten, mit Rechtsanwalt und Gerichtsverfahren – nichts geschieht.
Es kommt keine Mahnung, wir hören von jener Wohnungsbaugesellschaft nie wieder etwas.
So lernen wir Stück für Stück, wie man sich in dieser Gesellschaft behaupten muß. Und das ist nötig.
Fest steht allerdings, daß wir nun trotz alledem eine neue Bleibe suchen müssen, denn hier wollen wir nicht alt werden.
Die Zusage für das Grundstück haben wir noch, so hören wir uns um, und irgendein Bekannter macht uns auf eine Musterhausbesichtigung aufmerksam, die von einer anderen Wohnungsbaufirma durchgeführt wird.
So gehen wir hin, um lediglich das Haus zu besichtigen, und kommen mit einem halben Vertrag zurück. Der Rest wird schon kurze Zeit darauf von dem Inhaber der Gesellschaft und uns abgesprochen.
Dieses Mal ist es so, daß wir wenigstens alle Details verstehen, die man uns vorrechnet, daß wir uns genügend informiert haben, um schon Fragen zu stellen und daß der Inhaber der privaten Wohnungsbaugesellschaft uns über alles aufklärt, was uns nicht verständlich erscheint. Hinzu kommt, daß er gleich von Anfang an bereit ist, uns alle behördlichen Wege abzunehmen.
Nach wie vor haben wir einen unheimlichen Horror vor Behördengängen, wir sind diesen fragenden Beamtenseelen immer noch nicht gewachsen, und schieben alles von uns weg, was auch nur ein wenig mit Behörde zu tun hat.
Jener Herr ist bereit, das alles zu tun, es wäre seine Aufgabe, sagt er. Gut, sagen wir uns, soll er seiner Aufgabe nachgehen, wenn es ihm gelingt, für uns die Gelder bereitzustellen, die wir nicht haben, so werden wir mit ihm das Haus bauen und doch einmal hier wegkommen.
In diesen Wochen erreicht mich ein Brief, der mich einigermaßen überrascht. Es ist ein Journalist, der mir schreibt, und der nach kurzer, persönlicher Vorstellung sein Anliegen vorbringt, mit mir ein Interview zu machen. Ich bin weder an einem Journalisten noch an einem Interview interessiert, ich bin nur daran interessiert, mein Pseudonym zu wahren und trotzdem mein Buch erscheinen zu sehen. Also nehme ich Rücksprache mit meinem Verlag. Der Verlag wünscht nicht, daß es zu dieser

Kontaktaufnahme kommt, da er andere Pläne hat, wie das Buch der Öffentlichkeit vorgestellt werden soll.
Ich schreibe über den Verlag an den Journalisten, daß mir an einem Interview nichts gelegen ist, und daß der Verlag dies nicht wünscht. Jener Journalist läßt nicht locker, und die Art, in der er mir schreibt, in der er sein Verständnis für dieses Problem zeigt, imponiert mir schon.
Er schreibt, daß er selbst in der DDR im Gefängnis gesessen habe, und wohl verstehen könne, warum ich anonym bleiben wolle, und schlägt mir einen ganz neutralen Treffpunkt vor. Ich muß ihm absagen, da ich vom Verlag die Anweisung habe, nichts zu unternehmen. Auch von mir aus hätte ich keinen Drang, hier irgendwie vorzugreifen.
Es ist ganz komisch, der Kontakt, den ich hier so strikt ablehne, wird mir die ganzen weiteren Jahre sehr hilfreich sein, er wird mir ungezählte andere Kontakte ermöglichen, jener Journalist wird einer meiner besten Freunde werden.
Wieder kommt ein Brief von ihm, mit dem Hinweis, daß er drei große Rezensionen über das in Kürze erscheinende Buch machen möchte. Ja, er versucht es auch von der finanziellen Seite und schreibt:
»Meinen Sie nicht auch, daß fast eine ganze Seite in der ›Welt‹ über Sie und Ihr Buch dem Verkauf förderlich sein könnte?«
Klar, ich meine das. Aber erstens habe ich mich zum Pseudonym entschlossen, und zweitens enthält der Brief, der mir über den Verlag zugeschickt wurde, gleich untenan den Vermerk: »Bitte nichts unternehmen!« Also unternehme ich nichts.
Ich bekomme nun über den Verlag das neue Verlagsprogramm zugeschickt, in dem auch die Vorankündigung meines Buches steht. Es liest sich schon toll, was da über mein eigenes Geschreibe steht.
Die Seitenzahl ist mit etwa 320 Seiten angegeben, der Preis auch nur ca., aber der Inhalt ist schon genau präzisiert. So lese ich:

»Alles muß seine Ordnung haben. So bedeuten in der Justiz-, Polizei- und Gefängnissprache der DDR die Buchstaben ›RF‹ ›Republikflüchtling‹. Tina Österreich weiß, was das heißt. Sie wurde vom Menschen zur Sache, zum Objekt: sie wurde ›RF‹. Warum wollte sie mit ihrer Familie repu-

blikflüchtig werden? Welche Vorbereitungen traf sie dazu, wie wurde ihr Versuch zur Republikflucht entdeckt? Was geschah, als sie verhaftet wurde? Wie wurde sie als Untersuchungsgefangene behandelt?
Das liest sich wie die Geschichte von einem, der auszog, das Gruseln zu lernen – und ist nichts als ein authentischer Bericht, der dem Leser ohne große Anstrengung die Erkenntnis vermittelt, was totalitäre Herrschaft in der Praxis bedeutet.«

Diese Ankündigung geht weiter. Eine ganze Seite hat man meinem Buch gewidmet und ich muß sagen, mir kommt das ganze wie Vorschußlorbeeren vor. Man bezeichnet mich als Naturtalent im Schreiben, man meint, ich schildere volksnah und realistisch, man gebraucht ganz zündende Ausdrücke.
Nach längerem Überlegen, nach mehrmaligem Lesen wird mir klar, daß der Verlag so schreiben muß, wenn er Interesse für das Buch erwecken will. Aber mir ist in meiner neuen Rolle nicht wohl. Ich wäre lieber Normalbürger.
Nun ja, was soll's, ich habe mir diesen Weg selbst gewählt, Spaß macht das Schreiben auch, wir werden sehen, wie es weitergeht.
Es geht weiter, und zwar mächtiger, als wir angenommen hatten. Es geht rund! Als erstes bringt die »Welt« eine Buchreportage zum Erscheinen des Buches, nun ohne das ergänzende Interview, was ich so konsequent ablehnte.
Als nächstes teilt mir der Verlag mit, er habe eine Vereinbarung mit einer der größten hiesigen Illustrierten getroffen, diese werde aus meinem Buch eine mehrteilige Serie abdrucken. Natürlich bin ich glücklich, mit hiesigen Ausdrücken »happy«, aber da ist die Schwierigkeit mit dem Pseudonym. Der Verlag schreibt, daß ich auf keinen Fall etwas unternehmen und meinen Schriftstellernamen aufdecken darf.
Im Lauf der nächsten Wochen werden die Redakteure der Illustrierten bei mir erscheinen und Kontakt aufnehmen, um alles weitere zu besprechen. Er schreibt auch, auf jeden Fall ist gewährleistet, daß man gemeinsam nach einem Weg suchen wird, um meinen Eltern, d. h. unseren Verwandten in der DDR, bestmöglich zu helfen.

Das Ganze ist ja gut und schön, aber es gibt schließlich nur zwei Alternativen. Entweder bleibe ich anonym, dann gibt es wahrscheinlich keinen Vorabdruck, weil dazu ein Interview gehört, wie mir klargemacht wurde, oder ich lasse das Pseudonym fallen. Es ist eine sehr ungewisse Situation, in der wir uns befinden. Auf der einen Seite die Sorge um die Verwandten, denen ich auf keinen Fall schaden will, auf der anderen Seite die Frage, wie soll das Buch in die Öffentlichkeit kommen.
Daß es in die Öffentlichkeit kommen muß, ist klar. Aber inzwischen ist mir auch klar, daß dies hierzulande ohne entsprechende Werbung kaum möglich sein wird.
Mitten hinein in diese Überlegungen kommen neue Nachrichten von unseren Eltern. Sie haben inzwischen die DDR voll »genießen« dürfen, man gibt ihnen nicht einmal mehr die Chance, einen Urlaub im Ausland zu verbringen.
Sie wollten anläßlich einer Familienfeier nach Ungarn reisen, aber die DDR verweigert das Visum.
Hinzu kommen eine ganze Menge persönlicher Dinge, es gelingt meiner Mutter nicht, wieder Arbeit zu finden, man diskriminiert sie, wo es nur geht.
All das hat sie bewogen, sich zu entschließen, die Ausreise aus der DDR zu beantragen. Diese Tatsache leitet unsere Überlegungen betreffs des Pseudonyms in eine bis dahin vollkommen neue Richtung. Unsere anderen Verwandten haben sich von uns losgesagt, einer nach dem anderen, ohne großen Kommentar.
Die einzigen, auf die wir noch Rücksicht zu nehmen hätten, wären somit unsere Eltern. Jetzt ist die Situation demzufolge eine ganz neue.
Unter diesem Aspekt entschließe ich mich nach mehreren telefonischen Rücksprachen mit dem Verlag, zwar unter Pseudonym zu schreiben, aber meine Identität dennoch preiszugeben.
Daß dieser Entschluß bei dem von mir angeschnittenen Thema viele Folgen haben soll, weiß ich zu jenem Zeitpunkt zum Glück noch nicht.

Die kommenden Tage und Wochen bringen mir erst einmal eine Vorstellung von dem, was es heißt, ein »Autor« zu sein. Hinsetzen und ein Buch schreiben, das ist ja im Prinzip eine Sache, die jeder kann. Aufregend wird erst das, was danach kommt.

Von der schon erwähnten Illustrierten bekomme ich Nachricht, daß mich an einem der nächsten Tage ein Redakteur und ein Fotograf aufsuchen werden. Diese sollen mit mir zusammen eine Reportage, oder besser gesagt, ein Interview herstellen, das dem Vorabdruck meines Buches beigefügt werden soll.
Ich bin gespannt, wie das Ganze vor sich gehen wird, und Dieter nimmt sich vorsorglich Urlaub. Das war gut so. Denn mit dem Zeitpunkt des Eintreffens der beiden Herren funktioniert in unserer Wohnung nicht mehr viel.
Sie sind wahnsinnig nett, und wir verstehen uns auf Anhieb gut. Sie haben lediglich eine total andere Auffassung davon, wie man Fotos macht, als ich sie bisher hatte.
Zuerst kann ich getrost meine guten Sachen, die ich extra angezogen hatte, in meinen Kleiderschrank hängen, und mich in meine heißgeliebten Jeans zwängen.
Sie wollen eine realistische junge Frau fotografieren, sagen sie. Mir ist's recht, so gehe ich sowieso am liebsten. Hatte ich bisher die Vorstellung, es wäre ganz einfach, ein Foto zu machen, man setzt sich beispielsweise in einen Sessel, nimmt des besseren Eindrucks wegen ein Buch zur Hand, und wartet, bis der Fotograf fünf, sechsmal gedrückt hat, so werde ich jetzt eines besseren belehrt.
Wir gehen auf Motivsuche. Diese Motivsuche dauert den ganzen Vormittag. Zum Glück sind die Kinder nicht zu Hause, soviel Geduld, wie hier nötig ist, würden sie wohl kaum aufbringen.
Stellen Sie sich bitte dahin, setzen Sie sich doch einmal vor jenen Baum, probieren wir es vor dieser Baumgruppe, ach nein, das Licht ist hier schlecht, gehen wir ein Stück weiter, die Zeit vergeht, und die Fotos rinnen serienweise in den Apparat. Ich denke mir, irgendwann muß es doch genug sein, die können doch nie eine derartige Menge Fotos von mir verwenden, aber der Fotograf winkt lächelnd ab, als ich ihn daraufhin anspreche, er knipst, knipst, knipst.
Als der Vormittag herum ist, hat er vier Filme voll. Ich atme auf, weil ich denke, daß dies nun ein Ende hat. Ich habe mich geirrt. Am Nachmittag suchen wir Motive für Aufnahmen mit der Familie. Glücklicherweise sind unsere Kinder für diese Aufgabe sehr anstellig und gehorsam, auch Dieter posiert in jeder angegebenen Situation, wir sind eine durchaus »willige« Familie.

Nur was das ganze mit meinem Buch zu tun hat, wird mir immer unklarer.
Am Nachmittag kommt dann das Gespräch zum ersten Mal auf mein Buch.
Die Lichtverhältnisse sind nun für den Fotografen ungünstig geworden, er hat, was er wollte.
Etwas für meine Begriffe ungeheuer Gewaltiges liegt vor uns auf dem Wohnzimmertisch – mein Buch!
Die Mittagspost hat es gebracht, genau zum erforderlichen Termin, das erste Exemplar.
Im Begleitschreiben des Verlages schreibt der Verlagsleiter:

»Liebe Frau Ö.! Verehrte Autorin, hier ist Ihr erstes Buch! Ich schicke es Ihnen mit den herzlichsten Glückwünschen vom Verlag und in der Hoffnung auf eine weitreichende Wirkung. Die weiteren Belegexemplare an Sie sind unterwegs. Mit herzlichen Grüßen

Ihr
Dr. H. Seewald«

Es ist ein Vorausexemplar, offiziell wird das Buch erst einige Zeit später erscheinen.
Der anwesende Reporter hat Auszüge des Buches bereits gelesen und weiß um die Thematik. So stellt er mir lediglich ein paar ganz gezielte Fragen, warum ich angefangen habe, solch ein Buch zu schreiben und ähnliches.
Auch das Problem meiner Eltern kommt nun zur Sprache. Da mich meine Eltern in der Zwischenzeit gebeten haben, wenn es mir möglich ist, von hier aus etwas zu unternehmen, das ihre Ausreise beschleunigen könnte, kann ich nun offen über dieses Thema sprechen.
Wir beschließen, im Zuge des Vorabdrucks auch diese Sache zur Sprache zu bringen, ich suche aus meinen Fotoalben ein Bild meines Vaters heraus und gebe es dem Reporter, der es zum Abdruck verwenden will. Wir hoffen, daß dies eine Hilfe werden kann, wie die DDR-Behörden reagieren, ist nicht vorauszusehen.
Er fragt eigentlich nicht sehr viel zu dem Buch an sich, fragt nach meinem Werdegang, unserem bisherigen Leben, und wir unterhalten uns einige Zeit noch sehr angeregt privat.

Am Abend verlassen uns Fotograf und Reporter, nachdem ich meine gesamten Unterlagen noch nach Urkunden und Fotos abgesucht habe. Sie nehmen unsere Haftentlassungsscheine mit, unsere Entlassungsurkunden aus der DDR-Staatsbürgerschaft, verschiedene Fotos, von denen sie meinen, daß sie sie verwenden könnten, wenn sie die Vorgeschichte ein wenig mit hineinbringen können.
Alles Durchsuchte liegt in unserer Wohnung wild durcheinander, und als die Wohnungstür hinter beiden zuklappt, meinen unsere Kinder: »Na ein Glück! Die kommen doch hoffentlich nicht wieder?« Wir lachen. Der Tag ist hin, aber es gab so viele angenehme Gespräche, und die Fotos, was soll's. Wir hoffen, daß wir privat ein wenig von der vielen Knipserei profitieren werden.
Wenig später erscheint in der Illustrierten der Abdruck aus meinem Buch, das Pseudonym wird aufgedeckt, über unsere Familie, unsere Eltern, speziell über mich, wird berichtet.
Von den vielen Fotos erscheint ein halbes Dutzend, privat bekommen wir nie eines der Fotos zu sehen, und auch zu dem Reporter sowie zu dem Fotografen haben wir nie mehr Kontakt. Meine erste Lektion in Sachen Autor habe ich damit erhalten: Bist du im Gespräch, bist du was – Schluß. Nun ja, der Abdruck bringt einiges Aufsehen in unsere Bekanntschaft und Verwandtschaft. Aus der DDR bekomme ich von unseren Verwandten, die sich von uns losgesagt haben, einen zornigen Brief. Sie schreiben, ich möchte mich doch wenigstens an die Wahrheit halten, und meinen damit die Aussagen über unseren Vater. Ich weiß, daß es die Wahrheit ist und habe dazu nichts zu sagen.
Der Rundfunkt tritt an mich heran und möchte ein Interview machen. Ich habe nichts dagegen, ich ahne, daß hier noch bedeutend mehr auf mich zukommen wird, als wir uns je träumen ließen. Habe ich A gesagt, muß ich nun auch B sagen.
Die Nachbarn betrachten uns von nun an als neureich, aus dem Munde der Kinder hören wir, was über uns gesprochen wird: »Ja, aus der DDR müßte man sein, dann kann man ja damit schon Geld machen.«
Unser Sohn kommt heulend aus der Schule und berichtet, wie die Kinder hinter ihm hergelaufen sind, und gerufen haben: Flüchtling, Flüchtling! Wir trösten ihn und können ihm nicht

viel dazu sagen. Es sind die Kinder der Eltern, die uns bei jeder Gelegenheit vorhalten: »Ja, Flüchtling müßte man sein!«
Dieses Nichtverständnis und die fehlenden zwischenmenschlichen Kontakte machen besonders mir sehr zu schaffen. Die Zeit des Briefeschreibens in die DDR zu unseren Freunden ist oft die einzige Möglichkeit einer Aussprache. Aber auch da zeigt es sich schon, daß die Wirkung der Mauer weit reicht. Schreibe ich nur ein wenig über politische Sachen, die die DDR berühren, so sind die Antwortbriefe ängstlich und um Auslassen dieser Probleme bemüht. Ich bemerke, daß ich anfange, mich an die Freiheit zu gewöhnen und mir schon manches Mal den Druck nicht mehr voll vergegenwärtige, unter dem unsere Freunde nach wie vor leben müssen. Ihre Briefe rücken dann mein Bild rasch wieder zurecht, so etwa, wenn ich von einer Bekannten lese:
»Ich war gestern mit den Jung's in diesem neuen Hotel in der Friedrichstraße (Berlin, Anm. d. Aut.), wo auch die ganzen Shops drin sind. Denen sind die Augen bald übergegangen und mir auch. Da sieht man so richtig, was wir für arme Schweine sind ...! Schon alles Scheiße, da drin können wir nicht kaufen, und wenn ich denke, was ich für steinreiche Verwandte in Amerika und wer weiß wo habe und wir müssen jeden Pfennig herumdrehen und arbeiten genauso ...
In Berlin gibt's schon sehr viel mehr als bei uns in der Provinz, man könnte Geld haben wie Heu!
... Manni hat vorgestern 20 Mark Soli (Solidaritätsmarken, d. A.) für Vietnam gespendet – »spenden müssen«. Na, wenn's hilft, daß unsere Männer nicht marschieren müssen, bin ich zufrieden. Die ollen Chinesen bekommen hoffentlich die Jacke voll. Leider auch wieder auf unsere Kosten.«
Die Bekannte, die so schreibt, arbeitet im schulischen Bereich, ihr Mann ist in leitender Stellung. Wenn ich daran denke, daß wir selbst vor zweieinhalb Jahren auch noch mit dieser doppelbödigen Moral gelebt haben, komme ich mir täglich reich beschenkt vor bei allen Möglichkeiten, die wir hier haben.
Eine andere Bekannte, bereits im Rentenalter, beschreibt in ihrem Brief herrlich drastisch das, was sie ärgert:
»Heute erhielten wir Euer so liebes überraschendes Paket. Die ganze Familie stand beim Auspacken herum. L. und ich, uns

hat es erwischt, haben Grippe und Schnupfen. Da war es eine Wohltat, die Tempotaschentücher zu finden. Auch für die Ölsardinen bedanken wir uns ganz herzlich. Ob Ihr es glauben könnt oder nicht, bei uns gibt es in keinem Geschäft mehr Ölsardinen. Alles im Intershop, und da rammeln die Leute mit Wartezeit von zwei Stunden. Unsere Parole heißt, wir sollen auf manches verzichten, die Hauptsache, wir haben Frieden.«

Bei einem Bummel in der nahegelegenen Stadt sehen wir uns wieder die Auslagen der Buchläden an und ganz plötzlich habe ich einen Einfall. Es gibt so unheimlich viele Verlage hier, was weiß ich schon davon, ob denn »mein« Verlag auch bekannt ist und seine Bücher bis hier schickt? In der DDR hatten wir nicht viel Auswahl und fast jedes Buchgeschäft bot die gleichen Titel an. Diese Vielfalt hier, wie soll man hindurchfinden? Diesen plötzlichen Gedanken folgend betrete ich ein Buchgeschäft und frage den uns entgegenkommenden Herrn, ob er auch Bücher aus dem Seewald Verlag Stuttgart bezieht. Er schaut mich erstaunt an. »Seewald Verlag?«, fragt er. »Nein, von diesem Verlag nehmen wir gar keine Bücher, tut mir leid!«
Ich bin sehr verwirrt und kann mir die Antwort überhaupt nicht erklären. Darum findet er sich zu einer weiteren Erklärung bereit: »Wissen Sie, ich bin Mitglied der Goethe-Gesellschaft, diese hat ihren Sitz in Weimar und wir können diese guten Beziehungen und den Kulturaustausch mit der DDR nicht gefährden!«
Vielleicht findet er meine Frage sonderbar, vielleicht denkt er gar nicht weiter darüber nach. Er kann ja auch nicht wissen, daß ich bis hierher nicht die geringste Ahnung davon habe, daß es »linke« Verlage, daß es »rechte« Verlage gibt und was sonst noch auf diesem Gebiet alles beachtet werden muß. Er kann nicht ahnen, daß er in Kürze wieder von mir und meinem Buch hören wird, einem Buch über die DDR, wie sie hinter ihren Mauern ist und worüber wohl in keinem Treffen der Goethe-Gesellschaft berichtet wird. Von einem Buch, das nichts berichtet, als ein Stückchen Wahrheit. Und um diese Wahrheit berichten zu können, ohne Abstriche und Zensur, wäre mir im Moment jeder Verlag recht.

Ich kann gar nicht wissen, daß man mich vom Erscheinen meines Buches an aufgrund dieses Verlages als »rechts« abstempeln wird, ganz egal, ob man mein Buch gelesen hat oder nicht.
Der Verlag hat den Ruf, »rechts« zu sein, also ist es der Autor auch. Diese Art der Eingruppierung ist relativ einfach, denn sie erspart vielen das Lesen vieler Bücher.
Später liegen auch in dem besagten Geschäft meine Bücher zum Verkauf – nach einigen Anlaufschwierigkeiten kann man sie dort erwerben. Mit dem Inhaber wechsle ich im Laufe der Jahre trotz mehrfacher Begegnungen nicht ein Wort über den Inhalt derselben, vielleicht hat er sie gelesen, vielleicht hat er nicht, ich weiß auch nicht, warum ich ihn nie danach frage, vielleicht würde er denken, ich sei eitel, und das hält mich wieder von einer Frage ab. Es ist dies nicht das einzige Buchgeschäft in der Stadt, aber nie habe ich mit einem, der das Buch verkauft, ein Gespräch darüber. Geschäft ist Geschäft – das ist vielleicht alles.
Goethe ist problemloser, er gefährdet die deutsch-deutschen Beziehungen nicht, ich bezweifle sehr, daß ihm diese Rücksichtnahme unter den gegebenen Umständen recht wäre, aber er kann sich ja nicht wehren.
Im frühen Herbst 1977 erscheint mein Buch offiziell.
Das Zweite Deutsche Fernsehen kündigt sich an, dem ich ja in gewisser Weise überhaupt das Erscheinen zu verdanken habe, es möchte in einer Sendung über unsere Familie und über das Buch und seine Hintergründe berichten.
Zwar habe ich noch nie vor einer Fernsehkamera gestanden, aber ich kann nicht behaupten, daß mich das ganze sonderlich aufregt. Ja, ich finde es gut, denn zum ersten können so unsere Freunde und Bekannten in der DDR über meine Arbeit besser unterrichtet werden, als ich das schriftlich könnte, zweitens hoffe ich, daß dadurch viele Menschen auf das Buch aufmerksam werden, denn im Dschungel der hiesigen Büchergeschäfte entdeckt man kaum etwas, wonach man nicht unbedingt sucht.
Wie also soll überhaupt jemand erfahren, daß es ein Buch über den DDR-Strafvollzug gibt, wo doch bekannt ist, daß seit Kempowski niemand dieses Thema wieder aufgegriffen hat. Daß die betreffende Sendung wiederum als »rechtslastig« verschrien ist, ist mir inzwischen nicht gerade geläufig, aber ich ahne es. Es ist mir auch egal. Wenn hierzulande alles, was im Zusammenhang

mit der DDR die Wahrheit berichtet, »rechts« ist, so bin ich es eben auch. Besser »rechts« als lügen.
Ich finde es nur reichlich erbärmlich, daß überall dieses Kastendenken vorherrscht, das vielfach von vornherein eine objektive Beurteilung unmöglich macht.
Wie weit ist es mit einer Freiheit, die sich selbst derartige Grenzen vorschreibt und die Informationsmöglichkeiten, die sie hat, nicht nutzt oder ihren Vorstellungen gemäß verschleiert.
Vielleicht ist es hier im ganz Großen auch so wie im Kleinen: Das, was man hat, läßt man achtlos liegen. Was man nicht hat, möchte man um jeden Preis besitzen. Wir hier in der Bundesrepublik haben jede Freiheit und gehen nicht immer sehr verantwortungsvoll damit um.
Was gäben unsere Freunde in der DDR darum, auch nur die Hälfte von alledem zu haben!
Also ist es für mich wirklich ohne Bedeutung, in welcher Sendung das Interview mit uns gemacht wird, auch Dieter denkt genauso. Solange keiner unsere Aussagen und Erlebnisse verfälscht oder kürzt, wird dies unsere Meinung sein.
Leider sehen viele unserer Mitmenschen das Problem völlig anders. Ja, ich erlebe später Schriftsteller, die sich dem jeweiligen Organ, das sie veröffentlicht, in ihrer Aussage anpassen.
Dann hätten sie auch in der DDR bleiben könne, meine ich.
In der nächsten Zeit fahren wir zum Hessischen Rundfunk, zum Deutschlandfunk und zu anderen Institutionen, ich lese vor und gebe Interviews.
Mit dem Journalisten, den ich erst nicht kennenlernen wollte oder kennenlernen durfte, treffe ich mich bei einer Veranstaltung in Bremen. Hier hält er einen Vortrag zum Thema DDR-Literatur, der mich sehr interessiert, vor allem aber imponiert mir sein persönliches Engagement. Anschließend sitzen wir noch bei einem Glas Bier zusammen. Es dauert nicht lange, und wir haben das Gefühl, uns schon ewig zu kennen.
Von nun an ist Jörg, so heißt jener Journalist, mit allem, was meine literarischen Ambitionen angeht, irgendwie verbunden.
Er verschafft mir später Zugang zu Kreisen, die sich mit dem Thema der Literatur im geteilten Deutschland befassen, zu Veranstaltungen, zu Verlagen, zu Zeitschriften.

Durch Jörg erhalte ich kurze Zeit darauf eine Einladung zu einem Arbeitskreis für DDR-Literatur, an dessen Tagung ich teilnehmen soll. Dies alles interessiert mich jetzt sehr, und so fahre ich nach Bonn. Hier lerne ich eine Anzahl ausgebürgerter ehemaliger DDR-Schriftsteller kennen, keine Bekannten, eher solche, die es erst noch werden sollen.
Hier treffe ich Siegmar Faust, Wolf Deinert und Gerald Zschorsch. Wir begrüßen uns wie alte Freunde, obwohl ich alle drei zuvor nie gesehen habe. Lediglich von der Existenz eines Siegmar Faust in Heidenau war mir zu meinen Zeiten in der DDR etwas bekannt. Wir haben viel Diskussionsstoff, der sich in erster Linie um unsere Haftzeit dreht, und allen ist es irgendwie ein Bedürfnis, über ihre Erlebnisse zu sprechen.
Zu diesem Arbeitskreistreffen erscheint etwas später auch eine junge Frau in meinem Alter, die mir Jörg als Elisabeth vorstellt. Sie hat mehrere Jahre im Zuchthaus Hoheneck in der DDR verbracht, und dies scheint zur Zeit auch ihr einziges Thema zu sein.
Wie sie erzählt, ist sie ein Opfer vieler Intrigen gewesen und hat die Zeit im Gefängnis tatsächlich für ihren Mann abgebüßt, der sie verraten hat.
Sie läßt mich deutlich merken, wie kurz im Verhältnis dazu meine Zeit im DDR-Strafvollzug war, und daß sie diejenige mit den viel größeren Erfahrungen ist. Sie will ein Buch schreiben, erzählt sie immer wieder.
Mit den drei jungen Männern verstehe ich mich recht gut, wir diskutieren bis spät in die Nachtstunden hinein.
Ein wenig stört mich, daß alle drei meinen, ihre frisch gewonnene Freiheit auch an ihrem Äußeren demonstrieren zu müssen. Doch ausschlaggebend sind unsere gemeinsame Herkunft, unsere gemeinsame Vergangenheit und unser recht ergiebiger Meinungsaustausch.
Siegmar hat zur Zeit hier im Westen noch nichts veröffentlicht, er ist noch damit beschäftigt, sich in den vielfältigen, politischen Gruppierungen zu orientieren und aufzupassen, daß er sich nicht den falschen anschließt.
Gerald und Wolf erscheinen mir hier schwankender. Es ist abzusehen, daß unsere Wege in Zukunft oft zusammenlaufen werden. Beim Abschied umarmt mich Gerald wie eine alte Bekannte,

und ich bin Jörg dankbar, daß er mir diese neuen Kontakte möglich gemacht hat.
Um viele Erfahrungen und Denkanstöße reicher trete ich meine Rückreise in die Provinz an.

Eines Tages überkommt mich die Idee, zur hiesigen Volkshochschule zu gehen und nachzufragen, ob man an einer Lesung aus meinem neuen Buch interessiert sei.
Ohne Anmeldung suche ich den Direktor auf, lege ihm mein Buch auf den Tisch, von dem er natürlich noch nichts gehört hat und berichte ihm von meinem Anliegen. Dieses Anliegen berührt ihn in erster Linie nicht so sehr, viel mehr ist er davon angetan, daß ich überhaupt ein Buch geschrieben habc, denn das heißt für ihn, daß ich der deutschen Sprache mächtig sein muß. Und damit hängen seine weiteren Überlegungen zusammen. Er ist im Moment auf der Suche nach einem Lehrer für türkische Gastarbeiter in der Stadt. Bisher hat sich niemand bereitgefunden, diese Leute zu unterrichten.
Auch ich habe keinerlei Erfahrung darin, aber die Aufgabe lockt mich schon, und nach einem längeren Gespräch sind wir uns einig. Ich werde in Zukunft Türken in der deutschen Sprache unterrichten. Das gibt für mich einen Nebenverdienst, und außerdem einen neuen Gesichtskreis, was mir wesentlich erscheint. Auch sehe ich der Sache mit viel Elan entgegen, denn jetzt, wo ich nicht mehr täglich schreibe, brauche ich doch wieder eine neue Betätigung. Und diese Unterrichtsstunden am Abend könnten genau das sein, was ich brauche, um ein wenig über das häusliche Milieu hinauszublicken.
So komme ich nach und nach in verschiedenen Richtungen mehr in die Öffentlichkeit.
Kurz danach beginnt der erste Kurs und ich kann sagen, daß mir diese Aufgabe viel Freude bereitet.

Dann ist es soweit, das ZDF sagt sich mit einem Team zu Fernsehaufnahmen bei unserer Familie an.
Ich gehe zum verabredeten Treffpunkt in die nächstgelegene Gaststätte, um dort, wie abgesprochen, jenen Herrn Mönckmeier in Empfang zu nehmen, dessen Vermittlung ich all dies überhaupt verdanke.

Es ist ganz eigenartig, ich betrete die Gaststätte, diese ist mäßig besucht. Nur an einigen Tischen sitzen Einheimische und trinken ein Bier. An der Bar sitzt ein einzelner Herr im Trenchcoat, und ohne darüber nachzudenken weiß ich, das muß er sein. Ich gehe auf ihn zu, gebe ihm die Hand und sage: »Sie sind Herr Mönckmeier!« Er schaut mich groß an, lacht und sagt: »Ja, und Sie sind Frau Österreich.« Von jenem Zeitpunkt an ist unsere Freundschaft besiegelt. Die zwei kommenden Tage, die er sich mit seinem Team in unserer Stadt aufhält, gehört er vollkommen zur Familie, und dieses Verständnis ist gegenseitig. Dieter empfindet in dieser Sache genauso.

Die Tage mit dem Team sind für uns nicht anstrengend, sondern sehr schön.
Unseren Sohn interessiert besonders die Technik, er findet überall ein offenes Ohr und bekommt sämtliche Dinge erklärt, nach denen er fragt.
Wenn unsere Jüngste weint, wird eine Pause eingelegt, wir essen gemeinsam, wir unterhalten uns und die ganzen Aufnahmen sind eigentlich mehr oder weniger Nebensache.
So kommt es, daß wir die Aufnahmen, die den Anfang der Sendung bilden sollen, beim Mittagessen vornehmen, was sicher nicht allzu gewöhnlich ist.
Wir essen Gulasch und Makkaroni und bemühen uns darum, möglichst normal zu erscheinen. Die Nudeln fallen dann auch prompt möglichst normal auf den Teller zurück. Um uns herum ist die Küche überhell ausgeleuchtet, Kameras summen, der Toningenieur überwacht seine Geräte, der Leiter des Teams gibt seine Anweisungen.
In dieser Situation klingelt es. Es hat sich im Ort herumgesprochen, daß bei uns ein Team des Fernsehens ist. Irgendwoher weiß man doch, daß ich dieses Buch geschrieben habe, auch wenn mich bisher niemand daraufhin offiziell angesprochen hat.
Jetzt steht ein Mitarbeiter der hiesigen Zeitung vor der Haustür und fragt, ob wir etwas dagegen hätten, wenn er für die Zeitung eine Reportage macht. Natürlich haben wir nichts dagegen. So wartet er die Filmaufnahmen ab, sitzt dann bei uns im Wohnzimmer und stellt ein paar Fragen. Es sind die üblichen: Woher

wir kommen, warum wir in Haft waren, wie lange wir in Haft waren, warum ich das Buch geschrieben habe.
Das Gespräch kommt auch auf unsere Eltern, und er fragt, ob es für unsere Eltern nicht gefährlich sein könne, wenn sie hier im Fernsehen erwähnt werden.
Ich bin zu diesem Zeitpunkt noch nicht daran gewöhnt, im Umgang mit Journalisten äußerst vorsichtig zu sein. So antworte ich ihm hier genau das, was ich denke. Ich sage ihm, daß meine Eltern selbst darum gebeten haben, ihren Fall in die Öffentlichkeit zu bringen, um dadurch eine schnellere Ausreise zu erwirken. Und was kann schlimmstenfalls für Ihre Eltern passieren, fragt er mich. Nun, sage ich, schlimmstenfalls wird man sie in Haft nehmen, und dann haben wir wenigstens einen besseren Ansatzpunkt, um sie dort herauszubekommen.
Ich sage dies rein privat, und als es am nächsten Tag genauso in der Zeitung steht, bin ich hell empört. Er hatte es nicht aufgeschrieben, und ich hatte überhaupt nicht damit gerechnet. Das ist für mich eine Warnung, in Zukunft vorsichtiger zu sein.
Am nächsten Tag dann, nachdem die ersten Routineaufnahmen mit dem Fernsehteam beendet sind, machen wir in unserem gemütlichen Wohnzimmer das Interview, das Auskunft über die Hintergründe des Buches und über unsere Erfahrungen vom Zeitpunkt der Übersiedelung an geben soll.
Die Sprache kommt auf dieses und auf jenes, und es macht uns nicht viel Schwierigkeiten zu antworten, wir sprechen so, wie uns der Schnabel gewachsen ist, und das ist halt sächsisch.
Auch über das Problem meiner Eltern und darüber, daß sie ausreisen möchten, sprechen wir.
Der Leiter des Teams fragt uns auch nach unseren Erfahrungen mit den hiesigen Behörden. Konkret fragt er danach, ob sie uns bei der Suche nach Arbeit, bei der gesamten Eingewöhnung, irgendwie besonders hilfreich waren.
Wir müssen dies wahrheitsgemäß verneinen. Sie waren zwar immer für uns da, wenn wir sie aufsuchten, aber einen Rat extra gab es nicht. Ohne die privaten Tips unserer Bekannten hätten wir manches Mal »alt« ausgesehen.
Und ganz deutlich sagen wir auch, daß Dieter sich seine Arbeitsstelle selbst gesucht hat. Daß ihm diese nicht vom Arbeitsamt vermittelt wurde.

So haben wir zwei angeregte Tage zusammen, die uns trotz aller Aufregung, Möbelumstellerei und Fragerei persönlich viel geben. Wir können uns mit Menschen unterhalten, die unserem Thema, unseren Problemen offen gegenüberstehen, die eine Meinung vertreten, und die uns nicht sofort abblocken, um zu neutraleren Gesprächsthemen überzugehen.
Als das Team seine Rückreise antritt, empfinden wir dies als eine regelrechte Leere im Haus.
Die Sendung folgt kurze Zeit später, wie gebannt sitzen wir alle im Wohnzimmer vor dem Fernseher und sehen unser Wohnzimmer, sehen uns und hören uns. Irgendwie aufregend ist das Ganze schon, zumal wir wissen, durch die Ankündigung in der Zeitung sieht dies nun auch die gesamte Umgebung bewußt und wir werden von nun an weniger anonym leben. Aber es macht uns nichts aus, wir haben nichts gesagt als die Wahrheit.
Wir hören, wie man vom Ausreisebegehren unserer Eltern berichtet, mein Buch wird gezeigt, worauf ich natürlich ein bißchen stolz bin, und von unseren Eingewöhnungsschwierigkeiten wird ebenfalls erzählt. Alles in allem finden wir dies eine gelungene Sendung und in der Familie herrscht Hochstimmung.
Das Ganze sollte für uns, außer der Tatsache, daß uns nun jeder zweite erkannte, noch weitere Folgen bringen, mit denen wir nicht gerechnet hatten.
Von einer Bekannten aus unserem ersten Wohnort bekommen wir noch am gleichen Abend einen wütenden, ja fast hysterischen Anruf, was wir uns bei der Sendung wohl gedacht hätten. Ich bin am Telefon, und ich bin fassungslos, weil ich überhaupt nicht weiß, worauf sie hinaus will.
Es zeigt sich, daß sie im besonderen unsere Bemerkung kritisiert, wir hätten uns die Arbeitsstelle für Dieter allein gesucht. Dies entspräche ja überhaupt nicht den Tatsachen, Bekannte hätten uns unterstützt, und mit Tips und Empfehlungen geholfen. Natürlich hat sie recht, aber ich muß ihr sagen, daß es darum in jenem Gespräch ja gar nicht ging, daß vielmehr herausgestellt werden sollte, wie wenig uns von behördlicher Seite geholfen wurde. Daß besonders gezeigt werden sollte, wie ehemalige DDR-Bürger hierzulande auf sich allein gestellt sind. Um die persönlichen Beziehungen und Freundschaften ging es nicht, sie kamen gar nicht ins Gespräch.

Ich kann Argumente hervorbringen, wie ich will, ich komme gar nicht geschlossen zu Wort, sie schimpft und erklärt mir, wie schlecht wir uns benommen haben und, daß unsere Freundschaft hiermit beendet sei. Sie läßt nicht mit sich reden und knallt den Hörer auf. Ich sitze da und heule, denn menschlich hatte mir diese Beziehung stets viel gegeben, und nie hätte ich so eine Reaktion vermutet. Ja, besonders berührt es mich, daß diese Frau, die sehr gebildet und offen schien, hier so engstirnig denkt und kein Argument gelten läßt. Ihre Meinung ist richtig, und weiter keine.

Es zeigt sich in den nächsten Tagen, daß noch mehr Bekannte aus unserem ehemaligen Wohnort in genau der gleichen Richtung reagieren.

Das, was wir als Freundschaften bezeichneten, erweist sich als Nichts. Wir verstehen diese Menschen nicht, so sehr wir uns auch darum bemühen, ja, wir kommen zu keinem Ergebnis, was eigentlich das Mißverständnis – mehr ist es in unseren Augen nicht – auslöste.

Ist es die ganz simple Tatsache, daß wir ihre Freundlichkeit, die uns am Anfang umgab, nicht erwähnten? Daß sie und alle zwischenmenschlichen Beziehungen in dieses Gespräch überhaupt nicht aufgenommen wurden? Ist es, tiefer geblickt, die ganz einfache Tatsache, daß sie sich übergangen fühlen?

Wir wissen es nicht. Mit uns spricht niemand mehr von diesen ehemaligen Bekannten, keiner sucht den Kontakt.

Ich bin darüber todunglücklich, auch Dieter geht das ganze sehr nahe, da es nicht unserer Natur entspricht, undankbar zu sein, wie uns das jetzt unausgesprochen etwa vorgehalten wird.

Aber da es keinen Kontakt mehr gibt, gibt es auch kein Zurück. Dieses Kapitel scheint für uns beendet.

Nach einigen Tagen kommen wir zu dem Entschluß, unseren Bauplatz in jenem kleinen Ort abzugeben, da uns ein Leben dort von nun an unmöglich erscheint.

Dies ist unsere erste bittere Erfahrung in Sachen Freiheit. Sie trifft uns um so bitterer, als wir nicht damit gerechnet hatten, wir haben an Großherzigkeit geglaubt und Kleinmütigkeit tritt uns entgegen. Wir können nichts mehr dazu tun.

Dies soll jedoch nur eine der Folgen sein, die die Fernsehaufzeichnung für uns hat.

Wenige Tage später ereignet sich Sonderbares.
Es beginnt damit, daß im Hause mehr oder weniger alles Kopf steht, weil neue Fenster eingesetzt werden. Dazu kommt die Anwesenheit eines Fotografen, der für eine im Ausland erscheinende deutsche Zeitung Aufnahmen macht und zu einer Reportage verarbeiten will.
Der Fotograf ist uns ebenso sympathisch wie der Leiter des Kamera-Teams, der uns ja erst vor kurzer Zeit aufsuchte. Auch mit ihm fühlen wir uns wieder wie eine Familie, wir können nichts dagegen tun, es gelingt uns einfach nicht, auf Distanz zu arbeiten. Auch ihn mögen wir alle sehr, und er gibt sich unwahrscheinliche Mühe bei den Aufnahmen. Er wohnt im nahegelegenen Hotel. Da er eine neue und sehr wertvolle Kameraausrüstung bei sich hat, bittet er uns, diese in unserem Hause lassen zu dürfen. Er möchte um jeden Fall verhindern, daß sie ihm abhanden kommt. So schlafen wir in jener Nacht alle in den oberen Räumen, da die Fenster unten nur mit Brettern verdichtet sind, die Kameraausrüstung haben wir in einem Kleiderschrank im Erdgeschoß fein sicher verwahrt.
Am Morgen ist es wie immer so, daß Dieter als erster aufsteht, sich fertig macht, und das Haus durch einen Hinterausgang verläßt. Der Hinterausgang befindet sich in der angrenzenden Werkstatt. Wir benutzen früh fast nur diesen Ausgang, weil wir da hinten alle unsere Schuhe stehen haben. Wenn Dieter als erster das Haus verläßt, schließt er von außen ab, auf der Werkbank liegt dann der Zweitschlüssel, mit dem ich später wieder aufschließen kann. All dies ist nicht ungewöhnlich, ist für uns Routine.
An jenem Morgen stehe ich wie immer auf, als Dieter schon das Haus verlassen hat und mache die Kinder zum Schulbesuch fertig. Als ich unsere Große zum Hinterausgang hinausbegleite, fällt mir auf, daß der Hausschlüssel nicht wie immer auf der Werkbank liegt, sondern von innen in der Tür steckt. Die Tür ist nicht abgeschlossen. Ich empfinde dies zwar als eine Ausnahme, aber weitere Gedanken drängen sich mir nicht auf. Warum auch, Dieter wird vergessen haben, den Schlüssel abzuziehen.
Ich gehe anschließend in den angrenzenden Heizungsraum, und hier erstarrt mir buchstäblich das Blut in den Adern, wie man so schön sagt.

Die Scheibe ist eingeschlagen, ein Teil der dort hängenden Wäsche zur Seite geschoben. Ich schaue mich weiter um. Im danebenliegenden Zimmer unserer Tochter steht mein Schreibtisch, den wir wegen der Bauarbeiten aus dem Wohnzimmer herausräumen mußten. Dieser Schreibtisch ist offen, alles Darauf- und Darinliegende ist durchwühlt. Ich eile ins Wohnzimmer, sämtliche Schranktüren stehen offen, sämtliche schriftlichen Unterlagen, alle Mappen sind durchwühlt und nur unordentlich zurückgestellt. Ich stehe da und weiß überhaupt nicht, was ich von dieser Situation halten soll. Ich muß überhaupt erst einmal in Ruhe überlegen, was das zu bedeuten hat. Wertsachen haben wir nicht im Hause – genau in dem Augenblick, als ich diesen Gedanken im Kopf habe, durchfährt es mich wie kochendes Wasser: die Kameraausrüstung!!! Ich kann den Schock gar nicht beschreiben, ich rase zu dem betreffenden Schrank, reiße ihn auf, voll und ganz in der Annahme, daß die Kameraausrüstung nicht mehr vorhanden sein wird. Noch größer wird mein Erstaunen, als ich sie unversehrt im Schrank erblicke. Jetzt muß ich mich setzen. All das ist sonderbar, so unerklärlich, meine Gedanken drehen sich wie Kreisel und wollen erst sortiert werden. Langsam, ganz langsam fängt mein Gehirn dann an, wieder logisch zu arbeiten. Fakt ist, in der Nacht hat jemand bei uns eingebrochen. Der oder die Betreffenden haben keine Wertgegenstände gesucht, denn, wie ich jetzt bei einem zweiten Rundgang feststelle, die Sparbücher der Kinder befinden sich nach wie vor im Schreibtisch, eine goldene Uhr – Familienerbstück – ist ebenfalls vorhanden. Daß der Kasten zu dieser Uhr aufgemacht wurde, kann man deutlich sehen, die Scharniere des Deckels sind verdreht. Aber man hat sie nicht mitgenommen. Und, was noch merkwürdiger ist, die Fotoausrüstung!
Sie ist ebenfalls vorhanden. Wenn der oder die Einbrecher keine Wertgegenstände mitgenommen haben, die sie gesehen haben müssen, was haben sie dann gesucht? Und die Erkenntnis läßt mir den Rücken hinauf Gänsehaut wachsen: Sie haben meine Unterlagen durchsucht! Nur meine Unterlagen. Was suchen sie?
Suchen sie weitere Aufzeichnungen von mir, über die DDR?
Suchen sie Unterlagen über die Situation meiner Eltern?
Interessiert sie mein Briefwechsel? Ist es die DDR, die uns hier einen Vertreter zum Hausbesuch geschickt hat? Ich komme zu

überhaupt keinem Ergebnis und rufe als nächstes die Polizei an. Als sie hört, bei uns ist eingebrochen worden, kommt sie sofort. Ein Polizist in Uniform sieht sich das Ganze an, vom Einstiegsort über die Werkstatt, bis zu den durchwühlten Akten. Er spricht nicht viel. Ich sage ihm, daß es sich bei diesem Einbruch nicht um gewöhnliche Diebe gehandelt haben kann. Er schaut mich groß und nichtverstehend an. Ich sage ihm, daß ich jene Frau bin, die ein Buch über den DDR-Strafvollzug geschrieben hat, daß ich mich dadurch in letzter Zeit in der Öffentlichkeit betätigt habe, daß als letztes diese Sendung über unsere Erlebnisse gelaufen ist, und daß ich hier den Zusammenhang zu dem Einbruch vermute.
Sein Blick wird immer ungläubiger, er äußert sich nicht. Er sichert ein paar Fingerabdrücke, um mir danach zu sagen, daß hier jemand mit Handschuhen gearbeitet hat.
Ich bitte ihn, den Staatsschutz, oder wie immer man das hierzulande nennt, von diesem Einbruch in Kenntnis zu setzen. Jetzt schaut er mich an, wie ein Wesen von einem anderen Stern, oder, als ob ich nicht ganz in Ordnung wäre. Er nickt und verabschiedet sich.
Ich genehmige mir eine Tasse Kaffee und rekonstruiere plötzlich etwas, was ich bis dahin übersehen habe, was auch dem Vertreter des Gesetzes nicht aufgefallen ist.
Wenn der zweite Schlüssel zur Eingangstür von innen steckte und diese nicht verschlossen war, so bedeutet das, daß der oder die Besucher sich im Hause befunden haben müssen, als Dieter sich für die Arbeit fertig machte und aus dem Hause ging. Er berichtet mir später, daß er abgeschlossen hat wie immer. Also haben sie nach ihm erst das Haus verlassen und den Schlüssel stecken lassen.
Ich wage nicht, mir weiter auszumalen, was passiert wäre, wenn er sie entdeckt hätte.
Am Nachmittag des gleichen Tages erscheinen noch einmal zwei Angehörige der Polizei bei uns. Dieses Mal in einem neutralen Personenwagen und in Zivil. Ein Herr und eine Dame.
Ich werde das Gefühl nicht los, daß die Dame zur Überprüfung meines Geisteszustandes mitgebracht worden ist. Die Fragen, die sie stellen, sind sehr primitiv. Sie können sich nicht vorstellen, warum ich den Einbruch in Zusammenhang mit meiner

Tätigkeit stelle, sie können sich überhaupt nicht vorstellen, daß das von mir zur Sprache gebrachte Thema ein heißes Eisen ist, daß überhaupt all unsere Beziehungen heiße Eisen sein müssen. Sie hören sich meine Argumente an, nicken wieder zu meiner Bitte, dies alles dem Staatsschutz zu melden und verabschieden sich sehr höflich.
Das ist alles, was im Zusammenhang mit dem Einbruch ermittelt wird.
Nach langer Zeit erhalte ich eine Nachricht, daß man die Ermittlungen mangels Beweise einstellen mußte. Ob dieses Vorkommnis je ernst genommen wurde und meiner Bitte entsprechend weitergeleitet worden ist, erfahre ich nie.
Auch auf eine andere Art wird mir begreiflich gemacht, daß es von nun an jemand gibt, der über uns wacht.
Wir bekommen jetzt des öfteren telefonische Anrufe, bei denen sich niemand meldet.
Ich bin am Telefon, höre am anderen Ende manchmal verhaltenen Atem, manchmal das Ticken einer Uhr, manchmal absolut nichts.
Halten wir diese Anrufe anfangs noch für Zufälle, so beweist uns jedoch ihre stete Wiederkehr, daß sie uns gelten.
Besonders auffällig wird das Ganze, als ich nach einer Reise, die ich im Zusammenhang mit meinem Buch unternehme, mitten in der Nacht, zugleich mit meiner Rückkehr, einen dieser Anrufe erhalte. Niemand ist am anderen Ende. Ich kann nicht sagen, daß die Anrufe dazu beitragen, uns die Ruhe wiederzugeben, die wir seit jenem mysteriösen Einbruch ein wenig verloren haben.

Im Oktober ist Buchmesse, und es versteht sich von selbst, daß ich mit Dieter zusammen fahre. Die Kinder bringen wir bei Bekannten unter.
Bisher haben wir als einziges Messeerlebnis die Leipziger Messe vorzuweisen, was wir hier zu sehen bekommen, übertrifft all unsere Vorstellungen.
Zuerst lerne ich meinen Verleger, Herrn Dr. Seewald, kennen. Ich habe ihn telefonisch schon recht gut kennengelernt, seine Stimme ist ein Begriff für mich und hat mir den Eindruck vermittelt, es mit einem großen, stabilen Herrn zu tun zu haben.

Daß ich meine akustischen Wahrnehmungen richtig ins Optische umgesetzt habe, zeigt sich nun. Wir suchen im allgemeinen Gewühle den Stand des Seewald-Verlages, als wir ihn erspäht haben, fällt mir ein großer, kräftiger Herr mit einem unheimlich freundlichen Gesicht auf, der vor einem Tisch am Stand steht und in eine Unterhaltung vertieft ist. Wir warten ein wenig, bis er sich von seinem Gesprächspartner verabschiedet. Dann schaut er kurz in die Runde, sieht mich stehen, wir mustern uns für Minuten, und dann tue ich wieder etwas rein Gefühlsmäßiges – ich falle ihm um den Hals.
Ich glaube nicht, daß er solche Begrüßungen von Autorinnen allzusehr gewöhnt ist, aber die Herzlichkeit, die diesem Kennenlernen zugrunde liegt, ist nicht zu übersehen.
Mein Instinkt war richtig, es ist Herr Dr. Seewald, und hier treffen wir uns das erste Mal. Er umarmt mich, Küßchen rechts, Küßchen links, und dann sitzen wir in tiefer Unterhaltung beieinander.
Dieter und mir wird die gesamte Seewald-Familie vorgestellt, die hier im Verlag arbeitet, alle Verlagsmitglieder lerne ich kennen und auch meinen Lektor. Ein bißchen amüsiert es mich schon, daß dieser Lektor mir die Hand küßt. Ist mir auch die alte, höfliche Sitte nicht unbekannt, so hätte ich doch nie angenommen, daß man sie noch durchführt. Dies soll mir noch öfters passieren, auch der Vertriebsleiter küßt mich rechts, küßt mich links, manch einer probt den Handkuß.
Der Unterschied von den kühlen Bewohnern Norddeutschlands zu den warmherzigen des Südens ist hier mehr als kraß sichtbar.
Überhaupt ist die Stimmung bombig, wie wohl auf der gesamten Messe. Wo man hinschaut Küßchen, Umarmungen, freundliches Lächeln, Kameras, Gespräche nach rechts, Gespräche nach links, wer überhaupt etwas versteht, kann man nicht sagen. Hektik, Hektik, und nochmals Hektik. Was mir lange Zeit in Erinnerung bleibt, ist ein armer, kleiner Hund mit einem Umhang, der sich verzweifelt bemüht, den um ihn herumlatschenden Riesenfüßen auszuweichen.
Wie man in diesem Gedränge einen so kleinen Hund da unten mitschleifen kann, bleibt mir unerklärlich. Aber schließlich bin ich auf der Buchmesse und nicht beim Tierschutzverein.

Nach der ersten stürmischen Begrüßung und der Kontaktaufnahme sehe ich mich mit Dieter auf der gesamten Messe um. Wir kommen aus dem Staunen nicht mehr heraus, wer in dieser Vielfalt etwas Bestimmtes finden will, der muß sich schon ein genaues Programm zurechtlegen. Sonst bleibt er in all dem bunten Zauber von Umschlägen und Prospekten stecken.

Ganz plötzlich erspähe ich in der Nische eines Verlages Wolf Biermann. Das heißt, ich bin mir am Anfang nicht sicher, ob er es ist, denn eigentlich hatte ich ihn mir aufgrund von Fernsehsendungen und nicht zuletzt wegen seiner gewaltigen Stimme viel größer vorgestellt. Der hier steht, ist relativ klein und unscheinbar. Ich gehe zu ihm hin und sage: »Sie sind doch Herr Biermann?« Er schaut mich an und sagt »Ja«. Sein Blick ist fragend und so sage ich: »Ich bin Tina Österreich. Haben Sie schon etwas von meinem Buch gehört?«

Er schaut nach wie vor genauso verständnislos, er hat nichts davon gehört. Wie sollte er auch, er kommt zwar aus der DDR, das allein ist ja aber nicht Grund genug, sich nun mit dem Zurückliegenden noch zu befassen. Wahrscheinlich hat er mit der Kritik der hiesigen Zustände, der er sich ja eifrig widmet, genug zu tun. Nun, egal, hier ist ein Landsmann und ich muß mit ihm über mein Buch sprechen. Also hole ich ihm ein Exemplar von meinem Stand, was nur ausnahmsweise erlaubt wird, schreibe eine Widmung hinein und überreiche es ihm. Dabei erzähle ich kurz, daß es sich um die Aufzeichnungen meiner Haftzeit in DDR-Gefängnissen handelt, und warum ich überhaupt in der DDR inhaftiert wurde.

Er hört mir aufmerksam zu, während dieses Gespräches hat er mich ganz einfach untergehakt und ist mit mir ein Stück vom Stand weggegangen. Als ich ihm dies alles berichtet habe, sagte er zu mir: »Mir hat man leider drüben nicht gestattet, diese Erfahrungen zu machen.«

Ich weiß nicht recht, wie ich das ›leider‹ verstehen soll, aber zu einer Klärung kommt es nicht. Er wird von einem Mitarbeiter seines Verlages zurückgewinkt, am Verlagsstand ist ein mir unbekannter Mensch, der russisch spricht, und Herr Biermann unterhält sich mit ihm in dieser Sprache.

Da ich zu sehr abseits stehen muß, kann ich von dem Gespräch nichts verstehen. Zwischendurch winkt Herr Biermann einer der

Damen, die an seinem Stand sitzen, und ich erkenne zu meinem Erstaunen Eva Maria Hagen, die ehemalige bekannte Filmschauspielerin der DDR. Ich bin einigermaßen überrascht, sie so ungepflegt wie hier zu sehen, mit einem alten, ausgebeulten Pullover, hatte ich sie doch in besserer Erinnerung!
Überhaupt, Biermann trägt auch diese Sorte Pullover, es scheint Mode zu sein, sich besonders lässig zu geben. Dies befremdet mich sehr, obwohl ich es nun schon einige Male zur Kenntnis genommen habe.
Ich muß mich endlich daran gewöhnen, daß hier jeder die Freiheit hat, so herumzulaufen, wie er will. Ich selber komme mir wie ein kleines, graues Kaninchen vor, wenn ich mir die vielen schick angezogenen Verlagsangestellten meines eigenen Verlages anschaue. Aber an meiner einfachen Kleidung nimmt niemand Anstoß, jedenfalls ist nichts zu bemerken.
Nachdem Herr Biermann sein Gespräch beendet hat, ruft er Eva-Maria zu sich, zeigt auf mich und sagt zu ihr: »Haben wir für die Tina noch einen Nachlaß? Eva Maria kramt in einer Kiste, holt eines seiner neu erschienenen Bücher heraus, und Biermann schlägt es auf, um eine Widmung für mich hineinzuschreiben. Was jetzt kommt, erstaunt mich so sehr, daß ich Jahre später immer noch mit dem gleichen Erstaunen daran denke.
Biermann setzt sich inmitten des Gewühles auf einen Hocker, zückt seinen Stift und beginnt zu schreiben. Aber er schreibt nicht normal, er schreibt von rechts nach links in Spiegelschrift. Er schreibt die Spiegelschrift so korrekt und fließend, als hätte er in seinem bisherigen Leben nichts anderes getan, als Spiegelschrift zu schreiben. Als seine Widmung fertig ist, bin ich nicht in der Lage, sie zu lesen, und einen Spiegel habe ich nicht bei mir. Er lacht mich an und reicht mir die Hand. Hinter ihm wartet schon eine Menge anderer Messebesucher darauf, mit ihm sprechen zu können. Ich wende mich noch einmal Eva Maria zu, die ich als DDR-Schauspielerin sehr verehrte, und bitte sie, mir in das Buch auch eine Widmung hineinzuschreiben. Sie sucht eine ganz bestimmte Seite heraus und sagt zu mir, dieses Gedicht habe Wolf extra für sie geschrieben. Da hinein schreibt sie mir ebenfalls eine kurze Widmung.
Dann verabschiede ich mich, nicht ohne noch lange über diese seltsame Begegnung nachzudenken.

Es sind noch eine ganze Reihe anderer bekannter Schriftsteller anwesend, um die sich eine riesige Menschentraube gebildet hat, sie geben Autogramme. Ich habe keine Lust, mich hier wie in einem DDR-Geschäft anzustellen.
An einigen Ständen sind Reporter oder sogar Fernsehteams, die aufnehmen und filmen.
Ich komme ein wenig später noch einmal mit meinem Verlagsleiter, Herrn Dr. Seewald, ins Gespräch. Dabei fragt er mich, ob ich nun weiterschreiben werde. Ich schaue ihn erstaunt an, genau darüber habe ich mir auch schon sehr oft Gedanken gemacht. Denn es ist Fakt, daß die Leute, die mein ›RF‹ gelesen haben, meistens fragen, wie es denn dazu kommen kann, daß man die DDR verlassen will. Also beginne ich jedes Mal zu erklären. Was ich erkläre, sind nichts wie ganz gewöhnliche Geschichten vom DDR-Alltag, manches Mal so prägnant und so erschütternd, daß man mich auch hier schon gefragt hat, warum ich das nicht aufschreibe.
Herr Dr. Seewald hat recht. Und mir ist das Ganze auch nicht unangenehm. Also sage ich ihm konkret, daß ich das schon gern tun würde und er meint sofort: »Ja, wann könnten sie das Buch denn fertig haben?«
Auf soviel Konkretheit war ich nicht vorbereitet. Mir verschlägt es glatt die Sprache.
Kaum ist mein erstes Buch erschienen, schon wird über das nächste verhandelt. Ich frage ihn: »Wann müßte es den fertig sein? »Ja«, sagte er, »wenn ich es in das kommende Herbstprogramm aufnehmen soll, und das möchte ich, damit wir einen guten Anschluß finden, dann müßten sie das Buch bis März/April kommenden Jahres fertigstellen. Wie stellen Sie sich denn das nächste Buch überhaupt vor?«
Ich erklärte ihm, daß ich mir dieses nächste Buch nicht wieder als einen Roman vorstelle, sondern daß ich mir schon ganz konkret Gedanken dazu gemacht habe und es in Form von Kurzgeschichten, ernster und auch heiterer Art, niederschreiben möchte. Es würde also ein Band mit Kurzprosa.
Herr Seewald ist begeistert, und er bittet mich zur Probe in den nächsten Wochen schon einige fertiggestellte Geschichten einzusenden. Im Prinzip sind wir uns einig, mein nächstes Buch soll in einem Jahr hier ebenfalls auf dem Büchertisch liegen. Mit

soviel Erfolg hatte ich nun wirklich nicht gerechnet, und ich bin bestimmt einer der glücklichsten Menschen auf der Buchmesse.
Wir schauen uns dann mit Dieter noch die Stände der Verlage an, die Kalender herstellen, wir bewundern Tausende von Postkarten, die ausgestellt sind, wir können uns an Graphiken und anderen Kostbarkeiten kaum sattsehen. Diese Vielfalt haben wir bisher noch nicht geboten bekommen. Es ist wirklich alles sehenswert für uns. Das einzige, was wir bisher sahen, war die Leipziger Messe. Fast alles, was es dort zu sehen gab, war gut hinter Glas verschanzt oder mit Aufpassern entsprechend bewacht, wir konnten es zwar ansehen, aber wir konnten sicher sein, daß es nie im Handel auftauchen würde. Hier bekommen wir an jedem Stand einen Katalog, in dem der Verlag bezeichnet ist, wo wir die betreffenden Sachen bestellen könnten.
Da am nächsten Tag der letzte Messetag sein wird, machen einige Verlage schon eine Ausnahme und geben ein paar ihrer Ausstellungsstücke preiswert ab. So erstehe ich Postkarten, besonders schöne Kinderbücher, die mich begeistern, und für die Verwandtschaft als Mitbringsel einige Kalender.
Aufgetankt mit neuen Ideen, voller Schwung und Optimismus, fahren wir in unseren Heimatort zurück.

Hier geht erst einmal wieder alles seinen ›sozialistischen‹ Gang, wie wir immer noch so schön sagen.
Dieter geht seiner Arbeit nach, ich tue das gleiche im Haushalt, zweimal in der Woche unterrichte ich abends die Türken in der deutschen Sprache, wann immer mir Zeit bleibt setze ich mich hin, um an dem neu geplanten Buch zu schreiben.
Ein paar Erzählungen packe ich dann in einen Umschlag und schicke sie an den Verlag. Die Antwort kommt prompt. Herr Dr. Seewald schreibt mir:

»Liebe Frau O.! Herzlichen Dank für Ihren Brief vom zweiten Februar. Ich kann Sie nach der Geschichte mit der Lampe nur ermuntern, unbedingt weiterzumachen mit der Arbeit an Ihrem Manuskript und den von Ihnen selbst gesetzten Termin einzuhalten. Daß ich auch dieses neue Buch von Ihnen herausbringen werde, und zwar noch in diesem Jahr, ist ganz selbstverständlich ...«

Somit ist alles besiegelt, ich schreibe mein zweites Buch. Der Arbeitstitel heißt »Alltag zwischen Elbe und Oder«. Ich muß sagen, diese Form der Kurzprosa geht mir schneller von der Hand und macht mir beim Schreiben von Tag zu Tag mehr Spaß. Es ist auch einfacher für mich, neben der täglichen Hausarbeit hin und wieder eine Geschichte zu schreiben, weil ich sie ja in ein oder zwei Tagen beenden kann.
Mit der Alltagsruhe, die wir bis vor der Zeit hatten, als ich noch kein Autor war, ist es vorbei. Ständig ergibt sich etwas Neues, ständig wird in der Familie erzählt, gefragt, diskutiert.
Eine Tageszeitung erwirbt die Abdrucksrechte für mein Buch, bittet mich, ihr Briefe, Dokumente und sonstige Unterlagen zur Illustration zu überlassen.
Was sich auch einstellt und womit ich überhaupt nicht gerechnet hatte, sind die Leserbriefe. Sie werden mir über den Verlag zugeschickt, da die Leser ja meinen Namen nicht kennen und somit meine Adresse nicht erfahren können. Darüber bin ich sehr froh, denn sonst wäre es ja ein leichtes, aus dem Telefonbuch meine Adresse herauszusuchen, und ich würde bestimmt des öfteren belästigt werden, worauf ich nun wieder nicht den geringsten Wert lege.
Die Leserbriefe, die ich von den verschiedensten Altersgruppen erhalte, sind durchweg alle sehr nett geschrieben, was mich beeindruckt, immer wieder schreiben mir die verschiedensten Menschen, daß sie erschüttert sind von dem, was ich da erlebt habe.
Mich freut diese positive Reaktion natürlich sehr, aber ich frage mich, was sie erst zu den Erlebnissen von Elisabeth oder von Siegmar Faust sagen würden, die ja viel, viel länger als ich den DDR-Strafvollzug »genießen« durften. Gewiß, was wir erlebten, war für uns als Familie schwer genug und hat uns für viele Jahre gezeichnet. Aber es ist ja wirklich nur ein Bruchteil dessen, was andere durchmachen mußten.
Wenn die Leser schon von meinem relativ kleinen Erlebnisroman so erschüttert sind, was würden sie erst sagen, wenn ein ehemaliger DDR-Bürger, der, um nur einen Fall anzunehmen, beispielsweise acht bis zehn Jahre in DDR-Strafanstalten zugebracht hat, seine Erlebnisse auf den Tisch packen würde. Würden sie anfangen, auf die Straße zu gehen und demonstrieren

gegen das Unrecht, das in ihrer unmittelbaren Nachbarschaft geschieht? Das ist eine Frage, die ich mir oft stelle. In meinen Lesungen und Diskussionen, die ich später halte, kommt diese Frage immer brennender zum Ausdruck. Warum interessiert man sich von öffentlicher Seite so sehr für Geschehnisse in Vietnam und Chile, in Südafrika und in allen Ländern, die möglichst weit weg liegen? Warum schickt man in diese Länder Delegationen und Protestnoten, warum bringt man diese Menschenrechtsverletzungen vor die UNO und in sämtliche Medien?
Natürlich ist es richtig, Menschenrechtsverletzungen jeder Art in die Öffentlichkeit zu bringen, aber warum nur das, was weit weg ist? Hier neben uns, in der DDR, leben Deutsche unter einer himmelschreienden Unrechtsherrschaft, sind siebzehn Millionen im wahrsten Sinne des Wortes eingesperrt, müssen zusehen, wie ihre einfachsten Menschenrechte mit Füßen getreten werden und gehen dafür, daß sie sich wehren, in die Gefängnisse. Über die Zustände in diesen Gefängnissen ist hierzulande wenig bis nichts bekannt. Wie ich jetzt langsam übersehe, bin ich seit langem die einzige, die ein bißchen an den Außenwänden der Gefängnismauern gekratzt hat.
Warum hält man kein Russel-Tribunal in Waldheim ab, und warum schickt man keine Menschenrechtskommission ins Zuchthaus Bautzen?
Das sind Fragen, mit denen ich allein dastehe, die mir niemand beantworten kann. Ich bekomme dann höchstens sehr vage Entgegnungen, wie »Ja weißt du, das würde wohl die innerdeutschen Beziehungen belasten, das können wir doch nicht machen . . .«
Warum, frage ich mich, kann gegen das Unrecht in unmittelbarer Nachbarschaft nicht vorgegangen werden, wenn wir in der Lage sind, es weltweit zu tun?
Mit der Beantwortung der Leserbriefe habe ich jetzt jede Menge Arbeit nebenbei, denn ich mache es mir zur Aufgabe, jeden Leserbrief einzeln zu beantworten und auf die gestellten Fragen einzugehen. Sehr oft sind es Fragen nach dem für sie ungeklärten Verbleib unserer Kinder. Ein paar dieser Leserbriefe sollen keine Eintagsfliegen bleiben, wenn ich auch absehen kann, was hiermit auf mich zukommt, so antworte ich doch bestimmten Leuten mehr als einmal und es entwickeln sich ein paar beständige Brief-

freundschaften. Aus diesen wieder kristallisieren sich später Freundschaften und Bekanntschaften heraus.

Ich bekomme einen Brief, den unsere ganze Familie besonders aufmerksam liest. Der Schreiber teilt mir mit, mit welcher Erschütterung er mein Buch gelesen hat und wie seine ganze Familie daran teigenommen hat. Weiter schreibt er, daß seine Familie ebenfalls aus der DDR nach der Bundesrepublik übergesiedelt ist, sie sind zwei Jahre länger hier als wir und wohnen in unserer unmittelbaren Nachbarschaft, in Bremen.

Er erzählt mir, daß seine Frau mit den beiden Söhnen über die Transitwege flüchten konnten, daß ihm und seiner Tochter die Flucht leider nicht gelang und sie beide lange Zeit in DDR-Gefängnissen verbringen mußten.

Dies ist außer den Schriftstellern, die ich kennengelernt habe, der erste Fall, dem ein gleiches Schicksal zugrunde liegt wie dem unseren. Am Schluß des Briefes fragt mich der Schreiber, ob wir nicht daran interessiert wären, mit seiner Familie Kontakt aufzunehmen.

Natürlich sind wir daran interessiert! Spontan, wie es unsere Art ist, antworte ich ihm, daß wir die Familie W. sehr gern kennenlernen möchten, und er möge uns mitteilen, wie das zu bewerkstellen sei.

Später, viel später werde ich einmal gefragt, warum ich kein Mißtrauen gehabt habe, es hätte doch genausogut ein Spion sein können.

Diese absurde Frage kommt mir merkwürdigerweise so gut wie nie in den Kopf. Ich weiß nicht, ist es Naivität, oder ist es ganz einfach die Überzeugung, daß das, was ich schreibe, die Wahrheit ist? Ich mache mir über diese Möglichkeit so gut wie gar keine Gedanken, trotz allem, was wir nun schon erlebt haben.

Kurzfristig vereinbaren wir einen Besuchstermin bei der Familie W. und fahren nach Bremen.

Diese Familie steht der unseren in allen Auffassungen und Anschauungen derart nahe, daß sich aus diesem einen wunderschönen Nachmittagsbesuch bald eine tiefe, feste Freundschaft für immer entwickelt.

So erweitert sich unser Bekanntenkreis nach und nach durch die Wirkung meines Buches, die doch weiter geht, als wir je annahmen, ständig und nicht unbeträchtlich.

Ich bekomme aus allen Teilen der Bundesrepublik Post, sehr viel Post von ehemaligen DDR-Bürgern, die wie wir freigekauft wurden, im Gefängnis waren. Auch andere, die auf den Transitwegen heimlich die DDR verließen, sind dabei. Ich bekomme Einladungen, die betreffenden Personen zu besuchen. Ich antworte allen, wenn es auch eine große zusätzliche Belastung für mich darstellt. Doch das Interesse freut mich ganz einfach.
Einen Brief bekomme ich von einem schon sehr betagten Herrn, der seiner Erschütterung darüber Ausdruck verleiht, wie solche Geschehnisse in unserem 20. Jahrhundert noch möglich sind. Er spricht das aus, worüber ich so oft nachdenke. Er fragt mich, ob ich jemanden in der DDR weiß, der sich über unterstützende Paketsendungen von ihm freuen würde. Natürlich weiß ich jemanden, und mit diesem Herrn verbindet mich bald mehr als nur eine lose Brieffreundschaft.
Es gibt noch mehr solcher Fälle, die sich mir nicht nur mitteilen wollen, sondern deren Anteilnahme und Fragen tiefer gehen und die politischen Verhältnisse hier berühren.
Alles gipfelt immer wieder in der Frage, wie so etwas möglich ist und warum es bisher nicht bekannt wurde.
Darauf fehlt mir die Antwort selbst noch. Es bleiben einige feste Brieffreundschaften bestehen.
Eines Tages kommt ein sehr ungewöhnlicher Brief ins Haus, er trägt australische Briefmarken. Ich wende ihn hin und her, eine Erklärung dafür finde ich nicht, aber er ist an meine Adresse gerichtet, daran ändert auch alles Wenden nichts.
So öffne ich ihn voller Spannung, und was darin steht, verschlägt mit buchstäblich die Sprache.
Ein Verwandter unserer Familie, der durch Kriegswirren und Nachkriegserlebnisse den Kontakt zu uns vollkommen verloren hatte, schreibt mir. Er hat auf einem Flug von Deutschland nach Australien im Flugzeug durch Zufall jene Illustrierte in die Hände bekommen, in der sich der Vorabdruck meines Buches und die Geschichte unserer Familie befanden. Auch ein Bild meines Vaters war bei diesem Abdruck, und anhand dieses Bildes erkannte er hier seine Verwandten wieder. Er hatte danach sofort an den Verlag geschrieben, der Verlag schickte ihm unsere Anschrift, und jetzt meldet er sich ganz einfach als ein entfernter Onkel von uns.

Mit allem hätten wir gerechnet, mit dem Entdecken neuer Verwandtschaft nun wirklich nicht. Auch hier entwickelt sich sehr schnell ein reger Briefwechsel, denn es ist ja viel einfacher, nach Australien zu schreiben als nach der DDR. Nach der DDR ist unsere Post regelmäßig zehn bis zwölf Tage unterwegs, nach Australien dauert es nur die Hälfte dieser Zeit.
Bereits nach seinem zweiten oder dritten Brief bietet uns der Onkel an, bei der Übersiedlung nach Australien behilflich zu sein.
Es sei doch für uns ein viel besserer Start, schreibt er, wenn wir in Australien neu anfangen würden. Dort seien gute Facharbeiter noch gesucht, Häuser seien relativ billig, und seine Unterstützung hätten wir voll und ganz.
Das Angebot ist verlockend, mehr als das, es beschäftigt unsere Familie ein paar Wochen so stark, daß wir es ernsthaft in Erwägung ziehen. Noch haben wir uns hier nicht gebunden, haben keinen festen Wohnort, kein Haus, möchten weg aus dieser, uns unliebsamen Nachbarschaft. Also, was und wer hält uns?
Wir entschließen uns dazu, nach Australien überzusiedeln. Es entsteht dadurch nur ein Problem, von dem wir aber meinen, daß es nicht groß ist. Wir müssen dem Bauunternehmer, den wir beauftragt haben, die Landesmittel zum Bau für uns zu beantragen, Bescheid sagen, daß wir nicht mehr bauen werden. Unserer Meinung nach können sich daraus keine riesigen Schwierigkeiten ergeben, da das Ganze noch im Anfangsstadium ist und bisher noch kein einziger Bescheid erging. Es handelt sich nur um einen Schriftwechsel. Also fahren wir zu jenem Bauunternehmer und berichten ihm von unserem Vorhaben. Es kommt anders als gedacht. Die Schwierigkeiten sollen doch größer werden als wir annahmen.
Er zeigt keine sichtliche Regung, sagt uns jedoch, wenn wir von dem Bauvorhaben Abstand nehmen, müßten wir mit einer Vertragsstrafe von 8 000,– DM rechnen. Das verschlägt uns für Sekunden doch die Sprache.
Wir überlegen, was er eigentlich schon für uns getan hat, dann fragen wir ihn danach. Er verweist uns auf die Bauzeichnung, die im Grunde keine Bauzeichnung, sondern nur die Kopie eines Grundrisses ist, und auf den schon geführten Schriftwechsel. Er erklärt, daß viele Schritte notwendig gewesen seien, um die Bau-

zeichnung zu erstellen, und daß er auch sonst Auslagen hätte, die übliche Vertragsstrafe wäre 8 000,– DM.
Wir wissen keine Antwort und bitten uns Bedenkzeit aus. Hätten wir mit gewissen Schwierigkeiten gerechnet, so doch nicht mit dieser. Achthundert Mark, ja, das würden wir anstandslos zahlen, aber achttausend? Die haben wir nicht, und mein zu erwartendes Honorar ist uns als Vertragsstrafe nun wirklich zu schade. So kommt bei allen Überlegungen nur eines heraus – wir müssen bleiben. Ade Australien! Wir schreiben dem Onkel von diesen Hindernissen, und er ist regelrecht betrübt. Aber er schreibt uns, ein Haus sei schließlich ein Kapital, so sollten wir nur erst bauen, dann könnten wir das Haus verkaufen, und dann wäre immer noch die Möglichkeit, zu ihm nach Australien zu kommen.
Nun, das ist weit gedacht. Und wie so ein Haus, das nur mit Krediten gebaut wird, für uns ein Kapital darstellen soll, ist mir und auch Dieter reichlich unklar.
Der Bauunternehmer ist sehr erfreut, zu hören, daß wir doch bei unserem Bauvorhaben bleiben und zuvorkommend wie eh und je. Er ist so richtig der Typ des cleveren Geschäftsmannes, der nie seine Gefühle zeigt. Dies macht ihn uns nicht unbedingt supersympathisch, aber wir sehen, was er anpackt, das wird.
In kurzer Zeit erhalten wir bereits die erste Zusage zu dem geplanten Bauvorhaben. Es geht vorwärts. Wir stehen nur noch vor der Frage, wo wir uns jetzt niederlassen wollen, denn daß es für längere Zeit sein wird, ist uns diesmal klar.
Durch Zufall kommen wir eines Abends wieder mit dem Leiter der Volkshochschule zusammen, und das Gespräch kommt auf unser Vorhaben. Er erklärt sich bereit, seine Beziehungen spielen zu lassen – etwas, was wir hier noch nicht haben. Obwohl offiziell in der Gegend, die uns zusagt, keine Bauplätze mehr vorhanden waren, zeigt man uns nun doch ganz plötzlich einen Lageplan mit vier noch vorhandenen Bauplätzen. So wird alles schriftlich besiegelt, und diesmal soll es endgültig sein.
Unterdessen gibt es bei den Ausreisebemühungen meiner Eltern aus der DDR keine Fortschritte zu verzeichnen. Sie haben mittlerweile schon fünf Anträge an die verschiedensten Institutionen gestellt, ohne auch nur irgendeinen positiven Bescheid bekommen zu haben. Man schickt sie jedes Mal weg, sagt ihnen, ihre

Anträge seien ungesetzlich, weiter geschieht nichts. Sie berichten uns darüber in jedem Brief sehr verzweifelt, und nicht selten sind diese Briefe nur schlecht mit Leim wieder zugeklebt, das heißt, man liest mit. Auch wenn wir brieflich vereinbaren, daß ich sie zu einem bestimmten Zeitpunkt unter einer bestimmten Telefonnummer anrufe soll – sie selbst haben kein Telefon mehr –, so kann ich mitunter stundenlang diese Nummer anwählen, es klingelt, aber es meldet sich kein Teilnehmer. Schriftlich erfahren wir dann wieder, daß sie zur betreffenden Zeit stundenlang am Apparat gesessen haben. Es ist kein Anruf gekommen. Wir sehen, wie weit die staatliche Überwachung schon reicht, man blockt uns einfach ab. Und wir haben nicht die geringsten Möglichkeiten, etwas dagegen zu tun.
Der Bundesminister für innerdeutsche Beziehungen hat – wie auch immer, ist mir unklar – von dem Ausreiseanliegen unserer Eltern Kenntnis bekommen und setzt sich schriftlich mit uns in Verbindung. Ich schildere ihm nun in einem langen Brief die Situation und bitte ihn, uns bei der Familienzusammenführung behilflich zu sein. Daraufhin bekomme ich Fragebögen zugeschickt, die ich umgehend ausfülle.
Ein weiterer ausführlicher Briefwechsel schließt sich an, in dem ich dem Bundesminister berichte, daß man meinen Vater nun zum zweiten Mal beruflich abgelöst hat, daß er jetzt auf unterster Ebene arbeiten muß, und daß meine Eltern inzwischen nervlich ziemlich am Ende sind. Ich bitte ihn sehr, uns behilflich zu sein. Bereits vorher habe ich an den Rechtsanwalt Stange in West-Berlin und an den Rechtsanwalt Vogel in Ost-Berlin lange und ausführliche Schreiben gesandt, mit der Bitte, uns beim Ausreiseanliegen meiner Eltern behilflich zu sein. Noch von unserer eigenen Ausreise her ist mir bekannt, daß diese beiden an den Übersiedelungsabsichten bei DDR-Bürgern nicht unmaßgeblich beteiligt sind.
Von Rechtsanwalt Herrn Dr. Stange bekomme ich auf mein Schreiben hin überhaupt keine Antwort.
Dr. Vogel aus der DDR antwortet mir folgendermaßen:

»Sehr geehrte Frau Ö! Auf Ihr Schreiben vom . . . muß ich bedauern, Sie überfordern meine Möglichkeiten. Mit Hochachtung W. V.«

Ich schreibe ihm erneut einen Brief und bitte ihn, uns mitzuteilen, wo denn in dieser Sache Möglichkeiten liegen würden. Die Antwort darauf läßt nicht lange auf sich warten. Dieses Mal schreibt er:

»... Ihre Eltern müssen sich selbst an die für Ihren Wohnsitz zuständige Abteilung für innere Angelegenheiten wenden. Mit Hochachtung W. V.«

Uns kann nichts mehr erschüttern. Als ob uns und unseren Eltern nicht klar ist, wohin sie sich wenden müssen!
Wir hatten mit einer anderen Auskunft gerechnet, wenn wir auch nicht sagen können, mit welcher. Aber das mit der zuständigen Abteilung ist ja wohl ein Witz, nachdem meine Eltern dort Antrag für Antrag abgeben und nicht beachtet werden.
Auch ein längeres Schreiben an den Staatsrat der DDR sende ich ab, in dem ich die ganze Ungerechtigkeit schildere.
Wie erwartet bleibt es ohne Antwort.
Ich wende mich auf die Bitte meiner Eltern hin an das Zweite Deutsche Fernsehen und an den Hessischen Rundfunk. Beide sind bereit, uns zu unterstützen, und erwähnen in einer entsprechenden Sendung das Schicksal unserer Eltern.
Es tut sich nichts, gar nichts.
Bei einem uns bekannten Rechtsanwalt, dem das Thema vertraut ist, da er ebenfalls aus der DDR stammt, kommt unser Problem irgendwie zur Sprache. Er bietet sich an, uns auf eine uns nicht bekannte Weise behilflich zu sein, verlangt aber von uns vollkommenes Stillschweigen. Auch damit erklären wir uns einverstanden. Wo und auf welchen Kanälen nun der Fall meiner Eltern verhandelt wird, wissen wir nicht und können wir auch nicht ahnen. Wieviel liegt in diesen Dingen im Verborgenen!
Ganz plötzlich erreicht uns erneut ein Schreiben vom Ost-Berliner Rechtsanwalt Dr. Vogel. Er schreibt:

»Sehr geehrte Frau Ö.! Unter Bezugnahme auf die bisherige Korrespondenz möchte ich Sie bitten, mir die genauen Geburtsdaten Ihrer Eltern mitzuteilen. Ich will es nochmals versuchen, zumal mich Herr Wehner darum gebeten hat.

Mit Hochachtung W. V.«

Wir sind natürlich über diesen Brief mehr als erstaunt, zumal uns Herr Dr. Vogel ja ausführlich mitgeteilt hatte, daß wir seine Möglichkeiten überfordern.
Also gibt es doch noch Möglichkeiten?
Ich antworte ihm postwendend und schicke ihm die gewünschten Daten.
Nach weiteren vier Wochen kommt ein neues Schreiben. Der Inhalt ist für uns sehr schockierend:

»Sehr geehrte Frau Ö.! Zu meiner großen Überraschung erhalte ich jetzt behördlicherseits Nachricht, man werde meinen für Ihre Eltern eingereichten Anträgen nicht stattgeben, weil dieser Fall öffentlich und tendenziös behandelt worden sei. Bevor ich dazu Stellung nehme, möchte ich Sie um Rückäußerung bitten, ob Sie darüber etwas wissen.

Mit Hochachtung W. V.«

Dieses Schreiben trifft uns hart. Wir sind ratlos und zornig zugleich.
Es ist in unseren Augen ein Witz, zu sagen, der Fall meiner Eltern sei öffentlich und tendenziös behandelt worden, und dies ist nun der Grund dafür, daß man ihren Ausreiseanträgen nicht stattgeben wird. Sie haben schließlich bereits mehrere Ausreiseanträge gestellt, ehe sie mich baten, ihren Fall und ihre Schwierigkeiten in die Öffentlichkeit zu bringen.
Dies war lediglich eine Reaktion auf das Verhalten der DDR-Behörden, die ihnen wortwörtlich sagten, ihre Anträge würden sowieso nicht bearbeitet werden, sie könnten sie genausogut gleich in den Papierkorb schmeißen.
Wieder einmal merken wir, wie machtlos nicht nur wir, wie machtlos auch die Behörden der Bundesrepublik gegenüber den »verhandlungswilligen« DDR-Behörden sind. Wieviele Personen des öffentlichen Lebens haben sich nun in diesen Fall schon eingeschaltet, und das Ergebnis ist gleich Null.
Es ist nicht zu fassen – öffentlich und tendenziös!
Es ist klar, sie meinen die Fernsehsendung und den Abdruck in der Illustrierten mit dem Bild meines Vaters. Muß der Bericht von Wahrheit zugleich tendenziös sein? Ist Wahrheit nicht gleich

Wahrheit, egal, welche Seite dabei ins Licht gerückt wird? Fragen über Fragen, die Zeit vergeht.
Man erschwert uns jetzt den Briefwechsel und Telefongespräche mit unseren Eltern, wo man nur kann.
Wir überlegen Tag und Nacht fieberhaft und kommen zu keinem Ausweg. Eins ist uns klar, jetzt, wo man meine Eltern an den Rand ihrer physischen und psychischen Kräfte gebracht hat, muß es zu einer Entscheidung kommen, sonst können wir nicht mehr garantieren, was sie unternehmen werden.
Als uns überhaupt nichts mehr einfällt, telefoniere ich in meiner Ratlosigkeit mit einem Bekannten, der dem Team des ZDF angehört und selbst vor vielen Jahren aus der DDR, wo er in einer hohen Spitzenfunktion tätig war, geflüchtet ist.
Er ist über die ganze Sache informiert und ich schildere ihm die momentan ausweglose Situation, in der wir uns befinden.
Er überlegt und sagt dann: »Weißt du, Tina, hier ist eigentlich nichts mehr zu verderben. Man hat dir klipp und klar mitgeteilt, daß man den Anträgen deiner Eltern nicht nachgeben wird. Ich habe in den langen Jahren meiner Tätigkeit immer wieder gemerkt, daß man diese ›Brüder‹ eigentlich nur mit ihren eigenen Waffen schlagen kann. Dazu habe ich eine Idee, es fragt sich nur, ob du das machen willst!«
Ich höre ihm erstaunt zu und werde immer neugieriger auf das, was er da andeutet. Ich vertraue ihm, das ist eigentlich die Hauptsache. Was soll noch schiefgehen? Also bitte ich ihn, weiter zu erzählen. So erzählt er mir folgende Geschichte: Vor schon einiger Zeit hatte seine in der DDR lebende Mutter, die inzwischen ins Rentenalter gekommen war und damit laut Vertrag sowieso ausreiseberechtigt, einen Antrag auf Übersiedelung in die Bundesrepublik zu ihrem Sohn gestellt. Dieser Antrag wurde genauso schleppend und zögernd behandelt, wie jetzt die unserer Eltern. Es ging und ging einfach kein Weg hinein, die Frau wurde vor Kummer schon ganz krank.
Er war praktisch am gleichen Punkt angelangt wie wir jetzt, machtlos und furchtbar wütend, und sagte sich, hier hilft nur noch ein Trick. Also ging er in eine Berliner Prominentenkneipe, in der es von Persönlichkeiten des öffentlichen Lebens immer nur so wimmelte. In dieser Kneipe waren aber ebenso stets Agenten des Staatssicherheitsdienstes der DDR zur Bespitzelung

und Beschattung dieser Personen eingesetzt, das war ihm genau bekannt. Den Umstand wollte er jetzt ausnutzen, den Spieß praktisch umdrehen. So erzählte er an jenem Tag laut und deutlich guten Bekannten beim Mittagessen, beim nächsten, bereits angesagten Treffen hoher DDR-Politiker mit Politikern der Bundesrepublik werde er als Journalist einen Skandal herbeiführen. Er werde dort Wissen preisgeben, das bisher von den Politikern streng geheim gehalten wird, weil es ihr Privatleben berührt. Er könne sich vorstellen, daß das eine Sensation gebe! Dies erzählt er so laut und mit Gestik und Mimik möglichst aufregend, daß ihn jeder beachten mußte. Noch lauter fügte er hinzu, daß er das Ganze eigentlich nur aus dem Grunde mache, weil er es satt habe, daß man ihn und seine Mutter schikaniere. Wenn man seiner Mutter schon nicht die Ausreise gebe, dann werde er mit diesem Wissen auch nicht mehr zurückhalten und hier wenigstens für einen ordentlichen Eklat sorgen.
Diese »vertrauliche« Mitteilung wurde prompt wie gewünscht von den richtigen Ohren wahrgenommen und weitergeleitet. Und was er mir jetzt am Telefon weiter erzählt, läßt mich nur noch staunen!
Denn siehe da, es vergingen keine vierzehn Tage, und seine Mutter stand samt Möbelwagen vor seiner Türe, Beamte des Staatssicherheitsdienstes halfen ihr beim Tragen der Möbel und beim Aus- und Einpacken und gaben ihm verschleiert, aber doch deutlich genug zu verstehen, daß man von ihm nun auch erwarte, von seiner angekündigten Aktion abzusehen.
Das tat er – er hatte erreicht, was er wollte.
All das erzählt er mir hier nun am Telefon und ich bin vor Erstaunen wirklich sprachlos. »Siehst du«, sagt er, »man muß sie mit ihren eigenen Waffen schlagen. Sie erpressen und sie wollen erpreßt werden. Wenn du einverstanden bist, kannst du bei deinen Eltern das Gleiche versuchen.«
Ich weiß nicht, was ich davon halten soll. Vor allem habe ich keine Vorstellung davon, wie ich das Ganze anfangen soll. Und da gibt er mir den entscheidenden Tip. Ich soll an Herrn Dr. Vogel einen Brief schreiben, in dem ich nochmals den ganzen Fall schildere und um die Ausreise meiner Eltern bitte.
Gleichzeitig soll ich dabei andeuten, daß ich ein neues Buch in Vorbereitung habe, welches das Schicksal meiner Eltern beinhal-

ten wird. Wenn man nun ihrem Ersuchen nicht nachgibt, wird das Buch noch in diesem Jahr erscheinen. Gibt man ihnen endlich die Ausreisegenehmigung, bin ich als sorgende Tochter natürlich gewillt, vom Erscheinen des Buches Abstand zu nehmen.
Jetzt verschlägt es mir glatt die Sprache. »Aber Gerd«, sage ich, »ich habe doch gar kein Buch . . .« »Bist du blöd«, sagt er mir ins Telefon, »entschuldige, aber du bist auch schwer von Begriff! Du mußt doch gar kein Buch haben, wer weiß denn das. Die Hauptsache ist doch, es ist etwas, wovor sie ›Dampf‹ haben!«
Der Groschen fällt. Er hat recht. Wenn wir schon keine anderen Möglichkeiten mehr sehen, hier ist eine Chance, wenn auch vielleicht die letzte. Das sagt er mir dann auch noch mal – deutlich. Wenn das ganze schief geht, brauchen wir in nächster Zeit wohl nicht mehr mit einer Regelung zu rechnen.
Da uns aber klar ist, daß wir das so und so im Moment kaum brauchen, einige ich mich mit ihm daraufhin, das Unternehmen zu versuchen. Er wünscht mir viel Glück. Das können wir auch brauchen, denn ganz wohl ist mir bei der Sache nicht.
Abends diskutiere ich mit Dieter lang und breit dieses besprochene Vorhaben. Er findet die Idee prima, aber er ist auch noch ein wenig skeptisch. Denn genau wie ich ist er im Zweifel, ob wir uns dadurch irgendeinen Weg restlos verbauen. Wir überlegen lange hin und her, wir überlegen ein paar Tage lang, und es fällt uns wirklich nicht leicht, hier zu einer Entscheidung zu kommen. Bis wir uns knallhart sagen: Wir haben es schwarz auf weiß, daß man unsere Eltern nicht ausreisen lassen wird. Hierzulande kann uns keiner etwas Anderes sagen, alle Auskünfte diesbezüglich sind abwartend und zurückhaltend. Was also bleibt uns weiter übrig, was haben wir und was haben unsere Eltern zu verlieren?
Genau zu dieser Zeit kündigt überraschend der Minister für innerdeutsche Beziehungen, Egon Franke, seinen Besuch zu einer Veranstaltung der SPD-Gruppe an. Dies kommt mir eigentlich mehr als gelegen, denn ich will hier einen letzten Versuch starten, ehe ich das eben besprochene Mittel in Angriff nehme. Ich will mit dem Minister persönlich reden, ihn fragen und bitten, ob er in der Angelegenheit meiner Eltern nicht doch noch etwas versuchen kann. So gehe ich an dem betreffenden

Abend in die Gaststätte, wo nicht allzuviel Angehörige der SPD-Ortsgruppe versammelt sind und der Minister erwartet wird. Die Bürgermeisterin ist ebenfalls anwesend, und ich stelle mich ihr kurz vor. Von Zeitungsnotizen her bin ich ihr keine Unbekannte mehr. Ich sage ihr auch, daß ich den Minister gern in einer persönlichen Angelegenheit nach der Veranstaltung sprechen möchte, und sie sichert mir zu, daß man das ermöglichen wird. Außerdem habe ich vor, ihm bei dieser Gelegenheit mein »RF« zu überreichen, was zwar ein wenig grotesk ist, auf Grund des Sachverhaltes aber ja bestimmt nicht schaden kann.

Die Veranstaltung läuft, es geht um die üblichen politischen Themen, Zielsetzungen und Vorhaben der SPD, es geht zu meinem linken Ohr hinein und zu meinem rechten Ohr heraus. Meine Gedanken sind ganz andere. Wie werde ich ihm begreiflich machen, daß diese Sache sehr ernst ist, daß meine Eltern mit ihren Kräften ziemlich am Ende sind. Wird er das überhaupt verstehen können?

Die Veranstaltung ist beendet und ich gehe nach vorn. Der Minister spricht noch mit einigen anderen Leuten. Schließlich kann ich ihn zu einem Gespräch bitten. Unter vier Augen sage ich ihm, worum es geht. Ich sage ihm sehr deutlich, daß man mir von Seiten der DDR geschrieben hat, eine Ausreise werde nicht genehmigt. Ich sage ihm auch, in was für einem Zustand sich meinc Eltern befinden, wie man sie beruflich und nervlich fertig gemacht hat, und daß ich das nicht weiter mit ansehen kann und will. Ich bitte ihn buchstäblich händeringend, hier Kraft seines Amtes etwas zu tun.

Er hört sich alles an und sagt mir dann, daß er den Fall selbstverständlich immer wieder in seine Bemühungen einbeziehen werde, dies sei seine Aufgabe, daß er aber nichts versprechen könne. Die Sache könne ein Jahr dauern, sie könne zwei Jahre dauern, sie könne auch fünf oder acht Jahre dauern. Dazu könne er mir nichts sagen.

Ich bin bedient – wirklich bedient! Dieses Hingehalte habe ich aus den vorangegangenen Briefwechseln nun genug gehört. So habe ich mit meinen Bitten eigentlich gar nichts erreicht. Und ich sage ihm: »Wissen Sie, Herr Minister, in acht Jahren brauchen wir Ihre Hilfe sicherlich nicht mehr, da haben sich meine Eltern bestimmt aufgehängt!«

Er antwortet mir nicht. Jetzt entschließe ich mich zum letzten Schritt, zu etwas, was ich eigentlich nicht vorhatte.
Ich sage ihm, daß ich keine andere Wahl habe, als zu kämpfen, und daß ich darum vorhabe, ein Buch über das Leben meiner Eltern zu veröffentlichen, über das Leben ehemals treuer DDR-Bürger, die man jetzt zum Dank für ihre Dienste buchstäblich in den Hintern tritt. Ich sage ihm sehr deutlich, daß ich dieses Buch fast fertiggestellt habe und in nächster Zeit zu veröffentlichen gedenke, wenn man meine Eltern nicht frei läßt. Er schaut mich verständnislos an. Ich sage ihm weiterhin, daß ich einen Brief an Herrn Dr. Vogel geschrieben habe, in dem ich ihm von diesem Vorhaben Mitteilung gegeben habe, und daß ich hoffe, dann wenigstens auf diese Weise Erfolg zu haben.
Er überlegt sehr scharf.
Dann sagt er zu mir: »Haben Sie den Brief an Herrn Dr. Vogel schon abgesandt?« Ich verneine. Ich habe ihn zwar vorbereitet, aber durch unsere Unschlüssigkeit und das Endgültige, das das Abschicken des Briefes bewirken könnte, haben wir damit gezögert. Er liegt im Auto.
Der Herr Minister beschwört mich fast, das Buch nicht zu schreiben und den Brief zu vernichten. Er bittet mich, ihm diesen Brief zu geben. Ich sage ihm, daß ich ihn nicht bei mir habe. Er meint in beschwörendem Ton zu mir, ich solle die Hände von Veröffentlichungen dieser Art lassen, sie würden doch das Ganze nur erschweren und keinen Erfolg bringen. Darauf muß ich ihm entgegnen, daß ich anderer Meinung bin. Wir kommen zu keiner Einigung, das ist natürlich klar, er verspricht mir am Ende des Gespräches, das nicht lang sein kann, da noch mehrere Teilnehmer der Veranstaltung auf den Minister warten, sich verstärkt für den Fall meiner Eltern einzusetzen, aber mit dem deutlichen Zusatz, er könne für nichts garantieren.
Das ist mir klar, und auch die Tatsache steht für mich jetzt unumstößlich fest: Von hier habe ich keine Hilfe mehr zu erwarten.
In diesem Sinne spreche ich mich noch einmal mit Dieter ab, und wir beschließen, den Versuch zu wagen. Was soll passieren – entweder es klappt, oder es klappt nicht. Fall Nummer zwei haben wir nun bereits anderthalb Jahre lang, kann uns nur noch Fall Nummer eins überraschen.

Meinen vorbereiteten, vier Seiten langen Brief an Herrn Dr. Vogel lesen wir bestimmt noch zehn Mal gemeinsam durch und überlegen, ob wir auch alles richtig machen.
Wir kommen zu keinem anderen Ergebnis. Der Brief läßt an Deutlichkeit nichts zu wünschen übrig. So berichte ich Herrn Dr. Vogel noch einmal das, was er ohnehin bereits wissen wird. Und ich schreibe in jenem Brief klar und deutlich, daß ich ein Buch vorbereitet habe, welches das Leben meiner Eltern in der DDR zum Inhalt haben wird. Ich stelle ihm anheim, das Erscheinen des Buches zu verhindern, wenn man meinen Eltern in kürzester Zeit die Ausreise genehmigen wird. Ich schreibe mit voller Absicht »in kürzester Zeit«, als Grund dafür gebe ich das Drängen meines Verlages an, der auf den Abschluß des Vertrages angeblich wartet. Und ich schreibe direkt ein wenig schwülstig, daß ich bereit bin, mit dem Abschluß dieses Vertrages bis Ende Juli zu warten. Sollten meine Eltern bis zu diesem Zeitpunkt hier eingetroffen sein, so will ich für alle Zeit auf das Erscheinen dieses Buches, welches ja auch für mich ein lukratives Geschäft bedeuten würde, verzichten! Ich bin mir bewußt, daß das Ganze reichlich pathetisch klingt. Aber ich hoffe, daß man es mir so abnimmt.
Noch einmal bitte ich ihn am Schluß, menschlich zu denken und sich unseres Anliegens endlich anzunehmen.
Die acht Ausreiseanträge, die meine Eltern bisher gestellt haben, lege ich in Kopien bei.
Der Brief geht ab und wir sagen uns nun buchstäblich: Schicksal, nimm deinen Lauf!
Einen knappen Monat bleibt es daraufhin still, ganz still, und wir warten praktisch mit angehaltenem Atem auf irgendein Zeichen, sei es von Seiten der DDR, sei es von hier. Bei jedem Schrillen des Telefons stürzen wir nervös herbei, der Briefträger wird von mir jeden Tag mit Zittern und Zagen erwartet. Mit allem rechnen wir, mit dem Schlimmsten und mit dem vollen Erfolg.
Das erste, was sich in dieser Sache wieder tut, ist ein lapidarer Brief des Herrn Minister, in dem er uns mitteilt, daß von Seiten des Ministeriums alles geschieht, um die bisher abweisende Haltung der Regierung der DDR gegenüber dem Umsiedlungsbegehren meiner Eltern zu ändern. Er fügt aber gleich hinzu, daß

der Ausgang nicht allein von der Tätigkeit seines Ministeriums abhängt und bittet um Verständnis dafür, daß sich konkretere Voraussagen über die Entwicklung noch nicht treffen lassen.
Nun, das hatten wir schon. Ein bißchen enttäuscht sind wir, weil das ja absolut nichts Neues darstellt.
Vier Tage später gibt es buchstäblich einen Donnerschlag! Ich komme vom Einkaufen nach Hause, und Dieter berichtet mir, ein Bundestagsabgeordneter unseres Ortes hätte angerufen, ich solle in der Sache meiner Eltern nichts weiter unternehmen, es ginge vorwärts!
Wir sind wie erschlagen. Seit wann bekommen wir Anrufe von Bundestagsabgeordneten? Das muß etwas zu sagen haben! Jetzt wird das Warten fast unerträglich.
Am nächsten Tag bringt uns der Postbote einen Brief von Herrn Dr. Vogel.
Mir zittern Hände und Knie, als ich dieses Mal den Umschlag öffne.
Was ich lese, kann ich zuerst kaum fassen:

»Sehr geehrte Frau Ö.! Es ist nun doch noch gelungen, eine Lösung zu finden. Dies hat nichts mit Ihren Unternehmungen zu tun, sondern ist anderweitig zu danken. Sie kennen die Wege und sollten dazu beitragen, daß sie bewahrt bleiben für andere, in ähnlicher Situation.

Mit Hochachtung Dr. Vogel, Rechtsanwalt«

Ich kann es nicht fassen, in meinem Kopf tanzt alles wie ein Kreisel, »es ist nun doch gelungen, eine Lösung zu finden«, heißt das, meine Eltern kommen? Was soll es aber sonst heißen? Ich bin außer mir vor Freude und kann das alles lange nicht glauben. Es hört sich bei rückwirkendem Überlegen an wie ein einziges Abenteuer. Wer hat mit wem verhandelt, wer hat wem was zu verdanken, wessen Bemühungen haben wem geholfen?
Es erübrigt sich für mich, weitere Gedanken dafür aufzuwenden. Ich hatte in meinem Brief Herrn Dr. Vogel mitgeteilt, daß ich den Abschluß des Vertrages bis Ende Juli hinausschieben wolle. Also bin ich jetzt felsenfest davon überzeugt, daß meine Eltern bis spätestens Ende Juli hier sein werden.

Am Nachmittag des gleichen Tages erreicht uns noch ein Anruf, ein Mitarbeiter des Ministeriums teilt uns mit, die Ausreise unserer Eltern werde in Kürze stattfinden und wir sollten bitte nichts mehr unternehmen.
Jetzt schicke ich Dieter zum Bäcker, er kauft Torte und wir trinken Kaffee.
Das Ganze ist so irre, absolut irre, unsere Gedanken überschlagen sich, unsere Vermutungen schießen die kühnsten Purzelbäume. Ich schreibe noch am gleichen Tag einen Eilbrief an meine Eltern, daß ich genau weiß, daß ihre Übersiedelung noch vor Ende Juli beendet sein wird.
Ich weiß nicht, was sie davon halten, wenn ich ihnen dieses mit derartiger Bestimmtheit mitteile. Sie haben zu diesem Zeitpunkt von den Behörden noch nichts in den Händen.
Doch auch auf ihrer Seite geht dann alles sehr schnell, das völlig Unerwartete geschieht – sie kommen nicht Ende Juli, wir können sie in der ersten Hälfte des Juli an der Grenze in Empfang nehmen.
Damit haben anderthalb Jahre Kampf ihr Ende gefunden.

Das Leben bei uns wird nun wieder etwas ruhiger, da das Hauptproblem gelöst ist. Unsere Eltern beginnen sich beruflich neu zu orientieren, was ihnen auf Anhieb hervorragend gelingt.
Sie sind aus der DDR mit ihrem privaten Pkw gekommen, ja, die Behörden müssen so in Eile gewesen sein, daß man sogar vergaß, den Kraftfahrzeugschein und das Nummernschild zu entwerten.
Jetzt haben wir ein Problem, mit dem niemand gerechnet hat, und das eigentlich mehr ein Lacher ist: Wir werden das Auto nicht mehr los! Es hat auf der langen Fahrt von der DDR sehr gelitten, so daß feststeht, in dem Zustand kann man es nicht mehr fahren. Es stellt sich aber heraus, daß es hierzulande gar nicht so einfach ist, einen »Trabant« loszuwerden. In der DDR wäre das Problem überhaupt nicht da, mit Kußhand würde man für dieses Mini-Auto achttausend Mark bekommen. Hier stelle ich mich mit dem »Trabant« auf den Flohmarkt und sorge für eine Attraktion in unserer kleinen Stadt. Mehrere Stunden lang biete ich das Auto in den höchsten Tönen an und schildere seine Vorzüge. Wir wollen ganze 350 Mark dafür haben – es findet

sich kein Käufer. Jedes Mal, wenn verlangt wird, ich solle den Motor anlassen, tue ich dies nur mit Schrecken, denn ich weiß, was kommt. Und so herrscht bei dem einsetzenden Gedröhne dann auch ringsherum immer unwahrscheinliches Gelächter.
Es ist eine Volksbelustigung für alle, aber kaufen will das Auto niemand. Verschrotten können wir es auch nicht, da seine Karosserie zum größten Teil aus Plastik besteht. Ja, wo die Probleme herkommen, kann man vorher nicht immer ahnen.
In diesen Tagen telefoniere ich wieder einmal mit Siegmar Faust, dessen Drehbuch unter dem Titel »Freiheit, die ich meine« gerade verfilmt wird. Ich schildere ihm lachend unsere Schwierigkeiten und er hat die rettende Idee: Ein kurzer Anruf im Filmstudio in Hamburg genügt – man ist hoch erfreut, einen »Trabant« kaufen zu können. Wenige Tage später wird das Auto abgeholt, und wir können es von nun an regelmäßig in Filmen, die Szenen aus der DDR zeigen, bewundern. Wir erkennen es stets am Klang.

Ich bin tagsüber im Haushalt beschäftigt, unterrichte zweimal wöchentlich in den Abendstunden »meine« Türken. Über Nichtauslastung kann ich nicht klagen, denn unser »Bundesbürger« entwickelt sich prächtig und fordert mehr und mehr meine ungeteilte Aufmerksamkeit. Auch die beiden Großen wollen nicht vernachlässigt werden. Aber unser Familienleben ist nach wie vor in Ordnung, was unser ganzes Glück ist. Es hat durch den ganzen Rummel und die Aufregung mit Buch, Fernsehen und Rundfunk nicht gelitten.
Nach wie vor kommen Einladungen zu Veranstaltungen. Eine davon kommt von einem Autorenverband, der in München einen Jahreskongreß abhält und mich dabei zur Podiumsdiskussion haben möchte. Allem voran soll ein Empfang gehen.
Ich habe weder eine Ahnung davon, was ein Empfang ist, noch, wie man sich bei einer Podiumsdiskussion verhalten muß. Ich rufe Siegmar an – über einen Empfang kann auch er mir keine Auskunft geben.
Also rufe ich Jörg an und frage ihn. Jörg ist begeistert.
»Oh, du bist zu einem Empfang eingeladen? Empfänge sind etwas Wunderbares! Weißt du, da steht jeder mit einem Glas

Sekt in der Hand herum und unterhält sich mit jedem über irgendwelche mehr oder weniger sinnvolle Sachen!«

Na, nun weiß ich ja ganz genau, was ein Empfang ist. Ich frage ihn noch, ob es gewisse Vorschriften hinsichtlich der Kleidung gibt, und er sagt mir, daß er es nicht für gut halten würde, wenn ich dort in Jeans auftreten würde. Empfänge seien etwas Festliches.

Nun, da hat er sicher recht. Aber dieser Punkt bereitet uns viel Kopfzerbrechen, denn ich bin keine festliche Garderobe gewöhnt und besitze keine. Und ich kann mir auch nicht vorstellen, wie ich im langen Gewand irgendwelche Treppen steigen soll. Das geht schief!

So erstehen wir nach längerem Suchen eine festliche Samthose, die mich von nun an auf Empfängen begleitet. Denn es kommen in der weiteren Zeit noch einige hinzu.

Der Empfang selbst erweist sich für mich als stinklangweilig. Wäre ich nicht da, ginge es genauso. Ein bißchen bedaure ich schon, die weite Fahrt nach München gemacht zu haben, aber vielleicht wird es noch. So sitze ich in einer Ecke neben einem älteren Ehepaar und beobachte die wirklich mit einem Sektglas in der Hand herumstehenden Personen, die Angestellten, die Getränke nachreichen, die Gäste, die sich bemühen, mit halsbrecherischen Verrenkungen möglichst unauffällig möglichst viel von dem kalten Büffet auf ihren Teller zu holen.

Hier kann man schon seine Beobachtungen machen und braucht sich eigentlich nicht zu langweilen.

Irgendwie komme ich mit dem Ehepaar neben mir ins Gespräch, und auf einmal sagen sie »Ach, Sie sind Frau Österreich? Ja, nach Ihnen hat man schon gefragt!«

Sie stellen mich sofort einem Herrn vor, der, wie er sagt, mich bereits gesucht hat. Von nun an werde ich reihum irgendwelchen Herren und Damen vorgestellt, die ich nicht kenne und deren Namen ich mir nicht merken kann. Die Konversation geht über ein »ach, Sie sind das?» oder »Sind Sie nicht die, die das ›RF‹ geschrieben hat?« kaum hinaus.

Was soll man auch so schnell mit wildfremden Menschen reden, wenn die Gesprächspartner ständig wechseln. Darauf geht es zur Podiumsdiskussion, der Saal ist bis in die letzte Ecke gefüllt.

Ich sitze inmitten von lauter gut angezogenen und sehr seriösen Herren und warte darauf, daß diskutiert wird.
Fehlanzeige! Einer der Herren übernimmt die Diskussionsleitung, sagt einführende Worte zum Thema »Dissidentenliteratur«, formuliert eine Frage und zeigt auf einen anderen Herren, der nun zu dieser Frage seine Äußerungen vorbringen wird. Der Herr zückt ein vorbereitetes Manuskript und liest es ab. In meinem Kopf fahren die Gedanken Karussell. Du meine Güte! Ich schaue verstohlen in die Runde, überall sehe ich aus einem Buch diskret beschriebene Blätter herauslugen, und ich habe nichts! Nichts vorbereitet! Wie soll das nur gutgehen! Diese Überlegungen nehmen mich so in Anspruch, daß ich von den Ausführungen der Vorlesenden gar nicht viel mitbekomme. Urplötzlich höre ich meinen Namen und eine formulierte Frage, die ich in meiner Verwirrtheit nicht einmal voll verstehe.
An der Stille im Saal merke ich lediglich, daß man gespannt auf meine Stellungnahme wartet. Ich muß etwas sagen! Also beginne ich dann einfach so, wie mir der Schnabel gewachsen ist und in perfektem Sächsisch, von unseren Erlebnissen mit dem realen Sozialismus zu berichten. Von der Unfreiheit des einzelnen in der DDR, von der Unmöglichkeit, seine eigenen Gedanken und Ziele zu verwirklichen, vom ständigen Gegängelt werden des mündigen Bürgers durch die Behörden berichte ich einem lauschenden Publikum.
Gerade als ich eine kürzere Pause mache, beginnt dieses Publikum zu klatschen. Sie haben wohl angenommen, es sei Schluß. Ein Glück! Ich nicke und freue mich, es doch irgendwie geschafft zu haben. Das Klatschen hält sehr lange an und am Schluß der Veranstaltung muß ich viele Hände drücken und höre immer wieder, wie gut ich das einmal gesagt hätte.
Was ich im einzelnen gesagt habe, weiß ich nicht mehr. Nach der Veranstaltung bleibt es mir überlassen, gleich in das für mich reservierte Hotelzimmer zurück zu gehen, oder noch einen Stadtbummel zu machen. So stehe ich unschlüssig vor dem Veranstaltungsort und kann mich nicht recht orientieren, wohin ich jetzt gehen muß. Ich schaue mich kurz um, und wende mich an einen eben aus dem Gebäude kommenden Herrn, der sehr seriös aussieht. Ich frage ihn, wo es zu meinem Hotel entlanggeht. Er schaut mich an und sagt mir: »Kommen Sie nur mit mir mit,

ich habe ein Stück den gleichen Weg.« Ich gehe neben ihm her, wir unterqueren die Straße mit einer Rolltreppe, wir rollen wieder hinaus, wir gehen rechts, wir gehen links, seine Schritte werden unschlüssiger und meine Gedanken fangen an zu arbeiten. Urplötzlich sagt er: »Hätten Sie nicht Lust, mit mir noch ein wenig München anzusehen? Sie sind doch nicht von hier, ich würde es Ihnen gern zeigen.«

Ich kann nicht sagen, daß ich abgeneigt bin, denn ein langer Abend ohne Gesellschaft verlockt absolut nicht.

Schnell sage ich ihm meine Bereitschaft zu und er schlägt eine andere Richtung ein. Da es dunkel ist, kann er mir eigentlich nicht viel von München zeigen, aber er hat auch ein ganz bestimmtes Ziel: Das Hofbräuhaus. Ich weiß dies noch nicht, und ich muß sagen, ich werde ein wenig ängstlich, als er mit mir durch die »Unterwelt« Münchens zieht.

Vertraue ich ihm zu Recht? Ich kenne ihn ja gar nicht.

Da sitzen merkwürdige Gestalten herum, noch merkwürdigere Gestalten auf dem Schoß, Schmutz und Unrat liegt in den Ekken, Gegröhle empfängt uns. Er schiebt mich nur hindurch, und wir landen bald in einer recht gemütlichen Bierstube, in der eine bayrische Trachtenkapelle spielt. Das also soll das legendäre Hofbräuhaus sein. Nun ja, ein bißchen anders hatte ich mir das schon vorgestellt. Aber macht nichts. Er bestellt für uns beide ein Bier. Was mir hier als Bier serviert wird, verschlägt mir glatt die Sprache. Das ist ein Riesenglas mit einem halben Liter! Du meine Güte, wie soll ich das bloß schaffen. Mein Gegenüber lacht und sagt mir, er sei auch bei der Veranstaltung gewesen und habe meinen Beitrag gehört. So haben wir ein Thema und unterhalten uns ein wenig über die Gastronomie und die Freizeitmöglichkeiten in der DDR. Urplötzlich frage ich ihn, in welcher Eigenschaft er eigentlich bei dem Kongreß des Autorenverbandes dabei war, ob er eventuell auch ein Autor sei.

Er lacht recht spitzbübisch und sagt zu mir: »Nein, ich bin von der Kriminalpolizei. Ich war für Ihren Schutz und Ihre Sicherheit abgestellt, denn man konnte ja nie wissen, ob sich irgendwelche Zwischenfälle ereignen.«

Ich bin platt. Mit allem hatte ich gerechnet, damit nicht. Darum also ging er mit mir so zielstrebig und ungerührt durch die »Unterwelt«. Ja, wenn das so ist ...

Ich frage ihn, mit was für Zwischenfällen man denn gerechnet hätte, ob man annehme, jemand werfe auf das Podium Farbbeutel oder Eier oder Tomaten. Er lacht nur und sagt, das sei alles schon dagewesen.
Anschließend bestellt sich der nette Kripobeamte ein weiteres Bier und möchte auch mich zu einem neuen überreden. Ich kämpfe noch mit dem ersten und kann nicht einmal sagen, daß ich es genieße.
Etwas Festes zu Essen wäre mir lieber, da ich bei dem Empfang nicht viel abbekommen habe. Doch das bleibt mir diesen Abend verwehrt. Der Herr bringt mich nachher noch bis zu meinem Hotel. Am nächsten Morgen muß ich in aller Frühe die Rückfahrt antreten.
Auch die Volkshochschule unseres Ortes hat nun eine Schriftstellerlesung mit mir angesetzt. Sie übertrifft alle meine Erwartungen – an jenem Abend sind neun Personen anwesend! Mir war ja bisher bekannt, daß der Bildungshunger meiner Mitbürger in Sachen »DDR« nicht allzu groß ist, aber mit diesem »gewaltigen« Echo hatte selbst ich nicht gerechnet. Zehn Personen sind die Mindestzahl für eine Veranstaltung dieser Art. Man ist so entgegenkommend und macht eine Ausnahme! Allerdings muß ich sagen, daß dann trotz der geringen Teilnahme die Diskussion doch sehr ergiebig ist und bei den Anwesenden ist reges Interesse vorhanden.
Das entschädigt mich für die vorangegangene Enttäuschung.
Die eine unserer örtlichen Zeitungen bringt am nächsten Tag die Notiz: Die Schriftstellerin T. Ö. las aus ihrem Buch »Ich warf«.
Die andere bringt folgende Wendung: »Ich war RAF«.

Ich werde jetzt mit Jörg, Siegmar Faust, Gerald Zschorsch, Wolf Deinert und Dieter Borkowski zusammen zu einer neuerlichen Tagung jenes Arbeitskreises für DDR-Literatur eingeladen, dessen Gäste wir schon einmal waren.
Dieses Mal sollen wir als ausgereiste DDR-Bürger und Autoren eine Podiumsdiskussion bestreiten.
Siegmar hat zu dieser Zeit seine Filme in der Öffentlichkeit, Gerald hat ein noch etwas holpriges, aber nicht schlechtes Lyrik-

Bändchen veröffentlicht, Dieter Borkowski hat mit verschiedenen Zeitungsartikeln auf sich aufmerksam gemacht.
Siegfried Heinrichs ist hier noch anwesend, den ich bisher nicht kannte. Auch wir freunden uns schnell an, wie mir das mit ehemaligen Landsleuten immer gelingt.
Er hat bisher einiges an Lyrik veröffentlichen können. So stellen wir jeder unsere »Werke« vor und antworten auf die Fragen des anwesenden Publikums. Das sind in erster Linie Lehrer, Literatur-Professoren und ähnliche Leute.
Es bleibt nicht aus, daß die Beantwortung der Fragen sehr persönlich erfolgt, denn unsere sämtliche Literatur befaßt sich mit dem, was wir im anderen Teil Deutschlands erleben mußten. Und das war nun nicht immer erfreulich. So kommt auch die Haft zur Sprache, und die Frage wird aufgeworfen, ob man darin psychische und physische Schäden erleiden könne. Die Antworten hierauf sind eindeutig, und ich meine überhaupt, daß diese Frage sich erübrigt. Man sieht es doch an unseren Reaktionen, die sehr emotional erfolgen. Alle sind wir noch nicht lange aus der DDR-Haft entlassen, was erwarten denn diese Leute von uns? Abstand? Das Mäntelchen des Schweigens darüberdecken?
Je mehr wir berichten, um so schweigsamer wird das Publikum. Eigentlich müßte klar sein, daß jeder der hier Sitzenden seelisch einen gewaltigen Knacks weg hat, daß wir noch nicht in dem Maße belastbar sind, wie wir es vorher waren. So kommt es so weit, daß Dieter Borkowski sich mit Gerald Zschorsch um irgendeiner Sache Willen in die Haare gerät, und sie werfen sich vor, schmutzige Schlüpfer zu waschen. Nun, Dieter Borkowski ist Gerald Zschorsch in der Diskussion haushoch überlegen und weist ihn als den jüngeren auch ein wenig zu scharf zurecht. Das Ergebnis ist, daß Gerald sich zurückzieht und von nun an eine Kehrtwendung um hundertachtzig Grad vollbringt. Er wechselt die Fronten und hat fortan mit uns kein gemeinsames Thema mehr. Die Kritik war zu hart, er, der den DDR-Strafvollzug am eigenen Leibe kennenlernte, verträgt sie noch nicht.
Nun setzt er sich ins »linke« Lager und diskutiert hier kräftig, wo man mit dem Sozialismus liebäugelt.
Er ist willkommen. Unsere Podiumsdiskussion wird nicht mehr lange fortgesetzt, wir merken, daß wir den Anwesenden mit

unseren Berichten über DDR-Haftmethoden nicht angenehm sind, und daß es eigentlich nicht dies ist, was man von uns erwartet hatte. Aber worüber sollten wir anhand unserer eigenen Literatur sonst berichten? Die Stimung ist nach dieser Podiumsdiskussion nicht gut.
Zu den anwesenden Autoren hat sich inzwischen Elisabeth noch hinzugesellt. Bei einem Gespräch der Literaturprofessoren über unsere Podiumsdiskussion steht sie unbeachtet dabei und muß mit anhören, wie einer der Professoren sagt: »Solch ein Gruselkabinett holen wir uns aber nicht wieder!«
Da sie dasselbe erlebt hat, wie wir alle, ist sie auch ebenso empört darüber. Es ist das letzte Mal, daß wir an einer Tagung dieses Arbeitskreises teilnehmen, wir werden in Zukunft nicht mehr eingeladen, man begnügt sich mit anderen ausgebürgerten DDR-Autoren, die die Strafhaft gar nicht oder nur von der Untersuchungshaft her kennengelernt haben und dies mehr nach wissenschaftlichen Gesetzmäßigkeiten abhandeln.
Wie töricht war ich doch bisher, als ich annahm, am wichtigsten wäre der Mensch – auch in der Literatur! Das ist nicht immer so, ich muß mich damit abfinden. Am wichtigsten sind wissenschaftliche Zusammenhänge, und dann kommt ganz weit hinten der Mensch, der ja auch Opfer eines Irrtums dieser wissenschaftlichen Zusammenhänge werden kann.
Für uns untereinander bringt dieses Treffen jedoch wieder sehr viel, haben wir doch hier Gelegenheit zu ausgiebigen Diskussionen und nehmen wieder viele Anregungen in uns auf, die unser Schaffen betreffen.
Nur Gerald sitzt nicht mehr in unserer Mitte. Daß es klug war, die Fronten zu wechseln, zeigt sich für ihn kurze Zeit später. Er bekommt für seinen knappen Lyrik-Band, der bisher kaum Beachtung fand, das Stipendium der Villa Massimo.
Ich hasse es nach wie vor, mir bekannte Personen nach den Kategorien »links, rechts, halblinks« und so weiter einzuteilen. Warum das Ganze, wenn man zum Gespräch offen ist, kann man sich doch immer und mit jedem zusammensetzen. Das war wenigstens bisher meine Meinung. Mehr und mehr muß ich erkennen, wie vorgeprägt dieses Kastendenken ist, und daß es immer schwieriger wird, meine Anschauungen in ständig gleichbleibenden Grundsätzen vorzutragen. Man erwartet von mir bei

Veranstaltungen stillschweigend eine Stellungnahme zugunsten des Veranstalters, das wird mir immer klarer. Lese ich für einen Veranstalter der CDU, so hofft man bei der fast obligatorischen Frage nach den Berufsverboten, von mir dazu die entsprechende Antwort zu hören.
Bei der SPD wiederum möchte ich dazu das Gegenteil sagen. Ich bin nur froh, daß es mir bisher immer gelingt, meine gleichbleibende Meinung zu behalten. Wenn man mich nach den Berufsverboten befragt, so antworte ich eben, daß es in der DDR trotz gegenteiliger Berichte auch Berufsverbote gibt. Diese Berufsverbote sind aber so schwerwiegend, daß die davon Betroffenen meistens um ihre ganze Existenz gebracht werden und keinerlei Chance mehr für einen Neubeginn haben. Dann komme ich zu den hiesigen Zuständen und weise darauf hin, daß die von den Berufsverboten Betroffenen ja erstens Gegner unseres Staates sind und zweitens jede Möglichkeit zu einer anderen Tätigkeit behalten!
Die Reaktionen sind dann je nach Publikum sehr unterschiedlich. Es stört mich nach und nach bei meinen Veranstaltungen sowieso, daß diese immer mehr ins Politische abzugleiten drohen. Gut, das von mir gewählte Thema befaßt sich nun einmal mit den Zuständen im umstrittenen anderen Deutschland, und ohne Politik geht es dabei nicht.
Aber, wenn ich auch bereit bin, darüber ausführlich zu berichten, so bin ich doch nicht bereit, mich zum Gradmesser für irgendwelche politischen Ereignisse machen zu lassen, die zu überschauen mir selbst noch schwerfällt.
Am meisten stört es mich, wenn ich vor Vertriebenen-Verbänden lese, und diese Teilnehmer bei der sich stets anschließenden Diskussion in eine regelrechte Euphorie geraten, weil sie durch das von mir Beschriebene all ihre Ansichten bestätigt sehen. Sie verlieren völlig den Sinn für Relationen, und dieses Denken scheint mir nun auch wieder zu extrem.
Hier halte ich mich regelmäßig sehr zurück und bemühe mich, nur auf meinen Erfahrungen Basierendes zu berichten. Ich mag mich nicht für politische Zwecke mißbrauchen lassen.

In diesem Herbst bekomme ich wieder zusammen mit Jörg eine Einladung zu einer Frauenvereinigung der CDU nach Berlin.

Natürlich freue ich mich sehr, erstens auf das gemeinsame Zusammensein, denn ich werde dort auch Siegmar, Siegfried, Elisabeth und vielleicht andere Bekannte wiedertreffen, zweitens auch auf die Veranstaltung überhaupt.
Und dann – Berlin! Das bedeutet für mich, fliegen zu können! Es ist mein erster Flug überhaupt, und ich muß sagen, ich bin aufgeregter als vor Publikum. Alles ist neu und ungewohnt und ich freue mich riesig, dies durch meine schriftstellerische Tätigkeit erleben zu können, denn sonst würden es unsere Finanzen wohl kaum zulassen, derartige Unternehmungen zu starten. Ich fliege am Abend nach Berlin und sehe im Dunklen die Stadt unter mir. Allein am Lichtermeer kann ich erkennen, über welchem Teil Berlins wir uns befinden. Auch die Mauer mit all ihren grausamen Befestigungen ist auf Grund der Beleuchtung sehr genau aus der Höhe wahrzunehmen.
Hinter mir im Flugzeug sagt ein Junge seinem Vater: »Schau, Vati, da unten ist die Mauer! Das lange Lichterband, siehst du? Sieht das nicht toll aus?«
Ich bin in einer kleinen Pension zusammen mit Jörg untergebracht. Da es das erste Mal ist, daß wir im gleichen Hotel wohnen, startet er seinen ersten und gleichermaßen letzten »Annäherungsversuch«. Beim »Gute Nacht sagen« drückt er mir einen brüderlichen Kuß auf die Wange und schaut mich dann mehr als deutlich fragend an. Wir verstehen uns auch ohne weitere Worte. Jörg klopfte dann kurz darauf noch einmal an meine Zimmertür und erscheint mit Pommes Frites und Frikadellen, die er an einem Stand unweit unseres Hotels erstanden hat. Einträchtig sitzen wir beieinander und tauschen Probleme und Fragen aus.
Der nächste Morgen bringt uns erst einmal einen wunderschönen Bummel durch Berlin. Ich bin zum ersten Mal in diesem Teil der Stadt, und Jörg, der sich hier gut auskennt, ist sofort mein Führer. Er bringt mich in's »teuerste und schönste Café« Berlins, ins Café Kranzler. Hier sitzen wir bei sündhaft teurem Kaffee und Kuchen und ich genieße die wunderschöne Sicht über den Ku-Damm. Nie hätte ich mir vor drei Jahren träumen lassen, hier einmal gemütlich zu sitzen.
Dann, nach dem Mittagessen, besuchen wir Siegmar mit seiner Familie. Er hat eine wunderhübsch eingerichtete Wohnung im

»türkisch besetzten« Viertel Berlins. Typisch für alle DDR-Bürger ist auch hier die liebevolle, bis ins kleinste harmonische Ausstattung der Wohnung.
Wieviel Arbeit steckt in diesen Wänden! Er fühlt sich in seiner Umgebung recht wohl, und ist fest davon überzeugt, hier bleiben zu wollen. Ich kann es mir nicht ganz vorstellen, lebt er doch mehr oder weniger auf einer Insel, und ob das über längere Zeit für ihn und seine Familie gut ist, bezweifle ich sehr.
Am Nachmittag gehen wir zu der angesetzten Veranstaltung. Sie ist gut besucht, der Saal ist zu drei Vierteln mit Zuhörern gefüllt. Ich lese aus meinem »RF«. Nach meiner Lesung wird wie üblich Raum zur Diskussion gegeben. Ein jüngerer Herr in einer der ersten Reihen meldet sich zu Wort. Nur mühsam beherrscht fragt er mich, wie ich es nur machen konnte, und ob ich mich nicht geschämt habe, für die DDR im Strafvollzug zu arbeiten. Er wirft mir vor, ich hätte die Arbeit verweigern müssen, meine ganze Entrüstung sei unecht, sonst hätte ich niemals für diese Lumpen auch nur einen Finger gerührt!
An der Reaktion der Zuschauer merke ich, daß er sich mit seinem Einwurf nicht gerade beliebt gemacht hat, und ich selbst bin hell empört über seine Anschuldigung. So sage ich zu ihm vom Podium herab in einem etwas arroganten Ton, der mir später selbst ein wenig leid tut, ob er schon in meiner Situation gewesen wäre, ob er überhaupt Kinder hätte. »Ja«, ruft er auf die Bühne, er wäre länger in Haft gewesen als ich! Da haben wir es wieder – es ist wie eine Krankheit, wer die längere Haftzeit hat, fühlt sich als der bessere Häftling. Ich sage ihm, daß ich eine Diskussion mit ihm darüber ablehne, ich hätte allein auf meine Kinder Rücksicht zu nehmen gehabt, und außerdem wäre durch meine Arbeitsverweigerung der DDR sowie ihren Haftanstalten wohl kaum ein Schaden entstanden. Aus dem Publikum kommt lauter Beifall, und der junge Mann sitzt mit kalkweißem Gesicht auf seinem Platz, während ein Mädchen neben ihm auf ihn einredet.
Die Diskussion geht weiter und es kommen die üblichen Fragen nach den Kindern, nach den Verwandten, nach den ersten Erlebnissen hier in der Freiheit.
Am Ende der Veranstaltung gehe ich mit Siegmar zusammen in einen kleinen Nebenraum und beantworte noch privat Fragen.

Wieder ist es dieser junge Mann, der auftaucht und jetzt weniger feindliche Fragen stellt. Siegmar enthebt mich der Pflicht, mit ihm diskutieren zu müssen, denn er merkt, daß auch ich ziemlich erregt bin.

So spricht er mit jenem Mann über die unterschiedlichen Situationen, die sich hier doch gegenüberstehen. Ich reiche ihm zum Abschied die Hand, die er erst nicht annehmen will. Dann verabschiedet er sich jedoch auch mit Handschlag von mir und ich bemerke, daß seine Hand kalt und naß ist, eiskalt. Ich schaue ihm noch einmal ins Gesicht, und ich weiß, hier steht ein Mensch vor mir, der seelisch krank ist. Kaputt von Haß und krank von den Erfahrungen, die hinter ihm liegen. Wie froh bin ich, selbst über alles Zurückliegende schon einigermaßen gelassen berichten zu können, und dieser junge Mann tut mir im Moment leid.

Am Abend des gleichen Tages sind wir alle zu einem Empfang beim Regierenden Bürgermeister Berlins eingeladen. Ich empfinde mittlerweile Empfänge doch als ein wenig strapaziös, da außer viel Herumstehen wenig dabei herauskommt.

So unterhält sich dann auch der Herr Bürgermeister zwei Minuten mit mir über das Wetter und über mein Buch, Siegmar kommt hinzu und das Gespräch kommt auf seine gerade anlaufenden Filme. Der Bürgermeister erkundigt sich nach seinen Lebens- und Arbeitsmöglichkeiten im freien Teil der Stadt Berlin und hört von seiner doch recht miserabel gelegenen Wohnung und von den Schwierigkeiten, die Siegmar hat, um sein tägliches Brot zu verdienen. Er sagt ihm daraufhin spontan seine Hilfe zu und wir zweifeln auch nicht einen Augenblick daran, daß sie ehrlich gemeint ist. Siegmar hört jedoch in dieser Richtung nie wieder etwas vo ihm.

Danach bummeln wir zusammen noch ein wenig durch das auch nachts hell erleuchtete Berlin. Unsere Gespräche drehen sich hier unter anderem auch um den eben in allen Zeitungen bekannt gemachten Mord an einem bulgarischen Staatsbürger durch den Geheimdienst seines ehemaligen Landes. Ein Mann mit einem Regenschirm am Arm kommt uns entgegen und geht bedrohlich nahe auf mich zu, gerade als wir davon erzählen.

Noch ganz im Bann des eben Gehörten springe ich hinter Jörg und halte mich bei ihm fest. Wir lachen alle laut los. Was doch die Phantasie für seltsame Blüten treiben kann. Überhaupt haben

wir bei jenem Spaziergang noch recht viel Spaß. Vor unserer Pension, in der ich mit Jörg wohne, verabschieden wir uns dann alle.
Am nächsten Morgen ist nicht viel Zeit, das Flugzeug, mit dem Jörg und ich zurück müssen, fliegt bereits in den frühen Vormittagsstunden. Ich stehe auf, beginne mit meiner Morgentoilette, während ich im Geiste die Stunden des vorangegangen Abends noch einmal vor mir sehe. Ich bin gerade dabei, mit dem Zähneputzen zu beginnen, als sich in meinem Munde ein seltsam pelziges Gefühl ausbreitet. Es ist genauso, wie beim Rharbarber essen. Die Zähne werden stumpf und die Schleimhäute taub. Genau in jenem Moment fällt mir der Bericht von dem ermordeten Bulgaren ein, und – welch seltsame Assoziation – blitzschnell schießt es mir durch den Kopf, daß es sich hier um etwas ähnliches handeln könnte. Ohne jetzt irgendwie weiter zu überlegen, spucke ich die im Mund befindliche Zahnpasta so schnell ich kann ins Waschbecken und spüle mir mehrere Male hintereinander angestrengt den Mund aus. Ich kann nicht sagen, daß ich in diesen Augenblicken klar denke, ich tue dies alles mehr instinktiv. Das taube Gefühl in meinem Mund bleibt und breitet sich bis zu den Wangen aus. Ich habe jetzt nur das eine Bestreben, diesen Raum möglichst schnell zu verlassen, obwohl ich überhaupt nicht nachdenke, warum das so ist.
Ich werfe die kleine Probetube Zahnpasta, die ich soeben geleert habe, in den Papierkorb, räume meine Waschutensilien zusammen, packe in Windeseile den Koffer und schließe das Zimmer hinter mir ab. Ich hänge den Schlüssel an das im Korridor der Pension befindliche Brett, wo er eigentlich allen im Hause verkehrenden Personen zugänglich ist. Ich gehe nach unten auf die Straßc, wo schon Jörg auf mich wartet.
Hier erzähle ich ihm von dem eben durchgestandenen sonderbaren Erlebnis und von meiner Vermutung, daß sich in der Probetube Zahnpasta irgend etwas befunden haben müsse. Mehr sage ich ihm dazu nicht, und er schaut mich auch nur groß an, lacht dann, und im gleichen Moment kommt der Wagen, der uns zum Flugplatz bringen soll. Eine Bekannte hat sich erboten, dies zu tun.
Auf dem Flugplatz trinken wir drei zusammen noch eine Tasse Kaffee und ich habe absolut keinen Geschmack im Munde. Ich

sage dies Jörg, aber er ist im Moment zu sehr mit Flirten beschäftigt und hört nicht zu. Meine Maschine nach Bremen kommt dann zuerst, und ich verabschiede mich von den beiden. Auch während des Fluges ist mir eigentlich recht sonderbar zumute, ohne daß ich mir darüber jedoch Rechenschaft ablege oder aber es mir bewußt wird. Ganz entgegen meiner Gewohnheit, mich bei solchen Flügen zuerst auf das Zeitungsfach zu stürzen und dann wohlversorgt meinen Sitz aufzusuchen, setze ich mich dieses Mal ruhig auf meinen Fensterplatz und starre hinaus. Während des ganzen Fluges schaue ich sehr ruhig auf die unter uns befindliche dichte Wolkenwand und bin überhaupt außerordentlich träge.
Auch in Bremen angekommen, ändert sich dieser Zustand noch nicht. In unserer Stadt holt mich Dieter vom Bahnhof ab, und entgegen meiner Gewohnheit bin ich auch auf der Heimfahrt im Auto noch sehr schweigsam.
Erst in unserer Wohnung sage ich plötzlich zu Dieter: »Du, jetzt läßt dieses taube Gefühl bis zu den Ohren endlich ein bißchen nach.« Dieter schaut mich verständnislos fragend an, um dann zu antworten: »Welches taube Gefühl, was meinst du?« Jetzt auf einmal werde ich wieder lebhafter und erzähle ihm von meinem Erlebnis in Berlin.
Ich erzähle ihm von jener Probetube Zahnpasta, die ich bereits am ersten Abend meiner Übernachtung benutzte, jedoch zu jenem Zeitpunkt keinerlei Veränderung an mir feststellte. Die ich dann heute Morgen wieder benutzte, und was danach mit mir passierte.
Jetzt im Nachhinein fällt mir meine Teilnahmslosigkeit während der ganzen Reise selbst auf, der Mund war total gefühllos und über die Wangen bis hin zu den Ohren hatte sich ein taubes Gefühl ausgebreitet, auch meine Gehirntätigkeit schien irgendwie gelähmt zu sein. Als ich Dieter dies alles erzählt habe, ist er entsetzt. »Und da hast du vorher niemandem etwas erzählt?!« »Doch«, sage ich ihm, »ich habe es ja Jörg erzählt, aber Jörg hat das gar nicht ernst genommen.«
Wir rufen dann als erstes Jörg an und er sagt uns, daß er das Ganze nicht ernst genommen hat, weil ich es sehr gleichgültig und ruhig erzählte. Wieder ein Beweis für die Veränderung, die mit mir vorgegangen war. Ich kann nicht sagen, daß mich das

Ganze jetzt noch sehr ruhig läßt. Es sieht doch von allen Seiten aus betrachtet nach einem Anschlag gegen mich aus. Wie dieser auch immer gerichtet war und wie er ausgehen sollte, bleibt unklar. Oder sollte es nur eine Warnung sein? Warum? Von wem? Es gibt viele Antworten und viele Erklärungen, aber welche ist die richtige? Noch am gleichen Abend rufen wir unseren Bekannten beim ZDF unter seiner Privatnummer an. Fritz ist genauso entsetzt wie wir, als wir ihm von dem Erlebnis berichten. Seine erste Frage ist dann auch die, ob ich die Sache schon weitergemeldet hätte.

»An wen denn?«, frage ich ihn. Ich habe wirklich keine Ahnung, wohin ich mich in dieser Angelegenheit wenden könnte und meine zurückliegenden Erfahrungen mit der Polizei unseres Ortes sagen mir, daß hier nicht die richtige Adresse wäre. So ist es dann auch Fritz, der das Ganze den entsprechenden Stellen meldet und weiterleitet, und ich bekomme in dieser Angelegenheit noch einige Rückfragen und Anrufe. Man läßt es nicht auf sich beruhen, man sucht die Pension auf. Das Zimmer ist, wie erwartet, bereits wieder aufgeräumt worden, und so lassen sich keinerlei Beweise mehr vorfinden. Auf die Frage, warum ich die Tube mit der Zahnpasta weggeworfen habe, die ja das einzige und wichtigste Beweisstück darstellt, weiß ich keine Antwort. Ich kann es nicht erklären, ich war von jenem Moment an gleichgültig und abgestumpft gegen alles.

So verläuft dann diese Begebenheit im Sande, aber sie gibt uns noch lange Zeit zu denken und wirft auch die Frage auf, ob ich mit meinen Lesungen und Vorträgen kürzer treten sollte, bzw. damit aufhören.

Wir sagen uns jedoch, ich kann nur ganz aufhören oder weitermachen. Zurückhalten und kürzer treten, wie man so schön sagt, ist hier unmöglich. Was ich erzähle, ist die Wahrheit, und die gibt es nur ganz und nicht abgeschwächt oder gemildert. Aufhören will ich nicht, auch kann ich nicht sagen, daß ich besondere Angst verspüre.

So geht das Leben seinen Gang weiter. Lediglich um die Kinder mache ich mir in dieser Zeit verstärkt Sorgen. Wenn sie später aus der Schule kommen oder sich nicht abmelden und dann lange wegbleiben, bin ich stets sehr unruhig und laufe wie ein Tier in der Wohnung hin und her.

Ich habe zu viel von Entführungen gehört und gelesen, ich weiß nicht, wer sich für mich oder für uns interessiert, und wovor derjenige oder diejenigen zurückschrecken.
Es geschieht jedoch in nächster Zeit nichts mehr, was in dieser Hinsicht unsere Aufmerksamkeit verstärken könnte. Lediglich die anonymen Telefonanrufe nehmen zu, und das mit System. Bevor ich zu einer Veranstaltung abreise, klingelt jedes Mal regelmäßig das Telefon. Am anderen Ende meldet sich natürlich niemand. Kehre ich dann von dieser Veranstaltung zurück, wann auch immer, klingelt kurz nach meinem Betreten des Hauses wieder das Telefon. Am anderen Ende wieder Schweigen. Wir können nicht gerade sagen, daß diese Anrufe zu unserer Beruhigung beitragen.
So sind wir recht froh, daß wir es dieses Jahr ermöglichen können, in Urlaub zu fahren. Wir sind jetzt dreieinhalb Jahre hier in der Bundesrepublik und dies ist unser erster Urlaub. Daß dieser Urlaub uns gleich ins Ausland führt, ist für uns etwas Besonderes. Es ist schwer zu beschreiben, welche Eindrücke sich uns hier auftun. Allein das Überqueren der Grenzen ist für uns ein gewaltiges Ereignis.
Bereitwillig halten wir unsere Pässe hin, wie ordentlich haben wir den Kofferraum gepackt, um zur Kontrolle bereit zu sein, es will keiner unsere Pässe sehen und es kontrolliert uns auch niemand. Ein freundliches kurzes Winken, und wir passieren die Grenze nach der Schweiz, nach Österreich.
Wir können es nicht fassen, dies ist für uns eigentlich das größte Erlebnis des Urlaubes. Diese Freizügigkeit!
Allerdings fragen wir uns kurze Zeit später auch, wie man bei solchen kaum vorhandenen Kontrollen eventuelle Terroristen und Straftäter jemals fassen will. Ob man nicht ein wenig zu freizügig vorgeht? Doch wiederum sagen wir uns, daß die Grenzbeamten ihren Dienst sicher sehr aufmerksam tun und andere Kriterien für die vorbeifahrenden Reisenden anwenden, als wir das machen können.
Vollkommen überwältigt sind wir vom Anblick der Alpen. Dieter hält auf einem Parkplatz den Wagen an, und andächtig schauen wir mit den Kindern auf das riesige Gebirge vor uns, dessen Gipfel in den tief hängenden Wolken verschwinden. Es ist für uns ein einmaliges Erlebnis. Selbst die Kinder begreifen

die Besonderheit dieser Stunde und verhalten sich entgegen ihren Gewohnheiten fast ehrfürchtig ruhig. Unsere im Flachland geborene Tochter und auch unser Sohn sagen später, jetzt wissen sie endlich, was Berge sind.
Dieter schaut mich an und sagt zu mir: »In Leipzig hatte ich im Betrieb einen älteren Kollegen. Der hatte nur einen großen Wunsch – er wollte einmal in seinem Leben die Alpen sehen. Ob ihm das noch gelingt?«
Der ganze Urlaub ist für uns ein riesiges Erlebnis. Diese Vielfalt der Natur, der Menschen, der Kultur – jeder Tag bringt uns Unmengen neuer Eindrücke.
Wir fahren mit den Kindern bis nach Italien und genießen nun mit eigenen Augen, Ohren und Nasen das, was wir bisher nur in Filmen begutachten konnten. Von den schönsten Orten schikken wir jedes Mal bunte Ansichtskarten an unsere Freunde in der DDR. Wenigstens an dieser Bilderbuchwelt sollen sie teilhaben dürfen. Wie arm sind sie doch dran in den Grenzen ihres Landes, wie wenig gestattet man ihnen, für die Entwicklung ihres Geistes und ihres Weltbildes zu tun. Dies alles ist für uns eine Offenbarung!

Als wir uns wieder unserem Wohnort nähern, geschieht etwas für uns eigentlich recht Seltsames: Wir freuen uns allesamt auf unser Zuhause!
Sind dies die ersten Anzeichen dafür, daß wir beginnen, hier heimisch zu werden? Ich kann es mir kaum anders deuten.
Wenn wir auch im anderen Teil Deutschlands all unsere langjährigen Freunde haben und sie nach wie vor nicht sehen und sprechen können, so haben wir doch auch hier nun schon eine Menge Bindungen, die sich so einfach nicht mehr abschütteln lassen. Die Kinder haben ihre Freunde, sie gehen hier zur Schule, sie verleben hier ihre Kindheit.
Unser Sohn kann sich schon nicht mehr daran erinnern, daß er einmal in der DDR gelebt hat. Für ihn gilt als Zuhause nur dieses hier.
Und auch wir haben inzwischen Bekanntschaften geschlossen, einige erweitern sich bereits zu festen Freundschaften. Alle Widrigkeiten in der Nachbarschaft sehen wir inzwischen nicht mehr so kraß, wenn wir auch überzeugt sind, auf die Dauer hier in

dieser Umgebung nicht leben zu wollen. Alles in allem – wir freuen uns, wieder zu Hause zu sein.
Das einzig Seltsame an diesem Zustand ist die Tatsache, daß ich in meinen Träumen nie zu diesem Haus hier zurückkehre, sondern stets zu unserem kleinen Häuschen in Leipzig. Ich merke dann im Traum selbst, daß irgend etwas nicht stimmt. Ich versuche, von dem Eingang wegzustreben, ohne dies recht erklären zu können. Ja, manchmal habe ich nach dem Erwachen den Eindruck, als hätte ich mit aller Kraft versucht, im Traum hierher zurückzukehren. Es gelingt mir nie, immer enden Eindrücke, die ich im Traum nacherlebe, in Leipzig.

Wir beginnen Wurzeln zu schlagen, *aber es sind viele Luftwurzeln dabei.*

Nach diesem wunderschönen Urlaub treffe ich in der Stadt einen alten Bekannten wieder – meinen ehemaligen Fahrlehrer. Er hat inzwischen von meinen Erfolgen mit dem Buch hören und lesen können und gratuliert mir sehr herzlich dazu. Bei dieser Gelegenheit lädt er mich gleichzeitig auf einen Kaffee zu sich in die Wohnung ein.
Wir haben zusammen mit seiner Frau wieder eine recht gemütliche Stunde. Ich erfahre, daß er sich inzwischen beruflich verändert hat. Er hat eine Tankstelle gekauft und dazu ein kleines Taxi-Unternehmen erworben. Hierfür fehlt es ihm für die Abendstunden noch an Aushilfskräften, und beide fragen mich, ob Dieter nicht Lust hätte, hier ein wenig mitzumachen.
Da mein Unterricht bei den Türken, der uns einen kleinen Zuverdienst einbrachte, inzwischen beendet ist, nehme ich schon an, daß sich Dieter für die Sache interessieren wird.
Als ich ihm zu Hause davon berichte, ist er auch ganz begeistert und bereitet sich in den nächsten Tagen auf seine Taxi-Prüfung vor, die er zuvor ablegen muß. Dann fährt er an den Wochenenden und in den Nachtstunden sehr oft für unseren Bekannten Taxi. Ich will nicht sagen, daß dieses Verhältnis ein enges oder gar freundschaftliches wird, es bleibt bei einer guten Bekanntschaft, bei der sich jetzt lediglich wieder mehr Begegnungspunkte ergeben.

Noch eine andere Überraschung erwartet uns bei unserer Rückkehr aus dem Urlaub. Die Baugrube für unser neues Haus ist inzwischen ausgehoben worden. Wir stehen an manchen Abenden und staunen, in welcher Geschwindigkeit die Erdarbeiten hier vor sich gehen. Wir vergleichen das mit den mühsamen Arbeiten an unserem Leipziger Häuschen und können nur staunen.

Der Termin unseres Einzuges soll das kommende Frühjahr sein. Das wiederum können wir uns absolut nicht vorstellen, sind wir doch ein ganz anderes Tempo gewöhnt.

Wenn wir uns auch darauf freuen, ins »eigene« Haus einziehen zu können, so ist es nicht die gleiche urwitzige Freude, die wir sonst hatten, wenn wir uns etwas Eigenes schufen.

Das hier, das bauen andere für uns. Wir haben zwar die Zeichnung ausgesucht, wir haben auch die Anordnung von zwei Wänden ändern können, aber damit wurde unsere Aktivität bereits eingeschränkt. An einem persönlichen Mitwirken Dieters bei dem Bauvorhaben ist der Unternehmer nicht interessiert, das ließ er uns gleich zu Anfang deutlich wissen.

Nun gut, bequemer ist es ja so auch, das können wir nicht abstreiten. Aber die gewohnte Eigeninitiative fehlt uns doch.

Mit unseren neuen Bremer Freunden verbindet uns nach der relativ kurzen Zeit dieser Bekanntschaft schon sehr viel. Das Wichtigste daran aber ist das gegenseitige Verständnis, das für beide Seiten auf der ganzen Linie da ist. Sie haben Kinder, wir haben Kinder, da sind die Probleme recht ähnlich.

Auch im Beruf berühren sich unsere Probleme sehr, denn Lutz und Margot sind beide Lehrer.

Sie haben in dieser Beziehung bedeutend mehr Glück gehabt als ich. Das Ganze liegt darin begründet, daß sie einfach zwei Jahre vor uns in die Bundesrepublik gekommen sind. Zu diesem Zeitpunkt benötigte man noch Lehrer, Margot erzählt mir, daß sie es einem sehr interessierten Direktor verdankt, in den Schuldienst gekommen zu sein. Auch bei Lutz spielten wohl persönliche Beziehungen eine Rolle. Aber man gab beiden die Chance, sich zu beweisen, und jetzt sind sie fest im Staatsdienst angestellt.

Für mich ist die Situation in diesem Punkt nach wie vor genauso aussichtslos. Wohin ich mich auch wende – mehr als abschlägige Antworten habe ich noch nicht bekommen.

Bei unseren Besuchen und gemeinsamen Nachmittagen erfahre ich viel vom Schicksal dieser Familie. Besonders interessiert mich das der jetzt studierenden Manuela, die zusammen mit ihrem Vater im Kofferraum eines Autos aus der DDR flüchten wollte und dabei entdeckt wurde.
Sie erzählt mir sehr viel davon, von ihrer Kindheit an den märkischen Seen, von ihrem Leben als Lehrerstochter in der DDR, und von den Beweggründen, die sie dann trotz aller sozialistischer Erziehung sich für ihre Eltern entscheiden ließen. Ich bekomme ihr Einverständnis, darüber eine Erzählung zu schreiben und die Erzählung »Manuela« ist dann in meinem zweiten Buch eine der meist gelesenen.
Ich bemerke später, daß sie besonders junge Menschen immer sehr berührt, weil doch hier einmal sehr plastisch die Hintergründe einer Flucht geschildert werden.
Manuela studiert zur Zeit Kunsttherapie.
Ein Sohn der Familie befindet sich noch in der DDR, möchte aber auch zu seinen Eltern in den Westen.
So ergeben sich jedes Mal zwischen uns allen die lebhaftesten und anregendsten Gespräche. Aber auch etwas anderes fördert diese Freundschaft. Lutz und Margot haben ein Haus gebaut und wir sind voll in unserem Element: »Im Bewundern.«
Margot ist künstlerisch sehr begabt und Lutz erledigt das notwendige Handwerkliche, so können wir nur immer wieder staunen und staunen, was man hier mit relativ wenigen Mitteln, aber mit Einfallsreichtum, Fleiß und Ausdauer erreichen kann. Und wir bewundern die beiden von ganzem Herzen.
Vor allem aber staunen wir über den Fleiß und die Sparsamkeit, die dazu gehören, in einer solch kurzen Zeit derartig viel zu erreichen.
Von meinem »RF« habe ich jetzt schon eine ziemlich dicke Mappe mit Briefbesprechungen zu Hause liegen. Der Verlag schickt mir diese immer zu. Es sind durchweg positive Besprechungen, über die ich mich jedes Mal wieder riesig freue, bestätigen sie doch das, was ich die ganze Zeit beim Schreiben fühlte: Dieses Buch ist notwendig gewesen.
Zweimal kommt jetzt das Gespräch darauf, das Buch zu verfilmen. Der Verlag ruft mich an und sagt mir, daß er erste Kontakte gebahnt hätte. Ein Schauspielerfreund von Siegmar kommt

samt Freundin zu uns und bietet sich an, ebenfalls die notwendigen Kontakte zu einer Verfilmung zu knüpfen.
Ich kann alles kaum fassen, soll dies auch noch Wirklichkeit werden?
Der Stoff bietet sich für einen Film geradezu an, das war mir bereits beim Schreiben des Buches klar geworden. Aber nie hätte ich an eine Verwirklichung desselben gedacht. Nun rückt sie in die Nähe. Dabei bleibt es jedoch vorläufig.
Der Verlag läßt durchblicken, daß das Thema momentan zu heikel sei, von jenem Hamburger Freund Siegmars, der mit fünf Freiexemplaren meines »RF« nach Hause zurückfährt, höre ich überhaupt nichts mehr. Schade.
Im Herbst dieses Jahres erscheint wie geplant mein zweites Buch, Erzählungen über den ganz gewöhnlichen Alltag in der DDR, mit dem Titel »Gleichheit, Gleichheit über alles«.
Der Titel stammt leider nicht von mir, ich hatte den Vorschlag, »Das gelobte Land« als Titel zu nehmen. Leider war mir nicht bekannt, daß es diesen Titel bei Kishon schon gibt. So fand ein Sohn der Seewald-Familie diesen anderen Titel-Vorschlag und wir finden ihn recht gelungen.
Natürlich fahren wir kurz darauf wieder zur Buchmesse. Es ist alles genauso, wie wir es schon kennen: Gedränge, Gewühle, Geschubse, Hektik, Lächeln, Versprechungen und Komplimente. Von meinem Verleger und sämtlichen Mitangestellten des Verlages werden wir beide wieder sehr herzlich begrüßt. Es freut mich immer besonders, zu bemerken, daß sie Dieter nie als Außenstehenden betrachten. Denn das würde mir sehr nahegehen, hat er doch soviel Anteil daran, daß ich meine Bücher überhaupt schreiben kann. Wenn ich von ihm nicht den nötigen Freiraum und die viele Unterstützung dazu bekäme, würde ich das alles nie schaffen. Auch dieses Mal will das ZDF in einer seiner Sendungen wieder über mein Buch berichten und das dazu notwendige Interview soll hier auf der Buchmesse gemacht werden. Es ist eine mörderische Hektik; als das Kamerateam seine Lampen und Geräte aufbaut, wird unser Stand mehr und mehr von Neugierigen umlagert. Dann macht Friedrich sein Interview mit mir. Er stellt mir Fragen, die die Vorgeschichte des Buches betreffen, und ich erkläre ausführlich, warum es notwendig war, dieses Buch zu schreiben. Ich erkläre, daß bei der Lektüre des

»RF« stets die Fragen aufkamen und noch aufkommen, warum denn so viele Menschen trotz der relativ guten Lebensbedingungen dort und der sicheren Sozialleistungen dieses Land verlassen wollen. Warum sie sich in Lebensgefahr begeben und für eine ungewisse Zukunft alles riskieren.
Dies möchte ich mit meinen Geschichten in dem neuen Buch beantworten, Geschichten aus dem Alltag, die die Verzweiflung mancher Menschen deutlich machen sollen, die aber an anderer Stelle auch wieder zeigen, mit welchem Erfindungsreichtum und Mut wir dortzulande lebten.
Nach dem Interview gibt es einen großen Ansturm am Stand – viele Messebesucher wollen unbedingt von der gerade vorgestellten Autorin ein Autogramm haben. Es sind auch einige Messebesucher dabei, die bereits eines meiner neuen Bücher bereit halten, damit ich es signiere. Dazu gehören Arndt und Jan, wie wir vor einigen Jahren aus der DDR herüber gekommen. Arndt ist Lehrer an einem Privatgymnasium und kann somit im Schuldienst tätig sein, wenngleich dies auch für ihn keine Anerkennung seiner Examina bedeutet.
Jan hat sich selbständig gemacht. Mit beiden verbindet uns für die ganzen nächsten Jahre eine sehr gute Freundschaft, und wir besuchen uns des öfteren.
Für den nächsten Tag hat Arndt einen Termin mit dem Verlag vereinbart, ich soll in seiner Klasse aus meinen Büchern lesen.
Am Abend sitzen wir dann bei einem schönen Essen noch lange beisammen und haben eine Fülle von interessanten Themen auszutauschen. Daß auch diese beiden, ganz besonders Arndt, viele Probleme haben, sollen wir in der darauffolgenden Zeit noch mitbekommen. Am gleichen Abend werden wir noch eingeladen zu Freunden meines Lektors, einem Griechen und seiner Frau, die in der Nähe von Frankfurt wohnen.
Was uns hier an Verständnis und Vertrauen entgegengebracht wird, überwältigt uns fast und scheint uns beinahe wie ein Vorschuß. Diese Leute kennen uns doch gar nicht, aber ihre Freundlichkeit ist umwerfend. Liegt es daran, daß auch sie keine Bundesbürger sind?
Alles in allem gesehen bringt uns diese Buchmesse menschlich mehr, als wir nach den Erfahrungen mit unserem ersten Messebesuch erwartet hatten.

Kurze Zeit darauf sehe ich dann zu Hause das mit mir gemachte Interview im Fernsehen, natürlich hoffen wir wieder auf eine möglichst weit reichende Wirkung.
In der anschließenden Nacht werden wir von einem sehr lauten Klirren in unserer unmittelbaren Nähe wach. Glas splittert, irgend etwas fällt zu Boden. Ich springe aus dem Bett, ohne mich jedoch aus dem Zimmer zu wagen, Dieter springt ebenfalls auf, wir wissen überhaupt nicht, was geschehen ist.
Schlaftrunken zieht er seinen Bademantel an, beruhigt mich ein bißchen und sagt: »Nun vermute nicht gleich wieder das Schlimmste, ich weiß schon, woran du denkst! Ich gehe mal nachschauen.«
Kurze Zeit darauf kommt er ins Schlafzimmer zurück.
»Das Interview«, sagt er. »Weißt du, es scheint irgend jemand nicht gefallen zu haben.« Dann winkt er mir, mitzukommen.
Im Wohnzimmer sehe ich die Ursache des Lärms. Man hat uns von der Straße her einen armdicken Eisenpfahl wie einen Speer in die große Wohnzimmer-Fensterscheibe geschleudert. Dank der guten Qualität des Materials hielt die Innenscheibe den Schlag ab und der Pfahl steckt noch in dieser. Der Schreck sitzt uns in den Knochen. In den gegenüberliegenden Häusern ist Licht angegangen, man hat den Lärm weit gehört. Wir rufen die Polizei. Diese kommt dann auch in Kürze, sieht sich die Verwüstung an und meint sehr klug: »Na, den Täter kennen wir schon!«
Ich sehe Dieter erstaunt an, er nicht anders. Das können wir uns kaum vorstellen. So sagen wir dann auch dem Polizisten, daß wir hier kaum einen dummen Jungenstreich vermuten. Wie wir es schon gewöhnt sind, schaut er wieder recht verständnislos. So erzählen wir ihm in dieser Nachtstunde kurz etwas über meine Tätigkeit und über das zuvor gesendete Interview. Bei ihm tritt keine Reaktion ein. Er wiederholt nur, daß der Täter sicher am nächsten Tag gefaßt werde, daß man schon wisse, um wen es sich hier handle, und wir sollen nur unbesorgt sein. Den Pfahl, der noch in der Scheibe steckt, wirft er unbeachtet in den Vorgarten unseres Hauses.
Sehr überrascht fragen wir ihn, ob er diesen nicht wegen eventueller Spuren sicherstellen müsse. Er lacht nur und verabschiedet sich von uns.

Wir verstehen dies überhaupt nicht, wie kann man seine Aufgabe nur so sorglos wahrnehmen.
Es dauert eine Weile, bis sich die Aufregung gelegt hat, dann versuchen wir noch ein paar Stunden Schlaf zu bekommen. Es bleibt beim Versuch. Beide grübeln wir über das Geschehene nach.
Urplötzlich setze ich mich im Bett auf und sage zu Dieter: »Du, hol doch den Pfahl herein, ich weiß nicht, ich hab so ein komisches Gefühl.«
Dieter versteht meine Bedenken sofort, ohne daß auch er dies begründen könnte. Er zieht sich an und geht in den Vorgarten, um kurz darauf mit einem undefinierbaren Gesicht zurück zu kommen: »Der Pfahl ist weg!« Ich eile mit hinaus. Soviel wir im Morgengrauen auch suchen, außer ein paar Schrittspuren des Beamten der Polizei ist nichts mehr zu sehen. Hier hat jemand sein Werk vollendet.
So gelingt es dann der hiesigen Polizei auch nicht, wie frohlokkend gemeint, den »Täter« am nächsten Tag zu überführen. Er kommt für die Sache gar nicht in Frage, da er ein handfestes Alibi nachweisen kann.
Mit uns unterhält sich niemand mehr, es ist den Beamten sichtlich peinlich. Ich bitte auch hier wieder, den Vorfall weiterzumelden. Daß nichts dergleichen geschieht, merken wir dann Wochen später an dem uns schon bekannten Schreiben, dessen Inhalt lautet: ». . . wegen Mangels an Beweisen eingestellt.«

Haben die beiden hier ansässigen Ortszeitungen bisher beharrlich zu meinen schriftstellerischen Unternehmungen geschwiegen und nicht eine Zeile über meine Bücher gebracht, so erscheint doch nun am kommenden Morgen der mir schon bekannte Mitarbeiter der einen Zeitung, dem ich jenes unsachliche Interview anläßlich meines ersten Buches verdanke, und macht Fotos von der Unglücksstelle. Mich beachtet er dabei mit keinem Wort, ja, er grüßt nicht einmal. Die andere Zeitung meldet sich kurz darauf bei mir, um ein Interview über mein zweites Buch mit mir zu machen. Dies überrascht mich natürlich sehr. So kommt dann auch eine Mitarbeiterin dieser Zeitung mit einem Fotografen, und stellt mir einige Fragen, um anschließend noch Fotos in meinem Arbeitszimmer zu machen.

Hier muß ich sie enttäuschen, ich habe kein Arbeitszimmer, lediglich eine Ecke in unserem Schlafzimmer dient mir zum Arbeiten.
Kurz darauf kommt dann dieses Gespräch mit Foto in unsere Ortszeitung, und aus irgendeinem Grund gehe ich noch einmal zu jener Reporterin. Ich weiß nicht, wie das Gespräch in die entsprechende Richtung kommt, aber ich frage sie im Laufe desselben, ob sie denn meine Bücher gelesen habe.
»Nein«, meint sie, »doch man hört ja genug darüber.«
Sie lächelt mich an, sie ist wirklich sehr zuvorkommend.
»Ihr ›RF‹, das weiß doch jeder, das ist ja im Haß geschrieben!«
Ich weiß nicht, was ich hier zu diesem primitiv aufgeworfenen Vorwurf sagen soll. Ich weiß, daß es nicht so ist, wie soll ich ihr das erklären, wenn sie als Journalistin nicht einmal Willens ist, sich selbst ein Urteil zu verschaffen?
Dieses Gespräch wirft für mich ein tiefes Licht auf die hier erscheinenden Zeitungen. Arme Leser, die dem Urteil solcher Journalisten und deren Wahrheitsfindung ausgeliefert sind.
Dies ist dann auch für Ewigkeiten der einzige und letzte Kontakt, den ich zu den beiden hiesigen Zeitungen habe, ihre Richtung ist sehr eindeutig, wie ich in den nun zurückliegenden Jahren feststellen konnte. Für sie gibt es das Thema »DDR« kaum, und wenn, dann sind es übernommene Artikel aus irgendwelchen anderen großen Tageszeitungen, die »heile Welt mit kleinen Schwierigkeiten« zeigen. Der Mensch spielt dabei kaum eine Rolle.
Die Journalistin sagt mir zwar, daß sie an meinem Schaffen sehr interessiert sei, schließlich sei es für einen Ort wie unseren ja etwas Besonderes, eine Schriftstellerin hier wohnen zu haben. Ich möchte sie unterrichten, wenn es über meine Tätigkeit etwas Neues gibt.
Das sage ich ihr zu.
Als ich einige Zeit später ein Literaturstipendium für meine Bücher erhalte und vermessen genug bin zu glauben, es interessierte sie, rufe ich in der Redaktion aus diesem Grunde an. Ich bekomme keinen Rückruf und keinerlei menschliche Regung mehr von dort zu hören.
Soviel vom kulturellen Klima und Niveau in unserem neuen Heimatort.

Ich bekomme jetzt mehr und mehr Aufträge zu Lesungen und Vorträgen. Wenn ich es zeitlich ermöglichen kann, nehme ich sie an, denn ich betrachte dieses inzwischen als einen guten Zweck, bei dem ich mein Wissen über die DDR an Menschen weitergeben kann, die daran interessiert sind.
So reise ich sehr viel in der Bundesrepublik umher. Ich fliege nach München zu einem Rundtischgespräch beim Fernsehen, ich bin wiederholt in Berlin, ich sehe die verschiedensten Gegenden und Städte Deutschlands.
Dies macht mir natürlich die Herumreiserei auch sehr schmackhaft. Von allen diesen Lesereisen schicke ich stets Ansichtskarten zu unseren Freunden in die DDR. Der Kontakt zu ihnen ist trotz unseres nun schon weit zurückliegenden Wegganges nicht zurückgegangen, ich unterrichte sie über all unsere Erlebnisse und Unternehmungen.
So schreibt mir in dieser Zeit einer unserer Freunde folgendes:

»Ein bißchen beneide ich dich ja, Tina, daß du beim Beschreiten deines Weges weniger Schwierigkeiten in den Weg gelegt bekommst als hier. Bei euch scheint es so zu sein: wer etwas kann und will, der erreicht es auch – es sei denn, er stolpert über sein eigenes Unvermögen, weil er sich zuviel zugetraut hat.«

Ich staune über die Klarheit seines Urteils, die er sich doch nur nach unseren Briefen gebildet hat. Auch sonst sind seine Briefe eigentlich immer die interessantesten und aufschlußreichsten für uns. So schreibt er in einem anderen Brief:

»Liebe Tina, lieber Dieter! Heute kam euer Brief an. Wir haben uns riesig darüber gefreut und uns wie hungrige Wölfe auf eure Zeilen gestürzt, um wieder einmal etwas aus der anderen Welt zu hören. Ich persönlich bin nämlich zur Zeit wieder mal so richtig sauer über den Sch. . .laden hier. Im Betrieb habe ich in Folge meiner Stelle zu sehr hinter die Kulissen schauen können: Überall Gaunereien, Betrügereien und Bereicherung der Großen, Intrigen. Der kleine Mann wird mit den Füßen getreten, aber arbeiten und Soli (Solidaritätsmarken) zahlen, das darf er bis zur Verdünnung. Jetzt kämpfe ich

um die Auszahlung einer unserem Kollektiv bereits 1977 zugesagten, kleinen Anerkennungsprämie.
In den Läden bekommt man nicht das, was man haben will. Die Fischläden sind leer, Grünzeug für die Adventszeit haben wir bis heute noch nicht, obwohl schon der zweite Advent ist. Räucherkerzen gibt es nicht. Letzte Woche wollte ich mich für vier Quadratmeter Fliesen eintragen lassen für unsere Toilette. Abgeblitzt! Vor achtzig nehmen sie keine Bestellungen an, weil alles ausgebucht ist. Und dann auch nur an ein bis zwei Tagen. Da könnt ihr euch die Schlange ja vorstellen. Also, momentan habe ich wieder mal einen moralischen Tiefstand. Aber nach Regen wird es schon wieder Sonnenschein geben. Wenn man dann von eurem Bau hört, dann kann man nur staunen.
Ein Kollege von mir hat hier auch ein Einfamilienhaus gebaut, da weiß ich wie es so langgeht. Daß ihr nach der einen Woche Abwesenheit über den Baufortschritt gestaunt habt, kann ich mir gut denken. Bei uns hättet ihr vielleicht auch gestaunt. Vielleicht wären da die mühsam organisierten Ziegel inzwischen verschwunden, weil sie ein anderer zum Bauen brauchte. Nun aber mit der Unkerei Schluß! Wir freuen uns jedenfalls mit euch – und das ganz ehrlich –, daß es so vorwärts geht.«

Beim Lesen solcher Briefe wird mir jedes Mal von neuem klar, welches Glück wir haben, hier leben zu dürfen.
Auch andere Freunde schütten uns in ihren Briefen ihr Herz aus. Es ist schlimm für uns, nur brieflich raten und überhaupt nicht helfen zu können. Nach wie vor erfüllen wir ihnen bestimmte Wünsche nach Mangelware von Herzen gern, wenn wir dazu in der Lage sind. Aber der mündliche Kontakt fehlt uns doch sehr.
Wenn ich von meinen Reisen heimkomme, die meine Zeit jetzt mehr und mehr ausfüllen und praktisch zu einem Nebenerwerb geworden sind, bin ich immer vollkommen ausgepumpt. Bis in die Nächte hinein diskutiere ich mit geradezu informationshungrigen Menschen aller Altersgruppen, ich erzähle, erzähle, erzähle. Ich tue es gern, aber es erschöpft meine Kräfte manches Mal bis an den Rand des Möglichen. Vor allem wird es mir von Mal zu Mal schwerer, ständig genauso ausführlich und interessant zu

dem stets gleichen Thema zu berichten. Die Zuhörer hängen mir an den Augen und an den Lippen, ich darf sie nicht enttäuschen. Immer wieder die Fragen nach den verschiedensten Einzelheiten im Strafvollzug, nach den Möglichkeiten der freien Entfaltung in der DDR, nach den Beweggründen für das Delikt: Republikflucht. Immer wieder dieses unfaßbare, ja ungläubige Staunen, dieses »das gibt es doch gar nicht, hier in Deutschland?« Und dann die Fragen »Warum wissen wir davon nichts? Warum schreiben das die Zeitungen nicht, warum berichten die Lehrer in den Schulen nichts darüber?«
Bedrängende Fragen, die im Raum stehenbleiben. Ich weiß die Antwort nicht und ich spreche nicht gern darüber, wie man sich auf Regierungsebene zu meinen Veröffentlichungen stellt. Daß man mich als »kalten Krieger« und »rechts« abstempelt, einfach abstempelt – als wenn meine Erlebnisse und die so vieler anderer Lügen wären. Es gibt keine ehrliche Wertung bei den Kräften in diesem Land, die das Sagen in den Medien haben. Große Institutionen üben sich in Zurückhaltung, setzen als Referenten zum Thema »DDR« Personen ein, die diesen Teil Deutschlands von Eintagesbesuchen her kennen und das Paradies der Werktätigen hier vor den Schülern verherrlichen, die sie zu Tagesausflügen nach Berlin-Ost begleiten. Potjemkinsche Dörfer – überall Trug und Schein, Vorspiegelung falscher Tatsachen. Ich möchte jedoch meine Leser anhand menschlicher Schicksale motivieren, sich über politische Zusammenhänge und Tragweiten Gedanken zu machen. Literatur muß meiner Überzeugung nach heutzutage so sein, daß man sie ohne Langeweile und auch auch ohne Gehirnakrobatik lesen kann. Sie muß in einem guten, verständlichen Deutsch geschrieben sein und sollte im Vordergrund nicht irgendeinen verschrobenen Stil, sondern einen menschlich interessanten Inhalt haben. Nach der Lektüre eines Buches muß ich sagen können, es war ein Gewinn für mich, ob ich nun dadurch in meiner Ansicht bestätigt bin oder nicht.
Fragen über Fragen bewegen mich in dieser Zeit und doch habe ich kaum jemand außerhalb unserer Familie, mit dem ich darüber diskutieren könnte. Bin ich unterwegs, erwartet man von mir die Antworten. Das irritiert mich stets, was erhoffen sich diese Frager denn von mir? Bin ich kompetent für irgendwelche politischen Prognosen, ist meine Meinung zu den Berufsverboten

wirklich so interessant, ändert sich etwas, wenn man mir Zugeständnisse abringt, daß ich die gegenwärtigen Ost-West-Beziehungen schlicht und einfach »zum Kotzen« finde? Die Leute hören's, die Leute gehen. In mir bleibt stets die Frage zurück: »Hast du das richtig gesagt? Hättest du darauf lieber nicht antworten sollen?«

Es gibt niemand, der mir darauf eine konkrete Antwort geben könnte. Wenn ich solche Fragen bei gelegentlichen Telefonaten mit Jörg oder Siegmar erwähne, werden die Antworten nur angedeutet, die Themen zu schnell gewechselt. Telefonieren ist teuer.

Unsere Bremer Freunde – ja, bei ihnen ergibt sich immer eine Möglichkeit, über interessante Themen zu sprechen, Meinungen auszutauschen. Für meine Begriffe sehen wir sie leider zu selten, denn sie haben einen großen Bekanntenkreis und sind auch beruflich sehr gefordert, was natürlich ihre Freizeit einengt. Wenn wir jedoch bei ihnen zusammensitzen, haben wir stets das Glück, neue Bekanntschaften zu machen, nicht selten mit Menschen, die wie wir irgendeine DDR-Vergangenheit haben. Allein die Gemeinsamkeit, von Deutschland nach Deutschland übergewechselt zu sein, bringt Probleme, die sich ähneln, wiederholen, Erlebnisse, die man manches Mal lieber nicht gehabt hätte und über die es doch gut ist, zu sprechen. Durch die Gleichartigkeit des Schicksals wird man sehr viel schneller miteinander vertraut, als das mit den hier Ansässigen der Fall ist. Stets hat man das Gefühl, sich bereits ewig zu kennen, bekommt ohne große Schwierigkeiten Kontakt und hat nie Mangel an Gesprächsstoff.

Das Gefühl, das wir bei Gesprächen mit anderen neuen Bekannten sehr schnell haben, nämlich Überflüssiges zu erzählen, das überkommt uns hier nie. Hier sagt niemand anstandshalber: »Sagen Sie bloß, ist denn so etwas möglich!« und fragt dann, ob denn nicht noch ein »Becks« da wäre. Hier wird man auch nicht als Problemfall diskutiert, der man gar nicht sein möchte. Alle wollen sich lediglich aussprechen, ein bißchen Verständnis finden, ein bißchen schimpfen können, und viel, viel lachen. Es gibt stets so viel Gemeinsames, was hinter uns liegt, so viel von der zurückliegenden Meisterung des DDR-Alltages zu erzählen, daß manchmal die Zeit nicht ausreicht.

Etwa, wenn Lutz schildert, wie die westdeutschen Verwandten zu Besuch in die DDR kamen und als Geschenk einen Grill mitbrachten. Einen simplen Grill – damit, daß es keine Holzkohle geben könnte, hatte ja nun wirklich niemand rechnen können. Aber das Problem war da, wenn man den Grill nicht als Anschauungsstück verwenden, sondern seiner wirklichen Bestimmung zuführen wollte. Woher bekam man im näheren Umkreis und möglichst noch am gleichen Tag Holzkohle?
Bekannte rieten, bei der LPG (Landwirtschaftliche Produktionsgenossenschaft) zu fragen. Dort hatte man auch tatsächlich Holzkohle, als Durchfallmittel für die Schweine und verkaufte diese hundertgrammweise. Es war nicht auszurechnen, wieviel Gramm man zum Grillen benötigt hätte – außerdem war der Vorrat begrenzt. Da inzwischen der eine Teil der Familie bereits auf Fischfang war und mit regelrechten Prachtexemplaren von Fischen darauf wartete, grillen zu können, wurde das Bedürfnis nach Kohle immer dringender und man beschloß ganz einfach, einen Meiler zu bauen. Es wäre doch gelacht, sagte man sich, wenn die Grillkohle nicht auf diesem Wege von zivilisierten Menschen selbst herzustellen sei.
Der erste Meiler stand dann auch etwa drei Stunden nach Baubeginn und verpuffte nach der Zugabe von Benzin mit sehr deutlichen Spuren bei der Inbetriebnahme. Irgendetwas mußten die Vorfahren, die sich dieser Dinger bedient hatten, bei der Konstruktion anders gemacht haben. Man versuchte es dann noch einmal, mit kleinen Änderungen – und siehe da, es funktionierte!
Dieses Erfolgserlebnis und die darauf folgende nächtliche Grillparty mit der so gewonnenen Kohle erzählt Lutz so herrlich, daß unser Lachen von der Terrasse sicher weit über die Straße zu hören ist.
Einer unserer Bekannten, den wir auch in diesem Gesprächskreis kennenlernen, ist in der DDR Lehrer gewesen. Daß sich hierzulande und zu dieser Zeit für übergesiedelte Lehrer stets die größten Schwierigkeiten ergeben, ist allen unseren Freunden nichts Neues. Manchmal hat man das Gefühl, ins Ausland gekommen zu sein und nicht nach Deutschland. Dieser Bekannte, hier zwar auch im Schuldienst, aber mit großen Schwierigkeiten und Einschränkungen, erzählt ebenfalls in unserem Kreis oft

von seinen Nöten. Er hat lediglich die Erlaubnis, in einem seiner Fächer zu unterrichten, muß zudem sämtliche Prüfungen neben seiner Arbeit nachholen und steht so ständig unter einem zunehmenden Druck, dem er sich manches Mal nicht gewachsen sieht. Lange Zeit schon ist er sehr nervös, bekommt zitternde Hände und Schweißausbrüche, wenn das Thema seine DDR-Haftzeit berührt und hat mit all diesen Nachwirkungen doch erhebliche Schwierigkeiten. Schon mehrmals, wenn wir zusammensaßen, war der Rat gegeben worden, daß er doch einen Antrag auf Feststellung von Haftschäden stellen sollte, man konnte ja nie wissen, ob sich dies bessern würde oder nicht. Er hatte dann nach langem Zögern auch endlich einen solchen Antrag gestellt, aber es war inzwischen schon über ein Jahr vergangen, ohne daß er von einer Reaktion berichten konnte.
Bei einem neuerlichen Treffen ist er, wie es uns scheint, noch bedrückter als sonst, noch unruhiger.
Was denn los ist, fragen wir ihn mehrmals, ob er Schwierigkeiten hat.
Nein, nein, nichts, sagt er mit einem etwas abwesenden Blick, er sei nur zur amtsärztlichen Untersuchung gewesen.
Jetzt werden wir alle hellhörig und fragen aufgeregt durcheinander: Was, hat man Dich endlich bestellt, jetzt, nachdem Dein Antrag doch seit anderthalb Jahren weg ist?
Ja, ja, sagt er wieder, ich bin dagewesen. In der psychiatrischen Klinik, bei Professor sowieso, einer Kapazität in der Erstellung von Gutachten.
Wir warten gespannt, nippen an unseren Getränken und endlich, ohne daß ihn jemand gedrängt hätte, beginnt er doch zu erzählen.
Es war Mittwoch, sagt er, ein Mittwoch. Ich hatte mir von der Arbeit freinehmen müssen und fuhr die sechzig Kilometer mit dem Auto bis zur Klinik.
Ich weiß nicht, wie ich es erklären soll, fährt er stockend fort, aber je weiter ich fuhr und je näher ich der Klinik kam, desto übler wurde mir. Ein Druck nur, nicht zu erklären, und naß am ganzen Körper, trotz der Wintertemperaturen.
Ich fuhr also hin, länger als ich üblicherweise für solch eine Strecke gebraucht hätte. Ich wurde schon erwartet, ich war ja bestellt.

»Ach, das Gutachten!«, sagte die Schwester in der Annahme nur und sofort wurde ich in ein Büro geführt.
Hier mußte ich alle meine Personalien nennen, wann, wo und wie lange ich in der Haft gewesen sei und welche Beschwerden oder Leiden ich denn meiner Meinung nach wohl zurückbehalten hätte.
Hier schon wurde mir das Ganze peinlich. Ich hatte nicht damit gerechnet, mein Innerstes vor einer Schreibkraft umkehren zu müssen. So wollte ich nur andeutungsweise sprechen.
Ich müßte schon deutlicher werden, sagte sie, sie brauchte es für die Akten.
Also, was blieb mir übrig. Hochrot, verschwitzt und sehr unwohl sagte ich ihr, daß ich bestimmte organische und nervliche Beschwerden zurückbehalten hätte.
Und die waren vor der Haft nicht da?, fragte sie zurück.
Nein.
Gut, sagte sie, dann gehen Sie jetzt bitte da und da hin, zum Gehirnströme messen.
Froh, ihren strengen Blicken zu entrinnen, ging ich nun zu einer weißbekittelten Krankenschwester. Ließ mir Kopf und Haare mit Klemmen und Strippen total umwinden und bekam die Gehirnströme gemessen. Keine Fragen, nur Anweisungen.
Mir wurde wieder wohler.
Jetzt warten Sie bitte, sagte sie dann und wies mich in ein kleines Wartezimmer, der Herr Professor ist noch beschäftigt.
Ich setzte mich, sah aus dem Fenster – und sah Mauern. Rechts eine hohe weißgetünchte, geradeaus eine noch höhere, hinter der ein Schornstein aufragte, links wieder eine. Mauern, weiter nichts. Kein Blick darüber. Diese Mauern verbesserten meine innere Verfassung nicht gerade, sie erinnerten mich an zu vieles.
Der Drang, einfach zu gehen, kam auf und wurde stärker. Gerade noch rechtzeitig in meine sich überschlagenden Überlegungen kam der Professor. Hohe Stirn, graumeliert, Brille, Zurückhaltung und Würde mit jedem Zoll seiner Gesamtlänge ausdrückend.
Na, dann wollen wir mal, sagte er. Dirigierte mich in ein kleines Behandlungszimmer mit vielen blitzenden Geräten. War-

um sind Sie hier, ach so, DDR-Haft, ach ja, die meisten, die hierher kommen, wollen Vorteile davon haben, ist aber nichts, wollen wir mal bei Ihnen sehen.
Geben Sie mir Ihre Hand, bitte, setzen Sie sich hier auf die Liege, ja, so, Moment mal – fangen wir mit den Reaktionstests an, Schwester! Ich setzte mich, gab ihm meine Hand, er nahm eine Nadel, etwa von der Größe einer Stopfnadel, stach sie mir mit einem Ruck von der Oberseite der Hand hindurch bis in seinen Finger, den er darunter hatte. Au, sagte er und zuckte, da hatte ich ja meinen Finger darunter – und zog ihn weg. Schmerzhaft zog die Nadel samt Strippe an meinem Fleisch.
Ist nicht schmerzhaft, meinte er nun zu mir und ließ die Nadel mit der daran befindlichen Sonde oder was immer es war, weiter baumeln. Ist mir ja noch nie passiert, murmelte er, wie gut, daß es nicht tiefer ging.
Dann jagte er irgendwelche Stromstöße durch Drähte und Sonde und Nadel hindurch, eine Apparatur nahm Messungen vor. Mit einem Ruck zog er dann die Nadel wieder heraus und widmete sich seinen Messungen.
Alles normal, meinte er, alles normal. Winkte mich ins Nebenzimmer, bedeutete mir, von einem Riesenschreibtisch Platz zu nehmen und setzte sich dahinter.
Was sind Sie von Beruf, fragte er, meine Akte vor sich.
Warum fragt er, dachte ich bei mir, er weiß es doch alles, und antwortete: Lehrer! und merkte dabei, wie mir das Wasser die Arme herunterlief, sich in den Manschetten verfing, den Stoff durchnäßte. Lehrer, sagte ich noch einmal, aber ich kann vorerst nur in einem Fach unterrichten.
Und welches Fach ist das? fragte er streng und kam mir wie mein Richter vor.
Deutsch, hauchte ich klein und schuldbewußt.
Und welches Fach unterrichten Sie nicht?
Musik! flüsterte ich nur noch.
Er stand auf, langte nach seiner Aktentasche, die auf einem Nebentisch lag, eine schöne Ledertasche, öffnete sie und holte einen Packen Noten heraus.
Ich kam nicht dazu, mich zu wundern, mich zu fragen, ob er die Noten rein zufällig oder mit Absicht bei sich hatte.

Sie sind Musiklehrer? Dann singen Sie das hier einmal!
Er sagte es in befehlendem Ton und deutete auf eine der Seiten. Ich merkte, wie mir der Schweiß nunmehr am ganzen Körper ausbrach, sah auf das Blatt, sah es und sah auch wieder nichts, genauso hätte er mir jetzt einen Bogen mit Fliegendreck vor die Nase halten können, ich sah Notenköpfe oder Fliegendreck oder was weiß ich, hörte sein erneutes »Singen Sie!« und begann doch wider alle Vernunft irgend etwas zu summen. Ich weiß nicht, was ich summte, natürlich nie das, was auf dem Blatt stand, ich konnte ja gar nichts erkennen, ich hörte nur immer das »Singen Sie, Singen Sie!« und in meinem Kopf summte ebenfalls alles ganz seltsam.
Ich glaubte, fertig zu sein und sah ihn an.
Sie wollen Musiklehrer sein?, sagte er zu mir, Sie? Sein Blick ließ mich frieren. *Musiklehrer?* Er dehnte das Wort wie ein Gummiband in die Länge. Sie können ja nicht einmal eine Oktave singen! Seien Sie froh, daß man Sie nicht unterrichten läßt! Ich saß da, vor dem überdimensionalen Schreibtisch, wollte aufstehen, gehen, konnte es aus irgendwelchen Gründen nicht, blieb sitzen.
Steh auf, sagte ich mir, geh, das hast du nicht nötig, warum läßt du dir das gefallen, warum bist du überhaupt noch hier!
Ich stand nicht auf.
Der Herr Professor unterbrach seinen beobachtenden Blick, griff unter den Tisch nach einem Mikrophon, schaltete es ein und begann, meine Daten auf Band zu sprechen.
Welche Beschwerden meinen Sie, aus der Haft zurückbehalten zu haben?, fragte er mich dann. Das Band lief.
Ich fand keine Worte, druckste herum, wie ein Schulanfänger.
Er schaltete das Band ab.
Sie unterrichten doch Deutsch, sagte er in schneidendem Ton, da werden Sie doch noch korrekt etwas schildern können!

Hier macht unser Bekannter in seinen Schilderungen eine Pause, so plötzlich, wie er angefangen hat, zu erzählen, sieht niemanden von uns an und trinkt sein Glas in einem Zuge aus. Niemand von uns sagt ein Wort, bedrückt sehen wir uns an, sehen ihn an, bis er sich ein wenig gefaßt hat und fortfährt:

Ja, ich begann ihm dann also stockend, sozusagen bruchstückhaft, zu erzählen, warum ich diesen Antrag gestellt hatte. Von meinen Alpträumen erzählte ich ihm, aus denen ich schreiend erwache, von der Platzangst, die ich in geschlossenen Räumen bekomme, von den unangenehmen Schweißausbrüchen in Situationen, die mich früher normalerweise ein Lächeln gekostet hätten, vom Zittern der Hände, das mich regelmäßig bei der kleinsten Aufregung überkommt, all das. Nicht ausführlich erzählte ich – kurz nur.
Eben, um es zu sagen. Er war ja Arzt, er würde sich schon sein Bild machen. Ich wollte ihm doch nichts vormachen, diese Schwächen, die meine Nerven belasteten, die mir seit der verdammten Haft das Leben erschwerten, Tag für Tag, sie waren doch da! Ich konnte sie doch niemals so spielen!
Ich sah in sein Gesicht, und ich sah, wie er arrogant, beinahe eine Spur amüsiert, zu mir herüberschaute.
Mit letztem Mut sagte ich dann noch, und es sollte wohl so etwas wie eine Zusammenfassung sein, daß ich eben in schwierigen Situationen, wie sie im Schul- und sonstigen Leben halt vorkommen, einfach nicht mehr so reagieren könne wie früher, vor der Haftzeit.
Er hatte sein Bandgerät während meiner Schilderung eingeschaltet gehabt und fragte mich: Sie meinen also, Sie versagen in schwierigen Situationen?
Nein, antwortete ich ihm mit verbissener Verzweiflung, nein, Sie sagen das ja total falsch, Sie sind doch Arzt – wieder begann dieses Zittern, das mir den ganzen Körper von innen her durchschüttelte und ich preßte die Arme an mich, – nein, wie soll ich es Ihnen nur erklären, ich kann einfach in den leichtesten Belastungssituationen nicht ruhig und gelassen bleiben, ich ..., ich weiß nicht, wie ich es noch sagen soll, es ist wie Panik, beim geringsten Anlaß, ich hab einfach nicht mehr die Nerven, die man haben sollte!
Hier konnte ich nicht weiter, am liebsten hätte ich losgeheult, so schüttelte es mich vor Erregung.
Wissen Sie was, sagte der Professor und schaltete sein Bandgerät ab, wissen Sie, ich nehme das jetzt nicht auf Band auf, aber ich will Ihnen ganz einfach und kurz sagen, was ich davon halte. Sie waren schon immer ein sehr labiler Mensch,

soviel ist klar, und Sie waren ganz sicher auch schon vor Ihrer Haftzeit schwierigen Situationen nicht gewachsen, Sie haben schon damals versagt. Hier wollen Sie das nur nicht zugeben, seien Sie doch ehrlich, ich verstehe ja Ihre Verfassung, aber Sie werden einfach mit der Wirklichkeit nicht fertig und jetzt versuchen Sie, sich eine Schutzbehauptung aufzustellen!
Ich war fassungslos. Nein, sagte ich, nein, überhaupt nicht, ich habe diese ... diese ..., wie soll ich sagen, diese Schwierigkeiten ja nur ab und zu, doch nicht pausenlos, aber genau in den unpassendsten Situationen!
Jetzt schaltete er sein Bandgerät erneut an und hielt es höher, als er zu sprechen begann:
Der Befragte gibt an, diese Zustände nicht immer, sondern nur in gewissen Situationen zu haben.
Zu mir gewandt fragte er dann beim Abschalten des Gerätes: Das stimmt doch so, oder?

An dieser Stelle macht unser Bekannter wieder eine kurze Pause in seiner Schilderung, und wir sitzen alle wahnsinnig betroffen herum, ohne ein passendes Wort sagen zu können. Er ist sichtlich aufgewühlt, ja, geradezu fertig, und als wir beginnen wollen, ihm klarzumachen, daß er uns ja nicht alles erzählen müsse, wenn es ihn so aufrege, gerade da fährt er fort:

»Doch, doch, Ihr sollt ruhig wissen, wie sie einen bei so einer Untersuchung behandeln – wie den letzten Dreck, als käme man nur als Simulant, um hier auf diese Art Geld zu scheffeln. Keiner von diesen Ärzten, die einen befragen, hat auch nur entfernt eine Vorstellung davon, wie es in der DDR-Haft zugeht, von nichts haben die eine Ahnung, aber sie sind zugelassen als Gutachter für Leute, die Jahre durchgemacht haben, Belastungen hinter sich haben, von denen diese Ärzte nicht einmal wissen, daß es sie gibt.«

Einen kurzen Moment beruhigt er sich, aber dieses Mal spricht er schnell weiter:

»Ach, es erschien mir auf einmal alles so sinnlos, ich ärgerte mich, den Antrag überhaupt eingereicht und das hier alles angefangen zu haben.

Ich sah den Arzt an, er sah mich an, und ich glaube, er fragte noch einmal fast das Gleiche wie vorher, nämlich, ob es so stimme. Irgend etwas ging in mir vor, ich konnte wieder klarer denken, das innerliche Zittern war noch da, aber ich hatte mich besser in der Gewalt als vorher, und ohne, daß ich es lange überlegt hätte, sagte ich zum Professor: »Wissen Sie eigentlich, daß Sie gemein sind? Gemein und gefühllos! Die ganze Art, wie Sie hier versuchen, mich fertigzumachen, die können Sie vergessen! Nie hätte ich gedacht, daß ich so etwas einmal erleben muß, noch dazu von einem Professor der Psychologie!«
Er war sichtlich betroffen. Für ein paar Minuten saß er sprachlos in seinem Sessel und ich saß ebenso sprachlos davor. Ich muß sagen, jetzt war ich genauso betroffen, ihm das gesagt zu haben, aber es war mir egal, es war genau das gewesen, was ich dachte, die ganze Zeit über.
Dann stand er auf und ging hinaus, ich blieb sitzen, in der Annahme, gleich zum Gehen aufgefordert zu werden.
Eine Dame kam wenig später herein und stellte eine Tasse vor mich hin. »Der Professor hat angewiesen, Ihnen den Tee zu bringen!«
»Ich habe nicht um Tee gebeten«, sagte ich bissig.
»Trinken Sie ihn doch«, meinte sie betont ruhig mit einem Blick in mein Gesicht, »Sie sollten ihn trinken!«
Ich nahm die Tasse und schaffte es sogar, daß der Tee nicht über den Rand schwappte, weil meine Hände noch zitterten und trank. Das warme Getränk besänftigte irgendwie meine innere Aufruhr.
Wieder war ich allein.
Nach einer längeren Zeit, vielleicht zehn Minuten, kam der Professor zurück.
»Entschuldigen Sie«, sagte er, »wenn Sie denken ich bin gemein, ich habe das nicht so empfunden.«
Dann setzte er sich in seinen Sessel, nahm wieder das Mikro zur Hand, schaltete es an und fuhr übergangslos fort:
»Haben Sie manchmal Wahnvorstellungen?«
»Was ist das?«, fragte ich zurück.
»Sie haben also keine?«
»Nein, nicht daß ich wüßte!«

»Gut. Hören Sie manchmal Stimmen?«
»Nein«, sagte ich sehr entschieden und schaute ihn jetzt wirklich an wie ein Wesen von einem anderen Stern.
»Der Befragte antwortet mit einem Unterton, als hätte man ihn gefragt, ob er verrückt sei«, diktierte er in seinen Apparat. Nun verstand ich überhaupt nichts mehr. Er stellte noch einige solcher Fragen, die ich aber vergessen habe, diktierte alles sehr genau, fragte mich jedes Mal, ob ich das auch so meinte. Plötzlich wieder Stille, ohne irgendeine vorherige Ankündigung holte er tief Luft, summte einen Ton.
»Bitte, summen Sie die tiefere Oktave dazu, wenn Sie das überhaupt können!«
Ich hatte den Ton noch im Ohr und ohne Mühe summte ich ihm den gewünschten Ton dazu. Wieso es jetzt ging, weiß ich nicht. Aber es war haargenau der Ton und er schaute mich an, als zweifle er nun an seinem Verstand.
»Noch einmal!«, sagte er und summte erneut einen Ton.
»Bitte«, sagte ich und summte wieder.
»Sie können es ja«, murmelte er leise.
»Ja«, sagte ich.
Dann drückte er auf einen Klingelknopf und ließ sich ein Schälchen Quark hereinbringen. Zwischen uns fiel kein Wort mehr. Er löffelte seinen Quark. Ich sah auf meine Uhr, zweieinhalb Stunden waren seit dem Beginn dieser Befragung vergangen. Abrupt stellte er sein Schälchen hin und fragte in herrischem Ton: »Wieviel Prozent wollen Sie eigentlich, he, wieviel Prozent?«
Ich verstand die Frage überhaupt nicht.
»Was für Prozente?«, fragte ich zurück.
»Nun stellen Sie sich bloß nicht so an, Sie sind doch hier, weil Sie ein Gutachten wollen, anhand dieses Gutachtens wird dann festgestellt, zu wieviel Prozent Sie schwerbeschädigt, also arbeitsunfähig sind. Ist Ihnen das nicht klar?«
»Nein«, antwortete ich wahrheitsgemäß. Das war mir nicht klar. »Davon hatte ich keine Ahnung«, sagte ich ihm ehrlich, »mir geht es lediglich darum, falls ich einmal aufgrund meines nervlichen Zustandes meinen Beruf nicht mehr ausüben könnte, sozusagen abgesichert zu sein. Denn, wenn das einmal der Fall sein sollte, bekäme ich doch andernfalls nur gesagt:

Sie können uns viel erzählen, warum haben Sie das nicht früher angegeben! Sehen Sie, darum bin ich hier. Nur darum! Ihre Prozente sind mir egal, scheißegal, hören Sie! Ich hoffe nur, dieser Fall tritt nie ein, damit ich nie wieder eine Untersuchung wie diese durchmachen muß. Und jetzt könnten wir vielleicht das Gespräch beenden?«
»Wollen Sie auf das Ergebnis verzichten?«, fragte er irritiert.
»Nein«, sagte ich, »nein, schreiben Sie das ruhig auf, schreiben Sie alles, was Sie über mich denken. Es stimmt ja doch kein Wort. Aber vielleicht denken Sie beim Aufschreiben noch einmal drüber nach!«
Er nickte, nahm sein unentbehrliches Mikrofon, drückte die Taste und sprach hinein: »Der Patient gibt an, die Prozente seien ihm scheißegal.«
Zu mir gewandt vergewisserte er sich: »Das stimmt so?«
»Ja, genauso«, antwortete ich ihm, »kann ich jetzt gehen?«
»Ja, ja«, murmelte er zerstreut und ein wenig indigniert, »ich werde mir Ihren Fall noch einmal durch den Kopf gehen lassen. Aber ich weiß nicht, was dabei herauskommt, es wird nichts herauskommen, nichts, überlegen Sie mal, wenn ich Ihnen fünfzig Prozent bescheinige, wieviel soll ich dann einem bescheinigen, dem man im Kriege das halbe Hirn weggeschossen hat?«
Hier stand ich endgültig auf und ohne ihm die Hand zu geben, sagte ich »Auf Wiedersehen«, schlug fröstelnd die Arme ineinander und wandte mich zum Gehen.
»Werden Sie jetzt allein mit dem Wagen zurückfahren können?«, fragte er hinter mir.
»Aber ja«, gab ich zurück, ohne mich umzusehen, »ich bin doch vollkommen in Ordnung.«

Hier beendet unser Freund seine Schilderung, sichtbar bemüht, seine Erregung zu verbergen.
Unsere sonst so fröhliche Runde ist vom Schweigen gelähmt.
Irgend jemand steht dann auf, um neuen Tee zu holen, einige greifen nach der Flasche mit dem wärmenden Rum, um ihr Innenleben aufzumöbeln.
»Wann war das?«, fragt endlich einer in die beklemmende Stille.

»Jetzt vor etwa drei Monaten«, antwortet der Bekannte.
»Und, hast Du noch andere Untersuchungen danach mitmachen müssen?«
»Ja, bis jetzt noch zwei.«
»Und, hast Du noch keinen Bescheid, kein Ergebnis bekommen?«
»Nein«, sagt unser Bekannter, und seine Stimme klingt jetzt schneidend scharf, wie wir es sonst nie von ihm kannten, »nein, ich habe kein Ergebnis, und es interessiert mich auch nicht!«
Wir sitzen noch oft in gleicher Runde zusammen, aber wir berühren dieses Thema nicht mehr.

In meiner Freizeit schreibe ich jetzt an einem Kinderbuch.
Einerseits, weil meine Kinder dauernd drängeln, warum ich nicht auch für sie etwas schreibe – andererseits, um mir selbst zu beweisen, daß meine Fähigkeiten, zu schreiben, nicht mit politischen Themen und selbst Erlebtem stehen und fallen. Neugier ist auch dabei. In der DDR hatte ich damals mit einem Freund zusammen ein Kinderbuch erarbeitet. Ich hatte getextet, er illustriert. Natürlich interessierte sich niemand für unser Machwerk, obwohl es erzieherisch und psychologisch tatsächlich gut aufgebaut war. Aber alle Verlage, denen wir es voller Hoffnung schickten, lehnten mit den gleichen Sätzen ab: Kein Interesse. Erst viel später wurde uns klar, daß wir die politische Tendenz vollkommen außer acht gelassen hatten – sonst hätte man uns vielleicht doch wenigstens für förderungswürdig gehalten. Hier im Westen wurde mir der Rest der Erkenntnis zu diesem Vorfall vermittelt – daß es ja vollkommen unmöglich ist, in der DDR zu publizieren, wenn man nicht Mitglied des Schriftstellerverbandes ist. Davon hatten wir in jenen Zeiten ja nicht die geringste Ahnung und zu Untergrundkämpfern fühlten wir uns nicht berufen.
So verliefen zum damaligen Zeitpunkt unsere Aktivitäten im Sande. Das Kinderbuch verschwand in der Schublade.
Dieses Mal erhoffe ich mir ein besseres Ergebnis, zumal mir mein Verlag, dem ich auf der Buchmesse davon erzählte, bei der Suche nach einem passenden Verleger behilflich sein will.

In jeder freien Minute schreibe ich an dem Buch, welches den Titel »Die Robbe mit dem Silberkleid« hat. Die fertiggestellten Seiten lese ich dann abends unserem Sohn vor, um gleich die Wirkung zu testen. Er ist hellauf begeistert und kann es immer kaum erwarten, wie die Fortsetzung wohl ausgehen wird. Das wiederum ist der beste Ansporn für mich.
Hatte ich mir vorgenommen, dem Buch etwa einen Umfang von dreißig bis vierzig Seiten zu geben, wird es mir nun klar, daß ich damit nicht auskomme. Ich erzähle in der Sprache, wie man Kindern Geschichten erzählt, langsam, anschaulich. Mein Sohn hängt mir an den Lippen. Ich erzähle die Geschichte einer Robbe, die von Wissenschaftlern zu Forschungszwecken eingefangen wurde und nun von ihrem Freund gesucht wird. Dabei hat besagter Freund natürlich aufregende Abenteuer zu bestehen, muß seinen Mut und seine Findigkeit beweisen, ist auf die Freundschaft vieler Tiere angewiesen und kommt zuletzt zu den Menschen, die ihn vor dem gierigen Pelzjäger retten. Natürlich findet er am Schluß seine Freundin und ich bin bei Seite achtundachtzig.
Nie hätte ich gedacht, daß mir eine Erzählung für Kinder so gut »von der Hand« gehen würde. Gar nicht zu reden vom Spaß, den ich beim Schreiben hatte. So etwas immer schreiben zu können, dafür einen ständigen Verleger zu finden – Traumwünsche, wie sie jeder einmal hat. Im Moment steht der Wunsch im Vordergrund, erst einmal mit diesem Buch Fuß zu fassen, damit vielleicht auch von der politisch auferlegten Linie wegzukommen.
Ich lasse eine Anzahl Ablichtungen von dem Manuskript anfertigen und verschicke es dann an verschiedene, mir geeignet erscheinende Verlage. Damit stelle ich mich auf längere Wartezeiten ein.

Es steigt ohne ersichtlichen Grund dic Zahl der Anrufe, der anonymen und der nichtanonymen. Mit den anonymen ist es nach wie vor das Gleiche: Niemand am Apparat, nur leises Atmen, ab und zu eine Uhr im Hintergrund. Sie machen mich nervös, was ja wohl auch der Sinn der »Übung« ist.
Mit den übrigen Anrufen habe ich manches Mal meine liebe Not, wenn auch viele der Anrufer mit ehrlichsten Überzeugun-

gen bei mir anrufen, um mir zu sagen, wie beeindruckt sie von diesem und jenem in meinen Büchern sind, wann und wo sie genau das Gleiche erlebt haben – und, immer wieder, wie froh sie sind, daß endlich jemand den Mut hat, dies alles in die Öffentlichkeit zu bringen. Natürlich freue ich mich, natürlich beantworte ich ihre Frage, natürlich kostet mich das alles auch viel Zeit. Die Anrufer holen sich meine Telefonnummer aus dem Telefonbuch, wenn sie im Vorspann des zweiten Buches meinen bürgerlichen Namen gelesen haben. Andere aber suchen unter »Österreich«, werden auch da fündig und rufen an. Unter Österreich meldet sich zwar auch Österreich, aber an meiner Stelle ist dies ein Rentnerehepaar aus unserer Stadt, welches über diese Anrufe ganz und gar nicht begeistert ist.

So bekomme ich eines Tages von der örtlichen Zeitung einen Anruf, wo mir dies erzählt wird. Ich bin zwar betroffen, kann aber nicht sagen, wie ich den Leuten helfen könnte, solche Fehlanrufe wird es immer und für andere Leute auch geben, meine ich. Der Mitarbeiter der Zeitung macht mir den Vorschlag, auf die Beschwerde des »Herrn Österreich« mit einem Besuch meinerseits zu reagieren, bei dem ich ihm ja eines von meinen Büchern überreichen könnte. Natürlich wolle die Zeitung dabei sein, ein Foto »schießen«.

Ich bin einverstanden. Elfuhrdreißig des gleichen Tages vereinbaren wir als Treffpunkt vor dem Hause »Österreich«.

Eine ältere Frau öffnet uns. Der Reporter erzählt vom Anruf ihres Mannes, vom Verständnis für alles und davon, daß ich jene Frau Österreich bin und gewissermaßen als kleine Wiedergutmachung ein Buch überreichen möchte.

Er kommt nicht an. Sie wollten jetzt Mittag essen, sagt die Frau in abweisendem Ton. Ja, meint der nun auch verunsicherte Reporter, es würde ja nicht lange dauern, eine kleine Geste nur, ob wir denn nicht ganz kurz hineinkommen könnten ...

Ich stehe dabei und habe außer dem Gruß noch kein Wort gesagt. Am liebsten würde ich kehrtmachen – das ist doch verlorene Mühe. Die Frau läßt uns im Treppenhaus stehen und geht in die Wohnung, nach ihrem Mann rufend.

». . . hier ist einer von der Zeitung und diese Österreich, für die wir manchmal die Anrufe kriegen . . ., Schriftstellerin, du weißt schon . . .«

Wir verstehen nicht alles, aber was ich höre, genügt mir. »Manchmal«, hat sie gesagt, also hat der Mann bei seiner Beschwerde an die Zeitung schön aufgeschnitten.
Sie kommt mit ihrem Mann zurück. Kein Gruß – was wir wollen, möchte er als erstes wissen.
Wieder der nun noch unsicherere Reporter mit seiner Erklärung, er hat noch Mumm genug, seine Frage nach dem »Hereinkommendürfen« zu wiederholen.
»Na, dann kommen Sie mal rein.«
Wir dürfen.
Wir erklären beide im Zimmer, warum ich zum Schreiben ein Pseudonym gewählt hatte, was das überhaupt ist, daß man wohl kaum einen Namen findet, der nicht schon vertreten ist und daß es mir persönlich leid tud, wenn sie, die Familie Österreich, meinetwegen Anrufe erhalten.
»Ja, das ist ganz schön störend«, sagt der Mann.
»Und immer, wenn wir vor dem Fernseher sitzen«, ergänzt seine Frau.
Die Stimmung ist eisig, es kommt kein Verständnis auf.
Ich möchte dem allem ein Ende bereiten und Herrn Österreich nun mein Buch überreichen, da wir auf mehr Verständnis kaum hoffen können. Er wehrt ab, als ich mit dem Buch auf ihn zutrete, ihm meine guten Absichten erkläre, blickt hilfesuchend auf seine Frau.
Der Reporter beschwört ihn nach einem verzweifelten Blick auf mich buchstäblich, doch das Geschenk anzunehmen, er würde doch sehen, daß mir diese Anrufe leid täten, aber man könne daran nun einmal nichts ändern ... Ich drücke Herrn Österreich mein Buch in die Hand, nicht sehr begeistert nimmt er es, der Reporter drückt auf die startbereit gehaltene Kamera, wir atmen beide buchstäblich auf.
»Jetzt kennen Sie uns, welchen Namen werden Sie sich denn jetzt zulegen?«, fragt uns danach seine Frau.
Ich muß ihr sagen, daß ich das weder will noch kann, und so geht das Gespräch nicht freundlicher und nicht weniger peinlich zu Ende, als es begonnen hat.
Ob wir hier vermitteln konnten, bezweifle ich.
Am nächsten Tag erscheint ein großes Foto in der Zeitung, Überschrift: »Österreichs sind sauer auf die Österreich-Fans«,

dazu ein Artikel mit dem großartigen Satz »... klingelt das Telefon Sturm.«
Das tut es nicht einmal bei mir.

Ich bekomme jetzt regelmäßig Anrufe von einer Marianne, die mich für einen guten Engel, für das beste Wesen aller Zeiten, für eine Märtyrerin und was weiß ich noch alles hält. Sie hat zwei weiße Frotteehandtücher bekommen, die will sie mir schikken, weiß ist die Farbe der Unschuld, nur zu mir paßt diese Farbe. Die Handtücher kommen nicht, Marianne telefoniert tapfer weiter, zur Mittagszeit, zur Abendbrotzeit. So eine Freundin hat sie sich schon immer gewünscht, eine Schriftstellerin, eine so berühmte ...
Ich kann ihren Erwartungen nicht standhalten. Als sie mir nach dem Weihnachtsfest in einem Pappkarton verpackt verstaubte künstliche Weihnachtsgestecke schickt, erkläre ich ihr trotz aller Reinheit und Unschuld sehr taktlos, daß ich ihre Anrufe satt habe und meine Zeit für wichtigere Dinge benötige und lege den Hörer einfach auf. Und ich kann nicht einmal sagen, daß es mir leicht fällt, im Grunde bemitleide ich diese Frau.
Ich kann nicht mit allen Anrufern, mit allen Briefschreibern, persönliche Kontakte, ja, sogar Freundschaften aufrechterhalten, wie es viele wünschen. Das ist ganz einfach eine Frage der Zeit! Manchmal allerdings auch eine des Geschmacks.
Trotz aller Zurückhaltung habe ich doch schon eine ganze Anzahl von Bekanntschaften festerer Natur. So korrespondiere ich mit einem Pfarrer, mit einer Diplompsychologin, die in der Strafvollzugsanstalt Stuttgart-Stammheim angestellt ist und ebenfalls aus der DDR kommt, mit einem Rentner, der zwölf Jahre Lagerhaft in der DDR hinter sich hat und der mir zu meinem zweiten Buch bereits einen interessanten Beitrag schickte, mit einer herzerfrischend robusten und intelligenten alten Dame aus dem Bayerischen, mit einem alten Herrn, der sich sehr bemüht, bedürftige Personen in der DDR, die uns bekannt sind, zu unterstützen, und mit noch einigen anderen. Korrespondenz, die mir Freude macht und auch persönlich viel gibt. Teilweise ergeben sich daraus im Laufe der Zeit persönliche Bekanntschaften – ich kann über Langeweile nicht klagen.

Eines Abends bekomme ich den denkwürdigsten aller Anrufe, die mich bisher erreichten.
Ich melde mich wie immer mit meinem Namen, am anderen Ende höre ich eine langsame, schleppende Männerstimme, die sich erkundigt, ob sie richtig mit der Schriftstellerin Tina Österreich verbunden sei. Ich kann es nur bestätigen.
Was dann kommt, läßt Unbehagen in mir aufkommen, das sich bei jedem Satz verstärkt. Der offensichtlich ältere Herr stellt sich nicht namentlich vor, gibt sich aber als ein Mitarbeiter der Fernsehanstalten aus. Er kommt auf meine Bücher zu sprechen, besonders auf mein zweites Buch »Gleichheit, Gleichheit über alles«, sagt, daß ich ja wohl wüßte, daß ich schreiben kann, daß manches so gut geschrieben sei, daß man es verfilmen könnte, ja, verfilmen müßte. Er wolle sich dafür gern verwenden. Und dann läßt er die »Katze aus dem Sack«: »Ein paar Stücke ... sagen wir mal ... das letzte auf alle Fälle ... sagen wir mal ... Frau Österreich ... sagen wir mal, wenn Sie ..., sagen wir mal, wenn Sie diese Erzählungen ... sagen wir mal, ins Dritte Reich ..., sagen wir mal, umschreiben, ... sagen wir mal ..., übertragen könnten, verstehen Sie, dann würde ich mich mit Ihnen arrangieren, sagen wir mal ... Ihnen behilflich sein können.«
Mir hat es regelrecht die Sprache verschlagen, ich habe nur immer sein ». . . sagen wir mal«, seinen schleppenden Tonfall und das Wort »Drittes Reich« im Ohr, ich bin dermaßen fassungslos, daß ich überhaupt nicht antworten kann.
Das bemerkt der Anrufer dann wohl auch und verabschiedet sich mit den Zusicherungen, mir, falls meine Überlegungen günstig ausfallen, behilflich zu sein und sich wieder zu melden. Ehe ich nach seinem Namen fragen kann, ist er nicht mehr am Apparat.
Er meldet sich nie wieder, aber seine Stimme, dieses Gespräch überhaupt, werde ich immer im Gedächtnis haben.

Der Winter, der hier oben kaum einer zu sein pflegt, beschert uns dann doch noch eine Überraschung: Er wird zur Katastrophe. Eigentlich fängt alles ganz normal an. Schnee fällt und wird von den Kindern mit Jubel begrüßt – von uns mit Seufzen, haben wir doch eine sehr lange Auffahrt und Straßenseite vom Schnee freizuhalten. Sind wir fertig mit Schippen, können wir wieder von vorn anfangen. Die Kinder packen den Schnee in Waschpulvertrommeln und freuen sich an seiner Beständigkeit, wir unken »der hält sowieso nicht lange.« Am frühen Morgen erwache ich von einem Krachen unmittelbar vor der Haustür. Ich schaue hinaus – Schneetreiben, glatte Straßen und ein Pkw in hautnaher Berührung mit der Straßenlaterne vor unserem Haus. Schnell ziehe ich mir das Notwendigste an und eile hinaus, um zu sehen, wo geholfen werden muß. Ein Glück – kein Personenschaden. Ein anderer Pkw fährt langsam unseren kleinen Weg hinunter, will auf die Straße einbiegen, muß wegen des dort verunglückten Pkw anhalten – und steht fest. Auf der glatten Straße drehen die Räder durch.

Aus allen anliegenden Häusern kommt nach und nach jemand, erst um neugierig die Lage zu sondieren, dann, um mitzuhelfen. Telefonieren, Tee kochen für den »Unglücksfahrer«, Warten auf den Abschleppwagen, gut zureden, Sand holen, Straße streuen, Wagen anschieben, nachfolgende Wagen anhalten und wieder anschieben.

Nach gut einer Stunde haben wir die Lage im Griff, ich sitze bei Straßennachbarn, die ich bis dahin nur vom Sehen kannte, trinke einen Grog zum Aufwärmen und sie stellen fest, daß man doch eigentlich als Nachbarn viel mehr Kontakt miteinander haben müßte.

Draußen schneit es ununterbrochen, Straßenräumungswagen fahren in regelmäßigen Abständen vorbei, Wagen der Polizei verkünden mit Lautsprechern, wer kann, sollte wegen der angespannten Wetterlage im Haus bleiben. Der Schnee an den Straßenrändern türmt sich, es schneit, wie es hier seit Jahren niemand mehr gesehen hat. Einige Anwohner machen sich mit Schlitten auf den Weg, um für »den Fall aller Fälle« Lebensmittel einzukaufen. Da anscheinend auch andere Bürger mit diesem Fall rechnen, ist das Brot im nächsten Supermarkt in Kürze ausverkauft. Danach die Milch. Eine Frau neben uns hat ein Kleinkind – weder hat sie Milch noch kann sie aus dem Haus, um Milch zu besorgen. Unsere kleine Straße wird zu einer großen Familie, jeder weiß vom anderen, was er noch braucht und besorgen muß. Als Dieter von der Arbeit kommt, sind seine ersten Worte: »Auf der Straße kommt man gerade noch durch, wenn man zügig fährt. Komm, laß uns schnell alle notwendigen

Lebensmittel besorgen, falls wir einschneien. Und einen Schlitten für die Kinder!«
In den Supermärkten beginnen sich die Regale zu leeren. Nach mehrfachen Versuchen und großen Schwierigkeiten beim Parken haben wir dann alles, auch genügend Milch, um die Nachbarin mit zu versorgen. Den letzten Schlitten, der vorrätig ist, erstehen wir – hier legt sich kein Supermarkt übermäßig viele Schlitten auf Lager, es schneit ja sowieso nie! Aber jetzt ist die Welt verkehrt, es schneit, schneit, schneit. Alles weiß, weit, einsam. Nie ist mir die einsame Weite dieser Gegend so sehr zum Bewußtsein gekommen, wie jetzt, als der Schnee das letzte bißchen der ohnehin sparsamen Konturen einhüllt. Dafür grüßen uns die Nachbarn, reden mit uns an der Haustür, beim Schneeschippen, sind freundlich.
»Wie in Leipzig«, sagt Dieter plötzlich und unerwartet zu mir, als wir in einer Verschnaufpause die vielen sich unterhaltenden Leute sehen. Ich war bei den gleichen Gedanken. Im gleichen Moment. Wie in Leipzig! Nur brauchten wir in Leipzig nicht erst eine solche Notlage, um zu wissen, wer alles in unserer Nachbarschaft wohnt.
Am nächsten Morgen türmt sich der Schnee an den Straßenrändern noch höher, das Schneetreiben ist noch dichter geworden, die Hand vor Augen ist kaum zu sehen. Im Radio hören wir in den Nachrichten von verschiedenen Ortschaften, die bereits abgeschnitten sind, unsere ist nicht dabei, vielleicht ist sie auch zu klein, um erwähnt zu werden. Wer nicht unbedingt zur Arbeit muß, soll zu Hause bleiben. Dieter macht das Auto startklar, vereint schippen wir die Auffahrt frei, dann fährt er unmittelbar hinter einem vorbeifahrenden Schneepflug zur Arbeit. Als ich zurückkomme, ist die Auffahrt bereits wieder zugeschneit. Den ganzen Tag bin ich mit Schippen beschäftigt, die Kinder fahren Schlitten. Am Nachmittag kommt Dieter wieder im Windschatten eines Schneepfluges zurück.
»Es ist alles dicht!«, sagt er, »eine Katastrophe!«
Im Radio nennt man es nun auch so. Wir stapfen in Gummistiefeln vor das Haus, sehen liegengebliebene Autos im Schnee stecken, den Schneepflug, der im gespenstisch dichten Schneetreiben vorbeifährt. Hören Hubschraubergebrumm. Einzeln liegende Bauerngehöfte müssen aus der Luft versorgt werden, sagt

Radio Bremen. Ein Panzer taucht auf. Kämpft sich durch Schneemassen hindurch, irgendwo auf einem Bauerngehöft wird ein Arzt gebraucht.
Die nächsten Tage bleiben gleichermaßen angespannt. Unser Glück ist es, daß wir an einer Hauptstraße wohnen, die freigehalten wird. Jedenfalls versucht man es. Als auch der Schneepflug steckenbleibt, wird er von einem Bundeswehrpanzer wieder herausgezogen. Panzer gehören in den nächsten Tagen zum alltäglichen Bild. Ohne ihre Hilfe wären wohl viele der Menschen auf den einsamen Bauerngehöften in den Weiten der Wesermarsch ratlos. Sie transportieren Milch, denn das Vieh produziert trotz Katastrophe weiter, sie bringen Medikamente und halten den Weg zum Krankenhaus aufrecht. Mich erinnern sie in erschreckender Weise an die Okkupation der CSSR, auch damals gehörten sie zum alltäglichen Straßenbild. Nur ihre Aufgabe war eine andere, wenn auch von »Bruderhilfe« gesprochen wurde.
Nach einer Woche normalisiert sich die Lage wieder. Der Schnee wird abtransportiert, wo er in hohen Bergen liegt und Durchfahrten einengt, oder er taut still vor sich hin, wo er nicht stört. Die Läden, die Supermärkte werden wieder erreichbar, es ist nicht mehr nötig, für den Nachbarn etwas mit zu besorgen, ihn zu fragen, niemand braucht mehr Hilfe, kein Auto bleibt stecken, die Straße ist menschenleer und ruhig. Rückzug. Für uns ein Rückzug in die Resignation, es ist alles wie vorher und die Nachbarin gegenüber zeigt mir hinter dem Fenster wieder den Vogel, weil ich unserem Sohn trotz aller Annäherung nicht erlaube, für sie Alkohol zu besorgen. Der Alltag hat uns wieder.

Ich schicke mein »RF«, einer plötzlichen Idee folgend, an den Bundespräsidenten.
Haben wir uns im Jahre 1975 bei ihm für unseren »Freikauf« bedankt, warum soll ich ihn dann jetzt nicht darüber informieren, was ich hier in der Bundesrepublik als meine Aufgabe ansehe.
Er antwortet mir:

> »Durch die Presse bin ich bereits auf ihr Buch aufmerksam gemacht worden . . . Das Bewußtsein, trotz allem einer ge-

meinsamen Nation anzugehören, müssen wir pflegen. Und wir tun das am besten, wenn wir Anteil nehmen an dem, was in beiden deutschen Staaten geschieht. Ich halte es daher für sehr wichtig, daß Sie Ihre Erfahrungen niedergeschrieben haben . . .

Mit herzlichem Dank und freundlichen Grüßen

Ihr Walter Scheel«

Sämtliche Angebote, die ich zu Lesungen erhalte, kommen aus dem süddeutschen Raum. Es bedeutet für mich immer eine lange Bahnfahrt, meistens einen Tag für die Hinreise und einen für die Rückreise, um sie wahrzunehmen. Daß wir im Hinblick auf die kulturelle Landschaft und das von mir gewählte Betätigungsfeld nicht allzu günstig wohnen, merken wir immer mehr. Auch der Wunsch nach Lesbarem ist hier nicht allzusehr verbreitet. Ich schenke einer Bekannten in unserer kleinen Straße das »RF«, weil doch ihr Sohn manchmal mit unserem Sohn spielt und sie mich ab und zu einladet und mir dabei diskret zu verstehen gibt, wie gern sie es doch lesen würde . . . Die Möglichkeit, sich das Buch mir zuliebe zu kaufen, besteht anscheinend für sie gar nicht. Nun gut, was soll's, Hauptsache, sie liest es. Es liegt dann monatelang bei ihr auf dem Tisch, das Lesezeichen rückt und rückt nicht weiter. Aber sie hat es, mit Widmung der Autorin, mit der sie bekannt ist, und alle Klön-, Klatsch- und Kränzchenschwestern können das deutlich sehen.
Bei ihr geht eine junge Frau ein und aus, die ebenfalls aus der DDR herübergekommen ist. Trotz meiner Bemühungen komme ich mit dieser zu keinem befriedigenden Gespräch, alles, was sie erzählt, scheint mir reichlich mysteriös – aber es mag ja die verschiedensten Fälle geben. Eines Tages wird mir berichtet, daß sie mein »RF« gelesen habe. Ihre dazu verbreiteten Äußerungen lassen sich in einem Satz zusammenfassen: »Den Quatsch glaubt Ihr?«
Nun, ich habe den »Quatsch«, wie sie es nennt, selbst erlebt, mit mir tausende andere. Wenn sie das Glück hatte, ohne Inhaftierung die DDR verlassen zu dürfen, das alles in einem sehr jungen Alter und innerhalb sehr kurzer Zeit – so sollte sie doch nicht die Erfahrungen anderer, von denen sie nichts weiß oder

wissen will, Lügen nennen. Irgendwie ist mir die ganze Angelegenheit undurchsichtig. Und sie regt mich nicht einmal sonderlich auf – wie oft habe ich bei meinen Reisen schon erlebt, daß Bundesbürger das von mir Aufgeschriebene anzweifeln, warum also nicht auch DDR-Bürger? Vielleicht lebte sie in solch einem »Glaskasten« wie wir, bevor wir mit der Wirklichkeit konfrontiert wurden?
Oder sie ist *Jemandem* verpflichtet, der ihr zu dieser ungewöhnlichen Ausreise verholfen hat?
Ich reihe eine Erfahrung an die andere.
Freiheit, was für verschiedene Menschen kannst du doch hervorbringen.

Von unseren Freunden aus der DDR bekommen wir nach wie vor sehr viel Post. Wir nehmen an all ihren Sorgen und Nöten teil, an den vergeblichen Versuchen, die Kinder die EOS* (Gymnasium) besuchen zu lassen, an der Suche nach einem einigermaßen akzeptablen Beruf, an der Suche nach Bettlaken, Backzutaten und Bohrern. Auch sie nehmen an unseren Erlebnissen teil, an den Fortschritten beim Hausbau, an meinen Reisen, am Wachsen der Kinder. Es ist ein glücklicher und ein schmerzlicher Briefwechsel. Glücklich wegen der doch sehr starken, innigen Bindungen – schmerzlich, weil wir uns manches Mal buchstäblich schämen, dafür, wie gut es uns doch geht. Dabei arbeiten unsere Freunde in der DDR nicht weniger als wir. Ich kann in jeden beliebigen Supermarkt gehen und kaufen, was wir benötigen, sie verbringen ihre Freizeit mit Rennerei, Anstehen, Organisieren. Und das für solche alltäglichen Sachen wie Gemüse, Fleisch, Obst, Wäsche. Es ist zum Heulen. Wir schicken Pakete über Pakete, manches Mal sage ich mir selbst »das hältst du nicht lange durch«, trotzdem zweigen wir dafür ab, was wir nur können. Wir schicken Backzutaten, Kosmetika, Kaffee und, und und . . . ! Es ist nicht so, daß sie ohne diese Sachen nun verhungern oder verwildern würden, sie könnten leben, das schon. Es ist einfach das Gefühl, unsere Freude mitteilen zu müssen und dafür wieder Freude zu empfangen.

---

* In der DDR: Erweiterte Oberschule

Es geht uns so gut, warum sollen wir nicht ein wenig davon abgeben? Meine Leipziger Freundin schreibt mir jede Woche. Wunderte sich der Briefträger anfangs noch darüber, daß wir so viele Eilsendungen erhielten, so hat er sich inzwischen daran gewöhnt. Jede Woche einen Eilbrief, manches Mal auch zwei – das ist so die Norm. Die freiwillige. So eine Freundschaft gibt es nicht oft. Leider und verständlicherweise sind auch sehr sehnsüchtige Briefe dabei, wenn es um das Reisen geht, oder um ein Wiedersehen . . .

Wie soll man das dem Verstand nur klarmachen, daß Deutsche Deutsche nicht besuchen dürfen. So schön wir es hier haben – unsere Heimat ist hüben *und* drüben – unsere Heimat ist Deutschland! Müßte ich diese Wurzeln losreißen, ein Stück von mir würde verkümmern. Jetzt ist dieses Stück Seele nur krank, krank vor Sehnsucht, Heimweh. Alles wird unterdrückt, den Fernsehapparat, der eine Sendung über den Dresdner Zwinger bringt, kann man abschalten, Ablenkung gibt es genug.

Auch Versuche, neue Freundschaften knüpfen zu wollen, gibt es genug. Sie scheitern an der mangelnden Bereitschaft, sich über das Maß der notwendigen Höflichkeit hinaus auf den anderen einzustellen, tiefer zu hören, Geduld zu haben. Sie verbinden uns während eines Essens, eines Besuches und sind schon wieder am Versickern, wenn wir den Ort verlassen, mit einer traurigen Leere im Herzen.

Vielleicht sind es die Wintermonate, die meine Melancholie, meine innere Unruhe verstärken. Die Landschaft hier allein verbreitet Traurigkeit – unendliche Weite, kaum Konturen, Nebel, Sturm. Ich vermisse unsere Freundschaften furchtbar, Freunde, zu denen man ohne Voranmeldung abends hingehen konnte, nur eben so, und die es nicht als Katastrophe empfanden, wenn kein Bier im Hause war.

Mit dem Frühjahr kommt auch die Lebensfreude wieder, die Vorfreude auf das neue Haus, die neue Umgebung und alles, was damit verbunden ist. Wir müssen nun Fliesen auswählen, Tapeten und Teppiche bestellen. Alles in bestimmten Preisrelationen, aber nach unserem Geschmack. Die Wahl wird zur Qual. Da lebt man dreißig Jahre lang ohne Fliesen, mit einem Läufer, ist dabei nicht einmal unglücklich, und nun steht man vor diesem Überfluß und sucht und sucht und findet vor lauter

Auswahl nichts. Es ist furchtbar. So viele Muster gefallen uns, aber die Entscheidung wird dadurch immer schwerer. Alles, was wir schließlich ausgewählt haben, bewundern wir wieder und wieder und können es manches Mal nicht fassen, daß dies alles in unseren Möglichkeiten liegt.
Der Umzugstermin kommt näher. Durch unsere Eltern und durch Siegmar erfahren wir, daß uns als Übersiedlern ein Einrichtungskredit zusteht. Damals, bei unserer Übersiedlung, als wir ihn dringend benötigt hätten, wußte niemand davon. Wir erkundigen uns sofort und haben Glück – gerade noch zur Einrichtung dieses Hauses können wir ihn erhalten. So können wir die gebrauchten Wohnzimmermöbel, in denen wir noch immer glücklich und zufrieden wohnen, eintauschen in neue, helle Kiefernmöbel, von denen wir immer träumten, und eine Küche kann auch angeschafft werden.
So glücklich wir über das alles sind, die Kredite, mit denen alles finanziert wurde, bereiten uns manche schlaflose Nacht. Die guten Zureden »es ist ja für alles ein Gegenwert da . . ., ein Haus ist doch ein Objekt«, nützen da nicht viel. Unsere Relationen waren bisher andere, überschaubar, und wenn wir in Leipzig das Konto um eine Mark überzogen, kam eine rote Mahnung. Hier bietet man uns an, das Konto zu überziehen, hier bauen wir nur mit Krediten ein Haus, kaufen Möbel, leben, zahlen ab – und haben doch nicht das gute Gefühl dabei wie in unserem kleinen, viel zu engen, einfachen Häuschen in Leipzig.
Im Mai ist es soweit, wir sind im eigenen Haus.
Als alles steht, gehe ich wieder und wieder und immer wieder durch alle Räume und freue mich, genieße die nach unserem Geschmack eingerichteten Zimmer, die strahlenden Gesichter der Kinder, die jedes ihr eigenes Zimmer haben, die Ruhe, die schönen Farben. Ich kann mich nicht satt sehen.
Dies hier ist also endgültig unser neues Zuhause!
Ob es das auch innerlich werden wird? Werden wir hier zur Ruhe kommen? Neue Wurzeln schlagen?
Arbeit liegt vor uns, der Garten will angelegt werden, Terrasse und Auffahrt sind zu pflastern, der Boden zu isolieren.
Mit aufgekrempelten Ärmeln und gutem Mut gehen wir an alles.
Unsere Freunde in der DDR beglückwünschen uns zum eigenen Haus. Das alles nach nur vier Jahren – es ist für sie unfaßbar.

Es wirft alle ihre vorhandenen, eingeimpften Vorstellungen vom menschenfeindlichen Kapitalismus über den Haufen. Sie fragen nach vorhandenen »wenn und aber«, nach irgendwelchen Klauseln. Es gibt keine. Wir zahlen unseren Abtrag und können wirklich nach unseren Vorstellungen im eigenen Haus leben. Solange wir gesund sind und unsere Hände zum Arbeiten haben, soll sich nach menschlichem Ermessen daran nichts ändern.

Mitten in diesen Zauber, der uns noch mit allem Neuen umgibt, kommt die endgültige Ablehnung meiner Anerkennung als Lehrerin. Meine Ausbildung kann der hiesigen nicht gleichgesetzt werden, es ist nicht möglich, meine Zeugnisse anzuerkennen.

So stehen Höhen und Tiefen nebeneinander, bringen uns auf den Boden der Tatsachen zurück. Ich bin keine Lehrerin, hier nicht. Meine Glückssträhne mit der Schriftstellerei wird nicht ewig andauern, womit soll ich dann etwas dazuverdienen? Wir sehen das sehr realistisch, mit dieser Ablehnung nimmt man mir jede Möglichkeit, entsprechend meiner Fähigkeiten zu arbeiten. Wieso eigentlich behauptet man, daß meine Ausbildung schlechter ist als die hiesige? Ich bin für Kunsterziehung und Musikerziehung ausgebildet – unsere Kinder haben hier stets Kunsterziehung durch einen nichtausgebildeten Lehrer und Musik nur gelegentlich und dann auch nicht durch Fachkräfte. Die Ausbildungen in der DDR sind gut, wieso können die Verantwortlichen hier, die sie ja gar nicht begutachten können, sie so abwerten? Oder ist hier anderes im Spiel? Die beginnende Lehrerschwemme vielleicht? Warum arbeiten Bekannte von uns, die zwei Jahre früher als wir herüberkamen, als Lehrer, sind voll anerkannt? War die Ausbildung da noch besser? Warum werden rumäniendeutsche Lehrer hier in den Schuldienst übernommen? Sind wir keine Deutschen? Die DDR als Ausland?

Fragen über Fragen. Niemand kann sie mir beantworten. Da die Notwendigkeit, in meinem Beruf zu arbeiten, noch nicht unbedingt besteht, da unser Bundesbürger noch zu klein ist, um ihn sich selbst zu überlassen, muß das Problem nicht ausdiskutiert werden. Ich bin verbittert, deprimiert, sage mir dann »vielleicht gibt es ja doch irgendeinen Weg«, und unternehme vorerst nichts.

Ich weiß, daß ich kein Einzelfall bin. In der ganzen Bundesrepublik geht es den Lehrern aus der DDR ebenso. Wer Glück hat, kommt an einer Privatschule an – das ist die einzige Chance. Bei einem Treffen ehemaliger Häftlinge erzählt eine Frau, daß sie in der DDR fünfzehn Jahre Lehrerin für Russisch und Deutsch war, voll ausgebildet also, nicht einmal Fernstudium wie ich – hier verweigert man ihr die Anerkennung. Wo ist da noch Recht, wo Gleichstellung aller Deutschen? Alles endet in einer Ohnmacht vor ein paar Bestimmungen, Paragraphen. Ein widersinniges System. Läßt uns hier leben und nimmt uns die Existenzgrundlage. Überlegt sich das denn niemand?
Ich weiß, daß es unserem Freund Arndt aus Frankfurt ebenso geht. Er unterrichtet an einer Privatschule in einem Fach, muß aber nebenbei ein volles Studium nachholen. Es ist ja so, daß hierzulande nicht einmal das DDR-Abitur anerkannt wird, wenn der Betreffende nicht mindestens schon drei Semester an einer Hochschule studiert hat, die es schon vor dem Kriege, am besten gleich zu Goethes Zeiten, gab. Also, wer nicht den glücklichen Zufall hatte, an der Uni Berlin oder Leipzig zum Beispiel studiert zu haben, dessen Abitur gilt nicht. Ein Hohn in meinen Augen! Es ist doch bekannt, daß die DDR ein zentralisiertes Bildungssystem hat, daß die Lehrpläne überall die gleichen sind.
Wir sind in Deutschland, wir haben in Deutschland gelernt, studiert, wir dürfen in Deutschland nicht in unserem Beruf arbeiten, weil die deutsche Ausbildung in Deutschland nicht gilt. Armes Deutschland!

Vorerst habe ich mit Haushalt, Kindern und nebenberuflicher Schriftstellerei genügend zu tun. Ich hoffe auf eine günstige Fügung, irgendeinen Zufall, wenn es soweit sein wird, daß ich Arbeit suchen muß. Aber das Gefühl der Ohnmacht bleibt, es ist erniedrigend, so degradiert zu werden und nicht einmal etwas dagegen unternehmen zu können.
Wären wir auch hierhergekommen, wenn wir das vorher gewußt hätten? Eine Frage, die wir uns stellen. Ich weiß sie nicht konkret zu beantworten. Auf jeden Fall hätten wir die DDR verlassen – da gibt es nach wie vor keine Frage. Unsere Zukunft dort ist mit der hiesigen trotz alledem nicht vergleichbar. Aber ob wir

hier geblieben wären? Es ist möglich, daß wir dann die Frage einer neuen Existenzgründung im Ausland stärker ins Auge gefaßt hätten, es ist sogar wahrscheinlich. Nur ist es für uns jetzt dazu zu spät.
Wir haben hier neue Wurzeln, und wenn es auch noch Luftwurzeln sind, für uns sind es Zwangswurzeln und sie halten uns fest. Wir haben unser Haus, wir haben den Kredit, wir haben die Verpflichtung, hier zu leben.
Wir haben aber auch Arbeit, gesundheitliche Betreuung, kostenlose Ausbildung für die Kinder, Freuden und Sorgen wie alle anderen, wir haben Luft und Sonne zum Leben, wir haben die Möglichkeit, unseren Urlaub im Ausland zu verbringen – wo ist die Waagschale, die das eine gegen das andere aufwiegt? Sollen wir vergessen, daß wir alles aufgegeben haben, um in dieser Freiheit leben zu können?
Vielleicht sollten wir nicht undankbar sein.
Aber der Stachel bleibt.
Drüben bist du nicht frei wegen äußerer Grenzen, hier bis du nicht frei, wegen Genzen, die du dir selbst auferlegst. Bittere Erkenntnis.

Im Sommer dieses Jahres treffen wir einen Entschluß, der sich als sehr folgenschwer erweisen soll.
Unser Bekannter, bei dem Dieter gelegentlich als Taxifahrer aushilft, besucht uns unverhofft. Was er uns unterbreitet, verschlägt uns den Atem. Aus Gründen, die seine Frau und ihn betreffen, will er seinen Betrieb aufgeben und bietet ihn Dieter zum Kauf an. Er sitzt den ganzen Abend bei uns, redet, redet und redet. Wir sind wirklich überzeugt, daß er uns das alles als guter Freund anbietet und sind ein bißchen »durchgedreht« von alledem. Wir, sollen wir hier noch solch ein Glück haben, uns selbständig machen zu können? Es sieht so aus. Er gönnt es eigentlich nur uns, sagt er, wir hätten es schwer genug gehabt und dergleichen. Das läuft natürlich runter wie Honig, Dieter, der schon länger nach einer anderen Arbeit Ausschau hält, weil er die jetzige gesundheitlich nicht gut verträgt, wird von seinen Gefühlen hin und her gerissen. Auch ich finde die Idee prima. Tankstelle und Taxibetrieb, eingefahrene Betriebe, da können wir beide zeigen, was wir können und warum sollen wir nicht

schaffen, was andere auch schaffen. Unschlüssig schauen wir uns an.
Da ist die Frage wegen des Geldes. Den Tankstellenbetrieb können wir pachten, den darin befindlichen Taxibetrieb müßten wir kaufen. Woher sollen wir die Mittel nehmen?
Bei aller Begeisterung werden wir wieder sachlich. Dieter will sich bei unserer Bank erkundigen.
Unser Bekannter geht spät, sagt, wir müssen uns aber innerhalb von zwei Tagen entscheiden, sonst hat er da noch einen anderen Interessenten.
Jetzt stehen wir unter Druck. Eine lebenswichtige Entscheidung und so wenig Zeit. Er gönnt es nur uns, sagt er. Vielleicht sollten wir zugreifen? Vielleicht bietet sich so eine Gelegenheit nie wieder?
Der nächste Tag ist ein Donnerstag, bis Freitag müssen wir uns entschieden haben. Ja oder nein, ja oder nein – ein anderes Thema gibt es im Moment nicht.
Dieter spricht bei unserer Bank vor. Er bekommt den Kredit nicht. Eigentlich war uns das im Innersten von vornherein klar, warum sollte ausgerechnet uns ohne irgendwelche Sicherheiten ein solch großer Kredit gegeben werden – ein Unding.
Die Enttäuschung ist gar nicht so groß.
Unser Bekannter kommt wieder vorbei.
Er ist ärgerlich. Wie die Bank nur dazu käme, den Kredit zu verweigern, schließlich sei es ein gutgehender Betrieb, Sicherheit genug, das Ganze sei eine reine Schikane, sicher hat die Konkurrenz ihre Finger im Spiel, wir sollen nur nicht verzagen, er weiß schon, wo wir den Kredit herbekommen, er spricht mit seiner Hausbank. Waren wir eigentlich froh, das Wagnis nicht eingegangen zu sein, sind wir nun wieder voll am Überlegen, Rechnen, Zweifeln. Unser Bekannter nimmt uns alle Zweifel.
Er fährt mit uns zur Tankstelle, zeigt uns die Karten mit den Kasseneinnahmen der letzten Tage, tippt Zahlenkolonnen in die Kasse, fragt uns erwartungsvoll »na, sind das keine Einnahmen?«
Natürlich, er hat ja recht, sicher sind wir zu kleingläubig, nicht risikobereit genug. Am nächsten Abend haben wir einen Privattermin in der Wohnung des Bankdirektors seiner Bank. Diese prompte Bedienung wundert uns zwar ein wenig, sind wir doch

ein Nichts, aber unser Bekannter scheint ja einen guten Stand bei der Bank zu haben, ein gutes Zeichen, sicher.
Alles geht kurz und knapp seinen Gang.
Wir wollten also beide Betriebe des Herrn T. übernehmen?
Ja, schon, aber – wir zögern, die Geldfrage steht riesengroß für uns im Raum.
Sie ist schneller erledigt, als wir denken. Beide Betriebe gehen gut, sagt der Direktor, Herr T. könne sie lediglich wegen seiner ehelichen Schwierigkeiten nicht mehr führen, oder wolle dies nicht, jedenfalls, wer arbeiten wolle, könne sich hier eine gute Existenz schaffen.
Arbeiten können wir, eine selbständige Existenz wollen wir uns schaffen. Es klingt alles so verlockend – so phantastisch – wir sagen zu. Gut, den Kredit können wir bekommen, sagt der Direktor, was wir an Sicherheiten zu bieten haben.
Sicherheiten? Unser Haus? Nahezu voll auf Kredit gebaut. Sonstige Guthaben? Nullkommanichts. Vor vier Jahren aus der DDR gekommen, wo sollen da Guthaben herkommen. Meine Schriftstellerei wird angesprochen. Nein, das ist nichts Sicheres, nur Zufallseinkommen. Da ist nichts zu erwarten.
Also wird es doch nichts, denken wir uns. Auch gut, soll eben so sein.
Das macht alles nichts, sagt unser Freund, dann wird er für uns bürgen. Er kennt uns gut genug, er ist dazu bereit. Wir sind sprachlos. Für solch eine Riesensumme will er bürgen? Für uns, DDR-Bürger mit nichts als Schulden? Wenn er ein solches Vertrauen zu uns hat, wie gut muß er es dann meinen! Wir sind sehr dankbar.
Der Termin dauerte keine zwei Stunden. Alle Formulare sind unterschrieben, wir haben den Kredit.
Dieter wird kündigen, in vierzehn Tagen geht es los. Wir werden arbeiten, arbeiten, arbeiten. Und wir werden es allen zeigen, wozu wir DDR-Bürger in der Lage sind. Mag der Anfang schwer werden, wir schaffen es. Davon sind wir überzeugt.
Und wir sind auch überzeugt, den besten Entschluß unseres hiesigen Lebens getroffen zu haben.
Die nun folgenden Wochen sollen wir lange in Erinnerung behalten. Buchstäblich mit aufgekrempelten Ärmeln stürzen wir uns in die Arbeit. Die Tankstelle ist ein Betrieb für sich. An der

Kasse muß ständig jemand anwesend sein, der gleichzeitig den dort befindlichen Funk für die Taxen bedient. Wochentags erledigt dies eine junge Frau, die wir sozusagen mit übernommen haben. An den Wochenenden wechsle ich mich mit einer Stundenkraft ab. In der Tankstelle ist zusätzlich Kioskverkauf, draußen die Waschanlage. Die Aufträge für die drei Taxen werden von der Tankstelle aufgenommen und weitergegeben. Alles muß laufen, sonst dreht sich kein Rad. Dieter fährt selbst Taxe, ein paar andere Fahrer wechseln sich als Stundenkräfte ab. Alles läuft gut an, wie wir meinen. Mit unserem Bekannten haben wir Verträge abgeschlossen, die nicht durch einen Rechtsanwalt entworfen wurden. Nur selbstformulierte, handgeschriebene Verträge. Sie sind genauso gültig, meint er, und sie sparten uns Kosten.
Solange wir die Lizenz für die Taxen nicht haben, steht der Form halber unser Freund dem Geschäft noch vor. Das war so abgemacht, damit wir bald beginnen konnten.
Unser Privatleben ist nun weitestgehend lahmgelegt. Das war uns von vornherein klar. Unsere Kinder müssen sich oft selbst versorgen, zum Glück ist die Große alt genug und in der Lage, das zu organisieren. Samstags sitze ich bis in die Nacht an der Kasse, um zwei Uhr ist offiziell Schluß, bis die letzten Touren gefahren sind und die Abrechnung fertig ist, ist es oft drei, vier Uhr. Dann fallen wir todmüde ins Bett, können vor Aufregung kaum schlafen, sonntags ist Dieter der erste, der wieder Taxe fährt. Manchen Tag hat er drei Stunden Schlaf.
Wir haben es gewußt, wir haben es so gewollt, wir werden es schaffen. Aller Anfang ist schwer.
Unser Freund läßt sich nicht viel sehen, nach den ersten Einweisungen kommen wir allein ganz gut zurecht. Es gibt täglich eine Menge auch für mich zu erledigen. Einkaufslisten müssen erstellt, Rechnungen verglichen, Taxirechnungen für Betriebe und Krankenhäuser geschrieben werden. Neben meiner Arbeit mit Haushalt, Kindern und noch gelegentlichen Lesungen an den Wochenenden ist das mehr als genug.
Schlimm wird es nur, wenn früh um sieben das Telefon klingelt und von der Autowerkstatt, die unserer Tankstelle gegenüberliegt, angerufen wird, warum die Tankstelle noch nicht geöffnet sei.

Dann heißt es buchstäblich in Windeseile die Kleine aus dem Bett reißen, manches Mal aus dem Schlaf, anziehen und so schnell wie möglich zur Tankstelle fahren. Die Aushilfskraft hat wieder einmal verschlafen. Oder ganz einfach keine Lust. Dieter fährt schon lange Taxe. Ich sitze und bediene, nehme den Funk an, kassiere. Bis das Mädchen kommt. Eine Entschuldigung hören wir nicht.
Leider sind diese Fälle gar nicht so selten. Auch bei Krankheit muß ich einspringen. Unsere Jüngste spielt neben der Kasse mit leeren Schachteln, mit Papier und Stiften. Ideal ist das auch nicht gerade. Aber anfangs gibt es halt überall Schwierigkeiten. Unter Mittag löst Dieter mich dann ab, für ihn kommt ein anderer Fahrer. Jetzt bedient er die Kasse. Ich rase heim, koche schnell für die Kinder, füttere die Kleine ab, stecke sie ins Bett, rase wieder zur Tankstelle, Dieter fährt heim, ißt schnell etwas, kommt zurück, löst mich ab.
Unser Alltag hat sich grundlegend verändert. Zum Glück ist es nicht zu oft, daß ich in der Woche einspringen muß, aber für die Familie doch manchmal zu oft. Schließlich brauchen die Kinder mich noch.
Als ich die ersten Abrechnungen einsortiere und vergleiche, gerate ich buchstäblich in Panik. Ein Minus am anderen, in Höhen, von denen ich bisher nur geträumt habe. Ich setze mich ins Auto und fahre zu Dieter an die Tankstelle. Unser Freund ist auch dort. Er lacht laut, als er mein verzweifeltes Gesicht sieht und meine Bedenken hört. Das ist doch normal, sagt er. Wenn die Tanks vollgefüllt werden und das dem Konto belastet wird, ist eben das Minus um so größer, die natürlichste Sache von der Welt! Wenn dann das Benzin verkauft ist, werde ich schon sehen, wie das Minus zurückgeht. Und der Kredit verringere sich ja auch mit der Zeit. Er beruhigt mich, Dieter redet mir ebenfalls gut zu.
Ich bin es nicht gewöhnt, mit solchen Zahlen zu rechnen, schon gar nicht, wenn ein Minus davor ist. Du meine Güte, werden wir das schaffen?
Unsere Zeiteinteilung wird jetzt bestimmt von den Öffnungszeiten der Tankstelle und des Taxibetriebes.
Ich staune, wer uns jetzt so alles kennt! Menschen, mit denen ich vorher nie eine Silbe wechselte, sprechen mich jetzt an der

Tankstelle an, fragen, wann ich denn wieder ein Buch schreibe. Solange ich das hier mache, bestimmt nicht, kann ich nur antworten. Und das werden wir ja wohl eine Weile tun.
Dieter läßt den Taxifunk zu uns nach Hause legen, das hat den Vorteil, daß er zu Hause jederzeit erreichbar ist, und auch, wenn er Pause macht, sofort einspringen kann. Er kann auch verfolgen, wenn etwas nicht so läuft, wie es sollte.
Es hat den Nachteil, daß im Wohnzimmer kaum noch Ruhe ist. Unsere Jüngste versteht in Kürze die doch schwer verständlichen Stimmen am Funk besser als die Kinderstunde im Fernsehen.
Die Tage reihen sich aneinander. Wir sehen Dieter oft nicht einmal zu den Mahlzeiten, manchmal schläft er wie er kommt zwei, drei Stunden auf der Couch im Wohnzimmer, ist früh wieder weg, ohne daß wir ein Wort miteinander gesprochen haben. Muß ich ihn etwas fragen, so tue ich das über Funk.
Aber wir sind guten Mutes und fest entschlossen, alle Anfangsschwierigkeiten zu überwinden. Sicher wird diese Hektik nicht ewig dauern. Ganz sicher werden wir uns auch später einmal zurückziehen können, wenn die Mitarbeiter richtig eingearbeitet sind, wenn wir jemandem die Vertretung übertragen können. Geduld müssen wir haben, Geduld.
Wir finden noch ein zuverlässig erscheinendes Mädchen für die Kasse. Das muß sein, ich kann mir nicht mit Dieter ständig die zweite Schicht teilen. Es gibt auch so Ausfälle genug, wo ich gerufen werde.
Sicher wird es jetzt ein wenig ruhiger bei uns zu Hause.
Meine Stimmung beim Durchsehen der Kontoauszüge wird jedes Mal chaotischer. Ich kann doch lesen – es geht nicht ein bißchen aufwärts aus dem Minus, das Gegenteil ist der Fall.
Unser Bekannter beruhigt mich immer wieder, lacht, wenn ich damit ankomme. Ich werde mich schon noch daran gewöhnen! Alle Geschäftsleute wüßten das.
Nie gewöhne ich mich daran! Nie. Wenn es nur endlich ein ganz klein wenig aufwärts ginge.
Auch Dieter sagt mir, ich muß Geduld haben. Habe ich ja. Aber die Taxen fahren, die Tankstelle läuft gut, wir arbeiten, was wir können – und auf dem Konto tut sich nichts – das ist für meine Begriffe nicht normal. Vielleicht bin ich zu kleingläubig, ganz

sicher bin ich das. Dieter wird schon wissen, was er sagt, und unser Freund hat schließlich die Erfahrung damit.

Die melancholische Stimmung, in der sich unser Bekannter befindet, seit ihn seine Frau verlassen hat, tut mir in der Seele weh. Warum nur habe ich so ein mitleidiges Gemüt, habe ich nicht mit uns genug zu tun? Es gibt Sachen, gegen die kann man nicht angehen. Ich fahre zu seiner Frau, gehe mit ihre Kaffee trinken, spreche mit ihr, bitte sie, doch zurückzukommen, erzähle ihr von den depressiven Äußerungen ihres Mannes, diskutiere, argumentiere, beschwöre.
Sie kommt schließlich zurück.
Mein »gutes Werk« bringt uns kein Glück. Es sieht fast aus, als hätte ich hier genau das Falsche getan. Da die Frau unseres Bekannten keinen Beruf erlernt hat und außer Taxifahren nichts kann, bieten wir ihr Arbeit bei uns an. Sie nimmt an und von dem Tag an haben wir keine Ruhe mehr. Das anfangs so gute Klima mit den Mitarbeitern ist hin. Sie stichelt, sät Unfrieden, macht uns schlecht. Leise und vorsichtig zuerst, aber was wir – wie immer in solchen Fällen – hintenherum erfahren, genügt uns.
Da sind die Taxen nicht mehr so sauber wie bei ihrem Mann, da springen angebliche Kunden ab, weil wir unzuverlässig sind und andere Dinge mehr. Nichts davon ist wahr. Das kann heiter werden!
Wir warten nun schon jeden Tag auf die Erteilung der Taxilizenz, um den Betrieb endlich ganz eigenverantwortlich führen zu können, wie es ja vorgesehen war. Sie kommt nicht. Es stellt sich schließlich heraus, daß unser Optimismus fehl am Platze war. Es werden in unserem Landkreis keine neuen Lizenzen mehr erteilt, und die für unsere Taxen läuft auf Herrn T. und sonst niemanden.
Schöne Bescherung.
Wir fragen zurück, ob nicht eine Ausnahme möglich ist, wir hätten doch den Taxibetrieb in der festen Annahme gekauft, die Lizenz zu bekommen, niemand, auch nicht der Bankdirektor bei der Vergabe des Kredites, hat uns auf diese Schwierigkeiten hingewiesen. Was soll nur werden, wenn wir die Lizenz nicht bekommen? Wir führen die Betriebe nun schon zwei Monate,

die Entscheidung muß bald kommen, wenn wir keine Schwierigkeiten mit den Behörden bekommen wollen.
Unser Bekannter ist mit seiner zurückgekommenen Frau nun erst in Urlaub gefahren. Mit dem Wohnmobil in Richtung Norden, auf unbekannte Zeit.
Im Geschäft läuft alles, wie es soll, es darf nur niemand dahinter kommen, daß der eigentliche noch eingesetzte Geschäftsführer gar nicht da ist. Aber warum sollte das auffallen, inzwischen sind wir bestens eingearbeitet.
Die Taxen laufen gut, aber nicht so gut, wie sie müßten. Es gibt in unserer Stadt zwei weitere Taxiunternehmen, älter und größer als unseres. Sie haben ihre Stammkunden, sind altbekannt. Wir fahren den Rest. Buchstäblich. An manchen Sonnabenden haben wir vormittags keine drei Touren, müssen dafür aber ständig einen Fahrer in Bereitschaft haben, es könnten ja auch zwei Touren gleichzeitig kommen. Oft fahren wir nicht einmal das Benzingeld ein, ganz zu schweigen vom Lohn. Es kommen auch Anrufe mit guten Aufträgen. Fährt dann der Fahrer zum angegebenen Ort und freut sich auf eine gute Tour, so hat von dort angeblich niemand angerufen. Das Benzin ist futsch, die Zeit ist futsch. Das wiederholt sich gar nicht so selten. Ist hier die Konkurrenz im Spiel? Will man uns als Neulinge von der Bildfläche haben?
Es ist nicht einfach und wir kämpfen Tag und Nacht dagegen an. Wir wollen es schaffen, und wir werden es schaffen. Es wäre ja gelacht, wenn wir uns von so ein paar Anfangsschwierigkeiten bange machen lassen. Da haben wir andere Schwierigkeiten hinter uns. Jetzt erst gerade!

Dieter kommt in diesen Tagen eines Nachmittags nach Hause gestürzt, wechselt in Windeseile die Sachen und erklärt mir dabei, er habe eine »Bombentour«, ein Seemann wolle mit dem Taxi nach Süddeutschland. »Das sind die Touren, die wir brauchen«, sagt er enthusiastisch, »genau das! Und Du wirst sehen, das kriegen wir auch noch!« Am Abend fährt er los, die ganze Nacht durch, am nächsten Tag soll er den Seemann wieder zurückbringen.
Ich freue mich. Endlich eine Tour, die etwas einbringt. Dieter hofft, am nächsten Abend zurück zu sein.

Das ist er dann auch, nur nicht mehr so enthusiastisch, so voller Hoffnungen. Er ist grau im Gesicht und abgespannt, läßt sich auf die Couch fallen und sagt mir: »Die Bezahlung kannst Du vergessen!« Ich verstehe nicht recht, was er meint, bis er mir die ganze Geschichte erzählt. Er war am Morgen am Ziel, fuhr dann mit dem Seemann zuerst etwas essen und danach von einem Amt zum anderen. Er mußte stets mit dem Taxi warten, bis der Mann wieder herauskam. Nur einmal kam er nicht wieder. Dieter wartete, suchte, fragte. Sein Kunde blieb verschwunden, ohne Fahrgast trat er schließlich nach stundenlanger Sucherei die Rückreise an.
Er ist kaum fertig mit erzählen, als ihm auch schon die Augen zufallen. Ich halte die Kinder ruhig und lasse ihn schlafen. Lange kann er das sowieso nicht, da ist schon wieder eine wichtige Sache in der Tankstelle, wo nach ihm am Funk gerufen wird. Es geht alles seinen Gang, wir tun, was wir können und meinen, mit genug Durchhaltevermögen alles zu schaffen. Aber diese unregelmäßige Arbeiterei, das Durcheinander, die Hetze – all das geht ganz schön aufs Nervenkostüm. Auch die Kinder bleiben nicht unberührt davon. Da antwortet man schon gereizter, als man möchte, bringt nicht die erforderliche Geduld auf, wie sonst, weil es gar nicht möglich ist, nimmt sich nicht genügend Zeit, weil ohnehin alles im Haushalt liegenbleibt.
Aber aller Anfang ist halt schwer, das sage ich auch den Kindern, die es nicht verstehen, aber sich Mühe geben, zurechtzukommen. Manchmal tun sie mir leid.
Unser Freund kommt mit seiner Frau aus dem Urlaub zurück. Seine Frau steigt jetzt voll in ihren Beruf als Taxifahrerin bei uns ein und aller Frieden ist dahin. Hinzu kommt, daß sie weder pünktlich noch zuverlässig ist, sie kehrt die ehemalige Chefin heraus, wo sie nur kann, horcht die Angestellten aus, hetzt gegeneinander, aber vor allem gegen uns. Wir können uns nicht erklären, warum sie das tut, hatten wir doch vorher ein gutes Einvernehmen.
So geht es nicht weiter. Wir bitten sie zu einer Aussprache zu uns. Zuerst ist sie empört, daß wir ihren Mann nicht mit dazugebeten haben. Als wir ihr klipp und klar sagen, was wir von ihr erwarten, nämlich erstens, daß sie vor den anderen den Chef, also Dieter, akzeptiert, und zweitens ordentliches Arbeiten,

flippt sie buchstäblich aus. Ich bin im ersten Moment sprachlos, so etwas ist mir noch nicht vor die Augen gekommen. Sie trommelt mit beiden Fäusten auf die Glasplatte des Tisches und schreit uns vollkommen unmotiviert an, wir würden den Betrieb ja verkommen lassen, was ich denn mache, ich würde ja wohl nur faulenzen, meine Schriftstellerei wäre ja wohl nicht so wichtig, als daß ich sie nicht aufgeben könnte, wir sollten mal endlich arbeiten, jawohl, und – hier macht sie eine Pause um mit einem Unterton fortzufahren, der micht stutzig macht – wenn der neue Vertrag erst unterschrieben wäre, würden wir schon sehen, wo es langgeht.
Diese letzte Bemerkung läßt uns aufhorchen. Als sie schon lange gegangen ist, grübeln wir noch darüber nach. Was meint sie mit »neuem Vertrag«? Wozu einen neuen Vertrag? Wir haben doch einen, ohne Anwalt, unter Freunden.
Ihre Unsicherheit nach diesem Ausbruch gibt uns zu denken. Hatte sie mehr gesagt, als sie wollte? Es scheint fast so. Oder als sie sollte? Was kommt hier auf uns zu? Irgendwie sind wir sehr hellhörig. Wir brauchen nicht lange herumzurätseln. Gleich am nächsten Tag kommt Dieter nach Hause, legt mir einen Vertrag auf den Tisch. »Hat R. mir gegeben. Soll ich mal ansehen!«
Es ist ein neuer Vertrag, der die Verpachtung der Tankstelle regeln soll. Was darin steht, läßt uns den Atem stocken. Angleichung der Pacht nach Bedarf, Übernahme aller anfallenden Reparaturen durch uns, Deckung aller mit dem Gebäude verbundenen Kosten durch uns, Instandsetzungsarbeiten durch uns, die lange vor unserer Übernahme fällig waren, Unkündbarkeit des Vertrages von unserer Seite, Übernahme der Verpflichtungen im evtl. Todesfalle durch die Kinder und, und, und...! Wir sehen uns an und niemand ist in der Lage, dazu etwas zu sagen. Das hier soll ein Vertrag sein? Ob wohl ein Anwalt verantworten könnte, solch einen Vertrag überhaupt zu entwerfen? Diese und andere Fragen schwirren uns im Kopf herum. Jetzt kommt also langsam die Katze aus dem Sack, nichts mit reiner Nächstenliebe. Warum konnten wir nur so gutgläubig sein.
Nun, nach der ersten Verwirrung sagen wir uns, daß wir den Vertrag ja nicht unterschreiben müssen. Da kann er lange war-

ten. Wir haben einen gültigen Vertrag, ein anderer ist undiskutabel.
Wir haben einen Bekannten, zu diesem gehen wir mit dem Vertragsentwurf. Er ist in rechtlichen Dingen bewandert und soll uns hier raten. Als er hört, mit wem wir ein Geschäft gemacht haben, schlägt er die Hände über dem Kopf zusammen. »Mit R.? Um Himmels willen. Wer macht denn mit dem noch Geschäfte! Wie sind Sie überhaupt zu dem Kredit gekommen, der dazu ja wohl notwendig war?«
Wir erzählen ihm, daß das die kleinste Schwierigkeit war, daß R. für uns gebürgt hat und der Bankdirektor damit einverstanden war. Er schüttelt nur den Kopf. »Wären Sie nur vorher zu mir gekommen!« Ob wir denn wenigstens Verträge hätten, fragt er. Wir erzählen ihm von den handgeschriebenen. Er stöhnt auf. »Auch das noch! R. weiß schon, warum er keinen Rechtsanwalt beauftragt hat! Und Kontenabrechnungen? Geschäftsbücher? Haben Sie sich denn die wenigstens vorher zeigen lassen?«
Wir müssen verneinen. Das Wort des Bankdirektors war es, was für uns bedeutete, daß hier alles seine Ordnung hat. Ein Bankdirektor und Unsauberkeit, wo gibt es denn so etwas! Wenn dieser uns das Geschäft durch den Kredit ermöglichte, so muß doch alles seine Ordnung haben! Und er ließ ja auch R. für uns bürgen!
»R!« Unser bekannter Rechtsberater sagt es fast geringschätzig, »der hat doch kaum etwas! Womit der bürgen soll, würde ich gern wissen!«
Jetzt sind wir sprachlos. Wir verabschieden uns und hoffen nur, genug Durchhaltevermögen zu besitzen, um mit diesen Schwierigkeiten fertigzuwerden. Alles erscheint uns jetzt in einem ganz anderen Licht. Daß wir den Vertrag nicht unterschreiben werden, ist klar. Wir werden so weiterarbeiten, wie bisher, und wenn wir dann endlich die Lizenz für die Taxen bekommen, hat uns niemand mehr hineinzureden. Wenn wir auch hart arbeiten, es muß doch zu schaffen sein!
Aber in uns macht sich jetzt Unsicherheit breit. Was meinte er mit Abrechnungen zeigen lassen, Geschäftsbücher? Haben wir nie gesehen. Kassenbons mit den Einnahmen, ja, Tagesabrechnungen, die auch, aber andere Dinge? Nein. Wir haben den gleichen Steuerberater übernommen, den R. vor uns beauftragt

hatte. Einen netten, alten Herrn. Er macht für uns alle Endabrechnungen, Steuererklärungen, was wir nicht können. Er hätte uns doch sicher auch gesagt, wenn hier irgendetwas nicht stimmte. Und der Bankdirektor! Auf eine solche Persönlichkeit kann man sich doch verlassen!

Die Zweifel stecken in uns, aber wir wollen, wir können sie nicht wahrhaben. Es wird sich schon alles noch aufklären. Sicher eine momentane übereilte Handlung von R., der bisher noch keine neue Arbeitsmöglichkeit gefunden hat.

Es vergeht keine Woche, da zeigt sich, daß es keine übereilte, sondern eine sehr wohlüberlegte Handlung von R. war. So gut durchdacht, daß uns die Sprache vergeht.

Dieter kommt heim, übernächtigt, zerfahren, schickt die Kinder hinaus, setzt sich zu mir und berichtet. R. war bei ihm an der Tankstelle. Im Arbeitszimmer hinter geschlossener Tür hat er vor ihm gestanden und gesagt: »Du weißt, daß Du ohne Lizenz arbeitest. Entweder Du stellst mich offiziell als Geschäftsführer ein, mit entsprechendem Gehalt, oder ich melde alles dem Landkreis. Dann macht man Dir sofort das Geschäft zu und Du kannst sehen, wo Du das Geld für Deinen Kredit herbekommst.«

Das war klar, deutlich, das war eine Drohung, das ist Erpressung! Entweder – oder. R. hat bis jetzt keine Arbeit gefunden, die ihm vorschwebte, er braucht ein Einkommen, warum also nicht so. Hat er bei Abschluß der Verträge gewußt, daß wir keine Lizenz bekommen werden? Es scheint uns jetzt nicht mehr unmöglich. Erst einmal das Geld kassieren, schön Urlaub machen, dann weitersehen. Dann ist jetzt. Entweder – oder. Wir können ihn nicht einstellen, zumal seine Gehaltsvorstellung sich bei dreitausend netto bewegt. In einem früheren Gespräch ließ er das bereits einmal anklingen, wobei wir nicht weiter darauf eingingen, weil es absolut irrig war. Jetzt sehen wir, daß es ihm durchaus Ernst damit ist. Dreitausend netto! Ist er verrückt?

Wir wursteln herum, ständig in den roten Zahlen, für uns bleibt nicht die Hälfte übrig von dem, was er beansprucht, da sollen wir ihn einstellen? Wovon denn? Seine Frau auch noch? Beide leiten dann wie gewohnt den Betrieb weiter und wir sind ihre

Angestellten? Rennen für sie? War es so geplant? War das Ganze von vornherein so gedacht? Darum die Bürgschaft? Welchen Part hatte der Bankdirektor zu spielen?
Uns schaudert bei all den Überlegungen.
Wir gehen leider erst jetzt zum Steuerberater. Verlangen von ihm Auskunft über den Stand des Geschäftes, Gewinn und Verlust, fragen ihn alles, was wir nicht übersehen. Warum wir denn vorher nicht mal in die Geschäftsbücher geschaut hätten, sagt er. Die hätten ja die ganze Zeit bei ihm gelegen. Warum, ja warum! Wir wissen es auch nicht. Unerfahrenheit, Gutgläubigkeit, Dummheit. Wir haben ja gar nicht gewußt, was zur Führung der Betriebe alles nötig ist, haben uns voll auf unsere Ratgeber verlassen. Daß das nicht die besten waren, wissen wir nun.
Das Geschäft geht schlecht, sagt er uns, sehr schlecht, genauer gesagt, es trägt sich nicht. Es ging auch bei Herrn R. nicht besser, da brauchten wir uns keine Vorwürfe zu machen, davon gelebt haben könne dieser auch nicht. Er weiß nichts, er darf nichts sagen, er ist unser beider Steuerberater, er hat beider Interessen zu vertreten, ihm sind die Hände gebunden. Ja, das erklärt dann wohl manches. Wir haben ein faules Ei gekauft! Da können wir lange brüten!
Aber Herr R. hat doch für uns gebürgt, sagen wir ihm noch, für diese Riesensumme! Da muß er doch Geld haben, sonst hätte die Bank, der Direktor das doch nicht zugelassen!
Was wir erfahren, gibt uns den letzten Schlag. Unter dem Siegel strengster Verschwiegenheit hören wir, daß R. Schulden in Höhe von . . . . hat!

All dies, alle Zusammenhänge sind für uns so unvorstellbar, so absurd, so absolut gemein und schäbig ausgedacht, so hinterhältig, daß wir nichts mehr dazu zu sagen haben.
Hier hatte man einen Dummen gesucht und gefunden. Daß man dafür ein aus der DDR gekommenes Ehepaar aussuchte, das schon einmal am Punkte Null angefangen hatte, dazu mit drei Kindern, machte die Sache nur noch pikanter. Zu welchen Dingen doch Menschen fähig sind.
Wir überblicken die Sache noch längst nicht in allen Ausmaßen. Aber eins wissen wir: Wir brauchen einen Anwalt!

Dieser schlägt nicht nur wie der uns bekannte Rechtsberater die Hände über dem Kopf zusammen, er schlägt mit der Faust auf den Tisch. »Warum sind Sie nicht vorher zu mir gekommen?« sagt er. Ja, warum. Weil wir an das Gute im Menschen glaubten, nur daran. Für »Warum-Fragen« ist es jetzt zu spät.
Er hört sich alles an und sagt dann, daß wir eigentlich den Bankdirektor verklagen müßten, aber dann könnten wir uns gleich einen anderen Anwalt suchen, kein hiesiger würde das tun.
Was kann man tun?
Die einzige Chance, hier mit einem dicken blauen Auge davonzukommen, besteht darin, daß wir versuchen, das Ganze rückgängig zu machen. Die Betriebe tragen sich ja nicht, wir rutschen mehr und mehr ins Minus, meine Alpträume waren nicht grundlos! Wir müssen aus den Verträgen heraus, aus den handgestrickten, so schnell wie möglich. Man hat uns unter Vortäuschung falscher Tatsachen in diese Geschäfte einsteigen lassen. Hier und nirgendwo anders können wir ansetzen. Wir beauftragen den Anwalt, das für uns zu tun. Er will versuchen, R. zur Rücknahme zu bewegen. Geht dies nicht auf zivilem Wege, so bleibt uns nur noch ein Prozeß. Dieser würde aber lange dauern, unter Umständen Jahre. In dieser Zeit würden wir die Betriebe weiterführen müssen, weiter ins Minus rutschen. R. weiter ohne Einkommen sein, Betriebe zurückerhalten, von denen er nicht mehr beweisen könnte, wie gut sie angeblich liefen – eine Kette ohne Ende. Wir hoffen, daß R. in Druck ist, genug in Druck, um dem Rückkauf zuzustimmen.
Alles hat so gut angefangen. Jetzt stehen wir vor dem Nichts und einem Berg zusätzlicher Schulden. Wenn wir nur einigermaßen gut hier herauskommen. Gar so schlimm dürfte es doch nicht werden, fangen wir eben wieder von vorn an.
Wenn sich auch in diesem Jahr alles um diese beiden unglückseligen Geschäfte dreht, mit meinen schriftstellerischen Aktivitäten höre ich trotz allem nicht auf. Ich bekomme nach wie vor Angebote zu Lesungen und – was mir nicht so lieb ist – Vorträgen politischer Art – die ich je nach den zeitlichen Möglichkeiten annehme. An den Wochenenden ist dies hin und wieder möglich, da ich jetzt auch weitere Strecken mit dem Auto fahre und dadurch besser beweglich bin. Wie wir das alles manches

Mal organisieren, könnte ich selbst nicht erklären – aber es geht. Zusätzlich bekomme ich jetzt fast wöchentlich vom »Rheinischen Merkur« Rezensionsaufträge für Fernsehsendungen bzw. Filme, die sich mit dem Thema »DDR« oder »Frau« beschäftigen. So sehe ich mir abends die betreffenden Filme an, überwache nebenbei den Funk mit einem Ohr, schreibe danach sofort die Rezension ins »Grobe«, am nächsten Morgen ins Reine, gebe sie am gleichen Tag der Redaktion durch. Das ist keine Beschäftigung, bei der man reich werden könnte, aber der Mensch wächst mit seinen Aufgaben. Ich lerne dabei, zu konkretisieren, Wichtiges von Unwichtigem zu unterscheiden, zu kürzen, ohne Wesentliches zu vernachlässigen. Es ist eine gute Stil- und Ausdrucksschulung für mich. Außerdem bleibe ich dadurch kulturell auf dem laufenden, lese parallele Kritiken, vergleiche, was andere zum gleichen Thema geschrieben haben. Es ist eine Beschäftigung, die mir Spaß macht, und in die ich allmählich hineinwachse.

Dazu kommen Rezensionsangebote für verschiedene Zeitungen und Zeitschriften über allerlei Bücher, die von DDR-Autoren hier erscheinen. Obwohl ich erst meine, dafür gar nicht kompetent genug zu sein, habe ich bei näherem Betrachten dazu doch mehr zu sagen, als ich selbst erst annahm.

Mein Kinderbuchmanuskript kommt nach und nach von den verschiedenen Verlagen zurück. Entweder hat man die betreffende Altersgruppe nicht im Programm oder man bezweifelt, ob es ankommen wird, da es ja schon von der B. B. ein Robbenbuch gibt, oder man hat aus anderen Gründen keine Verwendung. So hätte ich mir das Echo nicht gedacht.

Margot und Lutz laden mich nach B. ein, wo ich an einer Schule aus diesem Kinderbuch lesen soll. Zwei Klassen sitzen dann erwartungsvoll vor mir und sperren buchstäblich Mund, Nase und Ohren auf, als ich lese. Dazwischen und danach fragen sie mir die berühmten »Löcher« in den Bauch. Die Lesung wird ein ganz großer Erfolg, ich sehe, daß ich dieses Kinderbuch genau so geschrieben habe, wie Kinder es erwarten. Es ist nur ein Stil, der im Moment nicht gefragt ist. Gefragt ist Realismus. Haben unsere Kinder davon im täglichen Leben nicht genug? Sollen wir ihre Phantasie verkümmern lassen? Sie brauchen etwas zum Träumen, womit sie sich identifizieren können trotz all ihrer

Alltagssorgen und Ängste. Ich habe genau die Wirkung, die ich mit dem Kinderbuch erreichen wollte. Am Schluß fragen sie mich, wo es denn das Buch zu kaufen gibt, und sie sind enttäuscht, daß sie es nicht kaufen können, daß die Robbe Evi für sie nur ein Eintagserlebnis bleibt.

Ich gebe die Hoffnung nicht auf, mein Robbenbuch doch noch gedruckt zu sehen. Man muß nur Geduld haben.

Ich schicke es weiter an einige Verlage und warte. Ich hoffe so sehr, daß mir dieser Schritt gelingen möge. Wäre er doch für mich eine Wende zu einem ganz anderen literarischen Betätigungsfeld hin und weg vom politischen Glatteis.

Mit meinen anderen beiden Büchern gerate ich oft ganz schön auf eine politische Ebene, die ich nie erreichen wollte. So bekomme ich einen Anruf aus der Kölner Ecke. Man sucht einen Referenten, nachdem J. Fuchs abgesagt hat. Das Thema soll lauten: »Zum Verhältnis von Kultur und Massenmedien in der DDR.« Es widerstrebt mir, zu diesem Thema zu referieren, ich will überhaupt nicht referieren. Das sage ich dem betreffenden Herrn dann auch am Telefon. »Das macht nichts«, sagt er nach einer kurzen Pause, »macht eigentlich gar nichts, dann lesen Sie und wir machen einen Systemvergleich.« Was soll ich machen – ich sage zu.

Komme am Abend in die besagte Einrichtung, aber es ist niemand von diesem Arbeitskreis anwesend. Das ist schon einmal nicht sehr erfreulich, aber was soll's, ich beschließe, so eben ohne vorherige Kontaktaufnahme zu Bett zu gehen und am Morgen dann zu lesen. Gerade als ich meinen Raum aufsuchen will, kommen ein paar Mitglieder der Jugendgruppe, vor der ich am Morgen lesen soll. Sprechen mich sofort mit »Du« an, was mich befremdet und fragen, warum ich ausgerechnet solche Bücher schreibe. Ich kontere, wer denn solche Bücher schreiben soll, wenn nicht die, die es erlebt haben?

Das ist es ja, sagen sie mir, da steckt dann immer zuviel Emotion drin.

Ich frage sie, wieviel sie denn von meinen Büchern gelesen haben. Ja, von dem »RF« schon ein paar Kapitel.

Und das »Gleichheit«?

Ja, das Gleichheit halt noch nicht, daraus werde ich ja aber sicher morgen lesen. Ja, das werde ich. Mit Emotion, so sicher ich hier

stehe. Ich ziehe mich zurück, aber ich habe ein schlechtes Gefühl für die vor mir liegende Veranstaltung.
Am Morgen dann werden mir meine Zuhörer erst einmal vorgestellt. Es sind Jurastudenten, Lehrerstudenten, Soziologiestudenten und Lehrer, fertige Juristen.
Ich beginne meine Lesung mit der Erzählung von der Sprengung der Leipziger Universitätskirche. Diese Erzählung löst, wo ich sie auch lese, Betroffenheit aus. Ich bin fertig und schon meldet sich einer der Anwesenden zur Diskussion. Er könne sich nicht vorstellen, daß in der DDR niemand einen Aufstand mache, es gebe doch sicher eine Opposition, und das wäre doch nur Gerede, man könnte überall seine Meinung artikulieren, anders könne er sich das nicht vorstellen.
In einem hat er recht – daß er sich nichts vorstellen kann – NICHTS! Ich versuche, zu erklären, daß es in der DDR praktisch keine Opposition geben kann, weil alle vom Wohlwollen der Partei, des Staates abhängig sind. Wenn Sie eine Opposition bilden wollten, oder gar einen Aufstand, wie Sie sagen – sage ich zu ihm – dann würden Sie sich alle Chancen für ein Studium, für jegliche Art der Weiterbildung nehmen. Sie haben in der DDR keine Demokratie, sondern eine Diktatur!
Er lächelt mich an. Er würde trotzdem auf seiten der Opposition sein, das wüßte er genau.
Ich halte mein Lächeln fest. Dann würden Sie nur sitzen! sage ich zu ihm.
Na und? sagt er.
Einigen der Anwesenden ist die Diskussion sichtlich peinlich, es sind dies ein paar älter aussehende Personen. Die meisten aber lächeln ebenso zu diesen Überlegungen wie mein schlauer Nachbar.
Ich lese noch eine Geschichte. Die Erzählung von dem jungen Mann, der mit einer Geflügelschere an die Grenze fuhr, um festzustellen, ob sich für ihn eine Möglichkeit des Grenzübertritts ergeben könnte, der nichts andere tat, als ansehen, die Unmöglichkeit seiner Vorstellungen einsah, zurückfuhr und im Zug verhaftet wurde.
Jetzt kommen die Jura-Studenten zu Wort, Also, das müßte man einmal ganz nüchtern sehen. Die Geflügelschere wurde dem jungen Mann zur Last gelegt, als Tatwaffe sozusagen. Wer hier-

zulande mit einer Waffe an die Grenze geht, würde ja auch verhaftet, von zweierlei Recht in beiden deutschen Staaten könne doch da offensichtlich gar keine Rede sein!
Mein Lächeln friert ein. Ist der so ahnungslos oder tut er nur so? Das hier ist doch schon Dummheit! Sagt der Tagungsleiter nichts? Ja, sagt der Tagungsleiter, das könne man schon so sehen, Mitführen einer Waffe ohne Erlaubnis, dazu im Grenzgebiet... Ich mische mich ein. Ob sie denn auch die Realitäten richtig sehen, frage ich, erstens ist hier gar nicht von einer Waffe die Rede, die Geflügelschere ist doch nur im Jargon der DDR-Richter die Tatwaffe, das müßten sie doch unterscheiden...!
Lächeln ringsum.
Und außerdem, fahre ich erregt fort, was soll der Vergleich, hier können Sie sich über jede Grenze hinweg frei bewegen, also warum sollte jemand mit einer Waffe zur Grenze gehen – der hätte ja dann auch wohl offensichtlich schlechte Absichten!
Wie kann man so etwas überhaupt vergleichen, daraus einen Systemvergleich ableiten, Gemeinsamkeiten in der Rechtsprechung herauspicken.
Ich bin so entsetzt und erregt, wie lange nicht, ich bin drauf und dran, meine Bücher einzupacken und zu gehen, auf mein Honorar zu verzichten. Warum ich es nicht tue? Ich ärgere mich über mich selbst. Danach lese ich noch verschiedene Stellen aus meinem »RF«. Ich sehe die Gesichter, ohne Regung, höflich, süffisant lächelnd.
Als ich geendet habe, sage ich, daß ich darüber keine Diskussion möchte. Ein Achtungsapplaus ist mir sicher.
Wie erschlagen komme ich von dieser Veranstaltung zurück. Erzähle Dieter trotz aller uns umgebenden Hektik davon. Auch er ist entsetzt, daß so etwas möglich ist. Meine Gedanken gehen noch weiter. Das sind die Generationen, die unsere Kinder erziehen werden. Die Recht sprechen sollen. Mit solch verblendeten, verbogenen Weltbildern? Mit diesem Dünkel? Mit dieser Gleichgültigkeit wider besseres Wissen, dieser Arroganz und Ignoranz?
Wieder ärgere ich mich, daß ich meine Lesung nicht abbrach. Perlen vor die Säue werfen – Wahrheiten für die, deren Wahrheit feststeht, weil nicht sein kann, was nicht sein darf! Wie lange halte ich so etwas aus? Bin ich herübergekommen, um mich

fertigmachen zu lassen, weil ich die Wahrheit berichte, die unbequem ist? Die nicht in das Denken dieser bornierten Wohlstandsbürger paßt?
Schlagartig wird mir klar, warum man von dem übergesiedelten Reiner Kunze so wenig hört. Wenn er so sensibel ist, wie das nach seinen »Wunderbaren Jahren« zu vermuten ist, wenn er dieser durchgeistigte, verletzliche Mensch ist – dann kann er sich aus dem Kräfte- und Mächtegerangel nur heraushalten, sonst geht er kaputt. Sonst wird er unfähig, weiterhin zu schreiben. Er ist in meinen Augen der einzige, dem es um mehr als Selbstdarstellung geht, nämlich um das Vaterland, dessen Bestand er gefährdet sieht, um die Gemeinsamkeit aller Deutschen und darum, eine historische Schuld zu verhindern, die aus solchem Verhalten nur allzuleicht resultieren kann.
Schon einmal wurde aus Verblendung Schuld. Wollen wir das gleiche auf uns laden, in Vergangenheitsbewältigung steckenbleiben? Für Diskussionen dieser Art fehlt mir die rednerische Gewandtheit, fehlen mir die Grundlagen. Ich spüre immer mehr, daß ich weder über ein Literatur- noch über ein Politologie-Studium oder ähnliches verfüge. Was ich kann, ist Schreiben, das habe ich bewiesen. Damit möchte ich die Menschen anrühren, zum Nachdenken bringen, aufrütteln. Diese Kraftproben, diese Gedankenlosigkeit, diese Ignoranz, wie lange halte ich das noch durch?

Es gibt auch andere Veranstaltungen. Etwa, wenn ich in Schulen lese und vorher von den Lehrern schonungsvoll darauf aufmerksam gemacht werde, daß sie anwesend sind und bei Disziplinschwierigkeiten sofort einschreiten werden. Wenn ich dann vor der gefüllten Aula stehe, vor erwartungsvollen Gesichtern, in die Totenstille hinein erzähle, lese, in gebannte, betroffene Gesichter schaue – dann weiß ich, daß ich richtig bin. Daß es doch einen Sinn hat, zu reden.
Nie machen diese Schüler Schwierigkeiten. Sie wollen wissen, mehr wissen. Fragen, ob es denn sinnvoll ist, wenn sie Briefverbindungen in die DDR haben, wenn sie kleine Geschenke senden, Besuche machen. Wie sonst, wenn nicht so, soll es uns gelingen, die Gemeinsamkeit aller Deutschen im Bewußtsein zu erhalten? Wenn schon nicht die Wiedervereinigung, die unter

den derzeitigen historischen Umständen kaum zur Diskussion steht, so doch die Gemeinsamkeit aller Deutschen! Wir sollten doch die Verpflichtung haben, wenigstens diese aufrecht zu erhalten!
Schüler sind es, die betroffen sind. Die mich fragen, warum man ihnen im Unterricht nicht diese Dinge über die DDR erzählt, wie ich sie mit meinen Erzählungen bringe. Die es unfaßbar finden, wenn ich über die Zustände in den Haftanstalten der DDR berichte. Die fragen, warum denn die Regierung nicht dagegen Protestnoten schickt, wenn das alles doch bekannt ist. Fragen über Fragen, die ich nicht beantworten kann. Ich kann nur berichten, anregen, Hinweise geben. Einige Male werde ich von Lehrern nach solchen Veranstaltungen gefragt, ob denn das Gesamtdeutsche Institut meine Vorträge finanziere, mich vermittle? Das wäre doch angebracht, dann könnte ich auch von anderen Schulen angefordert werden.
Ich bin wohl der gleichen Meinung, aber ich muß entgegnen, daß ich mit dem Gesamtdeutschen Institut dahingehend bis heute zu keiner Einigung gelangen konnte. Daß soviel Realismus manches Mal vielleicht gar nicht gefragt ist, behalte ich lieber für mich. Aber das ist ein Eindruck, den ich habe.
Der tschechische Historiker Hübl schreibt: »Will man ein Volk vernichten, nimmt man ihm zuerst das Gedächtnis.« Was wir den Kindern und Jugendlichen nicht mit aller Konsequenz weitervermitteln, ist verloren. Und das Wissen, das diese um die Deutschen im anderen, weniger lauten Deutschland haben, ist beschämend klein. Wem wollen wir eines Tages hierfür die Schuld geben?

Ich werde zu einer Veranstaltung der Organisation »Hilferufe von Drüben« eingeladen, auf der viele ehemalige DDR-Bürger zu Wort kommen, auch viele, die die DDR-Gefängnisse durchlaufen haben. Was hier zur Sprache kommt, ist erschütternd. Meine Erfahrungen sind die Erfahrungen vieler! Auch sie erleben immer wieder, wie man auf den Behörden nichts, gar nichts über die Zustände in der DDR weiß, schon gar nicht über die Haftanstalten, wie man mit ihren Zeugnissen und Berufsabschlüssen jongliert, als kämen sie aus der Mongolei und nicht aus Deutschland, wie man ihre Kinder fragt, wo denn Dresden oder Riesa liegen, ob das denn in Deutschland sei oder im Ausland. Und alle haben die gleichen Schwierigkeiten, wie wir sie im Prinzip auch hatten. Die Suche nach Behörden, die es hier gar nicht gibt, die dummen Sprüche irgendwelcher Chefs: »Hier wird aber gearbeitet, wir sind nicht in der DDR!«, die hilflose Ohnmacht beim Anblick übervoller Supermärkte, die Unfähigkeit, tiefere Beziehungen zu knüpfen.

In diesem turbulenten Sommer habe ich doch trotz aller privaten Niederschläge noch den Mut zu weiteren literarischen Aktivitäten. Manches Mal stehe ich mir selbst gegenüber wie einer Fremden. Ich bewerbe mich um ein Literaturstipendium, welches mit einem Gastaufenthalt von einem Jahr in der betreffenden Stadt verknüpft ist. Obwohl ich mir sage, daß ich kaum eine Chance habe, hier mit meinen politisch eindeutig festgelegten Büchern auf einen der vorderen Plätze zu kommen, reiche ich sie ein.

Und das Wunder geschieht dann auch – zu einer Zeit, als niemand von uns mehr daran denkt – ich werde benachrichtigt, ich bin unter den ersten Dreien.

Du meine Güte! Hier haben wir die Tankstellenmisere am Halse und dort bin ich in die engere Wahl der Stipendiaten gekommen, wie soll ich das nur alles unter einen Hut bringen!

Ich fahre hin. Eine der drei Ausgewählten hat sich vorzeitig in die Flucht geschlagen und ihre Bewerbung zurückgezogen. So sind wir also noch zwei, die sich um das Stipendium bewerben. Und damit bringen wir die Jury in eine schlimme Verlegenheit.

Mein Mitkonkurrent ist ein gestandener, man kann wohl sagen, schon älterer Herr, literarisch habe ich von ihm noch nichts gehört – er von mir auch nicht. Ich dagegen als Neuling, als junges Ding, wie soll die Jury hier nur entscheiden, um keinem weh zu tun?

Sie ist in arger Bedrängnis, was sich auch in der Dauer der folgenden Besprechung niederschlägt. Ich bin ziemlich sicher, den älteren Herrn wird es treffen, anders kann man diesen Fall gar nicht lösen. Kann er hierher ziehen, schriftstellerisch wirken und ich habe wenigstens eine Bestätigung für die Qualität meiner Bücher bekommen. Das ist schon genug.

Die Jury kommt von ihrer Beratung zurück und verkündet: Das Stipendium ist geteilt worden, zu gleichen Teilen ergeht es an Herrn R. und an Frau Ö.
Ich bin schon sprachlos, mit solch einer salomonischen Lösung hatte ich nun nicht gerechnet. Natürlich freue ich mich, aber es wird Schwierigkeiten geben! Schwierigkeiten mit der Wohnungsnahme, mit allem, was damit zusammenhängt.
Vorerst überwiegt die Freude.
Bei einem neuerlichen Treffen dann wird das Stipendium offiziell verliehen. In würdevoller Feierstunde. Mein Mitstipendiat, Herr R., hält die Dankesansprache, ich bin danach mit einer Lesung aus meinen Büchern dran. Ist schon ein ganz gutes Gefühl, so eine Auszeichnung! Ich schüttle Hände, höre Lob um Lob über meine Bücher, bekomme Einladungen, Angebote zu Lesungen, das freundliche Angebot eines anderen Künstlers, seine Werkstatt zu besuchen.
Alles sind neue Eindrücke für mich, fast eine neue Welt. Wie soll das werden? Ich werde nicht mehr in Jeans und Pullover Lesungen halten können, ich werde mir Partykleidung zulegen müssen – werde ich das? Ich weiß es nicht. Hat das eine mit dem anderen überhaupt etwas zu tun?
Nach den Feierlichkeiten ein Essen, danach Besichtigung der für die Künstler bereitgestellten Wohnung. Eine schöne Wohnung, solide Grundeinrichtung – einziger Nachteil, die daneben laufende Bahnlinie. Von mir bemerkt, von Herrn R. bemängelt. Dabei werde er nicht schreiben können.
Kann er dann auch nicht. Er tritt seine Zeit dort als erster an. Eine Nacht lang zählt er die Züge, achtundvierzig oder so wird erzählt – dann zieht er aus, in ein von ihm gemietetes Appartement. Wenn er das bezahlen kann, wozu braucht er dann ein Stipendium? Nach seinem halben Jahreswirken soll ich die Nachfolge antreten.
Eine freundliche Stadt, nette, hilfsbereite, offene Leute, was kann uns besseres passieren? Die einzige Schwierigkeit besteht darin, wie ist es möglich, eine komplette Familie für ein halbes Jahr umzusiedeln? Hat man sich das in allen Konsequenzen überlegt? Schulwechsel der Kinder, Arbeitswechsel von Dieter, der ja dann die Tankstelle hoffentlich nicht mehr haben wird – und nach der Rückkehr? Wie geht es dann weiter?

Wir basteln an der Lösung und werden doch, als es noch nicht einmal soweit ist, aller Fragen enthoben. Ein Auffahrunfall und die daraus resultierenden gesundheitlichen Folgen, die eine langwierige, bisher ruhende Erkrankung aufleben lassen, machen es mir für lange Zeit unmöglich, weite Autofahrten zu unternehmen. Ich bekomme gute Wünsche, viel Verständnis und trotz alledem die Hälfte der mir zugedachten Hälfte des Stipendiums. Herr R. wird statt meiner dort noch länger bleiben.
Problem gelöst.
Während aller dieser Reisen und Planungen gibt es noch in Berlin einen Termin für mich. Im Reichstag wird das ZDF eine Sendung zum Jahrestag der Mauer bringen, live, mit Teilnehmern, die ihrer politischen Gesinnung wegen die DDR verlassen mußten. Ich bin in dieser Runde.
Wieder genieße ich den Flug nach Berlin. Unmittelbar neben dem Reichstag sehe ich die Kreuze – für die Toten der Mauer. Ich bin aufgewühlt, erschüttert. Dabei ist dieses Wissen für mich doch nichts Neues. Alltag für die Berliner. Ich stehe vor dem, was ich weiß, in allen Einzelheiten weiß, und kann die Tränen nicht zurückhalten. Das ist Deutschland! Hier wird auf junge Menschen geschossen, die die Freiheiten des Sozialismus für andere, selbstgewählte Freiheiten eintauschen wollen. Hier, mitten in Berlin! Und diese Mauer wird langsam, aber sicher zum festen Bestandteil einer Politik, an diese Mauer gewöhnen sich unsere Kinder, eines Tages werden sie sagen: »Die Mauer? Gab es die nicht schon immer?« Und die Menschen dahinter? Wer wird ihre Probleme, ihre Ängste und Nöte überhaupt noch nachvollziehen können, wenn wir keine Gemeinsamkeiten mehr haben, wenn wir mehr und mehr in unserem Wohlstand leben und sie vergessen? In wieviel Jahren wird es nur noch ein Ansichtskartengedenken geben?
Ohnmächtige Verzweiflung ist in mir. Ich kann berichten, ja, ich kann mich dafür auslachen lassen, ist alles meine Sache. Aber ich kann in meinen Büchern immer und immer wieder darauf hinweisen. Mit mir eine Handvoll anderer. Es bleibt uns hier unbenommen. Wir bekommen zwar wenig bis keine Unterstützung dafür, aber wir haben die Möglichkeit. Die Freiheit. Die Freiheit, für unser Vaterland etwas zu tun oder zu lassen. Bis jetzt war ich auf der tätigen Seite. Wie lange noch? Ich verspüre

eine unsagbare Müdigkeit in mir. Diese Reisen, sie bringen mich an den Rand meiner psychischen und physischen Kräfte. Übernächtigt, oft kein Mittagessen, weil nicht einmal Tagegelder gezahlt werden, Diskussionen bis in die Nacht mit Interessierten, die das Letzte aus mir herausfragen, von dem ich schon gar nicht mehr sprechen will, Diskussionen mit Berufsoppositionellen, die sich einen Spaß daraus machen, mit dir zu reden, bis du vor Erschöpfung kapitulierst oder vor ihrer Dummheit, schlechte Quartiere in Dorfgasthöfen mit ungeheizten Zimmern, Mindesthonorare für dreitägige Reisen, ewiges Warten bis zur Auszahlung der Reisespesen, völlige Erschöpfung bei der Rückkehr, Unvermögen, in diesem Zustand Neues zu schreiben, totale Verausgabung.
Ein reeller Preis für die Möglichkeit der freien Meinungsäußerung. Was hatte ich mir vorgestellt? Daß man mich mit offenen Armen empfangen, in finanzieller Sicherheit arbeiten und reden lassen würde? Nichts hatte ich mir vorgestellt. Nicht einmal andeutungsweise die Tatsache, daß ich dieses alles überhaupt tun würde. Alles ergab sich, weil ich meinte, es tun zu müssen. Weil ich um diese Notwendigkeit heute noch weiß. Die Notwendigkeit, Deutsche dem Vergessen, der Gleichgültigkeit zu entreißen.
Während der Diskussion im Reichstag wird uns ein Telegramm an meinen Namen hereingereicht. Es ist von jenem Berliner Schriftsteller, der mit mir gemeinsam das Stipendium erhielt. Er hat davon Kenntnis erhalten, daß ich hier dabei bin.
Er telegraphiert: »Bitte meinen Namen im Zusammenhang mit dem Stipendium nicht nennen, da ich das Stipendium als Westberliner Autor und nicht als DDR-Flüchtling erhalten habe.«
Geht es noch deutlicher?
Nach der Sendung wieder das übliche Beieinandersitzen, Gemeinsamkeiten austauschen, diskutieren. Ich erzähle auch von unserem Reinfall mit der Tankstelle, von der Situation, in der wir uns befinden. Von allen Seiten Bedauern, ungläubiges Staunen. Einer der Anwesenden äußert die Vermutung, ob das Ganze gezielt gewesen sein könnte, gezielt darauf, meine Aktivitäten durch andere zu unterbinden.
Ich weiß es nicht, weiß gar nichts mehr. Vermutungen helfen uns auch nicht weiter. Und tätige Hilfe, wird es die geben, wenn

wir sie einmal brauchen? Werden dann alle mitfühlenden Lippenbekenntnisse, alle schnellen Versprechungen »wenn wir Euch helfen können, laßt es uns wissen«, etwas wert sein?

Wieder zu Hause, schüttle ich fast gewaltsam alles von mir ab. Ich muß zu mir selbst finden, unsere Familie muß zusammenhalten, aus dieser Krise herauskommen. Daß wir dabei auf uns allein gestellt sein werden, wird mir klar.
Fünf Monate dauert diese unselige Tankstellengeschichte. Endlich kommt es zu einer endgültigen Lösung, durch den Anwalt wird ein Rückkauf in die Wege geleitet. Die Rückkaufpreise werden festgelegt. Wir können zufrieden sein. Es wird für uns über Jahre einen Rest abzuzahlen geben, der aus Verlust und Wertminderung entstanden ist, aber wir sind schon froh, so davongekommen zu sein.
Aufatmend verlassen wir diese letzte Zusammenkunft. Bald wird wieder alles in normalen Bahnen laufen, Dieter wird wieder Arbeit finden, wir werden neu anfangen.

Wir warten auf die Rückzahlung des Kaufpreises, um unser Konto bei der Bank endlich ausgleichen zu können. Was jetzt noch kommt, versetzt unserem immer noch vorhandenen Glauben an das Gute in jedem Menschen den letzten Stoß.
R. behält unverhofft vom vertraglich vereinbarten Rückkaufpreis vierzigtausend Mark ein! Einfach so, als »Sicherheit« für zerbrochene Scheiben, die wir nicht zerbrochen haben, als Kosten für Reparaturen, die wir nicht zu bezahlen haben, weil es seine Repaturen waren – er behält diese Summe und niemand scheint ihn daran hindern zu können.
Aus Gründen, die dem Steuerberater und uns unerklärlich sind, ist das bleibende Minus auf unserem Konto weitaus größer, als wir auch nur ahnen konnten. Das und die einbehaltene Summe belasten uns in einer Höhe, die uns unüberwindbar scheint. Zu allem dazu kommt eine Sperrung unseres Kontos durch den Direktor der Bank. *Er,* der uns erst in diese unseriöse Sache wissentlich hineinmanövrierte, er schreibt uns jetzt: ». . . bei der Höhe dieser Summen müssen ja wohl Gelder in andere Kanäle abgeflossen sein. . . . behalten wir uns das Recht der Überprüfung vor!«

Wut ist in uns, ohnmächtige Wut, zu Hause gehen wir uns aus dem Wege, werden mit unserer Enttäuschung nicht fertig, jeder kämpft seinen Kampf für sich allein. Es gibt nichts zu sagen. Soviel Gemeinheit und Niederträchtigkeit – dafür haben wir keine Worte mehr.

Da wir kein Privatkonto, sondern nur dieses eine Geschäftskonto hatten, sind wir ohne jegliche Mittel. Der Gerichtsvollzieher kommt, verlangt noch ausstehende Beiträge für die Versicherung der ehemaligen Angestellten. Ich kann sie ihm nicht bezahlen. Dieter ist unterwegs, ausstehende Taxigelder einzutreiben. Der Gerichtsvollzieher schaut sich um, taxiert die Möbel. Ich rufe die Bank an, den Direktor. Ich verachte ihn – jetzt bitte ich ihn um eine Erweiterung des Kredites für diese Beiträge. Wir können sie nicht bezahlen. Da eine Pfändung nicht in seinem Sinne sein kann, weil er ja eventuell auch noch etwas holen will, sagt er uns dies zu. Gerettet. Für wie lange?

Für uns kommt die schlimmste Zeit seit unserer Übersiedlung aus der DDR. Wir kämpfen mit allen Mitteln, Dieter sucht säumige Kunden, um etwas Geld aufzutreiben, nebenbei sucht er Arbeit. Zum Glück läßt das Arbeitslosengeld nicht allzulange auf sich warten, unsere nackte Existenz ist erst einmal gesichert.

Hinzu kommt unerwartet tätige Hilfe. Eine Flüchtlingshilfeorganisation hat von unserem Unglück erfahren, sie überweist uns über längere Zeit einen monatlichen Zuwendungsbetrag. Ein Herr, der mir durch jahrelangen Briefkontakt liebgeworden ist wie ein Vater, mit dem ich persönlich DDR-Bekannte beschenkte und in dessen Heim ich stets willkommen war, unterstützt uns tatkräftig. Wir können es kaum fassen, aber ein wenig schmilzt unsere Bitterkeit. Wo Licht ist, ist auch Schatten, nach Schatten kommt wieder Licht. Wir werden es schaffen, sicher, irgendwann werden wir auch aus diesem Schuldenberg wieder herauskommen, neu beginnen. Wir haben auch echte Freunde.

Wir gehen zur Bank, zu jenem Direktor, versuchen ihm klarzumachen, daß der größte Teil der auf unserem Konto stehenden Schulden nicht unsere Schulden sind, sondern die Schulden des Herrn R., weil dieser 40 000 DM einbehalten hat. Der Direktor lächelt, weist uns darauf hin, daß sie aber auf unserem Konto stehen. Alles andere müßten wir erst beweisen.

Das werden wir, sage ich ihm, darauf können Sie sich verlassen. Und Sie hören von mir, sage ich ihm, von dieser Sache hören Sie noch, in aller Öffentlichkeit!
Er schaut mich kühl und blasiert an und sagt mit unüberhörbarem Unterton: »Das werde ich zu verhindern wissen!«
Selten habe ich einen Menschen so scheußlich gefunden, so abgebrüht, kalt und herzlos wie diesen Direktor, der sich seiner Macht voll bewußt ist. Ich weiß, daß er im Unrecht ist, er weiß es auch. Allein darum kann er aus dieser Haltung nicht heraus, kann seinen Wohlstand, seine Stellung, seinen dicken Bauch nicht aufs Spiel setzen. Er kann nicht so zufrieden sein, wie er aussieht. Seine Angestellten können nicht so zu ihm stehen, wie sie es vorgeben, die Verlegenheit steht ihnen in den Gesichtern. Masken, alles Masken, Heuchelei.
Raus hier, nur weg, ehe ich Dinge sage, die ich nachher bereue.
Gegen unseren ehemaligen Freund und Bekannten R. reichen wir die Klage ein. Wir sind noch immer sicher, daß wir unser Recht bekommen werden, die Frage bleibt nur, wann. Bis dahin müssen wir Zinsen zahlen.
Es soll drei Jahre dauern, bis der Prozeß zu Ende ist. Volles Recht für uns. Die Bank benötigt Bedenkzeit, bis sie die ausstehende Summe für R. vorschießt, denn er ist vor dem Rande des Zusammenbruchs. Dies wird nur noch nicht zugegeben.
Das Geld ist vierzehn Tage auf unserem Konto, da hat R. einen schweren Unfall, demoliert seine Arbeitsgeräte, seine Tankstelle, ist vollkommen am Boden zerstört.
Haben Sie den Kontoauszug über die Zahlung geholt?, fragt unser Anwalt an.
Ja, auf sein Drängen haben wir ihn geholt, ein paar Tage vor dem Unfall, Uns fällt nicht nur ein Stein vom Herzen. Hätten wir ihn nicht geholt, würden wir wohl mit dem Zahlungstitel jetzt die Wände tapezieren können. Es wäre nichts mehr zu holen.
Einige Zeit vergeht noch, dann reicht R. Konkurs ein.
Als wir eine Umschuldung vornehmen, um mit dem letzten, noch verbliebenen Betrag von jener Bank loszukommen, behandelt uns der Direktor wie den letzten Dreck! Sein Haß muß grenzenlos sein. Dreitausend Mark will er als Sicherheit für noch ausstehende Umschreibungskosten in Höhe von etwa dreißig

Mark einbehalten. Jetzt ist meine Geduld am Ende, ich kenne mich selbst nicht mehr.
Ich bleibe hier sitzen, sage ich ihm, auf diesem Stuhl, und wenn ich mein Geld nicht endlich bekomme, wenn Sie nicht endlich aufhören, uns zu schikanieren, dann können Sie heute hier die Nacht verbringen! Ich bleibe!
Er rast! Er brüllt! Er knallt die Türen! Alle Angestellten sitzen mit wachen, aber äußerlich unbeteiligten Gesichtern. Es ist Ladenschluß, was wird er tun?
Er droht mit Polizei. Rast in sein Obergeschoß, rast zurück – ich bleibe.
Mein Geld – sage ich.
Eine Viertelstunde nach Schalterschluß gibt er Anweisung, unser Geld auszuzahlen. Ich gehe. Draußen zittern mir die Knie. Auch solche Menschen muß man kennengelernt haben. Dafür leben wir im Kapitalismus, haben es selbst so gewollt.
Vorbei – dieses Kapitel ist endgültig abgeschlossen.

Dieter ist immer noch auf Arbeitssuche, es ist im Moment nicht leicht, etwas zu finden. Beim Kernkraftwerk werden Handwerker seiner Qualifikation gesucht. Er bewirbt sich. Besteht alle Tests, alle Untersuchungen. Hat gute Chancen, anzukommen. Wartet auf den endgültigen Bescheid. Absage! Irgendein Wert zu hoch. Der Hausarzt, dem er das Ergebnis zeigt, schüttelt den Kopf. Ist doch alles in Ordnung! Das kann der Grund der Absage nicht sein.
Warum sagt man ihm nicht offen, daß unsere DDR-Abstammung der Grund für die Absage ist? Warum dieses Versteckspiel?
Wir schlagen uns mehr schlecht als recht durch. Mit der Hilfe, die uns zuteil wird, kommen wir um weitere geldliche Katastrophen herum, es geht weiter.
Auf dem Gebiet der Schriftstellerei kann ich in dieser Zeit kaum etwas tun. Ich bin total ausgelaugt, am Ende. All die politischen Zwangserfahrungen, jetzt diese persönlichen Niederschläge, das will erst einmal verkraftet sein.
Ich sage alle Veranstaltungen, die mir angeboten werden, ab. Ich kann nicht mehr.

Das kann ich niemandem erklären, das müssen wir mit uns abmachen. Vielleicht sollte ich mich von allen politischen Aktivitäten zurückziehen und nur noch voll auf die Familie konzentrieren? Auch die Freunde, die anrufen, sich nach uns erkundigen, können hier nicht viel raten, schon gar nicht helfen. Aus dieser Zerrissenheit muß ich selbst herausfinden.
Ein Freund aus der DDR fragt uns im Brief: wenn Euch das jemand vorher gesagt hätte, diese ganze Entwicklung, hättet Ihr den Schritt der Übersiedlung dann auch gewagt, damals?
Für uns gibt es nur eine Antwort: Ja.

Teil III

Besinnung, Rückzug und Versuch der Resignation: »Wenn wir nicht reden, wer dann?«

Eine Berliner Fernsehproduktion hatte sich mein »RF« geben lassen, um über eine eventuelle Verfilmung des Stoffes zu entscheiden. Jetzt kommt die Antwort, die nach all meinen Erfahrungen gar nicht anders ausfallen konnte:

». . . ich muß sagen, daß Sie die Haftbedingungen und die Begleitumstände in einem DDR-Frauengefängnis sehr anschaulich schildern, aber gleichzeitig muß ich meine Bedenken anmelden, ob man einen solchen Stoff in der jetzigen politischen Situation, gerade in bezug auf die DDR, produzieren kann. . . . Ein solcher Film über das Leben in DDR-Haftanstalten würde zwangsweise alte Wunden aufreißen und auch, glaube ich, bei einem großen Teil der bundesdeutschen Fernsehredakteure nicht erwünscht sein.
Hinzu kommt, daß das von Ihnen beschriebene Ende der Haftzeit, der Freikauf politischer Häftlinge durch die Bundesrepublik, nicht dazu geeignet ist, der Öffentlichkeit zu unterbreiten. Wir müßten sogar in diesem Falle auch mit einem eventuellen Einspruch der Bonner Behörden rechnen. . . .«

Ich hatte es nicht anders erwartet. Es war nur ein Versuch von vielen – das Ende immer gleich: Leben wie die drei weisen Affen – nichts hören, nichts sehen, nichts sprechen. Hier, in dieser Fülle der Eindrücke, der Stoffe für Verfilmungen aus den exotischsten Ländern, hat es doch wirklich niemand nötig, über das zu berichten, was nahe liegt, über unsere Landsleute. Wo man eventuell noch mit einem Einspruch der Behörden rechnen müßte . . .! Politik der Leisetreterei, wie hasse ich sie, wie verachte ich sie. Welche politische Situation muß denn kommen, damit über das Unrecht, das neben uns schreit, gesprochen werden

kann? Damit die drei weisen Affen die Hände von Gesicht und Ohren nehmen?
Es war schon richtig, mich zurückzuziehen. Die Kinder brauchen mich, die Familie braucht endlich wieder Ruhe und Geborgenheit. Für andere ist das Grund genug, die Flucht aus der DDR hier herüber zu wagen, sie tun es für die Wünsche allein. Ich schlage mich hier auf politischem Glatteis herum, wofür? Die wenigen, die mir zuhören, die wie ich warnen, wissen um die Zusammenhänge ohnehin. Leute wie Siegmar Faust, Ludek Pachmann, Gerhard Löwenthal, die nichts als die Wahrheit bringen, bezichtigt man des Hasses, spricht ihnen jeden Friedenswillen ab. Das Spiel kenne ich doch – verkehrte Welt – weil nicht sein kann, was nicht sein darf – nein, ohne mich! Die dagegen, die nichts hören wollen, die nicht einmal auf gutgeschulte Politiker, ganz andere Redner als mich, hören, die werde ich auch nicht erreichen.
Ich muß endlich aufhören, mir Gedanken um meine Verpflichtung zu machen, eine selbstauferlegte noch dazu. Ich habe getan, was ich konnte, jetzt sind andere dran.

Genau richtig für unsere Bedürfnisse und Pläne kommt in dieser Zeit etwas, womit ich nie gerechnet hätte – das Angebot für mich, zu unterrichten! Ich kann es kaum fassen. Ich habe doch keine anerkannten Zeugnisse, ich soll unterrichten? Ja, ich soll den Vietnamflüchtlingen, die von unserer Stadt aufgenommen werden, Deutschunterricht erteilen. »Du bist Lehrer und Du kannst Deutsch, das hast Du ja wohl unter Beweis gestellt«, sagt der Volkshochschuldirektor auf meine Bedenken. »Außerdem brauchen wir Dich.« Die Bezirksregierung gibt grünes Licht – ich darf unterrichten!
Für mich beginnt eine vollkommen neue Zeit.
Ich beteilige mich an den Vorbereitungen für die Aufnahme der Flüchtlinge, ich richte ihnen die Wohnungen mit ein, unsere Familie übernimmt eine Patenschaft über eine vietnamesische Familie. Endlich eine neue Perspektive, weg von den vorgeprägten Zwangseinordnungen. Und eine Aufgabe!
Der Tag ihrer Ankunft ist kalt, naß und stürmisch. So, wie sie von nun an viele Tage hier erleben sollten. Mir wird dieser Tag unauslöschlich im Gedächtnis haften bleiben.

Wir warten lange an diesem Tag, denn der Bus, der sie aus dem Lager Friedland zu uns bringt, hat über eine Stunde Verspätung. Endlich sehen wir die Busse um die Ecke biegen, es sind zwei.

Dann kommen sie herein, kleiner noch, als wir gedacht hatten, verschüchtert, einige in demütig gebückter Haltung. Das sind die Älteren. Die Jüngeren neugierig um sich blickend, die Kinder schüchtern, sich halb versteckend. Zweiundfünfzig sind es, jedes Alter ist vertreten. Was wird uns das Zusammenleben mit ihnen bringen? Werden sich unsere Erwartungen erfüllen, werden sie sich hier wohlfühlen, integrieren, wie wir es nennen? Hier, im kalten Deutschland, in dem der eine Nachbar mitunter den anderen nicht kennt? In dem schon Deutsche einsam sind? Sie, die Flüchtlinge aus einem ganz anderen Kulturkreis, gezeichnet von den Erfahrungen mit dem Kommunismus, die ihnen hier kaum jemand nachempfinden kann, werden sie sich hier einleben können? Und werden sich ihre Erwartungen von dem freien Land Deutschland, das sie so großzügig aufnimmt, erfüllen?
Fragen über Fragen, die mir in diesen Sekunden ihrer Ankunft durch den Kopf gehen.
Gedanken, blitzartig, unausgesprochen auf beiden Seiten.
Sie sehen uns an, schütteln Hände, sprechen uns vollkommen unverständlich Namen. Wir möchten ihnen etwas sagen, ein paar gute, aufmunternde Worte, aber da ist etwas in diesen dunklen Augen, was alle vorbereiteten Reden ersticken läßt. Trauer, Schmerz, Demut, Hoffnung – was wissen wir schon von ihnen? Nichts. Dabei hatten wir schon angefangen, sie zu verplanen, über ihr Schicksal zu entscheiden. Vom Papier her hatten wir sie über unsere Stadt verteilt, ihnen Wohnungen eingerichtet nach unserem Geschmack, hoffend, es würde ihnen gefallen. Und jetzt, wehmütige Freude, nichts Lautes, Überschäumendes, kein »auf die Schulter schlagen« nach deutschem Muster, mit dem Zusatz »es wird schon werden«.
Alles ist anders.
Sie sitzen da, lassen alle Reden über sich ergehen und lächeln. Mit diesen traurigen Augen lächeln sie, lächeln, lächeln. Es zerreißt mir das Herz, wenn ich in ihre Gesichter blicke. Van, neben mir, weint. Sehe ich sie an, lächelt sie. Die junge Mutter mir

gegenüber preßt ihren Säugling an die Brust, Tränen fließen ihr über das hübsche Gesicht, wenn ich sie anblicke, lächelt sie. Der alte Mann links schaut versteinert auf das weiße Tischtuch, als sich unsere Augen treffen, lächelt er.
Es ist fast gespenstisch, die Unsicherheit auf beiden Seiten läßt sich auch nicht durch gespielte Fröhlichkeit und zur Schau gestellten Optimismus überdecken.
Wir, die Gastgeber, sind genauso überfordert wie sie, die Neuankömmlinge, die man mit aller Aufmerksamkeit bewirtet. Sie essen kaum, nehmen einen Löffel aus Höflichkeit. Aber sie bedienen uns, von rechts, von links, ständig bekomme ich auf meinem Teller etwas dazugelegt. Das Essen soll vietnamesisch sein, zumindest gibt es Reis. Die Köche haben sich bestimmt Mühe gegeben. Aber die einzigen, die wirklich essen, sind wir.
Als gefragt wird, was sie trinken möchten, ruft ein kleiner, munterer Knirps mit schwarzen Knopfaugen: »Cola!«
Ein Lächeln kommt auf, ein befreiendes Lachen. Die Erleichterung ist spürbar.
Die Bürgermeisterin erzählt, daß sie mit den Flüchtlingen fühle, auch sie sei Flüchtling gewesen, damals, auch sie habe hier in der Wesermarsch eine neue Heimat gefunden und hoffe nun das gleiche für die Flüchtlinge aus Vietnam.
Aus dem Herzen kommende Worte. Gut gemeint, sicherlich. Aber ist es angebracht, das eine mit dem anderen jetzt zu vergleichen? Das eine, aus der Erinnerung kommend, unter den Narben hervorgeholt, das andere frisch, noch blutend, unter der Fassade des Lächelns versteckt?
Was wissen wir eigentlich von ihnen, den Boat-Peoples, die ihr Land verließen, obwohl ihre Chance, weiterleben zu dürfen, winzig klein war, die sich, wenn sie überlebten, trotz aller Hilfsbereitschaft durch Vorurteile und Bürokratie hindurchkämpfen müssen? Was wissen wir von ihnen außer offiziellen Pressemeldungen?
Nichts.
Das sollten uns die nächsten Tage, Wochen und Monate zeigen.
Nach der offiziellen Begrüßung werden die Habseligkeiten der einzelnen Familien in die Autos der Paten verladen. Wir staunen, was die Flüchtlinge bereits an Kartons, Koffern und Taschen, prall gefüllt, mitbringen. Hatten wir uns doch vorgestellt, sie

kämen mit fast nichts. Es sind alles Spenden aus dem Lager Friedland, erzählen sie. Nun, wir freuen uns für sie, so wird das Eingewöhnen für sie leichter werden.
Sie werden in ihre Wohnungen gebracht. Fast alle Patenfamilien haben eine Kaffeetafel vorbereitet, aber die Reaktionen sind sehr unterschiedlich. Ein paar Familien möchten allein sein, bedeuten den Paten, daß sie nun gehen könnten. Andere sitzen gelockert beisammen und versuchen eine erste Verständigung.
Eins gleicht sich überall: Händelschütteln, Verbeugungen, Lächeln. Ob hier Freundschaften von Dauer entstehen oder sich in höflichen Floskeln erschöpfen werden, bleibt vorerst ungewiß.
Die nächsten Tage vergehen für uns alle wie im Flug, das Familienleben der Patenfamilien liegt vollkommen flach. Da sind Behördengänge zu erledigen, dort Arztbesuche, die Einkaufsmöglichkeiten müssen gezeigt werden, es gibt Probleme und Problemchen. Wir helfen ihnen alle gern, tun unser Möglichstes. Die Betreuer des Sozialamtes kennen kaum einen geregelten Feierabend. Aber bei aller Freundschaft und allem Verständnis stören doch gewisse Vorkommnisse den allgemeinen guten Zusammenhalt. Hatten wir angenommen, ihnen die Wohnungen so eingerichtet zu haben, daß sie sofort selbständig wirtschaften können, so erweist sich das als ein Trugschluß. Sie sind kaum gewillt, zu improvisieren, wenn etwas nicht vollkommen ist. Wenn Nachtschränke fehlen, werden wir darauf hingewiesen. Wenn Glühbirnen benötigt werden, wird das Sozialamt angerufen. Was die eine Familie hat, muß die andere auch bekommen. Es ist wie ein »Muß« für uns Deutsche, als seien wir verpflichtet, jede vietnamesische Familie genauso auszustatten. Hat der eine einen neuen Staubsauger, will der andere auch einen. Für eine Familie besorgen wir aus unseren eigenen Beständen eine Nachttischlampe. Sie gibt uns zu verstehen, daß sie noch eine brauche. Manchmal bedaure ich, ihnen nicht verständlich machen zu können, daß dies alles nicht selbstverständlich ist, wie sie es anscheinend annehmen. Daß wir und viele andere mit uns vor ein paar Jahren auch als Flüchtlinge in dieses Land kamen, aus dem anderen Teil Deutschlands, und nie wäre es uns eingefallen, um derartige Dinge zu bitten, obwohl uns keine Wohnung zur Verfügung gestellt wurde.

All dies bringt ein wenig Mißstimmung, aber wir bemühen uns, Verständnis aufzubringen für diese Fälle. Bei Deutschen hätten wir es wohl kaum.
Wir bemerken auch, daß die Flüchtlinge zwar »alle im gleichen Boot« gesessen haben, wie man so schön sagt, daß das aber keineswegs bedeutet, eine geschlossene Gemeinschaft zu haben. Es gibt Feindschaften zwischen Vietnamesen und Chinesen, die sich mitunter sehr kraß äußern. Nie hätten wir an so etwas gedacht, wo doch gleiche Schicksale eigentlich verbinden. Aber der Erbfeind Nummer eins ist auch hier der Chinese.
So besorgen wir in den ersten Wochen Schrankbretter, Stühle, Tische, alles, was irgendwo fehlt. Daß die Flüchtlinge keine Kleidung mehr benötigen, bemerken wir bald. Als eine der Paten mehreren Familien sehr gute Kleidungsstücke anbietet, unter anderem eine Lederjacke, niemand aber auch nur das geringste Interesse dafür bekundet, ist Ärger unter den Paten unvermeidlich. Auch, als eine junge Vietnamesin zwei Koffer getragener Sachen auf dem Balkon deponiert und diese zur Mülldeponie bringen will, gibt es neuen Anlaß zu Kritik.
Andere wieder sind so nett, so liebenswürdig und hilfsbereit uns Deutschen gegenüber, daß damit solche Mißverständnisse aufgewogen werden. Über all das und viele andere Schwierigkeiten wird in der ersten Patenelternversammlung berichtet. Die Kontaktaufnahme geht teilweise ohne Schwierigkeiten vonstatten, teilweise gibt es große Differenzen.
Ein bißchen anders hatten es sich manche von uns vorgestellt. Sind die älteren Vietnamesen mehr als zurückhaltend, so beweisen uns die jüngeren das Gegenteil. Zu jeder Tages- und Nachtzeit stehen sie mit freundlichem »Hallo« in der Tür, sind im Wohnzimmer, bevor wir begriffen haben, daß sie da sind, und bleiben. Passend oder unpassend spielt keine Rolle. Ich lese in dieser Zeit viel über Vietnam und erfahre aus irgendeinem Buch, daß es in ihrem Land überhaupt nicht üblich ist, sich vorher anzumelden, oder zu fragen, ob man kommen kann. Man kommt, und man ist da, man geht, wann man denkt. Da wir ihnen das Eingewöhnen erleichtern wollen, passen wir uns ihren Sitten an. Daß dies nicht unbedingt die beste Lösung ist, zeigt sich später. Aber sollen wir sie mit unserer deutschen Gründlichkeit und Planung, mit unseren Höflichkeitsvorstellungen

verschrecken? Sind wir doch froh, wenn sie Kontakte suchen, wenn sie von allein kommen, auch wenn uns die Länge solcher Besuche manches Mal verzweifeln läßt. In Vietnam gehen die Uhren anders.
Tran, ein englischsprechender Vietnamese, erklärt uns kurz darauf, die Deutschen wären alle sehr eilig.
Ja, er hat gut reden. Er hat keine Familie, keine Arbeit, keinen Unterricht. Sein Guthaben ist die Zeit. Ob sie auch noch so viel davon haben, wenn sie in den deutschen Arbeitsprozeß eingegliedert sind? Bei allem guten Willen, wir haben dies nicht.
Nach vier Wochen Eingewöhnungszeit für alle Vietnamesen beginnt der Schulunterricht. Vom Land Niedersachsen sind Mittel für neun Monate Vollzeitunterricht bereitgestellt worden, das heißt, alle Vietnamesen, gleich, welchen Alters, bekommen von nun an täglich fünf Stunden Deutschunterricht. Wie wir diesen Unterricht durchführen, bleibt uns, den drei dafür eingestellten Lehrern, selbst überlassen. Es gibt kein spezielles Unterrichtsmaterial für Asiaten, außer einem vietnamesischen Glossar ist nichts zu finden. Zum Glück hat das Lager Friedland seinen Schützlingen eine ungefähre Einschätzung der vorhandenen Deutschkenntnisse mit auf den Weg gegeben. So teilen wir nach den Kategorien »gut, wenig Deutschkenntnisse, keine Deutschkenntnisse«, drei Klassen ein.
Es läßt sich nicht vermeiden, daß dadurch auch Familien auseinandergerissen, in verschiedenen Klassen unterrichtet werden. Nach einigen klärenden Gesprächen mit Dolmetscher wird das akzeptiert. Ich bekomme die Klasse der Anfänger, die über keinerlei Deutschkenntnisse verfügt. Vietnamesen, Chinesen, Kambodschaner, Analphabeten. Am Anfang bin ich ziemlich ratlos, wie ich diese bunte Mischung unter einen Hut bekommen und ihnen auch noch Deutsch beibringen soll. So beginne ich entgegen allen schlauen Lehrbüchern mit der einfachen Redewendung »das ist«, zeige dabei auf einen Gegenstand und lasse dann die ganze Klasse das Vorgesagte langsam und deutlich nachsprechen. Ich sage: »Das ist der Tisch«, dann mache ich eine Handbewegung, die verdeutlichen soll, daß ich alle meine, sage dazu »jetzt alle zusammen« und tatsächlich, es funktioniert, sie sprechen es nach. Wir freuen uns alle über diese erste mühsame Verständigung. Ich spreche in den ersten Wochen nur extrem

langsam und ständig in sehr einfachen Sätzen. Nach »das ist« folgt die Umkehrung »was ist das?«, darauf wieder die Antwort. Einzeln, gruppenweise, im Chor. Ich bin nach kurzer Zeit so auf diese Sprechweise trainiert, daß ich mich eines Nachts urplötzlich mitten im Schlaf aufsetze und laut sowie sehr langsam verkünde *»und jetzt alle zusammen!« Dies* wird mir allerdings erst am nächsten Morgen von meinem Mann berichtet.
Es ist anfangs schwierig, manche Vietnamesen zum Allein-Sprechen zu bewegen. Bei den älteren Vietnamesen ist es am schwersten, einige sprechen nicht. Ich kann es mit allen Mitteln versuchen, sie lächeln mich an, aber sie sprechen nicht. In kurzer Zeit werden sie mir alle lieb, es sind die diszipliniertesten und auch lernwilligsten Schüler, die ich je hatte, sie wollen lernen.
Und wir haben auch viel Spaß miteinander. Allerdings muß ich ihnen am Anfang erst klarmachen, daß der Spaß der Deutschen mitunter anders ist, als sie es gewöhnt sind. Da sage ich zu einer Schülerin, sie soll das Wort »Brötchen« nachsprechen. Sie versucht es auch, sagt aber ganz ernsthaft und voller Mühe »Blöken«. Es klingt so hübsch, ich kann nicht anders, ich muß lachen. Sie setzt sich mit dem Gesicht zur Wand, schaut mich nicht mehr an, es ist deutlich, ich habe sie beleidigt. Nach kurzer Zeit wird mir klar, daß sie sich als ausgelacht empfindet. Ich bin erst einmal ratlos, in Deutsch kann ich ihr nicht erklären, daß ich es nicht böse gemeint habe, in Chinesisch (es ist eine Chinesin) schon gar nicht. Der Dolmetscher ist irgendwo weit weg. Über den englischsprechenden Vietnamesen, Tran, versuche ich klarzumachen, daß ihre Aussprache nur für deutsche Ohren sehr hübsch geklungen habe. Mein Englisch ist nicht gut, sein Englisch ist schlecht, dazu haben wir nicht annähernd den gleichen Wortschatz – es ist chaotisch. Ich erzähle auf englisch, nach einiger Zeit hat Tran mich verstanden, erklärt es der Klasse auf vietnamesisch, eine andere Chinesin erklärt es noch einmal auf chinesisch. Ich sage, es tut mir leid, ich habe sie nicht beleidigen wollen.
Die Betroffene dreht sich schließlich wieder herum, lächelt. Ich weiß nicht, lächelt sie aus Höflichkeit oder hat sie es verstanden. Aber die Stimmung ist wieder gelöst.
Wie oft sollen wir noch vor solchen Situationen stehen!

Nach den ersten beiden Unterrichtswochen können sie bereits siebzig neue deutsche Vokabeln, können kleine Sätze sprechen, einfache Redewendungen richtig anwenden. Ich bin stolz auf sie und ein bißchen auch auf mich. Meine selbst erdachte Methode funktioniert.

Mein ältester Schüler ist 60 Jahre alt, der jüngste siebzehn. Zwei Ehepaare habe ich unter den älteren Schülern, bei den jüngeren mehrere Geschwister. Schon in diesen ersten Wochen, in denen eine Verständigung kaum möglich ist, lerne ich, daß ihre Familienbeziehungen und ihre Bindungen an die Verwandtschaft mit unseren deutschen nicht zu vergleichen sind. So sagen die Söhne und Töchter zum Vater nie ein ärgerliches oder gar lautes Wort, die Mutter wird mit Achtung behandelt, aber sie spricht fast nie, sitzt immer stumm dabei. Eine dieser Mütter wird mir wohl für immer im Gedächtnis bleiben. Ich muß nur die Augen schließen und sehe sie jetzt, nach fast drei Jahren, deutlich vor mir. Streng nach hinten gehaltene, zu einem Knoten gebundene, schwarze Haare, vereinzelt graue Strähnen darin, ein gütiges Gesicht, das sofort lächelt, wenn ich hinschaue, große, dunkle Augen. Nie spricht sie deutsch, aber immer sitzt sie auf ihrem Platz rechts von mir, ruhig, lächelnd. Das merkwürdigste für mich ist, daß sie täglich vor sich auf der Bank einen frischen, sauber zusammengelegten Waschlappen liegen hat. Ich sehe in der ganzen Zeit nicht einmal, daß sie ihn benutzt, aber er ist immer da. Der Dolmetscher sagt mir später, als wir gerade auf diese Frau zu sprechen kommen, sie wolle nicht Deutsch lernen, sie sei fest davon überzeugt, daß sie wieder nach Vietnam zurückkehren werde. Von diesem Tag an mag ich sie noch mehr. Sie will nicht Deutsch lernen und sitzt jeden Tag fünf Stunden in der Klasse, wo nur deutsch gesprochen wird. Welche Disziplin! Zwischen uns herrscht eine unausgesprochene Sympathie. Später bringt sie mir Ban Bau, eine selbstgemachte chinesische Spezialität, mit. Sie gibt sie mir nicht in der Klasse, nein, vor dem Unterricht paßt mich eine ihrer Töchter ab und überreicht mir die Tüte mit den Worten »von meiner Mutter«. Ich nehme das Geschenk an, andernfalls würde ich sie sehr beleidigen. Es ist für mich in ihren Augen eine große Ehre. Die »Ban Bau« entpuppen sich als eine Art mit Hühnerfleisch gefüllte Hefeklöße und schmecken wunderbar. Am nächsten Tag habe ich mit einer anderen Chinesin auf Chinesisch eingeübt »Vielen Dank, die Ban Bau schmecken sehr gut!« Ich sage es ihr in der Pause. Zuerst schaut sie mich nur mit großen Augen an, mein Chinesisch muß wohl nicht sehr chinesisch klingen. Nach kurzen Erklärungen der drumherumstehenden Chinesen und Vietnamesen geht ein verstehendes Lächeln über ihr Gesicht. Ich sage meinen Satz noch einmal. Alle lachen jetzt, sie sagt zu mir auf Deutsch »Danke!«

Noch etwas haben alle Schüler aus dieser Begebenheit gelernt: Man kann in Deutschland über einen Lehrer lachen und er ist nicht beleidigt! Ich versuche jetzt öfter, etwas Vietnamesisch zu lernen. Wendungen, die ich bei meinen Schülern oft höre, lasse ich mir übersetzen und aufschreiben. Oft habe ich von einem Tag zum anderen die Aussprache vergessen, gibt es doch im Vietnamesischen unzählige Möglichkeiten, ein Wort auszusprechen. Und jede Möglichkeit bedeutet etwas Anderes.

Bald kann ich eine Reihe vietnamesischer Sätze, und wenn ich sie richtig benutze, bekomme ich Lob von allen Seiten, bringe ich etwas durcheinander, lachen wir alle herzhaft zusammen.

Auf diese Art gelingt es uns schneller, die Sprachbarriere zu überwinden.

Für eine Klasse von Anfängern lernen sie erstaunlich gut, und wir kommen schnell vorwärts. Nur äußerst selten muß ich die Hilfe des englischsprechenden Tran in Anspruch nehmen, den Dolmetscher benötigen wir nie so dringend, daß wir das Problem nicht auch allein lösen können. Bei einigen Schwierigkeiten gehe ich auch in die benachbarte Klasse, in der die Vietnamesen lernen, deren Deutsch bereits relativ gut ist und leihe mir von dort eine »Hilfe« aus. So bei dem Satz: »Wie findest du mein Kleid?« Sie kennen die Vokabeln »finden« und »suchen«, also antwortet jemand: »Ich suche das Kleid.« Hier kommen wir nicht weiter, ich kann ihnen die andere Bedeutung im Sinne von »aussehen« nicht klarmachen. Also hole ich mir Binh aus der Nebenklasse und sie schafft es auch erst nach viel Mühe. Dann sind wir alle stolz auf das Erreichte. Am nächsten Morgen fragt mich Hoa stolz: »Wie finden Sie meinen Pullover?«

Wir kennen inzwischen die deutsche Satzstellung, eine Unmenge neuer Vokabeln, wir haben zusammen die deutsche Sprachmelodie des Fragesatzes geübt, was alle sehr belustigt hat, alle

Vietnamesen sprechen in vollständigen, wenn auch einfachen Sätzen, benutzen keine Infinitive mehr und der Unterricht macht Schülern und Lehrern Spaß.
Um den Unterricht nicht zu trocken zu gestalten, haben wir mit allen beteiligten Lehrern abgesprochen, Unterrichtsgänge einzuschieben. So besuchen wir die Post, die Drogerie, den Bäcker, den Fleischer – überall erlernen wir erst die notwendigen Vokabeln und erproben sie dann. Nach anfänglichen Hemmungen macht das viel Spaß und bringt großen Nutzen. Denn wenn die Vietnamesen allein ihre Einkäufe tätigen, wissen sie oft nicht, was in den bunten Verpackungen enthalten ist. Jetzt fragen sie mir buchstäblich »Löcher in den Bauch«, ständig suchen wir unterwegs im Wörterbuch und erweitern den Wortschatz so beträchtlich. Eine besondere Überraschung erleben wir beim Besuch eines Schuhgeschäftes. Der Inhaber läßt uns erst alles ansehen und sagt dann, er wolle jedem der anwesenden Vietnamesen ein Paar Schuhe schenken. Es herrscht ungläubiges Staunen und es dauert eine ganze Weile, bis die ersten beginnen, sich Schuhe auszusuchen. Sie werden aufgefordert, sich aus der regulären Ware Schuhe auszuwählen, ganz gleich, wie teuer. So suchen sie sich dann alle ein Paar aus, bei einigen überwiegt Bescheidenheit, bei anderen Mode. Als alle ihren Schuhkarton in der Hand halten, meint der Geschäftsinhaber, daß es ja eigentlich ungerecht sei, nur dieser einen Klasse Schuhe zu schenken. Ich solle nur die anderen auch noch herschicken, und wer Kinder zu Hause habe, könnte die auch mitbringen. Ich weiß nicht, was ich sagen soll, die Haltung des Mannes beeindruckt mich sehr. Ebenso die Vietnamesen, die ja an und für sich Spendenfreudigkeit nun schon gewöhnt sein müßten. Spontan sammeln sie außer Sichtweite des Geschäftes Geld, die Hübscheste der Klasse wird ausgewählt, dem Besitzer des Schuhgeschäftes einen Blumenstrauß zu überreichen.
Wir kommen zur Schule zurück und überbringen die freudige Nachricht, daß alle Vietnamesen neue Schuhe geschenkt bekommen sollen, den anderen Klassen. Die Freude ist riesengroß, denn wenn auch alle mit Kleidungsstücken reichlich eingedeckt sind, mit Schuhen sieht es schlechter aus. Und viele Schuhfabriken haben wohl Uraltmodelle gespendet, als es um die Einkleidung geht. Außerdem steht der Winter vor der Tür und

warmes Schuhwerk ist gefragt. Schuhe für 52 Vietnamesen! Ich finde dies einfach fabelhaft und erzähle davon weiter. »Der!«, wird mir geantwortet, »das hätte man sich ja gleich denken können, der nutzt doch alles politisch aus!«
Ich verstehe den so abwertend Sprechenden nicht. Muß denn alles Mittel zum Zweck sein? Ist es nicht mehr vorstellbar, daß es auch Menschen gibt, die Nächstenliebe praktizieren?
Aus Spendenmitteln besorgen die Frauen einer der großen Parteien für alle vietnamesischen Familien Cassettenrecorder. Diese werden für das Abhören von Sprachcassetten, zum Teil von uns Lehrern selbst besprochen, benötigt. Die Recorder werden in einer kurzen Feierstunde übergeben, Zeitungsreporter sind anwesend, alle freuen sich sehr.
Ein paar Tage danach kommt der Dolmetscher und sagt, er habe für die großen Familien noch einige Recorder besorgt, eine Firma hätte die Mittel dafür gespendet. So bekommen etliche Familien noch ein Gerät, manche sogar zwei. Wir fragen uns, ob sich nach einer Rücksprache mit den Betreuern und Lehrern das Geld nicht für notwendigere Dinge hätte ausgeben lassen. So kommt es dann, daß eines Morgens noch vor Beginn des Unterrichts Tran mit einem beträchtlichen Paket vor mir steht und mir in noch nicht sehr gutem Deutsch klarzumachen versucht, was er möchte. Er hat in dem besagten Paket zwei Recorder der gleichen Marke, noch original verpackt, und er bittet mich, mit ihm zum Supermarkt zu gehen und dort die beiden Recorder gegen einen großen umzutauschen. Ich bin skeptisch, ob man das machen wird, aber ich sage ihm meine Hilfe zu, zumal ich ihn im Grunde genommen verstehen kann.
In der großen Pause gehen wir zusammen zum nahe gelegenen Supermarkt. Der aufsichtführenden Angestellten trage ich Trans Anliegen vor, begründe ihr, wie es zu den beiden Recordern kam. Jetzt geschieht etwas, womit ich beim besten Willen nicht gerechnet hätte – und wo ich froh über Trans geringe Deutschkenntnisse bin. Sie beginnt zu schimpfen, ja, da sehe man es wieder mal, alles stecke man den Flüchtlingen hinten und vorne rein, neue Wohnungen, neue Möbel, neue Schuhe, jetzt diese Recorder, Fernseher hätten auch alle, sie sei selbst »Flüchtling« gewesen, hätte mit ihrem Kind aus der Wohnung ihres Mannes gemußt, Hals über Kopf, nicht einmal das Gericht konnte ihr

zum Notwendigsten verhelfen, mit dem Kind mußte sie sich durchschlagen, heute noch habe sie keinen Recorder . . . ., und hier, da sehe man ja wieder . . .!
Ich sage ihr sehr konsequent, daß ich ihre Gefühle wohl verstehen kann, aber daß sie bitte aufhören möchte, da Tran – ich mache eine Kopfbewegung zu dem aufmerksam lauschenden Vietnamesen hin, der mich bereits mehrere Male fragend anschaute – da Tran schon etwas Deutsch versteht und ihm könne der Vorwurf dafür ja wohl kaum gemacht werden, ebensowenig wie seinen Landsleuten.
Sie ist ärgerlich, sehr, ruft aber daraufhin den Chef, dem ich die Lage erkläre und der sofort bereit ist, die beiden Geräte einzutauschen, auch ohne Kassenbeleg. Tran muß zuzahlen, dann verlassen wir den Supermarkt. »Warum Frau ärgerlich?« will er draußen von mir wissen. »Oh«, entgegne ich abwinkend, »nichts!« Damit ist das Thema beendet und ich bin froh, daß Tran noch nicht weiterfragen kann.
Gewiß ist es schon vielen aufgefallen, daß der Fehler gemacht wurde, die Vietnamflüchtlinge überzubetreuen, Fehler wie diese hier sind auch nicht selten, aber den Leuten selbst dafür mit Haß zu begegnen, so wie eben, ist wohl nicht die richtige Lösung.
Der Unterricht geht weiter, Woche für Woche. Wir, die deutschen Lehrer, sind jetzt oft am Feiern. Sie bereiten extra für uns eine nachträgliche Eingangsfeier, tischen uns die köstlichsten Spezialitäten ihres Landes auf, möchten damit zeigen, daß sie dankbar sind für die Mühe, die man sich ihretwegen macht. Paten werden eingeladen, asiatisch höftlich bewirtet, wir lernen mit den halsbrecherischen Stäbchen zu essen und schauen in fremde Kochtöpfe. Auch unsere Patenfamilie zusammen mit der darüberwohnenden Familie macht ein Festessen, Essen hier, Essen dort. Wir kommen uns näher und bald kennen wir drei Lehrer jeden Vietnamesen, lernen auch einiges von ihren Schicksalen kennen. Wenn sie mit den Erzählungen darüber auch sehr sparsam umgehen. So wie Vien und Suat, die beiläufig und mit dem unablegbaren Lächeln einmal erzählen, daß sie ein Kind hatten, daß es auf der Flucht gestorben ist und sie es während der Fahrt vom Boot ins Meer werfen mußten. Als sie unsere Betroffenheit bemerken, lachen sie und wechseln sofort das The-

ma. Sie sprechen schon recht gut deutsch und wir können uns über vieles unterhalten. Oder Herr Thoa, der einmal ganz ruhig erwähnt, er habe drei Jahre in einem Lager verbringen müssen. Mehr darüber erfahren wir von ihm nie, seine Schwester erzählt, wie sie und sein Bruder währenddessen in Vietnam heimlich arbeiteten, um das Geld zur Bestechung eines Postens aufzubringen, damit ihr Bruder endlich fliehen konnte. Wochenlang waren sie im Dschungel, ernährten sich von Schlangen und Ratten, fingen Skorpione. »So«, zeigt der Bruder Herrn Thoas, Herr Ha, und macht eine kuppelförmige Bewegung mit beiden Händen, »einen kleinen Käfig über ein Loch muß man bauen, fängt man damit Ratten, sie schmecken sehr gut!« Kleinen Käfig über ein Loch? Fragend schauen wir uns an. »Eine Falle«, meint einer von uns. »Ja«, nickt Herr Ha, »Falle, ich weiß das Wort noch nicht.« Er erklärt uns auch, wie man Schlangen fängt, Schlangen sind eine Delikatesse und gut für Hautkrankheiten, erzählt er.
»Und Skorpione – nicht gefährlich« lacht er, »nur hinten, vor dem Schwanz muß ich anfassen, schnell mit Messer – er macht dazu die entsprechende Bewegung – Schwanz abschneiden, dann ist alles okay.«
Sehr viele von ihnen waren in Vietnam in den sogenannten Umerziehungslagern, aber keiner erzählt davon. Als ich im Unterricht einmal erwähne, daß ich in der DDR ebenfalls aus politischen Gründen in einem Umerziehungslager war, herrscht erst einmal ungläubiges Staunen. Tran, der Englischsprechende, fragt mich nach einer Weile auf englisch, ob ich wirklich im Gefängnis gewesen sei, ich bejahe es, er erzählt es den anderen noch einmal in seiner Sprache. Warum, wollen sie dann wissen. Ich erkläre ihnen mit einfachen Worten, daß ich ins Gefängnis mußte, weil ich ein Land, die DDR, mit dem Boot heimlich verlassen wollte, mit meiner Familie. Ich sehe an ihren Gesichtern, sie verstehen die Sache nicht, vielleicht glauben sie es auch nicht, vielleicht gibt es für sie im Moment nur eins, das eigene Schicksal. Wir sprechen über dieses Thema nie wieder.
Inzwischen rückt das Weihnachtsfest in greifbare Nähe, für die Flüchtlinge das erste Weihnachtsfest in der neuen Heimat. Sie kennen von Vietnam kein Weihnachtsfest und im Unterricht unterhalten wir uns lange darüber, wie man in Vietnam feiert.

Da sie nun bereits über recht annehmbare Deutschkenntnisse verfügen, können sie mir allerhand erzählen. Wenn einer nicht weiter weiß, springen andere ein. Sie berichten mir von ihrem Tet-Fest, welches sie als Neujahrsfest feiern. Es ist zugleich ein Frühlingsfest und wird am Neujahrstag gefeiert. Dieser Tag ist jedoch nicht mit unserem Neujahrsfest identisch, es ist der erste Tag ihres Mondkalenders. Sie versuchen, mir den Kalender zu erklären, erzählen, daß sie das Neujahrsfest im Februar feiern und daß es das schönste Fest im ganzen Jahr ist. Man geht auf der Straße spazieren, trifft sich, schließt Bekanntschaften, genießt die herrlichen Blumen, die es zum Neujahrsfest überall gibt. Als sie mir von den Blumen berichten, spüre ich die Sehnsucht in ihnen, unausgesprochen. Und Binh, die Schüchterne, bekommt feuchte Augen, formt mit den Händen einen riesigen Blütenkelch, schaut irgendwo ins Leere und sagt: »Blumen, viele Blumen, so groß!« Dann sagt sie das vietnamesische Wort für »wunderbar«, so innig, so sehnsuchtsvoll, wie ich nie zuvor ein Wort gehört habe.

Zum Weihnachtsfest werden viele von ihren Patenfamilien eingeladen, für ein Essen, für ein, zwei Stunden. Geschenke werden ausgetauscht, sie sehen, wie wir Deutschen unser größtes Fest feiern. Die meisten von ihnen haben in ihrer Wohnung auch einen Weihnachtsbaum, daran hängen neben Schmuck Karten, Grüße aus Vietnam. Auch wir bringen Geschenke zu unserer Patenfamilie, kleine Aufmerksamkeiten zu den Familien, mit denen wir inzwischen guten Kontakt haben. Eine alleinstehende Vietnamesin laden wir in unsere Familie ein.

Es ist ihr erstes Weihnachten hier in der Fremde, alle versuchen, es ihnen so schön wie möglich zu machen, Unstimmigkeiten, Enttäuschungen, Mißverständnisse – alles ist vergessen, da sind wir typisch deutsch, Weihnachten ist Weihnachten, das Fest des Friedens. Ist dies nicht eine andere Form des asiatischen Lächelns, frage ich mich, wenn ich all diese Betriebsamkeit überschaue.

Nach dem Fest lasse ich meine Schüler einen kleinen Aufsatz schreiben. Sie sollen das hier erlebte Weihnachtsfest beschreiben, in einem Brief an einen Freund in Vietnam. »In Deutschland feiert man am Weihnachtsfest ganz anders« schreibt Tran. »Sie feiern in ihre Familie und sie schenken das Geschenk und die

Postkarten für ihre Freunde und ihre Kinder. Es gefällt mir nicht, weil es zu ruhig ist und das Wetter ist schlecht!«
Hoa schreibt: »Die Deutschen haben Weihnachten sehr lustig gemacht, aber die gefällt mir nicht, weil Deutschland nicht wie Vietnam ist. In Vietnam ist man die Kirche gegangen, (sie meint das Neujahrsfest!) die Jungen und Mädchen haben die Party gemacht oder sie haben in die Stadt gespaziert und haben kennengelernt.«
Und Van, die Schüchterne, schreibt diplomatisch: »Weihnachten in Deutschland gefällt mir ein bißchen! Weil das Wetter kalt ist. Und die Leute sind immer ruhig, ich bin auch immer zu Hause, weil ich keine Freunde in N. habe und ich erinnere mich gern an meine Mutter.«
Der Lehrer der Parallelklasse, deren Schüler bereits gut deutsch sprechen und schreiben, macht auf meine Bitte hin einen Versuch. Er unterhält sich mit seinen Schülern darüber, warum sie aus Vietnam geflohen sind. Nach anfänglichem Zögern erzählen sie, nicht allzuviel, aber etwas. Anfangs ist immer wieder die Rede von einer »schlimmen kommunistischen Regierung«, davon, daß man keine Freiheit mehr gehabt habe. Nach und nach erzählen sie konkreter, von der Korruption des neuen Systems, von den Säuberungswellen, der Vernichtung ihrer Existenzen als Händler und in anderen Berufen, von der Verschleppung einzelner Familienmitglieder, von vermißten oder toten Verwandten.
Nach einer langen Zeit des Gesprächs bittet sie ihr Lehrer, dies alles doch aufzuschreiben, nur für ihn zum Korrigieren. (Hier sagt er nicht die ganze Wahrheit, denn ich hatte ihn darum gebeten, um die Aufsätze einmal für meine Aufzeichnungen verwenden zu können.)
Er bittet sie also um einen kurzen Aufsatz und sieht sich lähmender Stille gegenüber. Niemand nimmt einen Stift zur Hand, niemand spricht. Nach langem Schweigen sagt einer in die beklemmende Stille hinein: »Sie sind ein Spitzel!«
Der Aufsatz wird nie geschrieben und er braucht lange Zeit, bis er sich mit seiner Klasse wieder so frei wie vorher unterhalten kann.
Wir sind mit dem Unterricht fast am Ende und bereiten unsere Schüler auf das Deutsch-Zertifikat vor. Dieses ist sehr schwierig,

wir verstehen nicht, warum man es von ihnen verlangt, um eine »gute« Arbeit zu bekommen, wie immer gesagt wird, und von anderen Ausländern nicht. Es ist so schwierig und zeitlich derart knapp gehalten, daß es unserer Meinung nach viele Deutsche kaum schaffen würden. Wir üben sehr gezielt und hoffen auf ein Wunder. Mündlich können sich inzwischen fast alle (es gibt ein paar Ausnahmen: Die Älteren, Analphabeten) gut verständigen, die Schüler der ersten Klasse beherrschen die Grammatik unserer Sprache besser als viele deutsche Schüler.
In dieser Zeit schickt uns das Arbeitsamt seine Vertreter, um mit den Vietnamesen die Entscheidungen über ihr weiteres Leben zu treffen. Viele wollen gerne eine Lehrstelle – wir müssen ihnen leider mit Hinblick auf die Arbeitssituation viele Illusionen nehmen. So sitzen wir mit den Angestellten vom Arbeitsamt an einem Tisch, haben keinen Dolmetscher zur Verfügung, weil man diesen nur für sechs Monate angestellt hatte, und warten der Dinge, besser, der Beratung, die da kommen soll. Wir meinen, mit dem Deutsch unserer Schützlinge wird die Verständigung ganz gut möglich sein.
Als erster kommt Herr Tran aus unserer besseren Nebenklasse. Der Angestellte des Arbeitsamtes läßt sich eine Karteikarte geben, liest kurz, sieht auf und fragt Herrn Tran: »Was du können arbeiten?«
Herr Tran schaut uns an, wir schauen uns untereinander an, sprachlos. »Was du können arbeiten?« fragt der Herr noch einmal, ungeduldiger. »Ich war in Vietnam Lehrer« sagt Herr Tran langsam, aber sehr deutlich und sicher, »ich weiß, hier kann ich nicht als Lehrer arbeiten, darum möchte ich in einem anderen Beruf arbeiten.«
Er sagt es einwandfrei, wir alle sind stolz auf ihn.
»Du können arbeiten mit Hand?« fragt der Mensch vom Arbeitsamt wieder.
»Ja«, antwortet Herr Tran und blickt wieder zu uns.
»Du wollen arbeiten in Fabrik? Groß Fabrik?«
»Ja«.
»Gut, wir Arbeit für dich suchen!«
Herr Tran ist entlassen.
Wir sind entsetzt über diese Art der Befragung, können aber nichts dazu sagen. Und wenn – auch wir wissen, daß die meisten

unserer Schützlinge in einem der großen örtlichen Werke untergebracht werden. Mehr Auswahl ist nicht, mehr hat Deutschland in diesen Breiten momentan nicht zu bieten. Herr Tran, der feinnervige, höfliche, durch und durch gebildete Vietnamese, fünf Sprachen sprechend, am Schmelzofen – ich mag es mir nicht vorstellen. Doch wissen wir alle, daß es so kommt.
Die anderen Befragungen unterscheiden sich nicht wesentlich von dieser ersten. Ein paar jüngere Vietnamesen will man versuchen, in Lehrberufen unterzubringen, aber viel Hoffnung gibt es nicht. So bleiben die Alternativen Fabrik für die Männer, Nähbetrieb für die arbeitswilligen Frauen. Sie werden Geld verdienen und ihr Auskommen haben und nicht von Almosen leben müssen. Da sie ihre Großfamilien hier beibehalten, werden sie sicher gut leben können. Aber ihre Hoffnungen, ihre Sehnsüchte – die werden sie hintenan stellen müssen.
Ob sie sich Deutschland so vorgestellt haben?
Als die Vertreter des Arbeitsamtes gegangen sind, fragen uns die Vietnamesen: »Warum hat der Mann so schlecht deutsch gesprochen?«
Und sie sagen uns, daß sie es sehr unhöflich finden, daß er sie alle mit »du« angesprochen hat. »Wir machen das auch nicht«, sagen sie.
Wir haben keine Erklärung dafür.
Ihr Wünsche nach einer Ausbildung, nach einer Arbeit, die unter Dach ist, weil sie das Klima nicht gewöhnt sind, die aus irgendwelchen Gründen auch nicht zu laut und zu schmutzig sein sollte, gehen nicht in Erfüllung. Lediglich einige wenige können durch die guten Beziehungen ihrer Paten eine Lehrstelle bekommen, ein Vietnamese, der bereits in Vietnam studiert hat, versucht es hier erneut, gibt aber auf, als man ihm nach einem Jahr noch immer nicht zu sagen vermag, wie lange er nochmals studieren muß. Er hat Frau und Kinder zu versorgen. Eine Vietnamesin, noch jung, hat eine Lehrstelle gefunden und möchte diese Ausbildung zu gerne machen. Das Arbeitsamt stellt sie vor die Wahl, entweder Ausbildung oder Familienzusammenführung. Ganz einfach, weil es Bestimmungen gibt, die angeblich besagen, wer Familienzusammenführung beantragt, muß über genügend Wohnraum und Einkommen verfügen. Das aber hätte sie als Lehrling nicht. Sie sitzt einen Nachmittag bei uns und

wir beraten gemeinsam. Sie weint bitterlich, als sie sich entschließt, den Wunsch nach einer Lehre aufzugeben. Sie möchte ihre Mutter und ihre Schwester nach Deutschland holen und stellt den Antrag.
Damit entscheidet sie sich, über Jahre hinweg die Stelle einer Hilfsarbeiterin einzunehmen. Und selbst dann, auf lange Sicht, ist nicht einmal sicher, ob es zu einer Familienzusammenführung kommen wird. Ihr Bildungsweg ist jedoch verbaut. Wie weit kann Bürokratie reichen!
Eigentlich liebe ich diese Arbeit, freue mich über jedes neue Wort, jede neue Redewendung, die meine Schüler mitbringen. Sie sind sehr lernwillig, sie wissen, daß es für sie keine Rückkehr in absehbarer Zeit geben wird. Auch wenn manchmal sehnsüchtig davon gesprochen wird, die Realitäten sind doch, bis auf ein paar Ältere, bei allen klar.
An jedem dieser Schicksale habe ich Anteil genommen und ich kann mir nicht vorstellen, daß das nun bald vorbei sein soll. Ob die Kontakte danach anhalten? Oder werden sie mehr unter sich sein, wie andere Ausländer auch? Sicher ist, sie werden ihren Weg gehen, vielfach vielleicht den Weg, den man ihnen vorgibt, aber sie werden ihn gehen.
Eine Begebenheit kommt mir wieder in den Sinn. Eine Situation, die zeigt, wie vorgeplant in manchen Fällen dieser Weg von Anfang an ist. Alle Vietnamesen haben von der CDU und dem Bürgerverein als Geschenk einen Freiflug über ihre neue Heimatstadt bekommen. Wir stehen auf dem Gelände des kleinen Sportflughafens herum, unterhalten uns, so gut das eben schon möglich ist. Ein Vietnamese äußert sich abfällig, daß diese Veranstaltung von der CDU organisiert wurde. Ich höre, wie er ganz überzeugt sagt: »Immer CDU, nicht gut, CDU ist Strauß, Strauß ist gefährlich!« Ich mische mich in das Gespräch. Bemerke, daß er hier wohl nicht ganz objektiv ist, und überhaupt, daß ich es nicht gut finde, wenn er so abfällig über die Partei spricht, die seine Aufnahme in dieser Stadt letzten Endes erst möglich gemacht hat. Außerdem weise ich ihn noch darauf hin, daß die Teilnahme am Fliegen wie sein Hiersein freiwillig ist! Er wird dunkel im Gesicht, meine Kritik muß ihn härter getroffen haben, als ich das beabsichtigte. Ich wende mich dann wieder anderen Schülern zu und das Gespräch ist fast vergessen.

Am nächsten Tag werde ich bei einem Gang über den Wochenmarkt von einem Vertreter der Stadt angesprochen, was denn gestern vorgefallen sei. Erst nach längerem Nachdenken fällt mir der kleine Zwischenfall ein, den er meinen könnte. Ich berichte ihm davon, nicht verstehend, was daran schlimm sein soll.
Mir wird berichtet, daß jener Vietnamese sich sofort an seine Paten gewandt hat, diese sind aktive SPD-Mitglieder und legten meine Argumentation als parteipolitische Beeinflussung aus. Daraufhin schrieb der Vietnamese sofort einen Brief an die Stadt über jenen Wortwechsel, mit dem Vorwurf, hier würde ja schon im Unterricht politische Wertung betrieben.
Die Telefone laufen heiß an diesem Tag, mein Direktor läßt mich kommen, ich berichte ihm von dem Vorfall, der in meinen Augen gar keiner war, der nur eine Unhöflichkeit zurechtrücken sollte. Außerdem konnte ich nicht verstehen, wie ein sehr junger Vietnamese mit relativ geringen Sprachkenntnissen sich anmaßen kann, so über etwas zu urteilen, was er doch noch gar nicht überblickt. Jetzt, wo ich die Stellung seiner Paten kenne, ist mir alles klar. »Strauß ist gefährlich!« – ein vielzitiertes Schlagwort in allen Zeitungen. Ob wahr oder unwahr völlig dahingestellt – müssen jetzt auch die Vietnamesen schon diesen Raster mit den Schattierungen ›rechts – links‹ aufgedrückt bekommen?
Sollte man diese Menschen, die doch den Kommunismus selbst kennenlernen mußten, nicht erst einmal alles verarbeiten lassen? Von gewollter Beeinflussung jedenfalls kann gar keine Rede sein. Alles verläuft schließlich im Sande, ich bekomme von jenem Vietnamesen nie mehr einen Gruß, vom Direktor aber – wie die anderen beiden Lehrer auch – die indirekte Auflage, alles, was als parteipolitische Stellungnahme gewertet werden könnte, aus dem Unterricht herauszulassen.
Die Unterrichtszeit geht zu Ende. Zum Abschluß lasse ich die Schüler meiner Klasse noch einmal einen kleinen Aufsatz über ihre Zeit in Deutschland schreiben. Ich mag diese Aufsätze, weil sie mich den Schreibenden ein wenig näher bringen, weil sie darin stets ein bißchen mehr von sich selbst verraten, von ihren Gefühlen, die sie sonst hinter dem allgegenwärtigen Lächeln verstecken.

So schreibt Hua am Ende dieses neunmonatigen Unterrichts:
»Seit langem habe ich in Deutschland gewohnt. Ich glaube, das Leben und die Sitten der Deutschen sehr verschieden ist als mein Mutterland. Das Wetter ist zu kalt, bleibe ich immer zu Haus. Am Wochenende in meinem Land gibt es viele Leute auf der Straße, ein paar gehen zum Café, hören Musik, es ist immer laut. Aber in Deutschland nicht wie in meinem Land. Die Familie deutsche ist eine leise. Sie haben immer allein und ruhig gewohnt, sie wissen noch nicht, daß der Nachbar um sie wohnt, das ist mir zu traurig, weil ich früher laut gewohnt habe.
Ich hoffe, ein paar Jahre ist es besser in Zukunft. Manchmal gehe ich um die Stadt spazieren. Jeder Mal, wenn ich gehe von meinem Haus, muß ich Jacke und Hut anziehen.
In Vietnam ist es immer warm, brauche ich das nicht.
Besonders alle Geschäfte macht auf in Vietnam am Samstag, Freitag, bis zwölf Uhr in der Nacht. Man kann immer spazieren gehen. In Vietnam war ich sehr glücklich mit meiner Familie. Die Häuser sind groß und die Familien bleiben zusammen.
Hier schlafen viele Jungen und Mädchen auf dem Bahnhof, das ist nicht gut.
Jetzt wohne ich in Deutschland und denke an meine Familie, die wohnt noch in Vietnam und Freiheit nicht hat.«

Ich bin mehr als überrascht, als ich seinen Aufsatz lese. Das, was er hier haarscharf beobachtete, könnte auch die Beobachtung eines jeden anderen Asylanten – Tschechen, Polen – oder eines DDR-Bürgers sein.
Die Vereinsamung der Nachbarn in der Bundesrepublik, die In-Fragestellung des Wertes der Familie, alles Dinge, die eigentlich nicht neu sind. Nur, daß sie von einem Vietnamesen festgestellt werden, dessen Betreuung hier doch wesentlich intensiver ist als die eines jeden anderen Flüchtlings, das gibt schon zu denken.
Freiheit haben sie jetzt, unsere vietnamesischen Mitbürger, und diese wissen sie wohl zu schätzen. Ihr Auskommen haben sie auch. Ob sie glücklich sind, wissen wir nicht und sie werden es uns nie sagen. Sie werden lächeln, lächeln, und was sich dahinter verbirgt, bleibt verborgen.
Ein bißchen wehmütig ist mir schon zumute, als ich mich von meinen Schülern verabschiede. Gute Wünsche auf beiden Seiten

– dann ist dieser Abschnitt, der für beide Seiten menschlich viel brachte, beendet.
Ich bin arbeitslos.
Glücklicherweise lief der Angestelltenvertrag lange genug, so daß ich nun wenigstens für eine Weile Anspruch auf Arbeitslosengeld habe. Sicher wird sich wieder eine Arbeit finden lassen.
Ob ich denn noch schreibe, werde ich öfter einmal von Bekannten gefragt. Nun ja, ich kann es nicht lassen, wie man so schön sagt. Hin und wieder schreibe ich schon. Kurzgeschichten, Satiren, aus dem Alltag gegriffen. Nichts Politisches – rein Menschliches. Und ich bin froh, endlich ein anderes Thema gefunden zu haben.
Wann ich denn mein drittes Buch schreibe, werde ich dann auch oft gefragt. Zu oft. Ein drittes Buch über unsere hiesigen Erlebnisse, die Schwierigkeiten, mit denen ein DDR-Bürger, ein Freigekaufter hier zu kämpfen hat. Ob denn nun alles so gekommen ist, wie wir es uns vorstellten, ob es die Freiheit ist, von der wir geträumt haben.
Ja, es wäre schon wichtig, darüber noch einmal ein Buch zu schreiben. Sicher. Aber ich? Ich weiß nicht.

Wirtschaftlich stehen wir dank der guten Umstände – Dieter hat neue Arbeit gefunden – inzwischen wieder auf sicheren Beinen, wenn wir auch noch jahrelang durch hohe Abzahlungen an unser »Abenteuer mit dem totalen Kapitalismus« erinnert werden sollen. Aber wir haben unser Einkommen, wir haben die Freiheit, damit zu machen, was wir wollen, wir können uns dafür etwas kaufen, manchmal auch etwas leisten.
Jetzt fahren wir zu einem Treffen mit unseren DDR-Freunden in die CSSR, ins »Goldene Prag«. Wir haben sie seit unserem letzten DDR-Besuch vor drei Jahren nicht mehr gesehen und die Sehnsucht ist schon groß.
Wieder sichern wir uns vorher ab, so gut es geht. Ich telefoniere mit Bundestagsabgeordneten und Ministerien, um irgendwelche sicheren Auskünfte darüber zu erhalten, daß unser Ausflug in den Sozialismus nicht gefährlich für uns werden kann.
Niemand kann mir Sicherheiten geben.
Im Prinzip kann überhaupt nichts passieren – aber! Mehr kommt nie dabei heraus, und so fahren wir.

An der Grenze bin ich dann doch mehr als unruhig. Die Schlange der Wartenden vor uns bewegt sich nur schleppend vorwärts, Zeit genug, die Gedanken in Gang kommen zu lassen. Was werden sie kontrollieren? Werden sie wieder beim Studieren unserer Pässe fragen, warum wir denn die DDR verlassen haben? Hier, an der tschechischen Grenze? Sicher nicht, irre Annahme. Aber dieses zermürbende Warten läßt die absurdesten Vermutungen aufkommen. Werden sie fragen, was wir in Prag wollen? Wird ihnen schon bekannt sein, daß wir uns mit unseren Freunden treffen wollen? Werden sie unser Gepäck durchsuchen? Wir haben nichts dabei, was auch nur den geringsten Anstoß erregen könnte. Peinlich genau haben wir darauf geachtet.
Warum bin ich nur so unsicher? Erfahrungen liegen hier zugrunde, Erfahrungen, die tief, unauslöschlich sind. Die uns zeigten, wie rechtlos man trotz allem Recht sein kann, wenn es die Machthaber so bestimmt haben.
Alle trüben Gedanken sind überflüssig, nach anderthalbstündigem Warten können wir anstandslos, ohne jede größere Kontrolle, passieren. Wir sind nichts weiter als Touristen, die ins schöne Prag wollen. Der Anblick hinter der Grenze schockiert uns, obwohl er uns eigentlich nicht ungewohnt sein dürfte. Ungepflegte, vielfach verfallene Häuser, liederliche Gehöfte, ein ehemaliges großes Gut, von dem schon keine Farbe mehr abblättern kann, mit einem Transparent in tschechischer Sprache, das wir mühelos verstehen: Für Frieden und Sozialismus – ewige Freundschaft mit der Sowjetunion! Die Losungen sind immer noch die gleichen.
Nur langsam nähern wir uns Prag, die schlechten Straßen machen ein schnelleres Fahren von vornherein unmöglich, die Geschwindigkeitsbegrenzungen könnte man sich sparen. Trotz alledem fahren wir wohl einmal schneller als erlaubt, schon ist da eine hinter Büschen versteckte Polizeikontrolle zur Stelle, kassiert. Wir fahren nun noch langsamer, ständig den Blick am Tacho. Am Rande einer Kleinstadt winken zwei Soldaten. Wir halten spontan. Zögernd, nach gründlichem Rundblick, steigen sie ein. Eine Unterhaltung gelingt uns auf russisch. Sie machen uns klar, daß es ihnen verboten ist, mit westdeutschen Fahrzeugen mitzufahren, daß sie im Falle des Entdecktwerdens mit Strafe rechnen müssen. In jeder Ortschaft verstecken sie sich hinter

am Fenster hängenden Kleidungsstücken, wird eine Polizeikontrolle sichtbar, gehen sie auf Tauchstation. Es ist eine sehr lustige Fahrt. Sie erklären uns noch den weiteren Weg nach Prag, ehe sie so schnell und unauffällig wie möglich das Auto verlassen. Die Fahrt zieht sich endlos in die Länge. Kilometermäßig müßten wir längst da sein, wenn nur die schlechten Straßen nicht wären. Da, endlich, die Vororte – Prag! Warum heißt es immer noch »Das goldene Prag«? Nicht viel ist davon übrig. Grau in grau alles, Schmutz auf den Straßen, ungepflegte Häuserfassaden, kein bißchen fröhliche Farbe. Die Passanten hastend, Schlange stehend, es ist Feierabendzeit.
Wir sind in Sorge, das Hotel zu finden, die Zeit für unseren Treffpunkt ist ohnehin weit überschritten. Wird alles so klappen, wie geplant?
Auf einem großen Platz halten wir, fragen einen Passanten nach dem Hotel International.
»International?« Er zeigt nach rechts. »Fahren Sie immer große Straße, kommt seer großes Haus, was aussieht wie Sowjetunion, das ist International!«
Er strahlt über die gelungene Erklärung, wir lachen.
Es stimmt genau. Ein Riesenbau, der aus der Sowjetunion importiert sein könnte, Türmchen an Türmchen, protzig und stolz, nicht zu übersehen. Das Hotel International!
Ich kann es kaum erwarten, bis wir endlich einen Parkplatz gefunden haben. Werden sie da sein? Hat alles geklappt? Werde ich meine Freundin endlich wiedersehen können?
Wir betreten die Empfangshalle, schauen in eine danebengelegene Halle, sehen sie – liegen uns in den Armen. Es hat alles geklappt. Nicht zu beschreiben die Gefühle in diesen Minuten.
Wir warten seit drei Stunden, sagt meine Freundin.
Ich weiß.
Wir hätten auch noch länger gewartet, sagt sie. Wir hätten hier die Nacht bleiben dürfen, wenn etwas dazwischengekommen wäre! Na, das ist ja schon einmal sehr entgegenkommend. Dabei sind ihre Übernachtungen von uns bezahlt! Anders hätten sie hier gar kein Zimmer bekommen.
Wir trinken erst einmal Kaffee. Die Zeit scheint stillzustehen, es ist, als hätte sich seit unserem letzten Treffen nichts verändert. Dann gehe ich mit dem Mann meiner Freundin zur Anmeldung.

Beide haben wir die Pässe dabei. Meine nimmt man über die Barriere zuerst entgegen. Sehr höflich, sehr zuvorkommend, auf alle Fragen antwortend, nein, Geld müßten wir nicht mehr umtauschen, das wäre durch die Hotelbuchung nicht nötig, hier sind die Essengutscheine, danke, danke sehr, hier haben Sie noch Informationsmaterial über unsere schöne Stadt, wir wünschen Ihnen einen guten Aufenthalt!
Unser Freund reicht seine Personalausweise hin.
Sie können Sie morgen wieder abholen!
Kein freundliches Wort, kein Informationsmaterial, nichts.
Er hat andere Pässe. Er ist ein anderer Deutscher. Sogar hier. Ich schäme mich.
Er läßt sich die Enttäuschung über die ungleiche Behandlung nicht anmerken.
Laß nur, sagt er, als er mein Unbehagen bemerkt, das sind wir doch gewöhnt!
Das darf doch nicht wahr sein! Ihre Zimmer wurden von uns mitbezahlt, in D-Mark, wenn man sie sonst schon überall zurücksetzt, warum behandelt man sie hier nicht wenigstens gleich? Arbeiten sie nicht wie wir?
Da haben wir die klassenlose Gesellschaft!
Bereits an der Treppe werde ich gefragt, ob wir Geld tauschen wollen. Kaum zu bemerken, hinter einem Pfeiler. Nein, wir wollen nicht.
Was passieren würde, wenn wir hier illegal Geld eintauschen, können wir uns lebhaft vorstellen.
Wir lassen uns unsere Zimmer zeigen.
Obwohl ich ausdrücklich nebeneinanderliegende bestellt hatte, ist das Zimmer unserer Freunde auf der anderen Seite des Ganges, ein paar Zimmer weiter. Nun, zum Unterhalten werden wir sowieso nur in einem Zimmer sitzen, ansonsten ist es auch egal.
Wenngleich auch die strapaziöse Anreise hinter uns liegt, wird es doch ein langer, unvergeßlicher Abend. Wie nahe sind wir uns wieder! Fotoalben werden gezeigt, von den Kindern berichtet, den anderen Bekannten.
Wir müssen erzählen. Wie wir zurecht kommen, ob wir neue, gute Freunde gefunden haben. Nun, formulieren wir vorsichtig, damit ist es so eine Sache. Diese Nachbarschaft wie in der DDR,

wo jeder für den anderen da war, wo man zu jeder Zeit eben mal schnell kommen und ein Kind dalassen konnte – diese Nachbarschaft, dieses Miteinander, das haben wir hier nicht gefunden.
Ach, sagt meine Freundin, das ist bei uns auch längst nicht mehr so! Da lebt auch jeder mehr und mehr für sich allein, arbeitet und wühlt und schafft; denkt nicht, daß das noch so ist wie früher! Und nie weißt du, mit wem du offen reden kannst! Es ist ein Mißtrauen unter den Leuten, wie es noch vor ein paar Jahren nicht war. Seit ihr weg seid, haben wir auch keine neuen Freunde mehr gefunden, die so sind wie ihr. Wir haben unseren Garten und sind für uns.
Ich bin erschlagen. Das, was ich immer als DDR-spezifisch herausstellte, wenn ich danach gefragt wurde, die guten zwischenmenschlichen Beziehungen – sind sie am Zerbröckeln? Sozialistische Gemeinschaft, wenn auch der Not gehorchend, wo ist dein Zusammenhalt? Alles hätte ich erwartet, diese Aussage nicht.
Sie bestätigt sich in unseren Gesprächen noch oft. Rückzug ins Private, nicht nur Anzeichen einer so oft zitierten menschlichen Schwäche in der Bundesrepublik.
Ist es doch der Mensch, der das System ausmacht? Nicht das System den Menschen?
Das Abendessen wird in einem großen Gemeinschaftsraum eingenommen. Es ist offensichtlich, daß hier auch noch andere Treffen stattfinden. Unsere Freunde sind sehr still, als das gute Essen aufgetragen wird. Salat – um diese Jahreszeit – das hätten wir in Leipzig nie bekommen!
Ja, sie sind hier im Interhotel, hier geht der Kapitalismus ein und aus, und dafür gibt es eben auch Salat!
Unser Zimmer hat einen kleinen Flur, an den sich noch ein Zimmer anschließt. Zu beiden Zimmern gehört ein Bad. Wir haben solch eine Anordnung noch nie gesehen. Aber wir sehen unseren Mitbewohner nie, er bleibt unsichtbar. Warum diese Raumaufteilung? Absicht?
Paßt auf, im »International« wird alles abgehört, hatten uns Bekannte noch vor unserer Reise gesagt. Ungeübt, wie wir sind, können wir kein Mikro entdecken. Aber wir sind überzeugt, daß es so ist. Unser geheimnisvoller Nachbar ist Grund genug

zur Vorsicht. Über Sachen, die niemand hören soll, sprechen wir grundsätzlich nur draußen, im Menschengewühl. Und nicht einmal hier fühlen wir uns sicher. Beim nächsten Essen fällt mein Blick auf die Tür des Saales, was ich sehe, macht mich unruhig.

»Du«, stoße ich Dieter an, »da an der Tür stehen zwei Gestalten, einer in Ledermantel und Ledermütze, genau wie Stasi! Die sehen nur zu unserem Tisch!«

»Ich weiß«, entgegnet Dieter, »die waren gestern auch schon da, aber ich wollte Dich nicht beunruhigen!«

Mir bleibt der Bissen im Munde stecken.

Wir erzählen unsere Beobachtung unseren Freunden. Die sind sehr ungläubig. »Komm, wir gehen hin«, sagt Dieter spontan und steht auf. Der Mann meiner Freundin ebenfalls. Beide gehen auf die Tür zu, die dort stehenden Gestalten drehen sich im gleichen Moment um und verlassen den Raum.

Unsere Männer suchen nach ihnen im Flur, in sämtlichen Gängen, sie sind vom Erdboden verschwunden.

Unverrichteter Dinge kommen beide an unseren Tisch zurück. Daß unsere Vermutung stimmte, bezweifelt niemand mehr.

Sie soll sich sogar noch ein paar Mal bestätigen. Mitten im Prager Verkehr werden wir mit dem Auto angehalten, Ausweiskontrolle. Mehr als gut ist, werden wir angesprochen, ob wir Geld tauschen wollen. Es fällt auf, daß man stets nur uns anspricht, unsere Freunde haben Kleidung von uns an, sind also äußerlich als DDR-Bürger nicht zu erkennen. Man spricht sie nie an.

Wir tauschen nicht, wir sprechen in geschlossenen Räumen nichts Zweideutiges, wir sind nur auf der Hut.

Allmählich merke ich, wie meine Nerven auf die dauernde Anspannung reagieren. Beim geringsten ungewohnten Geräusch, einer plötzlichen Berührung, schrecke ich zusammen.

Trotz alledem genießen wir das Wiedersehen, das Zusammensein. Freuen uns an der Freude unserer Freunde beim Bummel durch Prags Geschäfte, wenn sie etwas entdecken, nach dem sie in der DDR vergeblich suchen. Freuen uns an ihrer Begeisterung für das Essen, den Sekt. Für sie ist alles ein Erlebnis, für uns überwiegt das rein Menschliche.

Zwei Tage sind nicht lange, am Morgen des dritten Tages pakken wir wieder unsere Sachen. Unsere Taschen sind leerer ge-

worden, hatten wir doch viel mitgenommen, was nun auf anderen Wegen weiterfährt. Der Hoteldiener kommt, nimmt Dieter die leichte Reisetasche ab, trägt sie über die roten, ein wenig Eleganz vortäuschenden Läufer. Ich gebe der Putzfrau, die gerade noch den Gang entlangläuft, ein Trinkgeld. Sie versinkt bald in ihrer Schürze, hört nicht auf, zu knicksen, dankescheen, dankescheen, Madam! Unsere Freunde schleppen Koffer und Taschen, keiner verschwendet einen Blick an sie, hilft ihnen tragen.
Sind sie Menschen zweiter Klasse?
Das ganze sozialistische System straft sich selbst Lügen, nichts hat sich seit unserem Weggang geändert, im Gegenteil, die Korruption wird größer und größer. Das, was ich auf meinen Vorträgen immer berichtet habe, der Mensch als Opfer dieses Systems, nicht als Mittelpunkt – alles stimmt.
Der Abschied wird kurz, wie unsere Abschiede – erlaubt oder nicht erlaubt – bisher immer waren. Jedesmal stand die Frage unausgesprochen im Raum: »Sehen wir uns wieder?«
Diese Mal steht sie in der klaren, kalten Prager Frühlingsluft. Natürlich sehen wir uns wieder, nicht weinen, wir finden schon einen Weg!
Ein letztes Winken, unheimliche Traurigkeit im Herzen, wir fahren. Es ist unser letztes Wiedersehen.
Niemand ahnt zu diesem Zeitpunkt, daß meine Freundin drei Jahre später plötzlich aus vollkommen ungeklärten Umständen verstirbt.

Ich verachte dieses System, das Menschen korrupt und rücksichtslos werden läßt, das zuläßt, daß sich Menschen unter dem Deckmantel des Sozialismus bereichern und, um dieses Ziel zu erreichen, andere in totaler Unterdrückung halten, jeglicher Freiheit berauben. Mehr als genug wurden mir all diese menschenunwürdigen Zustände hier in Prag wieder gegenwärtig.
Hinter der Grenze, die wir trotz aller Bedenken wieder ohne verschärfte Kontrolle passieren, bessert sich das trübe Wetter urplötzlich, erste Sonnenstrahlen kommen hinter den Wolken hervor. Symbol? Vor meinen Augen stehen noch immer Margits Tränen.

Zurückgekehrt, liegt ein Brief des Herder-Verlages in unserem Briefkasten. Man fragt an, ob ich bereit wäre, an einem Sammelband zum Thema: »Was ist deutsch?« mitzuarbeiten.
Meine Gefühle sind zwiespältig. Was hatte ich mir vor nun mehr als einem Jahr gesagt? Ich wollte weg von diesem Thema, hatte genug, war der Meinung, daß es an der Zeit ist, diese Aufgabe anderen, nach mir Herübergekommenen zu überlassen. Hatte mich vollkommen zurückgezogen.
Nun diese Anfrage.
Ich schreibe zurück, daß ich zu dem angegebenen Thema nichts schreiben kann, da ich nicht gewohnt bin, darüber wissenschaftliche Abhandlungen zu schreiben.
Der Herausgeber räumt meine Bedenken in einem neuen Brief vom Tisch. Als Gegensatz zum akademischen Moment seien andere Beiträge durchaus erwünscht.
Ich kann nicht anders, ich schreibe wieder. Es wird eine Erzählung über unsere widersprüchlichen Gefühle beim Überschreiten der Grenze, die dem Treffen mit unseren Freunden vorangeht.
Als der Band erscheint, schreibt der Herausgeber in seinem Vorwort die ersten Zeilen von Heines Nachtgedanken aus dem Jahre 1843:

»Denk ich an Deutschland in der Nacht,
Dann bin ich um den Schlaf gebracht . . .«

Er hätte kaum einen besseren Einstieg finden können. Die Frage nach dem Deutschen, nach Deutschland bringt wohl auch in diesen Jahren wieder viele um den Schlaf.
Wenn ich schon darüber nicht theoretisieren will, das lieber anderen, Berufeneren überlasse, so kann ich doch zum Verständnis aller Deutschen beitragen mit meinen Erzählungen, meinen Berichten, meinen Beobachtungen. Ein bißchen Gemeinsamkeit erhalten – ist es der Mühe nicht wert?
Ich beginne wieder, einzelne Veranstaltungen anzunehmen, zu überlegen, ob ich jenes dritte Buch, nach dem so viele schon fragten, nicht doch noch schreiben werde. Irgendwann, wenn die Zeit reif dafür ist. Wenn ich die nötige Erfahrung, den nötigen Abstand dazu habe. Sicherlich, es wird kein literarisches Juwel werden, das ist mir schon klar, aber wenn es die Menschen

lesen, wie die beiden vorhergegangenen auch, wenn es nur die Menschen wieder lesen und noch ein wenig weitergeben von dem Gelesenen, dann habe ich doch erreicht, daß man an Deutschland denkt? An die Deutschen hinter dem Stacheldraht und den Minen, an die Deutschen, die herüberkommen, um ihre Vorstellungen von Freiheit hier verwirklichen zu können, an die Gemeinsamkeit aller Deutschen überhaupt!
Mir wird klar, daß ich es ja gar nicht lassen kann, über Deutschland zu sprechen, zu schreiben. Die DDR und die Bundesrepublik, dieser krasse, totale Gegensatz, der Menschen kaputtmachen oder ihnen ein vollkommen neues Wertgefühl vermitteln kann – ich kann meine Vergangenheit nicht einfach abstreifen. Es wird mir nie gelingen, hier in relativem Wohlstand ohne jede gesellschaftlichen Ambitionen zu leben. Immer werde ich aufhorchen, wenn DDR-Bürgern die Flucht wieder gelungen ist, wenn in den Medien über die DDR berichtet wird, wenn Flüchtlinge zu Wort kommen, wenn ich Flüchtlingen begegne, die Hilfe brauchen.
Es gibt keine vollkommene Umstellung nach der Übersiedlung, kein Abschalten von diesen Problemen für mich. Andere tun es, wollen es schaffen. Wollen sich Wege offenhalten, Sicherheiten, lehnen es ganz einfach ab, nur wegen ihrer Herkunft ständig mit diesen Problemen und Sorgen um anderer Willen konfrontiert zu werden.
Ich merke, daß ich das nicht kann. Nicht mehr über die DDR sprechen, vergessen? Ich würde mich schuldig fühlen.
Es wird mir nicht möglich sein, wieder mit voller Kraft da einzusteigen, wo ich aufhörte. Die Kinder brauchen mich mehr denn je, ich habe hier meine Pflichten. Aber ich werde mich dieser Aufgabe wieder stellen, im Rahmen meiner Möglichkeiten weiterarbeiten.
Ich treffe wieder mit den ausgebürgerten ehemaligen DDR-Autoren zusammen, die mir schon so lange bekannt sind. Unsere Verbindung ist nie gänzlich abgerissen, dafür sorgten Telefongespräche, sorgte auch Jörg, der Journalist, den ich gar nicht kennenlernen wollte und der aus meinem hiesigen Leben nicht mehr wegzudenken ist. Regelmäßig ruft er an: »Hast Du schon im Fernsehen gehört . . .? Weißt Du schon, wer rübergekommen ist? Hast Du gelesen . . .? Soll ich Dir kopieren?«

Er ist die Verbindung für uns alle, vermittelt uns bei den verschiedensten Institutionen, steht mit Rat und Tat zur Seite, wenn es um Manuskripte, Veröffentlichungen geht.
Ulrich Schacht ist inzwischen mit Veröffentlichungen ein wenig bekannter geworden, hat einen Literaturpreis erhalten. Siegmar Faust hat ein zweites Bändchen veröffentlicht, über das »Schreiben in Deutschland«. Alles findet wenig, zu wenig Verbreitung. Niemand fördert diese Art der Literatur. Es sind Insider, die sie lesen, mehr nicht. Siegfried Heinrichs geht als einziger in Berlin nach wie vor seiner geregelten Arbeit nach, schreibt sich nach Feierabend seine Gefühle, Eindrücke von der Seele. Veröffentlicht seine Bücher durch eigene Finanzierung. Dabei sind sie gut, was von immer mehr Interessierten bemerkt wird.
Gerald Zschorsch ernährt sich »vom Schreiben«, wie man von ihm gehört haben will. Dabei ist von ihm nicht mehr zu lesen als eine neuumgekrempelte Auflage seines ersten schmalen Bändchens und eine Anthologie. Es ist schade, daß er nicht mehr zu uns gehört. Hat er alles vergessen, was er in der DDR erlebte? Ist er sich nicht zu schade dafür, gegen den Staat zu opponieren, der ihn freikaufte? Biermann ist modern, Fuchs ist modern, Zwerenz ist modern, Kritik an der Bundesrepublik überhaupt und in jeder Form. Kritik an dem Land, das trotz aller Abstriche doch die meisten Freiheiten bietet. Freiheiten, die sie alle genießen, die Kritiker, die Nörgler, die sie weidlich auszunutzen wissen.
Wem es hier nicht gefällt, und wer nichts Definitives dazu tun kann oder will, die aus seiner Sicht vorhandenen Unzulänglichkeiten zu verbessern, der kann gehen. Selbst diese Freiheit hat er noch!
Doch es ist unverantwortlich, die Schriftsteller, die sich um die Wahrheit bemühen, unter den Tisch zu kehren, die aber, die ihr Ich allzugut in lauten, klanglosen Versen hervorbringen, mit Streicheleinheiten zu bedenken.
Nun, vergeblich, jetzt darüber zu polemisieren, man sollte annehmen, daß der Leser selbst in der Lage ist, die Spreu vom Weizen zu trennen. Leicht wird ihm das nicht gemacht – die Medien sind auf der Seite der Schreier, der Umstürzler, die doch nicht viel mehr hervorbringen als nutzlos bedrucktes Papier, aber es steht in den Schaufenstern, es wird in Fernsehsendungen

erbarmungslos hochgejubelt – wie zu Zeiten, die wir schon einmal hatten, gegen die aber angeblich alle ankämpfen.
Die stillen Bücher, oft wirkliche Werte, stehen in den Regalen. Eine verkehrte Welt, in der wir leben. Alle wissen es, doch niemand will es wahrhaben. Und am Ende hat wieder niemand etwas davon gewußt.
Ein Freund, geflüchtet aus dem Ostblock, sagt zu mir: »Es ist alles so enttäuschend! Sicher hast Du recht, wenn Du als Warnung von der DDR erzählst. Aber sie wollen es ja gar nicht wissen! Es geht allen gut, zu gut! Sie können sich nicht vorstellen, daß es anders kommen kann, sie wollen es auch gar nicht. Da ist alles reden vergeblich!« Vielleicht auch alles schreiben? Nicht darüber nachdenken.
Ich arbeite weiter: Lesungen, Vorträge, Diskussionen.
Vor Schülern, Studenten, Lehrern, Angehörigen aller Schichten, aller Berufe. Volkshochschulen, Stiftungen, die unterschiedlichsten Vereine und Vereinigungen sind es, die sich bei mir melden. Ich kann nicht alle Angebote annehmen. Manche sind ganz einfach fahrtechnisch für mich nur über drei Tage hinweg zu erreichen. Die Angebote kommen aber jetzt nicht mehr nur aus den südlicheren Landesteilen, auch Bremen, Hamburg, Osnabrück, Lüneburg, Orte an der DDR-Grenze sind dabei. Ich lese auf Veranstaltungen, die das Bundesministerium für seine Angehörigen des Grenzschutzes durchführt. Hier habe ich aufmerksame Zuhörer, sie sind mit der DDR-Wirklichkeit an der Grenze vertraut, die ja genug über das dahinterstehende System der Unmenschlichkeit aussagt. Sie erzählen mir auch von ihren Erlebnissen, wie sie Flüchtlinge manches Mal unter Gefahr für ihr eigenes Leben bergen, sie aus den letzten Metern vor westdeutschem Gebiet ziehen, wenn sie es aus eigener Kraft nicht mehr schaffen.
»Du kannst dir nicht vorstellen, wie sie aussehen, wenn sie von einem Selbstschußautomaten erwischt wurden«, erzählt mir einer. »Die kleinen Geschosse stecken fest in der Haut des ganzen Körpers, Streugeschosse, überall sitzen sie, und der Flüchtende schreit vor Schmerzen, bis er ohnmächtig wird, und wir können ihm nicht einmal helfen. Ihn zudecken, warten auf den Ambulanzwagen – das ist alles. Das ist unsere Begegnung mit der Grenze.«

Es fällt mir schwer, meine Fassung zu bewahren. Diese Schilderung wird mich jahrelang nicht mehr loslassen. Und darüber soll ich nicht berichten? Dieses unmenschliche System totschweigen? Um der Erfolge irgendwelcher Politiker willen? NIE!

Wenn ich es bisher nur im Unterbewußtsein zu wissen meinte, jetzt weiß ich es genau: Ich rede weiter, ich schreibe weiter!

Ich bekomme nochmals eine befristete Lehrerstelle in unserem Landkreis angeboten: Wieder neun Monate, wieder Boot-People, wieder Deutschunterricht. Dieses Mal nur eine Klasse, für mich täglich eine sehr weite Strecke zu fahren.

Ich sage zu. Eine schönere Arbeit kann ich mir kaum wünschen. Ich verlege all meine Aktivitäten auf die Wochenenden und die Ferien. Die meisten der schon geplanten Termine lassen sich so umlegen, daß ich diese freien Tage dafür nutzen kann. Dieter ist es, der mir den nötigen Freiraum dafür offenhält, die Kinder und den Haushalt hütet. Auch die Eltern springen ein, wenn es nicht anders geht. Alles läßt sich miteinander vereinbaren. Daß meine Freizeit dadurch oft auf ein Nichts zusammenschrumpft, ist klar. Ich weiß auch nicht, wie lange ich das so durchhalten werde, aber im Moment bin ich wieder voll dabei. Manches Mal zusammen mit Siegmar Faust. Er kann besser diskutieren als ich, verfügt über die notwendigen marxistischen Grundlagen, ohne die eine Diskussion für manche Leute ja unmöglich ist. Nach den Veranstaltungen freuen wir uns dann gemeinsam, wenn es uns gelungen ist, Protest herauszufordern. Protest erfordert Nachdenken, beweist, daß vorhandene Denkmechanismen überprüft werden. Protest ist immer gut, manchmal viel besser als vorbehaltlose Zustimmung.

Die Bundeszentrale für politische Bildung will ein Buch herausbringen, das die Erfahrungen ehemaliger DDR-Bürger zur inneren Übersiedlung zum Inhalt haben soll.

Ich werde zur Mitarbeit an diesem Buch aufgefordert. Gern sage ich meine Bereitschaft zu, ist es doch gerade das Thema, das mir mehr und mehr unter den Nägeln brennt, weil es Zeit wird, höchste Zeit, gerade über die Erlebnisse hier nach der Übersiedlung von Deutschland nach Deutschland zu berichten.

Die Zeilen fließen mir geradezu in die Maschine. Es ist schwer, alles in das doch sehr begrenzt vorgegebene Zeilenmaß zu pres-

sen, ich merke, daß ich wirklich beginnen könnte, darüber ein neues Buch zu schreiben.
Ich telefoniere mit dem Herausgeber und erhalte von ihm die Zusage, das Limit überschreiten zu können. Es ist unmöglich, meine mit der ganzen Schreiberei zusammenhängenden Erfahrungen auf zwölf Seiten zusammenzupressen. Er genehmigt mir fünfzehn, im Höchstfalle achtzehn bis zwanzig Seiten. Ich entscheide mich für den höchsten Höchstfall.
Wie immer, wenn ich etwas Derartiges geschrieben habe, schicke ich es Jörg. Sein Urteil bedeutet mir eine Menge.
Mit seiner Antwort hätte ich nicht gerechnet. Er schreibt: »Deine Erzählung mit dem Titel Flugversuche hat mich dermaßen erschüttert, . . ., daß ich sie sofort einige Male kopiert habe und an . . . schicken werde. Was Du hier in der Bundesrepublik erlebt hast, ist unglaublich!«
Auf diesem Wege gelangt mein Aufsatz auch an »Die Welt«, wo er mit Genehmigung der Bundeszentrale, für die er ja geschrieben wurde, stark gekürzt veröffentlicht wird. Immerhin nimmt er in der »Welt« fast eine ganze Seite ein. Kein Wunder, daß ich sogar von Bürgern unserer Stadt daraufhin angesprochen werde, von Ärzten, Lehrern und anderen, die ihn gelesen haben. Die sich bei mir bedanken für die Deutlichkeit, mit der ich die Tatsachen geschildert habe. Wieder erreicht mich eine Flut von Leserbriefen, über die Zeitschrift an mich weitergeleitet. Unmöglich, alles wiederzugeben, was mir von wildfremden Menschen geschrieben wird: ». . . um Ihre Ansicht zu bekräftigen, daß man das Unrecht drüben nicht verschweigen darf, schon im Interesse unserer Jugend . . .«
». . . ist aus Ihren Büchern und Erzählungen zu erkennen, daß Sie – nun in Freiheit – nicht gewillt sind zu vergessen . . ., sondern sich zum Ziel gesetzt haben, hier aufklärend zu wirken, ahnungslose, gleichgültige und fehlinformierte Menschen aufzurütteln.«
In den nächsten Tagen wird in der gleichen Zeitung inmitten anderer Leserbriefe auch eine Zuschrift des Pressesprechers von Minister Franke veröffentlicht, in der er die von mir gemachten Ausführungen über ein Gespräch mit dem Minister, bei dem es um die Ausreise meiner Eltern aus der DDR ging, als unwahr darstellt. Das berührt mich nicht einmal sehr. Es war ja zu er-

warten, daß ein Minister so etwas nicht gesagt haben kann. Ich habe all dem nichts hinzuzufügen.
Kurz darauf erreicht mich eine Anfrage von einem Mitglied des Bundestages, ob ich mit meinen Ausführungen, in denen ich ja keinen Namen genannt habe, eben jenen Minister meinte, der ja schon selbst geantwortet hat. Er nennt das von mir geschilderte Gespräch geradezu empörend und möchte, wenn ich zu den von mir gemachten Ausführungen stehe, dazu eine Anfrage an die Bundesregierung richten.
Ich stehe zu meinen Angaben, da gibt es kein Rütteln, aber ich bitte ihn, von der Anfrage abzusehen. Er weiß nicht um den Hintergrund dieses Gespräches, aus dem allein sich die Tragweite des Ganzen ableiten ließe. Er weiß nicht um das damalige Tauziehen zwischen den Anwälten, der DDR-Regierung, meinen »Erpressungsversuch« und den daraus resultierenden Erfolg bei der Übersiedlung meiner Eltern. Mit niemandem habe ich bisher über die Sache gesprochen – ich habe in dieser Zeit einfach noch nicht die Courage, das zu tun. Für mich stellt der ganze Ablauf nach wie vor einen Skandal dar. Ich habe ein gutes Gedächtnis, ich werde, wenn ich meine, daß es an der Zeit ist, die ganze Sache sicher in allen Einzelheiten zur Sprache bringen – aber nicht jetzt.

Noch eine Nachwirkung soll der von mir mit so ehrlicher Absicht geschriebene Artikel haben. Die Bundeszentrale schickt mir mein Manuskript zurück. Ich verstehe nicht – sie hatte es doch bestellt? Als Grund wird im Begleitschreiben angegeben, daß es bereits veröffentlicht wurde.
Das kann nicht stimmen, sagt mir ein innerer Animus, es muß etwas anderes sein.
Ich rufe den Herausgeber persönlich an und verlange Auskunft. Er sagt, daß es doch zu lang sei.
Darauf haben wir uns telefonisch geeinigt, antworte ich.
Nun ja, äußert er dann, außerdem ist es schon veröffentlicht worden . .! Auszugsweise, kontere ich, und mit Genehmigung!
Ich spüre so etwas wie Wut in mir hochkommen, über dieses Katz- und Mausspiel. Das ist es doch nicht, das spüre ich, was also?

Schließlich bekomme ich die Aufklärung. Nun ja, man wollte mein Manuskript schon bringen, aber bei Begutachtung durch das zuständige Gremium hätte sich herausgestellt, daß mein Manuskript bereits in der »Welt« gekürzt veröffentlicht wurde. Hier ist der springende Punkt! Gekürzt!
Die Bundeszentrale hätte mein Manuskript auch kürzen müssen, ja, müssen, weil nämlich eine meiner kritischen Stellen das eigene Haus, einen ihrer Minister berührten. Genau diese Stelle sei aber in der »Welt« erschienen, was alles so schwierig machte. Kürzte man nun, würde ja der aufmerksame Leser den Unterschied bemerken, kürzte man nicht, konnte man nicht veröffentlichen.
Ich verabschiede mich bei jenem Herrn sehr förmlich.
Nun weiß ich wenigstens ganz genau, daß es in der Bundesrepublik Deutschland keine Zensur des geschriebenen Wortes gibt! Der Anschauungsunterricht war gut!

Ich schreibe für verschiedene Zeitschriften und Sammelbände. Ich schreibe über Kinderliteratur in der DDR, über Kinderferienlager in der DDR – alles Themen, zu denen hier ein Informationsdefizit zu verzeichnen ist.
Wie sonst ist zu erklären, daß die Friedensbewegung den Friedensbekundungen der DDR absoluten Glauben schenkt, aber nicht einmal darüber informiert ist, daß sämtliche Kinderzeitschriften und ein großer Teil der in der DDR angebotenen Kinderbücher den Dienst mit der Waffe verherrlichen, die Erziehung zum Haß als ständiges Thema haben, Kriegsspielzeug in Massen anbieten und bereits ihre jungen Leser anhand von schön bebildertem Maerial über Waffenbestände und Einsatzmöglichkeiten der Warschauer Paktstaaten informieren? Da wird in Kinderbüchern von Schießübungen erzählt, von gefährlichen Agenten, die festgenommen werden, von der Wacht für den Frieden. Der Feind, der Bedroher, der Aggressor sind in jedem Falle wir.
Kein Wort von Todesstreifen, Selbstschußautomaten, politischen Prozessen, jahrelang ihrer Überzeugung wegen eingekerkerten Menschen im friedlichen Sozialismus – davon nichts. Aber man schenkt einzig und allein diesen durchsichtigen Friedensbeteuerungen Gehör, verschließt sich für alles andere.

Ich muß ganz einfach schreiben, schreiben, schreiben. Es ist das einzige, was ich tun kann. Vielleicht wachen ja davon wenigstens ein paar dieser falschen Friedensfreunde auf.
Ich möchte den Frieden, wer möchte das nicht. Wir müssen dafür sorgen, daß echte Bemühungen nicht von falscher Propaganda übertüncht werden, wie es mehr und mehr gemacht wird.
Ich rezensiere für die »Welt«. Meistens Bücher von DDR-Autoren, Stefan Heyms »Collin«, in dem er das ganze korrupte Schwindelsystem anprangert, Maxi Wanders Frauenprotokolle und andere. Auch andere Zeitschriften schicken mir Bücher zu Rezensionszwecken. Siegmar Fausts Buch »In welchem Land lebt Mephisto«, Dieter Borkowskis »Für jeden kommt der Tag«, Julika Oldenburgs ». . . über alles in der Welt«.
Wenn ich mit meinen Rezensionen nur erreiche, diese Bücher lesenswert zu machen! Es ist so schwer, hier mit Sachen zu Wort zu kommen, die »Deutschland« betreffen! Man muß jede Gelegenheit nutzen. Auch wenn die Zeitschrift vielleicht nicht immer die ist, für die man gerne schreiben würde. Die Hauptsache ist doch, man kann schreiben, was einem auf dem Herzen liegt, daß man überhaupt an die Öffentlichkeit kommt.

Schreiben in Deutschland – ein schwieriges Unterfangen. Schreiben über Deutschland – noch viel schwieriger. Beginnt die Schwierigkeit doch schon beim Wort: Deutschland!

Neben meiner alltäglichen, sicher auch nicht einfachen Arbeit mit den vietnamesischen Flüchtlingen schreibe ich, komme mit einer meiner Erzählungen sogar auf die Auswahlliste zum deutschen Kurzgeschichtenpreis, fahre zu Veranstaltungen, beantworte Leserbriefe. Eines reiht sich an das andere, bildet eine Einheit, eine Kette mit nicht mehr wegzudenkenden Einzelstücken.
Eine interessante Begegnung folgt der anderen, Schriftsteller, Künstler, Politiker – viel sieht und hört man bei dieser Betätigung. Mein jetziger Gesichtskreis, mein Urteilsvermögen, meine Kenntnisse sind nicht mehr zu vergleichen mit denen nach meiner Übersiedlung. Ich habe hier in der wahren Freiheit nur gewonnen, trotz aller Abstriche, Rückschläge, Enttäuschungen –

die mehr oder weniger normal waren – ich stehe auf der Seite der Gewinner. Nirgendwo anders wäre in Deutschland für mich diese freie Entfaltung des Geistes, der Persönlichkeit möglich gewesen.
Es mußte alles so kommen.
Den absoluten Höhepunkt unseres Hierseins bringt uns eine Einladung, von der wir zu träumen nie gewagt hätten. Unsere langjährigen Freunde, Silvia und Friedrich Mönckmeier, die die Verbindung mit uns trotz ihrer umfangreichen Verpflichtungen nie abreißen ließen, laden uns nach Israel ein, wo Friedrich als Korrespondent für das ZDF tätig ist. Ich kann es kaum fassen, als ich den Telefonhörer aus der Hand gelegt habe – ist es wirklich wahr? Sicher, sie hatten vor ihrem Weggang bereits bei der Abschiedsparty gesagt: »Ihr besucht uns doch?«
Aber das sagten schon so viele, das ist hier nichts, was man unbedingt ernst nehmen muß. Dann erwähnten sie es wieder, in Telefonaten. Der Wunsch war da, aber alles war fern jeder Realität.
Jetzt auf einmal ist alles klar, in jenem Telefongespräch endgültig vereinbart – wir kommen! Die Kinder können wir bei den Großeltern lassen, nichts steht mehr im Wege. Herrlich!
Bis zu unserer Abreise gehe ich nur noch wie auf Wolken! Wir werden Israel sehen!
Meine Gefühle bei der Ankunft kann ich nicht beschreiben.
Wir im biblischen Land!
Friedrich fragt mich nach der ersten stürmischen Begrüßung: »Na, Tina, wenn Dir vor sieben Jahren in der DDR jemand prophezeit hätte, daß Du heute hier sein wirst, was hättest Du da gesagt?«
Meine Antwort kommt ziemlich schnell und trocken: »Den hätte ich in den Hintern getreten!«
In der DDR wünscht man sich schon mal Paris, den Eiffelturm, die Alpen, sicher – aber Israel – nein, das wünscht man sich nicht einmal. Da ist man Realist.
Nun sind wir hier. Unbeschreiblich, dieser Wirbel von Gefühlen und Eindrücken, unmöglich, ihn in Kurzform zu beschreiben. Ein ganzes Buch über so eine Fahrt – ein Traum.
Allein das Gefühl, in diesem Land zu sein, über das man so viel gelesen hat, das allein durch die Bibel so viel Gestalt in uns hat.

Ein Schwebezustand zwischen Träumen und Wirklichkeit, ein ständiges Wundern, Staunen, kaum Begreifen.
Allein die Herzlichkeit, das freundliche Entgegenkommen aller der Menschen, mit denen wir in Berührung kommen, ihre Einladungen, die hier so ernst gemeint sind, daß man auch erwartet wird, ihre Bereitschaft, Fragen zu beantworten! Nie, in keiner Begegnung spüren wir, daß wir als Deutsche unerwünscht sind. Diese Menschen scheinen mit der grausamen Zeit des Nationalsozialismus, mit der besonders für sie so schrecklichen Vergangenheit, besser fertig zu werden, als das bei uns in Deutschland der Fall ist. Was nützt immerwährendes Aufarbeiten? Sicher, nie darf sich so etwas wiederholen! Dann wäre es aber angebrachter, mehr über die Länder nachzudenken, in denen Menschenverachtung und Menschenwürde bereits heute wieder bedenkliche Formen annehmen, nicht in Selbstzerfleischung zu verfallen, wie es vielerorts gemacht wird. Wiederholung stumpft ab – eine alte Erkenntnis. Wenden wir uns der Gegenwart zu! Diese Menschen hier sind soweit, das zu können! Liebe Deinen Nächsten – wie oft bekommen wir das Bibelwort praktisch bewiesen.
Silvia widmet uns ihre ganze Zeit. Wir fahren mit ihr durch dieses wunderbare Land, zu Stätten, die wir mit keiner Reisegesellschaft besuchen würden. Sie führt uns durch die Gassen des alten Jaffa, bringt uns in seinen alten Hafen, wo schon König Salomon die Zedern für den Tempelbau in Jerusalem einschiffen ließ. Fischer sind hier, flicken ihre Netze, reparieren alte Boote, beantworten unseren Gruß freundlich, ganz gleich, ob Araber oder Juden.
In Tel Aviv, dieser modernen Stadt, können wir uns an der Vielfalt des Dargebotenen, den verschiedenen Kulturen, kaum sattsehen. Als wir ein paar Araberkinder fotografieren wollen, laufen sie davon. Sie dürfen sich nicht fotografieren lassen, auch heute noch.
Dann Jerusalem – für Juden wie für Christen die heiligste Stadt auf Erden, für die Mohammedaner nur von Mekka und Medina übertroffen. Jerusalem!
Vieles der biblischen Geschichte versteht man besser, wenn man vom Ölberg aus über diese Stadt geblickt hat. Hier hat Jesus gestanden und über sein Jerusalem getrauert, dort unten im

Garten Gethsemane hat er seine letzte Nacht verbracht – selbst eifrig schwatzende Touristengruppen werden für Minuten andächtig, nachdenklich. Man kann glauben, was man will, unbeeindruckt kommt aus dieser Stadt niemand zurück. Jerusalem berührt hautnah, zieht in einen unerklärlichen Bann. Wir sehen die Ausgrabungsstätten der alten Via Dolorosa, über die Christus sein Kreuz trug, in Stein eingeritzt das Spiel, nach dessen Art die Soldaten um seine Kleider würfelten. Gut, vielleicht ist nicht alles original, man ist geneigt, hier nachsichtig zu sein. Bei der Geschichtsträchtigkeit dieses Landes, dieser Stadt muß einfach alles berühren, so abgestumpft kann niemand sein, das nicht zu empfinden. Jetzt erst kann ich nachvollziehen, warum gerade diese Stadt so viel Kampf und Blut gesehen hat. Dafür hätte ich auch gekämpft.

Dann die Gäßchen der Altstadt! Gewimmel, Sprachengewirr, Gerüche, Farben über Farben, die unübersehbare Vielfalt des Angebotenen, die Rufe der Verkäufer, das Suchen, Abwägen der Käufer, Gesprächsfetzen, freundliche Blicke, einladende Handbewegungen, Obst, Gemüse, Gewürze, Kleider, Körbe – ich weiß nicht, wohin ich zuerst blicken soll, wo ich verweilen soll, die Zeit drängt. Nicht Stunden, Wochen muß man dafür haben. Monate sind noch besser.

Eindrucksvoll und unvergeßlich die orthodoxen Juden in ihrem Viertel in Mea Shearim. Ich habe mir nicht vorstellen können, daß es so etwas noch gibt. Nun sehe ich es mit eigenen Augen. Sie leben wie ihre Vorväter in alter Zeit, ohne Kompromisse.

Ihre hastige Betriebsamkeit, die ständig zur Seite gehenden Blikke der Männer, weil sie keine fremde Frau anblicken dürfen, ihre kurzen, eiligen Schritte, alles löst in mir fremde, beklemmende Gefühle aus.

Die engen Gassen, der darinnen hängende Geruch, ein Geschäft mit einer Holzwand in der Mitte – rechts für Männer, links für Frauen – die eigene Sargtischlerei, die Schneider, die sichtbar für alle die traditionellen jüdischen Kleidungsstücke herstellen, die Fleischer mit dem zum Ausbluten aufgehängten Fleisch, die jüdischen Mädchen mit ihren langen Zöpfen, die Männer mit den biblischen Schläfenlocken – ich bin in einer anderen Welt angekommen.

Beim Verlassen dieser Welt spuckt ein halbwüchsiger Knabe vor mir aus, wendet sich ab. Ich habe aus Unkenntnis keine Strümpfe in den Sandalen angezogen.
Die Wirklichkeit hat mich wieder.
Wir fahren durch die judäische Wüste, nach Jericho, das nicht mehr *das* Jericho ist, ich bezahle einem Araber für drei Coladosen einen enormen Preis und weiß dann, daß ich hier handeln oder einfach die Hand für das Wechselgeld länger hinhalten muß.
Die Festung Massada, die Höhlen, in denen die Schriftrollen gefunden wurden, das Tote Meer. Beduinen in ihren schwarzen Zelten, Jugendliche im Kreis sitzend, singend, zum alltäglichen Bild gehörende Panzer, Soldaten, an denen sich niemand stört. Schulkinder machen einen Ausflug, in Reih und Glied, vor und hinter ihrem Troß ein Soldat mit MP und Funkgerät. Israelische Soldaten, denen am Weg von einem Araber freundlich Tee angeboten wird – keine Feindschaft, nichts ähnelt der öffentlichen Propaganda.
Weiter – Nablus, alte Araberstadt in der Westbank. Nach dem letzten Streik sind wir hier wohl die ersten Touristen, die herkommen. Man überschüttet uns mit freundlichen Gesten, bietet uns Speisen zum Probieren an, versucht Gespräche auf englisch. Allemania? Oh, good, very good! Fotografieren dürfen wir trotzdem nicht immer.
Wieder verwinkelte Gäßchen, Laden an Laden, der Fleischer hat sein Fleisch lebend neben dem Laden angebunden – Frischegarantie. Am liebsten würde ich die Ziege retten, verweichlichter Tourist, der ich bin. Silvia kauft Oliven, Zwiebeln, Eier. Alles darf sie selbst aussuchen, in die Hand nehmen, begutachten, zurücklegen, feilschen. Für uns undenkbar. Unser Markt steht mir vor Augen, ein Ausländer mit einer Orange in der Hand, eine ungeduldige Stimme: Bitte nicht anfassen! Traumlandschaft hier, keine reichen Leute, das ist unübersehbar, aber glückliche, freundliche Gesichter. Freundlich zu den Fremden, freundlich untereinander schwatzend. Orientalische Vielfalt in allen Schattierungen. Wen ein bißchen Schmutz stört, für den ist das hier nichts.
Bethlehem, Nazareth, Sebaste, Jenin, Sachne, Beth Shean, Tiberias, Hamat Gader, Tagbha, Kapernaum, Methulla, Haifa – so schnell finden wir keine Worte für das alles, es ist unbe-

schreiblich, unfaßbar schon deswegen, daß wir hier sein dürfen, wir, DDR-Bürger, Freigekaufte, Glückskinder.
Nie hätte mir das jemand vorhersagen dürfen, nie!
Der Jordan und der See Genezareth, der in majestätischer Ruhe vor uns liegt, sind die letzten Stationen dieser gewaltigen Reise.
In dieser Zeit finde ich Schweigen besser als Reden.

Im Flugzeug fällt mir der harte Akzent der sich hinter uns unterhaltenden Passagiere auf. Fragend schaue ich hinter mich, sie lächeln zurück. Englisch frage ich: »Sind Sie Polen?«
Die Antwort kommt auf deutsch: »Ja! Polnische Juden. Und Sie? Deutsche? Das erste Mal in Israel?«
Ich nicke.
»Wie hat es Ihnen gefallen?«
Ich nicke wieder. »Einmalig«, ist alles, was ich gleich herausbringe. »Ich werde dieses Land nie vergessen können! Jerusalem – wer einmal über Jerusalem geblickt hat, kann das wohl nie!«
Die Frau hinter uns bekommt feuchte Augen, ich auch. Ihr Mann nickt, kramt in seiner Tasche. »Hier ist unsere Adresse! Kommen Sie uns besuchen! Bitte! Wir werden Ihnen alles zeigen, Sie herumfahren. Kommen Sie?«
»Ja«, sage ich unheimlich berührt, »ja, ich weiß nur nicht, wann!«
»Oh, das macht nichts! Sie rufen an und wir holen Sie ab!«
So sind sie. Wir haben es mehrmals erlebt.
Wo wir in Deutschland wohnen, möchten sie wissen. Wir erzählen, daß wir aus der DDR kommen, jetzt an der Nordsee wohnen.
Wo wir in der DDR gewohnt haben.
»In Leipzig«, sagen wir.
»Ach«, sagt die Frau, dort ganz in der Nähe war ich! In Dessau, im Lager.«
»Ich auch«, antworte ich, und bin gleichzeitig selbst erschrocken.
Sie schaut mich ungläubig an.
»Auch im Lager? Wann?«
»1975!«
»Warum?«
»Weil wir die DDR verlassen wollten.«
»So gibt es die Lager immer noch?«

»Ja«, sage ich, »anders, aber es gibt sie.«
Im Lautsprecher wird ausgerufen, daß man zur Landung ansetzt.
»Sie besuchen uns sicher?« ist das letzte, was wir von ihnen hören.
Wir stehen wieder auf deutschem Boden. Fahren nach Hause.
Es ist schön, wieder zu Hause zu sein.
In der Nacht träume ich von dem Erlebten, und ich träume, daß wir vor dem Haus die Kinder in die Arme schließen, vor unserem Haus an der Nordseeküste, in der einsamen Wesermarsch.
Es ist der erste Traum, in dem ich hier und nicht in Leipzig ankomme.
Als ich am Morgen noch einmal darüber nachdenke, wundere ich mich nicht einmal.
Ein schönes Gefühl, dieses Zuhause zu haben und jederzeit hierher zurückkehren zu können.
Acht Jahre liegen hinter uns.
Jahre des Prüfens, Abwägens, Suchens. Jahre mit Freuden und Enttäuschungen, wie sie uns in jedem anderen Land vielleicht auch erwartet hätten. Acht Jahre, in denen wir Freundschaften gewogen und zu leicht befunden, in denen wir Hilfe und Verständnis durch echte Freunde bekamen.
Acht Jahre in Freiheit, alle Entschlüsse selbst bestimmen zu können, eigene Grenzen zu finden und neue Ziele zu stecken.
Acht Jahre mit einem Riß in unseren Gefühlen, Sehnsüchten, Bindungen, mit dem stechenden Schmerz, den das Vorrecht auslöst, in Freiheit leben zu dürfen und nichts für die zurückgelassenen Freunde tun zu können.
Ein Gefühl der Wehmut bleibt.
Hier stimme ich mit Wolf Biermann überein, wenn er singt:

». . . ich möchte am liebsten wegsein,
und bleibe am liebsten hier!«

Nachwort

Verhaftet, freigekauft und eingebürgert

Wie aus Dagmar Suckert die Schriftstellerin Tina Österreich wurde

Viel war es nicht, was im Sommer 1977 über das Buch und seine Autorin zu erfahren war. Auf einer der täglichen Redaktionskonferenzen der Bonner WELT hatte ein Kollege darauf aufmerksam gemacht, daß im Herbst unter dem Titel „Ich war RF“ in einem Stuttgarter Verlag der außerordentlich spannende und gut geschriebene Haftbericht einer gewissen Tina Österreich erscheinen werde, den man eingehend werde würdigen müssen. Als die Besprechung des Buches am 15. August 1977 erschien, hatte ich längst versucht, über den Verlag Verbindungen mit der Autorin aufzunehmen, denn das, was sie im Haftarbeitslager Dessau-Wolfen erlebt hatte, entsprach meiner eigenen Erfahrung als politischer Häftling im sächsischen Zuchthaus Waldheim zwölf Jahre früher. Der Autorenname „Tina Österreich“ war als schnell gewähltes Pseudonym, das den DDR-Behörden die Fahndungsarbeit erschweren sollte, leicht auszumachen. Dahinter verbarg sich die ehemalige Leipziger Lehrerin Dagmar Suckert, die mit Mann und zwei Kindern inzwischen in Nordenham lebt und die ihre Gefängniserlebnisse „nur“ deshalb aufgeschrieben hatte, um nicht immer wieder neugierige Fragen westdeutscher Freunde, die über das Leben im „realen Sozialismus“ wenig wußten, beantworten zu müssen. Daß daraus ein Buch mit einem halben Dutzend Auflagen werden könnte, hatte sie wohl selbst, als wir uns im Herbst 1977 in Bremen kennenlernten, nicht erwartet.

Was mich für das Buch zusätzlich einnahm, war der Umstand, daß es nach Eva Müthels Roman „Für dich blüht kein Baum“ (1957) und den beiden Berichten Hermann Flades „Deutsche gegen Deutsche“ (1963) und Walter Kempowskis „Im Block“ (1969) die vierte und umfangreichste Zeugenaussage aus dem sozialistischen Strafvollzug war, fast drei Jahrzehnte immerhin nach der DDR-Gründung am 7. Oktober 1949. Daß es heute zwei Dutzend Titel über dieses schlimme Thema gibt, über Ulrich Schachts „Hohenecker Protokolle“ (1984) bis zu den 1986 erschienenen Büchern von Andreas Schmidt „Leerjahre“ (erschienen im Anita Tykve Verlag, Postfach 1561, 7030 Böblingen) und Horst Hiller „Sturz in die Freiheit“, besagt keineswegs, daß man hierzulande nun aufgeklärter wäre über die Zustände im SED-Staat und in seinen Umerziehungseinrichtungen. Wer den am 22. Januar 1987 im STERN veröffentlichten Bericht des Ostberliner Korrespondenten Peter Pragal über das angenehme Leben im Zuchthaus Brandenburg gelesen hat, muß annehmen, daß man über die Verhältnisse „drüben“ auch nicht aufgeklärt sein möchte.

Dagmar Suckert hat das mit ihrem zweiten Buch immerhin versucht, wobei Anfeindungen nicht ausblieben. Was sie darstellen wollte, war der sozialistische Alltag, wie sie ihn als Lehrerin und Hausfrau in Leipzig erlebt hatte und wie er so oder ähnlich an vielen Beispielen auch aus der offiziellen DDR-Literatur nachweisbar ist. Daß sie deshalb des „Antikommunismus“ (was immer das sein mag) bezichtigt wurde, so jedenfalls lautete der Vorwurf Marlies Menges, der DDR-Korrespondentin der Hamburger ZEIT, am 20. Oktober 1978, hätte sie nie vermutet. Die niederdrückendste Erfahrung freilich machte sie nicht mit der Presse, sondern mit Bundesminister Egon Franke (SPD) vom Ministerium für innerdeutsche Beziehungen, der sie am 18. Mai 1978 während eines Gesprächs in Nordenham beschwor, kein neues DDR-Buch mehr zu schreiben, weil sie sonst deutschlandpolitischen Schaden anrichte. Daß Siegmar Faust vom damaligen Staatssekretär Günter Gaus in ähnlicher Weise verwarnt wurde, bestätigt nur, wie lästig die Schilderungen ehemaliger DDR-Häftlinge nicht nur der SED, sondern auch der SPD fallen.

Dagmar Suckert hat nun, zehn Jahre fast sind seit der Veröffentlichung des zweiten vergangen, ihr drittes Buch geschrieben, worin sie ihre Jahre im Westen seit 1975 schildert. Das am 8. August 1981 in der WELT vorveröffentlichte Kapitel trägt den Titel „Flugversuche bei widrigem Wind“. So und nicht anders muß man die schwierige Situation eines DDR-Bewohners sehen, der voller Hoffnung bei uns ankommt, der umlernen muß und bittere Erfahrung in sich sammelt, bis er begreift, daß ihm hier niemand das Recht streitig machen kann, in diesem Land zu leben, auch wenn er unbequeme Meinungen äußert. Gegenüber den Verhältnissen, die er verlassen hat, ist das ungeheuer viel, auch wenn es Westdeutsche gibt, die das bestreiten wollen!

Jörg Bernhard Bilke
Bonn, im März 1987

Marion Petznick

Das Böse ruht nie

Marion Petznick

Das Böse ruht nie

Ein Ostsee-Krimi

edition krimi

Ostsee Krimi

Petznick, Marion: Das Böse ruht nie. Ein Ostsee-Krimi. Hamburg, edition krimi 2021

2. Auflage 2021
ISBN: 978-3-946734-35-2

Dieses Buch ist auch als eBook erhältlich und kann über den Handel oder den Verlag bezogen werden.
ePub-eBook: 978-3-946734-36-9

Satz: 3w+p GmbH, Rimpar
Umschlaggestaltung: © Annelie Lamers, edition krimi
Umschlagmotiv: www.pixabay.com

Bibliografische Information der Deutschen Nationalbibliothek: Die Deutsche Nationalbibliothek verzeichnet diese Publikation in der Deutschen Nationalbibliografie; detaillierte bibliografische Daten sind im Internet über https://dnb.d-nb.de abrufbar.

Die edition krimi ist ein Imprint der Bedey & Thoms Media GmbH, Hermannstal 119k, 22119 Hamburg

---

https://www.edition-krimi.de
Gedruckt in Deutschland

„Die Vergangenheit ist nicht tot, sie ist nicht einmal vergangen"

William Faulkner

Prolog

Sein Haus grenzte an die Rostocker Heide und lag nahe an der Ostseeküste. Soweit die Augen sahen, streckten sich mächtige Laub- und Nadelbäume in die Höhe. Dagegen wirkten die mit Schilfrohr gedeckten Häuser winzig, wie auf eine Perlenschnur gefädelt. Seines fügte sich bescheiden in die Reihe der anderen Häuser ein, ohne Blumen vor der Tür oder anderem Schnickschnack. Obwohl er die bröckelnde Hausfassade erneuern ließ, war das einzige Auffällige das Unauffällige geblieben und das harmlose Grau des neuen Anstriches hatte nichts daran geändert. Friedlich steht das Haus da und wirkt verlassen und nicht nur, weil der äußere Glanz fehlt. Längst ist die Patina, die nur den mit Leben gefüllten Häusern eigen ist, verloren.

Niemand ahnte, selbst bei näherer Betrachtung nicht, was sich an diesem Ort einst zugetragen hatte. Doch nicht nur das Haus hatte sich von einer auf die andere Minute geändert. Alles was dem Jungen wichtig war, wurde komplett auf den Kopf gestellt. Ohne Ankündigung überschlugen sich die Ereignisse in seiner Familie.

Inzwischen längst im Erwachsenenalter, schien wenigstens seine kräftige Statur von Vorteil zu sein. Wie ein Schutzschild schirmte sein riesiger Körper ihn vor lauernden Blicken der Nachbarn ab. Die fragten ihn ohnehin nicht, wie es ihm in all den Jahren erging. Die meisten Leute hatten sich zurückgezogen, obgleich ihre Neugier ständig präsent blieb. Gern hätten sie gewusst, was tatsächlich am Rande des Waldes mit den Eltern geschah, damals als der Junge allein zurückblieb.

Seitdem waren einige Jahre vergangen und sie wären für den Jungen besser zu ertragen gewesen, wenn sein Körper nicht so oft von Anspannungen und Ängsten heimgesucht wurde. Ständig plagten ihn Zweifel, in deren Stunden sich sein Plan nicht umsetzen ließ. Manchmal erschien ihm selbst alles sinnlos. Immer dann, wenn sein Körper von einem zittrigen Beben gepackt wurde. Das Schlimmste an diesem Zustand war, dass er überhaupt nichts dagegen tun konnte. Ganz im Gegenteil, er wurde immer unsicherer und fiel in ein noch tieferes Loch. Jedes Mal wurde es schwieriger und es gelang ihm nur mit allergrößter Mühe aus dieser Finsternis herauszukommen. War er erst aus dem Gleichgewicht gebracht, setzte ungewollt diese altbekannte Nervosität ein. Ein erbärmlicher Zustand, den er aus seinen letzten Kindertagen kannte. Ob er wollte oder nicht, durch diese Qualen wurde er viel zu früh erwachsen.

Inzwischen hatte er gelernt, seine innere Zerrissenheit zu kaschieren. Nur wer näher mit ihm zu tun hatte, merkte, dass etwas mit ihm nicht stimmte. Wer ihn oberflächlich betrachtete, erkannte zwar das nervöse Zucken in den Augen, hielt das aber eher für eine Marotte oder einen Schönheitsfehler. Begann die Unruhe, mied er den direkten Blickkontakt. Generell aber hielt er dem festen Blick unbekannter Personen schlecht stand. Mit den Jahren unterließ er es deshalb, konsequent über seine seelischen Wunden zu sprechen. Manchmal sagte eine Stimme in seinem Kopf: „Vertrau dich jemandem an, das ist besser für dich, die Last der Erinnerung ist allein schwer zu ertragen."

„Nein, das, was dir passierte, kann niemand wirklich verstehen", gab bald darauf eine andere Stimme ihm die Antwort.

Je mehr Jahre vergingen, desto stärker wurden die Zweifel, sich überhaupt helfen zu lassen. Wer sollte das schon können? Ihn verstehen?

Als Ergebnis seiner Zwiegespräche blieben meist jede Menge Fragen zurück.

Längst hatte er die Hoffnung, so etwas wie Gelassenheit in sein Seelenleben zu bringen, begraben. Zwar wurden seine

Selbstgespräche seltener, aber waren sie erst mal da, packten sie ihn mit voller Wucht. Er schien in ihnen gefangen zu sein. An manchen Tagen litt er wie ein Hund, rein gar nichts schien ihm dann zu gelingen. In diesen Momenten empfand er seine Lage ausweglos und igelte sich total ein. An anderen Tagen fühlte sich sein Herz schwer und weich zugleich an. Es gab Tage, an denen er glaubte, den Dreh für sich herausgefunden zu haben, um wenigstens etwas gelassener leben zu können. Das lag am routinierten Ablauf seiner Arbeit und den planbaren Zeiten seines Studiums. Beides sorgte für eine Balance im Alltag, die ihm gut tat. Manchmal keimte sogar ein winziger Hoffnungsschimmer auf, sein Leben könnte doch noch einen normalen Verlauf nehmen. Er hatte inzwischen gelernt, allein, ohne den Vater, dem Lehrmeister von einst, weiterzumachen. Job und Studium schienen ohnehin nur diesem einen Ziel untergeordnet zu sein, er musste das Angefangene zu Ende bringen. Ein winziges Zeichen seines Vaters würde jedoch helfen, den Sinn seines Tuns lebendig zu halten.

Seit er verlassen wurde, lebte er allein, ja fast isoliert. Er kannte es nicht anders von seinen Eltern, also hielt er es so wie sie. Zu niemanden hatten sie Kontakt, nicht mal zu den Nachbarn. Aber genauso wenig nahmen diese jetzt Notiz von dem Jungen. Er wollte unter keinen Umständen auffallen und setzte deshalb in der Wahl seiner Kleidung darauf, möglichst salopp zu erscheinen. Damit hob er sich kaum von den anderen seines Alters ab. Mit seinem sportlichen Look entsprach er dem allgemeinen Bild junger Leute auf der Straße. Aber da gab es noch die andere Seite von ihm: In regelmäßigen Abständen wiederholte er ein Ritual. Dieses Ritual ließ ihn Höhen und Tiefen gleichermaßen durchleben. Es gehörte wie Essen und Trinken zu ihm. Die Kerze am Fenster als Signal des Wartens. Warten auf ihn, seinen Vater!

Vor etwa zehn Jahren fing alles an. Sein Vater verschwand einfach so nach dem Frühstück. Knapp ein Jahr später, kam auch seine Mutter nicht von der Arbeit zurück. Anders als bei dem Vater deutete ein kurzer Brief von ihr an, dass sie fortgegangen war, um nach etwas zu suchen. Aber nach was? Wonach wollte sie suchen, allein und ohne ihn? Das verstand er als Jugendlicher nicht und suchte auch nach keiner möglichen Erklärung. Er war gerade vierzehn Jahre alt geworden. In ihrem Brief bat die Mutter den Jungen, ihr zu verzeihen. Aber verzeihen, nein, das konnte er nie.

Das Verschwinden der Mutter schien für alle Behörden eindeutig zu sein. Ähnliche Familientragödien kamen hin und wieder vor. Die Frau verließ ihr Kind, um irgendwo ein anderes, neues Leben zu beginnen. Ohne Mutter zu leben, so entschied ein Amt, sei er zu jung. Der Bruder des Vaters und eine weitläufige Tante kamen in unregelmäßigen Abständen, um ihn bei wichtigen Angelegenheiten im Haus zu unterstützen. Schnell bekamen die beiden mit, dass der Junge ihre Hilfe missbilligte und die ohnehin kurzen Besuche wurden seltener, bis sie ganz wegblieben. Der Junge igelte sich fortan ein und lebte ungestört, ohne Bevormundung der Verwandten, sein Leben weiter. Irgendwie wurde er erwachsen.

Einfachheitshalber bewohnte er von Anfang an nur den oberen Bereich im Haus. Nie würde ihm in den Sinn kommen, die einstigen Räume der Eltern zu betreten. Allerdings brachte in letzter Zeit seine Phantasie häufig Bilder zum Vorschein, die ihn mehr verwirrten als trösteten. Trügerisch ließen ihn diese Sinnbilder Umrisse seiner Eltern erkennen. Zwar halfen solche Sinnestäuschungen manchmal, mit dem Alleinsein fertig zu werden, doch meist blieb er deprimierter als zuvor zurück. Und diese Tagträume waren auch der Grund, dass er an der äußeren und inneren Seele des Hauses kaum etwas verändert hatte. Peinlichst genau achtete er auf winzigste Details. Alles sollte im Haus originalgetreu erhalten bleiben. Sämtliche Gegenstände befanden sich auf ihrem ursprünglichen Platz. Haargenau, so wie es war, als sie noch zu dritt hier lebten. Neue Möbel, Teppiche,

Geschirr oder derlei Sachen brauchte er ohnehin nicht. Im Wohnzimmer stand auch noch der einstige Lieblingssessel seines Vaters, den er schon sehr früh auf besondere Weise kennengelernt hatte. Dieser Sessel blieb für ihn für immer das hässlichste Relikt aus seinen Kindheitstagen. Niemals durfte er ohne den Vater darauf Platz nehmen. Schon beim Anblick des antiken Ohrensessels lief ihm ein eiskalter Schauer über den Rücken. Dieser Sessel versetzte ihn mehr als alles andere im Haus in die Tage seiner Kindheit zurück. Damals schien sein Vater ganz und gar darin zu versinken und der Junge beobachtete ihn häufig dabei. An einigen Tagen saß der Vater reglos darin und grübelte. An anderen Tagen saß er wie auf einem Thron und las konzentriert in seiner Zeitung. In den vielen Jahren des Alleinseins bemühte sich der junge Mann den Teil seiner Erinnerung, die mit diesem Sessel zusammenhingen, auszulöschen. Das gelang mal mehr und mal weniger. Fühlte er sich einsam, ging er hinters Haus, um einen Blick auf den Sessel zu erhaschen. Manchmal erschien dann das Phantombild des Vaters. Seine Silhouette in der typischen Haltung: Angespannt nach hinten gelehnt und die Hände auf seinem Bauch waren gefaltet. Er sah sie wieder, seine nervösen Augen, die mit langem Blick nach etwas gierten. Wenn er aus seinem Sessel hervorkroch, sahen seine Augen leer und kalt aus. Bei den Gedanken an diese kalten Augen seines Vaters wurde er von Ekel gepackt. Selbst der grobe Griff fiel ihm wieder ein, mit dem er ihn an Händen und Füßen packte. Die damals empfundenen Schmerzen wurden plötzlich real und deutlich zu spüren. Gab es für ihn einen Ausweg aus diesem Martyrium oder sollte er für immer darin gefangen bleiben? Unzählige Fragen tauchten wieder auf. Wo sollte er damit hin? Er blieb gefangen in der Vergangenheit, ohne Licht oder dem Gedanken an einen neuen Tag. Er musste etwas tun, um sich von seinem inneren Wirrwarr zu befreien …

Graal-Müritz im August

In der Luft lag noch immer die letzte Stille der Nacht. Die Sonne war gerade über dem Meer aufgegangen und erste Geräusche eines Tages, der gerade anbrach, wurden im Sekundentakt lauter. Noch bevor die Küstenbewohner ihre Augen richtig offen hatten, wussten sie, dass ein heißer Sommertag bevorstand. Endlich ein Sonntag, der diesen Namen tatsächlich auch verdiente. Die nicht enden wollende Hochdrucklage schob seit Wochen eine derartige Gluthitze vor sich her, dass dieser Sommer mehr an einen am Mittelmeer als an den an der Ostseeküste erinnerte. Jahrelang zeichnete kein Wetterdienst an der mecklenburgischen Küste so ein stabiles Hoch mit Werten über 30 °C auf. Der beste Grund für den Rostocker Meteorologen, Stefan Kreibohm, auf der Insel Hiddensee grienend vor der Kamera zu stehen. Selten genug hatte er so viel Gutes zu berichten. In Fachkreisen der Wetterfrösche wurde der diesjährige Sommer längst als der „Jahrhundertsommer" gehandelt.

Faszinierende Sonnenuntergänge ließen die zuvor andauernden Regenwochen vergessen. Das waren unzählige Wochen, in denen eine unvorstellbare Menge Wasser, wie aus Kannen gegossen aufs Land klatschte. Überall in Graal-Müritz, auf den Wiesen, im Wald und selbst in den Ortschaften ringsherum, kam es zu Überschwemmungen. Blitzschnell waren die Wiesen voll mit Wasser, riesige Seenlandschaften bildeten sich und verwirrten den Blick des Betrachters, selbst Souterrainwohnungen mussten ausgepumpt werden. Über eine längere Zeit waren die Graal-Müritzer Einwohner mit außergewöhnlich hohen Schäden beschäftigt, nicht nur an den eigenen Häusern. Das viele

Wasser zerstörte Pflanzen und Bäume, auch gab es Schäden im beliebten Rhododendron Park. Selbst die größte Buche im Park, um die herum sich im Sommer Lyrikfreunde trafen, um ihrer Muse freien Lauf zu lassen, wurde so stark beschädigt, dass sie ein Opfer der übermäßigen Wassermassen wurde. Obendrein durchzog ein penetrantes Lüftchen alle Ecken des Ortes. Selbst das Meer konnte den Geruch von stinkendem Morast nicht übertünchen. Die hoch gepriesene Meeresbrise, dahin war sie und das für lange Zeit. Noch schlimmer sollte es kommen, weil der eklige Geruch unzählige Insekten anzog, die kamen jetzt aus nicht erkennbaren Löchern gekrochen. Überall schienen sie sich breit machen zu wollen.

Wetterkapriolen sind an der Küste oft zu erleben. Einheimische und Touristen waren an manch ein außergewöhnliches Ereignis gewöhnt, nicht nur die Herbststürme schienen gefährlich zu sein. Aber während der stürmischen Tage dieses Sommers waren sich die Einheimischen in Graal-Müritz ausnahmsweise mal einig.

„So schlimm wier dat noch nie, all gor nich in'n Sommer", meinte auch Karl Hansen. Er war einer von vier alten Graal-Müritzer, die sich fast jeden Abend um Punkt 19 Uhr zum Klönen auf der Seebrücke trafen. Kamen sie ins Streiten, wurden sie sich meist beim Wetter einig. Beim abendlichen Snack auf Platt kamen interessante Neuigkeiten aus dem Ort ans Licht. Trotz unterschiedlicher Meinung war immer etwas dabei, das sie eher verband als trennte. Jeder von ihnen sorgte Abend für Abend für spannenden Gesprächsstoff. Auf diese Weise standen alle vier Männer wenigstens einmal am Tag im Mittelpunkt. Allein deshalb waren ihnen diese abendlichen Treffen auf der Seebrücke wichtig, denn zu Hause gaben meist ihre Frauen den Ton an.

So war es nicht verwunderlich, dass vor allem die pikanten und frivolen Geschichten in ihrer Altherrenrunde heiß begehrt waren. Selten genug passierte etwas in dem beschaulichen Ort Graal-Müritz. Die vier Alten von der Seebrücke passten auf. Egal, ob es brannte oder ein Einbruch passierte, sie wussten über alles als erste Bescheid. Bei der Überführung harmloser Täter half der eine oder andere schon mal mit. Vor kurzem erst hatte einer von ihnen zwei Jungs erwischt, die ein geschnitztes Holztier im Klangwald zerstören wollten. Alle außer Erwin hatten ihr ganzes Leben hier verbracht, sie waren nicht weit rumgekommen.

„De Krimistoff licht bi uns up de Straat", wusste Hansen zu berichten. Er war der Älteste der Vier. Mit seiner über jedes Ziel hinausschießenden, kriminellen Phantasie ließ er seine Freunde von der Seebrücke oft irritiert zurück. Doch die spannendsten Geschichten kannte nur er und brillierte in spannender Erzählweise täglich damit. Er wusste von kriminellen Jugendlichen genauso zu berichten, wie von aufgesetzten Hörnern manch eines Ehemanns.

„Dat is so as in anner Kaffs och. Wat fählt, is mal so ein echtet grotet Ding as vör twei Johr", stellte Hansen spitzfindig fest. „Uns' Urt ist väl tau ruhig, passiert rein gor nix, von den välen Touristen in'n Sommer mal ganz afseihn."

Von der Seebrücke, dem zentralen Platz im Ort, ließen sich Neuigkeiten rasant wie ein Lauffeuer verbreiten. Erwin, der einzige Zugezogene unter ihnen, war des Plattdeutschen nicht mächtig. Heute erinnerte er an den einzigen aktiven Detektiv im Ort: „Erinnert ihr euch an Kommissar a.D. Ole Timm? Der hat ja jede Menge auf dem Faden. Wie viele Strolche der wohl inzwischen hinter Gitter gebracht hat?"

„Un nich nur in Graal-Müritz."

„In letzter Zeit ist es etwas ruhiger um ihn geworden", erzählte Erwin weiter. „Bestimmt will hei ok bloß mal Rentner sin", gab Enno seinen Senf dazu.

„Nee, ick heff hürt, dat hei all wedder an einen niegen Fall an is", ergänzte Karl Hansen.

„Wir passen ja auch noch auf, und wenn nichts passiert, helfen wir eben den Touristen", so Erwin auf Hochdeutsch.

Das sich in dieser Runde immer noch ganz befremdlich anhörte.

Im Sommer wimmelte es an der Ostseeküste nur so von Touristen und für die Alten bedeutete das jede Menge Erzählstoff. Doch am liebsten diskutierten sie, wie die meisten Alteingesessenen im Ort, über alte Zeiten.

Das war die Zeit als die Graaler und die Müritzer eigenständige Orte waren. Müritz stammt aus dem Slawischen und bedeutet so viel wie „Gegend am Meer". Graal dagegen wurde erst viel später, 1752, in Büdnereien aufgeteilt. 1938 wurden dann beide Teile per Dekret zusammengelegt und seitdem wurde der Ort lediglich mit einem Bindestrich getrennt. Das sollte formal gesehen als Trennung genügen. Nicht so in Graal-Müritz. In den Köpfen einiger alteingesessener Einwohner gab es immer noch Barrieren. Ganz früher machte sich der Satz breit: „Die Graaler leben, aber die Müritzer müssen leben." Offenbar gab es noch heute einige Meinungsunterschiede von damals. Einige Einwohner sahen den Teil, in dem sie selbst wohnen, als den Schöneren an.

Doch wenigstens einte so ein lang anhaltendes Hoch alle wieder und nicht nur bei den Einheimischen herrschte Freude darüber. Nach dem schlechten Saisonstart sorgte ein Hoch für einträgliche Geschäfte bei allen im Ferienort. Die Küstenbewohner atmeten auf und der Regen schien vergessen.

Aber nicht nur das Meer stand in der Gunst der Erholungssuchenden. Genau genommen schien die Rostocker Heide höher frequentiert zu sein, als die Waldbrandstufe es hergab. Eine erfrischende Kühle mit dem Reiz der besonderen Stille lockte Urlauber und Einheimische gleichermaßen in den Wald. Einige von ihnen empfanden die Luft wie Samt und Seide. Das waren jene, denen die Natur weitaus mehr Erholung als die gnadenlose Hitze am Strand bot. Ein empfindsames Ohr gelangte zur Ruhe und weder hupende

Autos noch kreischende Kinder nervten. Unter schattigen Bäumen ließ es sich lang und tief durchatmen. In aller Frühe störte keine Menschenseele den Frieden in der Rostocker Heide. Wenn da nicht eine eher seltene Meldung in der Morgenausgabe der Sonntagszeitung auf sich aufmerksam machen würde.

Die Nachricht war winzig, und wahrscheinlich wurde die Vermisstenanzeige von niemandem richtig wahrgenommen. Nur spärliche Hinweise konnte man lesen: „Wer hat junge, dunkelhaarige Frau gesehen? Seit Freitag wird sie vermisst. Wer kann Angaben machen? Bitte helfen Sie bei der Suche!"

Für die vier Alten von der Seebrücke war so eine Meldung genau das Richtige, um ihre Phantasie zum Blühen zu bringen. Endlich hatten sie eine echte Gelegenheit, ihre Spürnasen mal richtig in Einsatz zu bringen. Aber lasen sie so früh am Tag die Zeitung? Ein Sonnenanbeter sowieso nicht. Die fühlten sich von so einer knappen Nachricht an einem heißen Tag wohl kaum angesprochen, obwohl um Mithilfe der Bürger gebeten wurde. Der Schreiber hatte sich nicht mal die Mühe gemacht, die gesuchte Person präzise zu beschreiben. Lediglich allgemeine Angaben über Haare und Größe wurden erwähnt. Dabei wusste doch jeder, wie im Sommer die Uhren tickten. In den Orten entlang der Küste gab es jede Menge Veranstaltungen und niemand interessierte sich für eine vage Geschichte in der Zeitung. Wer das las, dachte vielleicht eher an eine Ente, die das berüchtigte Sommerloch stopfen sollte.

Rostocker Heide – Rövershagen

Am Ortseingang von Rövershagen hielt ein Auto. Zwei Personen stiegen aus, nur begleitet von einem zu kurz geratenen Vierbeiner. Unvermittelt blieb die Frau auf dem Hauptweg, der direkt in den Wald führte, stehen.

„Michael, meinst du die Richtung stimmt?" Kritisch schaute sie ihren Mann an. „Es gibt nirgendwo einen Hinweis!" Thea zweifelte schon wieder, ob ihr langgehegter Wunsch, Wald und Meer an einem Tag zu genießen, sich überhaupt umsetzen ließe. Beides hatte sie lange zuvor für diesen Tag geplant. Dazwischen einen sehr speziellen Ort aufsuchen, das war's, was sie viele Monate vor sich herschob. Heute endlich sollte es klappen. Erst gestern hatte sie alles perfekt eingefädelt. Warum also zweifelte sie jetzt wieder? Michael brauchte sich nur auf ihr Vorhaben einzulassen. Aber sie hätte es besser wissen müssen, dass ihr Mann sich schräg stellen würde. Sie verlangte nie etwas von ihm, nicht mal heute konnte er sich ihr zuliebe überwinden und Freude zeigen.

Michael trottete gelangweilt neben ihr her, trotz des kurzen Fußmarsches.

Vor ihren Augen zeigte sich eine Gabelung mit Wegen in alle Himmelsrichtungen.

„Und? Wie weiter?" Theas ratloser Blick sprach Bände. „Ich geh mal zum Unterstand rüber", meinte sie resigniert.

Neben der verwitterten Hütte stand eine Holztafel. Wenige Schritte nur und sie stand vor dem Schild.

„Sieh dir das bloß mal an!", rief Thea ihrem Mann zu. „Es ist kaum noch was zu entziffern, das Schild hat seine besten Tage lange hinter sich. Vielleicht erkennst du ja was?"

Michael ging zu seiner Frau und schaute genervt auf das Schild. „Idioten! Diese blöden Typen sägen noch mal den

Ast ab, auf dem sie selbst sitzen", schimpfte er sofort los. Vandalismus machte ihn jedes Mal sauer. Ausnahmsweise beruhigte er sich heute schnell wieder. „Ist doch klar! Lass uns den rechten Weg nehmen!"

„Wenn du meinst." Thea willigte ohne Widerstand ein, ihr Mann war zwar maulfaul, aber auf seine Orientierung konnte sie sich stets verlassen.

Kaum waren sie auf dem schmalen Schotterweg unterwegs, herrschte wieder Funkstille. Lediglich ihr Hund schien den Tag genießen zu können. Quietschvergnügt lief er an langer Leine weit voraus. Stolz deutete sein erhobener Schweif an, dass er längst wusste, welche Richtung er zu gehen hatte. Gut, dass wenigstens einer wusste, was er wollte und sich dabei noch pudelwohl fühlte. Sie bemühte sich ihre gute Laune doch noch auf ihren Mann zu übertragen.

Munter plauderte sie drauf los: „Ideales Ausflugswetter, aber für dich wohl eher zu still?" Ohne eine Antwort abzuwarten, sprach sie sofort weiter: „Gut, dass wir früh losgekommen sind." Kein Kommentar.

Typisch mein Mann, dachte Thea. Er liebt lediglich die Stille seines Arbeitszimmers. Sein Lebensplan ist eben auf andere Dinge fokussiert. Ausflüge in der Natur gehörten nicht dazu. Und das wurde von Jahr zu Jahr schlimmer. Immerhin hatte er überhaupt zugestimmt. Thea riss ihren Mann aus seinen Gedanken. „Wir sollten vor dem Strandgang Meyers Hausstelle aufsuchen. Das Café wurde neu ausgebaut und liegt mitten im Wald. Das wird dir gefallen. Die Eigentümer öffnen im Sommer jeden Tag, auch am Wochenende. Passt doch!"

Michael schien aufzuhorchen. Thea entging das nicht und fügte schnell hinzu: „Neulich erzählte mir jemand von der netten Atmosphäre, 'ne Menge Haustiere ringsherum und freundliche Gastgeber. Vor allem der Nusskuchen muss eine Klasse für sich sein. Das Wasser läuft mir im Mund zusammen, wenn ich nur daran denke."

Michaels Interesse hielt sich trotz Theas ausschweifender Beschreibungen in Grenzen.

„Hast es gestern wieder gut hinbekommen, deinen Willen durchzusetzen und jetzt willst du mich mit einem blöden Kuchen ködern?"

Thea blieb gelassen, überlegte stattdessen, wie sie ihr derzeit wichtigstes Thema anbringen konnte. Der RuheForst in Rövershagen spukte schon lange durch ihren Kopf. Sie fragte sich seit geraumer Zeit, ob das eine reale Option für sie und ihren Mann wäre, in diesem Waldstück die letzte Ruhestätte zu finden.

Ohne zu zögern, ließ sie raus, woran sie eben dachte: „Bin gespannt auf diesen RuheForst, auch wenn das Gerede von Claudia und Hans für mich eher übertrieben ankam. Was meinst du?" Schweigen. „Ein abgestecktes Areal mitten im Wald, ob uns das wirklich anspricht?" Sie sprach weiter ohne eine Antwort abzuwarten. „Die heftigen Gefühle neulich bei Hans? Ob die überschwängliche Begeisterung überhaupt echt war? Wir kennen ihn ja nicht wirklich, aber so ein Theater? Erinnerst du dich?"

„Klar erinnere ich mich an diesen arroganten Schnösel. Von der Performance seines Lebens sprach der. So ein Geschwafel in einem solchen Zusammenhang."

Thea registrierte wohlwollend, dass Michael ihr wenigstens zuhörte und ging auf seine Argumente ein. „Genau! Und seine unpassende Wortwahl. Sinnliche Atmosphäre im Wald, was soll das schon bedeuten? Arme Claudia, wie die das mit dem Typ aushält? Aber sie kennt ihn ja auch erst kurze Zeit. Was soll im Ruhewald überhaupt anders sein als hier?"

Mit fragendem Blick drehte Thea sich im Kreis und blickte sich demonstrativ zu ihrem Mann um! Michael lief bereits in einem gehörigen Abstand zu ihr und hatte dennoch zugehört.

„Als deine Sportsfreundin neulich den Kerl anschleppte, hätte ich ihn am liebsten rausgeschmissen, so blöd wie der sich benahm. Der muss psychisch krank sein, sonst reagiert man nicht in dieser Art. Ich bin froh, dass wenigstens zwischen uns nicht solche schwülstigen Gespräche ablaufen", entgegnete er ihr, immer noch leicht genervt.

„Geht mit dir wohl kaum! Intimen Gesprächen weichst du aus oder fegst das als Weiberkram vom Tisch", konterte Thea.

„Wenn du meinst! Mich wunderte viel mehr, dass dir nicht auffiel, wie der Typ deiner Freundin ständig ins Wort fiel. Und das mit einem bissigen Ton! Ich dürfte nicht annähernd so arrogant sein."

„Bleib mal ganz ruhig! Im Gegenteil, ich würde mich freuen, wenn du dich überhaupt an einem Gespräch beteiligst. Selbst auf die Gefahr hin, dass du mich mal unterbrechen solltest."

Thea wollte ihren Mann nicht komplett verärgern, aber mit ihrem Thema war sie noch nicht durch: „Claudia blieb während des Gesprächs über den RuheForst pietätvoll und sachlich. Bei ihr hörte sich alles plausibel an."

„Genau! Und nur deshalb lasse ich mich auch auf dein Abenteuer ‚Wald' ein."

„Falls Claudias Beschreibung zutrifft, könnte der Ruhewald für uns interessant werden. Zum Glück hast du dich von einer Seebestattung verabschiedet. Aufs Wasser schauen ist ja ganz okay, aber was von uns bleibt, sollte besser auf festem Grund bleiben."

Michaels Lust über Hans und Claudia zu sprechen, hatte sich endgültig erledigt. Seine Miene sprach Bände. Das entging Thea natürlich nicht. Sie atmete tief durch Mund und Nase, um die Luft völlig übertrieben herauszustoßen.

„Du atmest viel zu flach. Riech mal bewusst die satte Waldluft. Einfach phantastisch. Überhaupt Wald passt zu uns."

Michael kannte Theas Monologe zur Genüge. Inzwischen hatte er gelernt, halb zuzuhören und zugleich den eigenen

Gedanken nachzuhängen. An diesem Tag schien sie besonders aufgedreht zu sein.

„Zurück zur Natur, das war's, was wir wollten. Die Nähe von Wald und Meer genießen. Erinnerst du dich an meinen Lieblingsspruch? *Wer Meer hat braucht weniger.* Ich kann mir meine letzte Ruhestätte im Wald gut vorstellen. Perfekte Idylle, und die Ostseeküste ganz nah."

Die gestrige Arbeit kreiste längst durch seinen Kopf.

Und etwas später ertönte schon wieder seine gereizte Stimme: „Bei deinen Plänen im Wald habe ich nur einen Wunsch. Achte bei der Wahl eines Baumes im Ruhewald bitte darauf, dass der Baum weit von den beiden entfernt steht. Sonst könnte es mit der Ruhe schnell vorbei sein. Und vom Lauschen des säuselnden Windes ganz zu schweigen." Kaum war sein letztes Wort gesagt, machte sich ein dickes Grienen in seinem Gesicht breit.

Das allerdings blieb von Thea unbemerkt. „Was hast du? Ich mag Claudia. Überhaupt, ohne die beiden hätten wir den Ausflug wieder und wieder verschoben. Irgendwann wäre es zu spät. Außerdem schließt sich im Wald der Kreislauf des Lebens. Wir kommen zur Natur zurück, dort wo wir hergekommen sind. Ein wunderbarer Gedanke."

Auf Außenstehende machte die spezielle Art ihrer Unterhaltung meist den Eindruck eines Streitgesprächs. Für sie war es hingegen völlig normal, solche Gespräche zu führen, das war wie an jedem x-beliebigen Tag.

Plötzlich zog der Hund stark an der Leine und Michael musste all seine Kraft aufwenden, um den ungestümen Hund zu bändigen. „Was hat der denn auf einmal", murrte er entsetzt.

„Arko ist eben ein echter Jack Russell, der weiß, dass er im Wald aufzupassen hat", rief Thea ihrem Mann zu.

Sie und Michael mussten sich ranhalten, um mit dem Hund Schritt zu halten.

„Bei seinem Tempo sind wir wahrscheinlich in wenigen Minuten total erschöpft und den RuheForst können wir vergessen." Thea schnaufte hörbar, kaum, dass sie die Worte herausgebracht hatte. Die Hektik stand ihr mit der stark einsetzenden Röte förmlich ins Gesicht geschrieben.

Michael konnte die Leine von Arko nicht mehr festhalten. Plötzlich rannte der wie vom Blitz getroffen samt Leine quer durch den Wald. Er entfernte sich in einem derart rasanten Tempo vom eigentlichen Weg, dass beide dem Hund nur noch verwirrt hinterher schauen konnten. Sie riefen laut Arko hinterher. Keine Reaktion.

„Was soll das denn bedeuten? So was hat er sich noch nie geleistet. Macht sich einfach aus dem Staub." Thea bemühte sich den Hund nicht aus den Augen zu verlieren.

„Ich glaube, er ist in diese Richtung", meinte Michael und zeigte nach links zu einer Stelle, die noch tiefer in den Wald hineinführte.

Thea blieb ratlos stehen. „Was hat Arko bloß?", fragte sie irritiert. „Er kennt sich gar nicht hier aus und rennt los, als ob er ein Ziel hätte."

Die gesamte Gegend war mit meterhohem Farn überwuchert und sofort fehlte vom Hund jede Sicht. Um wenigstens die Richtung im Auge zu behalten, mussten sich die beiden ranhalten. Michael schien etwas zu hören: „Psst, sei still, hörst du das, da drüben? Das jämmerliche Jaulen?"

„Hoffentlich ist er in keine Tierfalle getappt?", schlussfolgerte Thea.

„Ach was, nicht unser Arko!", widersprach Michael. „Irgendwas ist jedenfalls passiert! Er rennt doch nicht ohne Grund einfach weg?" Michael war sich jetzt ganz sicher, dass sein Hund etwas entdeckt hatte und setzte noch eins drauf. „Auf mein Wort hört er jedenfalls, weil ich ihn nicht so verwöhne wie du."

„Das ist ja jetzt ganz klar zu erkennen", giftete Thea ironisch zurück.

„Bleib mal ganz ruhig! Sieh da vorn, er kommt zurück."

„Sieht aus, als wäre alles ok. Auf den ersten Blick jedenfalls."

Außer Atem rannte der Hund direkt seinem Herrchen entgegen. Energisch stieß er mit seiner Schnauze immer wieder an dessen Hosenbein, jaulte dabei und lief unruhig hin und her.

„Nee, da stimmt etwas nicht. Er muss was entdeckt haben, das er uns zeigen will", meinte Michael nun auch unruhig geworden. „Komm, lass uns gleich nachsehen! Ich finde sein Verhalten jedenfalls sehr merkwürdig."

Thea würde am liebsten kehrtmachen. „Willst du dich wirklich durch den dichten Farn quälen? Was soll da schon sein? Nur Zecken, nichts weiter", maulte sie weiter.

So wie meist, wenn es nicht nach ihrem Kopf ging, wurde sie schnell lustlos und launisch. Ihr Mann ließ sich nicht abhalten. Seine Neugier war geweckt und er nahm denselben Weg wie vorhin der Hund. Nicht ohne Mühe kämpfte er sich durch den dichten Farn und kam nur langsam voran. Arko rannte voraus, so als wollte er ihm den Weg weisen.

Hinter sich hörte er nur noch seine Frau rufen: „Wahrscheinlich findest du bloß das Versteck von Kindern."

Oder die Reste eines toten Tieres, dachte Michael gerade noch, als der Hund erneut zu jaulen begann. Arko blieb wie erstarrt stehen, genauso Michael. Er konnte nicht glauben, was er vor sich sah. Ein eisiger Schauer erfasste sofort seinen gesamten Körper und ihm wurde augenblicklich kalt. Ein Grab mitten im Wald? Stumm blieb er stehen und suchte verzweifelt nach Worten: „Thea … Komm …! Da … ist … Das kann nicht … nicht … wahr sein …!"

Thea merkte sofort, dass etwas passiert sein musste und beeilte sich schnell bei ihrem Mann zu sein. Der Mund blieb ihr offen stehen, als sie sah, was Michael längst gesehen hatte. Zuerst schaute sie auf ihren Mann, dann mit langem Blick auf den ungewöhnlichen Fund. Ringsherum lag wüst herausgerissener Farn, der die Sicht auf die gesamte Fläche freigab. In der Mitte war ein Hügel angeschüttet worden, der den Eindruck einer Grabstelle vermittelte. Eine rechteckige Fläche in der Länge von etwa zwei Meter wurde geschaffen und alles ringsherum mit Farn bedeckt.

„Eine Frau? Ja ...! Klar", beantwortete sie sich selbst die Frage. „Schläft sie", flüstert Thea leise ihrem Mann zu.

Michael traute sich etwas näher an die Grabstelle heran und sah in das Gesicht der Frau. Er konnte keinerlei Atembewegungen darin erkennen, stattdessen sah er ein blasses, lebloses Gesicht vor sich. Mehr brauchte er gar nicht sehen.

Thea konnte nicht anders, sie musste was sagen. Vor lauter Aufregung purzelten ihr jetzt im Gegensatz zu ihrem Mann andauernd die Worte nur so heraus. „Ein Grab mitten im Wald. Die geschlossenen Augen? Irgendwie sieht das hier fast liebevoll hergerichtet aus."

„Unsinn!" Michaels Ton wurde barsch. Er wollte nur noch diesen Schreckensort verlassen. Seine Frau sprach weiter als stünde sie unter Schock: „Und die weiße Calla? Könnte ja ein Symbol sein, aber für was?" Diese Frage richtete sie mehr an sich selbst als an ihren Mann.

„Die Frau ... Der Platz ... Die Blume ...? Sehr seltsam. Wie sie hingelegt wurde? Die reinste Inszenierung. Das ist blanker Wahnsinn." Theas Worte klangen inzwischen mehr verzerrt.

„So was ..., das ... macht doch kein normaler Mensch!" Auch Michael brachte seine Worte jetzt nur noch bruchstückweise heraus. „Wie brutal muss jemand sein, erst eine Frau zu töten und sie dann so zu präsentieren! Aber vielleicht waren das mehrere durchgeknallte Typen?"

Wie erstarrt blieben beide eine gefühlte Ewigkeit am Fundort stehen. Thea war inzwischen so überdreht, dass aus ihr nur noch wirre Ideen heraussprudelten: „Die Tat muss aus langer Hand geplant worden sein. Das sieht man doch! Ja genau, das sieht aus wie ein Ritual. Die riesige Menge Farn und wie die Frau hingelegt wurde. Dazu die weiße Calla, das alles kann kein Zufall sein! Sie sollte genauso gefunden werden!"

„Könnte auch ganz anders sein", überlegte Michael. „Etwas Entscheidendes spricht gegen deine These. Der Platz ist viel zu abgelegen. Wir selbst wären ohne Arko nie so nah herangekommen. Genau, der Hund war es ja, der uns hierhergelockt hat! Freiwillig hätte ich mich nie durch diesen dichten Farn gequält."

Michaels Worte erreichten Thea und sie reagierte genauso fassungslos: „Ein Verbrechen der übelsten Sorte. Und das in unserer friedlichen Gegend!"

„Die Polizei muss her! Pass bloß auf den Hund auf, der darf der Frau nicht zu nahekommen." Theas Worte klangen unverständlich und kleinlaut.

„Los, wir sollten endlich was unternehmen! Das Ganze ist schlimm genug und kann nur von der Kripo geklärt werden." Michael drängte jetzt energisch darauf, den Platz zu verlassen.

Theas Atem wurde schneller, trotzdem konnte sie sich nicht verkneifen, auch in das Gesicht der Frau zu sehen. Als ob sie darin eine Antwort finden könnte. Sie traute sich sogar etwas näher heran. Doch als sie merkte, dass ihr Atem unkontrollierter wurde und ihren gesamten Brustkorb beben ließ, entfernte sie sich schnell. „Ich hab' genug und halte das nicht länger aus. Was reden wir hier eigentlich, die Polizei muss her!"

Michael sah auf die Frau und murmelte fast unverständlich: „Warum mussten wir auch in diesen Wald?"

„Mit so einem grauenvollen Fund konnte wohl niemand rechnen", zischte Thea.

„Mir wird das jetzt zu viel. Was, warum und wie es hier aussieht, darum sollen sich die kümmern, die wissen, wie das geht. Ich wollte gar nicht erst her. Nun hast du deinen Wald, aber ohne Ruhe, die ist nämlich dahin. Wer weiß, wann wir die wiederfinden."

Deprimiert schaute Thea auf Arko. „Alles deinetwegen", schimpfte sie ihren Hund mit gequälter Stimme aus. Und ihr Blick wurde von dem Hund fast ebenso traurig erwidert! „Warum musstest du uns in dieses Versteck drängen?" Theas Stimme hörte sich selten so kraftlos an, wie in diesem Moment.

Als ob Arko jedes Wort verstanden hätte, drängte auch er jetzt darauf, den Ort zu verlassen. Er jaulte laut und machte sich auf seine Weise bemerkbar.

„Halt bloß den Hund fest!", rief sie entsetzt ihrem Mann zu, als sie merkte, dass der sich an der Frau zu schaffen machen wollte.

„Arko weg da. Die Spuren werden noch gebraucht", belehrte Michael seinen Hund, als ob der alles verstehen würde. „Im Tatort wird auch gezeigt, wie wichtig DNA-Spuren sind. Sie sind der einzige Beweis, um den Täter einwandfrei zu überführen."

„Vielleicht aber haben sich mehrere Täter hier zu schaffen gemacht? Los ruf endlich die Polizei", schrie Thea ihren Mann buchstäblich an.

Die Farbe ihres Gesichtes hatte sich komplett verändert. Das auffällige Rot von vorhin war einer aschfahlen Blässe gewichen. Dabei erkannte sie jetzt erst, wie mitgenommen auch ihr Mann aussah. Michael griff in seine Hosentasche, doch sein Handy konnte er nicht ertasten. „Es ist nicht da! Hab ich das jetzt verloren oder nur vergessen? Ich weiß noch nicht mal, ob ich es überhaupt eingesteckt habe."

„Was jetzt? Die Polizei muss aber schnell her! Wie kriegen wir das ohne Handy hin?"

Michael musste an die Frau denken. „Wer weiß, wie lange die tote Frau hier bereits liegt. Kann sein, dass längst nach ihr gesucht wird."

„Unseren Ausflug können wir jedenfalls abhaken. Komm wir laufen weiter zum Köhlerhof, da gibt es garantiert ein Telefon."

Es dauerte eine Weile, eh sie den Köhlerhof erreichten. Bereits von Weitem erkannten sie, dass sich am Haus im Wald nichts rührte.

„Das darf nicht wahr sein. Alle Türen zu, und kein Auto in der Nähe! Nicht mal ein Hinweis, ob sich das demnächst ändern würde."

„Los, dann laufen wir halt weiter, hier in Wiethagen muss es doch ein Telefon geben."

Das erste Mal seit dem schrecklichen Fund machte Michael den Eindruck wieder Herr seiner Sinne zu sein. „Von deinem hoch gelobten Ruhewald keine Spur und mit einem erholsamen Waldspaziergang hat das Ganze auch nichts zu tun. Wer weiß, wann wir uns davon überhaupt erholen?"

„Ich weiß, dass nichts mehr sein wird wie zuvor. Die wenigen schönen Stunden, alles dahin." Thea murmelte leise: „Ich würde mich nicht wundern, wenn wir sogar von bösen Träumen heimgesucht werden."

„Mord, das sieht man sonst nur im Fernsehen. Nie hätte ich geglaubt, dass derart Schreckliches so nah an uns heranrückt."

Beide merkten ihre körperliche Abgeschlagenheit und nicht nur ihre Psyche war davon betroffen. Ihnen fiel jetzt selbst das Laufen schwer. Auf diese Weise kamen sie nur langsam voran. „Hoffentlich werden die Täter schnell gefunden, ansonsten kann man sich hier in der Gegend nicht mehr sicher sein, weil womöglich ein Mörder frei herumläuft. Dann wird sich auch keiner mehr vor die Tür trauen."

„Vielleicht stecken die sogar noch ganz in der Nähe oder es war überhaupt gar kein Mord?"

„Ach, was sonst? Die sind längst über alle Berge. Und die Tiere hier? Wäre gut, wenn die sich wenigstens zurückhalten würden. Ansonsten kann es für die Polizei mit den Spuren schwierig werden."

Nach etwa einer halben Stunde erkannten sie die ersten Häuser von Wiethagen. Als die näher heranrückten, liefen ihre Füße automatisch weiter. Fast waren sie am Ausgangspunkt ihres Ausfluges zurückgekehrt. Allerdings jetzt kraftlos und ohne jeden Schwung. Nicht zu vergleichen mit Theas Freude noch am Morgen.

Thea klingelte an der erstbesten Haustür. Kurz schilderte sie die Lage, ohne zu viele Details zu verraten, erfuhren die Leute, wie wichtig es war, dass sie die Polizei anrufen musste. Der Hausherr erkannte sofort die Brisanz und reichte ohne große Fragen sein Handy weiter. Thea hielt innerlich bebend den Hörer fest in der Hand und wählte zitternd die 110. Voller Ungeduld musste sie warten, eh sie zum Kriminalkommissariat Rostock durchgestellt wurde. Endlich meldete sich eine kraftvolle Frauenstimme am anderen Ende der Leitung. Die Frau am Apparat hörte Thea aufmerksam zu und leitete sie ohne noch einmal nachzuhaken sofort weiter.

Hauptkommissar Heilmeyer und sein Team waren mit den speziellen, nichtalltäglichen Delikten beschäftigt. Deshalb wurde er als erster aus der Zentrale benachrichtigt. Er nahm relativ schnell den Anruf entgegen. Sofort spürte er, dass es sich bei der Anruferin um eine ernstzunehmende Nachricht handeln könnte.

Plötzlich war ich allein. Wochenlang konnte ich nicht mehr denken und schon gar nicht etwas fühlen. Ich grübelte, ob ich im Verlies überhaupt weitermachen sollte. Lange Zeit war mir nur noch kalt. Ich verkroch mich unter der Erde und konnte nichts anfangen mit dem, was ich vorfand.

Im Moment geht es wieder los. Die Zweifel sind zurück. Ich zweifle an allem, doch vor allem daran, welchen Sinn die Arbeit in der Höhle macht. Warum hattest du mich in dieses verdammte Verlies geführt und mir das Versprechen abgerungen, alles fertigzustellen. Ich war viel zu jung, um zu begreifen, was das für mich bedeuten würde.

Inzwischen ist aus deinem Plan längst auch mein Plan geworden. Ich muss das jetzt zu Ende bringen. Und ich werde dir beweisen, dass ich stärker bin als du je geglaubt hattest. Staunen sollst du!

Hier schreibe ich alles für dich auf. Mit jeder Zeile sollst du blasser werden, wenn du liest, was du mir angetan hast. Erst, wenn du mir gegenüberstehst, werde ich endlich loslassen können:

Mutter hatte früh Geld für mich angelegt. Das reichte eine Zeitlang, um einigermaßen über die Runden zu kommen. Inzwischen musste ich diese blödsinnige Arbeit in der Hohen Düne annehmen. Obwohl ich mit fünf Kollegen zusammenarbeite, ist meine Einsamkeit geblieben. Menschen bedeuten mir, seitdem ich allein lebe, sowieso gar nichts mehr. Die Chaträume, die ich jeden Tag besuche, helfen mir zwar zu vergessen, dass ich allein bin. Doch ich finde im Internet immer seltener etwas, das mich antreibt. Hier fragt mich wenigstens keiner, was ich mache und wer ich bin. Das ist gut, denn mein Wissen soll geheim bleiben. Die Nähe zu den Menschen ist mir regelrecht zuwider. Du sollst wissen Vater, dass ich unser Geheimnis behüte, dieses Versprechen hattest du mir bereits als Kind abgerungen.

Seit knapp einem Jahr arbeite ich inzwischen in der Putzkolonne im Yachthafen Hohe Düne. Dabei muss ich einen Riesenaufwand betreiben, um überhaupt dort hinzukommen. Und das alles für einen Job, der so eintönig ist. Die Arbeit wäre besser zu ertragen, wenn die Kollegen mich in Ruhe lassen würden. Sie quälen mich mit ihrer dämlichen Fragerei. Mein Schweigen macht sie noch neugieriger. Diese Schwätzer machen sich nur wichtig. Wenn meine Kollegen wüssten was ich …? Staunen würden die. Ich arbeite ja nur, weil die Arbeit gut bezahlt wird, alles andere interessiert mich nicht. In der Nacht schon mache ich mich auf den Weg zum Yachthafen, um tagsüber studieren zu können. Wenn ich morgens von der Schicht zurück bin, wartet immer noch die einzige Aufgabe auf mich, die meinem Leben lange Zeit wenigstens einen Sinn gab. Aber dieses Tempo werde ich nicht bis zum Ende durchhalten. Die nächtliche Arbeit im Wechsel mit dem

Studium verlangt mir so viel ab. Bereits eine Stunde vor dem Feierabend werde ich unruhig, kann das Ende der Nachtschicht kaum erwarten. Zu Hause angekommen, beginnt sofort die nächste Schicht. Seit Tagen bin ich beunruhigt. Im Haus gegenüber hat sich etwas verändert. Dort brennt ständig Licht. Wenn ich frühmorgens nach Hause komme, fühle ich mich beobachtet. Jeden Morgen! Das macht mich nervös. Manchmal sehe ich ein trübes Gesicht im bläulichen Schein des flimmernden Bildschirms. Ob der Fernsehapparat aus Gewohnheit läuft? Aber nicht nur der Fernseher, auch die Lampen brennen tagelang. Warum leuchtet alles? Glauben sie dadurch mehr Sicherheit zu bekommen? Das ist Selbstbetrug! Ich kann sie zu jeder Zeit ungestört beobachten. Aber sie mich auch. Tun sie das? Ich muss aufpassen. Erstaunlich, als ich heute nach Hause kam, wirkte das Licht nicht so grell wie an den anderen Tagen und ich hatte mich dabei ertappt, dass es mir warm und vertraut erschien. Ein Gefühl, das ich mal kannte, aber längst vergessen hatte.

Graal-Müritz, Strand

Kaum hatte Lisa den Strand erreicht, fühlte sie sich ohne ihre Strandmuschel der gleißenden Sonne erbarmungslos ausgeliefert. Das gesamte Strandequipment mitzuschleppen, hätte nur den Rahmen gesprengt. Für die wenigen Stunden reichten ihr das große Strandtuch und etwas zu trinken. Wenn die Sonne den Sand erst richtig aufheizte und man sich die Füße darin verbrannte, half sowieso nur eine Abkühlung im Meer. Bei den Temperaturen gab es auf der Welt keinen besseren Fleck, dachte sie sich und lag inzwischen entspannt auf ihrer kleinen Decke und hatte sich eingerichtet. Mit blinzelnden Augen nahm sie ein paar Schäfchenwolken am leuchtend blauen Himmel wahr. Nie besuchte sie einen anderen Strand als den in Graal-Müritz. „Strand der guten Träume", nannte sie ihn, wenn sie von den Touristen mal nach einem idealen Strand gefragt wurde. Bisher fand sie an der gesamten Ostseeküste keinen besseren. Wenn ihr Lieblingsplatz am Rande der Dünen frei war, dann brauchte sie nichts anderes mehr.

Am Strandaufgang 10 hatte sie heute sogar noch freie Platzwahl. Im Gegenteil, der gesamte Strandabschnitt sah relativ leer aus. Sie wählte immer den Aufgang 10. Hierher verirrten sich selten mal Touristen. Der Strandaufgang wurde vor allem von den Einheimischen des Ortes genutzt und war ohne Fahrrad nur aufwendig zu erreichen. Den Mehraufwand nahm Lisa gern in Kauf. Dafür konnte sie ohne quietschende Kinder und lärmende Jugendlichen relaxen und entspannt den tanzenden Wellen zusehen. Bei ihrem intensiven Job machte ein Strandtag am schnellsten ihren Kopf frei. Und einen klaren Kopf brauchte sie im Moment dringend.

Seit gestern quälte sie die Frage, ob das geplante Jura-Studium überhaupt das Richtige für sie sei. Ihr Vater kreiste bei dem Gedanken immer wieder in ihrem Kopf herum. Das hing mit ihrer Studienbewerbung zusammen. Eigentlich glaubte sie, den Konflikt mit ihm hinter sich gelassen zu haben. Doch das Gegenteil schien der Fall zu sein.

Plötzlich lautes Geschrei in der Nähe zwischen Strandaufgang 10 und 11. Lisa schoss aus der Rückenlage hoch, um zu sehen, was los war. Ein Mann, der mit dem Rücken zu ihr stand, warf Brotstücke in die Luft. Mit jedem Wurf begann das zänkische Schreien zwischen den lauernden Möwen. Aufgebläht und laut flogen die geschickten Fänger mit ihrer Beute davon. Andere flogen hinterher und versuchten ihnen den Brocken abzujagen. Lisa betrachtete skeptisch das Spektakel am Strand. Ganz nebenbei stellte sie fest, dass der Typ sich sehen lassen konnte. Eine sportliche Figur und das lange Haar lässig und ungekämmt. Selbst aus der Entfernung gefiel ihr, was sie sah. Dazu der knackige, gut gebräunte Körper, der nur von einer knappen Badehose verdeckt wurde. Aber Lisa war nicht in der Stimmung sich beeindrucken zu lassen. Er war zwar durchaus ihr Typ, auch zählte er nicht mehr zum jungen Semester, was sie mochte. Immerhin hatte er es geschafft, die Aufmerksamkeit auf sich zu lenken. Dabei entging ihr auch nicht, dass er von seinem Platz aus ständig in ihre Richtung stierte, auch wenn er sich hinter einer Zeitung versteckte. Offenbar war das mit den Möwen nur ein Versuch gewesen, sie anzubaggern. Lisas Lust auf einen Strandflirt hielt sich in Grenzen, lapidare Gespräche wären das Letzte was ihr an diesem Tag fehlte. Ihre letzte Beziehung lag länger als zwei Jahre zurück. Bereits kurze Zeit später fühlte sich die Trennung richtig gut an. Der Mann, den sie kürzlich im Internet kennengelernt hatte, der reichte ihr voll und ganz. Vielleicht würde irgendwann mehr daraus, möglich wäre es, dachte sie bei sich. Lisa spürte auf einmal Wut in sich aufsteigen, denn das

Geschrei wurde schriller. Die Möwen nervten inzwischen so sehr, dass diese Wut in ihr hochkroch und sich breit machte. Ein „Füttern verboten"-Spruch hing längst auf ihren Lippen. Sie besann sich schnell wieder und fragte sich, warum sie sich mit dem anlegen sollte? Der würde sich am Ende etwas darauf einbilden und hielt den Vorwurf womöglich für eine Anmache. Abrupt drehte sie sich vom kreischenden Spektakel ab. Sollte der doch seinen Spaß haben, sie jedenfalls wollte ihren freien Tag einfach nur in Ruhe genießen! Schnell schien der Mann vergessen und in ihrer bequemen Seitenlage fand sie zum Ursprung ihrer Gedanken zurück. Sie hatte es geschafft, die Greifswalder Uni wollte sie tatsächlich immatrikulieren. Was für ein Wahnsinn! Vor einem Jahr hatte sie sich für den Studiengang ‚Jura' mit den Schwerpunkten Kriminologie und Strafrechtspflege beworben und in dieser Woche hatte sie die Zusage bekommen. Also würde sie sich in den nächsten Jahren mit Wirtschaft, Gesellschaft, Recht herumschlagen müssen. Polizeidienst ade! Ihr Ziel rückte in greifbare Nähe. Sie konnte es selbst kaum glauben, denn das Prozedere der Bewerbung verlief ohne irgendwelche Probleme. Klar, sie hatte hart gearbeitet und es wurde ihr nichts geschenkt. Vielleicht waren ja ihre langen Praxiserfahrungen ausschlaggebend. Die schriftlichen Tests hatte sie sich allerdings einfacher vorgestellt. Die Prüfungskommission sprach von mehr Bewerbern als sonst. Womöglich sollte nur die Quote stimmen und sie hatten deshalb eine Frau gewählt? Unsinn, dachte sie wieder, warum bin ich nicht stolz auf mich, anstatt mich in diesen Selbstzweifeln zu verlieren. Genau wie damals als sie noch zu Hause wohnte. Warum holte sie jetzt ihre Vergangenheit wieder ein?

Inzwischen hatte Lisa sich an die Hitze gewöhnt. Sie genoss es, dass ein paar Wolken die Sonne durchkreuzten. Doch, wie meist am Strand störten ihre langen Haare und sie drehte sie gekonnt zu einem Zopf nach oben. Dann drehte sie sich entspannt zu den Dünen um, lauschte dem Wind und hörte den Wellen zu, wie sie miteinander stritten.

Der Wechsel von Sonne, Wind und Wolken lösten in ihr ein wohlig schauriges Gefühl aus. Sie dachte an früher und überlegte, ob sie etwa mit dem Studium ihrem Vater beweisen wollte, dass mehr in ihr steckt. Früher, als sie noch zu Hause wohnte, debattierte er ständig vehement gegen ihren Berufswunsch. Er sagte zwar, Polizistin sei ein gefährlicher Job. Meinte aber, dass er für seine Tochter ganz andere Pläne hätte. Irgendwann sollte sie seinen Platz im Gericht einnehmen. Das schien für ihn so gut wie sicher. Ein juristischer Beruf war das erklärte Muss für seine einzige Tochter. Denselben Weg wie er sollte sie wenigstens einschlagen. Bis vor einem Jahr leitete er die Staatsanwaltschaft am Rostocker Gericht. Man kannte ihn. Aber hatte er auch Gelegenheit sich bei Entscheidungen ihres Studienplatzes einzumischen? Ob er seine Beziehung genutzt hatte? Lisa würde das wohl kaum erfahren. Kindheitserinnerungen tanzten vor ihren Augen. Sie sah das ernste Gesicht des Vaters. Wie streng er war, ständig verunsicherte er sie mit seinen überdurchschnittlichen Erwartungen. Damit erreichte er nur das Gegenteil. Sie fühlte sich oft klein und unsicher. Es gab eine Zeit, in der sie sich überhaupt nichts zutraute. Die Mutter dagegen hielt immer zu ihr. Sie unterstützte sie jedes Mal, wenn es mal brenzlig mit ihm wurde. Doch ihre Mutter war es auch, die davon sprach, wie sehr sie ihrem Vater ähnelte.

Nur weil er ständig an ihr nörgelte, machte sie auch nicht gleich das Abitur, obwohl die Lehrer sie drängten. Damit wollte sie seiner Bevormundung entkommen. Später holte sie das Abitur an der Abendschule nach. Und nun? Jede andere hätte diesen Bescheid mit tausend Luftsprüngen begrüßt. Sie dagegen jammerte auf hohem Niveau. Hatte er sich etwa doch eingemischt? Lisa setzte sich auf und starrte den langsam ziehenden Wolken hinterher. Als ob dort eine

Antwort auf ihre Zweifel zu finden wäre. Etwas wollte sich in ihr aufbäumen. Oder eine innere Stimme rief ihr zu: „Von meinem Vater brauche ich keine Unterstützung. Ich schaffe das allein! Das werde ich ihm jetzt erst recht beweisen!"

Inzwischen war wieder Ruhe am Strand eingekehrt. Der Möwenfütterer hatte sich verflüchtigt, ohne dass sie es bemerkt hatte. Ihre Gelassenheit schien tatsächlich zurückgekommen zu sein. Dieser Strandtag war dafür genau richtig. Sie stand auf und schaute sich zufrieden in der Gegend um. Dabei fiel ihr auf, dass für Mitte August relativ wenig Leute am Strand lagen. War die Mittagszeit schuld oder die heiße Sonne? Ein kleiner Appetit machte sich inzwischen auch bei ihr bemerkbar. Sicher hatten sich auch die meisten hier in den Schatten verkrochen oder waren zum Essen unterwegs.

Im selben Moment ertönte ein schrilles Geräusch über der Ostsee. Ein Heli kreiste relativ flach, als wollte der Pilot die Haare der Leute am Strand zählen. Das laute Brummen schmerzte geradezu in ihren Ohren. Ihr entging die Suchkamera nicht. War etwa jemand verunglückt? Bestimmt was anderes, überlegte sie. Bei dem seichten Wellengang verunglückte niemand. Obwohl die Strömung an den Buhnen immer wieder unterschätzt wurde. Außerdem suchte der am Strand und nicht auf dem Wasser.

Sie beobachtete den Heli noch eine Weile, fand aber keinen plausiblen Grund. Vielleicht war das Ganze belanglos und ein Fotograf schoss schöne Sommerbilder vom Strand, beruhigte sie sich. Doch auch ihre Phantasie brachte sie nicht weiter. Wer weiß, wie lange das hier weiterging. Ruhe würde sie bei dem Krach auch keine mehr finden. Sie beschloss, den Vormittag besser im Café Inkognito mit einem Latte Macchiato zu beenden. Das wäre perfekt zum Abschluss dieses Strandtages.

Zwar wollte Lisa den ganzen Tag am Strand bleiben, aber zu ihren großen Stärken gehörte es flexibel zu sein. Schnell verstaute sie ihre Sachen in der riesigen

Strandtasche und zog sich nebenbei an. Beim Packen fiel ihr nebenan eine Decke auf. Dort lagen jede Menge Frauensachen. Seit Stunden kümmerte sich niemand darum. Zurück blieb selbst eine Handtasche. Lisa schaute auf den Strand. Alle Strandläufer, die sie erkennen konnte, waren angezogen. Sie fragte sich, ob wieder nur ihre blühende Phantasie schuld an den Gedanken war oder die Sachen hatten wirklich mit der Suche des Hubschraubers zu tun. Sofort verwarf sie die Idee und hielt sie für absurd. Warum sollte ausgerechnet in ihrer Nähe ein Unglück passieren, das wäre zu viel des Zufalls.

Bepackt mit Decke und Strandtasche lief Lisa zu Fuß zum etwas weiter entfernten Mittelweg. Dort gab es weit und breit den einzigen offiziellen Parkplatz. Kaum war sie dort angekommen, wurde sie von einer dicken Staubwolke eingenebelt. Ein Auto raste heran, nur schwach schimmerte die blaue Farbe eines Polizeifahrzeuges durch die Staubwolke. Sie staunte nicht schlecht, als sie feststellte, dass ihre Kollegen im Anmarsch waren. Der Fahrer hatte ein derart rasantes Tempo drauf, dass der aufgewirbelte Staub ihr fast den Atem nahm. Genau vor ihren Füßen blieb der Fahrer stehen. Dabei gaben die Reifen einen letzten quietschenden Ton von sich.

Zwei Mann saßen im Wagen. Lisa erkannte sofort den Fahrer, sie wusste, dass seine Dienststelle in Sanitz war. Ein paar Mal waren sie sich während Weiterbildungen in Güstrow begegnet. Der Blonde schien sich genauso an sie zu erinnern. Er ließ die Scheibe des Wagens herunter und grüßte betont freundlich: „Hallo Lisa, so ganz allein am Sonntag unterwegs?"

Lisa ignorierte die Frage. „Was ist denn bei euch los? Erst der Heli da oben und jetzt ihr im Eiltempo."

„Eine Frau aus der Nähe von Rostock wird vermisst. Unser Revier ist bei der Suche eingeteilt. Fast alle von uns sind dabei, Anweisung vom großen Chef. Aber wenn du mich fragst, ich glaube nicht an eine Entführung. Obwohl in diese Richtung ermittelt wird."

„Wahrscheinlich ein übereifriger Fehlalarm, bei dem viel Wind gemacht wird, weil Druck von Oben kommt", meinte der andere im Wagen sarkastisch.

„Garantiert nur eine harmlose Beziehungskiste und wir müssen mit voller Besetzung dranbleiben. So ein Einsatz ist zwar mal was anderes, doch an einem Sommertag wäre mir weniger Hektik etwas lieber", meinte der Blonde etwas pikiert.

„Was hast du? Kommt selten genug vor, dass wir in dieser Ecke mal im Einsatz sind", griente der andere im Wagen gelassen. „Wir wissen bisher nur, dass von der Frau seit über 24 Stunden jede Spur fehlt. Jeder Versuch, sie zu erreichen, schlug wohl fehl. Sie hatte eine Verabredung nicht eingehalten, telefonisch ist sie auch nicht mehr zu erreichen. Als in der Nacht nur der AB ansprang, gab der Ex der Vermissten die Vermisstenanzeige auf. Er gab weiter an, dass er bereits überall nach ihr gesucht hätte und sie eigentlich zuverlässig sei."

„Indirekt meinte er sogar, dass man ein Verbrechen nicht ausschließen sollte."

„Wir sind jetzt seit 8 Uhr auf den Beinen. Die Frau ist wie vom Erdboden verschluckt. Meine Schicht ist seit einer halben Stunde vorbei. Anstatt bei meinen Kids zu sein, heißt es Doppelschicht schieben und nur, weil der Alte von ganz Oben so ein ‚Gefühl' hat."

Der andere verdrehte nur die Augen: „Wir werden erst mal alle Strände bis Dierhagen abklappern. Vielleicht finden wir was Auffälliges. Eine Frau löst sich schließlich nicht in Luft auf oder wird vom Erdboden verschluckt."

„Hunderte Partner werden täglich verlassen, weil einer von ihnen die Nase voll hat. Wenn keine Kinder darunter leiden müssen? Ist doch okay, wenn man rechtzeitig einen Schlussstrich zieht."

„Du sprichst wohl aus Erfahrung", antwortete lächelnd der Dunkelhaarige.

„Wo denkst du hin. Bei den unregelmäßigen Zeiten im Job kann ich mir keinen festen Partner leisten. Aber Frau weiß halt wie Frau tickt. Wahrscheinlich kann ich mich besser in eine hineinversetzen als du."

„Wer weiß, was tatsächlich mit der Frau los ist? Vorgestern hatte sie angeblich eine Verabredung mit einer Freundin in Poppendorf, das meinte zumindest der Ex. Die Freundin sagte allerdings, dass es gar keine Verabredung gab. Das ist seltsam, oder?"

„Ja schon, aber der beste Beweis für meine These. Die Frau hatte Besseres vor, und plante ihren Schritt aus langer Hand."

„Wenn du meinst. Hoffentlich ist die Lösung tatsächlich so simpel! Wir müssen uns beeilen, am Nachmittag sind weitere Befragungen dran. Die Freundin wird die Erste sein."

„Gut wäre es, wenn du recht behältst und sich alles als harmloser Irrtum entpuppt. Vielleicht sitzt sie tatsächlich gemütlich zu Hause und lässt es sich gut gehen."

„Das glaube ich nicht. Davon hätten wir längst erfahren."

„Kennt ihr den Namen? Oder wisst ihr, wo sie herkommt?"

„Das ist Chefsache! Bestimmt erfährst du in deiner Dienststelle mehr. Die Kripo Rostock arbeitet eng mit allen Polizeidienststellen zusammen, bestimmt auch mit deiner am Hafen. Es soll eine Soko eingerichtet werden, wenn es bis morgen kein Ergebnis gibt. Hattest du am Strand was entdeckt?"

Lisa überlegte, ob sie die Frauensachen angeben sollte. Schob den Gedanken schnell weg, ihr Gefühl sagte, dass sie sich nur lächerlich machen würde. „Nö, hier ist nichts los. Auffälliges hätte der da oben mit seiner Kamera längst entdeckt. Mein freier Tag hätte nur entspannter ablaufen können."

Sie verabschiedeten sich und der VW Motor heulte wieder laut auf. Die Zwei rauschten in derselben Geschwindigkeit an ihr vorbei, wie sie gekommen waren. Inzwischen parkte eine riesige Autokarawane auf dem Parkplatz. Sind ja deutlich mehr Leute am Strand, als ich dachte. Die meisten Sonnenhungrigen blieben allerdings gleich hier am Mittelweg. Am Aufgang 10 war dagegen deutlich weniger los. Das war auch gut so. Schließlich soll er auch künftig mein Lieblingsstrand bleiben. Ihre Kollegen waren nicht mehr zu sehen. Sie warfen nicht mal einen Blick auf einige wilde Falschparker.

Lisa schaffte es nur mit allergrößter Mühe, ihr Auto aus der engen Lücke zu befreien. Sie startete zwar ihr Auto, legte aber keinen Gang rein. Ihre Gedanken kreisten immer noch um die Worte ihrer Kollegen. Sie schaltete den Motor wieder ab und ging noch einmal den Weg am Strand zurück. Genau an die Stelle, von der sie gerade herkam. Während sie den weiten Weg zurücklief, ärgerte sie sich mehrmals über sich selbst, weil ihre ungewöhnlich starke Phantasie sie wieder mal nicht in Ruhe ließ. Endlich angekommen, fand sie die Tasche immer noch unberührt am Strand. Sie hob einen zufällig neben der Tasche liegenden Stock auf und stocherte in der Tasche herum. Dabei kamen nicht nur ein Handy und ein Portemonnaie zum Vorschein, sondern mehrere typische Frauenutensilien, wie Bürste, Lippenstifte und Schminkzeug. Vorsichtig hob sie mit einem Taschentuch das Portemonnaie auf und schaute nach einem Ausweis. Tatsächlich, sie fand eine Karte mit einem Namen darauf. Zufrieden steckte sie alles in die Tasche zurück und beeilte sich zu ihrem Auto zurück zu kommen. Während sie den langen Weg zurücklief, überlegte sie, ob sie den Namen schon einmal gehört hatte.

In den letzten Jahren musste ich oft daran denken, was du mir angetan hast, als ich noch ein Kind war. Gerade fünf Jahre alt war ich damals. Mit diesen seltsamen Spielen begann alles. Zuerst musste ich mich auf deinen Schoß setzen. Die ersten Male fühlte sich das ganz harmlos an. Schnell wolltest du mehr und deine Berührungen wurden intensiver. Mit deiner starken Stimme hast du mich gemahnt, ruhig zu bleiben. Diese Berührungen fühlten sich für mich immer falsch an. Mutter bekam nichts mit. Ob sie etwas wusste, werde ich wohl nie erfahren. Vielleicht aber hatte sie auch ganz bewusst die Augen verschlossen. Ich habe sie nie danach fragen können. Später wurde dein abartiges Spiel fast zur Normalität.

Heute steht nur noch der Sessel, auf dem du mich quältest, verlassen auf seinem Platz, neben dem Fenster. So wie immer. Er erinnert mich an meine schlimmsten Tage und Nächte. Doch gibt es von diesem Sessel aus auch die beste Sicht in den Wald, weit hinein, bis zu unserem Versteck.

Als ich damals plötzlich ohne Ankündigung allein zurückblieb, fühlte ich mich schlecht. Ich war ein Kind und blieb mit zu vielen Fragen allein zurück. Lange Zeit wollte mir nichts mehr gelingen. Wie gelähmt war ich, meine bis dahin vertraute Welt brach wie ein morscher Baum einfach in sich zusammen. Nichts, was mit mir passierte, hatte ich wirklich verstanden. Ein unerträglicher Zustand, der mich mehr und mehr mürbe und einsam werden ließ.

Ich erinnere mich, dass ich erst viele Wochen nachdem ich allein zurückblieb, mich wieder auf den Weg in die Höhle machen konnte. Mit dem was ich sah, konnte ich allein nichts anfangen. In diesem Loch spürte ich zum ersten Mal eine wahnsinnige Einsamkeit. Ein Zustand, den ich bis dahin nicht benennen konnte. Seitdem bin ich praktisch stumm und mache alles nur noch mit mir allein ab. Mit wem hätte ich denn damals sprechen sollen?

Später, viel später, es war an einem düsteren Wintertag, da wurde mir plötzlich klar, dass ich das begonnene Werk allein zu Ende bringen musste, auch wenn es deine Idee war. Ob ich will oder nicht, damit werde ich auch dein begonnenes Werk vollenden. Vielleicht wirst du das Ergebnis irgendwann ja sehen? Wie du staunen wirst. Alles ist so, wie du es mir einst beigebracht hast. Du wirst erkennen, dass ich deine Regeln befolgt habe. Inzwischen bin ich viel geschickter und traue mir mehr zu.

Wenn ich dir früher zusah, fühlte ich, wie tief du mit dieser Arbeit verbunden warst. Und nur hier war es, wo ich dein zweites Gesicht erlebte. Du warst ganz anders als zu Hause. Du hast mich, glaube ich, sogar als gleichberechtigten Partner gesehen, nicht als deinen Sohn. Und ich war stolz, weil du mich in deinen geheimen Plan eingeweiht hattest. Ich wollte von dir lernen und beobachtete ganz genau jeden deiner Handgriffe. Selbst deine dunkle Seite konnte ich in diesen Stunden mal vergessen.

Viel später entdeckte ich, dass ich einige deiner Gewohnheiten übernommen hatte. Weißt du noch am Wochenende dein morgendlicher Trott durch den Wald? So wie du früher, mache ich mich jetzt auch an jedem Freitag im Haus zu schaffen. Ich lebe im Einklang mit gewohnten Beschäftigungen, das bekommt meinem Seelenleben gut. Ekel überkommt mich nur, wenn ich in den Spiegel sehe. Ich sehe DICH in meinem Spiegelbild. Mir ist als schaute ich in deine Augen. Lange ertrage ich diesen Anblick nicht mehr. Stattdessen würde ich manchmal lieber das Haus verlassen, genau wie du und Mutter damals. Dann kam mir eine Idee, die sich breit und breiter machte. Ein Gedanke, der mich wieder an das Haus kettete. Bist du meinetwegen fort? Vielleicht erfahre ich die Wahrheit nie.

Du sagtest einmal, dass du mich auf die Probe stellst und mir deshalb die Schmerzen zufügst. Du meintest, weil ich dir so viel bedeute, musste das sein. Muss ich noch mehr dafür tun? Bestimmt bist du in der Nähe und beobachtest mich. Du wirst doch wissen wollen, ob dein Sohn dir nacheifert und dein Werk vollendet?

Was ich bisher da unten geschafft habe, könnte auch für dich eine Genugtuung sein. So dicht bin ich an dein Konzept herangekommen. Etwas fehlt noch. Das werde ich auch noch schaffen. Ich bin mir sicher!

Rostock, Polizeirevier am Hafen

Lisa fuhr im Tempo ihrer Kollegen und steuerte die Richtung ihres Lieblingskaffees an. Voller Vorfreude spürte sie bereits den feinen Duft eines Latte Macchiato in ihrer Nase. Sie stieg gerade aus, als ihr Handy zum ersten Mal an diesem Tag einen Ton von sich gab.

Etwas schrill der Ton, dachte sie noch, bevor eine feste Stimme sie fast anschrie, noch bevor sie „Liebich" sagen konnte. Geschickt hielt sie das Handy unterm Kinn und schloss nebenbei ihr Auto ab.

„Gut, dass ich Sie erwische, Frau Liebich. Können wir uns heute noch in der Dienststelle sehen? Sie haben zwar frei, aber ließe sich das einrichten?"

„Sie haben es aber sehr eilig. Hat das etwa mit der vermissten Frau zu tun?"

„Wie, das wissen Sie …?" Aufmerksam hörte sie den knappen Worten ihres Chefs zu.

„Klar, ich komme. Bin schon unterwegs. Etwa in einer halben Stunde könnte ich am Hafen sein." Ihr fiel auf, dass ihr Chef in Rätseln sprach. So kannte sie ihn gar nicht und fand, dass er sich genauso bedeckt hielt, wie die beiden Kollegen am Mittelweg. Was hatte das zu bedeuten? Mit den wenigen Details ließ sich nicht wirklich viel anfangen. Allerdings dachte sie, dass der Chef sie noch nie in die Dienststelle zitiert hatte, wenn es keinen wirklichen Grund dafür gab. Bevor sie antworten konnte, sagte ihr Chef: „Kommen Sie erst mal her, dann sehen wir weiter." Seine letzten Worte hallten noch in ihren Ohren nach. Das emotionale Durcheinander noch eben vom Strand schien wie weggeblasen. Sie musste über sich selbst lächeln. Wie meist, Probleme können sich einfach in Luft auflösen. Sie gab kräftig Gas und bei dem Tempo hätte sie bei einer Kontrolle größte Chancen ein paar Punkte einzusammeln.

Auf Höhe von Karls Erlebnis-Dorf begegneten sich Lisas gelber Flitzer und der BMW von Hauptkommissar Peter Heilmeyer. Beide waren auf halber Strecke nur in entgegengesetzter Richtung zwischen Rostock und Graal-Müritz unterwegs. Keiner nahm vom anderen Notiz, sie wussten noch nicht, dass sie bald gemeinsam in einem Team arbeiten würden. Zuvor waren sie sich nie begegnet!

Vor einigen Monaten hatte sich Lisa für ein Praktikum im Kriminalkommissariat Rostock beworben. Ihr Antrag wurde erst vor wenigen Tagen bewilligt. Gleich nach dem Urlaub plante sie ins Kriminalkommissariat zu wechseln. So wenigstens war ihr Plan vor dem Studium. Wenige Tage blieben ihr nur noch im alten Revier und sie musste an die letzten Jahre denken: Eigentlich schade, dass ich gehe. Der Chef war in Ordnung und mit den anderen lief es auch gut. Veränderungen sind mal wichtig und wie es aussieht, könnte mein Praktikum mit einem speziellen Fall beginnen. Alles Mögliche kreiste in ihrem Kopf und sie drückte gleich noch einmal aufs Gaspedal.

Lisa konnte jetzt die letzten Traditionssegler erkennen und musste an ihre eigene Ausfahrt während der Hanse Sail denken. Eine unvergleichliche Pracht, diese maritime Kulisse am Rostocker Stadthafen. Einige Segler waren noch immer zur Besichtigung freigegeben und boten regelmäßig Rundfahrten an. Von der Warnow aus gab es einen spektakulären Anblick auf die Stadt. Ein Luxus, dass sie jeden Tag diesen traumhaften Anblick genießen konnte. Gab es einen besseren Arbeitsplatz?

Viele Jahre fuhr sie immer wieder diesen Weg und alles rundherum war ihr vertraut. Jemand, der die maritime Kulisse liebt, wird jedes Jahr aufs Neue beeindruckt sein. Hanse Sail bedeutete, dass jeder Platz am Kai bis in die dritte Reihe mit Schiffen besetzt war. Um die 200 Segler trafen sich regelmäßig zu diesem maritimem Großereignis, dass jedes Jahr am zweiten Wochenende im August stattfindet. Lisa hasste jede Art von Sentimentalitäten und dachte weise, dass dieses tolle Spektakel in Rostock ihr auch ohne die Dienststelle jedes Jahr erhalten bleiben würde. Nur um die Leute tat es ihr leid, die vielen Jahre kam sie ohne irgendwelche Streitereien oder Missverständnissen sehr gut klar. Wenn es die Zeit zuließ, würde sie hin und wieder mal bei ihnen vorbeischauen.

Lisa erreichte das Polizeirevier. Abgehetzt klopfte sie an die Tür des Chefs und betrat ohne Aufforderung sein Büro. Sie veranstalteten nie eine großartige Begrüßungszeremonie. Doch heute preschte Lisa schneller als sonst los: „Kaum bin ich paar Tage weg, schon gibt es eine Vermisste."

Ihr Chef schaute von seinen Papieren auf und meinte ruhig: „Da sind Sie ja. Prima, dass Sie so schnell kommen konnten. Tut mir leid, dass Sie Ihren Urlaub unterbrechen mussten. Kann auch sein, dass sich alles schnell klärt. Aber Sie wissen ja wie es in der Urlaubszeit bei uns aussieht. Seit Tagen sind zwei krank, na ja und Urlaubszeit ist auch noch."

Lisa setzte sich und hörte ihrem Chef voller Erwartung zu. „Erst einmal ein paar Eckdaten. Gesucht wird Sarah Niemann."

Kaum hatte ihr Chef den Namen ausgesprochen, zuckte sie zusammen.

„Sind Sie sich sicher, Sarah Niemann?", fragte Lisa ungläubig.

Sie kannte eine Sarah Niemann. Ziemlich gut sogar. Aber, nein, das war bestimmt nicht ihre Sarah. Der Name von der Person am Strand fiel ihr wieder ein. „Das muss ein Irrtum sein. Ich hatte heute am Strand eine Tasche gefunden, deren Besitzerin Sofie Timm heißt. Ihre Tasche lag den ganzen Vormittag unbeaufsichtigt rum, sodass ich den Namen in Erfahrung bringen wollte, um für den Fall, dass sie vermisst wäre, einen Anhaltspunkt zu haben."

„Ich kann Sie beruhigen, eine Frau mit diesem Namen wurde bei uns nicht registriert, aber gut, dass Sie so umsichtig waren."

Lisa begann fast zu stottern, als es endlich aus ihr rausbrach: „Aber eine Sarah Niemann kenne ich auch, seit frühester Kindheit sogar. Wir sind in Lütten Klein zur Schule gegangen und ..." Sie konnte auf einmal nichts weiter über ihre Freundin sagen, weil sich ihre Gedanken überschlugen. Nach einer kurzen Pause konnte sie erst wieder weitersprechen: „Aber das liegt viele Jahre zurück."

„Was wissen Sie von Frau Niemann?" Ihr Chef schien erfreut darüber zu sein, dass er womöglich ein paar konkrete Details von seiner Kollegin erfahren würde.

„Vor längerer Zeit holten wir gemeinsam an der Abendschule das Abitur nach. Während dieser Zeit pflegten wir auch engeren Kontakt, ich würde sogar Freundschaft dazu sagen. Die vermisste Frau, das wird nicht meine Freundin sein. Gibt es von der Vermissten ein Foto?"

„Das kann jede Minute hier eintreffen, genauso die genaue Beschreibung. Um ehrlich zu sein, was wir bisher wissen, ist ziemlich mau." Der Chef verheimlichte seiner Kollegin, dass er längst wusste, dass es nur eine Sarah Niemann in Rostock und Umgebung gab. Mit dieser Nachricht wollte er warten, bis er hundert Prozent sicher war. Und erst recht, seit er wusste, dass die beiden Frauen sich kannten. Indessen ratterte im Hintergrund das Geräusch eines Faxgerätes. Lisa blieb mit einer vagen Vorahnung am Schreibtisch sitzen. Unzählige Bilder liefen vor ihren Augen ab. Sie spürte sofort, dass die gesuchte Frau „ihre Sarah" sein musste. Der Chef wusste mehr. Sie kannte ihn lange genug und wusste, dass seine Zurückhaltung der Beweis für ihre These war.

Unsicher begann sie erst langsam, dann immer intensiver und wie aufgezogen von Sarah zu sprechen: „Ich weiß nicht genau, wann ich sie das letzte Mal gesehen habe.

Jedenfalls heiratete sie vor zehn Jahren aus heiterem Himmel einen arroganten Fatzke. So einen Schlaumeier von der Zeitung. Den Mann konnte ich nicht ausstehen. Aber das beruhte wohl auf Gegenseitigkeit. Ich erinnere mich, wie dieser Mann Sarah stets hinterher spionierte. Wenn wir mal verabredet waren, dauerte es nicht lange und er war ebenfalls in der Nähe. Dabei sahen wir uns seit sie geheiratet hatte selten genug. Ständig setzte dieser Mann meine Freundin unter Druck. Der Höhepunkt aber war, dass er verlangte, sie solle unsere Freundschaft aufgeben. Er meinte tatsächlich, dass ich sie negativ beeinflusste. Dabei wollte er lediglich, dass sie keine weiteren Kontakte, außer zu ihm haben sollte. Er war besitzergreifend und wollte praktisch Macht über sie ausüben. Für mich wäre das kein Leben gewesen. Natürlich versuchte ich ihr die Augen zu öffnen. Aber versuchen Sie mal einer Gehörlosen einen Donnerschlag zu erklären. Sie hielt trotz gröbster Gemeinheiten immer an ihm fest. Am Anfang beschwerte sich Sarah zwar über die Gängelei ihres Mannes. Bald aber verdrängte sie mehr und mehr, hielt einfach still. Wir trafen uns immer seltener. Irgendwann blieb unsere Freundschaft auf der Strecke. Mein Job hielt mich auch in Schach und unsere Treffen wurden weniger, bis sie ganz ausblieben." Lisa machte eine Pause, als müsste sie nachdenken, dann sprach sie weiter: „Es ist noch nicht allzu lange her, als wir uns zufällig in Karls Erlebnis-Dorf in Rövershagen trafen. Sie wirkte unzufrieden und sah sehr schlecht aus. Zudem wirkte sie um Jahre gealtert. Dabei hatte ich das Gefühl, dass die Beziehung nicht nur seelische Narben hinterlassen hatte. Ich merkte zwar, dass sie sich öffnen wollte, doch wir waren uns inzwischen fremd geworden."

„Kam es zwischen Ihnen noch zu einem weiteren Treffen?"

„Nein, die gab es nicht mehr und jetzt ist es womöglich dafür zu spät?"

Lisa merkte beim Erzählen, dass sie von der alten Freundin eigentlich nicht sehr viel wusste. „Vor einem knappen Jahr sah ich Sarah zufällig in Rostock, ich hätte sie fast nicht wiedererkannt, so drastisch hatte sie sich auch äußerlich verändert. Sie war nicht mehr die gepflegte Frau, die ich kannte. Zu einem Gespräch zwischen uns kam es auch nicht." Lisa sackte in sich zusammen und schwieg. Sie schaute ihren Chef an und sprach mit kehliger Stimme: „Wenn das wirklich meine Sarah sein sollte, wird sie gefunden. Bestimmt! Das muss ein Irrtum sein."

Inzwischen habe ich den letzten Teil der Arbeit begonnen, ich weiß, das wird schwierig. Lange hatte ich mir den Kopf zerbrochen, damit das Ende gut wird. Es soll ein würdiger Höhepunkt werden.

Früher warst du oft wütend auf mich, ich konnte dir nie was recht machen. Wenn du mich jetzt sehen würdest. Du könntest nicht glauben, wer vor dir steht.

Jeden Tag arbeite ich bis ich todmüde bin, erst dann kann ich einschlafen ohne zu grübeln. So wie du früher. Das habe ich wohl auch von dir. Nie aufzugeben, du hast mich oft genug ermahnt. Ich frage mich, warum du unser Ziel verraten und unsere gemeinsame Arbeit einfach aufgegeben hast? Hast du dabei mal an mich gedacht? Oder soll das etwa eine Prüfung sein? Testest du mich etwa, ob ich ohne dich standhaft bleibe?

In der vergangenen Woche wäre fast alles vorbei gewesen, denn beinah hätte man unser Verlies entdeckt. Doch ich bin geschickt und davongekommen. Wie gut, dass die Nachbarn nicht ahnen, was in ihrer Nähe geschieht. Sie haben nicht die geringste Vorstellung. Sie kümmern sich nicht um mich und ich mich nicht um sie. Du zeigtest mir früh schon, wie ich mich vor neugierigen Blicken der Leute unsichtbar machen kann. Das beherrsche ich perfekt. Heute liefen viele fremde Personen in der Gegend herum. Das hat mich nervös gemacht. Fast wäre es verhängnisvoll verlaufen. Meine Brille hatte ich im Dickicht vor dem Verlies verloren. Die hätte mich verraten. So eine Nachlässigkeit darf mir nie mehr passieren. Ich muss mehr aufpassen. Bei dem Großeinsatz der Bullen in der gesamten Gegend konnte ich mich nicht mehr konzentrieren. Unvorstellbar, wenn die mich überrascht hätten? Alles wäre verloren.

Rostock, Kriminalkommissariat

Hauptkommissar Heilmeyer leitete seit den 90er Jahren das Rostocker Kriminalkommissariat. Er war für die speziellen, nicht alltäglichen Straftaten in Rostock und Umgebung zuständig. In den zurückliegenden Jahren hatte er sich einen guten Ruf erarbeitet und war weit über Mecklenburgs Ländergrenzen hinaus bekannt. Die kniffligsten Fälle konnten er und seine Leute lösen und ihre Aufklärungsquoten gehörten zu den höchsten in der gesamten Region.

An diesem Morgen stand Peter Heilmeyer unter Volldampf. Seine lässige braune Lederjacke, die als sein typisches Markenzeichen überall bekannt war, hing heute schlapp an ihm herunter. Und der dunkle Vollbart könnte mal wieder eine Rasur vertragen. Daran war für den Chef der Kripo im Moment gar nicht zu denken. Vor zwei Tagen gab ein Journalist eine Vermisstenanzeige auf, seitdem hält der Mann alle Polizeidienststellen mit seinen ständigen Anrufen in Schach. Gestern erst landete die Vermisstenanzeige bei ihm auf dem Tisch und damit auch seine nervigen Anrufe.

Am Telefon versuchte der Journalist seine Leute erpresserisch unter Druck zu setzen: „Ich habe als leitender Redakteur so meine Möglichkeiten. Mit ein paar Infos über ihre Arbeit könnte ich für Unruhe sorgen." Oder aber: „... wenn ich merke, dass sich nichts dreht, lasse ich meine Beziehungen spielen." Mit solchen Sätzen nervte der Mann zwar, doch ließ sich die Kripo nicht in die Karten gucken. Heilmeyers Leute waren einiges gewöhnt und von diesen Schreihälsen ließen sie sich gar nicht erst beeindrucken. Doch Freunde verschaffte sich der Mann mit seinen Drohungen auch nicht. Im Gegenteil, am Telefon wimmelten die

Kollegen den Mann schnell ab. Einige wichtige Angaben hatte er der Polizei gegeben, das reichte. Der Mann ließ sich nicht einfach abwimmeln. Er rief weiter mehrmals täglich an. Dabei wurden die zeitlichen Abstände sogar noch kürzer. Heilmeyers Leute kannten solche Zeitgenossen zur Genüge. Sie blieben gelassen. Er forderte, den Chef sprechen zu wollen, doch stets vertröstete man ihn: „Der Chef gibt keine persönlichen Statements, erst recht nicht über laufende Ermittlungen."

Heilmeyer erfuhr kaum etwas von der Nerverei des Mannes. Sein Interesse nahm erst zu, als er hörte, dass die Exfrau auch Opfer einer Entführung sein könnte.

„Zuletzt war Sarah mit einem chaotischen Typ liiert", so der Journalist. „Sie wollte sich von dem Kerl längst trennen. Für mich verständlich, denn der schlug sie regelmäßig. Ein harter Bursche. Ich bin sicher, der hat sie verschleppt."

Im Kommissariat ließ sich zwar niemand vom Gerede des Mannes beeindrucken, aber die Kripo musste den Anschuldigungen des Mannes trotzdem nachgehen. Deshalb machte Heilmeyer klare Ansagen, um sofort mit den Befragungen zu beginnen. Der aktuelle Freund der Vermissten konnte allerdings nirgendwo ausfindig gemacht werden.

Seit den frühen Morgenstunden stand in Heilmeyers Räumen kein Telefon mehr still. Jede Menge Hinweise trudelten fast im Minutentrakt ein, alle wollten die Frau irgendwo gesehen haben. Sogar ein Anruf aus Dänemark landete bei ihnen. Einige Hinweise erschienen mehr als abenteuerlich und gehörten eher in die Liga der Trittbrettfahrer. Einige ließen sich gleich während des Telefongesprächs enttarnen, andere wurden so weit in die Enge gedrängt, dass sie nur noch zugaben, sich wohl getäuscht zu haben. Es war jedes Mal dasselbe, die meisten wollten sich nur wichtigmachen und stahlen der Kripo wertvolle Zeit. Offenbar nahm die Aktivität von Schaumschlägern noch weiter zu.

Heilmeyers Erfahrungen ließen keinem Wichtigtuer eine Chance. Schnell erkannte er sie und erteilte ihnen eine ordentliche Abfuhr. „So ein Gelaber können wir uns bei der schlechten Besetzung gar nicht bis zum Ende anhören." Sein Ton war manchmal etwas zu robust, das wusste er. Doch seine Ergebnisse gaben ihm recht. „Die paar Beschwerden können wir verkraften. Klappt die Zusammenarbeit mit den anderen Polizeirevieren?", fragte er in die Runde. „Wer koordiniert die Ergebnisse der anderen Reviere?" Seine Leute kannten ihn und wussten, dass er nie die Zügel lockerließ. Erst wenn sichergestellt war, dass alles in Bewegung gebracht wurde, schien er zufrieden zu sein.

Zur heutigen Besprechung waren seine Leute alle pünktlich versammelt. „Fassen wir zusammen", begann Heilmeyer seine Ausführungen. „Von der Frau fehlt seit fast zwei Tagen jede Spur. Telefonisch ist sie nicht zu erreichen und der AB springt nicht mehr an. Niemand aus ihrem Umfeld konnte uns einen brauchbaren Hinweis liefern. Nur der Ex bedrängt uns penetrant."

„Seit er merkt, dass eine Menge Leute an der Suchaktion beteiligt waren, hat er sich aber beruhigt", mischte sich Olli ein. Olli war so was wie seine rechte Hand und arbeitete dem Chef direkt zu. „Eine so groß angelegte Suchaktion beginnt ansonsten ja auch viel später. Denn die Frau gilt weder als hilflos, noch ist sie suizidgefährdet. Aber in diesem Fall gab es wohl die Anweisung von ganz Oben?"

„Genau Olli, der Ex hat sein Ziel erreicht, weil er glaubhaft darstellen konnte, dass eine Entführung wahrscheinlich ist. Der Schreiberling muss tatsächlich …"

Heilmeyer kam nicht mehr dazu seinen Satz zu beenden, weil sein Telefon läutete: „Was gibt es?" Und dachte bei sich, hoffentlich mal etwas, das wir ernst nehmen können.

Die erregte Frauenstimme am anderen Ende der Leitung antwortete: „Garantiert landen wir mit diesem Anrufer einen Volltreffer. Ein Ehepaar wartet in Wiethagen und scheint total durch den Wind zu sein. Die Frau berichtete nervös von einem grausamen Fund. Die hörte sich selbst durchs Telefon noch geschockt an. Wenn da nichts dran ist, lasse ich mich versetzen", meinte ungewohnt flapsig die Kollegin aus der zentralen Telefonstelle.

„Ist ja gut, stell durch und hoffentlich hast du recht." Kaum hatte er seinen brummigen Kommentar abgelassen, war ein leises Stammeln zu hören: „Bin ich richtig bei Ihnen?"

„Das werden wir gleich feststellen. Erzählen Sie mir kurz, warum Sie anrufen."

„Wir haben, äh, unser Hund hat im Wald ..." Dann war nur noch ein lautes Atmen zu hören.

„Bleiben Sie ganz ruhig und erzählen der Reihe nach! Was hat Ihr Hund gefunden?" Heilmeyer spürte die Nervosität der Anruferin und ging besonders behutsam auf sie ein, auch wenn er innerlich bebte. Zwar verlor er selten die Beherrschung, aber jetzt schien er kurz davor zu stehen. Seine Intuition sagte ihm aber, dass es sich um etwas Ernstzunehmendes handeln könnte. Er spürte, wie die Frau am anderen Ende der Leitung um ihre Fassung rang und sie war nur stotternd zu verstehen: „Eine junge Frau liegt im ... Wald ..." Dann machte sie erneut eine Pause.

„Lassen Sie sich nicht jedes Wort aus der Nase ziehen! Lebt sie, was ist mit der Frau?"

„Wir glauben, äh, ja, nein. Wir sind eigentlich sicher. Nein, die Frau lebt nicht mehr. Obwohl, na ja, eigentlich sieht sie aus, als ob sie nur schläft."

„Wie schlafen? Was soll das denn? Wo genau sind Sie?"

„In Wiethagen am Waldrand, wo die ersten Häuser beginnen. Wir konnten nicht früher anrufen, weil das Handy ..."

„Okay, okay, ist ja gut. Bleiben Sie an Ort und Stelle. In wenigen Minuten sind wir bei Ihnen." Er rief noch ein „Danke" hinterher, aber die Frau hatte längst aufgelegt.

„Tatsächlich ein Volltreffer! Jens ruf die anderen von der Spusi zusammen! Die sollen sich schon mal auf den Weg nach Wiethagen machen. Die Frau im Wald könnte tatsächlich unsere gesuchte Frau sein."

Wenige Minuten später saßen sie bereits im Auto. Jens, der Techniker in Heilmeyers Team, saß am Steuer und gab kräftig Gas. Heilmeyer missfiel sein Fahrstil.

Vorsichtig mahnte er ihn: „Jens denk daran, auf der Straße sind ortsunkundige Touristen unterwegs, denen sollten wir ihren wohlverdienten Urlaub nicht verderben."

Jetzt erst erkannte auch Jens, dass er kaum aufs Tacho geschaut hatte. Und wirklich, so schnell waren sie selten unterwegs. Für die Strecke Rostock Mitte bis an ihr Ziel brauchten sie knapp dreißig Minuten. Einige Meter vom Ortsschild Wiethagen entfernt erkannten sie zwei Leute, die unruhig auf- und abgingen.

„Die beiden sehen total mitgenommen aus. Ehrlich, so sieht man nur aus, wenn etwas Furchtbares passiert ist."

Heilmeyer stieg als erster aus und ging direkt dem Ehepaar entgegen. Auf der Hälfte des Weges trafen sie sich. Thea wiederholte das, was sie bereits am Telefon gesagt hatte. Geduldig hörte sich der Hauptkommissar den gesamten Bericht noch einmal an.

„Das hört sich wirklich schlimm an, da müssen Sie ja geschockt sein", versuchte der Kommissar beruhigend auf das Ehepaar einzureden. „Aber jetzt sind wir ja da und kümmern uns um den Fall. Versuchen Sie abzuschalten und das Ganze zu vergessen, wenn das irgendwie möglich ist. Aber gut, dass Sie sich gleich bei uns gemeldet haben. Vielen Dank dafür. Wenn Sie sich erholt haben, kommen Sie morgen ins Kommissariat, wir nehmen dann ein Protokoll auf. Sind Sie in der Lage uns eine Wegbeschreibung zu machen?"

„Bestimmt, Michael kann das!" Theas Mann beschrieb sofort der Polizei den kürzesten Weg, der direkt zum

Fundort führte. „Mit dem Auto geht das auf alle Fälle schneller", fügte er ergänzend hinzu.

Nachdem die Eheleute sich verabschiedet hatten, versprachen sie wegen des Protokolls vorbeizukommen.

„Na dann bis morgen oder übermorgen. Rufen Sie vorher an und wir machen einen Termin, damit sie nicht so lange warten müssen", meinte Heilmeyer freundlich zum Abschied.

Thea und Michael verließen sofort den Schreckensort und waren froh wieder in ihrem Auto zu sitzen, um in Richtung Rostock zu fahren. Michael fand als erster seine Sprache wieder: „Für heute habe ich genug vom Wald und die Lust am Baden ist mir ohnehin vergangen. Wenn du morgen beim Sport Claudia triffst, wird die garantiert den Mund nicht mehr zu kriegen. Wo die an jeder Ecke kriminelle Idioten wittert. Wer weiß, ob sie danach immer noch so wild auf den Ruhewald ist. Schließlich haben sie und ihr toller Freund uns das Ganze eingebrockt."

„Hör bloß auf! Wenn ein kranker Typ sich brutal im Wald zu schaffen macht, kann niemand was dafür. Wenn Gras über diese Geschichte gewachsen und der Täter gefasst ist, kommen auch wir wieder her."

„Garantiert nicht so schnell, wie du dir das vorstellst. Damit du gleich Bescheid weißt; Deinen RuheForst zu beehren, das ist mir erst einmal gehörig vergangen."

„Wer weiß? Bis dahin bleibt ja noch Zeit. Lass uns später darüber reden. Jetzt sollten wir erst einmal nach Hause fahren und dieses schlimme Erlebnis verdauen."

Thea ging gedanklich noch einmal zurück zum gestrigen Abend. Als sie sich spontan für diesen Ausflug entschieden hatte, da fühlte sich alles noch so gut an. Ihr lang gehegter Wunsch sollte endlich in die Tat umgesetzt werden. Sie wollte den RuheForst kennenlernen. Der Wetterbericht versprach erneut gutes Wetter, da wollte sie nicht länger warten. Ihr Mann kam abends mit ausgesprochen guter

Laune von der Arbeit nach Hause und sie spürte den günstigen Moment für ihren Plan. Ihr Instinkt täuschte sie selten. Die gute Stimmung ihres Mannes ließ sich mit einem Glas seines Lieblings-Chiantis toppen. Zu ihrem Erstaunen willigte Michael leicht beschwipst wirklich gleich ein, ohne seine langatmigen Ausreden. Und dann kam alles ganz anders.

Rostocker Heide

Heilmeyer und seine Leute waren auf demselben Weg wie kurz zuvor das Ehepaar, allerdings ging es mit dem Auto deutlich flotter. „Erstaunlich, dass der Mann trotz seines wirren Eindrucks den Weg so gut beschreiben konnte. Ab Holzschild geradeaus fahren, sagte er oder? Nicht nach rechts." Olli redete nervös auf Jens ein.

Der auf beiden Seiten des Weges hochwachsende Farn ließ kaum eine Sicht in den Wald zu. „Hast du den beiden nicht richtig zugehört? Bis zur Schneise, dann an der nächsten Gabelung nach rechts", korrigierte Jens bereits zum zweiten Mal seinen Kollegen.

Heilmeyer war längst in das allseits bekannte Schweigen gefallen. Das schien seine spezielle Art zu sein, mit schwierigen Situationen umzugehen. Packte ihn eine Vorahnung, musste er mit seinen Gedanken allein bleiben. Er zog sich tief ins Innerste zurück, bis er endlich das aussprach, was ihm logisch erschien. Auch dieses Mal schien er sicher zu sein. Nach einigen Minuten meldete er sich endlich zu Wort: „Dieser Mord wird einen verdammt langen Atem von uns brauchen. Die Beschreibung hörte sich jedenfalls mysteriös an. Erstaunlich, dass die Eheleute sich durch den dichten Farn gewühlt haben. Durch den hohen Farn fühlte sich der Täter garantiert sicher, nicht entdeckt zu werden. Ein ausgeklügeltes Versteck, in dem niemand die Frau schnell finden sollte. Normalerweise bleiben Spaziergänger meist auf ausgewiesenen Wegen. Bleibt nur zu hoffen, dass die Eheleute nicht zu viel Spuren hinterlassen haben."

Peter Heilmeyer dachte an die Sisyphusarbeit, die ihnen bevorstand. Er wusste, dass er sich auf seine Mitarbeiter verlassen konnte. Alle im Team arbeiteten genauso präzise und pingelig wie er selbst. Eigenschaften, die Heilmeyer voraussetzte. Die meisten ihrer Fälle aus den letzten Jahren waren unberechenbarer geworden und erforderten von allen die höchste Disziplin. Die Maschen junger, krimineller Banden nahmen ständig zu. Sie kamen vor allem aus dem osteuropäischem Raum. Kaum hatten sie eine Straftat durchschaut, gab es neue Tricks. Dabei schnappten sie meist nur kleine Lichter aus der Fraktion Mitläufer. Die festgenommenen Täter wurden sofort nach der Festnahme von anderen ersetzt. Die Drahtzieher selbst blieben im Hintergrund und waren in kürzester Zeit wieder aktiv. Selten genug, meist nur durch Zufall, wurden sie entlarvt. Für Heilmeyer und sein Team wurden die Aufklärungen komplizierter, weil die Verbrecher abgebrühter wurden und kein Unrechtsbewusstsein mehr kannten. Den Sitz der Banden vermutete man meist in der Karibik, Libyen, Rumänien oder in anderen osteuropäischen Ländern. Selbst in ländlichen Gebieten nahm die Cyberkriminalität extrem zu. Der sogenannte Enkeltrick klappte im Norden immer noch, obwohl in den Medien regelmäßig davor gewarnt wurde. Anrufer gaben sich als nahe Verwandte von älteren Personen aus. Nach dem Anruf kam prompt die Bitte um Geld. Sie schickten allerdings einen Vertreter, der die alten Leutchen um größere Geldsummen erleichterten. Hinzu kamen Ausschreitungen und Überfälle im Zusammenhang mit Asylbewerbern. Das waren zwar Arbeiten, die nicht zu seinem Ressort gehörten, aber wenn Not am Mann war, halfen sie da auch schon mal mit.

Der Hauptkommissar wusste aus seiner langen Erfahrung, dass diese Geschichte im Wald etwas anderes, nichts Alltägliches bedeutete. Das hatte auch nichts mit dem zu tun, womit sie sich in letzter Zeit rumzuschlagen hatten. Der Tod eines Menschen gehörte in eine ganz andere Liga. Seine

Anspannung merkten ihm seine Mitarbeiter nun auch deutlich an. Wie immer, wenn es um die Suche nach Vermissten ging. Die Fahndung warf mehr Fragen als Antworten auf. Nach außen wirkte der Chef dennoch cool. Meist, so auch jetzt, blieb er in der Lage, seine Gefühle bestmöglich zu verbergen. Sein Vollbart kam ihm dabei zur Hilfe und nur seine blassblauen Augen verrieten ihn. Seit er vor zwei Jahren geschieden wurde, hatte nur noch sein Job oberste Priorität. Die vielen Überstunden waren der Grund für die Trennung von seiner Frau, trotzdem machte er genauso weiter. Der Job war das Einzige, das ihm geblieben ist.

Jens stoppte plötzlich den Wagen. Sie waren da. Der vom Ehepaar beschriebene Fundort passte genau zu dem, was sie sahen. Eine kleine Schneise wies den Weg zwischen etwa zwei Meter hohem Farn. Von hier aus war es schwierig mit dem Auto weiterzufahren.

Sie ließen mich damals schon nicht los, die Dämonen von früher. Ich versuchte sie zu verdrängen, aber in all den Jahren ist mir das nie geglückt. Im Gegenteil, die fiesen Gesichter sind inzwischen selbst ein Teil von mir geworden. Auch wenn sie sich ständig verändern. Beim ersten Mal bekam ich einen heftigen Druck im Kopf und starke Schmerzen setzten ein. Anschließend erschienen diese fratzenhaften Gesichter, ohne Ankündigung machten sie sich vor meinen Augen breit. Es sind so viele. Dazwischen immer Bilder aus meiner Kindheit. Meine Vergangenheit werde ich nie mehr loswerden. Vergessen, wie sollte ich? Das ist der Teil von dir, das Böse.

Seit einiger Zeit sind sie wieder da, die grausamen Bilder von damals, ganz nah schleichen sie sich an mich heran. Wie ein Geschwür, das wächst und sich vermehrt. Ich habe Angst, dass ich daran ersticke. Meine Erinnerungen lassen sich nicht einfach verdrängen. Einfach vergessen? Nein, die Erinnerung an diese

Zeit wird bleiben, nicht einmal verblassen wird sie. Das ist deine dunkle Seite Vater, die in mir fortlebt.

Ich weiß, dass du mein Leben zerstört hast. Damals war ich naiv, hatte gar nichts verstanden. Je öfter ich daran zurückdenke, desto deutlicher begreife ich, was du mir angetan hast, ich fühle mich so elend dabei. Deine widerlichen Intimitäten, dein Streicheln. Gern würde ich die Erinnerung an deine Berührungen und deine Worte aus dem Gedächtnis reißen. Aber der Film läuft wieder und wieder vor meinen Augen ab. Bilder mit monsterartigen Wesen. Sogar mein Gesicht schwillt an und verschwimmt zu einer dieser Masken. Eine Maske, vor der ich mich selbst fürchte. Schreckliche Gestalten erscheinen, wenn ich die Augen geschlossen halte. Unter den furchteinlösenden Gestalten bist immer auch du. Du zerrst mich aus meinem Bett. Du tust mir weh. Ich weiß nicht mehr, bist du es oder ein anderer. Eine dürre Gestalt mit verzerrter Visage greift nach mir.

Immer derselbe Alptraum! Immer wieder dieser Alptraum. Danach wälze ich mich von einer auf die andere Seite und finde keinen Schlaf.

Salzige Tränen laufen über mein Gesicht, ich kann nicht mehr aufhören zu weinen. Ein Traum? Ich kann Traum und Wirklichkeit nicht mehr unterscheiden. Zu oft sind sie da, selbst am Tag kommen sie. Was wollen sie mir sagen?

Rostock, Polizeirevier – Am Hafen

Lisa wartete voller Spannung darauf, endlich eine Antwort auf ihre Fragen zu erhalten. Ihr Chef im Polizeirevier am Hafen hielt sich noch immer bedeckt. Bis jetzt wusste sie noch nicht, ob die vermisste Frau tatsächlich ihre ehemalige Freundin ist. Offenbar verheimlichte der Chef ihr etwas, das konnte sie genau an seinen unruhigen Bewegungen erkennen. Immerhin kannten sie sich viele Jahre. In diesem Moment surrte erneut im Nebenraum ein Faxgerät. Wenig später reichte die Sekretärin ein Schreiben an den Chef rein. Der las sofort und Lisa entging nicht, dass sein Gesicht ernster wurde. Er wollte seine Kollegin nicht länger zappeln lassen und fasste die neuen Informationen kurz zusammen: „Hier steht es schwarz auf weiß, eben wurde eine Frau in der Rostocker Heide tot gefunden. Alles deutet darauf hin, dass Sarah Niemann die Tote ist. Damit stellen wir in unserer Dienststelle die Suche nach der Frau ein."

Lisa sackte mit jedem Wort ihres Vorgesetzten in sich zusammen. Sie kämpfte gegen ihre Tränen an. Nur mit Mühe konnte sie den Worten ihres Chefs noch folgen.

„Eins noch, es ist erwiesen, dass die Frau tatsächlich die Sarah ist, die Sie kennen. Jeder Irrtum ist ausgeschlossen." Der Chef schaute auf seine Mitarbeiterin, ehe er weitere Details preisgab: „Ein Ehepaar fand die Vermisste heute Morgen in einem Waldstück. Hauptkommissar Heilmeyer und sein Trupp sind am Fundort, um den Fall zu untersuchen. Damit ist unsere Beteiligung erledigt und Sie können Ihre restlichen freien Tage nutzen, um sich von dem Schrecken erst einmal zu erholen."

„Wie? Freie Tage?" In ihrem Gesicht war jeglicher Ausdruck erloschen. Ratlos schaute sie auf ihren Chef.

Der senkte verlegen den Blick und sprach mehr zu sich selbst: „Ich kann mir vorstellen, wie es in Ihnen aussieht. Oft merken wir erst, wenn es zu spät ist, wie wichtig eine Person für uns war." Der Chef hatte Lisas wunden Punkt getroffen.

„Was kann ich tun?", fragte sie hilflos.

„Am besten sprechen. Wenn es Ihnen hilft, vertrauen Sie mir Ihre Gedanken an."

Lisa konnte ihrem Vorgesetzten gar nicht mehr richtig zuhören, sondern fing automatisch an zu erzählen. Während ihre Tränen sich nicht mehr aufhalten ließen. Flüsternd kamen nur leise Worte aus ihr heraus: „Sarah kenne ich ja bereits seit der frühen Schulzeit. Damals waren wir fast jeden Tag nach der Schule zusammen. Wir waren uns nah. Na ja, so nah wie Kinder sich eben sein konnten, wenn sie sich bereits in der Buddelkiste kennengelernt hatten. In den letzten Jahren hatten wir uns aus den Augen verloren. Eine Freundschaft, die so lange bestand, vergisst man aber nicht einfach. Die Erinnerung wird wohl ewig bleiben. Jetzt aber muss ich unbedingt wissen, was wirklich im Wald passierte." Intensiv überlegte sie in diesem Moment, wie sie ihren Chef dazu bewegen konnte, ihr zuzustimmen, um am Sucheinsatz bei der Kripo dabei sein zu können. Trotz ihrer Nähe zu Sarah musste er verstehen, dass sie gerade deshalb bei der Suche nach ihrer ehemaligen Freundin dabei sein musste.

„Die Suche nach dem Täter ist jetzt das Letzte, was ich für Sarah tun kann. Verstehen Sie das?"

Der Mann schaute auf Lisa und meinte verlegen: „Hm, ja, doch. Klar, versteh ich Sie." So aufgewühlt hatte er seine Kollegin noch nie erlebt. Und er wiederholte: „Natürlich kann ich das verstehen. Ihre Reaktion ist völlig natürlich! Aber nicht zu schnell! Wir können nicht den zweiten vor dem ersten Schritt machen. Sie wissen wie bei uns die Uhren ticken. Wir haben hier unsere speziellen Aufgaben und die Kripo eben ganz andere. Denken Sie beispielsweise an die ungeklärten Wohnungseinbrüche, die hier auf dem Tisch liegen! 1413 Wohnungseinbrüche allein in unserem Bundesland und das in einem Jahr. Das bedeutet allein in Rostock, eine Zunahme von 10 %. Unsere Aufklärungsquote liegt gerade mal bei 50 %. Wir sollten dort anpacken, wo unsere Kompetenzen liegen."

Lisa, die sich einigermaßen beruhigt hatte, hörte ihrem Chef aufgewühlt zu, hüllte sich aber weiter in Schweigen. Auf einmal sprach sie ganz sachlich: „Ihren Äußerungen gibt es rational nichts entgegenzusetzen. Schließlich arbeite ich seit vielen Jahren hier und kenne die Problematik. Wenig Leute, keine modernen Arbeitsmittel und ein hoher Krankenstand."

„Nicht nur das! Sie wissen, die neueste Zivilisationskrankheit Burnout macht auch vor unseren Beamten nicht halt. Mit anderen Worten, es fehlt an allen Ecken und Kanten. Ihnen dürfte klar sein, dass Sie mit der Nähe zum Opfer sowieso als befangen gelten. Eine Mitarbeit an diesem Fall kann allein aus diesem Grund schwierig werden. Im Augenblick ist ja nicht einmal klar, ob es tatsächlich Mord war. Vielleicht war es ein Freitod?"

Die junge Frau ließ sich nicht von den Worten ihres Chefs abschrecken. Stattdessen suchte sie nach noch mehr Gründen, die ihn überzeugen sollten. „Sie sagten Hauptkommissar Heilmeyer leitet den Fall? Das ist der Chef von der Kripo, in dessen Kommissariat ich zum Praktikum angemeldet bin. Ich würde gern mein Praktikum um zwei Wochen vorziehen. Wenn Sie einwilligen, könnte ich praktisch sofort mit dem Praktikum bei der Kripo beginnen." Es sprudelte wieder aus Lisa raus und sie nannte gleich weitere Gründe: „Das macht ja auch Sinn vor meinem Studium an einem richtigen Fall mitzuarbeiten. Unterstützen Sie mich bitte! Ich kannte Sarah gut. Vielleicht kann mein Wissen nützlich sein."

Ihr Chef schaute vom Terminkalender auf Lisa und wieder auf seinen Plan. Er ließ sich Zeit. Endlich löste sich sein

Blick von den Daten. Zu Lisas Erleichterung sagte er schließlich: „Meinetwegen. Die paar Tage, die sie nur noch hier wären, werden wir auf Sie verzichten können. Ich telefoniere gleich mit Heilmeyer und kündige Ihren Besuch schon mal an."

„Danke! Das vergesse ich Ihnen nie!"

„Freuen Sie sich aber nicht zu früh. Natürlich weiß ich nicht, ob Heilmeyer Sie schon jetzt dabeihaben will. Das ist eben was anderes als ein Taschendiebstahl! Aber das entscheidet allein der Hauptkommissar. Am besten klären Sie das direkt vor Ort."

„Okay, ich werde ihn sofort aufsuchen."

„Was Sie mit Ihrem Urlaub tun, ist Ihre Sache. Aber eines verrate ich schon mal. Auch Heilmeyer kann Alleingänge nicht ausstehen. Denken Sie daran, falls es klappen sollte. Wie ich Heilmeyer kenne, hat er gegen eine gute Spürnase nichts einzuwenden. Und die haben Sie, das bescheinige ich Ihnen schon mal."

Lisa gewann ihre Fassung zurück. So viel Verständnis hatte sie von ihrem Vorgesetzten gar nicht erwartet. Sein Lob? Das war überhaupt nicht seine Art. Plötzlich hatte es Lisa eilig. Sie drehte sich an der Tür kurz um und sagte: „Ich halte Sie auf dem Laufenden, versprochen. Und bevor es zum Studium geht, melde ich mich noch einmal. Dann gebe ich meinen Ausstand. Stellen Sie schon mal den Prosecco kalt. Nach Feierabend, versteht sich! Danke noch einmal für alles!"

Unter dem Vorwand mir vorlesen zu wollen, suchtest du mich jeden Abend mit einem Buch in der Hand auf. Die ersten Male freute ich mich, lauschte gespannt deinen Geschichten. Schon bald hattest du gar kein Buch mehr dabei und sagtest nur noch, dass du mir richtige Geschichten erzählen willst. Ich wusste bald, dass es nicht mehr um die Geschichten ging. Stattdessen wurde ich mit deinen seltsamen Spielen konfrontiert. Das Ganze führte später immer mehr zum Gegenteil eins Spieles. Wie konnte ich als Kind wissen, was das zu bedeuten hatte? Ich schämte mich immer häufiger dafür, und wäre am liebsten vor Abscheu im Boden versunken.

Einmal in der Woche musste ich deine Hände auf meinem Körper ertragen und jedes Mal bist du ein Stück weitergegangen. Meine stillen Tränen hielten dich nicht ab, hast einfach meine Gefühle ignoriert. Irgendwann hatte ich keine Tränen mehr.

Am Anfang wollte ich den Schmerz laut rausschreien. Aber das schaffte ich nicht mehr. Deine aufgerissenen Augen flößten mir viel zu viel Furcht ein, selbst wenn du mich nur streicheln wolltest. Widerlich wurde es, wenn dein Körper meinen berührte. So stark, dass es mir weh tat. Wie habe ich mich vor dir geekelt und blieb meist nur verwirrt zurück. Irgendwie gewöhnte ich mich später daran. Ich hätte ja nichts ändern können. Du meintest, dass sei der besondere Ausdruck deiner Liebe zu mir.

In all den Jahren blieben Scham und Ekel bei mir zurück. Anfangs dachte ich wirklich, das muss stimmen! Die besondere Nähe zu mir kann nur der Ausdruck deiner besonderen Liebe zu mir sein. Aber warum hattest du mir denn wehgetan? Mit starker Stimme mahntest du mich oft: „Sprich mit niemanden. Nur, wenn ich ganz sicher sein kann, dir zu vertrauen, weihe ich dich in ein noch größeres Geheimnis ein."

Alles begann an meinem achten Geburtstag. Ich erinnere mich, wie stolz du warst. Du zeigtest mir jeden Winkel in deinem Versteck. Offenbar hattest du schon lange auf diesen Moment gewartet. Und ich lernte eine ganz andere neue Seite von dir kennen. „Das hier wird uns ewig verbinden", sagtest du damals stolz und fast feierlich. Ich merkte sofort, wie wichtig es dir war, mich in dein Geheimnis einzuführen. Doch diese Welt blieb mir noch lange Zeit fremd.

Rostocker Heide

Heilmeyer erreichte mit seinen Leuten den bereits ausgetretenen Trampelpfad, der zum Fundort führte. „Das Ehepaar hat ganze Arbeit geleistet, die Stelle wäre ansonsten noch schlechter einsehbar. Jens, fahre den Wagen möglichst dicht an den Weg heran."

Der junge Kripobeamte überlegte, wie er mit dem Auto möglichst nah den Fundort erreichen konnte. Er schnaufte hörbar: „Der Weg ist schließlich nicht für Autos gemacht. Normalerweise fährt hier nicht mal der Förster vorbei."

„Passt nachher lieber auf die Zecken auf, die Viecher lieben Farne ja regelrecht", kommentierte Olli die Situation.

„Das kann jetzt wirklich nicht unsere Sorge sein, Olli."

Peter Heilmeyer hörte zwar nur mit halbem Ohr den Gesprächen seiner Leute zu, duldete aber keine banalen Ablenkungen während der Arbeit. Noch bevor Jens das Auto abstellte, stieg der Kommissar aus. Er wollte sich lieber ganz allein den ersten Überblick verschaffen. Das war eines seiner Rituale bei den Ermittlungen. Mit seinem erfahrenen Blick schaute er sich meist allein und in aller Ruhe die Tatorte an. So manches Mal hatte ihm das bei der Suche nach dem Mörder weitergeholfen. Auf einmal fielen ihm die Spurenschutzanzüge ein. Er ging zügig zurück zum Auto, öffnete den Kofferraum und da lagen sie.

„Dachte schon, wir hätten die Teile in der Hektik vergessen", rief er seinen Leuten zu.

„Du solltest uns besser kennen", griente Olli.

Rasch holte Peter Heilmeyer einen Anzug aus dem Kofferraum und zog ihn an, dann streifte er sich noch die dünnen Handschuhe über. Aufmerksam schaute er sich in der Gegend um, und sah überall die dicht stehenden Eichen und Buchen. Ihm fiel auf, dass der Täter wahrscheinlich lange suchen musste, um diese relativ große freie Fläche zu finden. Es war der einzige Platz, wo die Bäume nicht so dicht standen. Er ging weiter und was er dann erblickte übertraf all das, was er sich zuvor vorgestellt hatte. Selbst die Beschreibung der Eheleute erfasste nicht im Geringsten die Realität. Obwohl sie ja auch von der grabähnlichen Stelle sprachen, auf der eine Frau lag. Er stand jetzt direkt vor der Frau und ging ganz nah an sie heran. Er berührte sie. Pro Stunde nahm die Körpertemperatur etwa ein Grad Celsius ab, also konnte die Frau noch nicht so lange tot sein. Er sah sich weiter um. Tatsächlich das von den Eheleuten beschriebene Grab war komplett mit Farn bedeckt. Er suchte nach weiteren Details. Die Stille des Waldes ließ den Anblick beinah unwirklich erscheinen.

Inzwischen erreichten auch Olli und Jens den Fundort, entsetzt starrten auch sie jetzt auf die Frau. Ab jetzt musste der Hauptkommissar keine Anweisungen mehr geben, jeder seiner Leute wusste, was zu tun war. Einen Mord hatten sie selten aufzuklären, desto präziser gingen sie jetzt vor. Wenige Meter von der grabähnlichen Stelle entfernt, entdeckte Olli einen Frauenschuh. „Wir müssen überprüfen, ob der überhaupt von der Frau stammt. Vielleicht lässt sich ja der andere auch noch finden?"

„Das wäre für den Anfang gar nicht schlecht", rief Heilmeyer seinen Leuten zu. „Denkt an die Fußabdrücke, die von den Eheleuten sind sicher auch überall zu finden."

Heilmeyer trat noch einmal ganz dicht an die Frau heran und jetzt fiel ihm deutlich auf, dass die Tote anstatt von Kleidungsstücken ein schlichtes weißes Hemd aus Baumwolle trug.

„Ein Totenkleid?", fragte Jens.

„Kann gut sein", meinte Heilmeyer, „... und die abgelegte weiße Calla unterstreicht diese Inszenierung auch noch. Tatsächlich eine kranke Form der Liebesbezeugung.

Haltet die Augen auf, wir können sicherlich noch mehr finden. Selbst, wenn Täter oft einige Dinge als Relikt gern zur Erinnerung selbst behalten. Irgendwas bleibt immer am Tatort liegen."

„Vielleicht wurde die Frau gar nicht hier ausgezogen und das Ganze gehörte zu seinem perfiden Spiel." Olli sprach meist spontan aus, was die anderen dachten.

Der Frauenschuh blieb vorerst das Einzige was sie fanden.

„Ich sehe mich weiter um", meinte der Hauptkommissar, bevor er verschwand. Er lief allein den Fundort ab, Schritt für Schritt und niemand würde es wagen, ihn jetzt zu stören. Alle kannten seine spezielle Art, sich mit der Umgebung eines Fundortes vertraut zu machen. Während er hochkonzentriert herumlief, kamen ihm viele Fragen. Wieso dieser Platz? Der ist viel zu schwer einsehbar, dabei sprach alles dafür, dass die Frau gefunden werden sollte. Was war das Motiv des Täters? War irgendein Muster zu erkennen? Es gab sichtbare Spuren, die andeuteten, dass die Frau hierher verschleppt wurde. War sie da bereits tot? Das muss die Rechtsmedizin klären. Aber wie sie hingelegt wurde? Der Typ musste den Mord aus langer Hand geplant haben. Gab es vielleicht Komplizen? Im Moment ist nichts auszuschließen. Fakt ist, dass der Täter sich hundertprozentig sicher gefühlt hatte und er kennt die Gegend gut. Ja, wir sollten von einem Insider ausgehen.

Während Heilmeyer seine Beobachtungen stichpunktartig ins Diktiergerät, das er immer in solchen Fällen dabeihatte, sprach, kamen ihm die abenteuerlichsten Gedanken. Die Frau wurde aufgebahrt, um sie regelrecht zur Schau zu stellen. Das ist ein klarer Widerspruch zu diesem Versteck. Für uns war es ein Zufall, dass wir sie so schnell finden konnten. Der Hauptkommissar stand plötzlich still und überlegte. Moment mal! Die Szenerie kam ihm irgendwie bekannt vor. Genau! Die Lage der Frau und auch das

Symbol der weißen Calla. Alte Erinnerungen wurden in ihm geweckt. Heilmeyer dachte an die Anfänge seiner Arbeit in Rostock zurück. Das war zu der Zeit, als die Mauer der DDR fiel, er seinen ersten Fall in Mecklenburg-Vorpommern übernommen hatte. Den Fall hatten sie nie lösen können. Die Tote damals wurde genau wie diese auf Farn gelegt! Die Blume sahen sie damals ebenso als ein besonderes Zeichen an. Gut, Zeichen bei Toten gab es immer mal, vor allem bei Serientätern. Auch wissen wir, dass Serientäter exakt planen. Und das hier könnte genauso gut das Merkmal für einen Serientäter sein.

Der Hauptkommissar wurde aus seinen Überlegungen gerissen. Olli war der Einzige, der sich traute, ihn in seiner Beobachtungsphase zu stören. „Der Täter hat sich ein gutes Versteck ausgesucht. Es gibt jede Menge Zeichen, die Symbolcharakter tragen. Das Ganze macht auf mich einen makabren Eindruck. Die Hände der Frau liegen verschlungen auf dem Bauch und darauf diese seltsame Blume", fasste er seine ersten Eindrücke zusammen.

„Diese seltsame Blume ist eine weiße Calla", griff Heilmeyer den Faden auf, „Früher galt sie als Zeichen für Unsterblichkeit."

„Merkwürdig, habe ich nie gehört, aber interessant, was Pflanzen zu sagen haben." Olli drängte weiter, denn er hatte noch mehr festgestellt: „Es gibt weitere Indizien. Zum Beispiel die Fesseln an den Handgelenken und den Füßen der Frau haben jede Menge tiefe Abschürfungen. Sicher wurde sie mit dicken Seilen gefesselt. Ach ja, der eine Schuh, den ich gefunden habe, können wir nicht der Frau zuordnen. Es ist schon äusserlich zu erkennen, dass der viel zu groß ist. Aber Faserspuren vom Seil konnten wir sicherstellen. Sie muss betäubt und anschließend erstickt worden sein."

„Gut Olli, sonst noch was?"

„Einiges! Aber wir sind nicht sicher, ob die Frau noch lebte, bevor sie hierher verschleppt wurde. Den meterhohen

Farn hat er an anderer Stelle herausgerissen. Wahrscheinlich wollte er hier nicht noch mehr Spuren hinterlassen."

„So ein krankes Hirn, eine Grabstätte auf Farn mitten im Wald?"

„Das wird wohl sein ganz spezielles Geheimnis bleiben."

„Vielleicht wollte er sie weich lagern?"

„Das macht doch keinen Sinn, wenn die Frau längst tot war? Oder sie war eben noch nicht tot, als er sie herbrachte?"

„Die Erklärung könnte auch völlig simpel sein, der Täter nahm den Farn, weil jede Menge davon hier rumliegt. Wäre naheliegend, oder?"

„Ich denke in eine ganz andere Richtung, Olli. An einen Fall von früher. Genau dazu passen ein paar Details, die wir auch hier vorgefunden haben. Du bist zu jung, um dich daran zu erinnern. Die Tat geschah während der Wendezeit. Damals gab es auch eine Frauenleiche. Einige Details erinnerten mich sofort daran. Vor allem, wie die Frau hingelegt wurde. Das war mir nicht gleich aufgefallen, aber auf dem zweiten Blick waren die Erinnerungen plötzlich da. Jedenfalls sollten wir die Akten von damals in unsere Untersuchungen einbeziehen. Einiges kommt mir zwar bekannt vor, aber genauso viel bleibt im Dunklen. Naja, einige Jahrzehnte liegen schon dazwischen. Die Blume und das Totenkleid, das waren die Zeichen des Täters, an die ich mich besonders stark erinnere. Die Tote fanden wir auch in der Rostocker Heide. Wir müssen prüfen, ob es in Deutschland weitere Morde mit ähnlichem Muster gab."

„Wird gemacht Chef. Oh Mann, jede Menge Rätsel." Olli strich sich über seinen kahlen Kopf, als ob er Haare, die nicht vorhanden waren, wegstreichen wollte. Das tat er meist, wenn es brenzlig wurde. Er war immer derjenige, der genau das aussprach, was Heilmeyer gerade dachte. Aber auch die anderen wussten mit dem Chef umzugehen. In dieser Besetzung arbeiteten die Männer seit etlichen Jahren zusammen. Ein perfekt eingespieltes Team, nie ließ sich jemand etwaige Gefühle anmerken. Im Gegenteil, eher reagierte der eine oder andere bereits abgestumpft.

„Im schmutzigen Sumpf krimineller Machenschaften zu stochern, macht resistent für Emotionen", das war einer von Heilmeyers Lieblingssätzen. „In der täglichen Arbeit wird uns ein Spiegel vorgehalten, der zeigt, dass wir mit Gefühlen nicht weiterkommen." Genau das war es, was Heilmeyer von jedem Einzelnen erwartete. Seine Leute sollten so lange suchen, bis der letzte Baustein im Gerüst der Straftat gefunden wurde. Von höchster Stelle wurden sie mehrmals für die besten Aufklärungsquoten im Land ausgezeichnet.

Inzwischen war auch das Team der Spurensicherung eingetroffen. Jetzt waren die Leute am Fundort damit beschäftigt, alle gefundenen Gegenstände mit einer Nummer zu versehen und in Plastikbehälter sicherzustellen. „Gut, dass die Kollegen von der Rechtsmedizin personell gut aufgestellt sind. Habe die Kollegen eben mit meinem Anruf neugierig gemacht und jetzt warten sie auf unser Material", mischte sich jetzt auch Jens in das Gespräch von Heilmeyer und Olli ein.

Heilmeyer lächelte ihm zu. „Hoffentlich landen wir mit den DNA-Spuren einen Treffer in der Datei, das wäre ein guter Anfang für unsere Ermittlungen." In seiner Stimme klang Zuversicht mit.

Die Rostocker Rechtsmedizin war auf dem neuesten kriminaltechnischen Stand. Anhand genetischer Spuren konnten bereits viele Straftäter überführt werden. Mit einer relativ jungen Methode beschäftigten sie sich seit geraumer Zeit, der Fragmentlängenanalyse. Damit ließen sich Fingerabdrücke noch Jahrzehnte später feststellen. Das hatte den Vorteil, längst vergangene Straftaten neu aufzurollen.

„Ich hoffe, dass wir Glück haben, wenn wir diesen Mord mit dem Früheren vergleichen, und anhand der Analyse einen Volltreffer landen." Heilmeyers Erregung stand ihm buchstäblich ins Gesicht geschrieben. Ihm war anzumerken, dass ein Doppelschlag das Größte in seiner bisherigen Laufbahn wäre. „Was wir brauchen sind ausreichende Beweise, hoffentlich haben wir nichts übersehen."

Ein Doppelerfolg wäre aber nicht nur ein Glücksgriff für ihn, auch für seine Leute. Der Erfolg würde sie weiter überdurchschnittlich motivieren.

„Wir können uns nicht allein auf die DNA-Tests verlassen, ein Fingerabdruck entscheidet längst noch nicht über Schuld oder Nichtschuld. Das ist zwar ein wichtiges Indiz, aber zur Lösung gehören weit mehr Puzzleteile. Falls die Verdächtigen kein Geständnis ablegen, können wir sie nur mit eindeutigen Beweisen konfrontieren. Die müssen hundert Prozent überzeugen." Da kam wieder der Techniker bei Jens durch. Nicht nur Heilmeyer, sondern auch ihm waren hundertprozentige Beweise besonders wichtig. Lieber einen Schritt mehr untersuchen, als einen zu wenig, das war seine Devise.

Benno von der Spusi lief neben der Absperrung, zwei andere stellten in der Nähe der Toten Spuren sicher. Er rief Heilmeyer zu: „Da drüben am Baum sind Fußabdrücke, die könnten aber auch vom Ehepaar stammen?"

„Okay, wenn ihr fertig seid, kann das Material sofort zur Gerichtsmedizin. Die Abdrücke gleichen die in der zentralen Datei ab."

Olli half mit, die Sachen einzupacken. Beim Räumen wurde sein Blick auf einen unscheinbaren Schnipsel gelenkt.

„Was ist das?", fragte er erstaunt. Mit seinen Handschuhen hob er das winzige Papierstück auf. „Da steht was drauf. Der Stift hatte anscheinend seinen Geist aufgegeben. Sollen das Buchstaben sein? Im Labor kriegen die das raus. Ein Fetzen Papier, wenn das nicht voll mit Spuren ist, nehme ich meinen Hut." Heilmeyer klopfte Olli anerkennend auf die Schulter, als der ihm vom Fund berichtete.

„Das wird gleich mit den anderen Sachen weggeschickt. Der Täter musste unter Dampf gestanden haben, jedenfalls hat der mehr hinterlassen als ihm lieb sein dürfte."

„Vielleicht ja doch ein blutiger Anfänger, der das zum ersten Mal getan hat, so nachlässig wie der vorging."

„Denkt an die Zigarettenkippen vom letzten Fall, die dem Kerl letztlich das Genick brachen."

Heilmeyer griente und meinte zufrieden: „Stichwort Kippe! Macht erst mal eine Zigarettenpause, bevor wir hier endgültig die Zelte abbrechen. Ich weiß zwar Olli, du hast eine Papierallergie, aber du musst trotzdem heute noch die Dokumentation fertigstellen."

Olli war dankbar für die Zigarettenpause. Die lockere Art des Chefs erleichterte selbst in den schwierigsten Situationen allen die Arbeit. „Sollten wir den Täter genauso flott finden wie sein Opfer, wäre unsere Arbeit fast zu perfekt."

Im selben Augenblick musste Heilmeyer an den Exmann von Sarah Niemann denken. „Der Journalist muss die Nachricht erhalten, der hatte ja schließlich die Vermisstenanzeige gemacht."

„Gibt es sonst noch Verwandte?", fragte Jens.

„Ja, eine Mutter", sagte der Kommissar laut in die Runde. Das hatte er im Protokoll gelesen. Am liebsten würde er diesen Gang mit der Mutter delegieren, aber das blieb für ihn Chefsache. Noch einmal lief er den Fundort ab und blieb vor der toten Frau stehen. Er starrte sie förmlich an und wusste gar nicht, warum er den Blick kaum lösen konnte. Sie erinnert mich irgendwie an Klara, dachte er. Klara war seine jüngste Schwester.

Seine Leute bereiteten den Abtransport der Frau vor. Heilmeyer holte sein Notizbuch aus der Tasche und machte wieder ein paar Skizzen. „Der abgelegene Platz mitten im Wald? Dafür hatte der Mörder sicherlich einen Grund", analysierte er den Fundort. Er zeichnete den Weg auf, der bis an den diesen Platz heranführte. Ihm fiel auf, dass der Mann offenbar von Brutalität zur scheinbarer Fürsorge wechselte, das wies auf eine psychische Abnormität hin. Wahrscheinlich ein Typ mit krankhaften Phantasien, die er hier ausleben konnte. Wenn das der Fall ist, wird er weitermachen! Er schüttelte kurz seinen Kopf, um wieder klare Gedanken zu bekommen. Genug mit den Vermutungen, morgen sehen wir weiter und wissen mehr, dachte er sich.

Nach seinen Selbstgesprächen ging Heilmeyer zu seinen Leuten. Die sahen ihn erwartungsvoll an.

„Abscheulich das Ganze, das seht ihr selbst", fasste er kurz zusammen. „Wir drehen den Schalter ganz nach oben. Der Fall hat oberste Priorität. Der Kerl darf nicht noch mal zuschlagen. Alles deutet darauf hin, dass dieser mysteriöse Mord uns alles abverlangt. Olli hatte ich bereits davon erzählt, als ich in Rostock anfing zu arbeiten, war mir ein ähnlicher Fall begegnet. Dazu sollten wir weiter recherchieren, aber konkreter werde ich morgen in der Dienstbesprechung darüber sprechen. Ich muss prüfen, ob sich die Akten aus der Wendezeit noch finden lassen. Ich sehe eindeutige Zusammenhänge zu einem Fall von 1990. Kann sein, dass wir zusätzliche Kräfte einsetzen oder einen Profiler vom BKA anfordern müssen. Lieber wäre es mir natürlich, wenn wir das allein hinkriegen."

Heilmeyer beendete gerade sein Statement, als sich an der roten Absperrung eine junge Frau bemerkbar machte. Die Frau wurde von seinen Leuten daran gehindert, das Gelände zu betreten. Der Fundort war nicht gut einsehbar und so folgte Lisa automatisch den frischen Reifenspuren. Sie hatte ihr Auto hinter den zwei vor ihr stehenden Fahrzeugen einfach abgestellt und sich durch den hohen Farn gequält. Jetzt stand sie vor dem leuchtenden Band, wollte es schon hochheben und durchgehen, als Benno von der Spusi aufgeregt auf sie zukam. „Ohne meine blaue Uniform nimmt mich hier wohl keiner ernst", genervt schleuderte Lisa dem vor ihr stehendem Beamten ihre Worte entgegen, „Hauptkommissar Heilmeyer weiß Bescheid und ich bin auch nicht zum Vergnügen hier. Hier ist mein Dienstausweis." Übertrieben höflich reichte sie den Ausweis weiter. „Vielleicht kann ich mich ja nützlich machen?", fügte sie hinzu. Benno schaute sie skeptisch an, ließ sie aber schließlich ohne einen schrägen Kommentar durch.

Lisa lief Peter Heilmeyer direkt in die Arme. „Ich geh davon aus, dass Sie Frau Liebich sind?", begrüßte er sie höflich.

„Genau, Lisa Liebich vom Polizeirevier am Hafen."

„Ihr Chef hat mich eben gerade telefonisch informiert. So, so, Sie wollen Ihr Praktikum vorziehen und den Urlaub dafür über Bord werfen? Gute Einstellung. Urlaub opfern, um was zu lernen. So kommen Sie weiter im Job. Wir brauchen ohnehin jeden Mann, pardon, jede Frau natürlich auch. Ihr Chef hat Sie mir wärmstens empfohlen."

„Das freut mich, hoffentlich kann ich beim aktuellen Fall dabei sein."

„Ich denke, dagegen spricht nichts. Für den Anfang schlage ich vor, dass Sie mit mir zusammenarbeiten. Damit wir uns richtig verstehen, Sie unterstehen mir direkt. Vielleicht können wir, wenn Sie sich gut anstellen, über eine Verlängerung sprechen."

„Danke für das Vertrauen! Ihr Trupp ist ja über Rostocks Grenzen bekannt. Für mich echt eine Herausforderung in ihrem Team dabei zu sein."

„Wenn Sie schon so gut Bescheid wissen, dann willkommen bei uns!"

„Sie werden Ihre Entscheidung bestimmt nicht bereuen", meinte Lisa strahlend. Sie musste ihre Freude über diesen Erfolg regelrecht unterdrücken, weil auf einmal die Gedanken an Sarah zurückkamen. Ihr wurde wieder bewusst, dass ihre Freundin in der Nähe sein musste. „Mein Chef hat sicher auch erwähnt, dass ich die Tote kannte. Deshalb werde ich alles geben, dass der Täter schnellstmöglich überführt wird. Das bin ich meiner Jugendfreundin schuldig. Vielleicht hilft mein Wissen sogar?"

Heilmeyer nickte stumm.

„Das perfekte Verbrechen gibt es ja sowieso nur in Kriminalromanen."

„Nicht so schnell, Frau Liebich. Noch ist nicht mal klar, was hier tatsächlich passierte. An Ihre Worte werde ich Sie erinnern. Doch erst einmal ein paar Infos zum Fall. Wir konnten eine Menge Spuren sichern. Trotzdem heißt es weiterzusuchen. Indizien bringen uns nicht weiter. Wir brauchen handfeste Beweise. Sie wissen aus Ihrer langjährigen Polizeiarbeit, dass nur mit stichhaltigen Beweisen ein Fall wirklich abgeschlossen werden kann. Einiges deutet darauf hin, dass wir einen Wiederholungstäter suchen. Verschaffen Sie sich erst mal einen Überblick vom Fundort. Es ist noch nicht klar, ob es auch der Tatort war. Vielleicht fällt Ihnen etwas auf, das unsere Leute aus lauter Betriebsblindheit übersehen haben."

Lisas Gefühle waren hin- und hergerissen. Einerseits freute sie sich über das spontane Vertrauen, das ihr der Hauptkommissar entgegenbrachte. Andererseits hatte sie eben gerade die schwierigste Aufgabe ihrer Laufbahn übernommen. Gleich würde sie ihre Freundin zum letzten Mal sehen. Ihre Augen suchten längst, was sie eigentlich gar nicht ertragen wollte. Sie hakte nach: „Haben Sie Hinweise gefunden oder so was wie eine Spur?"

„Detailliert diskutieren wir morgen in der Dienstbesprechung darüber, wenn alle vom Team dabei sind. Sicher liegen dann auch erste Erkenntnisse schriftlich vor."

„Ist die Frau hier, kann ich sie noch ein letztes Mal sehen?"

Der Hauptkommissar zeigte nach vorn. „Beeilen Sie sich, meine Leute sind dabei, sie für die Gerichtsmedizin fertigzumachen."

Lisa verlor kein weiteres Wort und ging auf direktem Weg in die gezeigte Richtung. Schon von Weitem sah sie eine grabähnliche Stelle. Der Anblick ließ sie bis ins Mark erschüttern. Ein eisiger Schauer durchströmte sie von Kopf bis Fuß. Als ob das nicht reichen würde, blieb ihr Körper wie angewurzelt auf der Stelle stehen und konnte sich kaum noch bewegen. Die Hände begannen urplötzlich unkontrolliert zu zittern. Nach so vielen Jahren die einstige Freundin so sehen zu müssen, erschien ihr irreal. Tränen liefen über ihr Gesicht. Lisa konnte den Anblick einfach nicht mehr ertragen und zwang sich mit aller Macht wegzugehen. Bloß weg von hier, dachte sie, als zwei Mann von der Spusi über die Tote eine Decke warfen, um sie behutsam in einen Transportsarg zu legen. Ihr blieb nur noch ein letzter Blick auf die Decke, unter der Sarah lag, bis sie von den Männern endgültig fortgetragen wurde. Lisa blieb in der Realität zurück und ihre Tränen liefen unentwegt, als sie den Leuten beim Abtransport hinterherschaute. Die Spusi hatte nach ihrer Spurensuche noch mehr Farn platt getreten, sodass es jetzt eine freie Sicht auf den Ort des Geschehens gab.

Lisa musste an die Gaffer in einer Stadt denken, wenn dort was passierte, waren die sofort da. Wäre die Tat an einem zentralen Ort in der Stadt passiert, hätten die wahrscheinlich längst unsere Arbeit behindert, kam ihr gerade in den Sinn, als sie Heilmeyer erblickte. Der lief in ihre Richtung und sprach sie direkt an: „Ich möchte ein paar Details schon heute mit Ihnen besprechen, damit Sie auf demselben Ermittlungsstand wie wir sind." Er stellte fest, dass die neue Praktikantin aufgewühlt und durcheinander vor ihm stand.

„Kann ich jetzt überhaupt mit Ihnen sprechen?" Seine Stimme hörte sich leicht gereizt an. „Bei dieser Arbeit brauchen wir einen kühlen Kopf. Wenn Sie das nicht gewährleisten können, sind Sie bei uns fehl am Platz. Persönliche Gefühle haben hier nichts zu suchen."

Lisa stellte seine geänderte Tonlage in seiner Stimme fest.

„Das wird auch so sein, versprochen. Geben Sie mir nur ein paar Minuten!", versprach sie und versuchte augenblicklich, sich zusammenzureißen. „Unsere Leute sind stets bei der Sache. Wenn das nicht klappt, verabschieden wir uns schnell wieder von Ihnen, noch eh Sie richtig angefangen haben. In meinem Team sind nur Kollegen mit höchster Professionalität gefragt."

„Sie können sich hundertprozentig auf mich verlassen", meinte sie schnell. Ihre Worte sollten möglichst gelassen klingen, um den Beweis auf der Stelle anzutreten. Das gelang ihr aber nicht, doch Heilmeyer wollte ihr keine Verschnaufpause geben. „Wir haben einen Mord aufzuklären und dürfen keine Minute verlieren. Kann ich also sofort mit Ihnen rechnen?"

„Das können Sie!"

„Hier noch ein paar Fakten", ohne einen möglichen Einwand von Lisa abzuwarten, machte der Chef weiter: „Wir wissen, dass das hier kein Mord im Affekt war. Im Gegenteil, das war lange zuvor exakt geplant. Die Spuren an Armen und Beinen der Frau zeigen, dass man die Frau gefesselt hatte, bevor sie hierher verschleppt wurde. Bei den Würgemalen am Hals muss noch belegt werden, ob die vom Täter stammen. Aber offensichtlich konnte sie sich ihrem Martyrium nicht mehr zur Wehr setzen. Wir fanden jedenfalls keine Spuren, die auf eine aktive Auseinandersetzung hinweisen. Allerdings ist der gesamte Körper mit blauen Flecken übersät. Darunter auch solche, die älter sind, genauso die großflächigen Ödeme. Alle Spuren werden von den Kollegen in der Gerichtsmedizin genau beleuchtet, erst dann können wir Genaueres sagen. Der Todeszeitpunkt wird auch dort geklärt. Ich schätze, dass die Frau noch nicht allzu lange tot sein kann. Die Körpertemperatur war noch nicht sehr niedrig. Das werden die Gerichtsmediziner genau feststellen. Einige Spuren konnten gesichert werden, die hoffen lassen, dass wir zügig vorankommen. Dazu später mehr. Die beiden Kollegen aus unserem Team sind mit der Spusi schon ins Kommissariat gefahren. Und wir sehen uns dann also morgen früh im Kommissariat." Heilmeyer war schon auf dem Weg, als er sich noch einmal zu Lisa umdrehte. „Kennen Sie eigentlich die großflächigen Tattoos Ihrer Jugendfreundin?"

„Tattoos? Nicht, dass ich wüsste. Ganz im Gegenteil, sie verabscheute Tattoos regelrecht. Früher nannte sie diese Art der Körpergestaltung eher Verstümmelung. Soweit ich weiß, schaffte es kein Mann mit solchen Merkmalen auch nur in ihre Nähe. Ihr ästhetisches Ideal von Schönheit muss sich also auch drastisch verändert haben. Für mich kaum vorstellbar."

„Und kennen Sie den Ex von Frau Niemann?"

„Wenn das der Letzte war, ja. Das heißt, kennen ist zu viel gesagt, jedenfalls nicht gut genug, um ein objektives Urteil abgeben zu können. Wir sind uns selten persönlich begegnet. Sarahs Beschreibungen reichten mir. Die wenigen Male, die wir uns sahen, habe ich ihn als arroganten Schnösel in Erinnerung. Eben die Sorte von Mann, die sich für unwiderstehlich hält. Sarah selbst schien oft genug von ihm genervt zu sein. Wohl auch, weil er keinen Widerspruch duldete. Eine Art Macho mit Hang zur Überheblichkeit."

„Trauen Sie dem eine solche Tat zu?" Heilmeyer staunte selbst über seine direkte Frage. Die war ihm spontan rausgerutscht, wie es ansonsten gar nicht seine Art war.

„Das kann ich weder mit ja noch mit nein beantworten. Es scheint überhaupt so, dass Sarah sich in den letzten Jahren sehr stark verändert hatte. In welche Richtung ihre Beziehungen gingen, das wage ich mir jetzt nicht einmal mehr vorzustellen."

Heilmeyer hatte plötzlich eine Idee: „Macht es Ihnen etwas aus, später den Ex von Frau Niemann aufzusuchen? Ich muss ihn über den Tod informieren. Er war es, der die Vermisstenanzeige aufgab. Vielleicht kann er Angaben machen, die uns weiterhelfen? Über interne Ermittlungsstrategien sind wir ihm gegenüber natürlich zurückhaltend. Das gilt übrigens für alle Personen, mit denen wir zu tun haben werden. Der Ex hielt nach der

Anzeige unsere Dienststelle mit erpresserischen Anrufen in Schach. Er drohte mit negativen Berichte in seinem Blatt."

„Idiot, das passt! Der hat sich scheinbar überhaupt nicht geändert." Bei Lisa läuteten sämtliche Alarmglocken. Was der Kommissar von dem Ex sagte, erinnerte sie wieder an früher.

Heilmeyer blieb locker und stellte fest: „Der Mann ist sich offenbar treu geblieben. Er ist vermutlich derselbe unangenehme Zeitgenosse von früher. Wir werden den Typ etwas genauer unter die Lupe nehmen. Und ein Partner als Täter würde sogar in die Statistik passen. Sie wissen ja selbst, 98 % von ihnen kommen aus dem Bekannten- oder Familienkreis. Damit wäre alles gesagt. Wir werden also zuerst im Umkreis des Opfers suchen."

Lisa schaute ihren neuen Vorgesetzten ernst an: „Ich leugne ja nicht, dass der Ex mir unsympathisch ist. Aber Mord? Nee, das nicht! Das passt irgendwie nicht zu dem, aber wie gesagt, ich kenne ihn gar nicht richtig."

„Wir vorverurteilen niemanden, aber das Alibi von dem Mann überprüfen wir genau. Bei seinen penetranten Anrufen kam meinen Kollegen nicht nur einmal die Idee, ob das ein schnödes Ablenkungsmanöver sein könnte? Das kriegen wir raus. Also hübsch die Augen auf! Vielleicht erinnern Sie sich an eine besondere Situation aus der Vergangenheit? Sie sind doch hier, um vor dem Studium was zu lernen! Falls Sie mal Fragen haben, immer raus damit."

Was war das denn? Lisa zog eine Augenbraue hoch, noch so ein Spruch und sie würde ihm sagen, dass sie seine komischen Ansagen nicht besonders cool findet. Ihr war es egal, dass er der Boss war. Innerlich schimpfte sie los. Sie hatte eine Allergie gegen doofe Sprüche. „Muss ich von meinem Vater geerbt haben", kam ihr in den Sinn.

Heilmeyer entging Lisas Irritation, er verabschiedete sich, als hätte es nie Zweifel zu ihr gegeben.

„Hier sind wir erst einmal fertig! Ich fahre jetzt nach Gelbensande und will der Mutter die Nachricht überbringen. Soweit uns bekannt ist, gibt es nur die Mutter als nächste Angehörige. Von diesem Exmann wurde sie ja bereits vor mehreren Jahren geschieden. Mit dieser Info rückte er selbst erst beim letzten Anruf raus. Also bis später." Der Hauptkommissar drehte sich noch einmal um, bevor er die Tür seines Dienstfahrzeugs öffnete. „Gegen 16.30 Uhr müsste das Gespräch mit Frau Stoll vorbei sein. Passt es um 17 Uhr? Auf die Augen vom Exmann bin ich gespannt, wenn Sie vor ihm stehen. Aber, wenn Ihnen das zu viel wird, sagen Sie gleich Bescheid, dann muss ich umdisponieren."

„Machen Sie sich bloß keine Gedanken, ich bin einiges gewöhnt", entgegnete Lisa trotzig, obgleich es mulmig in ihrer Bauchgegend zuging.

„Entwickeln Sie bloß kein schlechtes Gewissen, wenn Sie absagen wollen. Den Typ nehme ich mir sowieso vor."

Lisa schwebte schon wieder im Wechselbad der Gefühle. Erst Worte so von oben herab und jetzt eine erste vertrauensvolle Aufgabe. „Ich komme mit, ohne Wenn und Aber. Das ist für mich selbstverständlich."

„Wir verständigen uns mit dem Handy über die konkrete Uhrzeit?"

„Halte ich bereit." Ihre gewohnte Sicherheit kam langsam zurück. Sie fühlte sich deutlich besser.

„Also bis nachher. Ich melde mich!"

Das Auto von Heilmeyer war nicht mehr zu sehen, sie blieb allein am Fundort zurück. Lisa fühlte sich beobachtet, verwarf den Gedanken aber schnell. Während die erste dunkle Wolke sich über den Tatort legte, wurde ihr kalt, obwohl bestimmt 30 Grad im Schatten waren. Lisa schüttelte sich. Da, ein Knacken. Sie drehte sich blitzschnell um. Lisa hatte sich nicht geirrt. Sie war nicht allein. Sie sah noch, wie jemand davonlief, in einen Jeep einstieg und mit quietschenden Reifen davonfuhr. Wollte der schnüffeln oder steckte mehr dahinter? Sie konnte das Gesicht nicht wirklich erkennen, weil auf der Fahrerseite ein Schatten lag. Ob das ein Mann oder eine Frau war? Egal, der oder die hatte garantiert was zu verbergen. Warum sollte sonst jemand so schnell von hier abhauen? Reaktionsschnell gelang es ihr in der letzten Minute, sich die ersten Ziffern des Nummernschildes einzuprägen. Verirrt konnte der sich jedenfalls auch nicht haben. Vielleicht auch nur ein neugieriger Einheimischer, versuchte sie die Situation herunterzuspielen. Aber in so einem Tempo abzuhauen, das machte ihn mehr als verdächtig. Die Autonummer kriegen wir schnell raus, spekulierte sie. Und war sich jetzt fast sicher, dass da was nicht stimmen konnte. Endlich hatte sie selbst ihr eigenes Auto erreicht und konnte die Verfolgung aufnehmen. Obwohl sie das Auto längst aus ihren Augen verloren hatte, fuhr sie, als ob sie wüsste wohin. Wenig später erreichte sie einen befestigten Waldweg. Sie sah sofort, dass rechts neben der Moor Lake ein Weg zum Jagdschloss führte. Unmittelbar vor ihr war ein Holzschild mit dem Hinweis zur Köhlerhütte aufgestellt. Schnell überblickte sie die Gegend und erkannte, der Fundort war gar kein wirklich gutes Versteck. Der Platz war von allen Seiten relativ gut erreichbar. Mit dem Auto kam man von zwei Seiten gut an diesen Bereich heran. So konnte der Täter sich auch gut aus dem Staub machen. Die Sicht der Dinge hängt eben nur vom Blickpunkt des Betrachters ab. Für Einheimische, die sich auskennen, musste dieser Weg ein Kinderspiel sein. Der Fundort lag genau genommen zwischen Köhlerhütte und Jagdschloss. War das auch Sarahs Weg? Aber wo war ihr Auto? Darüber wurde noch gar nicht gesprochen. Selbst Autospuren hatte Heilmeyer nicht erwähnt? Irgendwo musste aber Sarahs Auto sein? Vielleicht ja ganz in der Nähe? Lisa suchte verzweifelt nach möglichen Anhaltspunkten. Schnell wurde ihr klar, dass sie viel zu wenig von ihrer einstigen Freundin wusste. Ihre Phantasie ließ so viel Brutalität einfach nicht zu. Vielleicht sollte sie sich von dieser Aufgabe lieber verabschieden? Die Nähe zu Sarah brachte in ihr ständig neue Gefühle hoch. Bekam sie die nicht in den Griff, würde Heilmeyer sich schnell wieder von ihr verabschieden. Wenige Minuten dauerten ihre erneuten Zweifel an, dann war der Spuk vorbei. Ich werde mich einkriegen, sonst schickt Heilmeyer mich nach Hause. Ohne klaren Kopf komme ich nicht weiter, redete sie streng auf sich ein.

Sie fuhr in Richtung Köhlerhof und war wieder auf demselben Weg wie am Morgen noch das Ehepaar.

Du zeigtest mir, wie ich mit dem fremden Werkzeug umgehen konnte. Damals wollte ich alles genau wissen und lernte schnell. Und so vergaß ich an diesem unheimlichen Ort für ein paar Stunden das Böse. Dein Geheimnis begann allmählich zu unserem zu werden. Bis heute konnte ich es behüten. Nun mache ich mich jedem Tag unter der Erde zu schaffen. So wie du früher. Ich kann gar nicht anders, denn diese Aufgabe ist das Einzige, was mir von dir geblieben ist. Ich mache alles so wie du es mir beigebracht hattest. Von Anfang an hörte ich ja deinen Erklärungen gespannt zu, obwohl ich ja noch ein Kind war. Anfangs verstand ich nichts von dem, was du wolltest. Erst heute weiß ich, dass du erstaunlich geduldig vorgegangen bist. Nur, weil du mir jedes winzige Detail mehrfach erklärt hattest, konnte ich so weit kommen.

Mit der Zeit hatte sich wohl mein Ehrgeiz entwickelt und der treibt mich bis heute voran. Jetzt werde ich alles allein zu Ende bringen, ich werde das schaffen. Du sollst es sehen.

Du wolltest immer, dass ich perfekt bin und hattest mir nicht nur einmal gedroht, wenn ich nur mal spielen wollte.

„Es darf an nichts fehlen", das waren deine Worte. Diese Worte klingen heute auch noch in meinen Ohren. Ich erinnere mich besonders daran, weil das deine spezielle Art war, mich unter Druck zu setzen und mir Wissen beizubringen. Überall schienen deine Augen über mich zu wachen. Im Versteck, aber auch zu Hause hattest du mich nie unbeobachtet gelassen.

Ich sehe heute ständig deine Augen vor mir und deine drohenden Ansagen hallen noch wie ein Echo nach.

Nur mal Kind sein, das gab es für mich nie. Stattdessen musste ich aufpassen, nie, wirklich nie Spuren zu hinterlassen. Das brachtest du mir als erstes bei und ich habe es inzwischen perfektioniert. Es gelingt mir heute besser als je zuvor. Seltsam ist nur, dass mir manchmal deine strenge Hand fehlt. Die Hände, die ich so oft verfluchte. Oft fühlte ich mich damals verlassen und allein? Aber jetzt erst weiß ich, was Einsamkeit wirklich bedeutet.

Manchmal höre ich leise Geräusche, mir kommt es dann so vor, als kämen Schritte näher. Kräftige Schritte. Nein, da war wieder nichts. Ich habe mich geirrt. Soweit ist es schon mit mir gekommen, dass ich dich überall höre.

Aber eines Tages wirst du die Treppen heruntersteigen und plötzlich vor mir stehen. Es kann zu jeder Zeit passieren. Ich warte …

Gelbensande

Am Ende der Sackgasse zeigte Heilmeyers Navigationsgerät an, dass er angekommen war.

Ohne das Ding wäre er komplett aufgeschmissen gewesen. Er fand es praktisch, sich blind auf das Gerät zu verlassen und nicht auf den Weg aufpassen zu müssen. Trotz einiger Umleitungen erreichte er sein Ziel pünktlich. Jetzt saß er im Wagen und schaute auf das gegenüberliegende Haus. Von außen war keinerlei Bewegung zu erkennen. In Gelbensande schienen die Uhren anders zu ticken. Kein Mensch weit und breit in Sicht, als er aus dem Auto ausstieg. Der Hauptkommissar schaute sich mehrmals um, als er zum Haus ging und den Klingelknopf drückte. Sein intensives Läuten schien niemand zu hören. Die Tür blieb zu. Er wollte sich gerade umdrehen und den Rückweg antreten, als es an der Tür laut schepperte. Nur einen kurzen Moment später öffnete eine zierliche ältere Frau einen Spalt breit die Tür.

Heilmeyer schaute in blassblaue Augen, die ihn erschrocken ansahen.

„Sind Sie Frau Stoll?", erkundigte er sich freundlich. Ein kurzes Nicken folgte. „Heilmeyer, Kripo Rostock."

Er hielt der Frau seinen Ausweis entgegen, noch bevor sie danach fragen konnte. Ihr Gesicht sah wahrscheinlich älter aus als es wirklich war, dachte er kurz und schätzte sie etwa auf sein Alter, etwas um die 60. Dünnhäutig stand die zierliche Frau vor ihm und ihm fehlten auf einmal die passenden Worte. „Es geht um Ihre Tochter Sarah", begann er vorsichtig das Gespräch.

Die Augen der Frau flatterten unruhig hin und her, automatisch sprach der Hauptkommissar leiser. Er befürchtete, die Frau könnte bei der anschließenden Nachricht umfallen. „Darf ich reinkommen? Was ich Ihnen sagen muss, ist nicht für fremde Ohren bestimmt."

Sie ließ den fremden Mann, ohne weiter nachzufragen, in ihr Haus. Drinnen verzog die Mutter noch immer keine Miene. Sie bat mit kurzem Blick, Heilmeyer sich hinzusetzen und zeigte auf einen Stuhl in der winzigen, spartanisch eingerichteten Küche. Sie selbst setzte sich ihm gegenüber auf den einzigen noch vorhandenen Stuhl. Die Frau blieb weiter stumm. Heilmeyer konnte keinerlei Emotionen in ihrem Gesicht erkennen.

„Ich habe leider keine gute Nachricht für Sie", mit knappen Worten begann er die Todesnachricht zu überbringen. Die Mutter blieb beinah regungslos auf dem Stuhl sitzen. Der Hauptkommissar wusste nicht, was das zu bedeuten hatte und machte erst nach einer kurzen Pause weiter: „Wir haben Ihre Tochter Sarah in der Rostocker Heide tot aufgefunden. Unsere bisherigen Ermittlungen schließen nicht aus, dass sie Opfer einer Strafhandlung wurde."

Bei seiner Wortwahl vermied er meist mit Absicht das Wort Mord. Auch jetzt wollte er die Frau nicht weiter einschüchtern. In den vielen Jahren seiner Ermittlungsarbeit musste er oft genug den Tod eines Opfers überbringen. Dies blieb bis heute eine belastende Bürde für ihn, die selbst durch die Routine der Jahre nicht leichter wurde. Er wusste, dass er durch das Überbringen solcher Nachrichten die Welt fremder Menschen zutiefst erschüttern würde. Ihm fiel in diesem Augenblick ein, dass im Mittelalter die Überbringer schlechter Nachrichten geköpft wurden und man sprach von den Überbringern der Wahrheit, dass sie ein schnelles Pferd brauchten. Solche abwegigen Gedanken schossen ihm öfter blitzartig durch den Kopf. Zwar legte er sich jedes Mal, bevor er sich auf den Weg zu den Angehörigen machte, Worte der Anteilnahme bereit. Doch zu seinem Erstaunen erlebte er hier gerade eine gefühllos und unbeteiligt wirkende Frau. Eine derartige Gefühlsstarre beim Empfangen der Todesnachricht von der eigenen Tochter war ihm nie zuvor begegnet. Er hakte nach, um ihre Reaktion verstehen zu können.

„Hatten Sie einen guten Kontakt zu Ihrer Tochter?" Schweigen. „Leben Sie denn ganz allein hier?" Ihm kam es unheimlich vor. So als würde sie nicht verstehen, was passiert war, blieb die Frau immer noch regungslos sitzen. „Gibt es Familienangehörige oder Freunde, die sich um Sie kümmern?", erkundigte er sich vorsichtig.

Langsam kam Leben in die Mimik der Frau und sie erhob kaum verständlich ihre Stimme: „Ich bin allein. Heimtückisch hat der Krebs mir meinen Mann genommen. Lungenkrebs, böse ist er daran zugrunde gegangen. Seitdem kommt da oben nichts mehr raus." Sie zeigte auf ihre Augen. „Ich habe keine Tränen mehr! Sarah hatte sich selten blicken lassen, selbst als ihr Vater im Sterben lag, kam sie nicht."

Gut, dass sie sich endlich öffnete, überlegte Heilmeyer. Er hatte oft genug den Schock miterleben müssen, den seine Botschaften auslösten. Meist kamen die Leute aus dem Tal der Trauer erst raus, wenn sie anfingen darüber zu reden.

„Eine Ewigkeit ist das her, dass unsere Sarah sich von ihrem Mann getrennt hatte", erzählte sie mit leiser Stimme mehr über ihre Tochter. „Seitdem haben wir unser Mädchen nicht wiedererkannt, wie ausgewechselt war sie. Sie ließ sich kaum noch bei uns blicken und wir erfuhren nichts. Am Anfang warteten wir noch regelmäßig auf ein Lebenszeichen von ihr oder wenigstens eine Karte ..." Die Mutter machte eine Pause, bevor sie weitersprach. „Aber mit der Zeit verblasste auch das Warten. Irgendwie ging es auch ohne sie weiter. Vor ein paar Jahren ließ sie sich plötzlich blicken, wir erkannten sie kaum wieder. Wie sie aussah? Schlimm genug, dass die eigene Mutter so was sagen muss. Aber schließlich fühlten wir uns wohler, wenn sie wegblieb, sonst hätte mein Mann wahrscheinlich die Augen noch früher zugemacht." Das Gesicht der Mutter wurde noch blasser.

Heilmeyer unterbrach sie: „Wann hat sich Ihre Tochter zuletzt sehen lassen?"

„Voriges Jahr sahen wir sie ein oder zwei Mal. Obwohl sie zu dem Typ hier ganz in der Nähe gezogen war. Claus Reiman oder so ähnlich heißt der wohl."

„Was wissen Sie über diesen Mann?"

„Intimes hatte sie ja nie erzählt. Erst recht nichts von ihren Männern. Ehrlich, uns interessierte das nicht. Eigentlich dachten wir immer, dass aus ihr mal was wird. Als sie mit ihrem Mann zusammengezogen war, hatte sie sogar das Abitur nachgeholt. Sie fing ein Studium an, Sozialpädagogik oder so was Ähnliches."

„Wie gut kennen Sie den Ex Ihrer Tochter?"

„Über den kann ich nichts Negatives sagen. Der hatte sie immer unterstützt, selbst als sie längst getrennt waren. Das Praktikum hatte er ihr ja auch besorgt. Dort muss es wohl passiert sein."

„Was meinen Sie? Was ist passiert?" Heilmeyers Sensoren standen auf Rot.

„Im Praktikum begann der Flirt mit diesem tätowierten Typen."

„Flirt? Was meinen Sie damit?"

„Koch war der." Dem Hauptkommissar entging der abschätzige Blick der Mutter nicht. „Im Knast in Waldeck hatte unsere Sarah ihr Praktikum gemacht. Da hatte sie den kennengelernt. Sah eher aus wie ein Typ aus dem Rotlichtmilieu. Und seitdem hatte sich unsere Sarah auch so stark verändert." Nach einer kurzen Pause fuhr Frau Stoll mit leiser Stimme fort: „Der hatte mit Geld nur so rumgeworfen. Wir lebten immer bescheiden und sind mit wenig ausgekommen. Sarah kannte das nicht anders, doch sie wollte immer schon anders leben." Als ob sie sich für ihre Worte schämte, schaute die Mutter auf den Boden. „Das viele Geld!

Von dem muss unser Kind beeindruckt gewesen sein. Für meine Begriffe hatte der viel zu viel Geld und das für einen Koch? Mehr habe ich zu dem aber nicht zu sagen. Vielleicht das noch. Vor einigen Wochen stand sie mit Sack und Pack vor meiner Tür, mit dem war alles aus, fragen Sie mich nicht weshalb. Sie zog in ihr früheres Zimmer. Und jetzt das!"

Sarahs Mutter saß gekrümmt und jetzt auch mit eingefallenem Gesicht vor dem Hauptkommissar. Sie fing laut an zu schluchzen. „Ich versteh das alles nicht. Seit Jahren verstehe ich meine Tochter nicht mehr. Und jetzt ist sie einfach nicht mehr da. Ohne ein Wort ist sie für immer weg. Lassen Sie mich jetzt bitte allein. Allein, ja, das bin ich wohl nun endgültig."

Genau diese Situationen verabscheute Heilmeyer und ihm fehlten wieder die Worte. „Kann ich was für Sie tun?", fragte er vorsichtig. Es klang aber mehr wie eine Entschuldigung.

Die Frau weinte jetzt hemmungslos und ihr tiefes Schluchzen wurde lauter.

„Wenn Sie sich besser fühlen, melden Sie sich bei uns im Kommissariat. Oder rufen Sie einfach an, wenn ich etwas für Sie tun kann. Wir wollen schnell herausfinden, was mit Ihrer Tochter tatsächlich passiert ist. Sie doch sicher auch?"

Mit schluchzender Stimme schaute die Mutter auf den Hauptkommissar. „Muss ich sie …?"

„Ja, müssen Sie! Aber keine Sorge, lassen Sie sich Zeit. Wenn es Ihnen besser geht, rufen Sie einfach an."

Während er in seiner Tasche nach einer Visitenkarte suchte, stand Sarahs Mutter auf und holte ein groß gerahmtes Foto. Auf dem Bild sah Sarah Niemann um viele Jahre jünger aus. „So werde ich mein Kind in Erinnerung behalten." Sie murmelte unverständliche Worte während ihre Tränen jetzt ungehemmt liefen.

„Soll ich einen Angehörigen benachrichtigen?"

„Nein, gehen Sie bitte!"

Heilmeyer verließ die Frau und rief wenige Minuten später seine Praktikantin an.

Es dauert nicht mehr lange, dann bin ich fertig. Der Stress wird größer, doch es lohnt sich. Wenn ich am Ende des Tages erschöpft bin, stellt sie sich am Ende wenigstens eine befreiende innere Ruhe ein.

Schade, ich kann im Moment nicht so oft weitermachen, wie ich möchte. Immerhin kann ich überhaupt was tun. Das ist gut. Einiges erledige ich im Internet, doch den wichtigsten Teil mache ich in meinem Versteck.

Meistens mache ich so lange bis ich total müde bin. Das wird heute wieder so sein. Irgendwie freue ich mich auch darauf. Danach werde ich wenigstens schlafen können …

Rostocker Heide

Erste Gebäude blinzelten durch die Bäume hindurch. Kurz darauf erkannte Lisa das Fachwerkhaus des Köhlerhofes. Obwohl nur wenige Minuten Fahrzeit hinter ihr lagen, war sie froh, dass sie das Auto genommen hatte. Sie schaute auf die Uhr und atmete tief aus. Orientierungslos fuhr sie weiter in der Gegend herum. Was suche ich hier eigentlich, fragte sie sich wieder. Auf einmal glaubte sie ihren Augen kaum zu trauen. Um ganz sicher zu gehen, nahm sie ihre Sonnenbrille ab. Erstaunt sagte sie: „Das glaube ich jetzt nicht." Der dunkelblaue Jeep aus dem Wald stand direkt vor ihr. Sie verglich das Kennzeichen mit den Zahlen, die sie im Kopf hatte und richtig: LRO-48. Diese Ziffern hatten sich automatisch in ihr Gedächtnis eingegraben. Bingo, das war er. Und verstaubt vom Waldweg war er auch. Sie parkte ihr Auto direkt hinter dem Jeep und legte die Hand auf die Motorhaube, ob die sich warm anfühlte. Enttäuscht ließ sie los, der Wagen war kalt. Neugierig überquerte sie die menschenleere Straße.

Nur ein Mann machte sich an einem Schuppen zu schaffen und war damit beschäftigt, das herumliegende Holz aufzustapeln. Sie steuerte den direkt an, um sich nach dem Jeep zu erkundigen. Er stand mit dem Rücken zu ihr und Lisa sprach ihn von hinten an. Der alte Mann zuckte erschrocken zusammen.

„Guten Tag, Liebich, Kripo Rostock." Sie hielt dem Alten ihren Ausweis hin.

Der machte gar keine Anstalten sich umzudrehen, und arbeitete stur weiter.

„Wohnen Sie hier?", erkundigte sie sich.

„Nee", meinte der Alte schlapp.

„Kennen Sie vielleicht den Besitzer des blauen Jeeps hier vor der Tür?"

„Klar."

„Sind Sie selbst mit dem Jeep heute im Wald gewesen?"

„Nee."

Lisa merkte schnell, dass der Mann wohl einsilbig blieb und sie ihm alles aus der Nase ziehen musste.

„Sprechen scheint ja nicht gerade ihre Stärke zu sein. Wenn Sie mit mir nicht reden wollen, können wir das Gespräch auch im Kommissariat weiterführen!"

„Ist ja gut! Der Jeep gehört dem Chef." Mürrisch dreht er sich endlich um, und lächelte Lisa provozierend an.

„Hat Ihr Chef auch einen Namen?"

„Wozu brauchen Sie den denn? Darf man sein Auto nicht mal mehr vor seiner Tür abstellen, oder was?"

„Okay, wenn Sie nicht wollen. Den Namen kriegen wir auch ohne Ihre Hilfe raus. Was Sie hier machen, können Sie aber sagen, oder? Ansonsten müsste ich nämlich von einem Einbruch ausgehen!"

„Arbeiten, das sehen Sie doch! Etwas zur Rente dazu verdienen, das wird doch wohl noch erlaubt sein. Bei der geringen Rente, die ich kriege." Er wird gesprächiger: „Hacke Holz und verkaufe das für den Chef. Kaminholz ist der große Renner im Norden, hier hat fast jeder einen Kamin. Der Holzhof ist ja ganz in der Nähe. Ein oder zwei Tage in der Woche komme ich vorbei."

„Noch mal. Waren Sie heute mit dem Jeep im Wald?"

„Nein. Geht gar nicht. Hab nicht mal 'nen Führerschein!"

„Ist der Besitzer des Hauses da? Ich würde ihn gern selbst befragen?"

„Nee, der ist im Urlaub. Habe nur den Auftrag sein Holz zu sortieren. Wohne ja ganz in der Nähe."

„Fährt außer dem Chef noch jemand das Auto?"

„Nicht, dass ich wüsste. Aber so genau weiß ich das natürlich nicht. Der Jeep steht meist vor der Tür. Er vergisst öfter mal ihn in die Garage zu stellen."

Aus dem Alten kriege ich jetzt sowieso nichts raus, dachte sich Lisa. Vielleicht lohnt es sich später, wenn sie mit Heilmeyer noch einmal zurückkommen würde. Entweder er ist wirklich ahnungslos oder er tut nur so. Eine Straftat spricht sich in einem solchen Kaff schnell rum. Mord passiert ja schließlich nicht alle Tage! Dem traue ich so eine Tat aber nicht einmal gedanklich zu. Vielleicht ist er später gesprächiger. Irgendwas gefällt mir aber an dem Alten nicht. Lisa war längst wieder zu ihrem Auto gegangen und überlegte beim Einsteigen, ob sie noch einmal zum Fundort zurückfahren sollte. Vielleicht wurde tatsächlich was übersehen? Auf einmal vibrierte das Telefon in ihrer Tasche und eine müde Stimme meldete sich als sie abnahm.

„Heilmeyer, sind Sie etwa immer noch im Wald?"

„Klar, hatten wir doch so besprochen? Ich habe mich etwas umgesehen!"

„Ist ja gut. Wollte nur Bescheid geben, dass Sie heute am besten Feierabend machen. Wir sehen uns morgen in der Dienststelle und machen weiter, wo wir heute aufgehört haben. Frau Niemanns Mutter ist informiert. Ich mache mich von hier aus gleich auf den Weg zum Exmann, dem Journalisten. Wir haben noch genug harte Tage vor uns und ich möchte Sie nicht gleich am Anfang mit zu vielen Eindrücken überfrachten."

Lisa schnappte laut nach Luft. Beherrscht antwortete sie ihm aber sachlich: „Geht in Ordnung, Sie sind der Boss!"

„Gut, dann also bis morgen 9 Uhr."

„Ihnen viel Erfolg beim Ex."

Am anderen Ende war nur noch ein Tut-Tut zu hören. Lisa hatte das Gefühl, dass Heilmeyer vergaß, dass sie schon lange Polizistin war und keine blutige Anfängerin mehr, wie er zu glauben schien. Ihr Blick wanderte auf die Uhr, die zeigte, dass 17 Uhr gerade vorbei war. Eigentlich wäre noch Zeit sich umzuschauen. Sie schaute zurück in Richtung des alten Mannes. Nachdem sie ihn lange genug fixiert hatte, fiel ihr seine gesteigerte Betriebsamkeit auf. Inzwischen hantierte er hektisch mit undefinierbaren Gegenständen. Und er sah aus, als wollte er was verstecken. Was er vorhatte, blieb ihr ein Rätsel. Er schien sich sicher zu sein, dass er nicht beobachtet wurde. Den Alten knöpfen wir uns später vor. Bis dahin habe ich auch mit Heilmeyer gesprochen. Vielleicht ist was dran und der schnüffelnde Fahrer des Jeeps hatte einen Grund den Fundort aufzusuchen. Oder der hektische alte Mann, der sich etwas zu bedeckt hält und mehr weiß als er zugibt.

Mein Körper rebelliert seit Wochen ungewöhnlich stark. Der Schmerz wird stärker und die Abstände, bis sie da sind, werden kürzer. Eine Zwangspause kommt für mich aber nicht infrage. Aber das intensive Tempo scheint mich zu überfordern. Ich muss durchhalten, damit ich fertig werde. Ruhephasen gönne ich mir jetzt keine. Später, das hat Zeit. Der Abschluss muss großartig werden und die letzten Stunden sind kostbar. Ich werde alles geben. Tage wie gestern verleihen mir Flügel. Für einige Stunden konnte ich alle Anstrengungen und Schmerzen vergessen. Und nur, weil ich mit riesigen Schritten vorangekommen bin. Wenigstens fühlt sich mein Kopf besser an. Ich habe gelernt, vieles miteinander zu verknüpfen, trotzdem wird der wenige Schlaf bleiben. Aber nicht mehr lange.

Ich weiß, dass ich entschädigt werde, wenn alles vorbei ist. Damals hattest du mir eingetrichtert, dass du mir den Sinn erklärst, wenn alles fertig ist. Du wirst also kommen und mich aufklären. Aber was kommt danach?

Rostock, Kriminalkommissariat und Gerichtsmedizin

An diesem Morgen rief Heilmeyer seine Leute früher als sonst zur Besprechung.

„Ich möchte euch erst einmal Lisa Liebich vorstellen. Eine ehemalige Kollegin vom Polizeirevier am Hafen. Sie ist ab heute offiziell unsere neue Praktikantin. Ende Oktober beginnt ihr Jurastudium, ein paar spezielle Erfahrungen bei uns können da sicher nicht schaden. Hab ich was vergessen? Aber das eine oder andere ergänzt sie selbst später. Am besten ihr macht euch untereinander bekannt. Frau Liebich ist unsere einzige Frau im Team, vergrault sie also nicht gleich wieder. Und ich hoffe, dass keine Klagen kommen."

Ein unüberhörbares Schurren mit den Stühlen setzte ein sowie lautes Raunen und Rufen: „Eine Frau! Schutzpolizistin."

Der Chef ignorierte die mürrischen Stimmen: „Damit ihr Bescheid wisst, Frau Liebich untersteht direkt mir. Das sollte dazu für den Anfang reichen! Wir machen am aktuellen Fall weiter. Die Brisanz ist hoch genug. Ich lehne mich wahrscheinlich nicht zu weit aus dem Fenster, wenn ich sage, dass es Anzeichen für einen Serientäter gibt. Olli, gibt es neue Erkenntnisse über die Spuren?"

„Der Bericht steht noch aus. Bisher gab es aber keinen einwandfreien Hinweis auf Personen aus unserer Datei. Mein Bericht liegt in deiner Mappe zur Unterschrift bereit. Telefonisch habe ich die Staatsanwaltschaft bereits informiert, die warten jetzt auf konkretere Ermittlungen."

„Gut, ich setze mich nachher auch mit Staatsanwalt Knoll in Verbindung und sage ihm, dass wir die Soko „Weiße

Calla" einrichten werden. Olli, du bleibst mit der Staatsanwaltschaft in Kontakt. Aber lasst uns wieder über unseren Fall reden. Gestern hatte ich angedeutet, dass dieser Fall mich an einen aus der Vergangenheit erinnert." Stille im Raum. Mit einem Schlag hörte selbst das Tuscheln auf. „Das war unmittelbar nach der Wende. Die Leiche lag ähnlich aufgebahrt mitten im Wald. Euch muss die markante Lage aufgefallen sein."

Der Hauptkommissar pinnte ein paar Fotos vom Fundort an eine Tafel. Wieder setzte leises Stimmengewirr ein, das Heilmeyer sofort mit seiner energischen Stimme übertönte: „Die Lage ist nicht der einzige markante Punkt zum früheren Fall. Es gibt weitere Gemeinsamkeiten. Aber um ganz sicher zu gehen, habe ich die Akten aus dem Archiv angefordert. Wir werden die früheren Ermittlungen in unsere Untersuchungen miteinbeziehen müssen. Die Älteren unter euch werden sich vielleicht an die turbulenten Wendejahre erinnern. Ich selbst war damals gerade aus Lübeck nach Mecklenburg gekommen und dabei mich als „Wessi" in Mecklenburg zu etablieren." Allgemeines Grienen. „Jetzt werden wir klären müssen, ob der alte Fall tatsächlich aufgerollt werden muss. Das ist natürlich mein persönlicher Ehrgeiz, den jeder von euch sicher versteht. Einen ungelösten Fall nach so vielen Jahren aufklären zu können, hat was von einer Stecknadel im Heuhaufen."

Lisa hörte wie die anderen mit Spannung den Worten des Chefs zu.

„Beginnen werden wir wie immer im näheren Umfeld der Toten. Jens durchforstet unseren Computer und sucht alles über Claus Reiman, dem angeblich letzten Freund, heraus. Wie der Ex meinte, dürfte der Typ kein unbeschriebenes Blatt sein und daher sollte jedes noch so winzige Detail unser Interesse wecken. Nicht nur der Exmann, auch die Mutter der Toten bestätigte, dass der Mann der letzte Freund von Frau Niemann war. Die beiden lernten sich in der Justizvollzugsanstalt Waldeck bei Rostock kennen, als die Frau ein Praktikum dort machte. Jens prüfe in der Zentrale mal ab, ob der Reiman als Koch dort überhaupt noch arbeitet. Das wird wahrscheinlich nicht seine einzige Beschäftigung sein. Die Mutter behauptete, dass der Mann über viel Geld verfügte, jedenfalls deutlich mehr als ein Koch jemals verdienen würde."

Das waren genau die Aufträge, die Jens bevorzugte, freudig zeigte er, dass er ganz und gar bei der Sache war. „Bevor der uns was von einem Lottogewinn erzählt, werden wir das besser wissen. Für mich eine Kleinigkeit, das rauszukriegen. Das Internet vergisst nie. Jeder, der dort zugange ist, hat auch seine Spuren hinterlassen. Wer weiß, ob der überhaupt noch in der Justizanstalt arbeitet? Ich mach mich nachher gleich ans Recherchieren, gegen Mittag habe ich erste Ergebnisse", sprühte es aus ihm heraus.

„Gut Jens, aber anschließend knöpfen wir uns den auch persönlich vor."

Nebenan klingelte ein Telefon. Olli sprang sofort auf und überbrachte wenige Minuten später schon die Nachricht. „Tess von der Gerichtsmedizin hat angerufen. Sie sprach von interessanten Neuigkeiten." Heilmeyers Blick wanderte zu Lisa. „Trauen Sie sich den Gang in die Gerichtsmedizin zu?"

Lisa nickte kurz, bevor Olli weitersprach: „Es gibt weitere markante Stellen am Körper der Frau, darüber will sie mit uns reden."

„Dann lerne ich gleich mal die andere Seite unserer Arbeit kennen", meinte sie entschlossen.

Heilmeyer nickte anerkennend und richtete sich wieder an alle: „Ich habe die zwei nahe stehenden Personen von der Toten informiert. Die Mutter hatte dabei ziemlich unverhältnismäßig reagiert. Relativ teilnahmslos nahm sie die Todesnachricht ihrer einzigen Tochter auf. Nur zum Ende des Gesprächs wurde sie etwas redseliger und rückte mit einigen Informationen raus. Eines wunderte mich, an der

Tochter ließ sie selbst in dieser Situation kein gutes Haar, den Ex hingegen lobte sie über alle Maßen."

„Mit ihrer Meinung dürfte sie wohl allein dastehen." Olli unterstrich seinen Satz mit einem schrägen Blick.

„Neu dürfte der Fakt sein, den sie zum Schluss erwähnte, dass die Tote vor wenigen Wochen ins Elternhaus zurückzog."

„Das widerspricht der Aussage vom Exmann oder?"

„Vielleicht wusste er auch in letzter Zeit nicht mehr viel von seiner Ehemaligen? Seine Trauer zumindest schien echt zu sein."

„Was sagt das schon? Wir haben ihn doch erlebt, der hat mehrere Facetten drauf."

Heilmeyer blieb unbeeindruckt von den Kommentaren seiner Leute. „Mit beiden bleiben wir in Kontakt. Da gibt es noch was. Ein weiterer Mann muss im Leben der Toten eine Rolle gespielt haben."

„Die Frau hat die Männer ja regelrecht verschlissen." Ollis Ironie in der Stimme war nicht zu überhören.

„Dieser Unbekannte war wohl auch der Grund, weshalb sie sich von Reiman trennte. Mehr wusste die Mutter darüber nicht zu sagen. Von einem Neuen wusste der Ex ja gar nichts, jedenfalls hatte er darüber keine Angaben gemacht. Fassen wir zusammen, für eine operative Analyse reicht das, was wir bisher haben, nicht aus." Heilmeyer schloss seine Ausführungen mit den Worten: „Wir brauchen mehr Fakten. Also an die Arbeit. Wie immer bleiben wir im telefonischen Kontakt, falls es notwendig wird, kurzfristig eine Sondersitzung einzuberufen."

Sofort wurde es laut im Raum. Heilmeyer musste sich erst mit lauter Stimme Gehör verschaffen, er wollte Lisa direkt ansprechen. „Das war für Sie heute ein erster kleiner Einblick. Frau Liebich, wir duzen uns, das ist besser fürs Betriebsklima. Haben Sie was dagegen?"

„Im Gegenteil, also noch einmal für alle, ich bin Lisa!" Jemand reichte ihr spontan die Hand über den Tisch. „Mich kennst du inzwischen ja, ich bin Olli und gehöre mit Jens zum engen Kreis vom Chef."

Heilmeyer mischte sich ein. „Genau, dir gegenüber, das ist Jens, unser Technikspezialist. Die anderen hier sind zumeist im Innendienst beschäftigt, du wirst ihre Qualitäten ohnehin bald kennenlernen. Aber im Außendienst werden wir nur zu viert sein. Wir sprechen uns am Nachmittag noch mal und du informierst uns darüber, was es in der Gerichtsmedizin gab."

„Klar!" Lisa wunderte sich, warum Heilmeyer das extra betonen musste. Hoffentlich wird er ihr nicht regelmäßig jeden einzelnen Schritt erklären wollen? Wäre schade, wenn die Sympathie für den Mann gleich anfinge wieder zu bröckeln.

Der Weg zur Gerichtsmedizin war kaum der Rede wert. Praktisch um die Ecke, durch einen Park. Dort traf Lisa als erstes auf eine Frau etwa in ihrem Alter. „Willkommen im Club! Olli hat dich eben angekündigt. Endlich mal wieder eine Frau in Heilmeyers Team." Lächelnd streckte sie Lisa die Hand entgegen.

Lisa lächelte offen zurück und der Bann schien zwischen beiden sofort gebrochen zu sein. „Lisa Liebich. Die neue Praktikantin, bevor es mit dem Studium losgeht. Ganz so frisch bin ich auch nicht, ist lediglich mein erster Einsatz bei der Kripo."

„Und dein Start beginnt gleich mit einem Mord, ziemlich hart. Übrigens ich bin Tessa. Alle nennen mich nur Tess, das gilt natürlich auch für dich."

„Tess passt."

Ohne weitere Worte zu verlieren, führte Tess Lisa in Richtung Kühlraum. Lisa war nie zuvor live in den Räumen der Gerichtsmedizin gewesen. Unmittelbar vor ihren Augen befand sich die riesige Stahltür des Kühlraumes. „Unter Umständen verbringt man seine letzten Stunden da drin", stimmte Tess sie ein. Verlegen deutete sie ganz in die Mitte des Raumes: „Die Tote liegt noch hinten auf dem Seziertisch."

Lisa wusste, dass unter dem weißen Tuch Sarah lag, obwohl von außen nichts zu erkennen war. Tess bemerkte sofort Lisas blasse Gesicht und zog sie von der Toten weg. Sie selbst arbeitete seit Jahren hier und kannte genug Kollegen, die beim Anblick der Toten noch immer schlappmachten. Selbst kräftige Männer bekamen, wenn sie einen Toten sahen, butterweiche Knie. Und Lisa wäre nicht die erste, die sie aus einer Ohnmacht zurückholen müsste.

Gleich hinter dem großen Arbeitsraum lag das Büro von Tess. Fürsorglich bot sie Lisa einen Stuhl an und stellte unaufgefordert ein Glas Wasser vor sie hin.

„Mach dir bloß keine Gedanken, du bist nicht die erste, der am Seziertisch schlecht wird."

Noch während Lisa trank, holte Tess die Unterlagen aus dem Schreibtisch hervor und blätterte in einer Mappe. Es dauerte eine Weile eh sie den Faden des Gesprächs wieder aufnahm. „Eines können wir mit Bestimmtheit sagen, die Frau wurde nicht vergewaltigt." Tess ließ das so im Raum stehen, ohne dass Lisa nachhaken konnte und sprach sofort weiter: „Das bedeutet nicht, dass der Mörder kein Sadist ist. Die meisten Sadisten erfreuen sich erst später nach der Tat an ihrem Opfer. Oft hatte der Täter die Wahl, ob er die Tat begeht oder nicht. Manchmal entscheidet sogar der Zufall, ob jemand bis zum Äußersten geht. Wir kennen Täter, die aus purer Lust immer wieder töteten und dabei wurden die Abstände zwischen den Morden kürzer. Es gilt als erwiesen, dass die meisten Verbrecher nach einer bestimmten Konstante ihre Opfer aussuchen."

„Aber, wenn in diesem Fall kein Sexualdelikt im Mittelpunkt stand, was dann? Was spricht Sadisten außerdem noch an?"

„Sadisten genießen es Personen zu verletzen. Ich will damit sagen, dass sie regelrecht Schmerzen zufügen wollen."

„Kommt neben den körperlichen Schmerzen auch emotionales Leid hinzu?"

„So ist es. Meist geht es darum, Macht und Kontrolle über andere auszuüben."

Bei unserer Toten gibt es inzwischen gesicherte Spuren, ja, wir können mit Bestimmtheit sagen, dass sie erstickt wurde. Offenbar hatte der Mörder der Frau eine Tüte über den Kopf gezogen und das über einen längeren Zeitraum. So konnte er zuzusehen, wie die Frau langsam und qualvoll starb. Danach hat er die Tüte verschwinden lassen, der Frau die Haare geordnet und ihre Fingernägel gereinigt.

„Und das erkennst du alles an den Wunden der Toten?"

„Wir sind hier zwei Kollegen, vier Augen sehen mehr als zwei. Ich bin darin geübt, mir die Leichen genau anzusehen. Wenn Zweifel aufkommen, nehmen wir schon mal ein Fachbuch zur Hand. Eins ist sicher, ihr solltet euch beeilen den Täter zu schnappen. In der Literatur wird immer wieder beschrieben, dass die Phasen bis zum nächsten Mord kürzer werden. Olli hatte mir gestern geschildert, wie ihr die Frau im Wald zwischen dem Farn vorgefunden habt. Das weist auf ein weiteres klares Zeichen für meine Theorie hin, also ich meine in Richtung Wiederholungstäter. Der Täter plant genau und hat bei allem was er macht eine konkrete Vorstellung."

„Wie schnell sich Zusammenhänge erkennen lassen? Woher weißt du das?"

„Bevor ich in der Gerichtsmedizin landete, studierte ich einige Semester forensische Psychologie. Da ging es darum herauszufinden, wie Verbrecher ticken. Bei meiner letzten Arbeitsstelle gab es zu viele Schichten und das konnte ich meinem kleinen Sohn Max nicht länger antun. Vor einigen Jahren bin ich hier gelandet. In gewisser Weise genau der richtige Ort für mich. Ich kann mein Wissen anwenden und keiner spricht dazwischen. Tote haben ihre eigene Sprache. Ich lerne noch dieser Sprache weiter auf den Grund zu kommen. Die Ruhe hier ist mir manchmal lieber als das Geschwafel der wachsenden Zahl an Besserwissern. Und sie widersprechen auch nicht!"

Tess wurde Lisa sympathisch, auch, weil sie an diesem ungewöhnlichen Arbeitsplatz ihren Humor nicht verloren hatte. „Gut zu wissen, dass ich jetzt jemanden kenne, der psychologische Kompetenzen besitzt. Ich hole mir bestimmt Hilfe bei dir, wenn ich mal nicht weiterkomme."

„Für den Fall hast du schon mal meine Handynummer." Tess übergab neben den Unterlagen einen kleinen Zettel. Die Verabschiedung hielten die Frauen genauso knapp wie ihre Begrüßung.

Rostock, Kriminalkommissariat

Das Verbrechen in der Rostocker Heide lag längst in aller Munde. So eine Tat sprach sich im Nu herum, erst recht in so kleinen Ortschaften wie Wiethagen, Rövershagen und Graal-Müritz. Ein Tötungsverbrechen, so was Böses passierte doch nicht in ihrer Gegend. Eine Gegend, in der Urlauber Ruhe suchten, konnten keine Straftäter unterwegs sein, ein unausgesprochenes Tabu. Unter den Einwohnern durfte es keine Verbrecher geben, die hätte man längst entlarvt. Überhaupt, eine so schlimme Geschichte, das war sicher niemand aus ihrer Gegend. So erklärten sich wenigstens die älteren Einwohner den Mord. Umso mehr machten sich Schock und Angst breit. Die Kripo stand unter Druck. Und nicht nur, weil derselbe sie von oben erreichte. In mehreren Boulevardblättern war in großen Lettern vom Monster in der Rostocker Heide zu lesen. Fett stand darunter: „Wer wird das nächste Opfer sein?“ Die seriösen regionalen Tageszeitungen zeigten sich zwar zurückhaltender mit ihren Schlagzeilen, aber auch sie berichteten täglich über diesen Fall. Mit einem Mord ließ sich ein Sommerloch tatsächlich perfekt füllen. Bilder von Nachbarn aus der Region und deren Ängste machten die Runde. Mystisch wurde der Wald in Szene gesetzt, als handelte es sich um einen Ort, in dem es nur so von Verbrechern wimmelte. In diesen Tagen gingen selten Einheimische im den Wald, geschweige denn Touristen.

Am Nachmittag lagen im Kommissariat Rostock sämtliche regionale Zeitungen auf dem Tisch. Wutentbrannt hielt Heilmeyer einige der Blätter in die Höhe. „Wer hat dem Ex von Frau Niemann ein Interview gegeben?“ Bedrückendes

Schweigen! „So ein Schwachsinn ist mir lange nicht untergekommen, das hat uns gerade noch gefehlt. Wir werden wie Blindgänger dargestellt. Zum letzten Mal, keine Infos an die Presse und was besprochen wird, bleibt in diesem Raum. Ich dachte, dass das klar ist."

Lisa war überrascht vom harschen Ton Heilmeyers. So einen Wutausbruch hätte sie ihm gar nicht zugetraut. Jeder wusste, wie im Sommer einige Journalisten tickten. Sie lauerten geradezu auf Infos, die sich in der Zeitung prächtig ausschmücken ließen. Das gehörte zu ihrem täglichen Geschäft.

Nachdem Heilmeyer seinem Ärger Luft verschafft hatte, beruhigte er sich erstaunlich schnell wieder.

„Klar, so ein Mord regt Phantasien an und lädt dazu ein, im Sommer die Schreibblockaden einiger Leute zu lösen. Und ein gefundenes Fressen ist es allemal, aus einem Verbrechen einen Psychothriller zu machen. Erst recht, wenn ein Chefredakteur zu den Betroffenen zählt. Mord lässt sich besser in schillernden Farben beschreiben als ein Diebstahl. Deshalb sollten wir genau überlegen, was nach draußen geht und was nicht."

„Das war bestimmt keiner von uns. So ein Schwachsinn, das passt gar nicht zu unseren Leuten." Olli musste das loswerden.

Während die anderen noch grübelten, wer, was, wann und wo gesagt haben könnte, schob der Chef noch eins nach. „Hab dabei auch nicht wirklich an unsere Leute gedacht. Musste einfach mal Dampf ablassen. Entschuldigt, bin wohl etwas übers Ziel hinausgeschossen.

„Wenigstens wusste niemand etwas vom alten Fall, der wurde in keiner Zeitung erwähnt. An diese alte Geschichte erinnert sich wahrscheinlich auch keiner mehr. 30 Jahre sind eine lange Zeit."

Der Hauptkommissar unterbrach Lisa, ohne auf ihre Worte einzugehen. „Lassen wir die Presse und sprechen lieber über die Personen, die in unserem Fokus stehen. Den Ex behalten wir weiter im Visier. Ich glaube nach wie vor, dass seine Aussage ein Ablenkungsmanöver sein könnte. Wer hat sein Alibi überprüft?"

„Bin dran, bis gestern war nichts Eindeutiges von ihm zu erfahren." Olli legte noch einmal nach. „Im Gegenteil, bemerkenswert still ist es um den geworden." Er öffnete seinen Ordner behutsam und hatte noch mehr zu bieten.

„Der zweite Mann aus dem Umfeld von Frau Niemann, der Koch aus der Justizanstalt, ist von einem ganz anderen Kaliber. Dessen extravaganten Lebensstil bestätigten sowohl der Ex als auch die Mutter."

Heilmeyer fragte konkret nach: „Arbeitet Claus Reiman noch in der Justizvollzugsanstalt Waldeck als Koch?"

„Das habe ich überprüft und es stimmt. Außerdem war Reiman zum Zeitpunkt des Mordes im Urlaub. Das wurde klar in Waldeck bestätigt. Aber auch, dass der Urlaub gleichzeitig sein Abschied bedeutete. Er ist einer drohenden Kündigung mit einem Aufhebungsvertrag zuvorgekommen. Ein Kollege konnte mir den Namen der Bar nennen, in der er jetzt abends als Türsteher oder so was in der Art jobben soll."

„Und wie ich dich kenne, hast du dich da schon mal umgesehen. Stimmt's Olli?"

„Richtig, hab ihn sogar höchstpersönlich aufgegabelt. Zu meiner Überraschung war er gar nicht gut auf Frau Niemann zu sprechen. Ihr Tod schien ihn wenig zu beeindrucken. Er meinte lediglich, dass er keinen Kontakt mehr zu ihr hatte. Zwischen ihnen soll laut seiner Aussage eine Ewigkeit nichts mehr gelaufen sein. Seine Wut auf die Frau schien echt und die Begründung lieferte er gleich mit. Die Frau war angeblich nur noch im Internet unterwegs und soll täglich über mehrere Stunden mit Männern gechattet haben. Das muss ihn genervt haben. Er stellte ihr sogar ein Ultimatum, entweder der Computer oder er. Sie soll dann laut seiner

Aussage wieder ins Haus ihrer Eltern gezogen sein. Er erwähnte sogar, dass er glaubte, dass sie einen anderen kennengelernt hatte."

„Na gut. Das könnte eine neue Spur sein."

Lisa starrte Olli ungläubig an und war kaum zu bremsen, ihn zu unterbrechen. „Sarah war kontaktfreudig, das kann ich bestätigen. Aber sie hatte immer genug Chancen bei Männern. Sie hätte jeden haben können. Die Suche nach einem Mann im Internet, das passt einfach nicht zu ihr. Ist die Aussage des angeblichen Freundes überhaupt glaubwürdig? Oder steckt eher verletzte Eitelkeit dahinter?"

„Daran musste ich auch kurz denken. Wir werden den dubiosen Bodyguard, genau wie den Ex, im Auge behalten", meinte Heilmeyer gelassen.

„Frau Niemann war offenbar nicht gerade wählerisch, was die Auswahl ihrer Männer betraf. Gegensätzlicher hätten die Männer nicht sein können", ergänzte Olli.

„Das bringt uns im Fall nicht weiter. Lasst uns lieber sämtliche Partneragenturen in Rostock überprüfen und mögliche Angebote im Internet."

Lisa überlegte kurz, ob das ein Auftrag für sie wäre und signalisierte schnell ihr Interesse: „Soll ich die Partneragenturen übernehmen?"

Kaum hatte Lisa ihren Wunsch ausgesprochen, wurde Stimmengewirr lauter. Anzügliche Kommentare waren unüberhörbar: „Hast du ja gar nicht nötig. Wir können dir auch helfen." Auch Olli musste seinen Senf dazugeben und meinte frech: „Ich stehe jedenfalls gern zur Verfügung." Keiner reagierte auf Ollis offensive Anmache.

„Lisa, ich finde deine Idee gut", ging Heilmeyer dazwischen, „Olli, vergiss du lieber die Kontaktanzeigen im Internet nicht! Jens und du überprüfst anhand ihres Providers, mit wem sie zuletzt gechattet hatte. Den Laptop hatte mir ihre Mutter gestern mitgegeben. Vergiss nicht sämtliche Mails zu durchforsten, wenn nötig, schau dir auch ihre

Cloud an. Das Passwort ist für dich sicher kein Problem. Oder Jens?"

„Wie immer Chef. Hauptsache niemand war vor uns dran und hat ihre Daten vernichtet."

Lisa spürte das gute Zusammenspiel untereinander und kam sich selbst in diesem Moment überflüssig vor. Plötzlich fiel ihr der Bericht aus der Gerichtsmedizin ein, den hatte sie längst vorlegen wollen. „Bevor wir weiterarbeiten, habe ich noch was. Hier ist der Bericht von Tess. Sie geht von einem Sadisten aus. Aber vergewaltigt hat er die Tote nicht, so viel ist klar. Aber lest selbst." Sie reichte den Bericht in die Richtung von Heilmeyer. Dabei begegneten sich ihre Blicke.

„Danke Lisa, bevor du dich um die Partneragentur kümmerst, fahren wir noch mal in Richtung Rostocker Heide. Wir schauen uns die Umgebung rings um den Fundort etwas näher an. Ich vertraue deiner weiblichen Intuition und vielleicht fällt uns etwas auf oder es reift eine neue Idee?"

„Gedankenübertragung", erwiderte sie und freute sich über diese Aufgabe, überlegte aber sofort wie sie die Gelegenheit nutzen konnte, um Heilmeyer von ihrem eigenständigen Ausflug zu berichten.

Oft hatte ich daran gedacht, wie es weitergeht, wenn im Bunker Schluss ist. Eigentlich kann ich das gar nicht zu Ende denken. Ohne diese Arbeit zu sein, was für ein absurder Gedanke. Andere würden das kaum verstehen. Mir bedeutet das alles was ich habe. Mein Lebensplan war immer nur darauf ausgerichtet. Ich habe nie etwas anderes kennengelernt. Was brauche ich sonst? Nichts brauche ich.

Letzte Woche bestand das erste Mal Gefahr, dass ich entdeckt werde. Fremde hatten herumgeschnüffelt, jeden noch so kleinen Winkel abgesucht. Die vielen Polizisten machten mich nervös, aber auch wütend. Wieso soll ich mich von denen verrückt machen lassen? Ich muss aufpassen. Ich werde nicht zulassen, dass mein Lebenswerk unvollendet bleibt. Jedes Mittel ist mir recht, um das zu erreichen. Ohne diese Aufgabe bin ich verloren.

Rostocker Heide

Lisa und Heilmeyer ließen bereits die Ortschaft Rövershagen hinter sich und noch immer fehlten ihr die passenden Worte. Sie wollte dem Chef auf dieser Fahrt unbedingt von ihren Beobachtungen berichten. Aber die Worte ihres ehemaligen Chefs hallten gerade in ihren Ohren: „Er duldet keine Alleingänge." Unruhe stieg in ihr auf, schließlich wollte sie nicht gleich zu Beginn des Praktikums seinen Unmut zu spüren bekommen. Unsicher fing sie an, vom blauen Jeep und dem alten Mann zu erzählen.

Heilmeyer hörte seiner Praktikantin zu. Als sie am Ende war, meinte er lediglich: „Wir sollten uns davor hüten, jeden zu verdächtigen, der in der Nähe des Tatortes gesehen wurde. Es gibt bisher noch keine Richtung oder irgendeinen konkreten Hinweis. Doch die Sache mit dem Auto behalten wir im Auge."

Lisa kam nicht mehr dazu, dem Hauptkommissar zu antworten. Sie waren an ihrem Zielort angekommen. Ohne es zu ahnen, standen sie nun direkt vor dem eben von ihr noch beschriebenem Haus. Der dunkelblaue Jeep mit dem Kennzeichen: LRO 4 – 866 stand genau davor.

„Da ist das Auto aus dem Wald. Es besteht kein Zweifel. Der Jeep wurde bewegt, gestern stand der noch auf der anderen Straßenseite."

„Dann schauen wir gleich mal nach, wer der Besitzer ist." Heilmeyer wählte eine Nummer und nach wenigen Minuten wusste er Bescheid. Sein Erstaunen war unüberhörbar, als Jens ihm den Besitzer des Wagens durchgab. „Das ist wirklich eine Überraschung, der Mann ist kein Unbekannter, Claus Reiman." Heilmeyer nannte noch ein weiteres Detail. „Claus Reiman wohnte bis vor kurzem noch in diesem Haus. Aber er hat sich polizeilich abgemeldet, vielleicht hat er das Haus inzwischen vermietet?"

„Claus Reiman, der Mann mit dem Sarah bis wenige Wochen vor ihrem Tod zusammen war?"

„Richtig, der ominöse Typ mit dem vielen Geld. Schauen wir uns an, was der in dem Haus zu tun hat, in dem er ja offiziell gar nicht mehr wohnt. Mal sehen, wen er besucht. Ist interessant, den in der Nähe des Fundortes anzutreffen. Die Gegend dürfte ihm also sehr gut bekannt sein."

Vom Auto aus beobachteten die beiden noch eine Weile die nähere Umgebung, bevor sie sich dem Haus näherten. Heilmeyer wollte gerade auf den Klingelknopf drücken, als er bemerkte, dass die Tür einen kleinen Spalt offen stand.

„Werden wir etwa erwartet?"

„Ja, kann sein, dass der uns beobachtet hat."

„Und er kocht Kaffee für uns oder was?"

Heilmeyer rief laut: „Polizei, wir betreten jetzt das Haus."

Keine Reaktion. Sie bewegten sich Schritt für Schritt weiter und passierten nun den lang gestreckten Flur.

„Wir sind im Haus, bitte zeigen Sie sich!"

Der Flur grenzte an einen großzügigen Wohnbereich, dessen hoch gestreckten Fenster den Raum hell erstrahlen ließen und einen grandiosen Blick in den Garten freigaben.

„Vielleicht ist der Eigentümer im Garten, ich sehe mal nach. Bleiben Sie hier und halten die Augen auf."

Kaum war Heilmeyer im Garten, kam ein Mann die Treppen heruntergestürzt. Mit all seiner Kraft drängte er Lisa zur Seite, die sich ihm geistesgegenwärtig in den Weg gestellt hatte. Nur mit größter Mühe stürzte sie nicht. Ehe sie sich sammeln konnte, hatte der Mann den langen Flur längst hinter sich gelassen. Mit voller Wucht warf er die Tür ins Schloss, dass es nur so krachte. Lisa rannte ihm hinterher, aber sie musste einsehen, dass sie nicht die geringste Chance hatte. Der war mit einem Fahrrad kaum mehr zu sehen.

„Was war das denn?" Heilmeyer hatte im Garten die Tür zuschlagen gehört und kam sofort angelaufen. „Haben Sie wenigstens jemanden erkannt?"

„Alles ging auf einmal viel zu schnell und erkennen konnte ich niemand. Außerdem hatte er sein Kapuzenshirt tief ins Gesicht gezogen. Das Shirt lag eng an und ich konnte lediglich einen muskulösen Körper erkennen. Draußen stand ein Fahrrad, mit dem war er schnell nicht mehr zu sehen."

„Dann werden wir uns mal mit dem jetzigen Eigentümer des Hauses beschäftigen. Aber der Typ von eben wohnt garantiert nicht hier."

„Das sehe ich genauso. Warum sollte der Eigentümer vor uns weglaufen? Es sei denn, dass er was zu verbergen hat?"

„Und zwar genau das, nachdem wir suchen?"

„Und der Jeep steht noch immer vor der Tür. Wer weiß, wann sein Besitzer, Claus Reiman, ihn wieder bewegt."

„Um den kümmern wir uns noch, genau wie um den aktuellen Hausbesitzer. Da muss es eindeutig Zusammenhänge geben. Ich setze dich in Rövershagen an deinem Auto ab und fahre zurück ins Rostocker Büro."

Lisa fiel auf, dass Heilmeyer ständig vom Du zum Sie sprang. Er scheint sich nicht sicher zu sein, wie er mit mir umgehen soll.

Als hätte er ihre Gedanken erraten, machte er mit dem ‚Du' weiter. „Vielleicht sind Olli und Jens mit ihren Recherchen weitergekommen. Wir haben einen tollen Spezialcomputer, der spukt Informationen aus, die sonst nur über Umwege herauszubekommen sind. Nächste Woche kann dich Jens mit diesem Teil bekanntmachen. Wir sehen uns also morgen zur Besprechung. Bis dahin weißt du bestimmt auch mehr von der Partnervermittlung und kannst uns darüber berichten."

Kurze Zeit später stand Lisa vor ihrem Auto. Der Chef war verschwunden und sie entschied sich, nicht gleich nach

Hause zu fahren. Wenn sie schon mal da war, wollte sie sich umschauen, ob sich etwas verändert hatte. Der Jeep schien dem Heilmeyer jedenfalls genauso verdächtig zu sein wie ihr.

Sie fuhr bis zum Fundort. Dort lagen inzwischen jede Menge Blumen. „Wie absurd?", sagte sie sich. Mitten im Wald ein großes Meer aus bunten fröhlichen Blumen. Irgendwie war sie aber doch von der großen Anteilnahme der Leute überwältigt. Mittendrin ein riesiges Schild, auf dem nur „ Warum?" stand. Lisa blieb lange vor dem abgesteckten Areal stehen. Irgendetwas hinderte sie daran weiterzugehen. So wie ihr ging es sicherlich vielen Leuten, die so nah am Wald wohnten und wussten, dass ein brutaler Killer frei herumlief. Das musste einfach bei einigen für Unruhe und Ängste sorgen. Wir müssen uns beeilen, noch einen Mord darf es nicht geben, dachte sie sich. Als sie auf ihre Uhr schaute, fiel ihr ein, dass sie lange nichts gegessen hatte. Ganz in der Nähe musste „Meyers Hausstelle" sein. Da wollte sie schon immer mal hin. Ein Kaffee und eine leckere Suppe, das würde ihr jetzt guttun. Ihr Magen machte sich längst bemerkbar. Gerade erst hatte sie in der regionalen Zeitung gelesen, dass im Sommer das Restaurant an allen Tagen, außer am Montag, geöffnet sein sollte. Man pries verschiedene Kuchen und täglich wechselnde Wildgerichte an. Das wäre mal was Gutes nach der schlimmen Nachricht. Vielleicht gab es sogar Leute aus der Nähe, die Näheres wussten. Privat zeigten sich manche oft gesprächiger als bei einer Befragung. Eine gute Chance, weil niemand sie hier kannte.

Lisa entfernte sich vom dem Platz und lief durchs Farn zu ihrem Auto zurück. Erst jetzt bemerkte sie bewusst, dass die Rostocker Heide ein stiller und erholsamer Ort war. Wenn sie nicht nach einem Mörder suchen würden, dann wäre der Ort die reinste Idylle. Dazu noch mitten im Wald ein Café, das war wirklich was Besonderes. Mit ihrem Vater war sie früher oft in dieser Ecke Pilze sammeln gegangen, aber seit sie erwachsen ist, war sie nur noch selten im Wald. Sarah fiel ihr wieder ein. Eine gute Tasse Kaffee sollte Lisa endlich auf andere Gedanken bringen.

Das Café im Wald

Lisa googelte den Weg zu ‚Meyers Hausstelle'. Um ganz sicher zu gehen, nahm sie dann doch lieber den Weg über Gelbensande.

Im Restaurant schien jede Menge los zu sein. Sie hatte Glück, ein gerade wegfahrendes Auto überließ ihr den letzten freien Parkplatz. Viele Radfahrer hatten ebenfalls den Weg hierher gefunden. Für Lisa wäre das privat auch die einzige Option. Durch den Wald mit dem Rad, das muss sie auch mal wieder machen, wenn sie den Fall gelöst haben, das nahm sie sich vor.

Lisa lief in Richtung Café und sah sofort, dass es draußen im Garten keinen einzigen freien Platz mehr gab. Enttäuscht wollte sie gerade den Rückweg antreten, als jemand sanft auf ihre Schulter klopfte. Lisa drehte sich um und schaute in freundliche Augen. Sie überlegte kurz, aber bald darauf erkannte sie einen alten Kollegen ihres Vaters. In ihrem Gesicht erschien sofort ein Lächeln.

„Herr Timm? Na, das ist ja ein Zufall. Wie lange ist es her, dass wir uns das letzte Mal gesehen haben?"

„Sehr lange wohl, denn du bist inzwischen erwachsen geworden, dass du mich überhaupt nach so einer langen Zeit gleich erkannt hast?" Ole Timms Augen strahlten noch heller und er freute sich sichtbar, Lisa wiederzusehen.

Als Kind nahm ihr Vater sie manchmal mit zum Rostocker Gericht, seinem Arbeitsplatz. Dort begegnete sie manchmal auch Ole Timm. Mit ihm hatte ihr Vater dienstlich zu tun. Gern erinnerte sie sich an seine Geschichten und an die feine Schokolade, die er stets bei sich trug. Davon ließ er sie oft genug kosten. Lisa hatte das bis heute nicht vergessen.

„Mit Ihnen hätte ich am wenigsten hier gerechnet. Ich wollte Sie längst mal in Ihrer Detektei aufzusuchen. Auf der Graal-Müritzer Seebrücke trifft man Sie ja nicht an. Dort treffen sich zwar jeden Abend die rüstigsten Graal-Müritzer Rentner, aber mir ist natürlich klar, dass Sie zum Klönen keine Zeit haben. Hin und wieder habe ich von ihren raffinierten Tricks gehört, mit denen Sie Kriminelle aufs Kreuz legen." Lisa berichtete lächelnd davon, dass sie ihn nie ganz aus den Augen verloren hatte. Und Ole Timm schien zu genießen, dass Lisa mit einigen positiven Erinnerungen rausrückte.

Bewundernd redete Lisa weiter: „Mit Ihrer Detektei sind Sie ja über Rostocks Grenzen hinaus bekannt und meine Kollegen lobten Sie nicht nur einmal. Sie wissen ja selbst, dass das für persönliche Ermittler eine riesige Anerkennung ist. Leider sind viele Privatdetektive in unseren Polizeikreisen meist unbeliebt."

„Vielen Dank für die lobenden Worte. Ich fühle mich ein wenig geschmeichelt. Viele aus meiner Branche sind selbst schuld. Sie pfuschen der Polizei unprofessionell ins Handwerk, anstatt ihren eigenen Weg zu finden. Anschließend müssen sie sich nicht wundern, wenn sie nicht ernst genommen werden."

„Mir ist klar, dass Ihr Trupp vom anderen Kaliber ist. Sie waren ja selbst lange genug bei der Kripo."

Kommissar a.D. Ole Timm strahlte übers ganze Gesicht. „Freut mich, wenn ich bei deinen Kollegen nicht in Vergessenheit geraten bin. So richtig komme ich wohl nie von der Jagd nach Ganoven los. Natürlich habe ich auch von der Sache im Wald gehört. Was für eine finstere Geschichte in unseren heimatlichen Gefilden. Bist du an den Ermittlungen beteiligt? Apropos du, ich darf doch weiter du zu dir sagen?"

„Das versteht sich von selbst. Im Kindergarten habe ich schon von Ihnen geschwärmt. Vielleicht sind Sie sogar an meinem Berufswunsch nicht ganz unschuldig?"

„Wusste gar nicht, dass ich in so guter Erinnerung geblieben bin! Muss wohl damals einiges richtig gemacht haben? Aber komm erst mal mit, bei mir am Tisch ist ein Platz frei geworden."

„Unglaublich, mitten im Wald treffe ich den bekanntesten Detektiv der Gegend. Überhaupt sind Sie der beste Mann, der mir über den Weg laufen konnte."

„Ganz dein Vater, der sagte auch immer direkt was er meinte."

Etwas irritiert schaute Lisa bei dem Vergleich mit ihrem Vater Ole Timm an und sprach selbst schnell weiter, um von ihrem Vater abzulenken: „Vielleicht haben Sie Antworten auf die vielen Fragen, die es im Moment gibt. Ehrlich gesagt, finde ich diesen Platz auch deutlich entspannter als die Graal-Müritzer Seebrücke im August. Die vielen Touristen im Sommer machen ein ruhiges Gespräch gar nicht erst möglich."

Ohne, dass Lisa ihn fragen konnte, begann Ole Timm vom Mord in der Rostocker Heide zu sprechen. „Ich kann mir gut vorstellen, was im Moment bei euch abgeht. Meine Quellen sind nicht versiegt und halten mich auch auf dem Laufenden. Nachdem ich von diesem Mord hörte, wurde mir sofort klar, dass ich einige Details kenne. Mit einem ähnlichen Fall hatten wir zu tun, als ich noch aktiv bei der Kripo war. Das war Anfang der 90er Jahre. Nach der Wende wurden einige Leute abgezogen und wir hatten zu tun, mit geringer Besetzung unsere Arbeit zu erledigen. Den Mord konnten wir nie aufklären, aber ich bin nie richtig davon losgekommen. Sofort, als ich von dem aktuellen Fall hörte, kam wieder einiges in mir hoch. Seitdem kreisen diese Vermutungen in meinem Kopf herum."

„Und jetzt beschäftigen sie sich auch mit dem Fall?"

„Nicht wirklich, das ist ja eure Aufgabe. Aber wenn ich nachts allein im stillen Stübchen sitze und viel Zeit zum Grübeln habe, kommen mir seltsame Gedanken."

„Sie sprechen in Rätseln? Wissen Sie das? Was meinen Sie mit seltsamen Gedanken?“

„Was meinst du, warum ich in dieser Gegend bin? Bestimmt nicht, um nur einen Kaffee zu schlürfen. Aber wenigstens schmeckt der und ist seinen Ausflug allein auch wert. Aber mich interessiert natürlich die Tat im Wald. Aus Prinzip, selbst wenn ich nicht daran beteiligt bin!“

„Ja, und was für Gedanken meinen Sie?“ Lisa wurde ungeduldig und merkte, dass Ole Timm versuchte, abzulenken.

Er lehnte sich lässig zurück und schien zu überlegen, wie er seine Worte formulieren konnte. „Als ich davon erfuhr, wie man die tote Frau im Wald fand, war mir klar, dass dieser Fall dem ähnelte, mit dem ich einst zu tun hatte. Aber das sagte ich ja schon. Genau gesagt, fielen mir ein paar wesentliche Parallelen auf. Außerdem packte mich derselbe Schauer wie damals, als ich den Mord untersuchte.“

„Damals, Sie meinen die Wendezeit?“

„Genau die Wende, als die DDR begann sich zu verabschieden, so um 1990. Und offenbar kehrt nun die Vergangenheit zurück! Zwar kenne ich die aktuellen Fakten nur aus zweiter Hand, doch allein die Fotos, die mir ein Journalist zuschob, zeigen, dass der Täter dieselbe Handschrift trägt wie damals. Es passierte im August '89, ich erinnere mich genau als wäre es gestern. Das war mein letzter Fall, bevor es die DDR nicht mehr gab. Gerade, weil es mein letzter Fall unter diesen besonderen Umständen war, ist er mir wahrscheinlich besonders gut in Erinnerung geblieben. In zwei Punkten unterscheidet sich der Jetzige allerdings von dem Früheren. Der Fundort befand sich nicht hier, sondern in der Nähe vom Traditionsgasthof Schnatermann, auf der anderen Seite der Rostocker Heide. Zweitens war die tote Frau deutlich älter als die Frau in diesem Waldabschnitt. Damals konnten wir die Tote nie identifizieren. Obwohl die DDR auch spezielle Möglichkeiten hatte, brachte uns kein

Hinweis weiter. Es gab Reifenspuren und ich erinnere mich, dass wir unser einziges mögliches Verfahren einsetzten, das Gipsmasseverfahren. Über 200 Protokolle von Befragungen hatten wir trotz der schlechten Besetzung erledigt. Nichts. Die Ermittlungen liefen schleppend, nicht nur, weil wir zu wenig Leute waren. Es sah sogar anfangs so aus, als ob die Hauptabteilung 9 der Stasi sich wieder einschalten wollte. Die Kripo unterstand damals ja der Staatssicherheit und die behinderten oft genug unsere Arbeit. Sexualverbrecher oder Mörder passten einfach nicht zum sozialistischen Menschenbild. Aber wir wussten es natürlich besser, die Theorie von der sozialistischen Moral und dem guten Menschen stimmte nicht mit der Realität überein."

„So ähnlich hatte sich mein Vater auch öfter mal wütend geäußert, aber ich konnte wenig damit anfangen. Er sagte sogar, dass die Leute für dumm verkauft wurden, weil so spärlich offen darüber gesprochen wurde."

„Ja, so war es in unserem Fall auch. Aber das mit der Stasi erledigte sich schneller als gedacht. Der Fall war zu unbedeutend und die hatten in der Zeit wohl andere Sorgen. Unsere Arbeit wurde hauptsächlich dadurch erschwert, weil niemand vermisst wurde. Du selbst warst ja noch ein Kind und wirst dich kaum erinnern, wie man in der DDR tickte. Es galt die Regel, was verboten war, das durfte es nicht geben, schon gar kein Mord. Dein Vater hat recht, in der Öffentlichkeit wurde so gut wie nie über Mord gesprochen. Die Medien unterlagen einer strikten Zäsur und hielten sich erst recht zurück. Nur wenige, die unmittelbar am Fall dran waren, wussten Bescheid. Meiner Meinung nach wurde der Mörder bis heute nicht gefunden. Obwohl es einige Indizien gab. Dann kam die Wende und wir waren mit anderen Dingen beschäftigt. Einige unserer Leitungsposten wurden mit Leuten aus dem Westen besetzt. So, als hätten wir, die bis dahin unsere Arbeit machten, keine Ahnung davon, wie

Kripoarbeit richtig geht! Jedenfalls hatten wir erst mal andere Sorgen und der Fall ging unter."

„So neu sind mir die letzten Tage der DDR auch nicht. Aber interessant, was Sie vom damaligen Fall wissen. Sie sind nun bereits der Zweite, der in diese Richtung denkt. Peter Heilmeyer, mein Kripo-Chef, erinnert sich genau wie Sie daran. Ja, mir scheint, er war mit demselben Fall wie Sie beschäftigt. Wir werden die alten Akten aus dem Archiv durchstöbern. Das Material soll in dieser Woche auf unserem Tisch liegen. Hoffentlich kommen wir damit ein ganzes Stück weiter."

„Ich werde euch nicht ins Handwerk pfuschen, aber falls es Fragen gibt, helfe ich gern. Sag das bitte deinem Chef. An den erinnere ich mich übrigens gut. Er kam aus Lübeck und übernahm bald meine Abteilung. Nachdem ich ihn eingearbeitet hatte, wechselte ich auf eigenen Wunsch in einen anderen Bereich. Später sind wir uns selten begegnet, aber ich habe ihn eifrig und kompetent in Erinnerung. Grüß ihn bitte von mir."

Während Ole Timm noch in der Vergangenheit schwelgte, suchte Lisa nach Zusammenhängen zwischen Heute und der Zeit vor der Wende. Sie selbst war gerade erst 10 Jahre alt. „Ich kann mir nicht vorstellen, was dieser Mord mit der Vergangenheit zu tun haben soll? Die Tote war genau wie ich damals 10 Jahre alt."

„Deine Frage lässt sich nicht so einfach beantworten. Der Mord an der Frau kann Zufall sein, weil eigentlich die Handlung im Mittelpunkt des Geschehens stand. Vielleicht war sie aber auch nur zur falschen Zeit am falschen Ort. Unsere Abteilung konnte vor 30 Jahren nicht eindeutig feststellen, ob der Täter mit voller Absicht sein Opfer ausgesucht hatte. Und bei dem jetzigen Fall kommt mir lediglich die Methode bekannt vor. Also wie die Frau getötet wurde und wie man sie zur Schau stellte. Der Mörder kann ja nicht mal ein Trittbrettfahrer sein, weil derlei Taten früher extrem verschwiegen unterm Tisch gehalten wurden. Entweder war der Mörder selbst bei den Ermittlungen dabei oder er kannte den Täter."

„Oder der jetzige Täter war auch der von damals", ergänzte Lisa.

„Das sind alles persönliche Vermutungen, reine Hypothesen, die nichts weiter bedeuten müssen. Heutzutage gibt es ganz andere Möglichkeiten. Mit der DNA-Analyse kommt ihr viel effektiver voran als das früher möglich war. Wie schon gesagt, für den Fall, dass es irgendwelche Fragen gibt, stehe ich gern zur Verfügung."

Ole Timm griff in seine Jackentasche und übergab Lisa seine Visitenkarte. Nebenbei rief er die Wirtin und bat um die Rechnung. Die kam wenige Minuten später und brachte neben der Rechnung auch Lisas Kaffee und den Nusskuchen mit. Da Ole Timm auch für sie bezahlte, bedankte sie sich höflich und verabschiedete sich von ihm.

„Vielen Dank für die Einladung, das nächste Mal bin ich dran, ich melde mich bestimmt. Es muss ja auch nicht unbedingt wegen des Falls sein."

„Gern, vielleicht revanchierst du dich und erzählst mir mal ein paar Geschichten aus dem echten Leben." Ole Timm schmunzelte und hatte es plötzlich sehr eilig. „Oh, jetzt habe ich mich wohl ein wenig verplaudert, ich habe noch eine Verabredung und sollte eigentlich längst unterwegs sein." Zügig stand er auf und beim Verabschieden fügte er hinzu: „Wir beide bleiben in Kontakt?"

„Auf jeden Fall, versprochen."

Der Kommissar a.D. schnappte sich sein Fahrrad und war schon nicht mehr zu sehen. Während Lisa allein zurückblieb, ließ sie Ole Timms Worte nochmal auf sich wirken. Der Versuch, sich an ihr Leben in der DDR zu erinnern, wollte aber nicht recht gelingen. Sie war eindeutig zu jung gewesen. Nur winzige Bruchstücke kamen zum Vorschein. Sicher hatte sie alles verdrängt, denn in dieser fast gesetzlosen Umbruchzeit kontrollierte und reglementierte ihr Vater sie noch strenger als je zuvor. Überall witterte er Gefahren für Lisa und sie durfte praktisch kaum aus dem Haus. Dafür verschlang sie wie alle anderen jeden Fernsehbericht. Alle ahnten, dass etwas Großes bevorstand. Wie Bilder aus einer fremden Welt erschienen ihr jetzt wieder diese Erinnerungen. Praktisch über Nacht präsentierten die Auslagen der Geschäfte plötzlich Dinge, die allen bis dahin unbekannt waren. Oder es gab Lebensmittel und Gegenstände, nach denen sich alle wenige Wochen zuvor gesehnt hatten. Plötzlich gab es in den Läden alles und niemand musste sich mehr im Intershop die Nase platt drücken. Die politisch eskalierende Seite dieser Zeit blieb ihr aber fremd. Sie war eindeutig zu jung, die Friedensbewegung und die vielen Demos hatte sie gar nicht richtig registriert. Ihr Vater verstand es perfekt, sie von allem, das nicht in sein Konzept passte, abzuschirmen. Erst ein, zwei Jahre später setzten sie sich in der Schule bewusst mit der Wendezeit auseinander. Zuvor schien es, als waren selbst viele Lehrer unfähig, diese Zeit objektiv zu bewerten. Überall war Aufbruch und der Wunsch nach dem Neuanfang zu spüren. 30 Jahre sind inzwischen vergangen und etwas aus der Vergangenheit schien wieder da zu sein. Die Wendezeit, die so weit zurücklag, schien zurückgekehrt zu sein und trat in den Mittelpunkt. Lisa musste auf einmal auch an einen Doppelerfolg denken. Unter Umständen könnten sie mit diesem Fall auch einen aus den 90er Jahren lösen? Heilmeyer ermittelte längst in diese Richtung und behielt die Vergangenheit fest im Blick. Aber da gab es doch diesen Spezialcomputer, von dem Heilmeyer ihr erzählt hatte. Wer weiß, was der inzwischen ausgespuckt hatte und ihr neuer Chef zauberte womöglich am nächsten Tag schon einige neue Informationen aus dem Hut? Morgen würde sie sich in der

Partnervermittlungsagentur umsehen, danach würde auch sie mehr wissen.

Sie dachte an die Partneragentur und stellte fest, dass Sarah früher nie auf die Idee gekommen wäre, ein Internetportal zu besuchen. Und auch Lisas Interesse wurde lediglich durch einen Zufall geweckt. Schuld daran war eine Info, die sie vor einiger Zeit in ihrem Briefkasten fand. Das Blatt hob sich deutlich von anderen ab. Keine kitschigen Bilder, stattdessen ein Slogan: *„Liebe ist, wenn es passt. Wir verbinden Persönlichkeiten & Ansprüche!"* Dieser kurze Slogan gefiel ihr und der Zettel wanderte ausnahmsweise nicht gleich in den Papierkorb. Aus purer Neugier setzte sie sich am selben Abend an den Computer. Mit niemandem sprach sie bisher darüber, aus Angst, sie könnte sich lächerlich machen. Damals kannte sie niemanden, der im Internet einen Partner suchte. Erst recht wollte sie nicht ihre Erfahrung den Männern während der Dienstbesprechung gestern aufs Auge drücken. Die hätten sie gehänselt und nie mehr ernst genommen. Das war ihre urpersönliche Angelegenheit und ging keinen was an. Wie sollte sie bei den vielen Diensten auch einen Mann kennenlernen? Mit einem Mann chatten, zu einer Uhrzeit, die ihr passte, das schien für den Moment das Richtige zu sein. Außerdem besaß dieses Chatten auch seine speziellen Reize. Während Lisa den letzten Happen ihres Nusskuchens genoss, lehnte sie sich entspannt zurück und wurde von einem positiven Gefühl eingeholt. „Das war ein guter Tag und ich bin ein winziges Stück weitergekommen." Sie dachte an Ole Timm und die gemeinsame Reise in die Vergangenheit. Zufrieden trat sie den Rückweg an.

Der Wald und ich, wir bilden eine Einheit. Alles ist mir, seit ich denken kann, vertraut. Menschen stören in meiner Welt. Inzwischen weiß ich, vor wem ich mich in Acht nehmen muss.

Ich erinnere mich an den Tag, als die feuchte Hitze fast unerträglich wurde. Es war anfangs ein ganz normaler Sommertag.

Nur in dem Sommer krochen durch die Dachschrägen meines winzigen Zimmers die Sonnenstrahlen heftiger hindurch als sonst. An meinem 8. Geburtstag sollte ich dein Versteck zum ersten Mal kennenlernen. Wie hätte ich ahnen sollen, dass dieser Tag mein Leben so gravierend verändern würde. Erst recht konnte ich als Kind nicht wissen, dass eine Beschäftigung, die ich für ein Spiel hielt, mich mein Leben lang gefangen halten würde.

Schnell hatte ich gelernt, später auch ohne dich mich zu beschäftigen. Aber da waren die vielen Schleichwege, durch die ich mich hindurch kämpfen musste. Alles sollte ja geheim bleiben. Heute kenne ich sie alle, selbst die geheimsten Pfade. Ich weiß inzwischen wie ich mich unsichtbar im Wald bewegen kann. Doch es ist von Vorteil, dass das Versteck entfernt genug von den üblichen Touristenpfaden liegt. Touristen darf ich auf keinen Fall begegnen, die würden alles nur zerstören.

Ohne Eltern zu leben und ohne Kontakt zu einer Vertrauensperson, das hat mich in den vielen Jahre sehr verändert. Vielleicht wünsche ich mir deshalb manchmal Vater, dass du hier wärst. Obwohl du mich anfangs regelrecht hertreiben musstest. Das allerletzte Mal hattest du zu mir gesagt: „Was für schöne traurige Augen du hast.“ Das habe ich nie vergessen! Heute fehlt noch was. Ich muss mich ranhalten.

Rostocker Innenstadt

Lisa fühlte sich lange nicht so ausgeruht wie heute. Ein Indiz für ihren tiefen Schlaf. Gut gelaunt, mit einem Kaffee in der Hand, saß sie schon in aller Frühe zu Hause vor ihrem Laptop. Sie überlegte, ob es zu früh für einen Anruf bei ihrem Chef war. Sie entschied sich dafür.

„Guten Morgen", begrüßte sie ihren Chef gut gelaunt, „hoffe, dass ich nicht störe. Wollte auch nur daran erinnern, dass ich heute später komme. Die Partnervermittlung liegt auf meinem Weg in der Langen Straße. Ich habe recherchiert, dass Sarahs letzte Anlaufstelle dort war. Wenn es gut läuft, erfahre ich was Neues."

„Wünsche dir ein gutes Händchen bei den Leuten, hoffentlich rücken die mit ein paar interessanten Informationen raus."

„Könnte schwierig werden. Am Telefon jedenfalls hörten die sich nicht gerade kooperativ an. Vielleicht gibt's ja noch mehr Männer, von denen wir bisher gar keine Ahnung haben."

„Gut, und die genauen Kontaktdaten nicht vergessen! Übrigens, unsere Besprechung beginnt heute später. Habe ich auf 14 Uhr verlegt. Nimm dir also Zeit für das Gespräch. Bis dahin haben wir alle Unterlagen, auch die vom '89er Fall, zur Hand. Also keine Hektik, das Ergebnis zählt!"

„Geht ..." Lisa konnte ihren Satz nicht mehr beenden, da Heilmeyer bereits aufgelegt hatte. An seinen eigenwilligen Stil musste sie sich wohl erst noch gewöhnen. Dafür kann er anscheinend nichts, muss am Alter liegen. Bei dem Gedanken kroch ein Lächeln in ihr hoch und für einen Moment konnte sie seine bevormundende Art sogar entschuldigen. Nachdem er aufgelegt hatte, suchte sie im Internet nach weiteren Informationen über die Partneragentur heraus. Eine Menge Werbung und immer wieder lächelnde Gesichter in jedem Alter. Gut, dass ich mit so einem Laden privat nie in Berührung kommen werde. Hoffentlich zeigen sich die Damen gesprächsbereiter als die Männer, mit denen wir bisher zu tun hatten. In dem Zusammenhang musste sie an den kürzlich erst kennengelernten Chatfreund denken. Ob der auch in der Datei steht? Was, wenn ich ihn dort finde? In der Anonymität fahren Männer gern zweigleisig. Schnell wischte sie den negativen Gedanken an ihren Chatfreund weg und lief stattdessen im Nu die drei Etagen ihres Wohnhauses hinunter. In der Rostocker Straße sah sie gerade noch rechtzeitig den Blitzer und mäßigte auch ihren Fahrstil. Der Verkehr auf der B105 lief und sie kam ausnahmsweise ohne Stau auf dieser Strecke heute gut voran. Wenn sie jetzt noch Glück mit einem Parkplatz hätte, wäre das ein richtig guter Tag für sie. Sie hatte Glück!

Die Agentur befand sich in den unteren Räumen eines gewöhnlichen Geschäftshauses. Damit das Geschäft ja nicht übersehen wurde, strahlten auf bunten Plakaten fröhliche Gesichter jeden Fußgänger beim Vorbeigehen an. Lisa betrachtete die Bilder nicht, sie betrat sofort die Agentur. Ihr fiel auf, dass der Empfangsraum einer Arztpraxis ähnelte. Ein riesiger leerer Raum und niemand war zu sehen, bei dem sie sich hätte ankündigen können. Verhalten klopfte sie an die einzige Tür, die sich dem Eingangsbereich anschloss. Keine Reaktion. Nachdem sie ein weiteres Mal vergeblich klopfte, trat sie ohne Aufforderung einfach ein. An dem einzigen Schreibtisch im Raum saß eine blonde Frau im reifen Alter und stierte auf einen Bildschirm. Die Frau war viel zu intensiv mit dem *Innenleben* ihres Computers beschäftigt, als dass sie Lisa bemerkte. So blieb ihr etwas Zeit sich umzusehen. Genauso hatte sie sich einen solchen Laden vorgestellt. Hohe Wände mit Möbeln, die überall hätten stehen können. Der große Raum schaffte sofort eine distanzierte Atmosphäre. Nur weil der Raum durch einen Beratungstisch mit drei Stühlen optisch geteilt wurde, ließ sich etwas Individualität erkennen. Auf dem ovalen Tisch stand ein üppiger Blumenstrauß, der zwar dekorativ aussah, aber fast den ganzen Tisch einnahm, er war viel zu groß. Weniger wäre hier mehr. An den Wänden hingen wie draußen an den Fensterscheiben Bilder von lächelnden Paaren. Ohne die kitschigen Naturaufnahmen würde das Ganze einigermaßen geschmackvoll wirken.

Ihr reichte was sie sah, deshalb machte sie sich laut bemerkbar. „Guten Tag, ich würde gern die Chefin der Agentur sprechen. Liebich, Kripo Rostock!"

Verdutzt schaute die Frau vom Bildschirm hoch. „Guten Tag, was will denn die Polizei bei uns? Hab ich etwa falsch geparkt? Silke Peters, ich bin die Geschäftsführerin", erwiderte sie interessiert.

Eine andere Frau kam im selben Moment aus dem Nebenraum. Sie hatte scheinbar mitbekommen, dass die Polizei im Hause war. Unaufgefordert mischte sie sich mit ein: „Wir kümmern uns um ausgesprochen nette Leute, deren einziges Verbrechen darin besteht, die Liebe ihres Lebens zu finden."

Lisa schaute von einer zur anderen Frau. Die Mitarbeiterin gab nicht auf. „Oder ist es heutzutage schon strafbar, wenn man sich verliebt? Gern sind wir auch Ihnen in persönlichen Liebesdingen behilflich."

„Sonja!", mischte sich Silke Peters ein. „Und was können wir nun wirklich für Sie tun?"

Lisa merkte, dass die Chefin leicht sauer über die Zwischenrufe ihrer Mitarbeiterin war. Und auch ihr war der ironische Tonfall der Mitarbeiterin natürlich nicht entgangen. Entsprechend antwortete sie. „Danke für das verlockende Angebot, mein Bedarf an Männern ist vollends gedeckt. Außerdem müsste ich Ihre Unterstützung nicht in Anspruch nehmen." Während Lisa den Satz abgeklärt klingen ließ, erhaschte sie einen Blick auf den Bildschirmschoner des Computers. Auf dem schwirrten lauter kleine und große Herzen in verschiedenen Farben, dazu die kitschigste Love Musik, die sie jemals gehört hatte.

Den bissigen Ton der Assistentin im Ohr setzte sie noch eins drauf. „Wie ertragen sie den ganzen Tag so viel Herz? Ist das nicht etwas zu viel des Guten?"

„Im Gegenteil, unsere Kunden mögen das. Können Sie sich vorstellen, dass mit unserer Hilfe eine große Anzahl von Paaren in einer glücklichen Beziehung leben. Ja und auf allen Portalen der Partnervermittlung verlieben sich alle 11 Minuten Menschen."

Mir würde so viel Herz auf den Nerv gehen, dachte sich Lisa, behielt das jetzt aber lieber für sich, schließlich wollte sie von den Damen etwas wissen und sie nicht unnötig verstimmen.

„Aber wie können wir Ihnen nun behilflich sein?" Die Geschäftsführerin wollte schnell von der vorlauten Mitarbeiterin ablenken.

„Sie erwähnten gestern am Telefon, dass Sarah Niemann in Ihrer Agentur bekannt ist", begann Lisa ihre Befragung.

Die zwei Frauen schauten sich unschlüssig an, als müssten sie lange überlegen, wer das sein könnte. „Ach, Sie waren die anonyme Stimme am Telefon, die sich gestern schon nach Frau Niemann erkundigte?"

Nach kurzer Überlegung kam die Antwort flott, wie aus der Pistole geschossen, und fast gleichzeitig von beiden Damen: „Ja, Frau Niemann kennen wir."

„Wir wissen inzwischen, dass Frau Niemann bei Ihnen einen Mann kennengelernt hatte. Um den geht es uns. Ihnen dürfte der ja nicht fremd sein. Aber vielleicht gibt es noch andere Männer, mit denen Frau Niemann Bekanntschaft geschlossen hatte? Alle Angaben von Männern, die Frau Niemann in ihrer Agentur gedatet hatte, könnten für uns wichtig sein, das brauche ich nicht extra betonen. Bestimmt ist Ihnen nicht entgangen, dass Ihre Kundin nicht mehr am Leben ist. Deshalb liegt es nahe, dass Ihre Agentur eine der ersten Anlaufstellen ist."

„Wir arbeiten diskret, unsere Kundschaft erwartet Verschwiegenheit von uns. Alles andere würde sich rumsprechen und wäre geschäftsschädigend für die Branche."

„Da wir von einem Tötungsdelikt ausgehen, ermitteln wir in alle Richtungen. Dieser Fall hat oberste Priorität."

„Ja aber, wenn uns keiner mehr vertraut, verlieren wir unsere alten Kunden und von Neuen können wir uns verabschieden", meinte die Mitarbeiterin entrüstet.

„Die Angst um ihre Kunden in allen Ehren, trotzdem muss ich Einblick in die gesamte Kundendatei nehmen und zwar von den letzten beiden Jahren. Wir könnten den Vorgang verkürzen, indem sie mir Namen und Adressen der letzten Kontaktpersonen einfach ausdrucken. Ist Ihnen ein fester Partner bekannt?"

„Nein, nicht, dass ich wüsste. Frau Niemann hatte zwar mehrere Kontakte in relativ kurzer Zeit, doch irgendwas passte jedes Mal nicht. Sonja druckt Ihnen die Unterlagen aus! Kann ich Ihnen einen Kaffee anbieten?"

„Nein danke. Gut, dass Sie kooperativ sind und freiwillig unsere Arbeit unterstützen. Umso schneller sind wir hier fertig."

Beide Frauen verkniffen sich einen weiteren spitzen Spruch. Die gute Laune der Damen schien ohnehin verflogen zu sein. Und doch kam die Geschäftsführerin nicht umhin, ihren Frust loszuwerden: „Adressen preisgeben, so was gab es bei uns noch nie! Wenn sich das rumspricht, ist unsere Seriosität futsch und wir können das Geschäft dichtmachen!"

„Ihnen dürfte bekannt sein, dass es bei Mord keine Schweigepflicht gibt. Oder wollen Sie unter Verdacht geraten, unsere Arbeit mit Absicht zu behindern. Das wollen Sie sicher nicht?"

„Natürlich nicht. Sonja druckt Ihnen neben den Daten von Frau Niemann auch die dazugehörigen letzten Dates aus! Das wird Ihnen sicher schnell Aufschluss geben."

Lisa schaute zufrieden dem Drucker zu, wie der mehrere Seiten von sich gab. Am mürrischen Gesicht der Mitarbeiterin merkte Lisa, dass sie das nur widerwillig tat. Sie musste schmunzeln und konnte sich noch einen letzten Kommentar nicht verkneifen: „Na also, geht doch! Wir verlieren keine Zeit und den Computer müssen wir nicht sicherstellen. Für den Fall, dass Ihnen noch etwas einfällt, lass ich meine Karte da. Vielleicht hat ein Kunde sich ja mal über Frau Niemann geäußert? Oder Ihnen fällt später erst etwas ein, das für unsere Ermittlung von Bedeutung sein könnte."

Lisa steckte die beidseitig bedruckten Listen ein und wollte sich gerade verabschieden, als ihr das eigene persönliche Anliegen wieder einfiel. „Werden alle Personen registriert, auch diejenigen, die nur anrufen, um sich zu informieren?"

„Nicht offiziell, das dürfen wir gar nicht. Aber eine Telefonnummer, die nicht unterdrückt ist, notieren wir schon mal. Das könnte unter Umständen ein potenzieller Kunde werden, den lassen wir uns natürlich nicht entgehen."

„Interessant, diese Nummern hätte ich dann bitte auch gern! Falls sich weitere Fragen ergeben, kommen wir auf Sie zurück."

Schnell verabschiedete sie sich von den beiden superblonden Damen, nicht ohne einen letzten ironischen Satz zu hinterlassen: „Dann weiterhin viel Erfolg dabei, Herzen fliegen zu lassen!"

Auf dem Weg zur Tür schwirrten ihr noch immer die bunt fliegenden Herzen im Kopf herum. Das wäre kein Job für sie. Geschäfte machen mit der Einsamkeit von Menschen. Zwar eine legale Möglichkeit zum Broterwerb, aber einen seriösen Eindruck hinterließen diese beiden Blondinen jedenfalls nicht bei ihr. Da gab es sicher andere Stellen, die seriöser daherkamen und mehr oder weniger Personen zum großen oder kleinem Glück verhalfen. Aber eine Portion Skepsis sollte bei dem Experiment Partnervermittlung wahrscheinlich immer bleiben. Ihr persönliches Fazit: Ihre Freundin und sie selbst hatten doch nicht viel gemeinsam. So einen Laden hätte Lisa freiwillig nie betreten. Und wenn sie sich an die Sarah von einst erinnerte, die früher auch nicht. Es musste etwas Gravierendes mit ihr passiert sein. In den letzten Jahren hatten sich offensichtlich nicht nur ihre Wege, sondern genauso ihre Wertvorstellungen voneinander entfernt. Leider war es zu spät, um mehr von ihr zu erfahren. Gern hätte Lisa sie selbst gefragt.

Auf der Straße atmete sie kräftig durch. „So ein Etablissement werde ich nie wieder freiwillig betreten", schwor sie sich und ihre Munterkeit vom Morgen schlug erneut in eine melancholische Stimmung um. Nach dieser Begegnung mit den beiden Damen brauchte Lisa erst einmal eine kurze Pause. In sichtbarer Nähe befand sich ein kleiner Park. Lisa setze sich auf eine Bank und holte noch einmal die Listen aus ihrer Tasche hervor. Gut, dass die Damen kooperativ waren, so haben sie neben der Vita auch Fotos von den Männern. Ein Foto sagt oft mehr als ein Wort. In aller Ruhe betrachtete sie die Gesichter. Die Männer strahlten um die Wette. Auf dem ersten Blick schien das ihr einziges gemeinsames Merkmal zu sein. Lisa fragte sich, wie viele Männer Sarah tatsächlich kennengelernt hatte.

Die Damen der Agentur sprachen von einem engeren und auch von einigen lockeren Kontakten. Aber wussten die wirklich alles von ihren Kunden? Lisa schaute wieder und wieder die Bilder an. Seltsam. Die beiden Männer in der Mitte des Blattes unterschieden sich durch ihre Statur wesentlich von den anderen. Der knabenhafte Körperbau, das war eigentlich nie ihr Typ gewesen. Und die hier sahen aus wie Muttersöhnchen, nicht wie ernstzunehmende Männer. War das etwa Sarahs neuer Geschmack? Ob die beiden

Frauen sich bei der Herausgabe der Fotos geirrt hatten? Warum sollte sie sich für solche Typen interessieren? Zartbesaitete Männer passten früher jedenfalls gar nicht in ihr Beuteschema? Sie verglich die Männergesichter und unterstrich mit einem Stift, der immer in der Autoablage ihres Wagens lag, die beiden Gesichter. Die anderen Männer auf der Liste sahen wenigstens optisch deutlich besser aus. Beim Betrachten der Fotos wurde Lisas Interesse auf ein Detail gelenkt: Das Gesicht hier! Das kenne ich ...? Oder ...? Ähnlichkeit besteht jedenfalls. Ach nein, das kann er gar nicht sein. Sicher bin ich mir nicht. Langsam fange ich wohl an zu spinnen? Er ist es nicht! Das passt gar nicht zu ihm. Der hier sieht deutlich jünger aus und kommt außerdem aus einer ganz anderen Gegend. Trotzdem, irgendwie erinnern mich seine Augen an ihn. Ob Sarah ihn kennengelernt hat? Schnell schob Lisa das Bild beiseite und auch den Gedanken an ihren Chatfreund. Die Liste bestätigte eindeutig die Aussage der Damen, Kontakt bestand nur zu den beiden zart aussehenden jungen Männern. Ein echtes Kontrastprogramm zu ihrem Ex und dem letzten Freund aus der Vollzugsanstalt in Waldeck. Sicher ist die Sicht der Männer im Büro besser. Sie werden bestimmt das Ganze nicht so subjektiv betrachten wie ich. Wer weiß, was Heilmeyer von Claus Reiman zu berichten hat? Vorhin am Telefon hörte er sich an, als hätte er ein paar Neuigkeiten.

Sie jedenfalls hatte genug gesehen, mit wenigen Schritten erreichte sie ihr Auto. Lisas Lebensgeister kamen zurück. Der melancholische Anfall schien vorüber. Der Blick auf die Uhr verriet, dass noch Zeit für die beste Currywurst der Stadt blieb. Selten genug gönnte sie sich die berühmte Rostocker Currywurst ohne Darm. Die war genau das Richtige, um den langen Nachmittag im Büro durchzuhalten.

Rostock, Kriminalkommissariat

Lisa nahm sich ausreichend Zeit für die Mittagspause und kam deshalb abgehetzt im Kommissariat an. Erstaunt stellte sie fest, dass sie zwar pünktlich, aber doch die Letzte zur Besprechung war. Die Anderen hatten sich längst eingerichtet und warteten gespannt auf Heilmeyers Informationen. Der war gerade dabei, an der Pinnwand neben den Fotos vergilbte Zeitungsausschnitte anzubringen. Gleich daneben pinnte er auch ein paar bekannte Fotos. Das Papier einiger Abzüge sah so alt aus, als käme es aus einem fremden Jahrhundert und natürlich schwarzweiß.

Lisa warf einen Blick in die Runde und grüßte kurz: „Hallo! Bei euch geht es ja überpünktlich zu."

Für diese Bemerkung erntete sie einen schrägen Blick von Heilmeyer. Mit einem leisen Gruß an ihn setzte sie sich und hoffte, dass es bald losging. Eine knisternde Spannung lag in der Luft. Lisa wartete mit fünf Kollegen darauf, dass Heilmeyer die Besprechung offiziell eröffnete. Ohne, dass er sich umdrehen musste, wusste er, dass alle Augen auf ihn gerichtet waren. Dann war er soweit und er stieg sofort ins Thema ein: „Die wichtigsten Details habe ich an die Wand gebracht. Neben den aktuellen Bildern seht ihr auch die Ermittlungsfotos von 1989. Ihr könnt sicher die optische Übereinstimmung einiger Details mit unserem Fundort erkennen. Die Qualität der Fotos ist zwar nicht so perfekt wie heutzutage, aber was für uns wichtig ist, könnt ihr klar erkennen. Die tote Frau von 1989 lag wie unsere Tote auf einem ausgeschmückt aussehendem Grab. Hier könnt ihr auch den vielen Farn erkennen! Und schaut euch das Gesicht der Frau genau an."

„Die Augen sind geschlossen, als ob die Frau nur schlafen würde, genau wie bei unserer Toten", rief Jens Heilmeyer zu.

„Richtig", antwortete Heilmeyer erregt, „genauso ihre Hände, die in sich verschlungen daliegen. Erkennt ihr die Inszenierung, genau wie bei unserer Toten. Und bei den Wunden an Armen und Beinen sieht es nicht anders aus."

„Wo war der Fundort, etwa auch in derselben Gegend?"

„Gut erkannt Jens, es sieht beinah so aus. Tatsächlich befand sich der Fundort weiter nordwestlich. Etwa 10 km von unserem aktuellen Fundort entfernt. Unter den Fingern der Toten fanden wir winzige Stofffetzen. Aber wir waren, was DNA Spuren angeht, nicht auf dem Stand von heute."

„Eine neue Überprüfung mit den jetzigen Mitteln könnte die Spuren sicher bestimmen?"

„Richtig, das wäre auch mein Vorschlag, wenn sich meine Vorahnung bestätigen sollte. Als ich in den Unterlagen las, ist mir ein winziges Stück Papier aufgefallen. Hier schaut euch das an." Heilmeyer zeigte auf die Initialen R.I.P., die auf einem kleinen Bild abgebildet waren. „Das bedeutet: *Ruhe in Frieden.* Manchmal findet man diese lateinische Redewendung auch heute noch auf der Vorder- oder Rückseite von Grabsteinen. Die Verwendung dieser Grabinschrift lässt sich bis in das 7. oder 8. Jahrhundert zurückverfolgen. Beim Fall damals hatten wir diesen drei Buchstaben keinerlei Bedeutung beigemessen."

„Das sind dieselben Zeichen, die ich in der Nähe der Toten auf einem Zettel gekritzelt vorfand. Zumindest konnte ich zwei davon gleich entziffern", rief Olli aufgeregt. „Tess wird das herausbekommen. Wenn das zutrifft, wäre das ein echter Knaller. Eine Übereinstimmung, bei der man nicht mehr von Zufall sprechen könnte."

„Wo liegt jetzt eigentlich die Priorität, beim alten oder dem neuen Fall?" Jens stellte skeptisch seine Frage.

„Ich bitte um Geduld, dazu komme ich gleich", entgegnete Heilmeyer gelassen: „Ich bin mir jedenfalls sicher, dass das kein Zufall war, wie die Tote hingelegt wurde. Es scheint eine Art Markenzeichen des Täters zu sein. Er entkleidete die Frau komplett und kreuzte die Arme der Frau vor der Brust wie in unserem aktuellen Fall. Damals trug die Tote auch ein weißes Leichenkleid, auf das eine Blume gelegt wurde."

„Auch eine weiße Calla?", fragte Lisa.

„Nein, die gab es in der DDR wohl seltener. Damals lag eine weiße Nelke auf dem Kleid. Nelken waren die Blumen, die man in der DDR zu jeder Zeit kaufen konnte." Die Aussage über Nelken konnte Lisa bestätigen. Sie erinnerte sich gleich an einen früheren Satz ihrer Mutter, dass sie keine Nelken mehr sehen könne. Interessiert hörte sie Heilmeyers Detailbeschreibungen zu.

„Gab es damals keine einzige Spur?" Lisa fragte nicht ohne Grund. Ole Timm hatte von wenigen Spuren gesprochen.

„Doch eine winzige Spur gab es, die brachte uns aber nicht weiter. Ich denke allerdings, dass wir damals nicht konsequent genug vorgegangen sind. Ihr wisst 1989, das war die Zeit des totalen Umbruchs in allen Bereichen. Auch in Rostock. Ich selbst kam erst 1990 und hatte mich relativ spät in den Fall eingearbeitet. Da wir den Fall nie aufklären konnten, verschwand er irgendwann im Archiv. Vielleicht gaben wir auch zu schnell auf, weil die Tote nicht vermisst wurde und niemand nach ihr fragte."

„Wie gut, dass Mord niemals verjährt. Hoffentlich kriegen wir das Schwein jetzt! Ein Mörder, der nach all den Jahren mit derselben Masche vorgeht? Jedes Kind weiß, dass es heutzutage deutlich bessere Methoden gibt, ihn zu überführen."

„Olli, da gebe ich dir recht. Aber wir haben es mit keinem normalen Täter zu tun, sondern höchstwahrscheinlich mit einem Wiederholungstäter."

„Irgendwas muss ihn veranlasst haben, ausgerechnet jetzt wieder zuzuschlagen und genau diese Methode muss ihm so was wie Befriedigung geben, die er wieder braucht."

„Richtig, umso schneller sollten wir sein und den Kerl schnappen. Es darf auf keinen Fall ein weiteres Opfer geben. Und wie der gepolt ist, wird seine Lust am Töten noch nicht vorbei sein." Aufmerksam verfolgten die anderen den Dialog zwischen Heilmeyer und Lisa.

Der holte gerade weiter aus: „Ich kam 1990 aus Lübeck und bin noch da wie ihr seht."

Olli mischte sich wieder in die Unterhaltung ein: „Wir müssen also davon ausgehen, dass der Täter nach über 25 Jahren mit der gleichen Masche zugeschlagen hat?"

„Davon gehe ich mit hoher Wahrscheinlichkeit aus. Ähnlichkeiten bei Gewalttaten lassen auf gemeinsame Ursachen und Motive einer Straftat schließen."

„Wir sollten also schnellstmöglich ein Motiv des Mörders herausbekommen, auch warum der Täter nach so vielen Jahren ausgerechnet jetzt wieder zuschlug."

„Genau Jens. Wir werden bei den Befragungen auch diese Frage im Fokus behalten. Wichtig sind für uns alle Personen, mit denen Frau Niemann vor ihrem Tod Kontakt hatte, nicht nur die, mit denen sie eine Beziehung einging. Eine Frage wäre, warum sie sich vor ihrem Tod so drastisch verändert hatte. Lisa, du warst in der Partneragentur. Was hast du rausbekommen?"

Vor Lisa lag das Papier aus der Agentur längst parat, und sie reichte die Blätter an Heilmeyer weiter. „Viel ist meiner Meinung nicht dabei. Mit nur einem Typ aus der Liste hatte sie wohl wirklich engeren Kontakt. Der andere, den ich markiert habe, soll nur ein Chatfreund gewesen sein. Zumindest äußerte sich die Geschäftsführerin in diese Richtung. Ich kenne Sarah ja von früher und mir ist sofort aufgefallen, dass genau diese zwei Typen überhaupt nicht zu Sarah passten. Schaut euch selbst die Fotos an."

Lisa reichte die Fotos in die Runde. „Die beiden hier sehen aus, als wenn sie nicht mal einer Fliege was antun können, geschweige denn, eine Straftat begehen."

„Das ist subjektiv und Äußerlichkeiten bringen uns sowieso nicht weiter. Jens, überprüfe die Liste mit den Namen und nimm Kontakt mit den beiden Männern auf. Die anderen Männer auf der Liste behandeln wir diskreter. Aktuell bleiben wir aber auch am Ex und Claus Reiman dran. Die Mutter von Frau Niemann sagte aus, dass Reiman eine zwiespältige Figur ist. Das haben unsere eigenen Recherchen bestätigt. Im Strafvollzug arbeitet er also nicht mehr. Das würde mit der Aussage von Frau Stoll übereinstimmen. Was wir inzwischen mit Sicherheit wissen ist, dass sein aktueller Wohnort unklar ist."

„Er wohnte früher in Gelbensande."

„Genau, woher weißt du das denn?" Erstaunt schaute Olli zu Lisa rüber.

„Ich war noch einmal am Fundort, aber dort war ich nicht allein, es gab jemand, der mich beobachtet hatte und in einem blauen Jeep saß. Als ich die Verfolgung aufnahm, landete ich in Gelbensande und vor einem Haus stand auch der besagte Jeep." Lisa sah Heilmeyer an und ihre Augen wollten sagen, hilf mir.

Und genau das tat er auch.

„Gestern fuhren Lisa und ich ein zweites Mal nach Gelbensande. Wir fanden nicht nur das Auto von Claus Reiman, sondern inzwischen wissen wir auch, dass er in diesem Haus früher wohnte. Jens checke bitte, ob unser Mann sich inzwischen tatsächlich im Ausland aufhält. Vielleicht erfährst du mehr bei den Fluggesellschaften in Hamburg oder Laage. Wer weiß, ob der überhaupt je abgeflogen ist."

„Ich hab'da mal 'ne Frage. Wären die beiden Männer, die wir kennen, nicht viel zu jung? Ich meine, alles spricht dafür, dass es sich hier um ein und denselben Täter handelt. 1989, als der erste Mord begangen wurde, dürfte der eine um die 15 und der andere etwa 25 Jahre gewesen sein."

„Wieso zu jung? Gewalt kennt keine Altersober- oder Untergrenzen. Es gab immer Straftaten, bei denen die Täter mal jünger waren. Selbst Kinder sind kriminell unterwegs. Wir werden tagtäglich mit Straftaten von Jugendlichen konfrontiert, das kennt jeder von uns aus der Praxis. Und warum soll das heute anders als 1989 sein! Fakt ist, wir müssen Frau Niemanns Leben präzise ableuchten. Lasst uns jeden Stein einzeln umdrehen. Das wird die einzige Möglichkeit sein, um dem Täter auf die Spur zu kommen. Das Leben von Frau Niemann ist ohnehin relativ undurchsichtig."

„Mir scheinen die wechselnden Beziehungen von Sarah so was wie ein Hilferuf zu sein." Lisa wollte mit dieser Bemerkung ihre ehemalige Freundin in Schutz nehmen.

„Das sehe ich genauso", mischte sich nun auch Olli ein. „Was meinst du, warum ließ sie sich tätowieren?"

„Vielleicht fühlte sie sich in ihrer Haut unwohl. Tätowierungen sind manchmal ein Zeichen dafür."

„Daran hatte ich auch kurz denken müssen. Zumindest muss sie in Kreise geraten sein, die ihr Unwohlsein zusätzlich begünstigten."

„Diese Tätowierungen sollten wir uns mal genauer ansehen. Vielleicht sagen die mehr aus als wir ahnen? Frau Niemann wäre nicht die erste, die Höhen und Tiefen ihres Lebens mit gestochenen Bildern zur Schau stellt."

„Für mich hat ein Tattoo eher was von einer persönlichen Signatur. Tess hatte darüber Andeutungen gemacht. Ich kenne mich inzwischen ganz gut in der Rechtsmedizin aus. Das mit dem Tattoo könnte ich mit ihr abklären?"

„Okay, mach Fotos, alles andere werten wir hier aus."

„Ich mach mich sofort auf den Weg, aber eine Sache will ich noch kurz besprechen."

Heilmeyer horchte interessiert auf. „Ich habe da eine Idee, auf die hatte mich Tess aufmerksam gemacht. Sarah könnte ..."

Heilmeyer unterbrach sie: „Du meinst sicher die eine Konstante? Also ein bestimmtes Merkmal, nach dem ein Mörder seine Opfer gezielt aussucht?"

„Genau, für den Fall, dass unser Mörder wirklich ein Sadist ist. Aber woher kennst du meine Gedanken?"

„Habe eben den Bericht aus der Rechtsmedizin gelesen. Wollte nachher mit euch darüber sprechen. Beim Lesen sind mir auch ein paar Ungereimtheiten aufgefallen. Ich habe bei Tess nachgehakt, sie war nur noch nicht soweit und bat mich um etwas Geduld. Wenn du sowieso in der Gerichtsmedizin bist, kannst du gleich mit ihr persönlich darüber sprechen. Und denk an die Bilder von den Tattoos."

Lisa sah Heilmeyers letzte Worte als Aufforderung an, sofort loszugehen. Schnell schnappte sie sich ihre Tasche, nickte kurz in die Runde und verschwand. Draußen vor der Tür holte sie erst mal tief Luft. Langes Sitzen im Büro war nicht ihre Sache. Heilmeyer hatte das erkannt und ließ ihr ein paar Freiräume.

Rostock, Rechtsmedizin

Lisa machte sich zu Fuß auf den Weg zur Rechtsmedizin, die nur wenige Gehminuten entfernt in einem angrenzenden Gebäude lag. Sie brauchte lediglich einen Park zu durchqueren. Tess öffnete wenig später die Tür und begrüßte sie freundlich.

„Du bist ja schnell. Das ist gut, es gibt Neuigkeiten."

Im weiten Raum der Pathologie traf sie auf eine größere Gruppe von Studenten. Die jungen Leute standen um einen länglichen Tisch und waren dabei eine Leiche zu sezieren. Sie kam nicht umhin einen Blick auf die Leiche auf dem Tisch zu werfen. An den Anblick einer aufgeschnittenen Leiche werde ich mich nie gewöhnen können, dachte sie nervös. Obgleich sie bisher nur selten in das Innere eines menschlichen Körpers blickte, würde das jedes Mal eine neue Herausforderung für sie bleiben.

Tess zog sie gleich in ihr Büro. „Hier können wir in Ruhe sprechen. Das da drüben sind Medizinstudenten von der Rostocker Uni. Donnerstags machen einige von ihnen ein Praktikum bei uns." Lisa konnte man anmerken, dass sie froh darüber war, sich aus dem Raum mit den Studenten entfernt zu haben.

Tess legte sofort los: „Die Tote wurde vor dem Übergriff eindeutig mit K.O.-Tropfen kaltgestellt. Ich meine damit, dass sie nichts mitbekommen haben dürfte. Es liegt die Vermutung nah, dass der Täter sich viel Zeit nahm, alles nach seinen Plänen umzusetzen und sein Ziel zu erreichen. Aus Freude oder, weil die Frau sich anfangs noch wehrte, hatte er sie wohl gequält. Auf dem Foto siehst du die Spuren am Hals und den Handgelenken. Wir werden eine Autopsie machen müssen, denn die Krafteinwirkung war sehr unterschiedlich.

Einerseits sind uns die sichtbaren Verletzungen an Hals und Gesicht aufgefallen, andererseits wurden beim Würgen Hämatome von Fingernägeln hinterlassen. Kratzartige Spuren sind oft mit halbmondförmigen Hautdefekten kombiniert und können schon mal vom Opfer selbst stammen. Beispielsweise, bei dem Versuch sich zu wehren."

„Du sagtest beim letzten Mal, dass sie nicht sexuell belästigt wurde."

„Genau, ein Sexualdelikt stand nicht im Mittelpunkt der Tat."

„Bleibt die Frage, warum er sie überhaupt betäubt hat?"

„Ich gehe davon aus, dass er ihr bewusst keine Schmerzen zufügen wollte. Wir haben allerdings auch ältere Verletzungen am Körper gefunden. Die stehen aber in keinem Vergleich zu den sichtbaren Abdrücken an Hand- und Fußgelenken. Aber das ist nicht neu. Allerdings habe ich mir die Tattoos der Frau genau angesehen und seltsame Entdeckungen gemacht."

„Entdeckungen?"

„Ja, aber der Reihe nach. Tattoos haben mich immer schon fasziniert. Seit ewigen Zeiten recherchiere ich ihre Deutung. Bei der toten Frau sind mir vor allem zwei großflächige Bilder ins Auge gesprungen. Ich weiß gar nicht, wo ich zuerst beginnen soll. Es gibt so viel darüber zu berichten."

„Beginne einfach mit dem, das dir am Auffälligsten erscheint."

Jede Menge Fotos der Tattoos lagen vor Tess auf dem Schreibtisch. Sie deutete auf eines. „Das ist zum Beispiel der Traumfänger. Ein bekanntes Motiv und vor allem bei Frauen sehr beliebt."

„Ich habe keine Ahnung von Tattoos, erzähle, ich bin gespannt. Vielleicht geben Sarahs Bilder Aufschluss über ihr Leben?"

„Kann gut sein. Wie gesagt, der Traumfänger ist ein besonderes Motiv und ist nicht leicht mit anderen Motiven zu verbinden. Wer sich das aussucht, war sich bei der Wahl ganz sicher. Schließlich will keiner später wie ein Flickenteppich rumlaufen. Sarah musste klare Vorstellungen von einem Bild gehabt haben und wählte jedes weitere Bild auch ganz bewusst aus. Beim Traumfänger wird ein bestimmtes Ziel angedeutet, das könnte bedeuten, dass alle negativen Gedanke und Träume abgefangen werden sollten."

„Du meinst also, der sich das stechen lässt, hat die Absicht Böses von sich fernzuhalten?"

„Richtig, dabei gingen die Indianer meist vom Schutz vor bösen Geistern aus. Und die Indianer waren eben die Erfinder des Traumfängers. Dieser Gedanke, sich mit einem Traumfänger vor bösen Geistern zu schützen, lebt bis in unsere Zeit weiter. Sie gibt es in verschiedenen Formen und Ausführungen."

„Abgekürzt gesagt, können wir also davon ausgehen, dass dieses Symbol für Sarah eine Art Schutz bedeutete?"

„Kann gut sein, dass bei ihr etwas nicht so gut lief oder sie sich von bösen Mächten bedroht fühlte", bestätigte Tess Lisas Frage und stellte sofort eine Gegenfrage: „Wisst ihr schon näheres darüber, ob sie sich von bösen Leuten umgeben fühlte?"

„Bei den Typen, mit denen sie sich in letzter Zeit umgab, könnte ich mir das gut vorstellen. Ihre Veränderung war sogar ihrer Mutter aufgefallen."

„Bestimmt furchtbar für die Frau. Aber sieh dir das hier an, das ist das zweite Zeichen. Der Phönix! Ich überlege schon die ganze Zeit, warum sie sich einen Phönix stechen ließ?"

„Phönix? Was hat das wieder zu bedeuten?"

„Damit wir uns richtig verstehen, worüber wir reden, ist meine ganz persönliche Meinung. Mein Wissen über die Beschreibungen der Tattoos kommt zumeist aus dem Internet und die von mir dargestellte Konstruktion kann immer nur subjektiv sein. Ich will euch lediglich auf die

Symbole aufmerksam machen. Meine Erfahrung beschreibt allerdings eine Situation, in der sich die Frau befunden haben könnte. Was wirklich dahinter steckt, das müsst ihr herausfinden. Aber jetzt endlich zum zweiten Symbol. Ich könnte mir vorstellen, dass die Frau Grenzwertiges erlebt hatte."

„Geht das vielleicht in die Richtung, dass sie etwas verändern wollte oder musste?"

„Lisa, du ziehst ziemlich gute Schlüsse. Genau, Erlebnisse oder Gedanken lassen sich perfekt mit einem Phönix-Motiv auf die Haut bannen. Vielleicht dachte sie ja an einen Neuanfang. Aber auch der Gedanke, dass alles so bleibt wie es ist, könnte passen. Manche zeigen mit dem Phönix, wie aus einer Katastrophe etwas Gutes entstanden ist. Feuer spielt dabei eine wichtige Rolle und es hat immer auch mit Schmerz, Trauer und übrig gebliebener Asche zu tun. Es steht genauso für etwas, das verloren geglaubt und im neuem Glanz aufersteht."

„Deine Beschreibungen finde ich absolut spannend und ich könnte dir stundenlang zuhören. Niemals hätte ich im Zusammenhang mit Tattoos gedacht, dass sie derartige Lebensgeschichten beschreiben. Es lässt sich geradezu darüber philosophieren. Ist dein Wissen etwa das Ergebnis deines Psychologiestudiums?"

„Das ist viel banaler. Ich wollte mir selbst mal ein solches Teil stechen lassen und hab aus dem Grund mich näher damit befasst. Meine intensiven Recherchen haben dann aber ergeben, es besser bleiben zu lassen. So ein Abdruck ein Leben lang mit sich herumzuschleppen? Nee! Meine Seele wollte ich nicht auf der Haut zur Schau stellen. Ich habe bessere Lösungen, um meine Einzigartigkeit zu demonstrieren."

„Unverwechselbar und individuell bist du mit einem Tattoo sowieso nicht. So viel Typen wie heute damit rumrennen. Aber jeder sollte eben nach seiner Auffassung glücklich werden. Einige Kunstwerke auf der Haut sind schon beeindruckend."

„Das sehe ich genauso, aber sagen die Tattoos in unserem konkreten Fall noch mehr?" Lisa wirkte auf einmal ungeduldig, obwohl das Thema sie brennend interessierte, ahnte sie, dass Tess bestimmt mehr anzubieten hatte.

Tess machte eine kurze Pause, sie sah aus, als ob sie überlegte oder über etwas Bestimmtes nachdachte. Auf einmal machte sie unmittelbar weiter: „Da ist noch was. Das lässt sich nicht so einfach erklären. Ich meine ein Semikolon. Seine Bedeutung kreist neuerdings im Internet rum. Bin selbst erst vor kurzem darauf gestoßen. So ein Semikolon hatte aber auch unsere Tote am rechten Handgelenk. Zuerst hatte ich es übersehen, weil das Handgelenk von den Striemen der Fesseln überdeckt war. Aber auf dem zweiten Blick hatte ich das Semikolon entdeckt. Ein winziges Zeichen am Handgelenk, das klein und unscheinbar nur mit Mühe zu erkennen ist. In Fachkreisen gilt es als Symbol der Kraft – ein Hoffnungssymbol also. Inzwischen haben es Menschen, die Suizid gefährdet waren und jetzt dieses Tattoo besitzen. Es ist als Credo zu verstehen, das weit über die Ländergrenzen hinaus bekannt ist. Es soll sagen: „Gib nicht auf – wir glauben an dich, tu du es auch!"

„Das ist ja Tiefenpsychologie mit Selbsthilfeansatz. Erstaunlich, was du alles herausgefunden hast. Ich schau mir das mal aus der Nähe an?"

„Sofort. Ich zeige dir nachher die Bilder der Tattoos. Aber da ist noch was, das will ich euch auch nicht vorenthalten. Neben dem Zeichen am Handgelenk haben wir zwei verschnörkelte Initiale gefunden, die dürften ganz frisch gebrannt sein und sind keine Tattoos. Diese Zeichen sehen noch blutunterlaufen aus. Wenn man nicht genau hinsieht, könnte man die Zeichen sogar für Wunden oder Fesseln halten."

„Und was ist das, spann mich nicht so auf die Folter!"

„Hundertprozent lässt sich dazu kaum was sagen. Bei einem Brandmal bleiben Narben und es ist kein Kunstwerk im eigentlichen Sinn. Es gibt zwar Rituale, die erklären mit einem Brandzeichen, dass derjenige ausgeschlossen wurde. Aber man kann es genauso als Zeichen von Unterwerfung deuten."

„Das wird mir jetzt allerdings alles eine Spur zu mysteriös und wirft völlig neue Fragen auf. Wer weiß, ob ich das alles den Männern überzeugend rüberbringen kann."

„Brandmale bringen großen Schmerz mit sich, und wer das machen lässt, erträgt die sogar lieber als die seelischen Schmerzen."

„Damit wären wir wieder am Anfang. Wer hat das getan und wollte, dass Sarah sich ihm unterwirft."

„Wer weiß? Jemand, der ihre Hoffnungslosigkeit brutal und schamlos ausgenutzt hatte?"

„Ja, wer weiß? Sehr viele Personen erdulden freiwillig lieber körperliche Schmerzen, als am Abgrund zu stehen. Aber die Wahrheit müsst ihr bei der Kripo herausfinden. Ich habe euch nur auf die Symbolik aufmerksam gemacht. Alles andere ist eure Aufgabe."

„Die Tattoos sind eindeutig und irgendwie für mich nachvollziehbar."

„Genau, deshalb solltet ihr die auf keinen Fall einfach übersehen."

„Mal sehen, wie weit wir mit deiner Theorie kommen, ich halte dich auf dem Laufenden."

„Gut, ich lege noch die Fotos zum Bericht dazu und denke, dass meine Aufgabe erst einmal erledigt ist."

„Danke Tess, interessant, was du zu sagen hattest und ich habe eine Menge dazu gelernt. Auf das Innenleben einer Leiche kann ich allerdings auch weiterhin verzichten."

„Daran sollte man sich wohl auch gar nicht erst gewöhnen."

„Zum Glück gehören die nicht allzu oft zu euren Aufgaben. Wenn der Fall abgeschlossen ist, sollten wir uns unbedingt mal auf ein Glas Wein treffen. Am besten mit einem guten Essen dazu. Genug Gesprächsstoff haben wir ja."

„Ich bin sehr dafür." Lisa sah die Uhr an der Wand und dachte an ihre Leute im Kommissariat. Sie steckte den Bericht von Tess samt Fotos ein. Tess registrierte Lisas Unruhe und verstand, dass sie ihre Kollegen heute noch informieren wollte.

„Jetzt solltest du dich besser beeilen, wenn du deine Leute noch antreffen willst", sagte sie deshalb und reichte ihr schon mal zum Abschied die Hand.

Lisa schmunzelte, weil sie merkte, dass Tess sie durchschaut hatte. Als sie die Tür hinter sich schloss, kreisten Sarahs Tattoos wieder durch ihren Kopf. Was für verrückte Erklärungen, dachte sie. Die Tattoos und die dazugehörigen Beschreibungen, unglaublich. Das muss ich erst mal auf mich wirken lassen. Sie fand keine plausible Erklärung für die Recherchen von Tess und erkannte ihre Freundin nicht wieder. So viele Fragezeichen; Sarah, ich hatte keine Ahnung, wie es wirklich um dich stand. Lisa versuchte gar nicht erst, sich in Sarahs Seelenleben hineinzudenken, sie hätte es ohnehin nicht verstanden. Zu sehr hatten sie sich entfernt. Stattdessen musste sie sich ranhalten, die anderen im Kommissariat hatten längst Feierabend. Wäre gut, wenn ich die Informationen von Tess gleich an den Mann bringen könnte. Hoffentlich halten sie Tess Erklärungen nicht für Hirngespinste weiblicher Intuitionen. Mich hat Tess jedenfalls neugierig gemacht.

Rostock, Kriminalkommissariat

Voller Elan kam Lisa wenig später im Kommissariat an. Schade, niemand außer Heilmeyer war mehr da. Der saß hochkonzentriert in seinem Büro über einem Stapel Akten und bemerkte Lisa erst, als sie schon wieder gehen wollte. Sie wusste, dass er sich ungern stören ließ und wollte gerade eine Kehrtwende machen.

„Stopp, nicht so schnell, ich hatte auf dich gewartet."

Er zog einen Stuhl zu sich an den Schreibtisch und gab ihr ein Zeichen, sich zu setzen. Lisa legte die Skizzen und Fotos direkt vor ihm auf den Tisch.

„Das hab ich von Tess mitgebracht, kompetente Frau, ich mag sie. Erstaunlich, was sie über die Tattoos von der Toten zu berichten hatte."

Heilmeyer betrachtete skeptisch die Zeichnungen. „Und? Was sollen wir damit? Hast du etwa vor, dir so ein Ding stechen zu lassen?"

„Vielleicht, wenn wir hier fertig sind? Aber die Recherchen von Tess sind echt interessant und können uns einiges über die Tote erzählen. Schau einfach drüber, dann weißt du, was ich meine."

Heilmeyer sah sich oberflächlich die Fotos an. „Wenn ich mir das ansehe, gibt es mehr Fragen als Antworten. Ich kann nichts erkennen. Erst recht nicht, was das über die Tote aussagen sollte?"

Die Tattoos interessierten Heilmeyer kaum und er staunte, dass seine Praktikantin dieser Bemalung so viel Bedeutung beimaß. „Aber wahrscheinlich ist das nichts mehr für reife Männer."

Lisa lächelte nachsichtig. Mit knappen Worten wiederholte sie einiges von dem, was sie von Tess wusste.

Der Hauptkommissar erkannte, dass seine Kollegin bei dem Thema regelrecht aufzublühen schien.

Und Lisa merkte, wie sie ihren Chef neugierig machen konnte und sprach euphorisch weiter: „Tess meint, dass die Bilder möglicherweise auch für unsere Ermittlungen interessant sein könnten, weil sie eventuell Aufschluss über ihr Leben geben. Zwei außergewöhnlich große Tattoos standen besonders in ihrem Fokus."

Nachdem sie mit ihrem Bericht fertig war, nickte Heilmeyer kurz. „Das hört sich zwar ganz interessant an, aber wir sollten ihre Tattoos nicht überbewerten." Seine Augen hinterließen allerdings den Eindruck, dass er die Deutung nicht für übertrieben hielt. „Ich denke, die Aussagen von Tess bestärken lediglich unsere bisherigen Erkenntnisse. Wir wissen längst, dass sie einen bewegten Lebenswandel führte. Nun kommt es darauf an, das undurchsichtige Netz sichtbar zu machen."

„Vielleicht werfen die Tattoos ein neues Licht auf ihr zwiespältiges Leben."

„Wenn ich mich an das Gespräch mit der Mutter erinnere, hatte selbst die überhaupt keine Ahnung vom Leben ihrer Tochter. Traurig, wie fremd man sich in der eigenen Familie werden kann. Die meisten Kinder, selbst Erwachsene denken nur noch an Computer, Handys & Co." Heilmeyer sah aus, als wüsste er genau wovon er sprach.

Lisa dachte kurz an ihren Vater. Sie nahm sich vor, ihn am Abend anzurufen. Laut meinte sie: „Aber das liegt nicht immer nur an den jungen Leuten. Heute ist jeder viel mehr gefordert. Trotzdem gebe ich dir recht, Kontakt zu Freunden und Angehörigen sollte man besser pflegen, sonst bleibt irgendwann eine Leere zurück und alles bricht auseinander."

Heilmeyer überging Lisas Stimmung und machte mit dem anderen Thema weiter: „Wir werden nicht jede Erklärung über Sinn und Form der Kunstwerke am Körper von Frau Niemann prüfen können. In den Befragungen erfahren wir garantiert mehr darüber, was mit der Frau los war", mit einem knappen Lächeln ergänzte er, „wenn es sein muss, holen wir uns einen Profiler zur Hilfe. Aber mach dir keine Hoffnung, was rauskommt, kann nur ein winziger Baustein ihres wirklichen Seelenzustandes sein. Das ist übrigens auch nicht unsere Aufgabe und wird unsere Ermittlungen nach dem Täter keinen Deut voranbringen."

„Mich freut ja schon, dass Tess Beschreibungen nicht gleich im Papierkorb gelandet sind. Vielleicht halten die meisten Männer derartige Beschreibungen für übertriebene Phantasieergüsse von Frauen?"

„Für wie weltfremd hältst du uns eigentlich? Außerdem findet man zu dem Thema im Internet eine Menge. Da bin ich natürlich genauso unterwegs wie andere auch."

Sein Lächeln ließ ihn gleich um einige Jahre jünger erscheinen, fand Lisa und lächelte auch.

Doch dann wurde sein Gesicht schnell wieder ernst. „Lass mal die Tattoos gut sein. Es gibt einen anderen Grund, weshalb ich auf dich gewartet habe. Morgen geht es mit den Befragungen los. Früh kommt das Ehepaar, das die Tote im Wald fand. Unmittelbar danach Claus Reiman. Hoffentlich? Jens konnte einiges über ihn herausfinden. Er hatte zwar Urlaub, war aber nie im Ausland gewesen, wie behauptet wurde. Würde dich gern bei der Befragung dabeihaben. Kann ich dich also einplanen?"

„Klar. Das wäre ja nicht meine erste Befragung. Befragungen gehörten schließlich zum Standard unserer Ausbildung."

„Du wirst bald merken, was bei uns anders läuft, aber deine Erfahrungen weiß ich natürlich zu schätzen."

„Jeder setzt ja seine individuelle Technik ein und ich bin gespannt auf deine."

„Na, dann kann es morgen ja nur interessant werden."

„Wir besprechen das morgen genauer. Für Heute machen wir Schluss, es ist ziemlich spät geworden." Dann räumte

Heilmeyer noch in aller Ruhe seinen Schreibtisch auf und Lisa stellte leise den Stuhl zurück. Sie steckte die Zeichnungen von Tess ein und stand schon an der Tür, als sie sich noch einmal umdrehte.

„Bis morgen dann. Ach ja, das hätte ich fast vergessen. Vom '89er Fall hatte ich nicht alles mitbekommen. Wäre gut, wenn ich auf dem laufenden Stand wäre. Kann ich zu Hause einen Blick in die Akten werfen?"

Ohne zu zögern, übergab Peter Heilmeyer ihr einen von vier vergilbten Ordnern. „Hatte ich komplett vergessen, verschaff dir einen Überblick, steht einiges drin, was neu für dich sein dürfte. Wir sprechen morgen darüber. Du wirst feststellen, dass wir noch nicht weit gekommen sind, aber die Zusammenhänge werden deutlich." Augenzwinkernd fügte er noch hinzu: „Die Geschichte der damaligen Ermittlungen ist schließlich auch ein Stück deutscher Geschichte."

„Danke für die Nachtlektüre! Hätte gar nicht gewusst, wie ich den Abend sinnvoller verbringen sollte."

Dieses Mal griente Lisa, als ihr Chef sie zur Tür begleitete. „In deinem Alter fiel mir allerdings Besseres ein. Mach nicht so lange, das Schwierigste liegt noch vor uns."

Heute hatte es gekracht. Es lag schon lange was in der Luft. Ich wollte nicht wahrhaben, dass hinter meinem Rücken längst geredet wurde. Das Geschwafel interessierte mich gar nicht. Heute war ich wohl empfänglicher als sonst, jedenfalls schienen die Worte bedrohlich auf mich zu wirken. Deshalb hörte ich ausnahmsweise den beiden von unserem Trupp zu und bekam mit, wie sie laut über mich sprachen. Sie tuschelten nicht mal, sprachen extra laut, damit ich die einzelnen Wörter gut verstehen konnte. „Den Kranken werden wir vergraulen", hörte ich noch. Natürlich meinten sie mich, sie ließen mich ja täglich spüren, dass ich ein Außenseiter bin und mit ihnen nichts gemein habe. Ich hatte mich noch nie so voller Wut erlebt und stieß den vor mir stehenden

Eimer um und schrie dazu: „Wer hier krank ist, das werde ich euch beweisen." Diese blöde Anmache hatte ausgereicht, dass ich total ausgerastet bin. Sie dachten, dass ich krank und abartig bin, dabei wussten die gar nichts von mir. Simon, der jüngste aus unserer Putzkolonne hatte oft schon blöde Bemerkungen über mich gemacht. Bisher war ich ruhig geblieben. Heute nicht! Die Auseinandersetzung war laut genug, und der Chef kam dazu. Bei ihm stand ich längst auf der Abschussliste. Zuerst schrie der Chef, ich schrie zurück. Ich sah ihm an, welchen Genuss er spürte, mich endlich rauswerfen zu können. Den Moment wollte ich ihm nicht gönnen, ich war ihm zuvorgekommen. Die zwei Wörter kamen einfach über meine Lippen: „Ich kündige!" Als es raus war, fühlte ich mich leichter und freier. Zwei Worte brauchte es nur, um mich von dem lästigen Ballast zu befreien.

Die Ruhe wird mir guttun. Mein Körper streikt sowieso seit Monaten. Ohne Job lässt sich der Rhythmus des Tages viel leichter einteilen.

Jetzt ist endlich Schluss und ich hab' ihnen gezeigt, wer wirklich der Stärkere ist. Die anderen aus der Kolonne hatten den Streit beobachtet und nur gegrient. Die Armleuchter! Auch wenn sie froh sind, dass ich weg bin. Ich habe ein Ziel, von dem sie keine Ahnung haben. Und ab jetzt mache ich nur noch das, was mir passt und was für mich wichtig ist. Sicher werde ich dann endlich auch die Magenschmerzen los und der Rücken wird besser. Zum Arzt gehen? Nein, der sieht meine Narben auf dem Körper. Die Fragen danach könnte ich nicht ertragen.

Graal-Müritz, Strand

Lisa fuhr auf dem Heimweg automatisch langsamer durch die Ortschaft Torfbrücke. Auch heute folgte sie ihrer Eingebung und bog rechts ab. Sie blieb vor dem blauen Haus stehen. Denn war ein Arbeitstag besonders anstrengend, überkam sie meist der Wunsch, etwas Gutes für sich zu tun. Besonders im Sommer liebte sie den fangfrischen Fisch vom Graal-Müritzer FISCHHUS. Jeden Mittwoch frischen Fisch nach Feierabend einzukaufen, wurde bei ihr längst zu einem köstlichen Ritual. Wenn auch der schwere Ordner auf dem Rücksitz zeigte, dass noch Arbeit bevorstand, wollte sie sich auch heute ihre Gaumenfreuden nicht entgehen lassen. Den ganzen Tag hatte sie sich schon auf den leckeren Fisch gefreut. Im Rauch hing heute frischer Dorsch, damit ließ sich selbst eine Nachtschicht gut durchhalten. Vierzig Minuten später, nachdem sie sich von Peter Heilmeyer verabschiedet hatte, stand sie mit duftendem Räucherfisch vor ihrer Wohnungstür. Der goldbraun glänzende Dorsch lachte sie vom Küchentisch aus an, was ihr das Wasser im Mund zusammenlaufen ließ. Sie musste sich entscheiden, Akten oder Dorsch. Was sollte sie sich zuerst gönnen? Sie spürte bereits den ersten Biss auf ihrer Zunge, aber ihre Neugier besiegte den Hunger und sie ließ den Dorsch zappeln. Aus Erfahrung wusste sie, dass später der Genuss doppelt so groß sein würde. Ihr fiel auch ein, dass ein Sprung ins kühle Nass ihre grauen Zellen besonders anregte. Vor der Arbeit noch eine kurze Abkühlung im Meer, das würde sie flott für die lange Nacht machen. Der Fisch bot später den krönenden Abschluss ihres langen Arbeitstages.

Diese spontanen Entschlüsse waren es, die ihr zeigten, wie gut es tat, so nah am Meer zu wohnen. Wer von ihren

Kollegen konnte schon nach Dienstschluss sofort einen Sprung ins kühle Nass wagen. Für den Ordner blieb ihr noch die ganze Nacht Zeit. Aber ein Gläschen kalte Weinschorle konnte ihren Feierabend gleich mal genussvoll einläuten. Mit dem Glas in der Hand warf sie einen Blick auf den rot blinkenden Anrufbeantworter und automatisch drückte sie auf Wiedergabe. Das war ja mal 'ne knappe Nachricht. Mit leiser Stimme hinterließ jemand eine unverständliche Nachricht. So eine blasse Stimme? Die hörte sich verzerrt an und schien ihr unbekannt zu sein.Wer war das? Lisa konnte sich keinen Reim machen. Die knappen Worte interessierten sie jetzt umso mehr. Erwartungsvoll drückte sie die Wiedergabetaste vom Anrufbeantworter erneut und stellte ihn etwas lauter. Nach einer kurzen Pause hörte sie die Stimme, die nur leise und undeutlich rüberkam: „Halt dich zurück, sonst geht es dir wie Sarah!"

Sie glaubte nicht mehr an einen Scherz. Fassungslos hörte sie sich den einen Satz wieder und wieder an. Die Stimme blieb ihr fremd. Die verstellte Stimme eines Mannes ergab für sie keinen Sinn. War das ein Witz oder sollte das eine Kampfansage sein? Eine Drohung auf alle Fälle. Nervös schaute sie aus dem Fenster. „Ob der in der Nähe ist und mich beobachtet? Was hat das zu bedeuten? Jemand aus Sarahs und meiner Umgebung? Aus unserer früheren Schulzeit! Oder ist das einer, der mich die ganze Zeit im Visier hat und genau weiß, wer ich bin und was ich mache. Oder ... Der Mörder von Sarah?"

Sie grübelte, aber es ließ sich keine plausible Erklärung finden. Die Lust, ans Meer zu gehen, war erst mal dahin. Sie wurde den Gedanken an den mysteriösen Anrufer einfach nicht mehr los. Was will der Typ? Klar irgendein Fremder, aber warum setzt er mich unter Druck? „Nur gut, dass ich in der dritten Etage wohne und niemand mir von gegenüber ins Fenster sehen kann. Nein, hier passiert mir nichts, in meiner Wohnung bin ich sicher. Woher hat der überhaupt meine Rufnummer? In den letzten Tagen hatte ich mehrmals meine Visitenkarte weggegeben. Sofort fiel ihr der alte Mann aus Gelbensande ein. Leichtsinnig meine privaten Daten einfach so rauszurücken. Muss mich morgen um dienstliche Visitenkarten kümmern. Das war unprofessionell! Soll ich Heilmeyer anrufen und von dem Anruf erzählen? Unsinn! Der Typ ist wahrscheinlich nur ein Bluffer, der von einer Behörde meine Nummer bekam und sich jetzt wichtigmachen will. Und warum soll ich nicht mehr im Meer abtauchen? Los auf zum Strand."

Lisa machte sich eine der gerade erst erworbenen Weinflaschen auf und genehmigte sich ein Glas französischen Pinot Chardonnay. Pur, ohne Wasser oder Eiswürfel. Das tat ihr gut und brachte sie erst einmal weg von ihren Gedanken.

Lisa wohnte seit drei Jahren in Graal-Müritz. Sie war vor allem wegen der Nähe zur Ostsee aus Rostock hierhergezogen. Auch wenn sie einen umständlicheren Weg zur Arbeit hatte, war ihr das allemal den Aufwand wert. Das eine Glas Wein machte sie locker und ihre Bedenken verschwanden schneller als gedacht. Den Anrufer hatte sie längst verdrängt und machte sich auf den Weg zum Fahrradschuppen, um ihr altes Rad zu holen. Dazu musste sie die gegenüberliegende Straße überqueren. Ihr Haus lag ungefähr 300 m vom Strand entfernt.

Sie begegnete den letzten Urlaubern mit ihren übermüdeten Kindern, die gerade vom Strand zurückkamen. Die fand sie jedenfalls jetzt nicht mehr am Strand vor, also konnte sie mit entspannter Ruhe rechnen. Manchmal verabredete sie sich gleich nach der Arbeit auch mit einer Freundin. Aber am liebsten blieben ihr die einsamen kurzen Abstecher zum Strand. Laufen im feinen Sand und anschließend im Meer abtauchen, so bekam sie am besten ihren Kopf frei. In diesen Momenten fühlte sie sich einfach frei.

Auf den menschenleeren Strand und den nahenden Sonnenuntergang freute sie sich heute wieder besonders.

Ihr Auto ließ sie wie sonst auch vor der Tür stehen. Für den kurzen Weg zum Strand reichte ihr alter Drahtesel, mit dem sie flott zum Strand hin- und zurückkam. Kaum erreichte Lisa wenige Meter von ihrem Haus entfernt den Schuppen, fühlte sie sich beobachtet. Von der gegenüberliegenden Straßenseite hielt jemand seinen Blick fest auf sie gerichtet. „Was glotzt der Typ so blöd?", fluchte sie. Aus der Entfernung konnte Lisa weder sein Gesicht noch sein Alter einschätzen. Außerdem trug er eine dunkle Sonnenbrille und die schlampige Kleidung rundete den finsteren Eindruck, den er machte, ab. „Vielleicht hätte ich das zweite Glas Wein nicht mehr trinken sollen. Sehe ich etwa schon Gespenster? Wer weiß, auf wen der wartet und eigentlich sollte mir das auch egal sein." Am liebsten hätte sie den Typ direkt angesprochen, wie es ansonsten ihre Art war, aber sie hatte zu starke Zweifel, ob sein Interesse wirklich ihr galt. Selbst, wenn der mich meint, kann der mir nichts anhaben. Es sind genug Leute in der Nähe und am Strand bin ich auch nicht allein. Vorsichtshalber schaute sie nach, ob sie das Handy eingesteckt hatte. Sie konnte es ertasten und düste erleichtert los. Einige Bedenken blieben, deshalb nahm sie den direktesten Weg zum Strand. So war sie aus dem Blickfeld des Typen heraus. Außerdem waren auf dem Mittelweg jede Menge Leute unterwegs. Als sie am Strandaufgang 13 ankam, erkannte sie, dass der Radständer unterhalb der Düne überladen aussah. Das erstaunte sie nicht nur, ausnahmsweise fiel ihr ein Stein vom Herzen. Oberhalb der Dünen streifte ihr Blick den Strand und bestätigte, dass um diese Zeit deutlich mehr Leute als sonst anzutreffen waren. Vor allem junge Leute saßen in Grüppchen und hatten es sich gemütlich gemacht. An einer Stelle wurde Volleyball gespielt und direkt vor ihren Augen glühte ein Grill, der bereits verheißungsvolle Düfte verbreitete.

Surfbretter lagen achtlos am Wasser, das friedlich dahinplätscherte. Ein stimmungsvolles Bild und Lisa fühlte sich von der Atmosphäre sofort angezogen und blieb intuitiv in der Nähe. An einem anderen Tag hätte sie sich weiter entfernt. Jedoch hatte der Anrufer sie getroffen und nervös gemacht. Trotzdem wollte sie jetzt keinen weiteren Gedanken mehr an die Nachricht verschwenden und breitete ihr Handtuch aus. Kaum hatte sie sich niedergelassen, wurde sie sofort von jemanden aus der Gruppe angesprochen. Dankbar griff sie den Faden für ein Gespräch auf.

„Bist du von hier", wurde sie gleich gefragt.

„Ja und ich genieße es, oft zum Feierabend noch mal baden zu gehen. Der perfekte Ausgleich zu meinem Bürojob."

„Ich hab dich noch nie gesehen. Wir sind schon das 2. Jahr in den Semesterferien hier."

„Bei mir lässt sich das leider nicht regelmäßig einrichten." Die entspannte Stimmung der jungen Leute steckte auch Lisa an. Entspannt lehnte sie sich zurück und genoss die abendliche Dämmerung. Ein unbeschwertes Gefühl stellte sich bald darauf ein und sie hätte fast die Nachtschicht und den seltsamen Anrufer vergessen. Marie, die einzige Frau in der Runde, hakte weiter nach. „Scheinst ja 'nen stressigen Job zu haben?"

„Geht so. Wenn es der Traumjob ist, hängt man gern ein paar Stunden mehr ran."

„Den Sommer in Graal-Müritz zu verbringen, ist ein Muss für uns. Wir haben uns zu Rettungsschwimmern ausbilden lassen und treffen uns ein- bis zweimal in der Woche an dieser Stelle, meist gegen neunzehn Uhr."

Ihre Gespräche plätscherten so dahin, wie das seichte Wasser der Ostsee an diesem Tag. Lisa sprang ein paar Mal ins Wasser und merkte wie das kühle Nass sie wieder munter machte. 20 °C warmes Wasser brachten ihr die alte Ruhe und Gelassenheit zurück. Eine gute Stunde verbrachte sie in dieser friedlichen Runde, dann machte sich wieder

Unruhe breit. Den Ordner muss ich unbedingt durcharbeiten und zwar gründlich, dachte sie sich. Was soll es, wenn's am gemütlichsten wird, sollte man gehen, behauptet ein altes Sprichwort, das Lisa gerade jetzt einfiel. Außerdem wollte sie Heilmeyer auf keinen Fall enttäuschen. Der traut mir mehr zu als ich dachte. Sonst hätte er mir nicht die alten Unterlagen anvertraut.

„Ich muss los. Zu Hause wartet noch Arbeit auf mich", unterbrach sie plötzlich die illustre Runde. „Bei mir wird eine Nachtschicht fällig." Sie hatte nichts von ihrem Job erzählt. Das sollte auch so bleiben. Sie war daran gewöhnt, ihre Arbeit aus dem Privatleben rauszuhalten. In der wenigen Freizeit war es ihr wichtig, von Themen wie „Mord und Polizeidienst" einfach mal Abstand zu nehmen.

Die jungen Leute bemühten sich erfolglos sie zum Bleiben zu animieren. „Vielleicht ein anderes Mal, hab mir euren Termin gemerkt. Vielleicht klappt es ja diesen Sommer noch einmal." Ohne große Worte zu verlieren, verabschiedeten sie sich. Die Studenten ließen sie nur mit dem Versprechen ziehen, sich am Strand wirklich noch mal zu treffen.

Kaum war Lisa auf dem völlig verlassenen Mittelweg unterwegs, beschlich sie dieselbe Unruhe von vorhin. Warum lasse ich mich von einem anonymen Anrufer so beeindrucken? Hier ist niemand. Wer sollte mir was anhaben wollen? Auf dem Weg zum Schuppen wurde ihr sogar unheimlich zumute. Sie musste an der schlecht einsehbaren dunklen Ecke vorbei. Auf der gegenüber liegenden Straße befand sich ihr Wohnhaus. Was war da eben hinterm Abstellraum? Ich träume doch nicht, der Bewegungsmelder ging an. Und weshalb? Da ein Schatten, ganz nah an der Straßenlaterne, den habe ich genau gesehen. Ach Quatsch, das war ein Baum. Froh darüber sich wieder aus der dunklen Ecke des Schuppens entfernen zu können, ging sie gleich noch mal so schnell über die Straße zu ihrem Haus. Als sie davorstand, erkannte sie, dass das Licht im Hausflur ständig an- und ausging. Ihre Unsicherheit verstärkte sich zusehends. Wartet jetzt etwa jemand im Hausflur auf mich? Mit großen Schritten ging sie weiter, tastete sicherheitshalber in ihrer Jackentasche nach dem Pfefferspray. Als sie die Haustür öffnete, stellte sie erleichtert fest, dass die Tür, wie sonst auch, abgeschlossen war. Lisa fiel ein Stein vom Herzen. Trotzdem beeilte sie sich ihre Wohnungstür rasch aufzuschließen. Erst in den eigenen vier Wänden beruhigte sie sich wieder. Für den leuchtenden Hausflur fand sie gleich eine simple Erklärung, eine kaputte Birne war schuld. Sie musste sich ablenken und holte die Akte aus der Küche und legte die vor sich auf den Schreibtisch. Inzwischen knurrte ihr Magen so stark, dass sie sich daran erinnerte, zu Mittag das letzte Mal gegessen zu haben. Vom Hunger abgelenkt, ließ sie die Akte noch einmal liegen, um doch zuerst eine Kleinigkeit zu essen. Am Morgen hatte sie einen bunten Salat zubereitet mit Tomaten, Gurke, viel Rucola, Nüssen und etwas Knoblauch. Dazu bereitete sie gekonnt den geräucherten Dorsch mundgerecht zu und legte ihn dekorativ auf einen Teller. Der Duft des Fisches machte sich in der gesamten Wohnung breit und ihr lief längst das Wasser im Mund zusammen. Endlich essen, länger hätte sie auch nicht warten wollen. Mit einem extrastarken Espresso konnte die Nachtschicht beginnen.

Der Espresso war stark genug und Lisa fand sich schnell mit der Gliederung des Ordners zurecht. Den Anrufer und den Schatten ließ sie hinter sich. Bald aber merkte sie, dass sie nicht mehr ganz so konzentriert bei der Sache blieb. Sie starrte immer wieder den stummen Computer an. Ganz ungewohnt für sie, dass der heute ausblieb. Sie dachte vor allem an den Chatfreund, den sie erst vor wenigen Tagen kennengelernt hatte. Gegen 23 Uhr mailten sie an jedem Abend. Bisher war es so. Lisa schaute unwillkürlich auf ihre Uhr: Es war kurz nach 23 Uhr, sollte sie etwa den Computer doch anmachen?

Zwar hatte sie erst seit kurzer Zeit mit dem Mann im Internet Kontakt, aber diese allabendliche Verabredung in einem anonymen Chatroom brachte ihr Freude und war eine willkommene Abwechslung. Mit einem Fremden über Belanglosigkeiten zu sprechen, der zudem keine Forderungen stellte oder nervte, das genügte ihr im Moment. Für mehr hatte sie ohnehin keine Zeit. Er machte einen charmanten Eindruck auf dem winzigen Bild. Außerdem brachte er Worte über seine Lippen, die sie von noch keinem Mann zu hören bekam. In diesen Tagen tat das richtig gut und sie genoss regelrecht seine Schmeicheleien. Mal für ihn nicht erreichbar zu sein, wäre vielleicht gar nicht schlecht, auch wenn er sich die Finger wund wählen würde. Morgen würde sie ihm die Umstände erklären, das musste reichen. Über ihren Job hatten sie bisher nie gesprochen. Sie wird ihm vielleicht bei einem persönlichen Zusammentreffen davon erzählen.

Seltsame Zusammenhänge kreisten durch ihren Kopf, sie beschäftigte sich zum ersten Mal mit einem Mord und zwei anonyme Typen bewegten sich in ihrer Nähe. Dazu kam der Mann im Chat, den sie auf eine seltsame Weise kennengelernt hatte. Lisa nahm sich nicht die Zeit, diesen Gedanken zu Ende zu spinnen. Stattdessen widmete sie sich endlich den Akten und fand den roten Faden wieder. Der Mann aus dem Chat spukte nicht mehr in ihrem Kopf und sie verglich die Texte und Fotos im Ordner mit dem was sie im Wald selbst erlebte. Sie stellte genau wie Peter Heilmeyer und Ole Timm Ähnlichkeiten mit dem aktuellen Fundort fest. Aber warum konnte der Name der Toten damals nicht identifiziert werden? Man brauchte damals gar nicht bei den Ermittlungen dabei gewesen sein, um ein Muster zu erkennen. Kein Wunder, dass Heilmeyer und Ole Timm ständig davon sprachen. Warum wurde nicht weiter nach ihr gesucht? Lisa fiel Ole Timms Satz ein, den er nebenbei erwähnte: *Was nicht sein sollte, das durfte in der*

DDR auch nicht sein! Ist man damals dem Fall bewusst nicht nachgegangen? Wurde Mord in der DDR überhaupt publik gemacht? Zum Ende hin bestimmt, davor eher nicht, in der prekärsten Phase des Landes machten die Beamten in ihren Bereichen wahrscheinlich selbst eine Wende durch. Einige Ältere sprachen noch heute davon, dass die politische Propaganda in der DDR keine kriminellen Personen offen zugab. Ihr Vater hatte sich früher ähnlich geäußert. Er war mitunter sauer, weil er in seinem Job oft genug nicht das tun durfte, was nötig gewesen wäre. Aber wahrscheinlich reagierten die Verantwortlichen nur bei politisch relevanten Straftaten so, anders konnte sie sich das nicht vorstellen. Sie las laut: „Eine unbekannte, nicht registrierte Frau." Mit anderen Worten, die Frau war nicht einmal registriert, geschweige denn, dass jemand vermisst wurde. Das zumindest ist ein wesentlicher Unterschied zu dem heutigen Fall. Ihr schien die alte Geschichte noch verzwickter zu werden. Eigentlich dachte sie immer, dass die Stasi der DDR alles das, was sie wissen wollten, auch herausbekam. Inzwischen waren die obskuren Methoden längst überall bekannt. Und warum sollte überhaupt jemand illegal in der DDR leben? Das war kein Land, in das man auswanderte. Wie sie Heilmeyer kannte, wird er diesen Fragen längst nachgegangen sein. Ein Glück, dass die jetzigen Möglichkeiten deutlich besser als noch vor 25 Jahren waren. Lisa schreckte hoch. Längst nach Mitternacht! In der Vergangenheit hatte sie genug gestöbert, jetzt wurde es Zeit für die Gegenwart. Schlafen! Das war ohnehin ein ungewöhnlicher Tag. Am besten hakte sie den gleich ab. Wer weiß was morgen auf sie zukommen würde? Lisa war hundemüde. Als sie endlich im Bett lag, griff sie aus alter Gewohnheit zu ihrem Buch. Der Krimi lag noch aufgeschlagen auf dem Nachtschrank. Schöne, schaurige Geschichten halfen ihr meist rasch in den Schlaf zu kommen. Doch heute konnte sie sich schwer auf das

Buch konzentrieren. In ihrem Kopf kreisten wirre, fast abartige Gestalten herum, sie hatten alle kein Gesicht. Ob sie wollte oder nicht, sie konnte die Bilder nicht verdrängen. Der anonyme Anrufer fiel ihr ein. Nur mit Mühe konnte sie ihre Aufmerksamkeit auf den Chatfreund lenken. Sie dachte daran, ihm von dem Anrufer zu erzählen. Wer weiß, wozu er ihr raten würde? Vielleicht wäre es das Beste sich bald mal persönlich zu treffen? Sie versuchte sich sein Gesicht vorzustellen. Schemenhaft gelang es ihr auch, dann verschwamm sein Gesicht und übrig blieb eine Fratze. Wie sollte sie ihn sich bloß vorstellen? Das winzige Foto, das sie von ihm hatte, war nicht mal scharf. Er musste ihr unbedingt ein aktuelles Foto schicken. Sensibel schien er ja zu sein, er hatte sogar ihr Misstrauen erkannt und begann systematisch ihre Bedenken zu zerstreuen. In der kurzen Zeit war es ihm sogar fast gelungen, ihr Misstrauen wenigstens zu besänftigen. Nicht schlecht. Ihr gefiel vor allem, dass er wortgewandt und so direkt wie sie selbst war. Vorgestern sprach er das erste Mal von *Seelenverwandtschaft*. Das fand sie allerdings übertrieben. Und ständig sprach er davon, wie gut sie zueinander passten. Er bemühte sich ernsthaft um sie. Ganz anders als die Sorte Männer von Sarah. Sie würde ihm morgen vorschlagen, dass sie sich bald persönlich treffen sollten. Dann gab es für sie wenigstens eine anonyme Person weniger! Mit dem Wunsch am nächsten Tag dienstlich und privat weiterzukommen, schlief sie erstaunlich schnell ein.

Graal-Müritz, Seebrücke

Seit Erwin letzten Sonntag von der vermissten Frau erfuhr, wurde er die Geschichte nicht mehr los. Ständig musste er an sie denken und er bekam seinen Kopf gar nicht mehr frei. Dazu die aufgeblähten Angaben in den Zeitungen, die machten ihn nur noch nervöser. Als er jetzt allerdings einige Fotos von der Frau vor sich sah, wurde er hellhörig, Sie lag mitten im Wald, erst auf dem zweiten Blick hatte er sie auf einem Bild neben dem Artikel wiedererkannt.

Nicht mal mit seinen Freunden von der Seebrücke konnte er bisher darüber sprechen. Aber gern hätte er wenigstens seine Frau in seine Beobachtungen einbezogen. Das konnte er noch nie. Sie hörte ihm einfach nicht zu, meist wies sie seine Ideen als Spinnerei ab.

Er war dieser Frau schon mal begegnet und zwar als sie noch quicklebendig war. Jedoch war er mit seiner schmerzenden Bandscheibe ans Bett gefesselt, als er das erste Mal einen Artikel in der Zeitung fand. Bis heute war er nicht in der Lage gewesen, aufzustehen, geschweige denn überhaupt das Haus zu verlassen. Zwar kannte er die Tote nicht wirklich, aber ihr Gesicht, ja, das hatte er zu Hundertprozent erkannt. Als Erwins Schmerzen ihren Höhepunkt erreichten, zweifelte er allerdings an seine Erinnerung und rief doch nicht die Polizei an. Je länger er nun darüber nachdachte, desto sicherer wurde er, dass er die Frau gesehen hatte und er konnte sich gleich besser bewegen. Während er in den letzten Tagen unnütz das Bett hüten musste, dachte er nur noch an die Frau. Inzwischen glaubte er daran, dass seine extremen Rückenbeschwerden allein durch die Last seiner Gedanken anfingen sich zu bessern. Gestern erst sah er erneut Fotos in einer Zeitung, jetzt war er sich ganz sicher. Er musste was tun.

Endlich hatte sich Erwin langsam wieder erholt und nun sollte ihn nichts mehr von seinem Entschluss abhalten. An diesem Morgen hielten sich die Schmerzen soweit in Grenzen, dass er endlich loswollte. Nach dem Frühstück probierte er den Aufstieg auf sein Rad. Sein Rücken ließ das zu und er fuhr erleichtert in Richtung Rathaus.

Seit Jahren hatte die Polizei in Graal-Müritz lediglich eine Sprechstunde im Rathaus eingerichtet, ansonsten gab es eine Rufnummer, die zum Polizeirevier nach Sanitz führte. Erwin hatte kein Glück, er fand im Rathaus nur die verschlossene Tür der Polizei vor. Etwas umständlich bestieg er wieder sein Rad und fuhr entgegen seiner Gewohnheit zur Seebrücke. Am frühen Vormittag würde er niemanden von den Alten antreffen, das war ihm klar. Aber am zentralsten Platz des Ortes würde er bestimmt irgendjemanden treffen, bei dem er ein offenes Ohr für seine Beobachtung finden würde. In der Saison mieden zwar die Einheimischen die Seebrücke, aber Ausnahmen gab es immer. Das Zentrum des Ortes gehörte im Sommer vor allem den Touristen. Die führten das Zepter und die Einheimischen ließen sie gewähren.

Erwin stellte sein Rad direkt vor der Seebrücke ab. Exakt an dieselbe Stelle, an der er sein Rad immer hinstellte. Während seine Schritte sich automatisch von der Seebrücke angezogen fühlten, überlegte er noch, ob er sich das Getümmel wirklich antun sollte. Als er mitten auf der Seebrücke stand, kam er sich selbst wie ein Tourist vor. Fast hätte er vergessen, wie die Luft des Meeres schmeckte. Endlich konnte Erwin wieder tief durchatmen, was ihm nach der langen Zeit im Bett richtig guttat. Sogleich geriet er wieder ins Grübeln und er versuchte seine Gedanken zu ordnen. Auf einmal wurde er aus seiner friedlichen Stimmung gerissen. Vor ihm stand Karl Hansen.

„Mit dir hätte ich um diese Zeit am wenigsten gerechnet."

„Di wier ick hier nu gor nich vermauden. Heff hürt, dat du dat mit den'n Rücken hest. Hest du wurmöglich dat all överstahn?"

„Geht so! Das mit dem Rücken ist fast vergessen, dafür plagt mich was ganz anderes. Trifft sich gut, dass du da bist, ich muss unbedingt mit jemanden reden."

„Dat hürt sik öwer bannich wichtig an. Heff gor nicht wüsst, dat du sogor denn, wenn du krank büst, eene Spürnäs hest."

„Wenn ich krank bin, ist meine Spürnase nicht mehr zu bremsen. Aber im Ernst, in den letzten Tagen geht mir 'ne Menge durch den Kopf. Von der toten Frau in der Rostocker Heide hast du doch gehört, die kam ja aus unserer Ecke. Ich hab' da so eine Vermutung, was die Frau betrifft."

„Nich väl. Man bloß dat, wat de annern von uns up de Brügg so vertellt hebben."

Ohne zu zögern erzählte Erwin, was er wusste: „Ich glaube, ich habe den Mörder gesehen. Ich weiß vielleicht etwas, das die Polizei interessieren könnte."

„Wenn dat kein fuul Ei is, denn wier dat mal ein grotet Ding. Rück mal 'rut dormit und spann mi nich länger up de Folter. Heff twors kein Tiet, öwer dat will ick nu weiten. Mien Dochter is mit de Lütten tau Besäuk, und wi willen na Stralsund. Se sünd baden gahn un sünd bestimmt gliek wedder hier."

„Dann werde ich mich mal beeilen, damit du alles erfährst, bevor deine Leute zurückkommen. Ich weiß gar nicht, wo ich anfangen soll. Die tote Frau hatte ich in Begleitung eines Mannes gesehen, der Kerl sah um einiges älter aus als die Frau. Jedenfalls aus der Entfernung konnte ich das so einschätzen. Bei mir sind die beiden nur deshalb hängen geblieben, weil ich an unsere Gesine dachte. So einen alten Knacker dürfte sie uns nicht nach Hause bringen. Dann stritten sie laut und der Typ wurde handgreiflich. Im ersten Moment dachte ich daran, mich einzumischen. Aber mach das mal in der heutigen Zeit?

Ich glaube sogar, dass der mich gesehen hat! Jedenfalls ließ der plötzlich von der Frau ab. Ich war ja allein mit dem Rad unterwegs und schon spät dran. Ich hätte die Sache wohl auch vergessen, schließlich streiten sich Paare öfter mal, wenn da nicht ihr Bild in der Zeitung gewesen wäre."

„Nu kumm man up den'n Punkt von de Geschicht. Nich dat miene Lüd ihrer dor sünd. Dat hürt sik all düchtig verdächtig an."

„Dann standen sie vor einem Auto. Es sah aus, als ob der Kerl der Frau den Autoschlüssel aus der Hand reißen wollte."

„Un wat wier dat för ein Auto?"

„Ein schwarzer Polo. Das weiß ich genau, weil unsere Gesine denselben hat."

„Minsch, du mößt na de Polizei gahn, wat lurst du noch? Bestimmt wir dat de Mörder, un du hest em seihn!"

„Hier am Ort gibts keine Polizeistelle mehr. Soll ich etwa nach Rostock fahren?"

„In't Rathaus weiten de dat garantiert. Du hest all väl tau lang lurt. Der Mörder künn wohrscheinlich längst in'n Knast sitten."

„Das weiß ich, darum bin ich ja so nervös. Heute kriege ich das hin."

„Deht mir leed, miene Dierns sünd in Sicht. Seihn wi uns hüt Abend? De annern werden sik wunnern! Dat is öwer ok een fettet Ding."

„Viel Spaß mit deinen Frauen. Drück die Daumen, dass ich jemanden erwische!"

Erwin war froh wieder allein zu sein, denn beruhigt hatte ihn das Gespräch mit Karl Hansen auch nicht. Seine Uhr zeigte inzwischen zehn Uhr an. Gedankenverloren warf er einen letzten Blick über das ruhige Wasser und merkte, dass ihn das gelassen stimmte. Plötzlich schoss es ihm wie ein Blitz durch den Kopf. Mensch Erwin, was machst du hier? Du hast wichtigeres zu tun, als dich wie ein Tourist zu verhalten.

Rostock, Kriminalkommissariat

Heilmeyer saß zeitiger als sonst am Schreibtisch in seinem Büro. Er kam nicht los von dem letzten Bericht, der vor ihm lag und er brütete länger als gewollt darüber. Der neue Fall war bereits zu einem dicken Ordner angewachsen. Die letzte Aussage von Reiman wurde in dem Bericht festgehalten. Ohne, dass für andere ein System zu erkennen wäre, lagen Blätter und eine Menge Fotos vor ihm bunt verstreut. Das Alibi von dem Mann schien stichfest zu sein oder hatte er doch gelogen? Zuzutrauen wäre es ihm. Er war noch immer ihr einziger Hauptverdächtige und wohl aus diesem Grund betrachtete der Hauptkommissar dessen Bild intensiver als die der anderen Personen. Das könnte sich ändern, wenn erst die Auswertung der Kontaktpersonen aus der Partnervermittlungsstelle zurück war. Aus seiner Erfahrung heraus wusste er, dass sie erst mit offiziellen und gut vorbereiteten Befragungen den richtigen Täter festnageln konnten. Oft genug drehten sie sich im Kreis. Wenn es ganz schlecht lief, kam selbst beim Verhör nichts Brauchbares raus. Es gab auch die Täter, die selbst, wenn sie überführt wurden, leugneten oder sich ausschwiegen. Bei dem letzten Überfall, den sie aufzuklären hatten, ließen die Täter fast das komplette Einbruchswerkzeug zurück, an dem genug Spuren gesichert werden konnten. Selbst da rückten die Einbrecher nicht mit der Sprache raus.

Inzwischen hatte die Kriminaltechnik auch im aktuellen Fall ein paar sichere Spuren. Die wurden gerade mit der DNA von Bernd Reiman abgeglichen. Deshalb wollte er ihn im Kommissariat verhören.

Am frühen Morgen mit sich allein, kamen dem Hauptkommissar meist die brillantesten Ideen. Seine Mitarbeiter wussten das und ließen ihm diese Zeit. Der genaue Abgleich mit den früheren Akten von 1990 hatte sich als Glücksgriff erwiesen. Damit galt es als sicher, dass der neue Fall in Verbindung zum Alten stand. Inzwischen wurden selbst die Medien und nicht nur die Boulevardpresse auf den Fall aufmerksam, der sich nun auch zu einem „Wende-Fall" ausbreiten könnte. Redakteure, selbst die von seriösen Zeitungen, riefen andauernd an. Heilmeyer hatte nie einen möglichen Zusammenhang nach draußen kommuniziert und überlegte, wie das durchsickern konnte. „Unseren Leuten trau ich das nicht zu", sinnierte er. „Sie wissen, dass Internes nicht nach draußen gehört. Vielleicht hat Lisa zu viel erzählt, sie ist neu und kennt unsere Arbeitsweise nicht. Unsinn", schimpfte er mit sich selbst, „auf sie können wir uns verlassen. Die Mund-zu-Mund-Propaganda funktionierte damals genauso gut wie heute. Man sollte die Leute nicht für blöd verkaufen, die konnten sich selbst einen Reim machen und erinnerten sich garantiert nicht nur an die eskalierende Situation, alles war damals in den Wendejahren plötzlich interessant und ungewöhnlich gewesen."

1990, das war auch für den Hauptkommissar ein markantes Jahr und wird, wie von den meisten auch, von ihn niemals vergessen werden. Alle verschlangen damals buchstäblich alles, was um sie herum geschah. Ein sich im Aufbruch befindendes Land, es war eine Zeit, in der alle sich plötzlich für Politik interessierten. Als der Kommissar aus Lübeck nach Rostock kam, fühlte der Osten sich für ihn wie ein undurchschaubares Niemandsland an. Fremdes Land, neues Arbeitsgebiet und neue Kollegen, alles was ihn umgab, war komplett anders, als das, was er von Lübeck her kannte. Rostock und Lübeck trennten tatsächlich Welten. Gut, dass sich das in den vergangenen 30 Jahren gravierend verändert hatte. In den Medien war im Moment dauernd davon zu hören, dass die Mauer länger weg ist, als sie gestanden hatte.

Damit gehörte dieses Kapitel der Geschichte endgültig der Vergangenheit an.

Heilmeyers gedanklicher Rückblick zu den Anfängen in Rostock machte ihn jedes Mal sentimental. Die Wendezeit, die wurde für ihn persönlich auch zu einer Ausnahmesituation. Ganz freiwillig war er damals ja nicht von Lübeck weggezogen. Bereut? Nein, bereut hatte er diesen Schritt nie. Inzwischen lag über ein Vierteljahrhundert Meck-Pom hinter ihm. Wenn das damals jemand zu ihm gesagt hätte, für verrückt hätte er ihn erklärt. Und heute ist sich Heilmeyer ganz sicher, dass er in dieser Ecke alt werden möchte. Seine Besuche in Lübeck wurden längst schon seltener.

Melancholisch blickte Peter Heilmeyer zurück auf die letzten Jahre seiner Arbeit in dieser Gegend, mit all seinen Höhen und Tiefen. „Es sieht aus, als ob dieser Fall mich doppelt herausfordert. Das bedeutet, alles auf null zu stellen und nicht dieselben Fehler von damals zu machen!", schwor er sich.

Wenige Minuten später war es mit Peter Heilmeyers Ruhe vorbei. Die ersten Kollegen kamen und in den angrenzenden Räumen begrüßte man sich stimmgewaltig. Die normale Geschäftstüchtigkeit wie an jedem Tag. Der Kriminalkommissar schloss den Ordner vor sich und wusste, dass er die bevorstehenden beiden Befragungen mit der Methode – guter Bulle, böser Bulle – angehen wollte. Olli und er waren dafür perfekt eingespielt. Zwar gab es genug Kollegen, die genau diese Taktik anzweifelten, aber davon wollte er nichts wissen und ließ sich nicht davon abbringen. Ein neuer Gedanke kam ihm. Vielleicht sollte er Lisa miteinbeziehen und ihr damit gleich eine Chance geben, sich weiter zu beweisen. Auf ihren ersten Einsatz wäre er gespannt.

Die Stimmen kamen näher bis an seine Tür heran. Lisa war dabei. Der Hauptkommissar gab ihr ein Zeichen und winkte sie zu sich ins Büro. Ihm fielen sofort die müden Augen auf. „Hast du etwa die ganze Nacht durchgearbeitet? Siehst ja aus, als hättest du gar nicht geschlafen. Hol dir erst mal einen Kaffee. Dann gehts dir besser, ich spreche aus Erfahrung."

„So schlimm?" Lisa wurde unsicher. „Kaffee hörte sich aber gut an. Hier ist erst mal der Ordner zurück. Ein interessantes Zeitdokument, kann jetzt deine These vollkommen nachvollziehen. Die damalige Ermittlungsarbeit, sehr interessant ... Ich war ja gerade 8 Jahre alt, für mich also ein fremdes Terrain." Lisa überlegte, ob sie dem Chef von dem anonymen Anrufer erzählen sollte. Wahrscheinlich nahm er sie dann gar nicht mehr ernst. Sie nahm sich vor, selbst dahinterzukommen. Um von diesem Gedanken loszukommen, fragte sie Ihren Chef, ob sie ihm einen Kaffee mitbringen sollte. Er wollte. „Gern, aber ohne Milch."

Auf dem Weg zum Kaffeeautomaten musste sie daran denken, dass Heilmeyer sie leicht durchschauen konnte. Aber sie wollte ihm ja auch nichts vormachen, sie hasste nichts mehr als Illoyalität.

Lisa kam mit zwei großen Kaffeetassen zurück und setzte sich Heilmeyer direkt gegenüber. Ihr Blick verriet, dass sie gespannt auf seine Ansagen wartete.

Er ließ sie auch nicht lange zappeln. „Bernd Reiman ist der erste, den wir uns vornehmen. Wie zu erwarten war, arbeitet der seit ewigen Zeiten nicht mehr in der JVA Waldeck. Die Kollegen wunderten sich nicht einmal, dass die Kripo sich um ihn kümmerte. Sie hatten ihn bereits einige Zeit auf dem Kieker, weil er trotz Ermahnungen mit Eingesessenen dealte. Olli musste gar nicht lange recherchieren, in der Bacardi Bar hat er ihn ausfindig gemacht."

„Ah ja, verstehe. Olli, der Mann fürs Besondere."

„Genau, er hat überall seine speziellen Quellen. Im Dealer Milieu ist Reiman also schon lange kein Unbekannter mehr. Sein Informant wollte nicht mehr rausrücken, doch der hat so viel auf dem Kerbholz, dass er Auskunft geben musste. In dem Club hatte Olli den Mann schließlich auch aufgegabelt. Zuerst wollte er den Kontakt zu Frau Niemann leugnen und stritt ab, sie je gesehen zu haben. Olli brauchte nur wenige Details, dann rückte er kleinlaut mit der Sprache raus. Wir werden wohl heute eine Kostprobe seiner Märchen bekommen. Jedenfalls passt er perfekt in unser Täterprofil."

„Und der alte Fall? Soweit ich weiß, ist der in meinem Alter. Und damit dürfte er viel zu jung sein. Einem Jugendlichen traue ich ja wirklich nicht einen solchen Mord zu."

„Nach der Befragung wissen wir mehr. Ich gehe davon aus, dass er sich unwissend stellt. Um ihn besser auszuquetschen, schlage ich die „Good Cop – Bad Cop"-Methode vor. Damit sind wir hier in letzter Zeit gut gefahren. Ist das okay für dich, wenn du den netten Teil übernimmst?"

„Klar, ich bin dabei. Diese Methode ist mir nicht fremd, selbst in den Krimis im Fernsehen ist das zu sehen."

„Umso besser, dann weißt du ja, was ich meine und es gibt keine Missverständnisse. Kann mir vorstellen, dass du mit dem positiven Part überzeugen kannst. Nachdem du dem Reiman ein Glas Wasser gebracht hast, sind uns die DNA-Spuren sicher. In der zentralen Strafdatei war er bisher nicht registriert."

„Wenn er es tatsächlich war, dann ist das zwar noch nicht der endgültige Beweis, aber wir wüssten, dass die Richtung stimmt."

Inzwischen traf Bernd Reiman ein. Er blickte sich gelassen in dem ihm zugewiesenen Raum um und machte einen ahnungslosen Eindruck. Seine großflächigen Tattoos schienen jede einzelne Stelle seines Körpers zu bedecken, Phantasiebilder ragten sichtbar selbst am Hals seines T-Shirt raus. Es schien, als wäre nur sein Gesicht von den bunten Bildern verschont geblieben. Sein Basecap saß tief im Gesicht und ließ keine Mimik erkennen. Heilmeyer und Lisa beobachteten den Mann durch eine großflächige Scheibe, die die direkte Sicht in den Nebenraum freigab.

„Das Basecap passt gar nicht zu dem, entweder will er nicht erkannt werden oder er hat nur wenige Haare auf dem Kopf." Lisa sah den Mann heute das erste Mal und betrachtete ihn genau.

„Na, dann los", meinte Heilmeyer, „Hören wir uns seine Geschichte an. Der hat garantiert ein paar Storys parat. Das Märchen vom Urlaub kann er gleich abhaken, das haben wir recherchiert. Nehmen wir ihn also in die Mangel und denk daran, Vorverurteilungen gibt es bei uns nicht. Wir werden sehen, was wir an Beweisbaren aus ihm rausbekommen."

„Ein krasser Typ, den kann ich mir mit Sarah gar nicht vorstellen und was für ein Kontrast zu Sarahs Ex."

„Das sehe ich genauso. Aber seine Bemalungen lassen wir mal außen vor, das ist sein persönlicher Geschmack. Für uns zählen definitiv nur Fakten und Beweise."

„Sein geheimnisvoller blauer Jeep, vielleicht war er doch am Fundort?"

„Wir haben nichts gefunden, dass wir ihm zuordnen können. Außer, da war ein Zettel mit gekritzelten Buchstaben."

„Davon hatte Tess mir erzählt, die Untersuchungen sollen heute abgeschlossen sein. Ich bleib dran."

„Okay, jetzt ist Reiman dran. Über den Jeep werden wir als erstes mit ihm sprechen müssen."

„Davon ganz abgesehen, sollte er uns sagen, wem sein Haus nun wirklich gehört oder wer Zugang hat."

„Du meinst den Typ von gestern?"

„Genau, der hatte es ziemlich eilig gehabt."

„Mal sehen, was er uns auftischt. Vielleicht war er das ja selbst? Von dem lassen wir uns jedenfalls nicht zum Narren halten."

Heilmeyer warf einen letzten Blick zum großen Spiegelfenster und sah, wie Reiman inzwischen unruhig auf seinem Stuhl hin- und herrückte.

„Das ist gut so."

„Seine Nervosität lässt sich bestimmt noch steigern. Wenn ich drin bin, gebe ich dir unauffällig ein Zeichen.

Vergiss das Glas Wasser nicht. Bleib am Fenster, mit dem Kopfhörer verstehst du, worüber wir sprechen. Den Moment für deinen Auftritt findest du garantiert selbst."

Heilmeyer ging und Lisa baute sich direkt vor dem Fenster auf, sie durfte keine einzige Geste verpassen. Das Glas Wasser stand bereits neben ihr.

Heilmeyer betrat ruhig und gefasst den Verhörraum, grüßte kurz Reiman und setzte sich ihm direkt gegenüber. Olli saß am Aufnahmegerät und wartete ungeduldig darauf, dass es endlich losging.

Ohne große Umschweife begann der Hauptkommissar sofort in das Verhör einzusteigen: „Herr Reiman, Sie wissen, warum wir Sie zu uns eingeladen haben. Es geht um Sarah Niemann, das dürfte Ihnen inzwischen klar sein."

„Ja, das stimmt. Wir waren mal für ein paar Monate zusammen, aber das ist lange her und war bereits Geschichte, bevor sie ermordet wurde. Das Ding können Sie mir also nicht anhängen. Damit habe ich nichts zu tun."

„Davon, dass Sie der Täter sind, ist hier auch gar nicht die Rede. Sie sind nicht der Einzige, den wir befragen. Also können Sie von einer Routinebefragung ausgehen. Beschreiben Sie bitte mal kurz das Verhältnis zwischen Ihnen und Frau Niemann etwas näher. Soweit uns bekannt ist, waren Sie der letzte Mann, der intensiveren Kontakt zu der Frau hatte."

„Was heißt hier letzter Mann? Ja, wir waren einige Zeit zusammen, es gab auch gute Tage, das will ich gar nicht bestreiten."

Heilmeyer konnte sich diesen Fakt nicht verkneifen: „Sie meinen wohl die besseren Tage, an denen es nicht zu körperlichen Auseinandersetzungen zwischen Ihnen kam? Wir haben Beweise, dass Sie nicht gerade zimperlich mit der Frau umgegangen sind."

„Die war immer im Internet unterwegs und suchte wohl einen Besseren als mich. Aber einen, der ihr das bieten konnte, wie ich, den hätte sie sowieso nie gefunden. Das mit dem Internet nervte mich nur noch, deshalb hab' ich mich auch von ihr getrennt."

„Einvernehmlich oder war vielleicht doch längst ein anderer Mann im Spiel?"

„Nicht, dass ich wüsste. Bevor sie ihre Sachen packte und wieder zu ihren Eltern zog, sprachen wir so gut wie gar nicht mehr miteinander. Sie hing entweder am Smartphone oder an ihrem Computer rum."

„Wie lange ist es denn her, dass Frau Niemann sich mehr mit dem Internet als mit dem wahren Leben beschäftigte?"

„So können Sie das auch nicht nennen, ich brauch das Ding ja auch ständig. Ist eben die Zeit heute … Aber vielleicht vier Wochen waren es, die wir nicht mehr miteinander sprachen. Das Letzte, das uns noch verband, waren die Tattoos."

„Haben Sie Frau Niemann später noch einmal irgendwo getroffen?" Während er die Frage stellte, warf er einen kurzen Blick in Richtung Spiegelscheibe. Das war für Lisa das Zeichen zu kommen.

Reiman beantwortete die Frage gerade mit einem Nein, als Lisa mit einem Glas Wasser eintrat und vor Reiman hinstellte.

„Das ist wirklich nett, danke", meinte der auffallend freundlich.

Dann begutachtete er Lisa von Oben bis Unten und sie schien ihm zu gefallen. Die ließ sich jedoch von seinen aufdringlichen Blicken nicht beeindrucken und nahm stattdessen neben Heilmeyer Platz und schaute unbeirrt freundlich auf Reiman.

Heilmeyer nickte Lisa kurz zu, bevor er weiter machte: „Hielt Frau Niemann sich denn auch in Ihren Kreisen auf oder waren das nur Ihre Freunde?"

„Was soll das denn heißen?"

Lisa ergriff zum ersten Mal das Wort: „Herr Reiman, wir wollen nur wissen, ob es unter Ihren Freunden vielleicht Jemanden gab, dem Sarah Niemann auch nahestand. Weiter nichts."

Reiman griente: „Nee, meine Kumpels hatten mich nie verstanden, warum ich so lange mit ihr rummachte, die kannten ja auch meine Frauen davor. Sarah passte gar nicht in mein Beuteschema und in das meiner Kumpels erst recht nicht."

„Ich habe noch eine letzte Frage, wo waren Sie am letzten Donnerstag zwischen 18 und 24 Uhr?"

„Sie wollen es aber genau wissen. Aber Sie haben Glück, zufälligerweise kann ich das genau sagen, weil ich gar nicht in Rostock war, sondern in Hamburg. Nach dem Wacken Open Air treffen sich immer noch ein paar Kumpels später in Hamburg zum Auswerten. Zehn Mann waren dabei, jeder von ihnen kann meine Anwesenheit bestätigen. Konnte auch gar nicht mehr weg aus der Stadt, weil die Dröhnung an diesem Tag wohl besonders hart gewesen sein musste."

Heilmeyer merkte man inzwischen an, dass er das Verhör allmählich beenden wollte, er sah auf seine Uhr und meinte: „Herr Reiman, auch das werden wir überprüfen. Für heute soll das genügen. Halten Sie sich zu unserer Verfügung und falls Ihnen doch noch was einfallen sollte, melden Sie sich bei uns."

„Schade, jetzt wo die nette Dame da ist, wäre ich auch noch gern etwas länger geblieben."

Lisa reagierte nicht auf den anmaßenden Ton von Reiman und meinte nur salopp: „Sie sind nicht zu Ihrem Vergnügen hier, Herr Reiman."

Der zuckte nur mit seinen Schultern und musste noch einen letzten Satz loswerden: „Das mit Sarah tut mir natürlich auch leid, hoffentlich finden Sie bald den Täter. Wenn mir was einfällt, melde ich mich auf alle Fälle."

Lisa und Olli verließen gemeinsam den Raum und schüttelten fast gleichzeitig ihren Kopf.

Ich hab dich gesehen! Du warst der Mann mit den längeren Haaren, der wenige Meter von mir entfernt lief. Ich bin mir sicher, obwohl viele Jahre ohne irgendein Wort von dir dahin geschlichen sind. Ich kann nicht mal sagen, ob mich die Gewissheit, dass du zurück bist, erleichtert oder entsetzt hat.

Zu lange bin ich daran gewöhnt allein zu sein. Nie hätte ich gewollt, dass mir jemand zu nahe käme. Trotz allem, was du mir angetan hattest, habe ich dich nie aus dem Kopf bekommen. Und heute warst du wenige Meter von mir entfernt. An deinem Gang habe ich dich gleich erkannt. Warum wolltest du mich nicht sehen, hast mich nicht mal zu Hause aufgesucht? Vielleicht warst du es ja doch nicht? Je länger ich nachdenke, umso unsicherer werde ich. Die Ähnlichkeit mit dem Mann auf der anderen Straßenseite war jedenfalls groß. Ich konnte einfach nicht weitergehen und habe dich lange angestarrt. Die Statur, der Gang, alles passte, scheinbar hast du dich überhaupt nicht verändert. Als ich mich endlich aus meiner Starre lösen konnte, bin ich dir hinterhergelaufen. Auf einmal warst du verschwunden, hattest dich wie ein Phantom aufgelöst. Seitdem frage ich mich, was bedeutet dir unser Geheimnis überhaupt noch?

Ich merke, dass ich deine dunkle Seite einfach verdrängt habe. Stattdessen malte ich mir oft in der Phantasie aus, wie du über das, was ich allein erreicht habe, denken würdest. Hast du dich verändert? Mit mir wirst du jedenfalls keine Spielchen mehr treiben. Meine seelischen und körperlichen Qualen von damals kommen immer wieder hoch. Mir wird manchmal heiß, genau wie früher, wenn du mich abgeholt hattest. Ich seh' sie wieder, die Bilder. Ich dachte, sie wären verschwunden. Spätestens, wenn ich an dich denke, sind auch sie wieder da.

Wenn du nicht kommst, werde ich dich finden! Ich weiß, dass du mir nie etwas zutrauen wolltest. Wie sehr du dich geirrt hast. Aber erst jetzt weiß ich, dass ich all die Jahre nach der Wahrheit gesucht hatte. Nur deshalb habe ich bis jetzt durchgehalten. Das ist das Einzige, was ich von dir wissen will, warum du mir das angetan hast.

Wenn ich die Wahrheit kenne, werde ich mich von den Qualen befreien.

Ich bin bereit, du kannst kommen!

Rostock, Kriminalkommissariat

Mit gemischten Gefühlen öffneten Michael und Thea die Tür zum Kommissariat, drückten eine Klingel und es wurde ihnen sofort geöffnet. Mit der Polizei hatten sie bisher nie zu tun gehabt, umso unsicherer fühlten sie sich. Seit sie die Leiche in der Rostocker Heide entdeckten, war nichts mehr wie früher, der Schock saß viel zu tief. Sie bekamen den Anblick der Frau einfach nicht mehr aus ihrem Kopf. Thea musste sich noch am selben Tag allerlei pflanzliche Beruhigungskügelchen besorgen, um überhaupt einigermaßen schlafen zu können. Seitdem lief sie wenigstens nicht mehr total aufgedreht umher. Michael redete nie über seine Gefühle und machte die Sache mit sich allein ab. Es lag an Theas labilem Gesundheitszustand, dass das Protokoll im Kommissariat nicht längst unterschrieben war. Michael hoffte, dass mit der heutigen Unterschrift die dramatischen Erlebnisse im Wald endlich von ihnen abgehakt werden konnten.

„Du musst wieder auf andere Gedanken kommen", redete er behutsam auf sie ein. „Am besten du gehst wieder zum Sport. Wenn das hier fertig ist, hast du keine Ausrede mehr. Von deinen Pillen musst du endlich wieder wegkommen."

Thea hörte kaum zu. Stattdessen suchte sie sich eine Informationsbroschüre, die im Eingangsbereich angeboten wurden, aus. Unerwartet zügig antwortete sie doch ihrem Mann: „Du weißt genau, dass mir nichts lieber wäre. Gestern hat mich Claudia angerufen, sie hatte sich schon Sorgen gemacht. Am Telefon wollte ich ihr allerdings nichts von unserem extremen Erlebnis erzählen."

„Wird Zeit, dass wir einen Schlussstrich unter diese böse Geschichte setzen können."

„Vielleicht haben die ja schon einen Verdächtigen?"

„Das werden die uns nicht unter die Nase reiben."

Auf einmal kam ein Beamter auf sie zu und führte sie zu den Sitzplätzen auf dem Flur. Sie sahen dem hektischen Treiben auf dem Gang zu und ihre Aufregung schien stärker zu werden, obwohl sie ja nichts zu befürchten hatten. Plötzlich wurde ihnen gegenüber eine Tür aufgemacht und ein sehr auffällig aussehender Mann kam heraus. Wenige Sekunden nur sahen sie sich musternd an. Dann erkannten sie den Hauptkommissar wieder, der hinter dem Mann zum Vorschein kam.

Höflich begrüßte Heilmeyer das Ehepaar. „Mit Ihnen wird es ja nicht so lange dauern wie eben. Aber ist Ihnen im Nachhinein vielleicht etwas eingefallen? Das erzählen Sie am besten dann unserer Kollegin Liebich, die hat sofort Zeit für Sie."

Lisa steckte noch in der Rolle des „guten Bullen" und begrüßte die Eheleute überschwänglich. Die Frau machte spontan betrachtet einen eher unsicheren Eindruck auf sie. Vor Thea und Michael lagen bereits zwei Seiten des Protokolls und sie begannen sofort mit dem Lesen.

„Kann ich Ihnen ein Glas Wasser bringen?", fragte Lisa fürsorglich.

Thea schaut auf, sie war inzwischen etwas lockerer geworden. „Gern, wenn es keine Umstände bereitet."

„Lesen Sie in aller Ruhe weiter, ich bin gleich zurück. Falls Sie Fragen haben, stehe ich Ihnen gern zur Verfügung."

Thea war dankbar, dass jetzt eine Frau sich ihrer annahm und fühlte sich gleich entspannter. Ihr Blick wanderte ungewollt durch den Raum. Sie konnte selbst in den Nebenraum blicken, weil die Tür einen Spalt offenstand. Dabei entdeckte sie etwas, das sofort ihre Aufmerksamkeit erregte. Eine Tafel hing da drüben an der Wand, darauf waren Fotos zu sehen, die mit farbigem Text markiert wurden. Thea schaute mit langem Blick auf diese Pinnwand. Dabei betrachtete sie so intensiv die Fotos, dass sie dabei regelrecht vergaß, im Protokoll weiterzulesen. Beharrlich wanderte ihr Blick von Bild zu Bild. An einem der Bilder blieb sie wie hypnotisiert hängen.

„Michael, dreh dich bloß mal um. In dem Raum nebenan, an der Wand. Erkennst du auch den Mann auf dem Foto? Das war doch der eben an der Tür? Irgendwie kommt der mir bekannt vor. Den kennen wir! Du auch!"

„Was hast du denn wieder? Wieso sollten wir irgendwelche kriminellen Elemente kennen? Lass gut sein, lies lieber schneller, damit wir hier rauskommen."

Lisa kam mit dem Wasser zurück und hatte bemerkt, dass Thea voller Neugier in den Nachbarraum stierte. Aus taktischen Gründen hakte sie nicht gleich nach.

„Geschafft", rief Thea freudig aus, nachdem sie den Stift für ihre Unterschrift aus der Hand legte. „Ja, es war genauso, wie wir Ihnen den Fund beschrieben hatten. Sie haben nichts vergessen!"

Der Hauptkommissar kam dazu: „Vielleicht wollen Sie ja auch noch etwas ergänzen?"

„Nee, das ist so okay!"

Inzwischen wusste er von Lisa, dass Thea an einem der Fotos etwas entdeckt haben musste. Er ging in die Offensive und sprach die Frau direkt an: „Kommt Ihnen aus unserer Bildergalerie von nebenan etwas bekannt vor? Mir ist aufgefallen, dass Sie mit Interesse dort hingeschaut haben."

Thea nahm einen kräftigen Schluck aus ihrem Wasserglas und schien zu überlegen, wie sie das erklären konnte, ohne besonders neugierig zu erscheinen.

„Der eine Mann an der Fotowand, der ist uns eben an der Tür begegnet, oder?" Ungewohnt kleinlaut brachte Thea ihre Frage raus.

„Richtig, genau der", antwortete Heilmeyer sofort. „Er war übrigens einer der letzten Personen, der die Tote gesehen hatte."

Thea schien nachzudenken und sprach aus, was sie wirklich dachte: „Je öfter ich dort hinsehe, desto bekannter kommt mir der Mann vor. Michael, schau doch mal, du kennst den doch auch."

„Wozu sollte das wichtig sein. Unsere Bekannten beschränken sich Gott sei Dank auf ein überschaubares Maß."

„Könnte ich das Foto etwas näher ansehen?"

Lisa stand auf, ging in den Nebenraum, um einige Fotos zu holen. Mit zwei Fotos kam sie zurück und legte sie direkt vor Thea auf den Tisch. Sie schaute kurz drauf und schob sie schnell weiter zu ihrem Mann; „Schau dir das bitte mal genau an, die Ähnlichkeit mit Hans ist wirklich verblüffend. Nur die Tätowierung musst du dir wegdenken."

Um endlich das Kommissariat verlassen zu können, schaute Michael halbherzig auf die Fotos. „Du könntest recht haben, wenn die Tätowierungen nicht wären? Aber Hans sieht älter aus." Lisa hatte dem Streitgespräch interessiert zugehört und hakte nach. „Würden Sie sagen, das könnte unter Umständen ein und dieselbe Person sein?"

„Nein, das auf keinen Fall. Aber eine Ähnlichkeit gibt es." Michael reichten Theas Mutmaßungen und ihn nervte zusehends, wie er ausgefragt wurde. Deshalb wurde sein Ton schärfer: „Wenn man allerdings so eine blühende Phantasie wie meine Frau hat, dann könnte es dieselbe Person sein!"

Thea ärgerte sich über Michaels herablassende Art. „Vielleicht hab' ich mich wirklich geirrt. Aber Sie sehen ja, mein Mann ist genauso unsicher wie ich."

„Lassen Sie für alle Fälle Ihre Rufnummer da, wenn wir weitere Fragen haben, rufen wir Sie an. Oder Sie melden sich, falls Ihnen mehr einfällt."

„Können wir jetzt endlich gehen?"

„Natürlich und danke, dass Sie vorbeigekommen sind."

Thea konnte sich eine letzte Frage nicht verkneifen. „Wie ist denn der Name des Mannes auf dem Foto? Vielleicht kenne ich den Namen und wir kommen über diesen Weg weiter!"

„Bernd Reiman. Wenn Ihnen tatsächlich mehr einfällt, könnte uns das unter Umständen helfen."

„Wenn wir helfen können, tun wir das gern!"

Nachdem Lisa die beiden verabschiedete und zur Tür gebracht hatte, ging sie zurück ins Büro des Hauptkommissars. „Das war ja mal ein aufschlussreicher Vormittag."

Der Chef saß abgespannt vor ihr.

„Hast du ja selbst eben gehört, Bernd Reiman besitzt für die Tatzeit ein sicheres Alibi. Jens hat das schon überprüft. Seine Aussagen zum Auto sind zwiespältig und wie es aussieht, gibt es einige Personen, die damit fahren. Er war es jedenfalls nicht, das ist so gut wie sicher. Bei den Ergebnissen der Spusi war keine einzige Spur dabei, die sich dem Reiman zuordnen lässt. Bis jetzt jedenfalls nicht. Ehrlich gesagt, es wäre auch zu schön gewesen, wenn der erste Verdächtige auch gleich der Täter wäre. Eine zwielichtige Figur bleibt er natürlich trotzdem, aber Mord?"

„Du hast recht, dazu gehören ganz andere Eigenschaften."

„Er hat zwar eine Menge kriminelle Energie und einiges auf dem Kerbholz. Aber damit müssen sich nun andere Abteilungen beschäftigen, das geht eher in Richtung Drogendealer, Diebstahl und Bestechung."

„Tolles Milieu, in dem der sich wohl fühlt."

„Das steht nicht auf unserem Plan. Wir haben einen Mord und das ist eine ganz andere Liga. Aus unserer Sicht können wir den nicht Dingfest machen, nur weil es dem Ex gefallen würde."

„Oder, weil er seiner ehemaligen Freundin zu etlichen Tattoos verholfen hat."

Heilmeyer sah Lisa skeptisch an. „Das zumindest war kein Zwang und eher freiwillig."

„Das sehe ich genauso, aber eins bleibt. Sie muss sich in letzter Zeit dramatisch verändert haben. Tess hatte ja einige Erklärungen parat. Sarah hatte sich ihrer Meinung nach bewusst Tattoos ausgewählt, die spezielle Bedeutungen haben. Sie ging so weit mit ihrer Meinung, dass die Tattoos Ausdruck ihres jeweiligen Lebensabschnittes waren."

„Hat Olli Adressen der Studios rausgesucht? Wir sollten als nächstes das Studio finden, wo sie sich die Bilder stechen ließ."

„In Rostock wird es nicht schwer sein, die paar Studios lassen sich an einer Hand abzählen."

„Woher weißt du denn darüber so genau Bescheid?"

„Von Tess. Sie hatte sich vor längerer Zeit mal dafür interessiert. Sie wird mir einige Adressen nennen können. Sie kennt sich, glaube ich, ganz gut in der Szene aus."

„Sprich aber vorher mit Olli. Wenn er was hat, vergleiche das mit den Adressen von Tess. Vielleicht mailt sie die Adressen rüber?"

Lisa nahm Heilmeyers Worte als Aufforderung, um sich auf den Weg zu ihm zu machen. „Ist Olli hinten?"

„Beeil dich, der hat heute früher Feierabend."

Lisa erwischte Olli tatsächlich schon in seiner Jacke. „Hast du einen Moment für mich?" Olli runzelte die Stirn, als müsste er überlegen, sagte dann aber schnell: „Für dich immer, weißt du doch!"

„Das hört sich ja vielversprechend an." Sie gingen beide zur Tür und Olli ließ seinen Gedanken freien Lauf: „Ist dir eigentlich klar, dass du noch keinen Einstand gegeben hast? Wir werden wohl eher deinen Abschied feiern, ohne dass ein Begrüßungsumtrunk stattfand."

Lisa lächelte zwar, sprach aber im ernsten Ton weiter: „Erst den Fall zu Ende bringen, danach haben wir wenigstens einen guten Grund zum Feiern. Nach Feiern ist mir im Moment auch echt nicht zumute."

Olli wusste natürlich, dass Lisa und Sarah befreundet waren: „Hab gehört, du kanntest die Tote gut?"

„Kann man wohl sagen, genau, deshalb brenne ich darauf, den Täter schnell zu bekommen. Das ist das Letzte, was ich für meine Jugendfreundin tun kann."

„Wenn du keinen Einstand willst, dann könnten wir wenigstens ein Feierabendbier trinken, was hältst du davon? Heute Abend, ein lauer Sommerabend am Strand."

„Dann müsstest du allerdings nach Graal-Müritz kommen", sagte sie laut und stellte sich so eine Plauderrunde mit Olli am Strand amüsant vor. Er war der Kumpeltyp, der unkompliziert und hilfsbereit war und dazu sicher noch zuverlässig.

„Das passt ja gut. Ich bin praktisch auf dem Weg dorthin. Meine Großmutter ist seit kurzem im Pflegeheim „Strandperle" untergebracht. Hin und wieder statte ich ihr einen Besuch ab, um sie aufzumuntern. Sie ist erst knapp vier Wochen dort."

Lisa kannte die Pflegeeinrichtung und sie wusste auch, dass sie einen guten Ruf hatte: „Bist ja ein toller Enkel! Gut, dann entschädige ich dich nach dem Besuch bei deiner Oma mit einem Bier in der Strandbar der Seebrücke. Sonnenuntergang inklusive." Die Strandbar gab es noch nicht lange an der Seebrücke. Sie wurde von Touristen und Einheimischen gleichermaßen gut angenommenen und war sehr beliebt. „Das ist eine perfekte Idee, soll ich den Zweierstrandkorb schon mal für uns reservieren?"

„Lass mal gut sein, zu viel Nähe stört das Betriebsklima." Ihr fiel rechtzeitig noch ein, warum sie Olli sprechen wollte: „Eigentlich wollte ich ganz was anderes von dir. Hast du schon die Rostocker Tattoostudios recherchiert? Sarah Niemann dürfte zumindest in einem der Studios gut bekannt sein."

„Nee, das habe ich noch nicht fertig, das ist für morgen geplant. Meine momentane Suche gilt einer anderen Spur. Das Auto der Toten ist noch immer spurlos verschwunden."

„Lass uns heute Abend darüber sprechen", sagte Lisa als sie schon an der Tür stand. „Vielleicht hab' ich ja eine Idee."

„Na gut, dann bis nachher, 19 Uhr an der Seebrücke?"

„Das schaffe ich."

„Bis später!"

Lisa freute sich darüber, das erste Mal mit einem Kollegen außerhalb der Diensträume ins Gespräch zu kommen. Aber als sie an den Graal-Müritzer Strand dachte, fiel ihr der gestrige Abend ein. Die Wirkung des Anrufers saß noch tief. Jetzt, als sie daran dachte, spürte sie es wieder. Ob ich Olli von dem seltsamen Anrufer erzählen sollte? Er wäre der Einzige unter ihren Kollegen, dem sie sich vorbehaltlos anvertrauen würde. Er ist kein Schwätzer, genau wie ihr Chef Peter Heilmeyer, aber den wollte sie mit ihren vielen Ideen vorerst verschonen.

Lisa wählte die Nummer von Tess, das mit den Tattoostudios, wollte sie gleich mit ihr klären. Sie musste das Telefon eine ganze Weile klingeln lassen, eh sich Tess meldete: „Rechtsmedizin, was gibt es?"

„Hi Tess, gut, dass du dran bist. Wollte noch mal wegen der Tattoos nachhaken und wissen, ob sich ein Zusammenhang zwischen Tattoo und dem jeweiligen Studio herstellen lässt? Wenn ja, hast du einen Tipp, welches Studio zu Sarah Niemann passt?"

Wie aus der Pistole geschossen kam von Tess die Antwort: „‚Der Tattoodoc', ja, das passt. Ich denke, dort könnte sie gewesen sein. Das Studio liegt im Zentrum, die genaue Straße könnte ich dir raussuchen."

„Gibt es noch alternative Läden?"

„Ich stelle alles zusammen und maile die Adressen rüber. Ach ja, wollte sowieso bei euch anrufen. Wir haben die Obduktion der Toten abgeschlossen. Alle DNA-Spuren sind gesichert. Einiges hatte ich schon gemailt, nachher kommt der Rest. Unsere Arbeit ist damit erledigt. Die Verwandten der Toten können benachrichtigt werden, dass die Frau zur Beerdigung freigegeben ist."

„Danke Tess, das ging flott. Mail mir deine Privatnummer, wir sollten uns mal treffen. Außerhalb deiner kühlen Räume haben wir bestimmt mehr Spaß zusammen."

„Bestimmt, melde dich nur rechtzeitig, ich muss mir dann einen Babysitter organisieren! Oder meine Mutter kommt, das geht schon mal. Bin nicht oft weg."

„Na, dann wird es höchste Zeit, dass ich dich aus deinen vier Wänden locke. Immer nur arbeiten, bekommt deiner Seele nicht. In diesem Sinn bis später."

Lisa hatte den Telefonhörer aufgelegt und sah, dass Heilmeyer auch in ein intensives Telefongespräch verwickelt zu sein schien. Sie wollte ihn nicht stören und sich gerade mit einem Winken von ihm verabschieden, als er mit einer Handbewegung ihr zu verstehen gab, dass sie warten sollte.

Am Telefon erreichte ihn eben eine brandaktuelle Information von einem Mann aus Graal-Müritz. Der hatte einen seriösen Eindruck auf ihn gemacht und damit schien es eine heiße Spur für sie zu geben.

Heilmeyer staunte nicht schlecht über das, was der Mann zu berichten hatte. Erst das Ehepaar, die die Tote im versteckten Waldgrundstück fanden und jetzt der Anrufer! Lisa wartete ungeduldig, was der Chef zu sagen hatte. Sie schaute dauernd auf die Uhr, denn inzwischen musste sie sich ranhalten, um pünktlich an der Graal-Müritzer Seebrücke zu sein.

Heilmeyer hatte endlich den Hörer aufgelegt und Lisa ging zu ihm rüber. „Ein Mann hat angerufen, der hat eine Beobachtung gemacht, die für uns wichtig sein könnte. Morgen früh treffen wir uns dann gleich in Graal-Müritz am Campingplatz. Olli und Jens müssen auch noch informiert werden."

„Olli sag ich Bescheid, wir treffen uns nachher, um was zu besprechen. Er ist heute zufällig auch in Graal-Müritz."

„Na dann euch einen schönen Abend, wir sehen uns morgen am Campingplatz. Vergiss nicht, Olli Bescheid zu geben."

Da Heilmeyer den Termin genannt hatte, drängte Lisa zu gehen. Sie verabschiedeten sich, während ihr Chef noch seinen Schreibtisch aufräumte.

Heute hatte ich den ganzen Tag gewartet. Den ganzen Tag! Kein Signal, kein Anruf! Warum ignorierst du mich? Langsam werde ich verrückt. Der Gedanke daran, dich bald wiederzusehen, lässt mich nicht mehr los. Seit ich dem Mann, der dir so ähnelt, begegnet bin, überlege ich, wie ich herausbekomme, ob du das warst.

Den Platz suche ich dauernd auf. Das werde ich so lange tun, bis du direkt vor mir stehst. Vielleicht wohnst du ja in der Nähe? Egal, ich werde dich finden, zu welcher Zeit auch immer.

Ich muss dich wiedersehen. Selbst, wenn es nur ein einziges Mal sein sollte!

Jeden Tag werde ich in die Stadt fahren. Die vielen Menschen um mich herum? Wie werde ich sie ertragen? Oder soll ich besser hier auf dich warten. Wirst du kommen? Du musst kommen! Das wenigstens bist du mir schuldig.

Bestimmt klingelt gleich das Telefon. Ja, du wirst mich anrufen!

Rostock, Sportcenter am Schwanenteich

Claudias Gesicht glühte hochrot und der Schweiß rann ihr längst die Stirn herunter. Sie stand zwar noch nicht länger als eine Viertelstunde auf dem Laufband, aber sie setzte heute all ihre Kräfte ein und hatte die Steigung 3 eingestellt. Das war ihr deutlich anzumerken. Als sie Thea auf sich zukommen sah, strahlte sie trotz der Anstrengung über das ganze Gesicht. Sofort nutzte sie die Chance für eine Pause und stellte das Laufband ab. „Wird ja auch Zeit, dass du dich endlich blicken lässt. In unserem Alter müssen die Knochen in Schwung gebracht werden und zwar regelmäßig."

„Grüß dich auch! Bei mir ist was ganz anderes in Schwung geraten."

„Na dann schieß mal gleich los! Am Telefon hast du seltsam genug geklungen. Ich hab' nur Bahnhof verstanden."

„Lass mich erst aufs Rad. Dann holen wir uns einen Kaffee und ich erzähle dir ganz in Ruhe von dem abartigsten Erlebnis, das ich je erlebt habe."

„Abartig, was soll das denn bedeuten?"

Thea überhörte Claudias Frage und ging sofort zum Ergometer. Eigentlich fühlte sie sich nicht stark genug und schien auch gar nicht bei der Sache zu sein. Aber sie wollte sich endlich auspowern. Das Erlebnis im Wald steckte immer noch viel zu tief in ihr drin. Sie begann sofort in die Pedale zu treten und spürte, wie schwer ihr das heute fiel. Dankbar lächelte sie Claudia an, als diese mit zwei dampfenden Milchkaffee auf sie zukam. Mit dem Kopf deutete die Freundin auf eine Nische, in der sie ungestört miteinander reden konnten. Kaum hatte Thea in der winzigen Sitzecke Platz genommen, preschte Claudia los: „Nun erzähl endlich! Was ist mit dir?"

„Du hast bestimmt von der toten Frau in der Rostocker Heide gehört? Von der spricht inzwischen ja fast jeder. In den letzten beiden Tagen wurde mehrfach in fast allen Zeitungen darüber berichtet."

„Tut mir leid, habe ich irgendwie nicht mitbekommen. Meine Zeitungen liegen ungerührt zu Hause rum, immer diese Hektik auf der Arbeit. Du weißt ja selbst wie das ist. Aber was hast du mit einer toten Frau zu tun?"

„Naja, Michael und ich, wir haben diese tote Frau in der Rostocker Heide gefunden."

Claudia bekam ihren Mund nicht mehr zu und brachte erst einmal kein Wort raus.

Thea holte tief Luft, bevor sie fortfahren wollte, merkte aber, wie schwer ihr das fiel. Nach einer kurzen Pause setzte sie wieder an zu sprechen: „Mitten im Wald finden wir eine tote Frau, stell dir das vor! Eine Frau, die hingelegt wurde, als ob sie schläft, aber mausetot ist. Das heißt, eigentlich hat unser Arko sie gefunden. Gestern dann, das ganze Prozedere mit der Kripo. Mir reicht es jedenfalls."

„Und Michael?"

„Der ist genauso bedient. So schnell kriege ich den nicht mehr in den Wald. Dabei waren wir nur auf der Suche nach dem von euch großartig beschriebenen RuheForst."

„Das kann nicht wahr sein."

„Mir tun erst mal die Angehörigen leid."

„Weißt du, ob die Frau Familie hat?"

„Das weiß ich nicht. Die von der Kripo halten sich bedeckt und rücken nichts über ihre Ermittlungen raus."

„Das muss ich heute Hans erzählen. Den interessiert alles, was mit der Rostocker Heide zu tun hat, ja brennend."

„Wieso eigentlich, hat er beruflich damit zu tun?"

„Ehrlich gesagt, hab' ich mir bisher keine Gedanken darüber gemacht. Halt so 'ne Macke! Aber genau weiß ich das nicht."

„Ja, die Macke mit dem RuheForst! Wir haben unsere Recherchen erst mal auf Eis gelegt. Das heißt nicht, dass das

Thema für mich beendet ist. Ich bleibe dran und wir werden den Gang in den Wald später nachholen."

„Wenn du willst, such ich dir die Rufnummer vom Rostocker Forstamt raus. Demnächst wird wieder eine Führung organisiert. Der RuheForst soll um einiges erweitert werden. Die Bewerber nehmen ständig zu."

„Im Moment steht mir nicht der Sinn nach irgendeiner Besichtigung, geschweige denn nach dem Thema Beerdigung. Ich stehe eher unter dem Einfluss des Kommissariats."

„Musstet ihr da etwa hin?"

„Ja klar, wir waren gestern da, um das Protokoll zu unterschreiben. Eigentlich ging das flott, bis mir was auffiel. Darüber muss ich unbedingt mit dir sprechen."

„Spann mich nicht auf die Folter!"

„Die haben so eine Art Pinnwand. An der hängen jede Menge Zettel und Fotos. Nicht nur von der Toten, die war aber auch zu sehen. Durch Zufall konnte ich einen Blick in den Raum werfen, in dem diese Pinnwand angebracht war. Mir lief gleich ein Schauer über den Rücken, als ich ein Foto an der Wand erkannte. Trotzdem haben mich die Bilder an der Wand magisch angezogen."

„Ja, und? Du hast was erkannt! Was?"

„Zuerst habe ich überlegt. Nur kurz. Dreimal darfst du raten, an wen der eine Mann mich erinnerte, den ich erkannte?"

„Woher soll ich das wissen. Rede schon!" Claudias Unruhe war nicht zu übersehen. „Stell dir vor, der Typ auf dem Foto sah tatsächlich wie dein Hans aus. Die gleichen Augen, die brünette Haarfarbe und seine große Nase."

„Das kann gar nicht sein. Du musst dich getäuscht haben!"

„Ja klar, das weiß ich selbst. Der Mann auf dem Bild hatte jede Menge Tattoos und ungepflegte Haare. Also äußerlich das genaue Gegenteil von deinem Hans. Aber weißt du, ich kam mir wie in einem schlechten Film vor. Dachte sofort an einen Bruder von ihm. Weißt du, ob Hans einen Bruder hat?"

„Ich denke nicht. Aber ehrlich gesagt, das weiß ich nicht einmal. Von seinem früheren Leben hat er so gut wie nie etwas erzählt. Eigentlich sind wir ja relativ kurz zusammen. Soweit ich weiß, lebte er einige Jahre in Süddeutschland und kam erst vor kurzem in diese Region zurück, so hat er mir das jedenfalls erzählt."

„Ist ja nicht gerade viel, was du von deinem Freund weißt. Das wäre für mich ein ausreichender Grund, ihn mal etwas mehr auszuquetschen."

„Ob er was erzählt ist die andere Seite."

„Der Versuch wäre es allemal wert. Das muss für dich doch auch wichtig sein, ob dein Freund einen Mörder zum Angehörigen hat."

„Du hast ja recht und danke, dass du mir davon erzählt hast. Ich werde Hans so lange löchern, bis er mich über seine Familie aufklärt."

„Denk daran, Hans könnte einen völlig fremden Doppelgänger haben. Geh nicht zu weit!"

„Für mich wäre das im Moment die einzige plausible Erklärung."

„Bleib diplomatisch, nicht zu hartnäckig. Ich weiß von Michael, wenn ich ihn überfordere, kommt gar nichts mehr aus ihm raus."

Für den Rest des Nachmittags blieb der Sport vergessen. Thea war froh, ihrer Freundin endlich von ihrem schlimmen Erlebnis erzählt zu haben.

„Falls Hans mit der Sprache rausrückt, rufe mich sofort an! Egal, wie spät es ist. Das könnte sogar für die Kripo interessant sein. Zumindest hatte ich den Eindruck, dass der Mann, der Ähnlichkeit mit Hans hat, eine ziemlich zentrale Rolle spielt."

„Du hast mich mit deinen Mutmaßungen angesteckt. Ich werde so lange nicht lockerlassen, bis er was sagt."

„Das kann nur in deinem eigenen Interesse sein.“

„Wollen wir uns Freitag treffen? Dann weiß ich vielleicht mehr.“

„Sicherheitshalber beginnen wir mit dem Sport. Eine Stunde wäre gut. Anschließend gehen wir Essen und sprechen über alles.“

„Das passt, dann bis Freitag!“

Graal-Müritz, Strandbar

Olli war längst an der Seebrücke. Gut gelaunt hörte er den Gitarrenklängen auf dem Vorplatz zu. Bekannte Oldies von einem Gitarristen, der sein Instrument beherrschte. Darunter Titel, die er eine Ewigkeit lang nicht gehört hatte, solche wie Bob Dylans „Knocking on heaven's door", auch Simon & Garfunkles „Mrs. Robinson".

„Sein Gitarrenspiel ließ sich an dem von Profis messen", stellte er zufrieden fest.

Im Sommer traten an dieser Stelle oft Künstler unterschiedlichen Genres auf. Das war längst entlang der Ostseeküste zu einer guten Tradition geworden, die jährlich viele Zuhörer anlockte. Straßenmusikanten stellten ihr Talent gegen einen kleinen Obolus zur Schau und das kam nicht nur bei den meisten Touristen gut an.

Olli stand noch unter dem Eindruck von Bob McFerrins Titel: „Don't Worry Be Happy" als er Lisa sah. Er ging ihr gutgelaunt entgegen und merkte, dass auch sie sich im Rhythmus schwungvoll bewegte.

„Bei unserem Arbeitspensum genau das Richtige, um einen Gang runterzuschalten", meinte sie, als sie sich gegenüberstanden.

„Das sehe ich genauso, außerdem war ich wohl eine gefühlte Ewigkeit nicht mehr auf der Seebrücke. Hatte fast vergessen, wie toll die Atmosphäre an einem lauen Sommerabend sein kann."

„Dann ist es heute höchste Zeit. Lass uns gleich zur Strandbar gehen." Lisa schmunzelte. „Der Keeper in der Strandbar wird die Sitzflächen sicher nicht mehr lange freihalten können. Da unten werden wir die Musik auch hören."

„Ein Date mit einem Kollegen am Strand, das hat was. Aber schwierige Herausforderungen erfordern einen besonderen Einsatz. Was trinkst du? Ich gebe dir, wie versprochen, einen aus."

„Ich bin einfach gestrickt. Ein gekühltes Blondes geht in Ordnung."

Lisa kam mit zwei gut gefüllten Biergläsern zurück. „Bier trinke ich sonst nie. Heute fehlt aber etwas Flüssigkeit, hatte nicht mal Zeit, richtig zu trinken."

„Bier ist doch okay, ein zünftiges Einstandsgetränk."

„Na, dann Prost."

„Willkommen im Club. Du kannst sicher sein, dass die anderen genauso für dich schwärmen wie ich."

„Sicher nur, weil ich die einzige Frau in eurer Männerriege bin? Muss eine Umstellung für euch sein, oder?"

„Hätte schlimmer kommen können. Der Chef schätzt dich auch, also alles im grünen Bereich."

„Naja, nicht ganz, immerhin suchen wir einen Mörder. Vergessen?"

„Natürlich nicht, aber lass uns mal hier etwas entspannter sein. Viele Tage bleiben uns ja nicht, um uns richtig kennenzulernen. Aber Themawechsel. Bei uns kreist die Frage umher, ob du liiert bist?"

„Ach nee? Der Abend soll also eine Art Ausfrageabend werden?"

„Natürlich nicht. Die anderen wissen nicht mal, dass wir uns hier treffen."

„Und das sollte auch so bleiben."

„Wenn du willst, spreche ich nicht darüber. Von mir weißt du, dass ich allein lebe und als Muttersöhnchen verschrien bin."

„Weshalb eigentlich?"

„Vielleicht, weil ich öfter meine Oma im Pflegeheim besuche?"

„Ich, für meinen Teil, bin seit zwei Jahren Single. Du weißt ja selbst, bei den Diensten wird es schwierig einen Partner zu finden."

„Genau, wer akzeptiert schon die vielen Überstunden, die wir schieben müssen?“

„Hast du in der Richtung denn schon böse Erfahrungen machen müssen?“

„Einmal verheiratet, zweimal verlobt und im Moment vielleicht ein bisschen verliebt. Reicht das?“ Bei der letzten Frage schaute Olli Lisa mit festem Blick an.

„So genau wollte ich das gar nicht wissen. Wo ist denn deine Angebetete an einem Tag wie heute?“

„Gar nicht weit weg, im Gegenteil, ziemlich nah sogar.“ Lisa wurde rot und registrierte verschämt Ollis Anmache. Blickte dann lässig ihrem Kollegen ins Gesicht. „Mach dir keine Hoffnung. Bei mir läuft derzeit was im Internet. Demnächst treffen wir uns und ich werde sehen, ob mehr daraus wird. Unter Kollegen? Du glaubst doch selbst nicht, dass das funktioniert?“

„Du hast recht. Wollte irgendwie anbringen, wie toll ich dich finde. Liegt womöglich an der relaxten Stimmung mit dir. Außerdem habe ich lange keinen Sonnenuntergang mehr mit 'ner Frau genossen. Sind wohl eben die Pferde mit mir durchgegangen.“

„Schon gut, das haken wir ab und ich biete dir wenigstens meine Freundschaft an. Ist doch auch was?“

„Ehrlich gesagt, mehr als ich erwartet hatte.“

Die Sonne stand kurz davor, sich vollends im Meer zu verabschieden, um in eine grandiose Abenddämmerung zu wechseln, das letzte Licht der Sonne verschwand. Olli und Lisa schauten dem Abtauchen der Sonne im Meer hinterher. Jeder schien seinen eigenen Gedanken nachzuhängen. Schnell wurde es dunkel und an der Strandbar leuchteten weithin sichtbar neben den Kerzen nun auch kleine Lämpchen. Das Bier und die melancholische Abendstimmung lösten Lisas Argwohn. Sie überlegte nicht lange und sprach aus, woran sie gerade denken musste. „Ich hoffe, dass der Stalker mich heute wenigstens in Ruhe lässt, wenn ich nach Hause komme. Habe keine Lust auf dessen Spielchen."

Olli horchte auf und war auf einmal hellwach. „Wie, ein Stalker?"

„Ein Typ hatte mich gestern Abend beobachtet, als ich nach Hause kam. Vielleicht irre ich mich ja auch nur."

„Hast du mit Heilmeyer schon darüber gesprochen?"

„Unsinn. Soll ich mich lächerlich machen? Wenn nichts dahintersteckt, möchte ich gar nicht das Gerede hören. Ich mach mich doch nicht gleich zu Beginn lächerlich, schließlich bin ich keine Anfängerin. Die Sache werde ich im Auge behalten, falls mehr dran ist, geb' ich dir Bescheid."

„Aber bitte nicht erst, wenn es zu spät ist. Du hast wahrscheinlich keine Ahnung, wozu solche Typen fähig sind. Wenn du dem Chef nichts sagen willst, dann informiere wenigstens mich! Hier hast du meine Handynummer."

„Danke, aber das wird garantiert nicht nötig sein. Der wird aufgeben, wenn er merkt, dass er mir keine Angst einjagen kann."

„Wann ging das mit dem los?"

„Vorgestern zum ersten Mal. Hab' ich dir doch gesagt, dass das noch nicht lange her ist. Ich bin mir nicht mal ganz sicher. Eindeutiger dagegen war am selben Tag ein Anruf. Der Typ sprach auf meinen AB und drohte mir, dass er mich fertigmacht, wenn ich weiter rumschnüffle. Auch, dass ich die Nächste sein werde, die man sucht."

„Das ist nicht dein Ernst? Wie naiv bist du denn? Du hast kein Wort bisher darüber verloren? Das geht uns echt was an und könnte unter Umständen mit unserem aktuellen Fall zu tun haben. Der Typ hat dich klar im Blick. Für mich hört sich das an, als wenn der den Fall ziemlich gut kennt." Olli hielt inne und überlegte, bevor er weitersprach: „Ich will dir ja nicht unnötig Angst machen, vielleicht ist das auch einer, der deine Jugendfreundin und dich von früher kennt? Oder einer, der bei dir nicht landen konnte und dir jetzt Angst einjagen will. In jedem Fall einer, der dich ziemlich gut kennt. Versprich mir, morgen mit Heilmeyer zu sprechen, ansonsten mache ich das."

Lisas gute Laune war dahin. Auch wenn seitdem erst ein Tag vergangen war, hätte sie die Kollegen sofort einweihen müssen, das wurde ihr deutlich vor Augen geführt. Als hätte Olli Lisas Gedanken erraten, klangen seine Worte jetzt nicht mehr vorwurfsvoll, sondern eher besorgt. „He, denk daran, das geschieht zu deinem eigenen Schutz. Wir haben unsere Möglichkeiten und du musst nicht die Starke mimen. Das weißt du genauso gut wie ich!"

Lisa schluckte und sah schnell ein, dass ihr Verdrängen Folgen haben könnte. Der Gedanke, dass jemand sie belästigte, war zwar unangenehm, aber sie wollte der Sache erst mal keine Bedeutung beimessen, sondern abwarten was noch kam. Jetzt bekam sie mit voller Wucht Ollis Vorwürfe zu spüren und die fühlten sich wie eine Ohrfeige an. Die Drohung des anonymen Anrufers von gestern hallte in ihrem Kopf und brachte ihre Gefühle ordentlich durcheinander.

Olli sah Lisa besorgt an und merkte, wie schnell sie sich gerade von einer taffen Frau zur unsicheren Frau wandelte. Auf einmal tat sie ihm leid und er bemühte sich sie aufzumuntern.

„Noch ist es ja nicht zu spät", versuchte Olli Lisa zu beruhigen, „Vielleicht entpuppt sich das Ganze sogar als Glücksgriff und die Spur führt uns direkt zum Täter. Irgendwas stimmt da nicht, sonst hätte der nicht den Namen des Opfers genannt."

„Aber warum wollte der mich verunsichern? Wenn er wusste, dass ich bei der Kripo bin, muss er Gefahr laufen, dass ich euch einweihe?"

„Den wahren Grund dafür kennt nur der Anrufer. Auf alle Fälle wirst du heute nicht allein nach Hause gehen, ich werde dich begleiten."

„Danke Olli. Dein erster Freundschaftsdienst." Lisa bemühte sich zu schmunzeln, was ihr nicht gelang.

Nicht nur die Stimmung von beiden veränderte sich stark, auch der Horizont hatte in den letzten Minuten eine dramatische Wandlung vollzogen. Ihnen war längst kühl geworden. Eine Gänsehaut machte sich auf Lisas Haut breit, die nicht nur von der Abendfrische herrührte. Der Gedanke an den anonymen Anrufer ließ sie von jetzt an nicht mehr los.

Olli setzte Lisa direkt vor ihrer Haustür ab. „Soll ich dich bis ins Haus begleiten?"

„Nee, lass mal gut sein. Aber danke fürs Angebot. Du hast recht, ich hab' das Ganze wohl etwas zu leichtgenommen. Was hast du jetzt nur für einen Eindruck von mir? Morgen früh rede ich mit Peter Heilmeyer, versprochen."

„Dann hatte der Abend wenigstens etwas Gutes."

„Was ist mit unserer Freundschaft?"

„Das meine ich ja vor allem. Schlaf gut." Unbewusst drehte Lisa sich nach allen Seiten um, bevor sie die Haustür öffnete. Wenigstens sah es so aus, als wenn der Stalker sie heute in Ruhe ließ. „Dem ist das Warten auf mich wohl heute vergangen."

Diesen als Scherz formulierten Satz griff Olli nicht auf, stattdessen schaute er sich die nähere Wohngegend genauer an. Vor ihm befand sich eine dreistöckige Reihe Häuser im Bäderstil. Die leichte Bauweise erinnerte mehr an Ferienappartements als an alt gestandene Häuser. Von irgendeiner Terrasse wehte leise Musik herüber und auf einem Balkon war übermütiges Stimmengewirr zu hören. Ansonsten fiel ihm nichts auf. Kein einziger Mensch war mehr auf der Straße zu sehen, geschweige denn, dass jemand vor Lisas Haus stand. Olli warf einen letzten Blick zurück und erblickte seine Kollegin gerade noch auf dem Balkon, wie sie ihm lächelnd zuwinkte. Er winkte zurück und fuhr bis zu den Fahrradschuppen weiter, von dem Lisa ihm erzählt hatte. Dort war auch nichts zu erkennen.

Aus der Perspektive seines Autos konnte er nicht den geduckten Mann mit der schwarzen Kapuzenjacke erkennen. Der blieb unsichtbar und bewegte sich lautlos in der Dunkelheit.

Torfbrücke, Campingplatz

Erwin wartete viel zu früh an der Einfahrt zum Campingplatz. Mit einem Hauptkommissar hatte man es schließlich nicht alle Tage zu tun. Das allerdings war seiner Frau völlig egal. Sie war sauer, weil er sich schon wieder auf *Mörderjagd* begeben wollte. Während sie in der Küche wirtschaftete, schüttelte sie nur den Kopf. „Mit dir wird es immer schlimmer. Seitdem du Rentner bist, bekomme ich dich überhaupt nicht mehr zu Gesicht."

„Mach bloß keinen Stress, wann hat man schon mit der Kripo zu tun? Das ist wenigstens mal was Besonderes im Rentneralltag."

„Wäre ja gut, wenn dich das Ganze von deinen Phantastereien wegbringt und du endlich auf den Boden der Realität zurückkommst."

„Wir werden ja sehen, ob meine Beobachtung nützlich ist."

Erwin verließ viel zu früh das Haus, weil er sich über das Unverständnis seiner Frau ärgerte. Er musste kurz daran denken, wie flott gestern alles lief. Erwin wurde zügig an die zuständige Stelle weitergeleitet. In der Polizeidienststelle Sanitz gab man ihm die richtige Telefonnummer und dann ging alles ziemlich flott. Seine Unruhe war völlig umsonst. Dort konnte er ohne Umschweife endlich alles rauslassen, was er vor einigen Tagen mit eigenen Augen gesehen hatte. Nun wartete er am Eingang zum Campingplatz und die letzten Worte seiner Frau fielen ihm ein. Vielleicht sah er ja wirklich überall Gespenster und sie hatte recht? Aber er hatte die Frau genau gesehen und zwar genau die aus der Zeitung. Da war er sich ganz sicher. Wie werden die anderen von der Seebrücke staunen, wenn er ihnen davon erzählte!

Im Geiste wähnte er sich bereits im Erfolg und bekam nicht mit, dass ein dunkler BMW anhielt. Zwei Männer stiegen aus und gingen direkt auf ihn zu. Wenig später stellte sich ein gelber Opel daneben und Hauptkommissar Heilmeyer stellte auch seine Kollegin vor: „Das ist Frau Liebich und da drüben das ist Olli Walter. Ich bin Hauptkommissar Heilmeyer, wir haben gestern telefoniert. Sie sagten, dass Sie was entdeckt haben, das für uns unter Umständen interessant sein könnte? Wiederholen Sie bitte noch mal, was Sie genau gesehen haben?"

„Ich weiß gar nicht, wo ich zuerst anfangen soll." Erwins Souveränität von eben schien plötzlich verschwunden zu sein.

„Erzählen Sie der Reihe nach, genau das, was Sie mir gestern am Telefon gesagt haben. Anschließend sehen wir uns gemeinsam die Stelle an." Heilmeyer verstand es, seine Gelassenheit auf Erwin zu übertragen und der fing endlich an zu erzählen.

„Vor fünf Tagen war das. Ich weiß das so genau, weil an dem Tag das Problem mit dem Rücken begann. Am nächsten Abend erfuhr ich durch die Zeitung, dass die Frau vermisst wird. Wollte mich ja längst melden, aber mit dem Rücken kam ich ja nicht weit und meine Frau ..."

„Verstehe, der Rücken. Und was gab es vor dem Rücken zu sehen?"

„Wie immer war ich mit dem Rad unterwegs, aber nur eine kleine Runde zum Campingplatz. Der ist in diesem Jahr besonders voll und meine Nichte hatte mich gebeten ..."

„Gut, Sie waren also auf dem Campingplatz und dann?"

„Nein, ich fuhr am Campingplatz vorbei. Ich weiß nicht, was mich geritten hatte. Ich fuhr sogar bis ganz ans Ende, bis weit hinter dem 2. Parkplatz. Der wird eigentlich nicht mehr genutzt, meist stehen nur kaputte und ausrangierte Autos rum. Genau dort habe ich die Frau aus der Zeitung gesehen. Ja, und ein Mann war auch dabei. Hatte überlegen müssen, aber dann war ich mir ganz sicher, die haben miteinander gestritten. Das war kein normaler Streit, der Mann wurde sogar handgreiflich. Bin schnell weitergefahren, was hätte ich allein auch machen sollen? Nach einer halben Stunde etwa kam ich zurück und sah, dass der Mann noch da war und zwar allein. Er hantierte an dem schwarzen Polo rum und hielt eine Menge Frauensachen in der Hand."

„Wieso wissen Sie so genau, dass es Frauensachen waren?"

„Sah jedenfalls so aus, Tasche, Bluse und solcher Kram. Ziemlich bunt, nix für 'nen Mann. Von der Frau war weit und breit nichts zu sehen. Der war dabei, die Sachen in einen blauen Müllsack zu stopfen und warf den Sack in den Kofferraum. Zum Glück konnte der mich nicht sehen, ich hatte ja mein Rad und blieb auf dem Weg im Abstand zu ihm, versteckt hinter einem Baum. Dabei bewegte ich mich kaum. Dann fuhr er weg und ich verließ auch die Stelle. Am Montag darauf hörte ich von der Vermissten und sah wieder ein Foto in der Zeitung. Ich brauchte nur eins und eins zusammenzählen. Aber wie gesagt, mein Rücken hatte mich so lange ans Bett gefesselt."

„Hauptsache ist, dass Sie uns überhaupt informiert haben."

Lisa begann es zu frösteln, als sie den Mann vom schwarzen Polo reden hörte und bestätigte.

„Ja, einen Polo hatte Sarah schon damals."

Olli wurde nervös und wollte mehr über den Mann mit dem Polo wissen. „Haben Sie den Mann erkannt? Eine Beschreibung würde uns weiterhelfen."

„Nein, das hatte ich doch gestern schon am Telefon gesagt. Der Mann stand viel zu weit von mir entfernt. Aber die Frau, genau die Frau hatte ich jetzt überall in den Zeitungen gesehen."

Im selben Moment traf Ollis Blick Lisa und beide dachten wohl dasselbe. Lisa wusste, dass sie in wenigen Minuten

Heilmeyer ansprechen würde. Es wurde höchste Zeit für ein Gespräch mit ihm.

Erwin stieg zu Lisa ins Auto. Sie fuhren voraus und Heilmeyer kam mit Olli hinterher. Die Fahrt dauerte nicht lange. Weit kam das Team mit den Autos nicht, denn der angrenzende Weg war nicht mehr für Fahrzeuge zulässig. Sie mussten aussteigen und zu Fuß weitergehen. Erwin hatte nicht daran gedacht, dass der von ihm beschriebene Weg nur für Radfahrer zulässig war, ohne Auto dauerte es deutlich länger. „Hier sind keine Autos mehr zu sehen, geschweige denn ein schwarzer Polo."

Erwin zeigte grade aus. „Da drüben standen die beiden, das müssen Sie mir glauben. Die sind aus der Richtung Torfbrücke gekommen."

„Ist ja gut, wir glauben Ihnen. Die Spusi wird nachher den gesamten Bereich durchkämmen. Vielleicht lassen sich ja noch Spuren sichern. Jetzt bringen wir Sie erst mal zu Ihrem Fahrrad zurück. Danke, der Hinweis war für uns auf alle Fälle sehr wichtig. Falls Sie wieder was haben, zögern Sie nicht so lange. Hier haben Sie die direkte Durchwahl. Anruf genügt, wir kümmern uns um den Rest." Es dauerte, ehe sie wieder zurück waren. Erwin stieg aus Lisas Auto und winkte erleichtert den Leuten von der Kripo lange hinterher. Die nahmen keinerlei Notiz mehr von dem Mann und rasten im Eiltempo an ihm vorbei.

„Der Hinweis war für uns sehr wichtig", wiederholte Erwin die letzten Worte des Hauptkommissars und freute sich schon auf die abendliche Altherrenrunde auf der Seebrücke. Die Männer würden aus dem Staunen nicht mehr rauskommen. Ein echter Kriminalfall und er war ein wichtiger Zeuge. Schade, dass vom Polo nichts mehr zu sehen war. Und wo wohl der Typ den blauen Sack abgeladen hatte? Vergraben? Erwin nahm sich vor, sich weiter umzuschauen, hoffte aber, dass die Kripo bald was herausfinden würde.

Rostock, Kriminalkommissariat

Auf die Besprechung kurze Zeit später musste der Hauptkommissar seine Leute nicht erst aufmerksam machen, alle saßen pünktlich am runden Tisch, außer Lisa, die fehlte. Seit es sicher zu sein schien, dass der gesichtete Polo Sarah gehörte, musste sie an ihre gemeinsamen Ausflüge denken. Auch mit diesem Wagen. Sie konnte einfach nicht zur Tagesordnung übergehen. Mit aufgefrischten Augen betrat sie den Besprechungsraum. Ihr gequältes Lächeln entging den anderen nicht, auch Heilmeyer erkannte, dass seine Praktikantin in einem Gefühlschaos stecken musste und hakte vorsichtig nach: „Alles klar bei dir?"

„Alles gut, hab nicht besonders gut geschlafen."

Heilmeyer begann sofort damit, die bisherigen Ergebnisse zusammenzufassen. Dazu gehörten der Bericht aus der Rechtsmedizin, die Protokolle der Befragungen und der aktuelle Hinweis des Einwohners aus Graal-Müritz. Besonders hob der Chef zwei Umstände hervor, die womöglich die Lösung ihres Falles schneller voranbringen konnten. „Wir hoffen dem Auto von Frau Niemann auf die Spur zu kommen, ein glücklicher Umstand könnte das möglich machen. Weiterhin gehen wir einer neuen Spur von Reiman nach. Falls ihr noch Anregungen habt, wäre dafür jetzt Zeit."

Olli gab Lisa ein Zeichen und sie wusste, dass er nicht nachgeben würde, ehe sie mit dem Chef gesprochen hatte. Heilmeyer sprach weiter, als sich keiner zu Wort meldete: „Die Männer von der Spusi sind unterwegs zum Campingplatz. Falls sie den blauen Sack, von dem der Rentner sprach, finden, hätten wir ein gutes Beweisstück. Lisa, du wohnst in Graal-Müritz, befrag du unseren Zeugen vor Ort noch einmal, vielleicht hat er sogar einen blauen Jeep in der Nähe gesehen. Jens, du machst dort weiter, wo du gestern aufgehört hast. Vielleicht verschweigen uns die Damen von der Partneragentur was und du findest noch ein paar pikante Details. Lisa, bevor du nach Hause fährst, mach mit den Tattoos weiter, die Adressen von den Studios hast du ja."

Heilmeyer entging der Blickkontakt zwischen Olli und Lisa nicht. „Alles klar bei euch?"

Olli sah Lisa ernst an. Das war der passende Augenblick, sie konnte nicht länger schweigen. „Nein, nicht alles in Ordnung, deshalb muss ich mit dir nachher allein sprechen?"

„Sag nicht, dass du krank bist?"

„Eher was Persönliches."

„Na dann los, du weißt unsere Zeit ist knapp."

Die anderen hatten bereits den Raum verlassen und Lisa blieb mit Heilmeyer allein zurück. Eine kurze Pause gönnte sich Lisa, um sich klar darüber zu werden, wie sie die Angelegenheit möglichst undramatisch schildern konnte. Nach dieser kurzen Atempause zitierte sie wortgenau den Text des Anrufers und ließ nicht aus, welchen Schrecken die Nachricht bei ihr auslöste. Vom Stalker erzählt sie erst mal nichts.

Peter Heilmeyer saß seiner jungen Kollegin gegenüber und schaute sie mit versteinerter Miene an. „Wenn ich ehrlich sein soll, erstaunt mich bei der ganzen Geschichte am meisten, dass erst Olli dir sagen musste, dass du uns informieren solltest. Du betonst immer, dass du keine Anfängerin bist, aber ..."

Weiter kam er nicht. „Genau, das hatte ich befürchtet, dass du vorschnell ein Urteil fällst. Die Sache fing erst vor zwei Tagen an, ich wollte wenigstens einen Tag abwarten, ob das eine Eintagsfliege war, danach wollte ich es offiziell machen."

„Okay, habe kapiert. Jens wird für eine Telefonüberwachung sorgen. Damit schnappen wir uns den Kerl, sobald er sich wieder meldet."

Lisa fühlte sich erleichtert und ihr Chef rief Jens an. Lisa blieb mit ihren Gedanken allein und musste an ihren Chatfreund denken. Das mit ihm ist meine persönliche Geschichte und sollte hier nicht die Runde machen. Der Kontakt ist viel zu frisch und noch sollte nichts nach draußen dringen, auch nicht durch eine Abhörschaltung.

Noch während Heilmeyer mit Jens telefonierte, gab er Lisa ein Zeichen, dass der sich am Nachmittag um ihr Telefon kümmern würde. Lisa spürte den Drang nach frischer Luft und hatte es plötzlich sehr eilig.

„Danke, dass das so schnell klappt, aber mehr Überwachung muss auch nicht sein. Olli und ich bleiben auch in ständiger Verbindung."

„Einverstanden. Wenn ihr das unter euch regelt, umso besser. Leute für eine ständige Überwachung haben wir ohnehin nicht. Ich wiederhole zum letzten Mal: Keine Alleingänge! Bitte! Du kannst dir sicherlich gut vorstellen, wozu solche Typen fähig sind und willst schließlich nicht die Nächste sein."

„Ich kann ganz gut auf mich aufpassen."

„Halt mich auf dem Laufenden und denk dran, du wirst noch gebraucht."

Lisa konnte das Grienen ihres Chefs nicht erwidern. „Aber im Ernst, vielleicht hat Olli recht und der Typ kennt euch von früher. Damit wäre meine Theorie zwar gestorben, aber wir sollten das im Auge behalten. Unser Fall hätte dann auch nichts mehr mit der Wendezeit zu tun, ihr beide wart damals ja noch Kinder."

Lisa hatte keine Lust irgendwelche Hypothesen aufzustellen, sie wollte nur noch weg. „Wenn das alles ist, kümmere ich mich um die Tattoos."

Sämtliche Leute von Heilmeyer waren unterwegs, vor ihm lagen noch immer die vergilbten Akten von 1990. Konzentriert blätterte er im Abschlussbericht. Dabei stachen ihm einige dick markierten Details geradezu ins

Auge. Die Befragungen von damals gaben ihm nach wie vor jede Menge Rätsel auf. Die Faktenlage war besonders erschwert, weil niemand vermisst wurde. Es gab praktisch noch immer keinen winzigen Anhaltspunkt.

Plötzlich schweiften Heilmeyers Gedanken ab und er gab seinem inneren Drang nach, ganz persönliche Erinnerungen aus seiner Anfangszeit in Mecklenburg-Vorpommern zuzulassen. Wie schnell ihn Rostock in seinen Bann zog! Aus drei Jahren waren inzwischen knappe 30 Jahre geworden. Nach Lübeck kam er höchstens alle zwei Jahre, der obligatorische Besuch bei Arne, seinem Bruder. Seit der weggezogen war, gab es keinen Grund mehr in die alte Heimat zu reisen. Dagegen kam Arne öfter zu ihm. Er liebte die Ostsee und kannte in der Nähe einen ehemaligen Kommilitonen. Arne war es auch, der die merkwürdige Geschichte von einem Paar und ihrem Kind erzählte. Warum fiel ihm das gerade jetzt ein? Je länger er daran dachte, desto deutlicher erinnerte er sich. Sein Bruder erzählte von einer verschwundenen Frau, die ihren Jungen und den Ehemann zurückließ. Ich fand damals nichts Außergewöhnliches daran, zumal von persönlichen Zerwürfnissen gesprochen wurde. Später erzählte Arne noch einiges mehr. Der Vater sollte einige Zeit später ebenfalls verschwunden sein, einfach so. Das hingegen fand er dann doch bedenklich. Soweit er sich erinnern konnte, kümmerten sich Verwandte um den Jungen, es gab sonst weiter keine Nachforschungen. Warum fiel ihm ausgerechnet jetzt diese Geschichte ein, es gab weder Tote noch Verletzte? Heilmeyer schob den Gedanken beiseite und nahm den Faden in den Unterlagen wieder auf.

Graal-Müritz, Zaunkönigweg

Nachdem Jens den Auftrag von Heilmeyer entgegennahm, sich um Lisas Telefon zu kümmern, erkundigte er sich umgehend bei ihr nach dem Alter des Gerätes.

„Der Chef meint, ich soll dafür sorgen, dass dein anonymer Anrufer sichtbar wird? Wie wir das genau anstellen, hängt davon ab, wie alt dein Telefon ist. Im digitalen Zeitalter geht das einfacher als früher mit einer Fangschaltung. Es gibt einen zentralen Dienst zur Ermittlung von anonymen Anrufern. MCID, also *Malicious Call Identification* hat diese Aufgaben übernommen. Dabei werden alle Rufnummern, das Datum und die Uhrzeit protokolliert. Du kannst praktisch diese Daten eines anonymen Anrufers von deinem Provider erhalten. Diese Daten dürfen sogar vor Gericht verwendet werden. Wir müssen also lediglich das MCID-Merkmal bei deinem Provider beantragen und erhalten alle Daten. Ein geringer Aufwand mit schnellstmöglichem Erfolg. Eine Begründung ist normalerweise notwendig, aber wenn der Antrag direkt von uns kommt, erübrigt sich der wohl."

„Wenn wir den Typ damit festnageln, ist mir jedes Mittel recht. Seine verbalen Drohungen waren harter Tobak und die muss ich wohl ernst nehmen, ob ich will oder nicht."

Jens schlug 15 Uhr vor und Lisa willigte sofort ein. Sie hoffte, dass das Gespräch im Tattoostudio nicht allzu lange dauern würde.

In den Studios kam Lisa schnell weiter. Gleich im zweiten Studio erinnerte sich der eine Mitarbeiter ziemlich deutlich an Sarah. Er schilderte Lisa genau, wie schüchtern sie das Studio betrat, aber sich zielsicher nach dem Traumfänger erkundigte. Der Mann hatte noch mehr auf Lager und erzählte drauflos: „Ich hatte das Gefühl, dass ihr Wunsch nach diesem Tattoo eher eine Identitätskrise bedeutete. Irgendwie wollte sie, glaube ich, rebellieren. Sie war anders als die anderen Kunden, mit denen wir es sonst zu tun haben."

Sein Chef, der neben ihm stand, zeigte sich ungerührt über Sarahs Tod, meinte stattdessen salopp: „Ich hatte längst damit gerechnet, dass mal was passiert. Etwa vor drei Wochen war sie das letzte Mal bei uns. Sie wollte kein neues Bild, brauchte wohl nur jemanden zum Quatschen. So kam uns das jedenfalls vor. Wir nennen Tattoos auch Identitätsmanagement." Übersetzt meinte er damit wohl, dass die Leute mit ihren Körpern ihrem Umfeld zeigen wollen, wer sie sind. Und er fühlte sich tatsächlich persönlich für seine Kunden verantwortlich. Das nahm Lisa ihm sogar ab, als er meinte, dass Sarah bei ihm keine Ausnahme machte. Hatte er auch Sarah beeinflusst? Ich denke ja und sie erinnerte sich weiter an das Gespräch mit ihm.

„Passten Sarahs Tattoos zu ihr?"

„Ich denke ja. Bevor ich ihr das erste große Tattoos stach, haben wir lange geredet. Sie kam mir zerbrechlich vor, so als wüsste sie gar nicht, wo sie hingehörte. Später musste sie etwas beeinflusst haben, sie hatte sich komplett gewandelt. Sie meinte, der Traumfänger wäre genau das Richtige für sie. Und nun das! Ich hatte gehofft, dass sie aus ihrem Tief rauskommt."

„Hatte sie sich mal über einen Mann geäußert?"

„Nicht wirklich. Ich musste ihr ohnehin jedes Wort aus der Nase ziehen. Ein Wunder, dass sie überhaupt unseren Laden aufsuchte."

„Und der letzte Mann?"

„Wie gesagt, sie sprach nicht groß. Mir fällt aber noch ein, dass sie irgendwie ein schlechtes Gewissen zu haben schien."

„Schlechtes Gewissen?"

„Ja, es ging wohl um irgendeinen Kerl, einen Verflossenen oder so. Den muss sie kurz zuvor abserviert haben."

„Kennen Sie den Namen?"

„Nee, konkret ist sie ja nie geworden. Das war nur so ein Gefühl, an das erinnere ich mich noch ganz gut!"

Lisa sah wieder die ratlosen Augen des Mannes vor sich. Richtig schlau war sie nicht aus dem Typ geworden. Allerdings hatte er die These von Tess über die Tattoos eher bestätigt.

Der Mitarbeiter erinnerte sich auch: „Beim ersten Termin hatte sie ja nur grundsätzliche Fragen. Als sie dann ein zweites Mal kam, war sie deutlich sicherer, die Schmerzen beim Stechen machten ihr nicht das Geringste aus. Das hatte mich noch gewundert, weil ich sie anfangs für sehr zartbesaitet hielt."

Lisa hatte erst mal genug gehört. Sie merkte, dass Tess mit ihren Einschätzungen nicht auf dem Holzweg war und dachte an ihren Termin mit Jens, der in Graal-Müritz auf sie wartete.

Unter Volldampf verließ sie die Innenstadt, der Verkehr hatte inzwischen deutlich zugenommen. Sie stieg um wenige Minuten verspätet und abgehetzt aus ihrem Auto und sah, dass Jens bereits vor der Haustür wartete.

„Tut mir leid, wartest du schon lange?"

„Geht so. Wenn Gefahr in Verzug ist, bin ich eben schnell."

„Ich mach uns gleich 'nen Kaffee."

Jens sah sich in Lisas Wohnung um. „Gemütlich! Erstaunlich viel Grün. Woher nimmst du bloß die Zeit für die Pflege?"

„Mein Hobby, den Aufwand nehme ich gern in Kauf. Ohne Pflanzen gibts in der Wohnung ja keine Atmosphäre."

Jens entdeckte das Telefon und erkannte auf den ersten Blick, dass es sich um ein älteres Modell handelte. Lisa war froh, dass er sie nicht ausfragte, stattdessen sofort anfing, sich mit dem Telefon zu beschäftigen.

„Mit technischem Zeug kenne ich mich gar nicht aus. Musst du mir nachher erklären, wie das Ganze funktioniert."

„Da ist nichts dabei. Dein Telefon ist älter und deshalb machen wir doch die herkömmliche Methode über eine ISDN-Mischschnittbox, die wird zwischen deinem und unserem Anschluss geschaltet. Die Signale werden direkt in der Leitung abgefangen. Zusätzlich stecke ich einen Telefonrekorder an dein Festnetztelefon. Damit zeichnen wir alle Gespräche auf. Für Dokumentationszwecke kann das sinnvoll sein."

„Aber mein Computer bleibt verschont, oder?"

„In diese Richtung hatte Peter nichts gesagt."

Das ist gut, dachte Lisa wieder etwas entspannter an den Chat mit ihren Freund. Der wollte sich in einer guten Stunde melden, das hatten sie noch in der Nacht so vereinbart.

Jens riss sie aus ihren Gedanken: „Es geht um dich, du bestimmst."

Während Jens die Leitung überprüfte, bereitete Lisa den Kaffee zu. In ihrem Kopf schwirrten die letzten Tage ihres Praktikums. Ihr bisheriges Leben wurde gehörig durcheinander gewürfelt.

Sie schaute Jens beim Auseinandernehmen ihres Telefons zu und sprach fasst zu sich selbst: „Wieder ein Tag und wir haben vom Täter noch keine echte Spur."

Jens antwortete nicht. Lisa war nicht mal sicher, ob er zugehört hatte. Er war intensiv mit dem Telefon beschäftigt und Lisa zog sich mit ihrem Kaffee auf den Balkon zurück. Sie dachte an die beiden Männer aus dem Tattoostudio. Hätte sie nie für möglich gehalten, dass die sich dort selbst in ihre Kunden hineindenken. Sie hatte ein völlig schräges Bild von dem Gewerbe.

Jens war inzwischen fertig. In seiner unauffälligen Art machte er sich still bemerkbar.

„Wo soll ich die Tasse abstellen?", fragte er verlegen und ob Lisa ein Taschentuch für ihn hätte.

„Hast du deinen Kaffee verschüttet?"

„Ja, aber nicht weiter schlimm, nur auf der Hose." Schnell lenkte er ab und fragte: „Soll ich dir das Meisterstück jetzt präsentieren?"

„Na klar."

„Sobald der sich meldet, haben wir ihn. Du weißt schon, dass du ihn in ein längeres Gespräch verwickeln musst, damit das GPS ihn orten kann. Das hier war eine Kleinigkeit zu dem, was wir sonst so basteln. Unsere technischen Möglichkeiten bieten deutlich mehr. Telefon, Internet, Chat, Telefax und Geodaten, alles kein Tabu für uns. Wenn wir wollen, können wir den gesamten Telekommunikationsverkehr überprüfen. Ein Handy ist die beste Abhörwanze, und lässt sich super leicht abhören."

Lisa staunte. Bisher blieb sie von diesen Themen verschont.

„Während früher Spezialisten mit teuren Abhöreinrichtungen nötig waren, Räume und Leute abzuhören, erfüllt heute jedes normale Handy diesen Zweck. Ein im Raum verstecktes Handy kann von außen jederzeit angerufen werden. Im lautlosen Modus läutet es natürlich nicht. Die automatische Rufannahme, welche fast jedes marktübliche Gerät beherrscht, verbindet den Lauscher und macht jedes im Zimmer gesprochene Wort hörbar. Den Aufwand betreiben wir nur, wenn in einem Verfahren wegen schwerer Kriminalität ermittelt wird. Bei Gefahr in Verzug muss die zuständige Staatsanwaltschaft dafür die Erlaubnis erteilen."

„Zum Glück musste ich mich um derlei Methoden nicht kümmern. Scheint ein interessantes Thema zu sein. Aber den kompletten Telekommunikationsverkehr abzuhören, klingt trotzdem eigenartig. Ist das dir schon passiert?"

„Ja einmal, das war kein Kavaliersdelikt, wie du dir vorstellen kannst."

Lisa lenkte das Gespräch in eine andere Richtung, weg von der täglichen Arbeit. Ihr Sinn stand mehr nach Belanglosigkeiten. „Beschäftigst du dich nach der Arbeit auch noch mit Technik?"

„Zu Hause denke ich nicht an den Job, aber technischer Kram steht trotzdem genug rum. Doch eher für die Kids, Ermittlungen halte ich zu Hause raus, soweit das in unserem Job überhaupt möglich ist."

Lisa war gedanklich nicht mehr bei Jens. Sie begann sich auf den vereinbarten Chat mit ihrem neuen Freund zu freuen. Er hatte in der Nacht eine ausführlichere Nachricht geschickt. Sie hatte gleich geantwortet, dass sie ihn gern treffen würde. Vielleicht klappte es ja auch bei ihm und er würde heute bei der Lesung dabei sein? Genau, heute Abend die Lesung im Jagdschloss Gelbensande, darauf hatte sie sich schon so lange gefreut. Das kriege ich hin, wenn ich ihm von dem Stalker erzähle, sagte sie sich im Gedanken.

Jens gegenüber rutschte ihr raus, dass sie sich auf eine Verabredung am Abend freute. Er hätte gern noch mehr gewusst, das spürte Lisa. Und Jens war froh, dass er sich in letzter Minute die Frage nach dem Glücklichen verkneifen konnte. Eine solche Indiskretion war auch gar nicht seine Art. Stattdessen verstaute er eilig seine Arbeitsutensilien in einen Koffer und nahm seine Jacke vom Haken.

„He, nicht so eilig. So war das nicht gemeint, du musst dich nicht überschlagen."

„Ich hab' auch was vor und du genießt den Rest des Feierabends."

Lisa wurde verlegen: „Danke, dass du den Nachmittag für mich frei geschaufelt hast. Wenigstens fühle ich mich jetzt sicherer."

„Dann hat sich mein Umweg wenigstens gelohnt und viel Spaß mit deiner Verabredung. Wir haben dein Telefon im Blick oder besser am Ohr. Bis morgen."

„Danke."

Wenige Minuten später klickte die Tür ins Schloss und Jens war genauso leise verschwunden, wie er gekommen war.

Der Kollege hatte Lisas Unruhe richtig gedeutet. Skeptisch beäugte sie ihr Telefon. Äußerlich war dem nichts anzumerken. Hoffentlich ließen die Kollegen tatsächlich den Computer in Ruhe. Vielleicht fällt mir ja etwas auf, wenn ich gleich chatte? Werde ihm sowieso ein Zeichen geben, dass unser Chat kürzer ausfallen muss und ihm stattdessen gleich vorschlagen, uns nachher zu treffen. Neugierig hat er mich längst gemacht. Warum also ein Treffen hinausschieben? Sie suchte im Gedächtnis nach dem kleinen Foto von ihm. Der Gedanke an den Mann ließen ihr Herz tanzen und ihre Gesichtszüge wurden weicher. Erleichtert stellte Lisa fest, dass der anonyme Anrufer sie anscheinend heute in Ruhe ließ. Nicht nur das Telefon schwieg, auch vom Balkon aus hatte sie nichts Auffälliges weit und breit gesehen. Es dauerte nicht mehr lange, dann würde er sich melden. Ungeduldig schaute sie auf ihren Computer, den sie gleich beim Betreten der Wohnung angemacht hatte. Sie wollte keine Minute verpassen, wenn er sich meldete.

Graal-Müritz, Koppenheide

Erwin war wieder zu Hause. Die Begegnung mit der Kripo hatte ihn aufgewühlt und er hoffte, seine Frau würde ihm endlich mal richtig zuhören. Er musste loswerden, wie die Kripo seine Beobachtung aufgenommen hatte und er glaubte fest daran, dass sein Hinweis helfen würde, dem Täter auf den Pelz zu rücken. Seine Frau zeigte sich allerdings von seinem Bericht wenig beeindruckt. Ihre einzige Befürchtung bestand darin, ihn noch seltener zu Gesicht zu bekommen. Sie war sogar wütend darüber, dass er sich nur für die Tote im Wald interessierte.

„Da irrst du dich aber gewaltig. Nicht die Tote interessiert mich, eher die Lebenden. Willst du etwa, dass noch ein Mord passiert? Du weißt, ich bin durch Zufall da reingeraten und erst, wenn der Täter überführt wird, können wir aufatmen. Ehrlich gesagt, kann dir nicht egal sein, dass so ein Typ frei herumläuft. Wer weiß, was der noch vorhat?"

Erwins Frau interessierte sich nicht für Krimis, geschweige denn für Kriminelle im wahren Leben. „Seit Tagen hast du nichts anderes mehr im Kopf. Du sprichst nur noch von der Frau im Wald. Wird Zeit, dass du deine Alten auf der Seebrücke triffst, die wirst du mit deinen Geschichten beeindrucken können."

Erwin wollte seine Frau nicht total verärgern, ging in den Garten und bot an, den Rasen zu mähen. „Das bringt mich auf andere Gedanken. Hoffentlich lässt mich mein Rücken in Ruhe." Seine Frau nahm die plötzliche Aktivität ihres Mannes wohlwollend zur Kenntnis, ohne ein Wort zu sagen. Er hatte sich in all den Jahren zwar an die stoische Art der Mecklenburger gewöhnt, aber die Sturheit seiner Frau mochte er selbst nach 30 Ehejahren nicht. Bis vor wenigen

Jahren fiel es ihm schwer, mit den Fischköppen warm zu werden. Dann traf er die Männerrunde und die abendlichen Treffs auf der Seebrücke hatten auch ihn verändert. In dieser Runde wurde er selbst als Magdeburger geschätzt.

Am späten Nachmittag hielt es Erwin nicht mehr zu Hause aus. Er wollte sich noch einmal allein im Wald umsehen. Die Stelle würde er mit dem Rad schnell erreichen können. Bis zum Treff mit den Alten an der Seebrücke blieb ihm über eine Stunde. Er schnappte sich sein Rad und fuhr in Richtung Campingplatz. In der Dr.-Leber-Straße ließ er den Rhododendron Park links liegen und fuhr auf direktem Weg Richtung Campingplatz. Der begann gleich hinter dem neuen Schöpfwerk. Ein Stück weiter rechts und links neben dem Radweg standen dicht gedrängt unzählige Wohnmobile, Zelte und Vorzelte. Für Erwin wurde es schwierig, durch die spielenden Kinder eine freie Durchfahrt hinzubekommen. Endlich war der Ausgang des Campingplatzes in Sicht. Nur die geschlossene Schranke hinderte ihn daran, seinen zackigen Fahrstil fortzusetzen. Er hielt an. Auf einmal erkannte er wenige Meter vor sich einen auffällig gelbleuchtenden Opel. Die Fahrerin war ausgestiegen und er konnte sie jetzt erkennen. „Die Frau von der Kripo? Die hat sicher den selben Gedanken wie ich. Aber um die Uhrzeit? Bei der Kripo haben die wohl nie Feierabend?" Erwin ging auf die Frau zu, als diese ins Auto steigen wollte. Bei der Begrüßung war sie schneller: „Sie können von der Sache im Wald wohl auch nicht loslassen?"

„Jo, dachte, schau mich weiter um, das kann nicht schaden. Vielleicht finde ich was."

„Ich finde das echt Klasse, wie Sie unsere Arbeit unterstützen. Sie haben ja unsere direkte Rufnummer, falls Ihnen was auffällt, melden Sie sich ohne Scheu."

„Sind Sie denn dem Täter ein Stück nähergekommen?"

„Wir sind ihm auf den Fersen und ihr Hinweis war ein wichtiges Puzzleteil dafür."

„Sind Sie etwa immer noch dienstlich unterwegs?“ Erwin staunte über seine direkte Frage. Seine Freunde von der Seebrücke würden staunen, wenn er ihnen von dem Kontakt zur Kripo erzählte.

„Nein, ich habe Feierabend. Die Spusi hatte sich heute Morgen ausgiebig umgesehen. Das Ergebnis müssten wir morgen haben.“

„Und was ist mit dem Auto der Toten?“

„Das hat der Täter wahrscheinlich ins Ausland gebracht, nach Polen, Ukraine oder anderswo in Europa. Wir haben unsere Kontakte und werden nachhaken.“

„Na dann, einen verdienten Feierabend!“

„Danke, passen Sie gut auf sich auf!“

Die Schranke öffnete sich, Lisa tippte auf ihre Uhr als Zeichen, dass sie es eilig hatte. Sie stieg ein und war bald nicht mehr zu sehen.

Als sie endlich weiterfahren konnte, freute sie sich auf ihre Verabredung. In wenigen Minuten würde sie ihren Chatfreund endlich zum ersten Mal persönlich begegnen. Als sie nachmittags miteinander sprachen, hatte er tatsächlich zugestimmt, sich noch am selben Tag zu treffen. Er bat sie lediglich darum, ihn in der Nähe des Campingplatzes abzuholen, weil sein Auto streikte.

B 105

Jens hatte längst Graal-Müritz verlassen und fuhr in Richtung Rostock. Er konnte nicht einfach nach Hause fahren, als wäre nichts geschehen. Er musste sich mit jemanden austauschen, ob er vielleicht nur Gespenster sah. Je länger er über das nachdachte, was er bei Lisa entdeckt hatte, desto ernster erschien ihm diese Geschichte. Der konkrete Gedanke kam ihm aber erst, als er bereits unterwegs war, sonst hätte er sie gleich selbst befragt. Ihm fiel auf, dass Lisa in einer sehr speziellen Plattform mit einem Mann chattete. Das war nichts Besonderes, aber diese Plattform stufte er als absolut unseriös ein. Da längst Feierabend war, erwies es sich als schwierig, Olli ans Telefon zu bekommen.

Als er mit Lisas Telefon beschäftigt war, bekam er relativ leicht mit, dass sie in einem Partnerforum unterwegs zu sein schien. Sie verschwieg ihm diesen Fakt offensichtlich ganz bewusst. Eigentlich musste sie wissen, dass ihm das nicht verborgen bleiben konnte. Eine geheime Geschichte? Er wollte ja nicht indiskret erscheinen und hakte nicht nach. Je länger Jens über Lisas Stalker und den anonymen Anrufer nachdachte, verstärkte sich sein ungutes Gefühl, was Lisas Chatpartner anging. Als er mit Lisas Telefon beschäftigt war, befand sich in der Nähe auch ihr Laptop, auf dem sich zwar nur der Bildschirmschoner bewegte. Doch ein Windhauch genügte und es kam ein interessante Seite auf dem Schirm zum Vorschein. Er erkannte sofort das Portal dieser unseriösen Partnervermittlung. Wenn das nicht genau das Portal wäre, vor dem kürzlich in einer Fachzeitschrift gewarnt wurde, hätte ihn das ja gar nicht interessiert.

Das von Lisa genutzte Portal war erst seit kurzem auch in Rostock bekannt. Die Betrüger zockten die Frauen nicht nur ordentlich ab, sondern zeigten sich auch in Portalen, die für sexuelle Übergriffe bekannt waren. Genau an diese Info erinnerte er sich. Die Kontaktsuche lief jedes Mal nach demselben Muster ab, die Männer schmeichelten mit Komplimenten, bauten so Vertrauen auf, um später die Frauen finanziell auszunutzen. Die Dunkelziffer blieb hoch, weil nur wenige Frauen sich aus Scham bei der Polizei meldeten. Vor allem jene, die sadistisch gequält wurden. Jens erinnerte sich an das eine Beispiel, das zeigte, dass diese Männer nicht gerade zimperlich mit den Frauen umgingen. Der Mann, um den es im Beispiel ging, zeigte sich anfangs besonders höflich und charmant und gierte eigentlich nur danach, seine Bedürfnisse möglichst schnell und einfach zu befriedigen. Die Frauen waren ihm total egal. Er bedrohte sie und war schnell aggressiv. Die Frauen schienen lediglich Mittel zum Zweck zu sein. In dem Bericht wurde auch beschrieben, warum diese Typen überhaupt Freude daran hatten, andere zu quälen. Sie hielten sich für wertvoller, klüger und allgemein besser als andere Menschen und genossen es auf sie herabzusehen.

Jens hatte längst in der Dienstbesprechung von diesem Portal berichten wollen. Das war noch kurz vor dem Mord und so geriet das Portal in den Hintergrund. Nun ärgerte er sich. Die Zeit hätte es geben müssen. Warum hatte er nie dieses Forum angesprochen? Genau in dem schien sich seine Kollegin jetzt aufzuhalten. Er spürte, dass da einiges nicht stimmte. Auch die Frage zum Computer. Es wurde ihm immer klarer, sie wollte diesen Kontakt aus den Ermittlungen raushalten. Vielleicht gehörten der Typ von der Plattform und Anrufer zusammen, waren womöglich ein und dieselbe Person? Oder sah er etwa überall Kriminelle? Warum sollte einer mit dem sie chattete, sie auch noch bedrohen? Er hatte sie ja praktisch an der Angel? Vielleicht um sie einzuschüchtern und ganz sicher zu gehen? Das hieße dann aber, dass Lisa in echter Gefahr war und die

Umsetzung seines Planes kurz bevorstand. Er musste dringend Olli einweihen. An die große Glocke würden sie es immer noch hängen können.

Er wählte Ollis Handynummer, hörte nur die Stimme der Blackbox: „Ihr Anruf wurde registriert – bitte legen Sie auf!"

Dämlicher konnte der Text eines AB nicht sein. Jens Nervosität steigerte sich und er drückte dauernd die Wahlwiederholung des Telefons. Olli hatte, wie er selbst, Feierabend und keine Bereitschaft, also brauchte er auch nicht ans Telefon zu gehen. Eine halbe Stunde wollte er ihm noch geben. Seine Nummer musste ihm ja förmlich ins Gesicht springen. Falls er nicht zurückrief, würde er die Geschichte Heilmeyer melden müssen. Er schickte noch eine WhatsApp, die musste er lesen, wenn er nicht völlig verschollen war: *„Brisante Sache, geht um Lisa, bevor ich den Chef informiere, will ich mit dir reden. Erwarte deine Antwort."*

Jens wurde immer nervöser, er musste tiefer in die Daten dieser Plattform eindringen, das ließ sich nicht während der Fahrt erledigen. Er hatte gerade Rövershagen verlassen und wusste, dass „Karls Erlebnis-Dorf" nicht weit war. Aus der Ferne erkannte er bereits die vielen parkenden Autos und fand trotzdem einen geeigneten Platz, wo er in Ruhe weiter recherchieren konnte. Sein iPhone lag vor ihm und je öfter er die Daten des Portals untersuchte, desto seltsamere Strukturen nahm das Ganze an. „Seriös sieht anders aus. Wieso war Lisa das nicht auch aufgefallen?"

Inzwischen meldete er sich in diesem Partnerportal unter fremden Namen selbst an. Hacken war immer schon die einfachste Sache für ihn. Er stellte fest, dass seine Kollegin offenbar noch nicht allzu lange hier unterwegs war. Es schien um ein und dieselbe Person zu gehen. Ob er wollte oder nicht, er musste indiskreter werden. Er brauchte mehr Inhalte.

Dem Spezialisten schwirrten die Augen. Er merkte ziemlich schnell, dass es nicht ganz so einfach war, wie es zunächst den Anschein hatte. Er konnte zwar entziffern, was Lisa im letzten Chat schrieb, aber die Antwort des Typen blieb verschlüsselt.

Das schien eine harte Nuss zu werden. Wenn er jetzt nicht weiterkam, müsste er mit seinen Möglichkeiten zu Hause weitermachen. Wie gut, dass seine Frau Isa mit den Kleinen zu ihrer Mutter gefahren war. Er würde eine Nachtschicht einlegen müssen. Hoffentlich meldete sich Olli bald.

Die Dämonen kamen zurück, dieselben von damals. Jede Nacht zelebrierten sie ein Spiel. Sie bewegten sich langsam. So langsam, dass ich annehmen musste, sie würden auf der Stelle stehen bleiben. Dann rückten sie doch näher. Mit festem Blick, der direkt auf mich gerichtet war. Meter um Meter kamen sie näher und ich konnte nicht erkennen, was sie vorhatten. Je näher sie kamen, desto mehr griff Angst nach mir. Was wollten sie von mir? Eine Armee schwarzer Gestalten drängte ganz nah an mich heran. Mal fühlte ich mich in ihren Bann gezogen, dann abgestoßen. Ich konnte mich nicht mehr bewegen. In ihrem Gesicht leuchteten bösen Augen. Was wollten sie mir antun? Dicht gedrängt standen sie vor mir und blickten auf mich Winzling herab.

Wie groß sie waren! Ich konnte sie nicht abwehren.

Jeden Tag kamen sie und es wurde immer schwieriger, sie zu ertragen. Ihr feistes Grienen sagte mir, dass sie nichts Gutes im Schilde führten.

Als Kind begegnete ich ihnen zum ersten Mal und ich bildete mir ein, sie seien freundliche, mir wohlgesonnene Gestalten. Nein, freundliche Augen hatten sie nicht. Ein Irrtum, wie nur ein Kind sich irren konnte. Heute wollten sie mich wieder täuschen. Und ich fiel erneut auf ihr Spiel herein. Ich blieb ruhig, wollte das Böse nicht herauszufordern. Doch ihre Visagen wurden breiter, ihr abscheuliches Grienen drang bis in jede Faser meines Körpers. Ich war wieder auf sie hereingefallen. Bis vor kurzem glaubte ich an eine Sinnestäuschung. Doch selbst wenn ich die Augen geschlossen hatte, flog der dunkle Schwarm finsterer Gestalten auf mich zu.

Immer dasselbe Ritual:

Aus der Ferne schritten sie näher auf mich zu. Bald schon stand die Armee böser Fratzen mit kraftvollem Blick vor mir. Dicht gedrängt, engten sie mich so stark ein, dass mir die Luft zum Atmen knapp wurde. Ich fühlte mich machtlos und meine Angst gewann die Oberhand. Ich bewegte mich überhaupt nicht mehr, starrte nur auf die vielen finsteren Gestalten. Sie sahen mächtig aus und drangen näher an mich heran, bis es ihnen gelang mich zu berühren.

Vater, sind das deine Vorboten? Warum kommst du nicht selbst?

Endlich rückten die Dämonen von mir ab. Doch selbst mit geschlossenen Augen, sah ich ihre finsteren Blicke. Ich musste raus aus dem Dunkel. Aber wie?

Auf einmal kamen leise Laute aus meinen Mund. Sie wurden lauter bis ein Schrei sich lösen konnte. Meine Angst hatte ihren eigenen Weg genommen. Ich fühlte mich endlich befreit.

Diese Nacht war erst mal wieder geschafft. Für die nächsten Stunden wird der Spuk überstanden sein.

Rostock, Sportcenter am Schwanenteich

Claudia verspätete sich selten. Das passte gar nicht zu ihr. Seit einer halben Stunde strampelte Thea nun schon auf dem Fahrrad und schaute dauernd zur Uhr. Sie wurde unsicher.

Sie hatten eindeutig Donnertag 14 Uhr gesagt. Vielleicht war Claudia etwas passiert? Dann hätte sie wenigstens angerufen, überlegte Thea.

Kaum hatte sie den letzten Gedanken verworfen, stand Claudia abgehetzt vor ihrer Freundin. „Lass uns gleich zum Griechen fahren, mir ist heute nicht nach Sport zumute. Muss unbedingt mit dir reden."

„Ich grüße dich auch. Du siehst ja schrecklich aus. Hast du durchgemacht oder ist was passiert? Ich beeile mich."

Ein paar Minuten später saßen sie beim Griechen im „Poseidon". Das Restaurant war zwar gut besucht und doch bekamen sie ihren Lieblingsplatz am Fenster. Wie sonst auch, bestellte Thea den Fetakäse aus dem Backofen, dazu einen knackigen Salat. Die Vorfreude auf das Essen, so wie sonst, wollte sich heute aber nicht einstellen. Claudia schaute unentschlossen auf die Karte, bestellte kein Essen, stattdessen einen Schoppen Château Julia Merlot.

Thea sah ihre Freundin fragend an. „Na, schieß endlich los, was ist bei dem Gespräch rausgekommen?"

„Ja, wenn ich wüsste, wo ich anfangen soll? Also gut, unser Gespräch neulich hatte mir keine Ruhe gelassen, ich meine das mit dem Doppelgänger! Gestern erst sah ich Hans nach ein paar Tagen wieder und erzählte ihm während des Abendessens davon. Dachte mir gar nichts dabei. Im Gegenteil, fand das eher belustigend. Ich sprach ihn also auf seinen Doppelgänger an, und auch, dass dessen Bild bei der

Kripo hängt. Du kannst dir nicht vorstellen, wie er mich angesehen hat. Dann schrie er mich cholerisch an, was ich von ihm wolle, das habe nichts mit ihm zu tun. Er sprang auf, griff seine Siebensachen und zog ab, ohne was zu sagen. Frag mich aber nicht wohin. Seitdem hab' ich weder von ihm gehört, noch gesehen. Auch ans Telefon geht er nicht. Ich verstehe das nicht."

„Ehrlich gesagt, verstanden Michael und ich ihn seit unserer ersten Begegnung nicht. Nur, weil ich dich nicht kränken wollte, hab' ich nicht darüber gesprochen. Du magst ihn wirklich, was? Sein seltsames Verhalten, wenn er vom Ruhewald sprach, kam uns irgendwie abartig vor."

„Ach das! Damit hatte er mich am Anfang genauso genervt. Als wir uns kennenlernten, sprach er dauernd vom Ruhewald. Irgendwie muss er mich wohl angesteckt haben."

„Wie lange kennst du ihn eigentlich?"

„Vor zwei Monaten begegneten wir uns zufällig im Baumarkt. Er hatte einige ungewöhnliche Artikel in seinem Einkaufswagen und ich habe ihn scherzhaft gefragt, ob er Sado-Maso-Spiele bevorzuge. Da wurde er richtig rot und ich fand seine Verlegenheit süß. Wir plauderten nett über Belangloses und er gab mir schließlich seine Handynummer. Dabei sah er mich mit seinen blauen Augen an und meinte nur, dass ich mich gern davon überzeugen könne, wie normal er sei. Du hast ihn ja auch kennengelernt. Er sieht nicht nur gut aus, sondern strahlt das gewisse Etwas aus. Ich hatte einfach Lust ihn näher kennenzulernen. Das wars! Ehrlich, wenn ich zurückdenke, weiß ich eigentlich so gut wie nichts von ihm. Das Wenige musste ich ihm regelrecht aus der Nase ziehen. Aber, ob das wirklich stimmt, was er mir erzählte? Da bin ich mir inzwischen nicht mal mehr so sicher."

„Er kam mir auch eher wie ein Märchenerzähler vor", unterbrach Thea ihre Freundin kurz. „Mehrmals erzählte er, dass er im Ausland lebte."

„Und was hat er dort gemacht?“

„Das habe ich mich auch oft gefragt und es wird wohl sein Geheimnis bleiben.“

„Aber was sind auch schon zwei Monate?“

„Seit ich ihn kenne, wohnt er in einer Pension. Er wollte partout nicht zu mir ziehen, obwohl ich ihm das mehrfach angeboten hatte. Natürlich nicht ganz uneigennützig, wollte ihn einfach besser kennenlernen. Seit einiger Zeit habe ich allerdings den Eindruck, dass er mir nie eine echte Chance geben wollte.“

„Ich verstehe sowieso nicht, was du an dem Typ findest. Wenn er wenigstens jünger als du wäre? In seinem Alter erwartet man mehr Reife.“

„Was soll ich jetzt bloß tun, ich muss dauernd an ihn denken.“

„Vielleicht ist er nur beleidigt, weil du ihn mit einem Mord in Verbindung gebracht hast?“

„Das mache ich ja gar nicht. Ich hatte nur gehofft, dass ich bei dem Gespräch mehr über ihn erfahren würde. Aber genau das Gegenteil ist eingetreten.“

„Und jetzt? Hast du einen Plan?“

„Nein. Wie auch, er gab mir gar keine Möglichkeit dazu.“

„Du scheinst wirklich nicht viel von Hans zu wissen. Und, dass er sein vergangenes Leben vor dir geheim hielt, spricht nicht gerade für ihn.“

„Ja ... Und wenn er tatsächlich was verbirgt? Versprich mir, mit niemanden darüber zu sprechen. Ich muss erst mal selbst klarkommen. Ob ich ihm je wieder vertrauen kann, das weiß ich aber nicht.“

„Er wird sich bestimmt bald melden. Im günstigsten Fall stellt sich euer Streit als großes Missverständnis heraus.“

„Da bin ich mir nicht mehr so sicher!“

Graal-Müritz, Seebrücke

Erwin hatte sich rangehalten, um pünktlich auf der Seebrücke zu sein. Er brannte förmlich darauf seine Neuigkeiten loszuwerden. Doch noch war von seinen Leuten niemand gekommen und der unausgesprochene Verabredungszeitpunkt war längst überschritten. Dagegen standen jede Menge Touristen auf der Seebrücke und ließen leider keinen Sitzplatz mehr frei.

„Meine Leute haben anscheinend keine Lust auf lärmende Touristen", brummte er enttäuscht vor sich her.

Im Sommer kam es häufiger vor, dass sie sich erst unmittelbar vor Sonnenuntergang sehen ließen.

„Schade, gerade heute. Die wissen nicht, was ihnen entgeht. Meine Neuigkeiten sind jedenfalls in keiner Zeitung zu finden." Resigniert schnappte er sich sein Rad und wollte gerade nach Hause düsen, als ihm ein bekanntes Gesicht entgegenkam.

„Was machst du denn hier bei uns an der Küste unter den ganzen Touristen?" Direkt vor ihm stand Jürgen, ein ehemaliger Kollege aus Rostock.

„Um 18.30 Uhr war ich mit 'nem Typ im Seestern verabredet. Dreißig Minuten warten haben mir gereicht, anrufen hätte der Typ wenigstens können. Aber wenn ich schon mal hier bin, hol ich mir eine Prise von eurer guten Meeresluft."

„Da geht es dir wie mir, meine Leute haben mich auch versetzt."

„Ich dachte, dass ich heute ein gutes Geschäft mache, aber der Typ war wohl ein Blindgänger. Der suchte in der Zeitung jemanden, der sein Auto umlackiert."

„So was kannst du?"

„Klar, nachdem bei uns im Betrieb Schluss war, hab' ich damit angefangen. Verdiene mir jetzt etwas dazu."

Erwin klingelte es in den Ohren. Als Jürgen vom Auto lackieren sprach, musste er sofort an den schwarzen Polo denken. „Kennst du den Mann persönlich?"

„Kennen ist zu viel gesagt, hab einmal mit dem telefoniert und den Termin für heute ausgemacht. Er wollte das Auto gleich mitbringen."

„Etwa einen schwarzen Polo?"

„Kannst du hellsehen? Genau. Ein schwarzer Polo, den er jetzt grün haben wollte. Daraus wird nun nichts mehr, hab nicht mal eine Rufnummer von dem."

Erwin überlegte, ob er dem ehemaligen Kollegen von der Toten und dem Auto erzählen sollte, da schoss es schon aus ihm heraus: „Hast du etwa nicht vom Mord im Wald gehört? Die Tote fuhr auch einen schwarzen Polo. Die Polizei fahndet nach dem Fahrzeug. Sicher ahnte der Kerl was und ließ jetzt Auto, Auto sein."

„Mord im Wald? Nee, keine Ahnung. Mich interessiert Tratsch auch nicht. Ich mache meinen Job, damit gut. Aber meinst du, dass der Typ der Gesuchte sein könnte?"

„Vielleicht. Warum will er sonst sein Auto verändern?"

„Weiß ich doch nicht, ist mir auch egal. In so eine Sache will ich nicht reingezogen werden. Wenn das aber stimmen sollte, bin ich froh, dass der Mann nicht gekommen ist."

Die Gleichgültigkeit seines ehemaligen Kollegen nervte Erwin. Am liebsten würde er sofort das Gespräch beenden, doch er wollte jetzt mehr über den Typ erfahren.

„Was machst du jetzt?"

„Vielleicht ruft er noch mal an? Bei dem, was du mir erzählt hast, wäre mir das nicht mal mehr recht."

„Hast du die Anzeige noch?"

„Weiß nicht, willst du auch ins Geschäft einsteigen?"

„Bestimmt nicht. Ich arbeite mit der Polizei zusammen", betonte er überheblich. „Das könnte die auch interessieren."

„Wenn dich das glücklich macht, schaue ich zu Hause mal nach. Viel Hoffnung mache ich dir aber nicht. Kann sein, dass meine Frau das weggeworfen hat. Gib mir deine Handynummer, wenn ich was finde, sag ich dir Bescheid."

Erwin zückte einen Block, den er stets in seiner Hosentasche trug und notierte seine Adresse. Reichte sie an seinen Kollegen und wollte nur noch weg. Nicht nur sein gleichgültiger Kollege nervte, inzwischen waren noch mehr Leute versammelt, um den Sonnenuntergang zu bestaunen. Von seinen Leuten war hingegen immer noch nichts zu sehen. Als er sich von dem Kollegen verabschiedete, überlegte er, was er ihm mit auf den Weg geben könnte, um sein Interesse, die Anzeige zu suchen, wachzuhalten. „Streng dich an, vielleicht fällt dir mehr ein, was diesen Typ betrifft. Ich lege bei der Polizei ein gutes Wort ein, sicher springt für dich dabei was raus." Diesen Nachsatz konnte Erwin sich nicht verkneifen, weil der Kollege wohl für Geld alles tat.

„Das wäre nicht schlecht. Mal sehen, was sich machen lässt."

Sie verabschiedeten sich und Erwin fuhr schnellstens davon.

Rostock, bei Grönfingers

Normalerweise zählten Pflanzen nicht zu den Dingen, die Jens Aufmerksamkeit erregten, jegliches Grünzeug war ihm relativ egal. Trotzdem hielt er automatisch bei Grönfingers an, denn ihm fiel der große Parkplatz ein und für den Fall, dass er zurück nach Graal-Müritz müsste, wäre keine Fahrt quer durch die Stadt nötig. Mit seiner Frau war er einige Male hier. Das nette Café, versteckt zwischen exotischen Pflanzen, hatte beiden gut gefallen. „Praktisch gesehen ein entspannter Ort, um auf Olli zu warten", dachte er bei sich. Inzwischen trank er bereits die dritte Tasse Kaffee und wurde allmählich nervös. Nur das Beobachten von oben aus der Vogelperspektive lenkte ihn ab. „Was die an Pflanzen hier wegschleppen", dachte er sich und sah sein Handy an, was stumm vor ihm lag und bisher keinen einzigen Ton von sich gab. Er saß fast allein in dem kleinen Café und eine ungewöhnliche Ruhe umgab ihn. Seine Nervosität wuchs dagegen, auch weil er wusste, dass der Laden bald geschlossen wurde und er in eine andere Richtung denken musste. Dann blieb ihm wirklich nur Heilmeyer. Eine Viertelstunde wollte er Olli noch geben. Im selben Moment vibrierte sein Handy. Jens fuhr erschrocken hoch. Sofort erkannte er im Display Ollis Nummer.

„Endlich! Dachte schon, ich muss mit Heilmeyer reden. Wie sieht's aus, können wir uns sehen? Es geht um Lisa."

„Sorry, dein Anruf war bei der Lautstärke hier untergegangen. Eine Geburtstagsfeier, ziemlich schriller Laden, das ‚Deja Vue'. Autofahren krieg ich wohl nicht mehr hin, hab mehr als zwei Bier intus. Komm du doch her! Wir finden ein ruhiges Plätzchen und hör endlich auf, dir Gedanken um Lisa zu machen. Die ist taff und weiß, was sie tut. Da bin ich mir sicher. Aber, wenn es dich beruhigt, komm her, wir sprechen über deine Entdeckung und entscheiden, ob wir Heilmeyer einschalten."

Jens bezweifelte, ob es Sinn machte, den feierlaunigen Olli in eine wahrscheinlich ernste Sache einzubeziehen und meinte. „Wenn es bei dir nicht klappt, sag das einfach. Ich kann mit Peter sprechen, der müsste im Kommissariat zu erreichen sein."

„Red keinen Unsinn. Wir hauen Lisa nicht in die Pfanne. Falls mehr an der Sache dran ist, können wir den Chef immer noch informieren. Ansonsten klären wir das unter uns. Wir kriegen das hin. Komm erst mal her!"

Olli nannte ihm die Adresse und legt auf. Jens war sich nicht mehr sicher, ob es überhaupt eine gute Idee war, Heilmeyer rauszuhalten. Wer weiß, ob Olli bei dem Alkoholpegel die Sache richtig einordnen würde, aber da musste er nun wohl durch. Olli saß jetzt mit im Boot und sie würden das zusammen zu Ende bringen. Heilmeyer zu informieren, blieb ihnen immer noch, damit hatte Olli wohl recht. Für Jens blieben Lisas Chatpartner und der Ruf des Portals mysteriös genug. Und je mehr er darüber nachdachte, desto öfter versuchte er, sie weiter ans Telefon zu kriegen. Von Lisas Handy ging nicht mal mehr ein Zeichen ab, totale Stille. „Vielleicht hatte sie das ausgeschaltet?", versuchte er sich zu beruhigen. Inzwischen war es kurz vor 20 Uhr und sein Gedanke, dass die Zeit rasant voranschritt, ließ die Sorge um seine Kollegin wachsen. Er fand es nun doch gut, dass er Olli erreicht hatte und wusste, dass er sofort den Chef informieren würde, falls Olli neben der Spur stand. Er gab Vollgas, ohne aufs Tempo zu achten. Bis zum „Deja Vue" brauchte er weniger als zehn Minuten. Er war froh, dass die Geschichte nicht mehr allein auf ihm lastete.

Rostock, Kriminalkommissariat

Peter Heilmeyer hatte längst Dienstschluss. Seit die anderen weg waren, schaute er zum ersten Mal auf seine Uhr. Während er die letzten Protokolle mit den Unterlagen von 1990 verglich, schien für ihn die Zeit stillzustehen. Er selbst war sich inzwischen absolut sicher, dass der alte und der neue Fall zusammengehörten. Diese Verknüpfung ließ ihn einfach nicht mehr los. Er ging noch einmal Lisas angefertigte Protokolle durch. Ausnahmsweise hatte sie auch die Befragungen heute protokolliert. „Gar nicht schlecht für den Anfang", dachte er sich. Er übersah auch nicht, die von ihr in Klammern gesetzte Anmerkung: (*Befragte Thea H. erkannte Bernd R. auf einem Foto, ihr Mann bestätigt die Aussage seiner Frau zwar, relativierte aber, dass die Person auch nur jemandem ähnlich sein könnte.*) Sofort stellten sich ihm eine Menge Fragen: „Was haben wir übersehen? Wusste Reiman mehr als er zugab? Vielleicht gab es tatsächlich einen Doppelgänger und das lenkte uns vom eigentlichen Fall ab. Sein berufliches Umfeld hatten wir präzise abgeleuchtet. Die private Umgebung genauso? Das musste morgen sofort auf die Tagesordnung. Die Angelegenheit war heikel genug, wir können uns keinen Fauxpas erlauben."

Der Hauptkommissar ließ die bisherigen Ermittlungen wieder und wieder Revue passieren. Seine Gedanken wirbelten im Kreise. Genau genommen war Bernd Reiman immer noch der einzige Mann in ihrem Fokus. Der Journalist war endgültig raus, der hatte keine Kontakte zu einer Partneragentur. Und sein Alibi konnte nie widerlegt werden. Bei Reiman gab es immerhin noch jede Menge Ungereimtheiten. Den lassen wir nicht aus den Augen, irgendwas stimmt bei dem nicht. Aber für heute ist Schluss. Lisa behält die

Partnervermittlungsagentur in den Augen, die Damen wissen garantiert auch mehr als sie zugeben.

Intuitiv spürte der Hauptkommissar, dass was in der Luft lag. Ein entscheidender Hinweis und sie hätten ihn. Mit dem Wunsch auf diesen Hinweis entschloss er sich, für heute Schluss zu machen. Jetzt ein dunkles Störtebeker Bier, das hatte er sich ehrlich verdient. Wie immer war er mit seinem Fahrrad zur Arbeit gefahren und ließ das jetzt vor der Tür stehen. Sein Ziel hieß: *„Zum alten Fritz"* und war ein Braugasthaus am Stadthafen. Dort gab es den beliebten Störtebeker Matjes und dazu ein frisch gezapftes Störtebeker Schwarzbier, das passte!

Jens benutzte kein Navi. Olli lästerte und als ob das nicht genügen würde, ärgerten ihn auch die anderen aus der Abteilung. Ein Technikfreak wie er und kein Navi, das ging in ihren Augen überhaupt nicht. Er blieb standhaft und hatte bisher ohne technische Hilfe jede Straße gefunden, egal, wo immer er auch war. Das war seine spezielle Art sich von der Technik nicht ganz abhängig zu machen, auch wenn er sich ansonsten mit der raffiniertesten Technik perfekt auskannte.

Das „Deja Vue" am Stadthafen war für Jens kein Problem. Eine stadtbekannte Bar, die selbst ihm, der jegliche Bars mied, bekannt war. Von den jüngeren Kollegen seiner Abteilung wusste er, dass diese Bar sich besonders durch den großzügigen Panoramablick von anderen abhob. In Bars fühlte er sich nicht wohl, auch wenn das Interieur und die Drinks noch so hip sein mochten. Unweit des Eingangs fand er einen Parkplatz und von Weitem sah er Olli. Der wartete bereits vor der Tür, und so wie er ihn kannte, mit einer Zigarette in der Hand.

Als er Jens kommen sah, scherzte er launig. „Bist du geflogen? Die Sache muss echt einen Nerv von dir getroffen haben."

Jens erkannte an seinen Augen, dass der Kollege nicht nur einige Bier intus hatte. „Wir bleiben nicht hier", teilte Olli sich sofort mit. „Hab mit dem Geburtstagskind gesprochen, die weiß Bescheid, dass ich diesen Laden gleich verlasse. Für unser Gespräch ist das zu laut hier, ich schlage besser den *„Alten Fritz"* vor, gleich in der Nähe. Bei dem lauen Abend lass uns draußen ein Bier genießen."

Jens verzog die Stirn. „Hättest du das nicht früher sagen können? Das dauernde Hin und Her nervt, das ist dir klar. Bleib einfach hier und feiere Geburtstag, ich rufe Heilmeyer an. Wenn du mich nicht durch ganz Rostock gescheucht hättest, wären wir längst weiter."

„Bist du sauer? Mach jetzt bloß keinen Druck. In ein paar Minuten sind wir da und mit Heilmeyer können wir immer noch reden." Die beiden stiegen ins Auto und Jens fuhr schlecht gelaunt los.

Olli versuchte einzulenken: „Red' schon, die paar Bier, taub bin ich deshalb nicht."

Jens überlegte, wie er seine Entdeckung dem angetrunkenen Olli verständlich machen konnte und zwar so, dass er konzentriert bei der Stange blieb. Er begann mit dem anrüchigen Portal und entschuldigte sich, dass er nicht längst davon gesprochen hatte. „Wie es aussieht, wäre das für Lisa wichtig gewesen." Jens berichtete weiter, was Lisa dem Typ im Chat schrieb. Nur die Antworten blieb er schuldig. „Die waren verschlüsselt, spricht für keinen Anfänger. Klar ist, dass sie den Kerl heute zum ersten Mal trifft." Inzwischen standen sie vor dem Brauhaus und Ollis Bierseligkeit schien verschwunden zu sein.

„Das hört sich nicht gut an", meinte er nachdenklich, „Ich denke, wir müssen Peter informieren. Fakt ist, dass sie beobachtet wurde und jetzt wahrscheinlich ein Date mit einem ominösen Typen hat. Das reicht aus, um besorgt zu sein. Mindestens zwei Typen haben es auf sie abgesehen und falls die Geschichte böse wird und der Chef nicht eingeweiht ist, möchte ich nicht die Konsequenzen erleben."

„Ich halte es sogar für wahrscheinlich, dass sie, ohne es zu wissen, in großer Gefahr steckt."

„Wenn du recht hast und der Typ sich in diesem unseriösen Portal tummelt, dann ist der nicht sauber. Vermutlich hat das Ganze mehr mit unserem aktuellen Fall zu tun, als uns lieb sein dürfte. Der Stalker, der merkwürdige Anrufer und jetzt so schnell ein Treffen? Das passt alles zusammen."

„Für mich bleibt die eine Frage, warum machte der sie mit einem Anruf nervös, wenn er sie doch treffen konnte?"

„Der Typ wollte auf Nummer sichergehen, mit der Absicht – erst Angst einjagen, um dann den Beschützer zu spielen – eine typische Art, um sie nun in eine Falle zu locken. Das ist geschickt ausgedacht."

„Hast du Peters Telefonnummer?"

„Klar, hoffentlich geht der ran. So spät hab' ich ihn noch nie gestört."

Jens drückte Heilmeyers Handynummer und schreckte fast zusammen, weil der sofort den Hörer abnahm, als hätte er seinen Anruf erwartet.

„Jens, du? So spät, hast du Langeweile? Wenn ich mich nicht irre, ist deine Frau verreist. Was gibts so spät? Bin im ‚Alten Fritz' mit einem Störtebeker vor der Nase."

Jens musste grienen. „Das glaube ich jetzt nicht, aber das trifft sich perfekt, dass du nicht weiter weg bist. Leg auf, wir sind sofort bei dir."

Heilmeyer starrte auf sein Telefon. Selbst durchs Telefon hindurch spürte Jens die Sprachlosigkeit seines Chefs.

„Wir sind auf dem Parkplatz, bis gleich."

Dem Hauptkommissar fehlten die Worte. Perplex überlegte er, wie sein Kollege herausgefunden hatte, wo er steckte. Er hatte mit niemanden darüber gesprochen. Das war eine ganz spontane Idee. Ein Kneipengänger war er ohnehin nicht. Während er noch grübelte, stand wenige Minuten später nicht nur Jens, sondern auch Olli vor ihm.

„Wenn Lisa jetzt auch um die Ecke käme, könnten wir da weitermachen, wo wir am Nachmittag aufgehört haben."

„Das wird nicht passieren. Sie ist der Grund, weshalb wir unbedingt mit dir sprechen müssen. Jens kann dir das selbst erklären."

Sofort legte Jens los: „Stimmt, ich hatte bei der Installation in Lisas Wohnung etwas Seltsames entdeckt. Der Verdacht erhärtete sich, je mehr ich über ihren Anrufer und unseren Fall nachdachte. Das könnte ernsthaft miteinander zu tun haben."

Olli ergänzte: „Doch, warum wir dich so schnell gefunden haben, das ist eine andere Geschichte."

„Genau, das klären wir ein anderes Mal", meinte Jens etwas lockerer geworden.

„Setzt euch erst mal. Soll ich zwei Bier bestellen?"

Olli schaute auf seinen Kollegen, der verzog nur seinen Mund. „Besser ein anderes Mal."

„Ich für meinen Teil verzichte auch, bin mit dem Auto da."

Jens wollte sofort loslegen, aber Heilmeyer kam ihm zuvor. „Eigentlich gar nicht schlecht, dass ihr da seid. Bis eben hatte ich mir in der Dienststelle darüber den Kopf zermartert, wieso wir nicht weiterkommen. Dann bin ich auf einen Punkt im Protokoll gestoßen. In eine Klammer gesetzt, machte Lisa so eine Andeutung."

„Mach's nicht so spannend, was stand da?"

„Das Ehepaar, das gestern zur Unterschrift für das Protokoll kamen, kennt offenbar unseren Hauptverdächtigen. Besser gesagt, sie kennen jemanden, der ihm verdammt ähnlich sehen muss."

„Warum hatte sie denn nicht gleich bei den Beiden intensiver nachgehakt?"

„Das können wir sie morgen erst fragen, ich bekomme sie einfach nicht ans Telefon."

Olli nutzte sofort die Chance, um genau dort einzusteigen. „Ehrlich gesagt, genau um Lisa geht es uns, wir machen uns große Sorgen um sie. Nur deshalb sind wir hier."

Jens begann zum zweiten Mal über die Installation der Fangschaltung in Lisas Wohnung zu sprechen. Er nannte haargenau all das, was er von dem unseriösen Partnerportal wusste. „Wie es aussieht, ist unsere Kollegin einem Typen von diesem Portal begegnet. Den anonymen Anruf müssen wir wohl dort einordnen."

Heilmeyer griff sich andauernd an den Kopf, als fiel ihm so eine Lösung ein. „Das kann ich ehrlich nicht glauben. Lisa fällt auf so einen Typ doch nicht rein. Sie hatte bei uns gute Menschenkenntnis bewiesen. Ohne zu wissen, was tatsächlich los ist, sollten wir uns nicht negativ über sie auslassen. Vielleicht ist es ja nur eine ganz harmlose Geschichte. Und sie hatte keine Lust uns einzuweihen. Den Umgang mit einer Kollegin sollten wir wohl üben. Auch etwas gelassener regieren, das wäre sicher nicht verkehrt. Über das Portal lasst uns morgen sprechen, wenn Lisa auch dabei ist. Wir könnten heute aber noch die Eheleute anrufen."

„Meinst du um die Uhrzeit?"

„Ich bin mir sicher, dass die beiden mehr wissen, als sie uns erzählten." Heilmeyer schaute auf seine Uhr. „Geht noch, nicht zu spät für einen Anruf. Die Nummer hatte ich während unserer Begegnung im Wald gespeichert. Wenn's gut läuft, werden wir gleich mehr wissen."

Heilmeyer brauchte nicht lange zu warten. Am anderen Ende ertönte ein temperamentvolles „*Hallo*".

„Entschuldigen Sie die späte Störung."

„Herr Hauptkommissar?"

„Meine Kollegen und ich sitzen zusammen und kommen nicht weiter. Vielleicht sind Sie inzwischen sicherer, ob Sie den Mann an unserer Pinnwand kennen? So wurde es zumindest im Protokoll vermerkt."

„Gut, dass Sie anrufen, sonst hätte ich mich morgen gemeldet. Neulich war ich nicht sicher. Inzwischen weiß ich es besser. Ja, den Mann kennen wir oder besser gesagt, der hat Ähnlichkeit mit dem Freund meiner Sportsfreundin Claudia. Meine Freundin informierte ihn später selbst über unsere Entdeckung, daraufhin benahm der sich mehr als merkwürdig. Ich würde sagen, sehr verdächtig. Dabei hatte ich mir nichts Schlimmes gedacht."

Heilmeyer unterbrach Thea in ihrem Redeschwall: „Und hat dieser Freund auch einen Namen?"

„Ich kenne nur den Vornamen, Hans. Soll ich meine Freundin anrufen?"

„Das wäre hilfreich."

Nach wenigen Sekunden Funkstille war die resignierte Stimme der Frau zu hören. „Das krieg ich doch nicht hin, Claudia bat mich still zu halten und den Mann nirgendwo zu erwähnen, bis sie sich ganz sicher ist."

Heilmeyer warf seinen Kollegen einen fragenden Blick zu. „Inwiefern sicher? Was meinte Ihre Freundin damit?"

„Das weiß ich nicht so genau."

„Ist der Freund etwa brutal?"

„Das wohl nicht. Aber mein Mann und ich finden auch, dass er seltsam ist. Und als Claudia ihm vom Foto im Kommissariat erzählte, packte der seine Sachen und hat sich bis heute nicht mehr blicken lassen."

„Der verbirgt was, das ist klar. Unter diesen Umständen sollte Ihre Freundin uns unbedingt seinen Namen nennen. Ansonsten macht sie sich strafbar wegen eines Unterlassungsdelikts." Theas Stimme überschlug sich fast als sie ihre Sprache wiederfand: „Ich melde mich in wenigen Minuten zurück. Wenn ich helfen kann, mache ich das gern."

Peter Heilmeyer hielt sein Handy krampfartig fest, als wollte er es zerquetschen. Er wusste, dass er gerade einen bedeutenden Hinweis erhalten hatte.

„Was war das eben, *Unterlassungsdelikt?*" Olli sah erstaunt auf seinen Chef. „Meine Vorahnung hat sich eben bestätigt. Die Frau kennt tatsächlich einen Mann, der Reiman stark ähnelt."

„Könnte das der Komplize sein?"

„Vielleicht? Aber hoffentlich bekommen wir wenigstens den Namen, aber den richtigen. Besser wäre es, ihn selbst zu befragen."

Olli dachte an Lisa, die er immer noch nicht ans Telefon bekam. „Ist doch mehr als seltsam, dass wir Lisa nicht telefonisch erreichen. Das passt gar nicht zu ihr. Im Zusammenhang mit dem Stalker meinte sie neulich, dass sie auch nach Feierabend für mich telefonisch erreichbar bleibt. Mein Beschützerinstinkt muss mit mir durchgegangen sein, ich habe sie darum gebeten."

Jens griente. „Uns ist nicht entgangen, dass sie dir gefällt."

„Unter Kollegen, spinnst du? Mein Interesse ist rein freundschaftlicher Natur. Und seit dem Anruf bei ihr, mach ich mir halt meine Gedanken."

Heilmeyer unterbrach das Geplänkel, das ihn zu nerven begann. „Das dauert mir zu lange." Ohne ein weiteres Wort zu verlieren, drückte er die Wiederholungstaste.

Dieses Mal dauerte es länger ehe Theas schrille Stimme am Telefon zu hören war. „Herr Kommissar, ich hab' den Namen. Sie hatten selbst den Namen erwähnt und genauso heißt der Hans, Hans Reiman."

„Sind Sie sich sicher", vergewisserte er sich, vor Aufregung nun hochrot geworden. „Der kann ja verwandt mit dem Mann bei Ihnen an der Wand sein? Vielleicht sein Bruder? Meine Freundin konnte nichts zu seinen Familienverhältnissen sagen. Sie ist immer noch fassungslos."

„Ob der Mann uns interessiert, müssen wir erst noch feststellen. Bitte keine voreiligen Schlüsse ziehen, sagen Sie das auch Ihrer Freundin. Wir bleiben in Kontakt! Bis demnächst."

Olli sah ungläubig auf Heilmeyer. „Die hast du ja auf einmal schnell abgewimmelt."

„So unhöflich, das passiert mir selten. Die Frau könnte recht haben. Es sieht aus, als wäre dieser Hans der Bruder unseres momentanen Hauptverdächtigen."

„Damit wird klar, warum wir mit dem Bernd Reiman nicht weitergekommen sind. Der hatte allerdings nie von einem Bruder gesprochen."

„Reiman? Reiman? Warum ist mir der Name nicht früher eingefallen. Wir sind ja ständig mit der Nase drauf gestoßen."

„Was ist so rätselhaft an dem Namen?"

„Ein Allerweltsname", mischt sich Jens ein. „Wenn ich den jetzt googeln würde, könnte ich dir wahrscheinlich mehr als 50 dieser Namen in Rostock und Umgebung auftischen."

„Eben nicht. Mit zwei „n" wohl, da gebe ich dir recht, aber mit einem „n" kommt der Name ziemlich selten vor. Versuchs mal! Genau diesen Namen hatte ich in den '90ern schon mal gehört."

Er nahm seinen Kopf in die Hände, als wenn er so besser denken konnte. „Das könnte jetzt der Bezug zur Vergangenheit sein. Genau, das könnte passen. Damals stand diese Story in keiner Akte, schien nichts Außergewöhnliches zu sein. Aber aus irgendeinem Grund hatte mich die Geschichte von dem Jungen gerührt. Wohl deshalb habe ich sie auch nicht vergessen. Eigenartig, dass wir ausgerechnet jetzt wieder mehrfach auf diesen Namen stoßen."

Olli wurde unruhig. „Was für eine Story? Müssen wir die kennen?"

„Der Fall ist aus den 90er Jahren. Ihr wisst, ich hatte mehrmals davon gesprochen. Die Tote fanden wir damals in der Nähe vom Schnatermann. Zur gleichen Zeit erfuhr ich von der Mutter, die ihren minderjährigen Jungen völlig allein zurückließ. Ein knappes Jahr zuvor hatte sich auch der Vater aus dem Staub gemacht. Von unserer Seite gab's keine Nachforschungen. Die Mutter hatte einen plausiblen Brief hinterlassen, auch wir fanden keine Verbindung zu der Toten. Und genau daran musste ich mich während des Telefonats erinnern. Der Name der Mutter war Reiman."

„Das ist ja ein Knaller. Nomen est omen. Du sagst es, das ist kein Zufall. Der Name ist ein Zeichen."

„Bleibt die Frage, ob er der Vater des Jungen ist. Morgen kriegen wir mehr raus. Die Frage nach einer Vaterschaft würde ich dem Hans Reiman gern persönlich stellen."

„Lass uns wenigstens noch feststellen, ob der ans Handy geht und wo er wohnt. Bis vor kurzem lebte er jedenfalls in Rostock und so schnell verlässt keiner die Stadt."

„Es sei denn, der hat wirklich was auf dem Kerbholz und musste abhauen?"

„Jens schau mal, wie weit du kommst?"

„Sofort?" Jens schaute auf seine Uhr, der Zeiger bewegte sich auf 22 Uhr zu.

„Wie du meinst. In fünf Minuten hab' ich sie."

„Autotyp mit Nummer wäre auch nicht schlecht."

Während Jens mit seinem iPhone unterschiedliche Nummern ausprobierte, unterhielten sich Heilmeyer und Olli in gedämpfter Stimme weiter. „Gut, dass hier nicht viel los ist. Ein paar Stunden früher hätten wir unser eigenes Wort nicht verstehen können."

Olli merkte, dass Heilmeyer still grübelte, wie immer, wenn die Aussicht auf die baldige Lösung eines Falles in Aussicht stand. Er selbst wurde allmählich unruhig. Die Recherche von Jens ging ihm nicht flott genug. Er musste sich ablenken und dachte an die lange Zeit, die vergangen war, wohl knappe 30 Jahre. Allein wollte er den Faden nicht weiterspinnen und riss ungeduldig Heilmeyer aus seinen Überlegungen. „Peter, wenn der Reiman nun der Täter von beiden Fällen sein sollte? Was meinst du, warum hat der so viele Jahre gewartet? Welchen Auslöser könnte es gegeben haben, dass er jetzt erneut zuschlägt?"

Heilmeyer schaute Olli verdutzt an, überlegte kurz, bevor er eine Antwort gab: „Vielleicht lebte er im Ausland und kam erst jetzt zurück? Viele nutzten die Wendezeit, um dem Land den Rücken zu kehren. Genau, er musste jetzt erst zurückgekommen sein. Wir sollten morgen im Meldeamt nachfragen, wer sich in den letzten Monaten angemeldet hat. Ein Versuch wäre das wert."

Heilmeyers stille Überlegungen hatten Früchte getragen, unvermittelt meinte er: „Der Mörder hat ein paar entscheidende Fehler gemacht. Wahrscheinlich hatte er es eilig."

Jens hatte gefunden, was er suchte und beteiligte sich wieder am Gespräch: „Du meinst, er wurde gestört?"

„Kann gut sein, dass die Tote schneller, als ihm recht war, im Wald gefunden wurde. Ausnahmsweise war es gut, dass die Medien eingeschaltet waren."

„Die Frau damals war unbekannt und keiner vermisste sie. Von einem Medienrummel in der DDR ganz zu schweigen, praktisch gab es zu wenig Spuren."

„Wie sagst du immer, die Umstände der Zeit."

Jens gab ein Zeichen und schaute unruhig zu seinem Kollegen. „Leider war keine Autonummer aufzutreiben. Der scheint gar kein Auto zu haben. Jedenfalls ist nirgendwo eins unter seinem Namen gemeldet. Weder Zulassung, noch eine Straftat mit einem anderen Fahrzeug."

„Das ging schnell."

„Auch ans Telefon geht er nicht, hab's gerade ausprobiert."

„Das war ja klar."

„Was nun?"

„Bleibt uns nur der Weg über seinen Bruder."

„Sicher die beste Möglichkeit rauszubekommen, ob wir vielleicht auf dem Holzweg sind."

Ohne zu zögern wählte Heilmeyer die Nummer von Bernd Reiman. Er ließ das Handy lange klingeln, ehe sich eine betont fröhliche Stimme meldete. „Hier hat's geläutet."

„'N guten Abend Herr Reiman, Heilmeyer hier. Ist zwar schon spät, aber mit diesem Gespräch könnten Sie unter Umständen sich morgen den Weg ins Kommissariat sparen."

„Stets zu Diensten, wenn ich helfen kann. Unterstütze doch gern die Polizei."

Er hielt den Hörer zu und sah verärgert in Richtung seiner Kollegen: „Respektlos sind die heutzutage." Sprach laut in den Hörer: „Warum haben Sie uns Ihren reizenden Bruder verschwiegen?"

„Das hab' ich ja gar nicht. Woher sollte ich wissen, dass Sie sich für den interessieren. Er ist seit kurzem wieder im Lande und für mich war Hans selbst lange Zeit nicht erreichbar."

„Netter Bruder, der seinen Sohn allein zurückließ, als der noch ein Kind war. Was ist eigentlich aus dem Jungen geworden?"

„Eine Zeitlang betreuten meine Cousine und ich den Minderjährigen. Mehr ging nicht. Ich wusste nur, dass mein Bruder nach Spanien wollte, aber wir hatten weder eine Adresse oder sonst was. Mein großer Bruder hatte immer schon den Hang für Abenteuer. Als die Grenze offen war, konnte ihn niemand mehr halten, selbst sein Kind nicht."

„Und Sie hatten bis zu seiner Rückkehr keinen Kontakt zu ihm?"

„Wollen Sie es genau wissen? Bis er vor kurzem ohne Vorankündigung vor meiner Tür stand, nicht. Er erzählte, dass er die ganze Zeit in Palma de Mallorca lebte. Ich hab' ihn finanziell erst mal unterstützt, damit er starten konnte."

„Was früher war, dafür interessieren wir uns später. Jetzt wollen wir wissen, was er heute macht?"

„Dazu kann ich eigentlich nicht viel sagen."

„Wo er in Rostock lebt, wissen Sie aber schon? Oder wie wir ihn erreichen?"

„Haben Sie es aber eilig, hat Hans etwas angestellt?"

„Darüber würde ich gern mit ihm persönlich reden. Haben Sie eine Adresse?"

„Soweit ich weiß, wohnt er in einer kleinen Pension am Doberaner Platz. Habe ihn dort nie besucht. Aber ich weiß, dass er eine Freundin hat. Bei der hält er sich oft auf."

„Danke, das wär's auch schon. Falls wir mehr Fragen haben, melden wir uns."

Olli und Jens schauten fragend auf ihren Chef. Aus seinen Antworten bekamen sie zwar die klare Bestätigung, dass der Angerufene der Bruder von Hans Reiman war, aber kein' Deut mehr.

„Ob der Typ sich auch in Spanien auf Internetportalen rumtrieb, lässt sich bestimmt ziemlich schnell rausfinden. Dort soll er jedenfalls zuletzt gelebt haben. Ich denke für heute reicht's. Morgen machen wir mit Hans Reiman weiter und werden ihn in die Mangel nehmen. Lisa sollte bei der Befragung unbedingt dabei sein. Bin schon jetzt auf die Reaktion von dem Typ gespannt. Wir müssen sie zuvor in die vielen Neuigkeiten noch einweihen."

Olli dachte die ganze Zeit an Lisa. Immer wieder rief er sie zwischendurch an, aber es war immer noch kein Freizeichen zu hören. Jens war anfangs noch beunruhigt, schien sich inzwischen abreagiert zu haben. Olli wollte allein dranbleiben, so lange bis er sie ans Telefon bekam.

„Okay Leute, ich mach mich auf den Weg. Jens, setzt du mich an meinem Auto ab? Inzwischen bin ich so nüchtern, dass ich mit meinem eigenen Auto fahren kann. Ist mir noch nie passiert, dass ich in einer Kneipe nüchtern werde."

Die anderen lachten und Jens bot auch Heilmeyer an, ihn nach Hause zu fahren. „Überleg nicht zu lange, ein günstigeres Taxi kriegst du heute nicht mehr."

„Meinetwegen brechen wir hier ab. Spät genug ist es, morgen liegt eine Menge an."

Kurze Zeit später saßen die drei Männer im Auto. Olli stieg am „Deja Vue" aus, wo er vor einigen Stunden abgeholt wurde. Er stieg sofort in sein Auto ein und rauschte an seinen Kollegen vorbei, die ihm freundlich zuwinkten. Er hatte es eilig, weil er ein mulmiges Gefühl in der Magengegend spürte. Das überkam ihn jedes Mal, wenn er unruhig wurde. In der Friedrichstraße angekommen, parkte er sein Auto dort und lief zu Fuß den kurzen Weg zur Pension am Doberaner Platz weiter. An der Rezeption traf er eine junge Frau an.

„Hallo, ein guter Bekannter hat sich hier einquartiert. Hans Reiman ist sein Name, den muss ich unbedingt sprechen. Ich habe eben erst von seinem Bruder erfahren, dass er in dieser Pension wohnt."

„Sie haben Pech. Der ist ohnehin nur sporadisch anzutreffen. Nur weil ich Spätdienst habe, bekam ich mit, wie er mit einer großen schwarzen Sporttasche losgezogen ist. Wie immer geschniegelt. Ehrlich gesagt, hatte ich mich über die sportliche schwarze Tasche gewundert. Die passte gar nicht zu seinem sonstigen Outfit. Nach Sport sah der überhaupt nicht aus. Ohne mich eines Blickes zu würdigen, hatte er die Pension verlassen. Er wurde von einem Taxi abgeholt."

„Haben Sie das Taxi gerufen?"

„Nein, er selbst. Der hat ohnehin nie viel gesprochen. Meine Kollegen fanden den genau wie ich sehr merkwürdig. Stets auf Achse, ohne Job schien er jedenfalls zu sein. Und so jung war er ja nicht mehr."

„Wann wurde er abgeholt?"

„Gegen 17:30 Uhr, das weiß ich deshalb so genau, weil mein Dienst gerade begonnen hatte."

„Und sein Auto?"

„Der blaue Jeep steht aber auch nicht auf unserem Parkplatz. Manchmal steht das Auto tagelang unberührt da rum."

Olli blieb fast der Mund offenstehen, als er vom blauen Jeep hörte. „Ohne es zu ahnen, sind Sie jetzt wahrscheinlich an der Lösung eines wichtigen Falles beteiligt."

Olli setzte sein Telefon in Gang und rief sofort Jens an. „Bist du schon zu Hause?"

„Kann ich etwa fliegen? Nein, noch unterwegs."

Olli erzählte ihm, wo Reiman seinen Unterschlupf hatte, und auch, dass er an diesem Abend etwas vorhaben musste.

„Wie es aussieht, werden wir diese Nacht abhaken können. Bleib in der Pension, ich bring Peter mit und wir entscheiden gemeinsam, was wir machen."

Aufgeregt steckte Olli sich eine Zigarette nach der anderen an und versuchte wieder und wieder Lisa zu erreichen. Auch wenn er nicht wirklich damit rechnete.

„Hoffentlich passiert ihr nichts", dachte er die ganze Zeit über. Der blaue Jeep gehörte zwar Bernd Reiman, aber er hatte sie belogen. Neulich, als er nach dem Wagen gefragt wurde, war also der Bruder damit unterwegs. Der Typ, den Lisa am Fundort als Gaffer erkannte, könnte tatsächlich der Täter gewesen sein. Der hatte sie garantiert bereits am Fundort erkannt. Vielleicht hatte er sich aus diesem Grund an sie herangemacht? Quietschende Reifen eines Autos rissen ihn aus seinen Gedanken.

Jens winkte und Heilmeyer saß neben ihm. „Da sind wir wieder zusammen. Die Sache scheint echt heikel zu werden. Noch eine Tote darf es nicht geben, erst recht keine Kollegin."

„Ich denke, der Typ folgt seinem Plan und wir werden eine Nachtschicht einlegen müssen."

„Der Großteil unserer Leute, die Bereitschaft haben, stehen uns zur Verfügung und warten auf unser Signal."

„Ich denke, wir müssen uns beeilen. Gut möglich, dass unsere Kollegin in größter Gefahr schwebt."

Jens erinnerte sich daran, dass Lisa es eilig hatte, um pünktlich auf einer Lesung zu sein. „Wenn ich mich richtig erinnere, sollte die Lesung im Jagdschloss Gelbensande sein", sagte er zu seinen Kollegen.

„Um diese Zeit dürfte keine Lesung mehr stattfinden!"

„Da gibt es auch ein Restaurant, das wäre eine Begründung, weshalb sie auch ihr Handy ausgeschaltet hat."

„Warum fällt dir das erst jetzt ein?"

„Keine Ahnung, hatte ich wohl keine Bedeutung beigemessen und vergessen. Allerdings schien sie irgendwie nervös zu sein."

„Wenn ich eine öffentliche Veranstaltung besuche, ist doch klar, dass ich das Handy ausstelle. Wir machen uns verrückt und sie hat wegen einer Lesung lediglich vergessen, ihr Handy anzustellen."

„Der Typ hat was anderes vor. Wir sollten den blauen Jeep ausfindig machen. Wenn nicht Lisa in Gefahr ist, was ich stark hoffe, dann kann es auch eine andere Frau sein."

„Wir dürfen die Frau auf keinen Fall gefährden!"

„Als erstes sollten wir Hans Reiman ausfindig machen. Falls er mit Lisa nichts plant, hat der Kerl auf alle Fälle etwas mit Sarah Niemanns Mord zu tun. Ich bin mir inzwischen absolut sicher."

In der Nacht …

Lisa kam langsam zu sich. Zuerst spürte sie ihre unbequeme Lage. Zusammengekauert lag sie auf der Rückbank eines Autos, Hände und Füße fest verschnürt. Alles um sie herum war in ein tiefes Schwarz gehüllt, nicht nur, weil ihre Augen verbunden waren. Sie spürte die Finsternis mit allen Sinnen. Der Strom wirrer Gedanken erreichte sie: Was war passiert? Wo war sie? Lauter düstere Fragen wirbelten verloren durch ihren Kopf. Noch benebelt, kamen Bruchstücke der Erinnerung hoch. Dabei rückte wenig Greifbares aus dem Unterbewusstsein nach vorn. Sie fühlte sich zu schwach, um damit etwas anfangen zu können. Als Lisa merkte, dass sie sich in keinem bösen Traum befand, aus dem sie nur aufzuwachen brauchte, bemühte sie sich mit aller Kraft wach zu bleiben, um sich weiter zu erinnern. In ihrem Hirn hämmerte es laut und ein paar Erinnerungsfetzen tauchten auf. Aber die letzten Stunden blieben ihr weiterhin ein Rätsel. Sie fühlte sich einer Ohnmacht näher, als dass sie an eine vollständige Erinnerung glauben konnte. Ein ekelhafter Gestank umgab sie, etwas daran kam ihr bekannt vor. Es schien sein Geruch zu sein. Ihre Erinnerung wurde konkreter und erinnerte an sein Parfüm. Ein Gemisch aus Schweiß und eben diesem Parfüm hing dick in der Luft. Dauernd schwappte eine neue Wolke zu ihr rüber und die Luft zum Atmen wurde knapp. Der Gestank ließ sich nicht wegdenken, stattdessen löste dieser einen heftigen Würgereiz aus. Dazu hämmerte es in ihrem Kopf, der einen gefühlten Zentner wog und drohte zu zerplatzen. Verzweifelt fragte sie sich immer wieder, wie sie in eine solche Situation kommen konnte. Der Gestank brachte kurze Erinnerungsblitze: Da war die Lesung im Schloss, die hatte sie allein besucht. Kurz vor Ende stand er auf einmal in der Tür. Er schlug vor aus Gelbensande wegzufahren. Ja, aber wohin wollte er fahren? Plötzlich hielt er mitten im Wald an und drückte ihr ein rotes, nach Äther riechendes Tuch gewaltsam ins Gesicht. Sie war sofort weg. Absolut überraschend und schnell lief das ab, sodass sie sich nicht mehr wehren konnte. Jetzt erinnerte sie sich auch an die Nebelwand, die auf sie zukam. Immer tiefer wurde sie in den Nebel hineingezogen. Wie viel Zeit war seitdem vergangen? Sie hatte keine Ahnung, jegliches Zeitgefühl schien bei ihr erloschen zu sein. Sie litt und musste immerzu würgen. Nur mit übermenschlicher Kraft schaffte sie es, sich nicht zu übergeben. Sie wusste, dass das ihr Todesurteil bedeuten würde, weil sie an dem Erbrochenen ersticken könnte. *Warum sie?* Dieses *Warum* kreiste immer wieder durch ihren Kopf. Sie sah ihn auf einmal ganz klar vor sich. Es gab für sie keinen Zweifel mehr, dass er Sarahs Mörder war. Sie sollte sein nächstes Opfer sein. Mühevoll suchte sie nach weiteren Zusammenhängen. Vergebens. Glaubte sie eine Idee zu haben, setzte der Schmerz im Körper wieder ein. Sie litt wie ein Hund und nicht nur der Kopf befand sich im Ausnahmezustand, auch Handgelenke und Beine waren mit dicken Seilen gefesselt. Viel zu fest. Als sie einen Schrei herausbringen wollte, misslang dies. Ein breites Klebeband verhinderte jeglichen Laut, er hatte sie mundtot gemacht. Dazu die pochenden Schmerzen in den Handgelenken. Diese Schmerzen schienen im Wettstreit mit denen ihres Kopfes zu stehen. Längst wusste sie, dass sie keine Chance hatte, sich aus eigener Kraft zu befreien. Aber wer sollte sie an diesem verlassenen Ort und um diese Zeit finden?

Jede einzelne Zelle ihres Körpers bäumte sich auf, um gleich wieder zu zerfallen. Bilder von Sarah liefen wie ein Film vor ihren Augen ab. Lisa ahnte bereits, was auch mit ihr passieren sollte. Angst schlich wie eine hungrige Schlange durch den gesamten Körper und sie konnte keinen Einfluss nehmen. „Verloren, ich bin verloren", kreiste es durch den Kopf. Ihr Puls raste und war längst auch in ihren Ohren zu spüren. Er raste weiter bis in den Kopf hinein, laut und wild pulsierte es da drin. Ihr Herz begann zu schmerzen und sie hatte das Gefühl, dass es sich überschlagen wollte. Sie hyperventilierte, durch das schnelle Atmen fühlte sie sich einer Ohnmacht nahe. Angstvoll kreisten ihre Gedanken nur darum, dass sie sterben würde. Und in ihrem Herz entstand eine Enge, die das Atmen schwermachte. „Ich halt das nicht länger aus", dachte sie erschöpft. „Das schaffe ich nicht!" Alles drehte sich um eine Formel: Atem? Puls? Herzschlag? Tod! Was sollte sie machen? Winzige Schweißperlen liefen über ihre Stirn und die aufkeimende Hitzewelle wurde übermächtig. Angst wechselte in eine Panikattacke, die nach ihr griff und sie weiter in Schach hielt. Lisas Körper begann auf einmal hemmungslos zu zittern. Mit übermenschlichem Willen versuchte sie sich zu beruhigen. Ruhig bleiben, klar denken! Sie musste ihren Kopf klarkriegen! Die einzige Möglichkeit, die sie hatte, sie musste sich zusammenreißen! Den Atem beruhigen. Wie? Atemtechnik! Ob das half in dieser Situation? Immerzu wiederholte sie monoton den einen Satz: „Ich bin ruhig, ganz ruhig ... Meine Arme sind schwer ..."

Wieder und wieder dachte sie stereotyp diesen einen Satz. Tatsächlich, ihr Atem verlangsamte sich, auch der Pulsschlag. Parallel dazu sprudelten mehr Erinnerungen aus der Versenkung und kamen zum Vorschein. Sie konnten nicht weit vom Schloss entfernt sein, die Fahrt war viel kurz. Zweifel kehrten zurück. Warum hatte sie sich auf so einen Irrsinn mit einem Fremden aus dem Internet eingelassen? Der Mord an Sarah! Gerade sie hätte es wissen müssen. Sie dachte an den Abend zurück. Gleich als sie ihn sah, kam er ihr irgendwie bekannt vor. Er erinnerte sie an jemanden. Sie kam nicht darauf. Er war freundlich und interessierte sich sofort dafür, wie Lisa die Lesung gefallen hatte. Gleichzeitig bedauerte er glaubhaft, dass er es nicht rechtzeitig geschafft hatte. Seine Gründe klangen plausibel. Erst auf dem Weg zum Auto erkannte sie den Typ nicht wieder. Er bedrängte sie und augenblicklich sah sie in seine eiskalten Augen. Launisch meinte er, dass er sie entführen würde, sie dachte an einen kindhaften Scherz. Zu diesem Zeitpunkt hätte sie hellhörig werden müssen. Wie eine Anfängerin war sie in seine Falle getappt. Ihre sonstige Vorsicht blieb im Schubfach für Vertrauen stecken. Im Job funktionierte ihr Verstand perfekt und privat? Da ließ sie mehr Emotionen zu als ihr gut tat. Warum hatte ihre innere Stimme nicht ein einziges Mal Alarm geschrien? Lisa kamen die Tränen und die bahnten sich einen Weg durch die Augenbinde, liefen über das ganze Gesicht. Sie musste am Anfang etwas Entscheidendes übersehen haben. Er gaukelte ihr einige Gemeinsamkeiten vor, so etwas wie gutes Essen und die Liebe zum Segeln. Ihren Lieblingsstrand kannte er! Zufall? Nein, er wusste zu viel von ihr. Die Annonce? Lisa dachte an die Werbung des Partnerportals in ihrem Briefkasten. Kurz zuvor war der Mord mit Sarah passiert. Zuerst fand sie sein Foto sympathisch, was er schrieb, machte ihn interessant. Es sah aus, als hätte sie ihren Traummann im Internet gefunden? Die Lust mal etwas Verrücktes zu tun, schlummerte schon lange zuvor in ihr. Sie chatteten jeden Tag. Hatte er sie mit seinen Schmeicheleien bereits so schnell in der Hand? Die letzten Tage und Stunden zogen wieder gedanklich an ihr vorbei. Welche Anzeichen gab es noch? Ein Geheimnis? Etwas, das mit ihren dienstlichen Ermittlungen im Zusammenhang stand? Eine Menge Fragen, keine Antworten.

Plötzlich, als würde ein Stein auf ihren Kopf fallen und ein Knoten zum Platzen bringen: „Das war er …! Der Typ vor meinem Haus! Warum habe ich …? Nicht gleich …! Genau, auch der Typ vom Strand." Fast schmerzte der Gedanke. Ein längst bekannter Film rollte wieder und wieder vor ihren Augen ab. Warum hatte sie nicht gleich daran gedacht? Er hatte sie ausgewählt! Ganz bewusst sie! Die ganze Zeit, der Ablauf. Er hatte sie ausgenutzt und sie fiel drauf rein. So ein mieses Schwein! Alles war Masche und nur Mittel zum Zweck. Er hatte von Anfang an nur sein Ziel vor Augen gehabt, ein neues Opfer auszusuchen. Und dieses Portal war nur ein Vorwand, um es zufällig aussehen zu lassen. Er setzte sein Spiel Zug um Zug um, wie bei Sarah!

Heute sahen sie sich zum ersten Mal. Irgendwas stimmte nicht, das merkte sie gleich. Da war so ein ironisches Zucken um seine Mundwinkel. Es gab noch andere Zeichen, eine Umkehr wäre möglich gewesen. Hatte die Suche nach Sarahs Mörder sie betriebsblind gemacht? Naiv schien sie in seine Falle getappt zu sein. Gerade sie, das würde sie sich nie verzeihen. Sie hätte es besser wissen müssen. Im Dienst achtete sie stets auf geringste Ungereimtheiten. Spätestens als seine Tonlage in aggressive Worte umschlug, hätte sie es voraussehen müssen. Erst glaubte sie sich verhört zu haben. So eine Wortwahl hätte sie ihm nie zugetraut. Ihre Souveränität war dahin. Als sie zum Auto gingen, drehte er sich dauernd um. Er wollte garantiert sicher gehen, dass niemand sie beobachtete. Von da an zeigte er sein wahres Gesicht. Viel zu spät sah sie den blauen Jeep. Als sie den Wagen erkannte und was sagen wollte, schob er sie brutal rein. Die Riegel schlossen sich automatisch. Der im Internet sympathisch wirkende Mann wurde zum Gewalttäter.

Lisas Erinnerungen waren jetzt ganz klar und brachten erneut einen Schweißausbruch mit sich, gleichzeitig lief ein eisiger Schauer über ihren Rücken. Der Typ veränderte sich von einer auf die andere Minute und das Böse erhielt plötzlich ein Gesicht. Kurz bevor er sie betäubte, hörte sie aus seinem Mund nur noch frivole Worte und sein Blick verbreitete regelrecht Angst. So schäbig und gedemütigt fühlte sie sich nie zuvor.

Lisa fühlte sich ausgebrannt. Dazu die Schmerzen, die sich jetzt wieder beißender bemerkbar machten. Trotzdem konnte sie eine nie da gewesene Wut aufbauen. Jeder Gedanke an den Mann ließ neuen Zorn aufkeimen und ihren Hass wachsen. Sie musste sich orientieren. Vielleicht gab es eine winzige Möglichkeit sich zu befreien? Sie wusste, dass sie seiner körperlichen Stärke nichts entgegenzusetzen hatte. Obwohl es bei der Polizei für alle möglichen Situationen zur Sicherheit Fünf-Punkte-Pläne gab. Sie kannte alle Kniffe, aber in so einer Lage gefangen zu sein, da half ihr Wissen kaum weiter. Sie lag auf dem Rücken, das bedeutete, dass sie zuerst versuchen musste ihre Fesseln zu lösen. In dieser Stellung konnte das gelingen. Eines war sicher, er würde sie töten, wenn ihr keine Lösung einfiele! Hoffentlich blieb ihr noch genug Zeit, seinen Plan zu durchkreuzen.

Ihre Gefühle waren mal voller Hoffnung, dann wieder ausweglos. Die aufgetürmte Wut gab ihr ein wenig Kraft zurück, von der sie glaubte, sie sei längst verloren gegangen. Jede Faser ihres Körpers zündete neuen Hass und immer wieder sagte sie zu sich: „Reiß dich zusammen, du darfst nicht zusammen brechen! Du musst es schaffen! Überleg wie! Setz alles dran. Du musst hier rauskommen."

Angstvoll hörte Lisa den Schlüssel am Türschloss. Ein lautes Scheppern eines schweren Gegenstandes, den er an die Autotür abstellte, war nicht zu überhören. Verschiedene Dinge legte er ins Auto und setzte sich anschließend selbst hinein. Sein Opfer würdigte er keines Blickes. Er war sich zu sicher, dass er die Frau ausreichend betäubt hatte. Er kam nicht mal auf die Idee, dass Lisa aufgewacht sein könnte. Dieselbe Dosis hielt ansonsten bis zum Ende. Den mitgebrachten Spaten und das seidig glänzende Kleid legte er zu ihr auf den Rücksitz. Lisa blieben diese speziellen Utensilien verborgen, denn ihre Augen waren fest verbunden. Doch die junge Frau sah längst ihre Vorahnung bestätigt, Sarahs Mörder saß vor ihr im Auto. Er trug den eindeutigen Beweis bei sich, da war sie sich sicher.

Wieder brannte ihr gesamter Körper. Ihr wurde mal heiß, dann wieder eiskalt. Ihr blieb nicht mehr viel Zeit. Nervös und ohne sich umzudrehen fuhr er sofort los. Automatisch wurden die Türen verschlossen.

Das konnte kein Zufall sein. Nachdem ich deinen Plan umgesetzt hatte, kamst du zurück. Woher wusstest du, dass ich es schaffe? Du hast mich beobachtet. Aber für mich interessierst du dich nicht. Nur die Dämonen schickst du mir Nacht für Nacht. Vater, wenn du nicht zu mir kommst, werde ich dich suchen, so lange, bis ich dich gefunden habe.

Mehr als 20 Jahre sind vergangen. Ob ich dich erkennen werde? Du wirst dich äußerlich verändert haben. Aber, ob ich dir je verzeihen kann? Nein, niemals! Was du mir angetan hast. Nicht genug, dass du mich all die Jahre allein gelassen hast, du hattest damit auch unser Geheimnis aufgegeben. Wie oft sagtest du mir früher, dass uns ein einzigartiges Band verbindet. Belogen hast du mich, die vielen Jahre blieb ich allein zurück, ohne ein Wort. Nicht eine einzige Nachricht in all den Jahren.

Mein Herz hat so viele Wunden davongetragen, dass es schmerzt. Erst recht, wenn ich an meine Kindheit denke.

Seitdem du weg bist, fühle ich mich einsam und verletzt wie ein krankes Tier, das mit tief blutenden Wunden allein blieb.

Hast du nie daran gedacht, was du mir angetan hast? Ich versuchte es zu verstehen und suchte die Schuld bei mir.

Heute weiß ich es besser, allein du bist schuld. Auch bist du verantwortlich dafür, dass ich nie mehr vertrauen werde. Bis heute lasse ich keinen anderen Menschen an mich heran. Meine Angst, enttäuscht zu werden, ist zu groß, und jetzt ertrage ich einfach keine Nähe mehr. Wenn wir uns sehen, habe ich viele Fragen.

Inzwischen verbringe ich mehr Zeit im dunklen Verlies als bei Tageslicht.

Trotzdem werde ich bis zum Ende durchhalten. So wie du es immer von mir erwartet hattest. Das wird bald alles geschafft sein. Das Letzte, was zu tun sein wird!

Dann werde ich dir gegenüberstehen und du wirst in meine Augen blicken müssen. Das Warten wird zur Ewigkeit.

Was wirst du sagen? Du, der das Wort Vater nicht verdient hat!

Gelbensande, Jagdschloss

Zu dritt überlegten sie, wie die Jagd nach Reiman sinnvoll zu organisieren sei. Jens erinnerte sich an die Unterhaltung mit Lisa. „Sie sagte, dass sie in die Rostocker Heide wollte, genauer gesagt, ins Jagdschloss Gelbensande. Dort sollte gegen 20 Uhr eine Lesung stattfinden. Sie hätte Karten dafür. Sie betonte das nicht so deutlich, aber sie sprach von Karten, also muss sie mit jemanden verabredet gewesen sein."

„Bist du sicher?"

„Ja, sie war ungewohnt unruhig und sah dauernd zur Uhr. Irgendwie hektisch, so kannte ich sie bisher gar nicht."

„Okay, dann starten wir das große Programm mit dem Heli."

Aus dem Auto rief Heilmeyer die Einsatzzentrale an. Nach einer Ankündigung von Jens wartete man dort bereits auf seinen Anruf. Er bat um weitere Verstärkung. Dann teilte er den beiden anderen seine Überlegungen mit: „Das Gebiet um Gelbensande ist übersichtlich und lässt sich für unsere Leute eingrenzen. Wir haben viel zu viel Zeit verloren. Wie sieht's mit der Hundestaffel aus? Die können den Wald vom Jagdschloss aus weiträumig einkreisen. In der Nacht ist der Hubschrauber mit seiner Wärmebildkamera sinnvoll, der zeichnet die Landschaft in Schwarz-Weiß auf und kann von oben am besten erkennen, was hier unten los ist. Auf alle Fälle müssen wir schnell sein."

Olli überlegte: „Das mit der Hundestaffel dauert viel zu lange. In Rövershagen habe ich einen guten Kumpel, der ist Jäger und hat zwei gut ausgebildete Jagdhunde. Außerdem kennen sie diesen Wald und riechen garantiert schnell Fremdes."

Heilmeyer stimmte Ollis Vorschlag gleich zu: „Du hast recht, damit verlieren wir weniger Zeit und die Hunde sind ortskundig. Hoffentlich erreichst du den Mann auch."

Ohne lange zu zögern, wählte Olli die Nummer seines Freundes. Der war zwar bereits im Bett, aber nachdem Olli ihm die Sachlage kurz schilderte, war er schnell einverstanden und sie vereinbarten als Treffpunkt das Schloss Gelbensande.

Inzwischen waren alle drei Kollegen mit ihren Handys beschäftigt, um mitzuhelfen, den Einsatz effektiv einzuteilen. Heilmeyer kümmerte sich um den Kontakt zum Heli. Der Hauptkommissar hatte überzeugend dargelegt, dass der Spontaneinsatz berechtigt war: „Ein Wiederholungstäter, der mit hoher Wahrscheinlichkeit sogar eine Kollegin bei sich hat." Das reichte aus, um eine Dringlichkeitsstufe zu erreichen. „Wir bleiben in Kontakt", meinte Heilmeyer kurz angebunden zu den Kollegen in der Zentrale.

Er wusste, dass der Pilot vor Ort alle weiteren Entscheidungen treffen würde. Am wichtigsten war es jetzt, dass der Heli zur Verfügung stand und die Wetterbedingungen bestens waren. Selbst einen Unsicherheitsfaktor konnte Heilmeyer ausschließen, das Handy von Lisa konnte in der Nähe des Schlosses geortet werden. Sie musste also in der Gegend sein. Die wichtigste Frage allerdings, ob die junge Frau noch lebte, konnte niemand wirklich beantworten.

„Wir bleiben mit dem Hubschrauber im direkten Funkkontakt, okay, den dürften wir wohl kaum überhören." Jens und Olli schauten fragend auf Heilmeyer. Als Heilmeyer nichts sagte, meldete Olli sich zu Wort: „Hannes, mein Kumpel ist mit seinen zwei Weimaranern direkt zum Jagdschloss Gelbensande unterwegs."

„Dann dürften wir alle fast zur selben Zeit eintreffen." Zufrieden rief er Olli zu: „Dann gib mal ordentlich Gas."

Die drei rasten auf der B105 ohne, dass ein anderes Auto ihnen in die Quere kam. Als sie gerade Rövershagen passierten, ertönte aus Jens Funkgerät ein knarrendes Geräusch: „Hallo Leute, sind eben gestartet. Wir umkreisen das gesamte Gebiet, wenn wir was erkennen, geben wir Bescheid."

Unmittelbar nach dem Funkspruch erreichten sie auch das Jagdschloss Gelbensande. Der Jäger mit seinen beiden Hunden wartete bereits auf sie. Es war nicht zu übersehen, dass Ollis Freund Hannes zu tun hatte, die Hunde im Zaum zu halten.

Entschuldigend meinte er: „Die sind so unruhig, weil sie so nah am Wald die verschiedensten Geräusche wahrnehmen."

Olli begrüßte den Freund relativ knapp und Heilmeyer weihte ihn, ohne viele Worte zu verlieren, in nötige Details ein und dankte ihm schon mal vorab für seine bereitwillige Hilfe.

Ollis Nervosität war nicht mehr zu übersehen. „Am liebsten würde ich mich allein auf den Weg machen. Was, wenn der Typ Lisa längst getötet hat?", polterte er los.

„Brems dich mal, bei der Dunkelheit kommst du kein Stück weiter", versuchte Heilmeyer, Olli ein wenig zu beruhigen.

„Wir bekommen garantiert gleich eine Meldung von oben, die sind schließlich ganz dicht dran." Heilmeyer schaute sich direkt am Jagdschloss um, in dem Gebäude herrschte inzwischen absolute Dunkelheit. Jens grub in seiner Tasche nach einem Bonbon und fand nur das Tuch von Lisa, das sie ihm am Nachmittag gegeben hatte. Hoffentlich ist das nicht ein letztes Zeichen von ihr, dachte er besorgt.

Er wurde jedoch kurze Zeit später wieder angefunkt: „Ihr könnt jetzt die Hunde bereithalten."

„Habt ihr da oben schon was entdeckt?"

„Nee, wir müssen tiefer in den Wald. Die Hunde werden aber schnell eine Fährte aufnehmen können. Wir geben gleich ein Zeichen."

Olli rauchte eine Zigarette nach der anderen, auch Jens wollte endlich wissen, was im Wald passierte. Heilmeyer blieb der Einzige, der seine professionelle Ruhe bewahrte. „Erst brauchen wir die genauen Koordinaten, dann machen wir uns auch auf den Weg."

Endlich! Die Nachricht darüber, dass der Pilot sich gemeldet hatte, ließ Olli etwas ruhiger werden. Jens notierte die Angaben.

„Etwa vier Kilometer tiefer in den Wald hinein steht ein Auto", wiederholte er laut die Worte des Piloten. Der ergänzte noch: „Ein gutes Stück geradeaus seht ihr einen Pfad. Mit dem Auto müsste er befahrbar sein. Die Koordinaten sind durch. Wünsche euch viel Glück."

Jens konnte noch seine Frage loswerden: „Sind Personen zu erkennen?"

„Wahrscheinlich zwei."

„Gibt es in der Nähe ein weiteres Fahrzeug?"

„Wir konnten bisher nur ein größeres Auto feststellen, sieht nach 'nem Jeep aus." Jens hatte den Funkspruch notiert und bedankte sich rasch für den Hinweis. Ohne ein Wort an seine Kollegen zu richten, sprach er zuerst mit dem Jäger. Ihm fiel Lisas Tuch ein, das sie ihm heute gab, was er dann aber gar nicht benutzt hatte. Für die Hunde holte er Lisas Tuch aus der Tasche und gab das dem Mann: „Das Tuch ist von der Vermissten, vielleicht hilft das und ihr könnt damit besser eine Fährte aufnehmen."

„Na dann ist ja alles klar. Ich mache mich mit meinen Hunden in die angegebene Richtung auf den Weg. Wir bleiben in Kontakt."

Als Heilmeyer und Olli merkten, dass der Jäger mit seinen beiden Hunden schon ins Auto stieg, wussten sie, dass von oben etwas gesichtet wurde.

„Die haben garantiert Reiman gesehen", meinte Olli, Heilmeyer aber schwieg. Aber welchen Reiman, das wussten beide nicht genau. „Wir fahren jetzt soweit es möglich ist mit unserem Auto los. Wenn der Typ durchkam, schaffen wir das auch." Olli nahm diese Worte von Heilmeyer als sofortige Aufforderung an, um loszufahren. Jens hatte gerade noch Zeit, mit ins Auto zu steigen, so eilig hatte es sein Kollege plötzlich.

„Halt, nicht so schnell, überprüft erst mal die Lampen! Bevor wir aussteigen, sollten die funktionieren", wies Heilmeyer an und schien zumindest äußerlich immer noch unaufgeregt zu sein.

Olli ließ den Tag noch einmal Revue passieren und meinte: „Vier Kilometer nachts durch den Wald, wenn mir heute Morgen jemand gesagt hätte, dass das der Plan für meine Nacht ist, hätte ich den für wahnsinnig erklärt."

Bereits wenige Minuten später kämpften sie sich mit dem Auto quer durch den dichten Wald. Eine milde und stille Nacht ließ den Wald fast unheimlich erscheinen. Auf einmal stand direkt vor ihnen auf dem Waldweg der ihnen bekannte blaue Jeep.

„Sehen wir gleich mal nach, ob es ein Zeichen von Lisa gibt", meinte Heilmeyer gefasst und ließ erkennen, dass seine Konzentration trotz der frühen Morgenstunden nicht nachgelassen hatte. Olli öffnete die Tür, Jens und Heilmeyer leuchteten ihm mit ihren Lampen, die einen weiten Strahl abgaben.

„Nicht mal abgeschlossen hat er, so sicher fühlte der sich", fauchte Olli.

„Meinst du etwa, dass den mitten in der Nacht jemand außer uns gestört hätte?"

Jens schaute ungläubig auf Olli. Der schaute sich weiter im Auto um und suchte intensiv nach Beweisstücken von Lisa. „Auf den ersten Blick keine Sachen von Lisa hier. Wer weiß, ob das jetzt wirklich ein gutes oder eher ein schlechtes Zeichen ist?"

Heilmeyer war sich nicht mehr ganz sicher: „Vielleicht hat Reiman ja auch eine ganz andere Frau bei sich?"

„Nein, der hat Lisa in der Gewalt, ich fühle das." Olli suchte weiter, als wollte er an Ort und Stelle den Beweis antreten, dass es doch Lisa ist, die sie gleich finden werden. Doch er fand kein einziges Indiz, das darauf hinwies. In der Nähe war ein zaghaftes Hundewinseln zu hören.

„Die Hunde können gar nicht weit entfernt sein, sie haben wohl eine Spur.

Jens funkte indes den Hubschrauber an, von dem aber keine neue Reaktion kam.

Olli konnte nicht mehr an sich halten und fragte ungeduldig: „Der muss von oben doch mehr entdecken?"

Wieder beruhigte ihn Heilmeyer: „Der Typ wird mit der Frau nicht lange laufen können, sie sind bestimmt nicht weit entfernt."

„Im Auto hatte er ihr jedenfalls nichts angetan, sonst hätten wir Spuren gefunden."

„Riecht mal. Das riecht nach Betäubungsmittel."

„Wenn der da oben sich nicht meldet, laufen wir von hier aus weiter."

„Gib dem Piloten Bescheid, dass wir dran sind. Auch die Hunde sind ganz in der Nähe, ich höre ihr leises Wimmern immer deutlicher", mit diesen Worten beruhigte Olli sich inzwischen selbst.

Er fühlte sich selten so angespannt wie jetzt und konnte seine Wut auf Reiman kaum im Zaum halten. Hinter dem Jeep ließen sie auch ihr Auto stehen und kämpften sich weiter durchs Dickicht. Lange mussten sie nicht laufen. Ein schwaches Licht war direkt vor ihnen zu erkennen. Mit der Hand am Anschlag ihrer Pistole bewegten sich die drei Männer in Richtung Lichtquelle.

Je näher sie kamen, desto deutlicher erkannten sie die Umrisse einer Person. Allerdings war nur ein undeutlicher Schatten sichtbar, ohne, dass sie wussten, wer da eigentlich hantierte. Sie gingen schleichend weiter:

„Mach die Lampe aus, Jens, der soll nicht gleich merken, dass ihm jemand auf den Fersen ist. Wer weiß, was der zu verstecken hat."

Der Weg wurde allmählich besser einsehbar, weil der Kerl um sich herum für genug Licht sorgte. Heilmeyer konnte den bisherigen Schatten jetzt genau vor sich sehen. Inzwischen waren sie nur wenige Meter von dem Mann entfernt. Sie erkannten eine männliche Person, die etwas zusammen trug und zielgerichtet auf einen Platz legte. Hingegen war von Lisa oder einer anderen Frau keine Spur. Auf einmal bellten die Hunde ganz in der Nähe. Der Jäger konnte seine Hunde offensichtlich nicht mehr halten und jetzt hatten sie ungehemmt ihre Fährte aufgenommen. Sie rannten genau in die Richtung, die auch Heilmeyer und seine Leute im Visier hatten. Die drei Männer beeilten sich vorsichtig aus ihrem Versteck zu kommen, um nicht zu stolpern und liefen direkt auf den Mann zu. Der hielt plötzlich inne und ließ vor Schreck den Spaten fallen, mit dem er gerade ausholen wollte, um den einen bellenden Hund zu erschlagen. Mit schnellen Schritten war Olli als erster bei dem Mann, ohne dass der noch dazu kam, dem Hund das Geringste anzutun. Olli packte ihn und brachte ihn mit gekonntem Griff zu Fall. Heilmeyer und Jens standen jetzt auch vor dem Mann, dem die langen Haare wüst im Gesicht herumhingen. Erst jetzt erkannten sie genau sein Gesicht und Heilmeyer konnte sich ein ironisches Grienen nicht verkneifen, als er ihn, ohne ein einziges Wort zu verlieren, anschaute. Olli hingegen ließ erst mal von dem Mann ab, dem Heilmeyer gerade Handschellen anlegte. Er ging weiter, um sich nach Lisa umzusehen. Olli war sich hundertprozentig sicher, dass ihre Kollegin hier sein musste. Er brauchte nur wenige Schritte zu gehen und tatsächlich, da lag sie. Auf einer Decke zusammengekauert und ihr Körper schien zu beben, das war selbst in der Dunkelheit deutlich zu erkennen. Neben Lisa lag bereits einer von den beiden Hunden des Jägers und jaulte zufrieden über seinen

Erfolg. Der Jäger war inzwischen auch da und pfiff den Hund zurück, denn er erkannte Olli, der sich um Lisa kümmerte. Ihr Mund war verklebt und die Arme und ihre Beine verschnürt mit dicken Seilen. Die Kollegin trug ein helles Kleid, das dem stark ähnelte, dass sie erst vor Kurzem ganz in der Nähe bei der Toten gesehen hatten. Jens rief sofort einen Krankenwagen per Handy, während Olli Lisa von ihren quälenden Einschnürungen befreite. Soweit er es von außen sehen konnte, hatte sie keine weiteren offen sichtbaren Verletzungen. Lisa erwachte und erkannte ihren Kollegen vor sich. Erst lächelte sie, doch dann liefen über ihr Gesicht salzige Tränen. Sie konnte in diesem Moment ihre Dankbarkeit nicht anders ausdrücken. Leise, fast nicht zu verstehen, hörte Olli noch ein „Danke."

Jetzt konnte er nicht mehr anders, als seine Wut verbal loszulassen: „Ich werde dem Schwein zeigen, was Schmerzen sind und wie die sich anfühlen."

Olli ging zu Reiman, der mit Handschellen vor ihm stand und noch immer von Heilmeyer festgehalten wurde. „Und das bekommst du von mir noch dazu, du abartiges Schwein." Olli konnte sich nicht verkneifen, dem Mann einen Fausthieb in die Magengegend zu verpassen. Reiman flog sofort um.

„Das wäre nicht nötig gewesen, der entkommt seiner Strafe nicht mehr." Jens war über Ollis Reaktion erschrocken, damit hatte er nicht gerechnet. Auch Reiman hatte eine solche Reaktion nicht erwartet, erst recht nicht, wo er ja bereits festgesetzt war.

„Das war für Lisa und ja, das musste sein. Jetzt sollten wir uns endlich um sie kümmern." Sie ließen den Mann liegen und liefen zu dritt zu ihrer Kollegin. Die hatte schemenhaft mitbekommen, dass in ihrer Nähe plötzlich irgendein Wirbel losging. Hannes, der Jäger lobte seine Hunde, die zufrieden und ausgelassen miteinander tobten. Olli sah ihnen dankbar dabei zu und lächelte seinen Freund an, zum ersten Mal, seit sie sich heute trafen. „Tolle Hunde hast du. Wenn du willst, komme ich mal mit zur Jagd. Die haben uns prima hierher gelotst. Danke dafür. Sie sind wirklich sehr gut trainiert."

Heilmeyer war genauso begeistert. „Und in der richtigen Situation so ruhig zu bleiben, das schafft kaum jemand."

Lisas Körper war nicht nur von den Stricken und dem Klebeband befreit, sie fühlte sich auch innerlich erlöst. Über ihr ganzes Gesicht kullerten emsig ihre Freudentränen, doch um aufzustehen, fühlte sie sich viel zu schwach.

Olli streichelte sie und redete beruhigend auf sie ein: „Mit uns hast du einfach Glück. Wir lassen dich doch nicht in den Klauen eines solchen üblen Mörders. Hat allerdings etwas gedauert, ehe wir kapiert haben, was bei dir läuft."

Lisa konnte nicht antworten und lächelte einfach ihre Schmerzen und die Strapazen weg. „Wie habt ihr …?", begann sie zögerlich.

„Darüber sprechen wir später. Jetzt musst du dich erst mal ausruhen."

Der Rettungswagen war von Weitem zu hören. Heilmeyer war zurückgefahren, um den Arzt in Richtung Wald zu lotsen. Erstaunlich flott waren sie im Wald unterwegs und der Arzt und der Sanitäter legten Lisa bereits auf eine flache Unterlage und deckten sie mit einer Wärmefolie zu. Lisa zitterte am gesamten Körper.

„Wir fahren sie in die Notaufnahme der Uni Rostock, da wird sie schon erwartet. Wir haben gerade angerufen." Oberflächlich ließ sich nicht erkennen, ob der Typ ihr auch innere Verletzungen zugefügt hatte.

Jens bat Olli um das Funkgerät. „Ich gebe dem Piloten noch Bescheid. Für heute ist Schluss."

Nach einem quälenden Rauschen im Ohr war der Pilot am Apparat.

„Das Monster ist dingfest", meinte Jens, hörbar erleichtert, „Wir beenden den Einsatz. Wünsche euch eine gute Nacht, auch wenn die ziemlich kurz ausfallen dürfte."

„Okidoki, dann hat sich der Aufwand ja wenigstens gelohnt. So schnell müssen wir uns aber nicht wiedersehen", antwortete der Pilot. Zufrieden mit sich, dass der Einsatz erfolgreich abgeschlossen werden konnte.

„Ganz deiner Meinung, mach's gut." Jens legte auf. Unweit erkannte er, dass sich die Spusi bemerkbar machte. Die Nacht schien sich verabschieden zu wollen, denn es wurde heller und die Lampen waren nicht mehr nötig.

Sie lösten sich mit der Spusi ab, die kurz nach ihnen die gesamte Umgebung absperrte. Einiges von dem, was sie sicherstellten, kam ihnen sofort bekannt vor. Heilmeyer hatte sich einen kurzen Überblick verschafft, das genügte ihm für diesen Einsatz. Er ging zu den Spusi-Leuten und gab ihnen ein paar letzte Anweisungen, denn nun spürte auch er, wie sehr ihm diese Nacht in den Gliedern steckte. „Macht das Nötigste. In wenigen Stunden wird es ganz hell sein, dann erledigen wir den Rest. Gut, dass alles weiträumig abgesperrt ist. Das Wichtigste ist uns gelungen, unsere Kollegin lebt."

Heilmeyer befand sich mit seinen Leuten auf dem Weg nach Rostock. Er dachte an die nächtliche Aktion und wie sie dazu gekommen waren. Lisa hatte es Jens und seiner Eingebung zu verdanken, dass sie noch lebte. Er musste seinem jungen Kollegen einfach danken: „Gut gemacht Jens, auch dass wir deiner Intuition gefolgt sind und dir vertraut haben. Toller Einsatz auch von dir Olli. Wir sind ein echt gutes Team, hatte auch ehrlich nichts anderes erwartet", meinte er noch, als wollte er das zuvor Gesagte gleich wieder relativieren.

Olli ergänzte: „Unsere gemeinsame Aktion hat Lisa wohl das Leben gerettet. In der Uni Klinik ist sie in den besten Händen. Lassen wir ihr erst mal die Zeit, die sie braucht, um das Ganze zu verarbeiten."

Der Morgen danach …

Das Team um Heilmeyer hatte sich noch in den frühen Morgenstunden darauf verständigt, die Besprechung am Nachmittag um eine Stunde nach hinten zu verschieben.

Auch wenn ihr Einsatz intensiv war, erschienen auch Olli und Jens pünktlich an ihrem Arbeitsplatz. Heilmeyer begann erst einmal von der noch in aller Frühe durchgeführten Befragung mit Reiman zu berichten: „Der Mann schweigt sich aus. Eigentlich war mir das klar. Das wird ein harter Knochen werden und freiwillig gesteht der niemals einen Mord, geschweige denn mehrere."

Heilmeyer stieg weiter ins Thema ein. Seine Leute wollten endlich hören, ob sie ihn endgültig festnageln konnten.

„Was ist mit den Spuren von Sarah Niemann? Stimmen die mit dem Kerl überein?" Jens drang mit seiner Frage bewusst auf den Grund ihres Falles. Er wollte endlich wissen, ob sie es hier mit einem Wiederholungstäter zu tun hatten.

„Unter uns gesagt, der muss dazu gelernt haben, dieses Mal gab es so gut wie keine Spuren. Aber eben nur so gut wie keine. Wir haben welche, aber wir warten noch auf das Ergebnis der Untersuchung."

„Und die von 1990? Was ist mit den Spuren?" Olli hakte weiter nach und schien immer noch hochtourig zu laufen.

Heilmeyer hingegen schienen die wenigen Stunden Schlaf nichts ausgemacht zu haben, er antwortete wie sonst auch ruhig und sicher: „Die früheren Spuren werden jetzt mit denen aus der Nacht verglichen."

„Finden wir was, werden wir ihm den Mord auch von damals nachweisen können, oder?"

„Eindeutig sichtbar ist seine Handschrift in allen Fällen, Olli. Aber eindeutig nachweisen können wir dem Reiman im Moment lediglich Lisas Entführung. Bleibt die Frage, warum Lisa sich überhaupt in eine derartige brisante Lage bringen konnte? Auf die Antwort werden wir allerdings eine Weile warten müssen. Sie wird erst mal in der Unfallklinik ausgiebig untersucht."

„Ich weiß sogar, wie es ihr geht", meinte Jens. „Hab vorhin im Krankenhaus angerufen. Sie bleibt bis auf weiteres stationär. Der Arzt stimmt im Moment nicht mal einer Befragung zu. Wir werden uns zurückhalten und gedulden müssen. Diese Aktion verlangte nicht nur physisch eine Menge von ihr ab."

„Der Typ schweigt sich hingegen weiter aus, gibt unsachliche Gründe für die Entführung von Lisa an. Und natürlich leugnet er jeglichen Vorwurf am Mord von Frau Niemann." Heilmeyers Stimme wurde fest und ernst, als er den Täter erwähnte.

„Nicht auszudenken, was passiert wäre, wenn wir nicht rechtzeitig zur Stelle gewesen wären", fügte Olli leise hinzu.

„Praktisch in letzter Minute und Dank der Besonnenheit von Jens und Olli haben wir Schlimmeres verhindert. Habt ihr aus der Pension Laptop, Kalender und persönliche Gegenstände von Reiman sichergestellt?"

„Klar Chef, gleich nachdem er festgesetzt wurde."

„Gut Jens, wenn du mit der Auswertung fertig bist, gib uns Bescheid. Ich habe da so eine Idee und bin froh, dass die sich schneller als gedacht umsetzen lässt. Um das Verhalten von Reiman besser einordnen zu können, habe ich heute früh einen alten Freund in Berlin angerufen. Thomas Hornung ist ein bekannter Profiler, der oft genug schwierige Fälle begleitet hat. Gut für uns, dass er gerade jetzt in der Nähe von Rostock Urlaub macht. Er kommt nachher vorbei, um uns über Motive und Handlungen von Serientätern aufzuklären. Thomas Hornung müsste jeden Moment bei uns eintreffen."

Murren setzte sofort ein. „Das schaffen wir allein, so kurz vor der Lösung. Wir wissen, dass Reiman unser Mann ist."

„Warum einen Fremden mit einbeziehen?"

„Jens, ich bin mir genauso sicher wie du, dass Reiman ein Wiederholungstäter ist. Ich hoffe nur, dass wir mithilfe der Erfahrungen von Hornung tiefer in das Thema Wiederholungstäter einsteigen können. So einen komplexen Fall hatten wir noch nie. Lasst uns Hornungs Theorie wie eine Lehrstunde aufnehmen, das wird helfen, zu verstehen, wie Wiederholungstäter ticken. Mit unserem Wissen kitzeln wir restlos alle seine Taten aus ihm heraus."

„Wenn Reiman der Täter von 1990 war, hätte er über 20 Jahre lang nicht mehr getötet? Ist so eine lange Spanne bei einem Mehrfachmörder überhaupt möglich?"

Hornung stand längst in der Tür, die er leise geöffnet hatte. Keiner bekam mit, dass der Mann, den sie erwarteten, sich bereits unter ihnen befand. Interessiert lauschte er Heilmeyers Worten, ohne sich gleich bemerkbar zu machen. Nachdem der ihn erspäht hatte, winkte er ihm zu und ging in die Richtung von Heilmeyer.

„Hallo miteinander, ich bin Thomas Hornung, der Mann, der Ihnen eben angekündigt wurde. Vielleicht lassen Sie mich auf die zuletzt gestellte Frage eine Antwort geben."

Alle Blicke waren jetzt auf Hornung gerichtet.

„Serienmörder können jahrelange bzw. sogar jahrzehntelange Pausen machen. Vielleicht, weil ihr Leben stabil verlief und keine Probleme bestanden, bei denen ihnen die Gewalttaten Entlastung gebracht hätten."

„Die Straftat wäre als eine Art Ventil zu verstehen?"

„Genau! Aber ihre sexuellen Fantasien bleiben bei sadistisch motivierten Serientätern selbst nach langen Pausen weiterhin vorhanden. Sie leben diese in abgeschwächter Form und irgendwie auf Umwegen aus." Hornung ging weiter in Richtung Heilmeyer, der ihm neben sich einen Platz anbot und einen Kaffee hinstellte. „Habt ihr für meinen USB-Stick den passenden Laptop? Ich möchte anhand eines

Beispiels zeigen, was die Merkmale eines Wiederholungstäters sind. Meist handeln sie ja nach ähnlichen Mustern."

Jens schob seinen Laptop zu Hornung rüber, der ihn gleich in Beschlag nahm. Ein Beamer stand direkt vor ihm, den er flott anschloss. Das Gesicht eines Mannes wurde sichtbar. „Dieser Mann ist so ein Wiederholungstäter, der Name ist uninteressant. Er heiratete, besuchte ein Abendgymnasium. Und einige Zeit später gründete er sogar mit einem Freund eine Transportfirma. Er lebte mit Frau und Tochter in einem Haus, in dem er sich im Keller einen speziellen Raum einrichtete. Die Ehefrau und das Kind hatten keine Ahnung, was er dort trieb. Sie stellten nur fest, dass wenn „Er" im Keller war, lange das Licht brannte. Erst später stellte sich heraus, dass die Frau eine unglückliche Ehe führte. Sie reisten zwar viel, wenn er mal *trocken* war. Er blieb aber Alkoholiker, der mehrfach einen Entzug startete. Später stellten wir im Keller mehrere Rechner mit mehreren tausend Bildern und tausende Videofilme sicher. Der Mann surfte mit einer Spezialsoftware, die keine Spuren hinterließ. Wir konnten aber feststellen, dass der Mann in verschiedenen Foren unterwegs war. Die Mitglieder dieser Foren erregten sich an extremen Straftaten. Das ist oft der Fall, dass Sadisten Bildmaterial erstellen. Bei ihm fanden wir außer den Fotos auch Comic-Zeichnungen, in denen perverse Handlungen gezeigt wurden."

„Handlungen, die der Mann selbst mit seinen Opfern ausführte?", fragte einer aus der Runde interessiert.

„Korrekt, wir erkannten schnell seine gewalttätige Seite. Dazu gehörten vor allem Fesselspiele als Ausdruck für seine Machtausübung."

Heilmeyer unterbrach Hornung und fragte gleichzeitig in die Runde: „Gibt's weitere Fragen? Dann raus damit."

„Wie viele Morde hat der Mann begangen und wer gehörte zu seiner Zielgruppe?" Olli zeigte sich beeindruckt von Hornung und wollte mehr wissen.

„Drei Frauenmorde konnten wir ihm bis jetzt nachweisen, sogar ein Kind war darunter. Noch sind unsere Untersuchungen aber nicht abgeschlossen. Wir machen am Fall weiter, auch wenn der Täter inzwischen an Krebs gestorben ist. Ich denke die Angehörigen der Opfer haben ein Recht auf eine Aufklärung."

„Und was sind das nun für Merkmale, an denen wir erkennen, wie ein Täter tickt?"

„Gute Frage. Wir bemühen uns, die Entwicklung jedes Täters genau zu analysieren. Eigentlich müsste man sich in den Täter hineinversetzen. Das ist in so einem Fall nicht anders als bei anderen. Im Detail sehr schlecht möglich, wenn man nicht selbst ähnlich veranlagt ist. Wir sind inzwischen aufgrund unserer Erfahrungen sicher, dass die grausamen Fantasien von Wiederholungstätern sich von Mal zu Mal steigern. Unser Täter zum Beispiel verstümmelte seine Opfer und nahm ihre Sexualorgane an sich. Er tötete mal eine Frau und aß einige Körperteile von ihr. Die letzte Frau lag in einer Regentonne, die wir auf dem Grundstück fanden, das heißt, die Tochter fand diese. Völlig unvorbereitet fand sie in der Regentonne auf dem Grundstück verstümmelte menschliche Leichenteile. Er hatte sich damit wohl seiner Maximalfantasie genähert. Er wollte seine Opfer dauerhaft behalten, um die vollkommene Kontrolle zu spüren. Bei keinem der Opfer fanden wir Anzeichen klassisch sexueller Handlungen. Der Wiederholungszwang bei sadistischen Tätern ist enorm. Viele Fälle sind im Milieu der Prostituierten zu finden. Oft sind es auch osteuropäische Frauen, wenn da mal eine wegkommt, interessiert das keinen. Ihnen kommen wir meist nur durch Zufall auf die Spur. Deutlich anders verhält es sich, wenn Personen vermisst werden. Wir müssen untersuchen, wo überall der Täter gewohnt hatte, denn der Täter mordet meist nicht nur in einem bestimmten Radius."

Heilmeyer mischte sich ein: „Also, exakt den Lebenslauf unseres Mannes überprüfen, denn die kleinste Ungereimtheit könnte uns einen wichtigen Hinweis liefern?"

„Das stimmt, der Lebenslauf ist enorm wichtig. Das heißt, nicht nur alle Familienangehörige zu befragen, sondern das gesamte Umfeld. Gab es Auffälligkeiten? Alle Aufenthaltsorte müssen genaustens untersucht werden."

„Einiges wissen wir von dem Mann bereits. Der einzige Bruder des Täters und die letzte Freundin werden ihr Schweigen brechen, wenn sie erst wissen, was wir dem nachweisen können. Es liegt noch eine Menge Arbeit vor uns. Schließlich geht es bei Reiman womöglich auch um den Mord von 1990."

„Wer weiß, was noch rauskommt. Ehrlich, ich habe mich selten darüber so sehr gefreut, einen Typ hinter Gittern zu sehen. Der muss lebenslang bekommen, dafür sorgen wir." Heilmeyer hörte sich das erste Mal seit Tagen richtig aufgeregt an, während er das aussprach.

„Soweit seid ihr noch lange nicht", meinte Hornung gelassen. „Aber immerhin auf dem besten Weg. Für heute muss ich mich verabschieden, schließlich will ich es mir mit meiner Familie nicht ganz verscherzen. Wenn es noch Fragen gibt, stehe ich euch trotz meines Urlaubes wenigstens telefonisch zur Verfügung."

Seinem alten Freund wandte er sich direkt zu. „Peter, wenn du Lust hast, schaufle ich mich morgen Abend frei für ein, zwei Bier."

„Das Angebot nehme ich gern an. Ich geb dir Bescheid, lass uns telefonieren."

Genauso leise wie Hornung gekommen war, verließ er den Sitzungsraum.

Heilmeyer rief ihm hinterher: „Genieß den Urlaub bei uns an der Küste. Wir hören uns."

Allein mit seinen Kollegen ging er sofort zur nächsten Strategie über. „Im direkten Umfeld von Reiman kennen wir ja bereits einige, die nehmen wir uns noch einmal vor. Als erstes seinen Bruder Bernd. Der wird uns garantiert von ihrer Kindheit erzählen können. Und nicht zu vergessen, die letzte Freundin Claudia."

„Das Ehepaar laden wir noch einmal ein, dieses Mal aber als Zeugen."

„Die beiden haben uns, genau genommen, zum zweiten Mal auf die entscheidende Spur gebracht."

„Jens, wahrscheinlich ist denen das nicht mal bewusst, dass sie den entscheidenden Beitrag zur Klärung geleistet haben." Heilmeyer erinnerte an Erwin. „Und vergesst den pfiffigen Mann aus Graal-Müritz nicht. Ihm sollten wir unbedingt ein Foto von Reiman zeigen. Wenn seine Geschichte stimmt, wird er den Reiman identifizieren können."

„Mit einer Gegenüberstellung kriegen wir das genau hin." Olli mischte sich mit diesem Einwurf in die Aussprache mit ein, obwohl seine Gedanken die ganze Zeit bei Lisa waren.

Heilmeyer meinte ruhig: „Lasst uns keine Zeit verlieren, ich verhöre Bernd Reiman und danach das Ehepaar. Olli, damit du ganz bei der Sache bleibst, kümmere dich um die Freundin unseres mutmaßlichen Mörders. Die scheint zwar nicht viel von dem Mann, den sie ihren Freund nannte, zu wissen, aber vielleicht ist ja doch etwas Interessantes dabei? Wobei die Frau nach Strich und Faden belogen wurde. Aber genau aus diesem Grund packt sie garantiert alles aus, was sie von ihm weiß. Vorhin am Telefon hörte sie sich mehr als enttäuscht an. Jens, bleib du mit dem Krankenhaus in Verbindung, wir sollten engmaschig über Lisas Gesundheitszustand informiert werden. Und denk an die Mail mit dem aktuellen Foto von Hans Reiman für die Partneragentur. Bin gespannt, ob die den auch auf dem Schirm haben. Die Damen sollten wissen, was wir dem Mann bisher nachweisen können. Die sollten ruhig Angst bekommen, selbst unter Verdacht zu geraten. Wenn sie mehr wissen, sollten wir das auch von ihnen erfahren."

„Die Frau nehme ich mir gleich vor."

Die letzte Etappe hatte begonnen, Heilmeyer und seine Leute wussten, dass die Überführung des Mörders nicht mehr lange ausstand.

Eine unruhige Nacht lag hinter ihm. Als er endlich gegen morgen eingeschlafen war, brummte über seinem Kopf ein Helikopter. Ganz nah und er überlegte, ob das so dicht am Wald mit ihm zu tun haben könnte. Er fühlte sich beobachtet und irgendwie verraten. Der Gedanke, dass man seinem Geheimnis auf der Spur war, ließ ihn nicht mehr los. Er musste etwas tun.

Der Morgen brach gerade an und er lief halb angezogen aus dem Haus. Er hatte es schließlich nicht weit. Wie von Sinnen griff er nach allerlei schwerem Werkzeug, das sich auf seinem Weg im Haus finden ließ. Vor dem Haus blickte er sich mit weit aufgerissenen Augen um. Er musste ganz sichergehen, dass ihn niemand sah. In diesem Moment schien er von seiner Idee wie besessen zu sein und wollte nicht länger warten. Es war so weit, er musste handeln.

Bald bin ich erlöst, dann ist alles vorbei, auch die Ängste werden verschwunden sein. Laut vor sich her murmelnd, steuerte er das unterirdische Verlies an. Das hätte ich längst zu Ende bringen sollen. Mal laut lachend, dann wieder leise fluchend, ging er den vertrauten Weg. Nur noch sechs Stufen waren nötig. Vorsichtig stieg er die rutschigen Stufen hinab und zündete sofort die Armleuchter an, die gleich am Eingang der Gruft standen. Der längliche Raum breitete sich nun schummrig leuchtend vor ihm aus. Eine Menge Kisten standen dicht nebeneinander. Den Raum ließ er mit Absicht nur mit diesem flackernden Licht erhellen. Das passte zur Atmosphäre, die er liebte.

Auf diesen einen Tag hatte er all die Jahre hingearbeitet. Der vollgestellte Raum sah mit den monströs wirkenden Kästen beängstigend aus. Im schummrigen Licht ließen sich mit Fantasie eine Art von besonderen Särgen erkennen. Alle waren in verschiedenen

Formen und Farben gestaltet. Einige oval, andere länglich oder auch ganz herkömmliche Särge. Dazwischen eine Menge Farn. Etwa zwanzig waren es insgesamt, für mehr wäre gar kein Platz gewesen. Jeder Sarg war kunstvoll bemalt und mit Nummern versehen.

Mit weit aufgerissenen Augen betrachtete er sein gerade gestern erst vollendetes Werk. Plötzlich hielt ihn nichts mehr. Er schlug zu. Mit voller Wucht schlug er auf all das ein, woran er jahrelang gearbeitet hatte. Jede freie Minute, an die er sich erinnern konnte, hatte er in diesem Verließ, seinem Versteck zugebracht. Diese Arbeit war es, die ihn die ganzen Jahre über, die er allein und von den Eltern verlassen war, am Leben hielt. Sie begleitete ihn und trieb ihn an.

Alles begann mit dem Ziel, dem Anspruch des Vaters zu genügen. Dieser hatte ihm gezeigt, was er tun sollte, aber woher sollte er wissen, wann er fertig sein würde? Was sollte danach kommen? Heute ist der richtige Tag für das Finale!

Mit jedem Schlag auf die Holzkästen stieß er einen lauten Schrei aus. Zum ersten Mal war ihm völlig egal, ob ihn jemand hörte. Jeder weitere Schlag wechselte sich mit einem noch lauteren Schrei und einem irren Lachen ab. In seiner grenzenlosen Wut schlug er einige Stunden zu, selbst nachdem seine Kräfte ihn verließen, holte er noch das Allerletzte aus sich heraus. Er setzte Kräfte frei, die er nie zuvor kannte. Mit dem schweren Hammer holte er ein letztes Mal aus, als ginge es um sein Leben. Diese körperliche Kraftanstrengung verlangte alles von ihm ab. Die Haare hingen triefend an ihm runter, seine Brille war längst heruntergefallen, ohne dass er das bemerkt hatte. Seine Tränen hörten nicht mehr auf zu rollen. Kraftlos ließ er den Hammer fallen und schaute auf das Ergebnis. Wie leicht das war. Jetzt habe ich dem Irrsinn ein Ende gemacht.

Er setzte sich zwischen die zerschlagenen Holzteile auf den Boden, zog die Beine hoch und legte den Kopf in die Hände seiner aufgestützten Ellbogen. Erschöpft und erschüttert zugleich saß er inmitten des chaotischen Durcheinanders und konnte nicht mehr aufhören zu weinen.

Uni Rostock, Schillingstr.

Lisa wurde in der Klinik sofort unter Narkose gesetzt. Damit blieb ihr Körper von den Strapazen und Schmerzen der letzten Nacht verschont und er konnte sich besser erholen. Seitdem hatten sich ihre Augen nicht mehr geöffnet. Doch innerlich rebellierte jede einzelne Zelle ihres Körpers. Niemand erkannte von außen, was in ihrem Hirn ablief. Ihre Augenlider bewegten sich nervös hin und her: *„Ich renne, renne weiter ohne Ziel. Der Wald wird dichter. Die Äste zerkratzen mein Gesicht, Blut rinnt, das vermischt sich mit meinem Schweiß, den ich längst riechen kann. Lange werde ich so ein Tempo nicht aushalten können, meine Schmerzen sind zu stark. Trotzdem renne ich weiter um mein Leben. Die Beine, der Rücken alles schmerzt. Ich will nicht mehr. Ich muss sterben! Er ist mir dicht auf den Fersen und ich kann nichts machen. Nein, ich werde ihn nicht aufhalten. Ein Auto? Rettung? Die Türen sind verschlossen. Er steht da und grient. Den Wagenschlüssel hält er hoch und grient mich an. Jetzt wird er mich töten!"*

Ihre Angst schien übermächtig zu werden. Sie versuchte zu schreien, doch kein einziger Ton gelang nach draußen. Lisa wusste nicht mehr, ob sie wach war oder schlief. Sie musste wach sein, denn sie hörte seltsame Geräusche. Ihre Augen ließen sich tatsächlich für einen Spalt öffnen, selbst Arme und Beine konnte sie bewegen. Ihr Mund? Selbst der ließ sich öffnen. Sie glaubte gleich wieder an einen bösen Traum und schloss erleichtert die Augen. Doch etwas wollte sie daran hindern. Lisa blickte angstvoll um sich und stellte fest, dass sie gar nicht zu Hause in ihrem Bett lag. Als sie ihre Augen weiter öffnen konnte und sich umsah, erkannte sie ein Krankenzimmer. Dabei spürte sie gleichzeitig starke

Schmerzen in den Gelenken und im Kopf. Die letzte Nacht kehrte schemenhaft zurück und ihr wurde bewusst, dass sie keinen Alptraum erlebt hatte, sondern die schlimmste Nacht ihres Lebens lag hinter ihr. Weitere Bruchstücke der Nacht wurden ihr bewusst. Sie konnte sich inzwischen deutlich besser erinnern, als noch am frühen Morgen nach den K.O.-Tropfen und begann sofort die letzte Nacht zu rekonstruieren. In der richtigen Reihenfolge zu denken, fiel ihr schwer. Bei dem Gedanken an ihren Peiniger brach sie in sich zusammen und blieb für einige Minuten weggetreten. Ganz allmählich kam sie zurück. Sie dachte an die letzten Tage im Dienst, aber ihr fiel nicht gleich ein, womit sie sich beschäftigten. Schnell stellte sie fest, dass es zu viele offene Fragen gab. Vor allem die Frage, woher ihre Kollegen wussten, wo sie zu finden war, beschäftigte sie immerzu. Sie fragte sich, wie jemand davon erfahren hatte und erinnerte sich nicht, darüber gesprochen zu haben. Dann fiel ihr der Mann aus Graal-Müritz wieder ein, mit dem sie auf dem Weg nach Gelbensande gesprochen hatte. Unkonzentriert kreisten wilde Vermutungen in ihrem Kopf hin und her. Ihr wurde klar, dass sie ihren Kollegen zu verdanken hatte, noch am Leben zu sein. Sie wusste, dass mit dieser Nacht auch Sarahs Mörder endlich das Handwerk gelegt werden konnte. Tränen liefen hemmungslos vor Freude oder vor Wut über ihr Gesicht, das konnte sie im Moment nicht genau unterscheiden. Mit dem Gedanken den Mörder hinter Gittern zu wissen, beruhigte sich Lisa wieder und wurde ruhiger. Mit einem lange nicht so erlebten Gefühl von Sicherheit schlief sie friedlich ein. Darum bekam Lisa die Visite nicht mit und das Gespräch der Ärzte, die gerade ihr Zimmer betraten.

„Wenn die Frau aus der Narkose erwacht, werden ihre körperlichen Spuren bald Geschichte sein. Gut, dass es keine Brüche oder innere Verletzungen gibt. Die Kollegen der Frau haben wohl Schlimmeres verhindern können." Frau Dr. Popp, die Stationsärztin informierte die anwesenden Kollegen der Chefvisite. OA Prof. Dr. Kempf bat die anwesenden Studenten, die Situation der jungen Frau vertraulich zu behandeln und sprach die Stationsärztin direkt an: „Bitte informieren Sie mich, wenn die Frau aufwacht."

Mit einem kurzen Blick auf Lisa, meinte sie: „Ich bin mir sicher, dass das nicht mehr lange dauert."

Die Stationsärztin blieb besorgt, denn die eingelieferte Patientin wurde unter Polizeischutz gestellt. Sie war die erste Patientin, die aufgrund eines Mordanschlags zu ihnen auf die Station kam.

Auch an die anderen Kollegen gerichtet, meinte sie ernst: „Auf unserer Station können wir dafür sorgen, dass die körperlichen Wunden der Frau bald verschwunden sind. Aber für den Fall eines schwerwiegendes Traumas, werden wir die Frau wohl auf die Neurologie verlegen müssen."

Auch erinnerte sie daran, dass alles, was mit dieser Patientin zu tun hatte, vertraulich zu behandeln sei. Nichts durfte nach draußen gelangen, die Kripo hatte eindringlich darum gebeten. Frau Dr. Popp sprach weiter: „Es kommen ja gern mal Journalisten, die sich als Angehörige ausgeben. Bitte jeden prüfen, der zu ihr möchte. Wir wollen die Untersuchungen der Kripo nicht gefährden. Einer Befragung kann ich im Augenblick ohnehin nicht zustimmen. Wenn sie aufwacht, werden wir sehen, wie es weitergeht." Die Visite war beendet und der riesige Schwarm an Ärzten schwirrte so schnell davon, wie er gekommen war.

Lisa hatte in ihrem Dämmerzustand nur Wortfetzen der Ärzte aufgeschnappt, damit konnte sie nichts anfangen und blieb unbeeindruckt von dem Gespräch der Ärzte. Vor der Tür ihres Einzelzimmers saß eine Polizistin, Heilmeyer hatte darum gebeten.

„Solange wir nicht wissen, was der Typ angestellt hat und wir von Mitwissern ausgehen müssen, bleibt das eine reine Vorsichtsmaßnahme."

Die Verantwortlichen im Krankenhaus unterstützten seinen Vorschlag. Aus ihren eigenen Reihen hätten sie keine Sicherheit gewährleisten können, denn die Personaldecke war, wie in allen anderen Krankenhäusern auch, einfach zu schwach.

Rostock, Kriminalkommissariat

Claudia betrat mit ihrer Freundin Thea und deren Mann Michael das Kommissariat. Bernd Reiman lief im Wartebereich unruhig umher und schaute immerzu auf seine Uhr. Es war nicht zu übersehen, wie unwohl er sich fühlte. Dabei überlegte er, was sein Bruder angestellt haben konnte, dass er selbst, der unbeteiligt war, in eine so fatale Situation gebracht wurde. Er wusste nicht einmal, dass erst sein Foto die Lawine der Befragungen in Gang gebracht hatte. Im Flur des Kommissariats saßen sie dicht nebeneinander. Jeder wartete darauf, der Nächste für die Befragung zu sein.

Claudia erkannte sofort in dem fremden Mann, der auf und ab lief, den Bruder ihres Freundes. Die Ähnlichkeit war nicht zu übersehen und sie sprach den unbekannten Mann direkt an. Fast automatisch rutschte ihr ein Du über die Lippen und sie wunderte sich nicht einmal. „Warum hat dich Hans nie vorgestellt? Ich wusste nicht einmal von deiner Existenz."

„Das sieht ihm ähnlich. Wie damals in der Nacht, als er einfach verschwand und seinen minderjährigen Jungen und die Frau allein zurückließ."

„Hans hat ein Kind?"

„Was heißt Kind, der dürfte inzwischen erwachsen sein. Und der Bursche ähnelt ihm auch noch."

„Hast du Kontakt zu seinem Jungen?"

„Ja, aber eigentlich nicht wirklich. In den letzten Jahren hatten wir keinen Kontakt mehr. Der Junge wollte keinen Kontakt. Die Ehe meines Bruders bestand, glaube ich, nur auf dem Papier. Mein Bruder war immer seltsam und sehr auf sich bezogen. Unsere Familie glaubte anfangs, er käme vom anderen Ufer, weil er von Frauen nicht viel hielt. Und wie er sich anzog? Doch aus heiterem Himmel hatte er plötzlich geheiratet. Mutter und ich kamen aus dem Staunen nicht raus. Er war knapp zwanzig damals, beide waren viel zu jung. Seine Frau bekam den Jungen mit 17. Er wollte sich wohl ehrlich machen. Aber kaum war das Kind da, lief nichts mehr zwischen den beiden."

Claudia konnte nicht glauben, was sie gerade von dem Bruder ihres Freundes erfuhr. Tiefrot geworden, hörte sie Bernd Reiman weiter zu und glaubte, er meinte einen anderen Mann. „Aber eigentlich weiß ich ja praktisch gar nichts mehr von Hans. Auch was er mir erzählte, als er zurückkam, muss gelogen sein."

„Ja, und mir kommt es vor, als ob du von einer völlig fremden Person sprichst. Aber wirklich in jemanden reinschauen kann man ja in Niemanden."

Bernd Reiman sprach ungefragt weiter: „Eines Tages war Sibylle auch über alle Berge. Das muss ein knappes Jahr später gewesen sein, nachdem er fort war. Sie war mit den Nerven am Ende. Nie hätte ich geglaubt, dass sie den Jungen einmal verlässt. Anfangs wurde gemunkelt, er könnte ihr was angetan haben, aber dann fand man Sibylles Abschiedsbrief."

Thea und Michael hörten inzwischen auch neugierig zu. „Bevor sie verschwand, machte sie auf mich einen völlig verstörten Eindruck, sie rief sogar ein paar Mal an und bat um Hilfe. Was sie mit meinem Bruder durchlebt haben musste, werden wir wohl nie mehr erfahren. Aber, dass er den Jungen allein zurückließ, das werde ich ihm nie verzeihen."

„Wo lebt der Junge denn inzwischen und was ist aus ihm geworden?" Claudia war fassungslos: „Ich hatte geglaubt Hans zu kennen? Der hat mir ständig was vom einsamen Junggesellenleben vorgegaukelt. Und jetzt das?"

Die Fassade des Mannes, den sie glaubte zu kennen, bröckelte gerade nicht nur, sondern brach wie ein Kartenhaus in sich zusammen. Die Beziehung zu dem Mann, von dem sie glaubte, ihn zu lieben, lief auf einen unfassbaren Irrtum hinaus.

Auf einmal ging die Tür auf und das Gespräch der beiden wurde abrupt unterbrochen. Heilmeyer bat als erstes Bernd Reiman in den Befragungsraum. Fast gleichzeitig bat Olli Claudia zu sich.

Thea und Michael blieben allein zurück. Die Fakten aus der Vergangenheit von Hans Reiman, die sie unfreiwillig mit anhören mussten, machte sie beide sprachlos. „So einem Halunken haben wir mal die Hand gegeben." Angewidert schüttelte Thea ihre Hände, als wollte sie etwas von sich abwerfen.

„Ich hatte dir längst gesagt, dass mit dem was nicht stimmt. Aber, dass dieses Schwein so weit geht und nicht mal vor Mord zurückschreckt, das hätte ich nie für möglich gehalten."

„Wer denkt schon in so eine Richtung."

„Nun haben wir das Opfer entdeckt und wohl gleichzeitig den Mörder der Frau."

Bernd Reiman saß dem Hauptkommissar stumm gegenüber. Der musterte ihn kurz, eh er mit der Befragung begann. „Seit wann ist Ihr Bruder denn zurück?"

„Seit einem Jahr, etwa."

„Hat er sich sofort bei Ihnen gemeldet oder wie haben Sie von seiner Rückkehr erfahren?"

„Er rief mich an. Kurz und knapp, wie es so seine Art ist. Als ich ihn fragte, ob er bei seinem Jungen war, verneinte er kleinlaut. Naja, ist seine Sache."

Heilmeyer bäumte sich vor Reiman auf. „Ich muss mal eine prinzipielle Frage stellen. Wollen Sie uns helfen oder weiter Ihren Bruder decken? Wir haben eine Menge erdrückende Beweise, dass er ein Frauenmörder ist. Und was er unserer Kollegin angetan hat, kostet auf alle Fälle einige Jährchen Knast extra. Wollen Sie als Mitwisser auch bestraft werden?"

Bernd Reiman wurde blass. Sein Leben lief zwar nicht immer rund, aber mit Mord wollte er nichts zu tun haben. „Ist für mich selbstverständlich, dass ich alles sage. Mit den Machenschaften meines Bruders habe ich nicht das Geringste zu tun, das versichere ich an dieser Stelle schon mal. Wenn es sein muss an Eidesstatt."

„So weit sind wir noch lange nicht. Ich bin mir sicher, dass Ihr Bruder einige Leichen mehr im Keller hat. Jedenfalls mehr, als wir beide uns das vorstellen können. Notieren Sie detailliert, an welchen Orten Ihr Bruder sich aufgehalten hat. Gut wären alle Angaben zu seinen Beziehungen, soweit Ihnen diese bekannt sind. Ach ja, und geben Sie mir die Adresse seines Sohnes, den werden wir als nächstes aufsuchen müssen. Für das Protokoll benötigen wir auch seine Angaben. Eine Frage können Sie mir allerdings gleich beantworten. Woher kannte er Sarah Niemann?"

„Die hat er bei mir kennengelernt. Als er hier auftauchte, lieh er sich öfter meinen Jeep aus. Ich merkte gleich, dass er ein Auge auf sie geworfen hatte. Zu dem Zeitpunkt war ich mit Sarah ja längst fertig, mir war das egal. Als er sie traf, holte sie gerade ihre letzten Sachen."

„Okay, dann wäre das ja klar. Schreiben Sie also alles auf, was Sie wissen. Inzwischen mache ich mit dem Ehepaar weiter."

Heilmeyer ging hinaus und rief das Ehepaar zu sich. Sie gingen in einen angrenzenden Beratungsraum. Längst wussten Thea und Michael, dass Claudias Freund nicht nur am Mord im Wald verwickelt sein musste, sondern deutlich mehr auf dem Kerbholz hatte.

Freundlich begrüßte der Hauptkommissar die Eheleute mit den Worten: „So schnell sehen wir uns also wieder."

„Die Tote hatte uns eigentlich gereicht und nun kennen wir sogar ihren Mörder, das ist mehr als ein Trauerspiel."

„Vielleicht können Sie Hans Reiman näher beschreiben. Sie haben ihn ja privat kennengelernt, was ist das für ein Mann? Charakterisieren Sie ihn bitte kurz!"

Michael überlegte nicht lange: „Kennen ist zu viel gesagt, zwei Mal sind wir dem bisher begegnet. Einmal bei uns und bei einem Gegenbesuch in Claudias Wohnung. Den Mann fand ich, ehrlich gesagt, vom ersten Augenblick an suspekt. Seine Art war mir viel zu schmierig. Und dann sein Tick mit dem RuheForst. Das zwar ziemlich ausgeprägt."

„Was du hast, das war eben seine ganz persönliche Meinung über den RuheForst", schnitt Thea ihrem Mann das Wort ab.

„Genau, wenn es um den RuheForst ging, war er nicht mehr zu halten. Er sprach von Zeremonien, Zärtlichkeit und Performance seines Lebens im Zusammenhang mit dem Wald. Das ist doch nicht normal."

„Ist Ihnen sonst was aufgefallen?"

Thea ergriff das Wort: „Rein äußerlich ist er ein gepflegter Mann. Und ich fand sogar, dass er zu meiner Freundin Claudia gut passte. Rein äußerlich meine ich natürlich."

„Ich würde mal sagen, sie hat sich arrangiert, weil sie lange keinen Mann hatte."

Thea widersprach jetzt ihrem Mann ausnahmsweise nicht, meinte stattdessen: „Nur, dass er partout nicht zu ihr ziehen wollte. Sie wusste ja nicht einmal, wo der wohnte, glaube ich. Persönliches hatte er nie preisgegeben. Nicht einmal, dass er zeitig heiratete und ein Kind hat. Das haben wir eben erst im Flur von seinem Bruder erfahren. Die arme Claudia, die tut mir wirklich leid."

„Was heißt hier leidtun, in ihrem Alter sollte sie mehr Menschenkenntnis besitzen."

Peter Heilmeyer unterbrach das beginnende Streitgespräch. „Ich würde Sie bitten, stichpunktartig aufzuschreiben, was an dem Mann auffällig ist. In der Art, wie Sie es eben beschrieben haben. Das wären für das Protokoll sehr wichtige Anhaltspunkte."

Er legte Papier und Schreibzeug auf ihren Platz und verließ den Beratungsraum. Inzwischen war auch Olli mit der Befragung von Claudia fertig und ging in Heilmeyers Büro. Der erwartete seinen Kollegen bereits. „Der Kerl hat ja einiges an chaotischem Verhalten aufzuweisen. Eine Freundin hat er sicher die längste Zeit besessen."

„Das sollte sein geringstes Problem sein."

„Die wusste ja absolut gar nichts von dem Mann. Weder aus der Gegenwart, geschweige denn aus der Vergangenheit."

„Alles andere hätte mich auch nur gewundert."

„Er bemühte sich wohl, so wie Hornung es gestern beschrieben hatte, mit ihr ein normales Leben zu führen. Aber seine Zwänge waren stärker und er musste wieder zuschlagen."

„Mir will nur nicht in den Sinn, warum er sich an unsere Kollegin ranmachte. Die passt gar nicht in sein Beuteschema."

„Vielleicht doch? Außerdem kannte sie Sarah Niemann. Da kann bei so einem die Fantasie durchgehen."

„Aber die Nummer mit dem Stalker und dem anonymen Anruf, das muss er uns erklären. Der musste sich doch bereits beim Chatten Lisas Zuneigung sicher gewesen sein?"

„Ich denke, das war Taktik, um ganz sicher zu gehen, ob sie ihm selbst im Notfall vertraute."

„Das halte ich auch für möglich. Aber wir sollten uns als nächstes den Jungen vornehmen. Wer weiß, was in all den Jahren aus ihm geworden ist."

„Wenn die Protokolle unterschrieben sind, machen wir uns gleich auf den Weg zu dem Mann. Von einem Jungen kann in dem Alter wohl keine Rede mehr sein."

„Ich hab eine Idee. Wir nehmen den Vater gleich mit zu seinem Sohn. Wer weiß, was bei dieser Begegnung alles zum Vorschein kommt?"

„Die Zeit allein kann nicht spurlos an dem vorbei gegangen sein. Vielleicht bekommen wir ihn mit der Gegenüberstellung zum Reden."

Eine traumatische Begegnung

Hans Reiman saß mit Handschellen und einer Fußkette auf dem Rücksitz von Heilmeyers Dienstwagen. Olli fand Heilmeyers Idee genial und drängte unmittelbar nach den Zeugenaussagen sich auf den Weg zu Reimans Sohn zu machen. Eine Rufnummer von ihm ließ sich nirgendwo auftreiben, also mussten sie sich ohne Vorankündigung auf den Weg zu ihm machen. Sie fuhren wie in der Nacht zuvor wieder durch Rövershagen. Olli wurde von einem Deja Vu gepackt. Mit einem wesentlichen Unterschied; der Mörder, den sie in der Nacht noch suchten, saß jetzt in ihrem Auto. Wenig später passierten sie auch Graal-Müritz und Olli dachte an das letzte Treffen mit Lisa auf der Seebrücke. Er gab sich seinem Gefühlsbad hin, im Wagen herrschte Stille. Der Typ hinter ihnen hielt auch Heilmeyer von einem normalen Gespräch ab. Am Ortsausgang von Graal-Müritz erkannten sie bereits das Schild von Klein Müritz. Sie wussten von der Abkürzung zum Haus von Reimans Sohn. Dem war längst klar, wo die Beamten mit ihm hinwollten, obwohl sie nicht darüber sprachen. Hans Reiman sackte tiefer in sich zusammen. Ein kurzes Waldstück und schon waren die eng aneinander gereihten Häuser zu erkennen. Die tauchten immer wieder zwischen dem Wald auf. Vor einem unscheinbar aussehenden Haus blieben sie stehen.

Olli schaute Reiman an. „Na, erkennen Sie Ihr altes Haus wieder? Sie werden ja gleich auch auf Ihren Sohn treffen. Mal sehen, ob der sich freut, Sie zu sehen? Aber bestimmt gibt es einiges, das er uns erzählen kann."

Hans Reiman sah leichenblass aus. „Bitte nicht! Ich schaff das nicht. Ich habe ihn so viele Jahre nicht gesehen. Was soll das? Er war damals ein Kind, was soll er Ihnen sagen? Der Junge weiß gar nichts von mir. Wenn Sie mich wegbringen, erzähle ich Ihnen alles. Versprochen. Alles, was Sie wissen wollen. Bringen Sie mich nur weg von hier."

Die Beamten hätten eine solche Reaktion nicht erwartet. „Das mit dem Reden geht jetzt aber flott."

„Woher rührt denn plötzlich das schlechte Gewissen ihrem Sohn gegenüber? Das hatten sie ja all die Jahre nicht. Wir wären schön blöd, wenn wir uns das Gespräch zwischen Ihnen beiden entgehen lassen würden."

Der Hauptkommissar stieg als Erster aus und klingelte an der Haustür. Keine Reaktion. Er ging um das Haus herum und erkannte einen grandiosen weiten Blick bis in den Wald. Heilmeyer rief laut, keine Antwort.

„Na gut, dann warten wir eben. Irgendwann wird er zurück sein. Die Zeit nehmen wir uns. Allerdings könnten wir das Ganze auch abkürzen, falls Sie wissen, wo wir Ihren Sohn finden können?"

Reiman sah sichtbar verändert aus, nicht mehr der souveräne Mann, wie er sich bisher gern präsentierte. Er saß gekrümmt und blass da. Stumm sinnierte er vor sich hin, als käme ihm ein Gedanke.

„Ich glaube, ich weiß, wo der Junge sein kann. Der Weg hinter dem Haus führt direkt in den Wald. Von dort gibt es einen Weg in unser geheimes Versteck. Ich meine, das war mal unser gemeinsames Versteck. Dort könnte er sein. Früher waren wir jedenfalls jeden Tag da."

Heilmeyer schaute von Olli auf Reiman: „Was wird das jetzt hier? Olli mach ihm die Fußfesseln ab. Sie werden ja keinen Unfug machen? Und weglaufen bringt nichts, wir sind schneller als Sie."

Olli machte die Fußfesseln ab und drängte ihn: „Los vorwärts und zeigen Sie uns dieses obskure Versteck."

Reiman lief ohne Fußfesseln auch so, als ob er neu laufen lernen müsste. Betont langsam bewegte er sich vorwärts.

„Haben Sie etwa Angst Ihrem Sohn gegenüberzutreten oder warum geht das nicht schneller? Über zwanzig Jahre seinen Jungen allein zu lassen, das ist echt keine Meisterleistung", schimpfte Olli weiter.

Etwa zehn Minuten waren sie unterwegs, als Reiman plötzlich stehenblieb. „Hier muss es sein." Nur bei genauem Hinsehen erkannten sie die Ränder im Erdreich. „Unser Versteck", meinte Reiman kurz. Olli schaute ungläubig, weil auf einmal, nachdem Reiman daran rüttelte, so was wie eine Tür zum Vorschein kam. Olli traute seinen Augen nicht: „Was soll das bedeuten? Ein unterirdisches Versteck? Darauf wären wir allein niemals gekommen."

Sie merkten, dass Reiman noch geübt darin war, den Deckel zu heben. Gleich an der richtigen Stelle griff er zu und hob ohne Schwierigkeiten eine Art Luke. Von oben war ein schwaches flackerndes Licht zu erkennen. Eine kurze Stiege führte hinab. Der Hauptkommissar konnte nicht gleich erkennen, wohin die Holztreppe führte. „Gehen Sie voran Reiman. Ich komme hinterher. Olli warte du oben, falls sich da jemand regt." Nach drei Stufen, etwa auf halber Höhe, erkannte Heilmeyer, dass das schwach flackernde Licht vom Schein zweier riesiger Kerzen in einem Kandelaber stammte. Als sie unten ankamen, sah es aus, als drohten Reimans Augen regelrecht herauszufallen. Sein Blick irrte fassungslos umher, als wollte er seinen Augen nicht recht trauen. Dann blickte er um sich. Er suchte etwas.

Auf einmal polterte seine Stimme los und er schrie: „Oliver, was hast du getan? Was soll das hier? Warum?"

Heilmeyer stand ratlos hinter dem Mann und hatte nicht die geringste Idee, was dieser Raum und Reimans Schreien zu bedeuten hatten. Überall lagen Holzteile herum, mit denen er nichts anzufangen wusste. In der hintersten düsteren Ecke bewegten sich auf einmal ein paar Bretter. Dahinter kam ein völlig verstört aussehender Mann zum Vorschein. Total verschmutzt und mit wirrem Blick schauten sie zwei traurige Augen an. Die Haare waren genauso schmutzig wie die Kleidung des Mannes. Im seichten Schein der Kerzen wurden die Umrisse des hageren Mannes nur allmählich sichtbar. Er murmelte etwas, das kaum zu verstehen war.

„Du fragst, was passiert ist? Sieh mich an! Das hast du aus mir gemacht! Die ganzen Jahre habe ich auf dich gewartet. Kein einziges Wort, keine Nachricht. Und Mutter?" Der junge Mann stammelte weiter. Nur, dass seine Worte verwirrter und zusammenhangsloser wurden.

Plötzlich vibrierte seine Stimme nur noch und er schrie unerwartet aus voller Kehle: „Glaubst du, ich konnte jemals vergessen, was du mir angetan hast? Deine Misshandlungen, deine Versprechen! Und du fragst mich, was los ist?" Mit irrem Blick schaute der junge Mann direkt ins Gesicht seines Vater. „Sieh mich ruhig an oder traust du dich nicht? Du hast mich kaputt gemacht." Er hörte auf zu sprechen, während er am ganzen Körper zu zittern begann. Der Klang seiner Stimme war nur noch leise zu hören: „Ich will nicht mehr weiterleben. Reicht dir das immer noch nicht?" Heilmeyer stand zu weit hinten und konnte den Gegenstand in der Hand des Mannes nicht erkennen. Eine Feile, die er sich mit voller Wucht in die Brust rammte. Dabei stürzte er hin und schlug auf die Kante eines der herumliegenden Holzteile. Sofort wurde er ohnmächtig und Blut strömte aus seinem Kopf.

Trotz des gerade erlebten Dramas rief Peter Heilmeyer geistesgegenwärtig nach Olli: „Rufe den Rettungswagen, sofort! Wir haben einen Mann, der schwer verletzt ist und stark blutet. Beeil dich!"

Heilmeyer suchte nach einem Tuch, um das Bluten zu stoppen. Reiman stand hilflos und ohne jegliche Regung daneben. „Los Mann, ziehen Sie Ihr Hemd aus!" Heilmeyer griff danach und drückte so gut er konnte die Wunde damit ab.

Der Rettungswagen brauchte kaum eine Viertelstunde. Das laute Signal kündigte sie an und Olli rannte den Rettungskräften entgegen, um sie direkt zum Verlies zu führen. „Wie es aussieht, hat ein Mann eine Menge Blut verloren. Mein Chef ist bei ihm, hoffentlich können Sie ihn retten." Mit hektischen Worten informierte Olli die zwei Rettungssanitäter. Die blieben unbeeindruckt und gingen im hohen Tempo Olli hinterher. Als sie den Mann sahen, erfassten sie sofort die Situation. Der Raum im Verlies war so vollgestellt, dass die beiden Rettungssanitäter große Mühe hatten, den Mann nach oben zu transportieren. Behutsam legten sie ihn auf die Pritsche ihres Rettungswagens. Einer schloss den Jungen an das Beatmungsgerät an und der andere überprüfte Puls, Blutdruck und den Sauerstoffgehalt im Blut. „Alle Werte sind sehr schwach. Wir müssen uns beeilen. Ich kündige ihn in der Rettungsstelle an, damit sie auf alle Eventualitäten vorbereitet sind." Das Prozedere der Rettungssanitäter dauerte nicht länger als zehn Minuten und so schnell wie sie kamen, waren sie mit ihrem Wagen und dem aufdringlich laut tönenden Warnsignal davon und nicht mehr zu sehen.

Heilmeyer und Olli blieben am Ausgang des unterirdischen Verlieses irritiert zurück. Hans Reiman stand fassungslos und erstarrt daneben. Dieses Erlebnis ließ das erste Mal so etwas wie Emotionen bei dem Mann erkennen. Jeder von ihnen versuchte auf seine Weise den Selbsttötungsversuch zu verarbeiten. Ein paar Schrecksekunden dauert es, ehe der Hauptkommissar seine gewohnte Fassung zurückbekam.

„Ich hatte stets gehofft, dass mir jemand wie Sie erspart bleibt. In Ihnen scheinen sich tiefste Abgründe aufzutun. Ein Wunder, dass Sie überhaupt schlafen können. Ich bin gespannt Reiman, was Sie uns jetzt zu erzählen haben. Irgendwelche Lügengeschichten hören wir uns nicht länger an."

Reiman schien tief in sich versunken und weit weg zu sein. Er bekam überhaupt nicht mit, was der Hauptkommissar zu ihm sagte. Von ihm kamen kaum hörbare Laute: „Wenn ich aussage, kann ich dann meinen Sohn noch einmal sehen?"

„Das hätten Sie sich früher überlegen sollen, dann wäre Ihr Junge wahrscheinlich nicht in so eine verzweifelte Situation geraten." Olli konnte seine Gefühle nur noch herausbrüllen. Er war von dem Mann nur angewidert.

Heilmeyer war in der Lage das gerade Erlebte in den Hintergrund zu schieben. „Was Sie Ihrem Jungen angetan haben, das ist ein ganz anderes Kapitel. Wir haben einen Mord und einen versuchten Mord aufzuklären. Und den Mord von 1990 werden wir Ihnen früher oder später auch nachweisen, da bin ich mir ziemlich sicher. Der Mord liegt zwar länger zurück, aber Mord verjährt nie. Das werden Sie bald feststellen müssen."

Nachdem Reiman wieder die Fußfesseln angebracht wurden, forderte Heilmeyer seinen Kollegen auf, mit ihm gemeinsam noch mal die Höhle zu betreten: „Das musst du dir unbedingt ansehen Olli, ein unglaublicher Ort. Für einen Normalverbraucher wohl kaum zu verstehen, was das zu bedeuten haben kann. Auch das wird Reiman uns erklären müssen, schließlich ist das sein einst begonnenes Werk." Als sie unten ankamen, schaute Olli ungläubig durch den fast dunklen Raum, bis er endlich wieder sprechen konnte: „Wir sollten die Spusi mal hier reinschicken, die sollen sich sorgfältig umsehen. Wer weiß, vielleicht gibt es sogar Verdächtiges zum Verschwinden der Mutter zu entdecken."

„Du hast recht Olli, dem Reiman traue ich inzwischen selbst einen Mord an seiner Frau zu." Die beiden Männer hatten erst mal genug gesehen, ihnen war nur noch nach frischer Luft zumute. Heilmeyer gab das Zeichen, sich auf den Weg zu machen. „Hier gibt es nichts mehr für uns zu tun. Wir fahren direkt ins Kommissariat. Dort machen wir mit ihm weiter und zwar dort, wo wir gestern aufgehört haben." Zurück im Auto, erkannten sie Reiman kaum wieder, zusammengefallen und blass saß er da.

„Wir werden sehen, wie weit wir mit Ihnen kommen. Denken Sie daran, freiwillige Geständnisse könnten Ihnen am Ende die Haftbedingungen erleichtern."

Reiman hörte gar nicht zu. Selbst auf Fragen reagierte er nicht mehr, er blieb stumm. Auf der gesamten Rückfahrt nach Rostock blieb es still im Auto. Niemand von ihnen war bisher Zeuge eines Selbstmordversuches. Jeder hing seinen eigenen Gedanken nach.

Graal-Müritz, Seebrücke

Nach knapp zwei Wochen saßen die vier Alten auf der Seebrücke erstmalig wieder vollzählig zusammen. „Dat ward man wedder Tiet, dat du die bi uns blicken lääst."

„Ach, hört bloß auf. Das mit dem Rücken war so schlimm, dass ich mich kaum bewegen konnte. Aber, wenn ihr denkt, ich lag bloß rum, irrt ihr euch. Ich helfe der Polizei bei der Suche nach einem Mörder und zwar dem, der überall gesucht wird."

„Häst Alpträume hat, watt?"

„Im Gegenteil, ich war lange nicht so hellwach. Bin mit der Kripo in Kontakt, ich konnte denen sogar ein paar wichtige Hinweise geben."

Die anderen kamen aus dem Staunen nicht raus. „Wie, du häst den Mörder seihen?"

„Atmet mal ruhig wieder aus. Der Typ war auf dem Parkplatz hinterm Zeltplatz. Ich hatte den und eine Frau beobachtet. Nun dürft ihr raten, wer die Frau war? Die Frau, die überall in der Zeitung und im Fernsehen abgebildet war."

„Vertell."

„Jedenfalls hab' ich gesehen, dass diese Frau in ein Auto steigen wollte und der Mann hatte sie rausgeholt."

„Und dei is im Wald tot upfunden worden? Plauder man betten uten Nähkästchen, Erwin."

„Morgen bin ich zur Kripo bestellt. Die wollen eine Gegenüberstellung machen und ich soll den erkennen."

„Und, wenn du den Kierl nich kennst, dann möckst du die blot lächerlich."

„Das Gesicht kann ich gar nicht vergessen. So brutal, wie der die Frau behandelt hat."

„Sei man froh, dat uns Gemeinde von Mord und Totschlag verschont blievt."

„Sag ich ja auch, deshalb halte ich Augen und Ohren offen."

„Na denn man tau, du büstt uk noch 'n betten jünger as wii."

„Morgen berichte ich euch darüber, was rausgekommen ist." Erwin sah die misstrauischen Blicke der anderen und fügte schnell hinzu. „Falls es eine Prämie gibt, hau ich die mit euch gemeinsam auf den Kopf, das ist klar." Sein Zugeständnis stimmte die anderen wieder zufrieden.

„Wat anderes han wie uk gor nich von die erwartet."

Im guten Einvernehmen klönten sie über alle möglichen Themen wie sonst auch. Keiner gab offen zu, wie gern er an Erwins Stelle gewesen wäre. Mal was Großes erleben … Mit diesem Gedanken blickten sie hinaus aufs Meer und schauten den Möwen hinterher.

Uni Rostock, Schillingstr.

Lisa blieb jetzt wach. Seit sie nicht mehr einschlief und vor sich hindämmerte, kamen abwechselnde Bilder aus der Nacht zum Vorschein. Am liebsten wäre sie aufgestanden, um das Verhör mit dem Verbrecher selbst zu führen oder wenigstens endlich mit ihren Leuten zu sprechen. Doch beim ersten Versuch aus dem Bett zu steigen, spürte sie, dass sie keine Gewalt über ihre Füße besaß. Sie hing zudem an verschiedenen Schläuchen und einem Tropf, dazu jede Menge Verbände. All das gab ihr aber keine Auskunft darüber, ob sie mit Folgeschäden zu rechnen hatte. Seit sie klar denken konnte, schwirrte der Typ ununterbrochen in ihrem Kopf herum. Dem hatte sie die bitterste Niederlage ihres Lebens zu verdanken. Ich muss hier rauskommen und zwar möglichst schnell. Als sie sich erneut bemühte, aufzustehen, gelang es wieder nicht. „So wird das nichts“, dachte sie enttäuscht. „Und warum melden sich meine Kollegen nicht? Die sind garantiert enttäuscht von mir. Wieso ist ausgerechnet mir so was passiert?“ Ihr Grübeln brachte sie nicht weiter, sie fand keine Antwort. Splitter vom gestrigen Besuchs ihres Vaters tauchten auf. Sie sah ihn wieder vor sich. Die dunklen Schatten um seine Augen und sein besorgtes Gesicht. Er sah so traurig aus, das wird sie nie vergessen können. Zum ersten Mal merkte Lisa, dass er emotional angegriffen war und, dass er sich ehrlich um sie sorgte, auch wenn er das nie zeigen konnte. Lisa verdrängte die Gedanken an ihren Vater und kehrte zu ihren Kollegen zurück. „Wie haben sie mich bloß gefunden, das müssen sie mir genau erklären. Mein Leben habe ich ihnen zu verdanken, dass ich leichtsinnig wie eine Anfängerin aufs Spiel gesetzt habe.“ Ihre Gedanken kreisten wieder und wieder um diese letzte Nacht. An ihre Befreiung konnte sie sich kaum erinnern. Lange Phasen hindurch war sie außer Gefecht gewesen. Nur kurz bekam sie mit, dass ihre Kollegen wie aus dem Nichts auftauchten und sie von den Fesseln befreiten. Das Monster hatte ihr, wenn er merkte, dass sie aus der Betäubung erwachte, erneut das rote Tuch unter die Nase gerieben. Sie sah ehrlich ein, dass sie zu keinem Zeitpunkt die geringste Chance hatte, ihm zu entkommen. Er hatte alles perfekt eingefädelt. Nun wartete Lisa ungeduldig auf ihre Leute und hoffte, dass sie bald kämen. Sie waren die Einzigen, die ihr erzählen konnten, was in der Nacht wirklich passiert war. Daran konnte sie sich immer noch nicht gut erinnern. Sicher werden auch sie von ihr Einiges wissen wollen. Bei dem Gedanken war Lisa gar nicht wohl. Wie peinlich und schlimm. Aber das war nicht mehr zu ändern, sie musste jetzt da durch.

Auf einmal klopfte es an Lisas Tür. Sie blickte erwartungsvoll auf die Ärztin, die lächelnd eintrat. „Frau Liebich, ich habe eine gute und eine schlechte Nachricht für Sie."

„Egal, schießen Sie los. Schlimmer als das, was mir passiert ist, kann es wohl kaum kommen."

„Das stimmt. Sie werden noch drei Tage bei uns bleiben müssen. Die Untersuchungen sind noch nicht ganz abgeschlossen."

„War das die Gute?"

„Natürlich nicht. Ihre Kollegen haben sich für den Nachmittag angekündigt und werden gegen 16 Uhr da sein. Sie sind inzwischen mental stabil genug, um über Ihre Erlebnisse sprechen zu können."

„Das ist eine wirklich gute Nachricht. Darauf warte ich schon, seitdem ich wach bin."

„Achten Sie aber auf die Signale Ihres Körpers, sonst gibt es bald einen Rückschlag und aus drei Tagen könnte schnell eine Woche werden."

„Ich habe aus dieser bösen Geschichte gelernt und achte künftig besser auf mich. Übrigens, danke für alles!" In diesem

Moment konnte Lisa der Ärztin sogar ein Lächeln schenken, sie fühlte sich nicht nur gut aufgehoben, sondern auch verstanden.

Rostock, Kriminalkommissariat

Bei der Kripo herrschte seit wenigen Minuten allgemeine Unruhe. Eben kam ein Anruf aus der Rostocker Intensivstation mit der Nachricht, dass der am Tag zuvor eingelieferte Junge gerade seinen schweren Verletzungen erlegen war. Die Ärzte konnten nichts mehr für ihn tun. Die Nachricht nahm Heilmeyer selbst entgegen. „Leider konnten wir den Selbsttötungsversuch des Jungen nicht verhindern und jetzt ist klar, dass er es nicht geschafft hat. Diesen Tod kann sich Reiman auch auf seine Fahne schreiben. Die Ärzte konnten den jungen Mann trotz intensiver Bemühungen nicht retten. Die Wunde war nicht das größte Problem, die hätten sie wahrscheinlich hinbekommen. Aber er war derartig dehydriert, dass es schwierig wurde, seinen Kreislauf zu stabilisieren. Sein Herz hat einfach aufgehört zu schlagen."

Auch wenn Heilmeyer die ihn gerade erreichte Nachricht betont sachlich rüberbrachte, merkte man es ihm an, wie sehr er betroffen war. „Ich denke aber, dass es für den Jungen am besten war und nicht nur, weil er schwerbehindert weiterleben müsste."

Jens fügte noch hinzu: „Genauso seh' ich das leider auch, aber vor allem wie hätte er es mental verkraften sollen, dass sein bisheriges Leben auf Sand gebaut war und er das Werk eines kriminellen Vaters sich zum Vorbild nahm."

Heilmeyer wollte wieder zur Tagesordnung übergehen: „Schade, jetzt können wir die von mir geplante Taktik, den Jungen in die Vernehmung einzubeziehen, kippen. Ich fand den Plan, den jungen Mann als Zeugen bei der Vernehmung von Reiman dabei zu haben, richtig gut. Reiman müssen wir endgültig und für immer hinter Gitter bringen. Und nun diese Nachricht."

Olli hatte den jungen Mann nur kurz gesehen, doch die gesamte Situation mit seinem Vater hatte ihn auch betroffen gemacht. „Wir kannten den jungen Mann zwar nicht, aber so wie wir ihn erlebt haben, muss er ein trauriges Dasein geführt haben. Reiman kann sich jetzt auch den Tod seines Sohnes zuschreiben."

Heilmeyer warf seine Bedenken in den Raum: „Wer weiß, ob der überhaupt Lust hat zu reden, wenn er erfährt, dass sein Sohn Tod ist."

Jens hatte eine Idee: „Vielleicht sollten wir aus taktischen Gründen den Tod des Jungen gar nicht erwähnen. Erst, wenn seine Aussage hieb und stichhaltig ist, sprechen wir das mit seinem Sohn an."

Heilmeyer zeigte Bedenken: „Aus moralischen Gründen dürfen wir ihn mit der Nachricht nicht lange hinhalten. Schließlich ist er der Vater."

Jens äußerte sich wütend: „Davon hatte der Junge, als er noch lebte, auch nichts gemerkt. Warum sollten wir jetzt auf den Mörder Rücksicht nehmen?"

„Weil es bei uns um Recht und Ordnung geht und wir uns mit so einem Typen nicht auf eine Stufe stellen", wies Heilmeyer seine eifrigen Kollegen in die Schranken. Die emotionalen Gedanken seiner Leute wurden Heilmeyer zu viel und er mühte sich, seriös wieder ins Thema einzusteigen: „Leute genug geredet, lasst uns besser mit der Gegenüberstellung beginnen. Der Mann aus Graal-Müritz ist da."

„Der Mann, der Reiman hinter dem Campingplatz in Graal-Müritz mit einer Frau streiten sah?"

„Genau, er wartet auf die Gegenüberstellung. Er meint, dass er mit 99 % den Mann erkennt."

„Sind die anderen auch da? Gut, worauf warten wir noch?"

Heilmeyer rief Erwin und ging mit ihm hinter eine Scheibe, die sich im Besprechungsraum befand. „Erkennen Sie die sechs Leute mit den Nummern?"

„Bestens, ich bin mir jetzt schon sicher. Hab ihn gleich erkannt. Er hat diesen besonders bösen Blick."

„Interessant, wenn Sie sich so sicher sind, nennen Sie einfach die Nummer des Mannes." Wie aus der Pistole geschossen kam: „Nummer Fünf."

Heilmeyer und seine Leute schauten sich verblüfft an und fragten noch einmal: „Sicher?"

„Wollen Sie mich jetzt irritieren oder was? Das gelingt Ihnen nicht. Das ist der Mann, den ich gesehen habe." Die Scheibe verdunkelte sich und nichts war mehr zu erkennen. „Entschuldigung, wir wollten nur wissen, ob Sie dabeibleiben. Wir wollten Sie auf keinen Fall verunsichern. Für uns ist Ihre Aussage klar. Die Nummer Fünf ist tatsächlich unser Verdächtiger."

Erwin wuchs in diesem Moment über sich hinaus und seine Stimme überschlug sich förmlich. Schließlich hatte er ja noch ein paar Neuigkeiten zu berichten: „Ein ehemaliger Kollege von mir kennt sogar den Namen und die Telefonnummer von ihm. Der wollte seinen Polo farblich verändern und gab eine Suchanzeige auf. Mein Kollege wollte das machen, aber dann kam der Typ nicht. Die Telefonnummer habe ich sicherheitshalber mitgebracht."

„Donnerwetter, Sie haben ja Ambitionen zum Detektiv. Danke. Wir werden auf Sie zurückkommen und uns bedanken, wenn der Fall endgültig abgeschlossen werden kann."

Im Gedanken war Erwin längst bei seinem Männertrupp und freute sich schon jetzt auf die Augen, die sie machen würden. Innerlich griente er und war mächtig stolz, weil er der Kripo wieder einen Tipp geben konnte.

Olli verabschiedete ihn und brachte ihn nach draußen. „Passen Sie auf Ihren Rücken auf, wir sehen uns später. Und danke noch einmal."

„An dem ist tatsächlich ein Detektiv verloren gegangen. Gut, dass es neben den vielen Schwätzern noch einige Leute mit Courage gibt. Die meisten schauen ja weg, wenn etwas passiert, das sie nicht einordnen können."

„Mit dem Ergebnis der Gegenüberstellung konfrontieren wir Reiman zuerst. Außerdem haben wir ausreichende DNA-Spuren. Wir verwickeln ihn in widersprüchliche Aussagen, damit kriegen wir ihn und er muss, ob er will oder nicht unsere Ermittlungen bestätigen. Bei der Toten von 1990 wird es etwas schwieriger. Wir haben beim Bundeskriminalamt nachgeforscht, wer die Tote damals war. Ohne Ergebnis. Die Akten von Vermissten werden etwa 30 Jahre lang aufgehoben. Es wurde 1990, wie wir wissen, nie eine Frau in dem Alter und in der Gegend vermisst. Leider ist die DNA der Frau heute nicht mehr auswertbar. Lediglich das Muster ist, wie bei den beiden Fällen von Reiman, klar zu erkennen. Inzwischen wissen wir aber, dass sich Reiman damals in der Nähe des Fundortes aufgehalten hatte. Er lebte kurze Zeit bei seiner Mutter, die in der Gegend vom Schnatermann wohnte. In der Nähe fanden wir auch die Tote."

„Wir werden ihn ins Kreuzfeuer nehmen, bis er freiwillig auch den früheren Mord zugibt."

„Kommt, lasst uns den harten Brocken packen." Heilmeyer hatte es plötzlich sehr eilig.

„Hart? Das kann ich mir seit dem gestrigen Erlebnis mit seinem Sohn nicht mehr vorstellen. Die erste Begegnung nach all den Jahren hatte ihm mehr zugesetzt, als ihm lieb sein dürfte. Seitdem ist er wie ausgewechselt."

„Hoffentlich bleibt das so? Dann bekommen wir ein einwandfreies Geständnis hin."

„Aber um den Jungen tut es mir leid.

Uni Rostock, Schillingstraße

Lisas Kopf fühlte sich so klar an, wie lange nicht mehr. Wohl deshalb musste sie immerzu über die vorletzte Nacht grübeln. Je länger sie nachdachte, desto klarer wurde ihr das System von Reiman. Er hatte sie unter ständiger Beobachtung. Er war der Mann, der am Strand die Möwen fütterte und sie anstierte. Egal, wo sie war, er war immer in der Nähe mit lauerndem Blick. Sie begann an sich zu zweifeln. „Warum bekam ich das nicht mit? War ich zu sehr mit meinen Gedanken an Sarah beschäftigt. Dennoch, was für ein Armutszeugnis. Was müssen meine Kollegen von mir denken?"

Lisa fiel gerade ein, wie der Kontakt im Chat begann, als es an der Tür behutsam klopfte. Olli steckte als erster seinen Kopf ins Zimmer. Ihm folgten Peter Heilmeyer und Jens mit einem bunten Sommerstrauß. Lisa spürte die aufsteigende Hitze und wusste, dass sie knallrot geworden war.

„Endlich! Da seid ihr ja. Ich freu mich, euch endlich zu sehen. Seitdem ich wieder klar im Kopf bin, warte ich auf euch." Ihr fehlten die passenden Worte und fügte verlegen hinzu: „Ihr werdet wohl eine Menge von mir wissen wollen."

„Nicht so schnell. Eigentlich sind wir nur gekommen, um zu sehen, wie es dir geht. Keine Angst, wir bedrängen dich nicht. Ein Dienstgespräch kann warten, bis du wieder ganz fit bist. Reiman haben wir festgenagelt. Bisher schweigt er sich zwar aus, aber wir haben Mittel, das bald zu ändern."

„Ich kann nicht begreifen, wie ich auf so einen Typ hereingefallen bin. Dabei hätte ich schwören können, dass mir so was niemals passiert."

Heilmeyer setzte sich zu Lisa aufs Bett. „Du kannst froh sein, dass Jens seinen Instinkten vertraute. Er hatte deinen kriminellen Chatpartner aufgespürt und blieb dran. Er, aber auch Olli haben alles richtig gemacht. Und nicht nur, weil sie mich auch in der Nacht sofort informierten. Sie hatten ausreichend recherchiert und wir konnten die Suchaktion wenige Stunden später starten. Das Gesamtpaket hat deine Rettung möglich gemacht."

„Wie soll ich euch je danken, ihr habt mir schließlich das Leben gerettet." Während sie den letzten Satz rausbrachte, liefen unkontrolliert ihre Tränen. „Das fehlt mir gerade noch, dass ich euch was vorheule. Wie ihr merkt, hat mein Nervenkostüm ganz schön gelitten." Darüber musste sie nun doch selbst lachen.

Olli ging in seiner behutsamen Art auf Lisa ein: „Lass alles raus. Was du erlebt hast, war schlimm genug. Heute lassen wir dich sowieso in Ruhe. Du sagst selbst Bescheid, wenn du soweit bist. Jedenfalls sind wir froh, dass du körperlich unbeschadet geblieben bist."

„Genau, ernsthafte innere Verletzungen habe ich zum Glück keine davongetragen. Nur Abschürfungen und ein paar Narben werden mich sicherlich eine Zeitlang an die schlimmste Nacht meines Lebens erinnern. Ansonsten geht es wieder."

„Wenn der Arzt meint, dass du dienstfähig bist, freuen wir uns auf dich."

Lisa konnte mit Mühe verhindern, dass sich nicht erneut rührselige Tränen einschlichen.

„Ich danke euch für alles. Wenn's gut läuft, bin ich Freitag im Dienst."

„Nicht so schnell. Lass dir die Zeit, die du brauchst. Du wirst garantiert viel länger brauchen, um das Ganze zu verarbeiten. Wir haben alles, um den Kerl festzunageln. Der wird keiner Frau mehr was antun."

Lisa dachte an ihre eigene Rolle und wiederholte kleinlaut ein Danke. „Das wird mir wohl ewig eine Lehre bleiben."

„Genug mit dem Lob, wir haben nur unsere Arbeit gemacht. Du denkst jetzt nur an dich und hörst auf die Ärzte."

Heilmeyer konnte sich nicht verkneifen, noch eins drauf zu setzen: „Und ... Keine Alleingänge mehr, du siehst, das führt zu nichts."

„Ich werde eine Menge lernen müssen, das gehört wohl auch dazu."

Es klopfte, Tess war gekommen und betrat unaufgefordert das Krankenzimmer. Erstaunt sah sie die Kollegen von der Kripo an. „Hallo zusammen. Ist lange her, seit wir so vollzählig versammelt waren", grüßte sie in die Runde, lächelte verschmitzt und ging auf Lisa zu.

„Wir sind längst weg." Heilmeyer schaute seine Kollegen auffordernd an und machte eine Andeutung zum Gehen. „Wir stecken in der Endphase, da läuft alles auf Hochtouren. Aber wem erzähl ich das. Außerdem wollen wir eurer Gespräch von Frau zu Frau nicht stören. Lisa, wir sehen uns. Gönn dir die Ruhe! Auch wenn ich weiß, dass es dir schwerfällt!"

Lisa winkte dankbar den Kollegen hinterher. „Starke Männer mit Einfühlungsvermögen, genau das Richtige in meiner Situation." Mit einem schwachen Schmunzeln sah sie Tess an. „Und du bist wahrscheinlich sehr enttäuscht von mir?"

„Du machst aber auch Sachen. Im Ernst, mich hat die Nachricht von deiner Geschichte im Wald richtig umgehauen. Als ich davon erfuhr, dass der Mörder dir so nah auf den Pelz gerückt war, wollte ich das gar nicht glauben. Keine Angst, ich halte jetzt aber keine Moralpredigt."

„Und ehrlich, ich weiß nicht, wie ich aus dieser Nummer je wieder rauskomme. Gestehe, wie ich da überhaupt reinrutschen konnte. Ich hatte mich auf fahrlässigste Weise blenden lassen und Warnsignale einfach ignoriert." Tess merkte, dass Lisa mehr auf dem Herzen hatte, hielt inne und wartete erst mal ab, was sie sagen wollte. „Seit ich bei vollem

Bewusstsein bin, weiß ich überhaupt nicht mehr, was richtig für mich ist." Mit diesen Worten setzte Lisa das Gespräch wieder in Gang. „Eben das Gespräch mit meinen Kollegen zeigte mir, wie verunsichert ich eigentlich bin. Das Schlimmste dabei ist, dass ich mich selbst nicht mehr verstehen kann. Und nun fühle ich mich wie ein festsitzendes Duracellhäschen, das nicht weiß, in welche Richtung es losrennen soll."

„Das kann ich gut nachvollziehen. Sorge für volle Batterien, dann klappt das Laufen und die Richtung kommt von allein."

„Wie soll ich jemals wieder meinen Kollegen entspannt gegenüberstehen?"

„Am besten mit Offenheit. Ich bin mir sicher, dass du das schaffst."

„Peinlich auf jeden Fall."

„Nur, weil du Polizistin bist, bist du kein Übermensch. Aber ich kann mir vorstellen, dass so ein Erlebnis die beste Gelegenheit für einen Neubeginn ist. Ich meine, du solltest dein Leben neu ordnen und deine Prioritäten überprüfen. Etwas Gutes birgt schließlich jede Erfahrung, auch wenn sie noch so schrecklich war. Was du erlebt hast, war aber schon schärfster Tobak und für diese Erfahrungen musstest du durch eine harte Schule gehen."

Lisa schaute gedankenverloren aus dem Fenster. Tess ahnte, dass es im Kopf ihrer Kollegin arbeitete. Plötzlich sagte sie noch immer aus dem Fenster schauend: „Du bringst mich auf eine Idee."

„Idee? Du machst mich neugierig, da bin ich jetzt aber gespannt."

Lisa riss ein Blatt aus einem Schreibblock, der auf dem Nachtschrank lag. Aus dem Papier faltete sie präzise einen Flieger. Tess schaute sie fragend an. Mit ernstem Gesicht ging Lisa zum Fenster und ließ den Flieger in die Lüfte steigen. „Was soll das denn bedeuten? Sollte ich das wissen?"

„Hast du eben nicht von Prioritäten gesprochen? Und ich habe gerade begonnen, einige neue Prioritäten für mich festzulegen. Dieser Flieger besitzt eine gute Symbolik dafür."

„Ich verstehe nur Bahnhof, klärst du mich bitte auf?"

„Der Flieger ist das Symbol für mein Jurastudium. Von dem habe ich mich in diesem Moment praktisch verabschiedet. Und weißt du was? Bei dem Gedanken geht es mir richtig gut."

Tess schaute verblüfft. „Hast du dir das gut überlegt? Immerhin hast du lange darauf warten müssen. Ich erinnere mich, wie sehr du dich über die Zusage gefreut hattest."

„Das war so, ich weiß. Aber ich hatte hier viel Zeit über mich und mein zukünftiges Leben nachzudenken. Ich habe es mir nicht leicht gemacht und vieles hinterfragt, auch mein Studium. Mir wurde erst hier bewusst, dass ich vor allem meinem Vater zuliebe mich in diese Richtung verändern wollte."

„Wie? Für deinen Vater?"

„Der hatte mich als Kind oft reglementiert und Vorgaben gemacht. Bis vor Kurzem glaubte ich tatsächlich, ich muss auch seinen beruflichen Weg einschlagen."

„Du lebst längst dein eigenes Leben. Was hat das mit dem Studium zu tun?"

„Das ist es ja. Ehrlich gesagt, ich bin gern Polizistin. Wenn ich an mein nächtliches Erlebnis denke, weiß ich, dass es jede Menge zu tun gibt. Böse Gestalten wie Reiman sterben leider nicht aus und ich möchte dabei sein, ihnen das Handwerk zu legen. Ich bin eher auch ein Praxismensch, warum soll ich mich mit einem Studium vergewaltigen?"

„Und zum Stubenhocker mutieren."

„Genau! Falls Heilmeyer mir eine neue Chance gibt und mich in seinem Team aufnimmt …? Das ist es, was ich mir deutlich besser vorstellen könnte."

„Das ist bestimmt nicht seine Entscheidung allein, aber einen Versuch ist es allemal wert. Ich kann mir das mit dir gut vorstellen. Außerdem gibt es auch bei der Kripo jede Menge Möglichkeiten sich zu qualifizieren."

„Du hältst das also nicht für abwegig?"

„Nein, wieso denn? Die Sache mit dem Typ ist deine persönliche Geschichte. Das hat mit dem Dienst nur insofern zu tun, dass mit deiner Hilfe der Typ dingfest gemacht werden konnte."

„So sehen das meine Kollegen garantiert nicht. Und ehrlich gesagt, das mit Reiman hätte ich mir lieber geschenkt." Lisa schwieg auf einmal und Tess unterbrach die Stille. „Ich bin aber froh, dass wir uns begegnet sind. Jetzt erholst du dich richtig gut und irgendwann liegt das alles hinter dir. Mir fällt ein guter Spruch ein. Den geb' ich dir mit auf den Weg in dein neues Leben: *„Man kann Wellen nicht aufhalten, aber lernen auf ihnen zu reiten."*

„Ja, das passt!"

„Wäre überhaupt gut, wenn wir achtsamer mit uns umgingen. Das könnte uns manches ersparen. Ich schließe mich selbst da mit ein. Nicht nur im Internet sollte man genau hinsehen. Nun hab ich doch noch eine halbe Moralpredigt hingelegt. Das wollte ich gar nicht."

„Das sehe ich anders. Du hast mir meine Augen geöffnet, vielleicht wäre ich in Selbstzweifel zerfallen."

„Wir sehen uns demnächst in einer netteren Umgebung, einverstanden?"

„Na klar." Tess verabschiedete sich. Kaum, dass sie die Tür hinter sich geschlossen hatte, versank Lisa zum ersten Mal seit sie im Krankenhaus lag in einen ruhigen und entspannten Schlaf.

Rostock, Kriminalkommissariat

Heilmeyer machte nach dem Besuch im Krankenhaus einen nervösen Eindruck. Das kam selten genug vor.

„Läuft alles nach Plan, dann haben wir heute alle Beweise zusammen und können dem Staatsanwalt den Doppelmörder Reiman vorstellen."

Nicht nur dem Chef, dem gesamten Team war die Spannung anzumerken. Es herrschte eine fast knisternde Stille, selbst ein Räuspern wäre zu laut.

Heilmeyer rief Olli zu sich: „Wir konfrontieren Reiman zunächst mit den Aussagen der Gegenüberstellung."

„Und die Gegenstände vom Fundort?"

„Damit rücken wir Stück für Stück raus. Wir brauchen von ihm ein astreines Geständnis."

„Seinen Sohn lassen wir außen vor?"

„Wenn er nach seinem Jungen fragt, halten wir uns erst mal bedeckt. Seinen Tod sollten wir diskret behandeln."

Hans Reiman saß bereits im Verhörraum. Heilmeyer und Olli beobachten ihn durch die Scheibe in ihrem Dienstraum. „Heute kriegen wir ihn. Er wird reden, da bin ich sicher. Wir locken den Typ aus seiner schweigsamen Komfortzone."

„Reiman, dein Endspiel hat begonnen und zwar bereits die zweite Spielzeit."

Im Verhörraum schaltete Olli das Aufnahmegerät an und Heilmeyer setzte sich direkt gegenüber von Reiman.

„Nachdem Sie sich lange genug ausschweigen konnten, wäre es sinnvoll etwas gesprächiger zu werden. Das könnte sich womöglich mildernd auf Ihr Strafmaß auswirken, aber das sagte ich Ihnen ja bereits."

Das waren nur wenige Worte zur Begrüßung, mehr hatte der Hauptkommissar für den Mörder nicht übrig. Nebenbei schlug er einen mitgebrachten Ordner auf und zog einige Fotos hervor. Olli saß abseits am Aufnahmegerät, aber ihm entging keine einzige Geste von Reiman. Der rückte unruhig auf seinem Stuhl hin und her. Unerwartet schnell holte er zum Reden aus. „Oliver so jämmerlich zu sehen, das hätte ich mir lieber erspart. Was ist mit ihm? Kann ich ihn sehen? Lassen Sie mich zu ihm, dann rede ich."

„Die Reihenfolge sollten Sie uns lieber überlassen. Wir sind ganz Ohr und hören Ihnen erst mal zu, bevor Sie den Jungen zu Gesicht bekommen."

„Soll ich etwa beim Urschleim anfangen, damit Sie die Umstände kennenlernen und mich verstehen?"

„Fangen Sie einfach an. Aber verstehen? Das steht auf einem anderen Blatt."

Reiman stierte auf die Fotos, die vor ihm lagen. Es sah aus, als wollte er in sein Schweigen zurückverfallen. Als hätte er erst überlegen müssen, begann er plötzlich umso heftiger zu reden: „Die Lust zu quälen, wurde mir wahrscheinlich in die Wiege gelegt. Das muss ich von meiner Mutter haben, die war nicht nur nach Alkohol süchtig. Nein, sie begehrte praktisch alles; Männer, Alkohol und oft auch Dinge, die ihr gar nicht gehörten. Selbst als ich noch ein Kind war und sie wieder mal blau war, erzählte sie mir seltsame Geschichten. Die von dem wertvollen Ring eines Freundes habe ich nie vergessen. Sie wollte unbedingt diesen einen Ring, also klaute sie den. Damit das nicht rauskam, lockte sie den Mann in eine Falle. Sie sprach mit großem Stolz davon, wie sie den Mann tötete. Das war ein Stolz, den ich bei ihr nie zuvor erlebt hatte. Schon damals musste etwas wie ein böses Gen in mir erweckt worden sein. Später als Jugendlicher gefiel mir die Vorstellung, dass Begehren und Tod zusammengehörten. Es dauerte nicht lange und ich war machtlos. Es begann die Zeit, in der die Leidenschaft Böses zu tun, stärker wurde. Zuerst quälte ich ein Kind, dann kamen immer häufiger auch andere dazu. Selbst, wenn das, was ich tat, brutal und verdorben war, ich musste weiter machen, konnte nicht anders. Mein jähzorniger Vater bemerkte meine dunkle Seite und versuchte mich anfangs noch daran zu hindern. Eine Zeitlang halfen seine Drohungen. Bald musste ich aber meiner inneren Stimme folgen, um Ruhe und Zufriedenheit zu finden."

Heilmeyer unterbrach ihn: „Hier und heute interessieren wir uns allerdings für die Zeit, in der Sie älter waren und in der Nähe vom Schnatermann wohnten. Das war doch Ihr Wohnort damals bei Ihrer Mutter? Wir fanden ganz in der Nähe eine tote Frau. Der Mord trug einwandfrei Ihre Handschrift. Lassen Sie uns darüber sprechen?"

Reiman kratzte sich lange am Kopf, als müsste er nachdenken.

„Soll ich Ihre Erinnerung etwa auffrischen? Die Frau lag wie Sarah Niemann an einer abgelegenen Stelle im Wald. Wir fanden damals auch diese grabähnliche Stelle. Auf einer Anhöhe lag sie zwischen Farn aufgebahrt. Die Frau trug ein helles Kleid und die Hände lagen gefaltet mit einer Blume." Heilmeyer reichte ihm ein vergilbtes Foto. „Bei dem Anblick wird Ihnen sicher mehr einfallen."

„Sehen Sie, wie zufrieden die Frau aussieht. Das war mir wichtig. Die Frauen glücklich aussehen zu lassen. Im Leben, als ich sie traf, sahen sie so unglücklich aus. Sie hatten sich gequält und ich hab sie nur von ihren Qualen erlöst."

„Verstehe ich richtig, Sie fühlten sich als Erlöser dieser Frauen?"

„Sie begreifen schnell!

„Was hatte es mit dieser Blume auf sich, die sie auf die Frauen legten", sprach jetzt Olli von hinten dazwischen.

„Von einem alten Mann erfuhr ich, dass in früheren Zeiten die weiße Calla Unsterblichkeit bedeutete. Ich wollte der

Frau damit sagen, dass ich sie wunderschön finde. Erst diese Blume machte meine Inszenierung perfekt."

Heilmeyer gab Olli ein Zeichen und bat ihn nach draußen. „Olli, wir machen der Reihe nach, das mit der Blume hätte Zeit gehabt. Lass mich bitte die Fragen stellen, auch wenn ich weiß, dass dir das bei dem Kerl schwerfällt."

„Entschuldigung, weiß nicht, was mich eben geritten hat."

Als beide den Verhörraum wieder betraten, saß Reiman kerzengerade, offenbar war er bereit weitere Fragen zu beantworten.

Und Heilmeyer machte sofort mit der schwierigen und ihm wichtigste Frage weiter: „Wie war das mit der Frau von 1990? Sie waren selbst ja relativ jung?"

„Jung, was heißt jung? Wozu überhaupt zu jung? Aber ja, ich erinnere mich. Sie war meine erste Frau. Wie könnte ich sie vergessen. Sie kam aus Polen, wollte schwarz als Putzfrau arbeiten. Deshalb war sie ja in Rostock. Mit ihr hatte damals alles seinen Anfang genommen."

„Was heißt alles?"

„Als ich sie kennenlernte, sagte mir eine innere Stimme, dass ich sie von ihren Qualen befreien sollte. Aus ihrem jammervollen Dasein, ohne Arbeit, eben in ein viel besseres Leben im Jenseits. Ich bin dabei nur dem innigsten Wunsch der Frau gefolgt. Sie äußerte nicht nur einmal den Wunsch, sterben zu wollen, so wie die anderen Frauen übrigens auch. Das ging dann jedes Mal ziemlich schnell und ohne Schmerzen. Zumindest bei der ersten Frau. Später lernte ich Frauen kennen, die widerspenstiger waren. Manche wollten dann nicht mehr sterben, sie wehrten sich und ich musste mehr Gewalt anwenden."

„Sarah Niemann hatte in Ihren Augen auch gute Gründe zum Sterben?"

„Sarah hatte sich geekelt, vor allem vor sich selbst. Und dazu kam die Quälerei mit den Männern. Keiner konnte es ihr recht machen. Sie selbst sagte, dass ihr Leben keinen Sinn mehr hatte. Irgendwie spürte ich sofort bei ihr den Wunsch zu sterben. Gleich als wir uns das erste Mal bei meinem Bruder begegnet sind. Ich fühlte, dass ich sie befreien musste und setzte alles daran sie zu erlösen. Wer sollte das sonst auch tun? Mit Sarah begann alles wieder von vorn. Bis ich ihr begegnete, glaubte ich meine Mission sei vorbei."

„Wie meinen Sie das?"

„Ich hatte gewartet, beobachtet, recherchiert und wenn es nötig war, eben gehandelt. Habe Wochen, manchmal über einen Monat damit zugebracht. Bei jeder Frau musste ich anders vorgehen. Am Ziel war ich erst, wenn ich wusste, wie ich sie glücklich aussehen lassen konnte."

„Sie sind ja wahnsinnig. So einen Schwachsinn habe ich nie zuvor gehört."

„Denken Sie von mir was Sie wollen. Mein Leben hat eh keinen Sinn mehr. Traurigkeit macht einsam und Einsamkeit macht traurig. Ich wäre selbst froh, wenn mir jemand beim Sterben helfen würde."

„Und Ihr Sohn? An den haben Sie in den ganzen Jahren nie gedacht?"

„Natürlich, ja doch. Oft sogar. Doch ein Zurück war für mich nicht mehr möglich. Wie hätte ich ihm erklären sollen, dass ich mich von unserem Plan verabschiedet hatte."

„Plan?"

„Ja, der Plan. Unser gemeinsamer Plan. Mein Geheimnis praktisch, in das ich den Jungen sehr früh einweihte. Wissen Sie, was all die Holzreste im Erdloch bedeuten?"

„Sie meinen die zerschlagenen Bretter, die überall herumlagen?"

„Bretter, die einmal Särge waren. Bereits als Kind war ich von dem einen Gedanken vollkommen besessen. Später als Mann konnte ich das schließlich umsetzen. Das musste mit meiner traurigen Mutter zu tun haben. So lange ich mich erinnere, wollte ich Frauen helfen. Jedenfalls den Frauen, die ein qualvolles Leben führten. Etwas später hatte ich die Idee mit den Särgen entwickelt."

„Was soll das mit den Särgen?"

„Die Frauen sollten ein würdevolles Ende bekommen. Ich meine damit vor allem eine würdevolle Ruhestätte und einen schönen Sarg, nicht das, was man zu kaufen bekommt."

Kurzes Schweigen, bevor Heilmeyer seine nächste Frage stellte: „Soll das heißen, dass Sie nicht nur den Zeitpunkt des Sterbens der Frauen bestimmen wollten, sondern auch die Art und Weise ihres Begräbnisses?"

„Wenn Sie das so sehen? Viel später lernte ich den ersten Ruhewald kennen. Sofort war ich fasziniert und meine Idee, prunkvolle Särge zu gestalten, war dahin. Der Gedanke daran und mein alter Plan praktisch nichts mehr wert."

„Und Sie wussten nicht mehr, wie Sie diesen Wandel Ihrem Sohn beibringen sollten?"

„Richtig. Ich kam aus Spanien zurück und musste selbst erst sicher sein."

„Aber wieso unsere Kollegin Lisa Liebich. Das müssen Sie uns erklären!"

Hans Reiman saß aufrecht und schaute den Hauptkommissar direkt an. „Sarah erwähnte sie einmal. Auch, dass sie bei der Polizei arbeitete. So informierte ich mich und erfuhr von dem Stress mit ihrem Vater und der Arbeit. Irgendwas an der Frau passte in mein Konzept. Sie war allerdings die Zäheste und machte es mir nicht gerade leicht. Als ich merkte, dass Sie mir dicht auf den Fersen sind, musste ich schnell sein. Die Angst, die ich ihr am Telefon machen wollte, hatte anscheinend nicht ausgereicht. Ich musste da wohl etwas Entscheidendes übersehen haben."

Heilmeyer machte sich zwischendurch immer wieder Stichpunkte und stellte fast wie nebenbei die wohl entscheidende Frage für die Überführung eines Massenmörders.

„Sie sprechen dauernd von Frauen? Soll das heißen, dass es noch mehr Tote gibt, außer der Polin und Sarah

Niemann?“ Heilmeyer konnte jetzt kaum noch ruhig auf seinem Stuhl sitzen bleiben, so ein weitreichendes Geständnis hätte er niemals erwartet.

„Ja, aber das ist schon lange her und ist in Spanien passiert“, meinte er fast gelassen ohne sichtbare Emotion.

„Das reicht Olli. Wir haben Ihre Aussage, das reicht für die Staatsanwaltschaft. Ich denke, wir machen erst einmal eine Pause. Sie unterschreiben das Protokoll und wir sehen dann weiter. Ich habe übrigens einen Brief von Ihrem Sohn. Der muss sich in all den Jahren einiges von der Seele geschrieben haben. Diese Zettel fanden wir ungeordnet in seinem Verlies.“

„Er hat die ganze Zeit an mich gedacht?“ Reiman wurde blass wie die Wand vor der er saß. „Wenn Sie das Protokoll unterschrieben haben, gebe ich Ihnen die Seiten zu lesen.“

Reiman rieb verlegen seine Stirn und streifte sein langes Haar aus dem Gesicht, das plötzlich um Jahre gealtert schien. „Wann kann ich ihn sehen?“

Der Hauptkommissar drehte sich fragend zu Olli um. Der hochrot und sichtbar beeindruckt von dem Geständnis nur sagte: „Am Nachmittag suchen wir ihn gemeinsam auf.“

Lisas Abschied

Seitdem Lisa allein im Krankenzimmer zurückblieb, dachte sie immerzu an das Gespräch mit Tess. Sie wusste selbst, dass sie nach der Aktion in der Nacht etwas ändern musste. Sie war sich immer aufgrund ihrer langen Berufserfahrungen sicher, dass sie vor solchen Typen gefeit sei. Ein riesiger Irrtum, wie sich gerade herausgestellt hatte.

„Was für eine zynische Erfahrung, die muss wenigstens für etwas gut gewesen sein? Wie kann ich Heilmeyer davon überzeugen, dass er mich trotz allem in seinem Team behält? Und nicht nur als Praktikantin."

Die Ärzte sprachen von drei Wochen, die sie bleiben sollte. Danach wäre ihr Praktikum ohnehin zu Ende. Lisa schaute auf ihren Laptop, der vor ihr stand. „Bevor Peter anders plant, sollte er wissen, was mir vorschwebt. Persönlich werde ich später mit dem Chef sprechen."

Lisa dachte an den Flieger, den sie vor wenigen Stunden aus dem Fenster fliegen ließ. „Wie kann ich ihn überzeugen, dass ich die Richtige für das Team bin?"

Sie begann erst zögerlich, dann kraftvoll zu schreiben. Die Schmerzen in der Hand spürte sie dabei gar nicht.

An den Hauptkommissar Heilmeyer und sein Team,

gern wäre ich in der Endphase, Reiman zu überführen, dabei. Endlich ist es gelungen, diesem üblen Verbrecher endgültig das Handwerk zu legen. Leider habe ich seine Brutalität spüren müssen. Ich war so leichtsinnig …

Ich hatte viel Zeit auch darüber nachzudenken. Ihr sollt die ersten sein, die ich direkt in das Resultat meiner Überlegung einbeziehen möchte. Das ist zwar an sich unspektakulär, aber für meinen künftigen Lebensweg wohl sehr entscheidend. Ich möchte mein Studium nicht antreten. Den Platz soll jemand einnehmen, der ihn besser ausfüllen wird als ich. Ich bin gern Polizistin und ein Jurastudium passt nicht zu mir. Schlimm genug, dass ich für diese Erkenntnis die schrecklichste Nacht meines Lebens durchleben musste. Euer Team hatte einen bedeutenden Anteil an meiner Entscheidung. Daraus resultiert auch mein Wunsch, in eurem Team fest dabei zu sein. Das heißt, wenn ihr mir überhaupt noch eine Chance geben wollt.

Drei weitere Wochen werde ich außer Gefecht gesetzt sein. Lasst mich wissen, ob wir gemeinsam weiter machen wollen. Ich werde eure Entscheidung akzeptieren.

Liebe Grüße

Eure Lisa

Epilog

Jeden Tag vollziehen sich faszinierende Veränderungen in den Wäldern, nicht nur in der Rostocker Heide. Einzigartige Vorgänge geschehen einfach so, ohne dass der Mensch Anteil daran hat. Im Gegenteil, vieles ist für das menschliche Auge nicht einmal wahrnehmbar. Die Natur hat ihren eigenen Rhythmus und läuft in einem Zeitraffer ab. Es lohnt sich genau hinzuschauen. Jeder Beobachter hat seine eigene Sicht auf die Dinge, die einfach geschehen. Für einige passiert alles nur so, für andere wird Natur Mittel zum Zweck. Und manche Menschen können nicht sein, ohne diese friedvollen Refugien aufzusuchen. Sie genießen die einfache Stille und finden ihre Zufriedenheit.

Und doch gelingt es kaum, selbst dem geübten Auge, die gesamte Schönheit der Natur zu erfassen. Keine Sekunde, Minute und Stunde ähnelt der anderen. Flora und Fauna gedeihen prächtig, auch ohne den Einfluss des Menschen. Alles geschieht in der ihr eigenen filigranen Weise.

Für jede Generation bleibt der Wald eine feste Größe in ihrem Leben. Mitunter ist ein weit verzweigtes Netz von Gräben, die nur von rauschenden Bächen durchzogen werden, zu erkennen. Die Natur bietet die Möglichkeit, den scheinbar unwesentlichen Dingen des Lebens eine harmonische Ordnung zu geben.

Kaum geht die Sonne am Morgen auf, setzt sich alles Leben im Wald behutsam in Gang. Sträucher und Gräser saugen die erfrischende Kühle des Morgentaus süchtig auf. So sind sie bestens für einen heißen Tag gewappnet. Gerade morgens vor dem Erwachen, küsst der Morgentau das Gras und die Blätter werden zärtlich vom Wind gestreichelt. Dieses Intermezzo suchen frühaufstehende Naturliebhaber jedes Mal aufs Neue. Entspannt lassen sie sich von der Luft des Waldes regelrecht berauschen. Ein aufmerksamer Spaziergänger vermag das Rascheln der Blätter in den Kronen der Bäume als leise Sinfonie wahrzunehmen. Der Morgengesang der Vögel vollendet das Konzert auf besondere Weise und das Finale am Morgen steht kurz bevor. Beinah vollkommen erscheint der Wald in seiner veränderlichen und harmonischen Vielfalt.

... Und doch gelingt es, Einfluss auf die Stille des Waldes zu nehmen. Auf den ersten Blick nicht zu erkennen, betritt das Böse den Wald. Setzt sich in Bewegung, um ein Ziel anzusteuern.

Etwas Unvorhersehbares passiert.

Es geschieht immer dann, wenn die Vögel für einen Moment verstummen ...